JN312181

国際貿易の理論

ジェイコブ・ヴァイナー［著］
中澤進一［訳］
Jacob Viner　Nakazawa Shinichi

Studies in the Theory
of International Trade

勁草書房

STUDIES IN THE THEORY OF INTERNATIONAL TRADE
BY JACOB VINER
ORIGINAL EDITION 1937
REPRINTED 1965 BY ARRANGEMENT WITH JACOB VINER

AUGUSTUS M. KELLEY • PUBLISHER
NEW YORK

序　文

　本書では，まず最初に，当時の原典文献の一連の研究によって，17・18世紀のイギリス重商主義に対する反抗の初期から19世紀のイギリス通貨・関税論争を経て現代の形態に至るまでの近代「正統派」国際貿易理論の発展の跡をたどる．続いて，国際貿易のメカニズムと貿易利益の理論に関係した古典派と新古典派経済学者の重要な命題を中心に，専門的文献中の現在の論争を詳細に吟味する．この分野における年間の文献が過去数年間で非常に大きくなったことや，不幸にも私の時間とエネルギーをまったく別個の活動に向けざるをえないきわめて強い要求があったために，本書の完成と最近の文献を十分公平に扱うことが両立できないものになってしまった．国際貿易理論に対し近年において貴重な貢献をしたにもかかわらず，本書ですっかり無視されたり，受けるに値する価値より簡略に論じられた数多くの経済学者に対してここに私は衷心よりお詫びしなくてはならない．

　本書は，長い間利用できなかった優れた国際貿易理論の教科書に対して，対抗したりそれに取って代わるものではない．良い教科書の主要な貢献とは，ふつう教義の一般的総合への貢献や，説明に役立つ資料の提供や，学者がよく知っている題材の簡明で単純化された体系的形態による言替えにあるが，私の目的は，むしろ忘れられたり看過されてきた資料の中で，復活に値する資料をよみがえらせることや，後によく知られることになった教義の起源と発展の跡をたどることや，またよく知られている教義が受け入れられるに値するかどうかを吟味することにある．最近まで古典派の線上で理論を発展させた責任は，最初はほとんどイギリスの著述家にあり，その後はほとんどイギリスとアメリカの著述家にあったから，［第一次］世界大戦以前の大陸の経済学者の著書にはほとんどふれられていない．本書を書くうえでの私の主要な目的は，教師と研究者の双方にとって，本書が国際貿易理論の教科書の有益な補助になることにあるが，初期の広範な貨幣理論についての議論は，金融理論の研究者の興味も引くものと思う．

　拙稿 "English theories of foreign trade before Adam Smith," *Journal of*

Political Economy, xxxviii (1930), 249-310, 404-57 と "The doctrine of comparative costs", *Weltwirtschaftliches Archiv*, xxxvi (1932, II), 356-414 内の文章を本書に収めることを快諾してくれたシカゴ大学出版と *Weltwirtschaftliches Archiv* の編集者および出版社に感謝する．しかし両論文は，中でも後者は本書に収録する過程で大きく改定や改作や拡充がなされた．

私は，F. W. タウシッグ（Taussig）教授からあまりに深い学恩を受けた．タウシッグ教授は，1914 年の昔に，私の関心をはじめて国際貿易の分野に起こさせ，それ以来著書や討論によって私の関心を持続させて，思想の原型を形づくるうえで数多くの教えを与えて下さった．先生の教えに対して私は，不完全な形ながらずっと忠実であり続けてきた．このことに対する感謝の気持ちとして，失礼をも顧みず本書を先生に捧げたい．バーテル・オリーン（Bertil Ohlin）教授は，この分野においてタウシッグ教授と同じ思考方法をとることを頑なに拒否し，その結果私への同意も拒否したが，私は彼にも大きく負うところがある．というのも，彼の拒否によって，私は，さもなければしなかったいっそう徹底した問題の吟味と，知的な体面を犯さずに可能な限り守りたかった教義の改正と，おそらく場合によっては教義の放棄さえも繰り返したからである．私は，多くの有能で疑い深い一連の研究者たちにも大きく負っている．彼らは，誤りを訂正する道筋を私が見つけるという希望——必ずしも実現しなかったが——をもって，私の誤りを指摘した．私は，これまでもまた現在も特別に次の研究者のお陰を被っている．彼らは，参考文献をチェックし，図書を利用するにあたって肉体的負担を引き受け，また事実と分析の私の誤りを通常の寛容の範囲内に収めるために，随時私を助ける仕事を引き受けてくれた．すなわちリーロイ・D. スタインバウアー（Leroy D. Stinebower），ミヒャエル・L. ホフマン（Michael L. Hoffman），ヴァージニアス・F. コウ（Virginius F. Coe），ヘンリー・J. ワドレイ（Henry J. Wadleigh），リリー・M. デヴィッド（Lily M. David），ベンジャミン・F. ブルックス（Benjamin F. Brooks），アーサー・I. ブルームフィールド（Arthur I. Bloomfield）の諸氏である．図は，Y. K. ウォング（Wong）が描いてくれた．彼は，私の数学上の不適切な発言にけっして譲歩しなかったが，辛抱強く付き合ってくれた．これら研究者の援助を集めてタイプ施設を整える基金を与えてくれたシカゴ大学の社会科学調査委員会にも感謝申し上げたい．

Jacob Viner　ジェイコブ・ヴァイナー

目 次

序　文

第Ⅰ章　イギリスの外国貿易理論の発展
——アダム・スミス以前：その1 …………………………………… 3
- 第1節　序　3
- 第2節　「重商主義」と「重金主義」　4
- 第3節　貿易差額説　7
  - 貿易差額という概念とその使われ方　7
  - 総貿易差額と部分的貿易差額　12
  - 貿易差額の構成項目　14
- 第4節　より多くの地金を欲求する理由　16
  - 重商主義者の富の概念　16
  - 緊急時の準備としての国家の財宝　24
  - 富の貯蔵としての貴金属　27
  - 投下資本としての貨幣　32
  - 個人の財務からの類推　33
  - 高い物価をもつためのより多い貨幣　35
  - 流通貨幣の多さは取引の多さを意味する　38
  - 貨幣数量説　41
  - 退蔵物と金属食器についての重商主義者の見方　47
- 第5節　雇用と貿易差額　53

第Ⅱ章　イギリスの外国貿易理論の発展
——アダム・スミス以前：その2 …………………………………… 61
- 第1節　重商主義者の立法措置的な提案　61
  - はじめに　61
  - 重金主義者の提案　62
  - 禁止令対関税　64

　　　　　国内産業の差別的な扱い　68
　　　　　再輸出貿易　70
　　　　　輸出補助金　72
　　　　　幼稚産業保護　73
　　　　　重商主義と保護主義　75
　　第2節　重商主義者の教義の崩壊　76
　　　　　正貨配分の自己調整メカニズム　76
　　　　　貨幣の不足　90
　　　　　倹約　92
　　　　　自由放任と自由貿易　94
　　　　　国際分業　106
　　第3節　イギリス重商主義の現代的解釈　112

第Ⅲ章　地金論争　その1：インフレ局面　121
　　第1節　地金論争の参加者　121
　　第2節　論争の背景　124
　　第3節　過剰発行の証拠としての地金のプレミアム：
　　　　　地金主義者の立場　126
　　第4節　地金主義者の容認した修正　129
　　第5節　地金主義者の立場に対するありうべき反論　131
　　第6節　反地金主義者の立場　137
　　第7節　支払差額論争　139
　　第8節　銀行による過剰発行の可能性　148
　　第9節　過剰発行の責任：イングランド銀行対地方銀行　153
　　第10節　過剰発行の責任：イングランド銀行の信用政策　164

第Ⅳ章　地金論争　その2：デフレ局面　171
　　第1節　正貨支払いの再開　171
　　第2節　物価下落に対する兌換再開の責任　173
　　第3節　変動する物価水準の経済的影響　185
　　第4節　金本位に対するリカードウの立場　198
　　第5節　金属本位制からの離脱のない改革　201
　　第6節　紙幣本位通貨　207

目　次　　　　　　　　　　　　　　　v

第Ⅴ章　イギリス通貨論争　1825-1865 …………………………………………… 217
　　第1節　はじめに　217
　　第2節　「通貨学派」と「銀行学派」の論争　219
　　第3節　「パーマー・ルール」　222
　　第4節　1844年の銀行条例　227
　　第5節　兌換銀行券の過剰発行の可能性　233
　　第6節　通貨制度における預金，為替手形，「信用」の役割　242
　　第7節　信用管理の技術　252
　　　　　イングランド銀行の記録　252
　　　　　割引率の変更対割当制　254
　　　　　公開市場操作　255
　　　　　金の国内流出と国外流出　259
　　　　　適正準備金　261
　　　　　第二の準備としての外国証券　267
　　　　　準備金属としての銀　269
　　　　　中央銀行間の協力　270
　　第8節　イングランド銀行の操作と正貨移動の関係　273
　　第9節　通貨改革案　277

第Ⅵ章　通貨が単一の正貨の場合の国際メカニズム ………………………………… 287
　　第1節　はじめに　287
　　第2節　ヒュームのメカニズム　289
　　第3節　見落とされた要因？　均衡化要因としての相対的な
　　　　　　需要の変化　290
　　　　　ウィートレー，リカードウ　292
　　　　　ロングフィールド，トレンズ，ジョプリン　294
　　　　　J.S. ミル，ケアンズ　296
　　　　　バステーブル，ニコルソン　299
　　　　　タウシッグ，ヴィクセル　300
　　　　　「カナダの国際収支」　302
　　　　　ケインズ，オリーン　303
　　第4節　メカニズムにおける価格：「価格水準」の概念　308
　　第5節　「交易条件」の概念　315
　　　　　アイルランドの不在地主制度　316

　　　　　関税変化　318
第6節　「国内」財の価格　319
第7節　最近の文献における一方的支払いのトランスファー・
　　　　メカニズム　322
　　　　ウィルソン　322
　　　　インテマ　327
　　　　オリーン　327
　　　　ピグー　331
第8節　ピグーの分析の図による検討　333
第9節　ピグーの分析の基礎についての若干の詳しい説明　338
第10節　もうひとつの解法　345
第11節　国際均衡攪乱の類型　351
第12節　正貨移動と貨幣の流通速度　356
第13節　財の流れと相対価格水準　364
第14節　為替相場　366
第15節　購買力平価説の批判　368

第Ⅶ章　現代の銀行業務の進展と関連した国際メカニズム　377
第1節　自動的な通貨と管理された通貨　377
第2節　支払手段の第一拡張と第二拡張　383
第3節　国際メカニズムにおける短期貸付　391
第4節　カナダにおける1900-13年の第一拡張と第二拡張　399
　　　　「カナダの国際収支」　399
　　　　「カナダの国際収支」の説明に対するエンジェルの批判　400
　　　　エンジェルの統計的分析　407
　　　　カナダの経験の統計的な再吟味　412
第5節　国際メカニズムと景気循環　417

第Ⅷ章　貿易からの利益：比較生産費の教義　421
第1節　教義の性質と起源　421
第2節　貿易利益の分配　428
　　　　リカードウの誤謬といわれているもの　428
　　　　比較生産費と交易条件の関係　429

　　　　　限界的な比率での貿易　431
　　　　　部分特化の可能性　432
　第3節　財の数が2財を超える場合の貿易　436
　第4節　2国以上の国ぐにの間の貿易　444
　第5節　輸送費用　448
　第6節　逓増生産費と逓減生産費　451
　第7節　価格，貨幣生産費そして実質生産費　463
　第8節　比較生産費の教義の実質生産費説に対する依存関係　469
　第9節　異なった職業における賃金率の相違　473
　第10節　可変的な生産要素比率と国際特化　480
　第11節　可変的な生産要素比率と比較実質生産費　486
　第12節　実質生産費分析に代わるものとしての「機会費用」分析　494

第IX章　貿易からの利益：実質所得の最大化　505
　第1節　「多数の財」と「享楽額の総計」：リカードウとマルサス　505
　第2節　相互需要と交易条件　512
　　　　　ジョン・スチュアート・ミル　513
　　　　　マーシャル　518
　　　　　エッジワース　522
　　　　　グレーアム　525
　第3節　交易条件と貿易利益の計算　531
　　　　　貿易利益の指標としての交易条件　531
　　　　　いろいろな交易条件の概念　534
　　　　　交易条件と貿易利益の国際的分配　539
　　　　　交易条件の趨勢の統計的測定　540
　第4節　国際貿易の「純利益」：マーシャル　544
　第5節　国際貿易から得られる総純効用：エッジワース　550
　第6節　貨幣で測った貿易利益　555
　　　　　マーシャルの曲線と貨幣的な曲線　555
　　　　　クールノーの理論　559
　　　　　バローネの図示方法　562
　　　　　アウスピッツとリーベン　564

付録：国際貿易の理論の範囲と方法についてのノート ……………………… 567

参考文献　575
訳者あとがき　603
索　引　607

凡　例

（1）　訳本の底本は Jacob Viner, *Studies in the Theory of International* Trade, 1937, reprinted by A. M. Kelley Publishers, 1975 を用いた．
（2）　本文におけるイタリック表記は，訳文では傍点を付した．
（3）　本文の中で使用されている " " は，訳文ではすべて「　」で表記した．
（4）　脚注は章ごとの通し番号で示した．そのため原典とは注番号が異なっているところがある．
（5）　本文余白の数字は原書のページを示す．

国際貿易の理論

第 I 章　イギリスの外国貿易理論の発展
——アダム・スミス以前：その 1

およそ古い断片とか希少な断片が珍しいとか価値があると正しくみなされてよいのは，それ自身の固有の完全性によるか，あるいはその偉大な通称への敬意からか，あるいはそれらが構成要素とされる時代やそれらの見事な結合との関係のいずれかによる．近代の何人かの作者と比べて著作スタイルや著作方法がたとえ劣っていて取るに足らないとしても，もしそれらが最も重要な出来事，つまりおそらく教会や国家で発生した革命の発生源や原理をはっきりみせてくれるなら，後世に末永く残され伝えられる価値があるかもしれない．このような性格のひとつあるいは全部が，今回のわれわれの収集ルールだった．——*The Phenix : or, A Revival of Scarce and Valuable Pieces No where to be found but in the Closets of the Curious*, II (1708), 序文, iii-iv.

第 1 節　序

　アダム・スミス以前の外国貿易理論の研究は，外国貿易についての重商主義者の教義と，それに対する当時の批判を吟味することから必ずなっていなくてはならない．今日の常識では，それらはすでに十分に研究がなされており，重商主義者の研究は，ほとんど経済史家とドイツ歴史学派の経済学者以外によってはなされておらず，彼らの関心も，一般に重商主義の時代の観念にあるというより事実にあって，重商主義者の教義の性質を一般化する場合でも，重商主義者のわずかな著書の中で発見したものにもとづいたものが多く，また貨幣・貿易プロセスについての近代経済学的な理論化には興味も知識もなく，明らかに重商主義風の推論によって，ほぼ例外なく重商主義者の教義を擁護する傾向にあった．重商主義者の教義の厳しい批判者は，一般にイギリス古典学派の伝統にある経済理論家たちであったが，彼らの教義の内容は，きまってアダム・

スミスの解釈や多くのあいまいな19世紀の伝承にもとづいていた．

　そこで，差しあたって最初の仕事は，良きにつけ悪しきにつけ，アダム・スミスより前にイギリスで広まっていた貿易についてのいろいろな考えを近代の貨幣・貿易理論に照らして分類・吟味し，その目録を作ることである．その目的は，重商主義者の教義の多様性を発見して説明することにあるが，彼らの教義を十把ひと絡げにして単純な定式化をしても，せいぜい一面の真理であるかさもなければ無内容であるかのどちらかである．この作業は，現存する当時の経済文献を慎重に研究することにもとづくが，その結果については，紙幅が許す限り，多くの引用や参照で裏付けるつもりでいる．

　今回の調査結果をこれまでの研究結果とひとつひとつ詳細に比較するつもりはないが，そのような比較に十分興味をもった人なら，事実や解釈の重要な違いやいろいろな新しい情報をたくさん発見すると思う[1]．なお研究の範囲を限定するために，当時の漁業や人口や植民地については，たとえ外国貿易理論一般と密接に関係する場合でも取り上げない．

第2節　「重商主義」と「重金主義」

　アダム・スミス以前のイギリスの経済文献の中で，最も力説された教義は，

（1）　A. ドゥボァ（Dubois）の *Précis de l'histoire des doctrines économiques*, 1903 と Br. スビランタ（Suviranta）の *Theory of the balance of trade in England*, 1923 は役に立つが，スビランタの解釈や評価には同意できない点が多い．参照的的確にされている二・三の特別な研究を除き，その他の研究文献はあまり役に立たなかった．E. リプソン（Lipson）の *Economic history of England*（全3巻，1929-1931. とくに第3巻［1931］，第Ⅳ章「重商主義大系」）は，本書の初版の後で刊行された．この本には大量の貴重な資料が掲載されており，私よりはるかに完璧で信頼できるかたちで，重商主義の教義と歴史的状況が関連付けられている．リプソンは，近代の批判者に対して，重商主義者の教義を大体擁護する立場にあるが，彼は経済史家より穏健である．しかし彼の擁護は，たいてい内容がないか確証がないかあるいは見当違いのように思われる．だから私は，彼の著述があったからといって自分の評価を修正しようとは思わない．リプソンは，当時の数少ない重商主義批判者，例えばダヴナントやバーボンやノースそして1690年以降の著述家たちを引用して，これを，教義が1550年から1750年に優勢であった証拠としたが，彼はこれらの引用文に頼り過ぎているように思う．E. ヘクシャー（Heckscher）は，最近スウェーデン語で，イギリスだけでなく大陸の重商主義者の教義について二巻本の著書（*Merkantilismen*, Stockholm, 1931, 2 vols.）を出版したが，私はその英語版（*Mercantilism*, 1935, 2 vols.）を手に入れるのが遅れて，本書の改訂では広く利用できなかった．ヘクシャーの著書は，歴史と理論の両面で最高峰の文献であるが，幸いにも，同じテーマを扱った部分の解釈や評価では，私と本質的な意見の相違はなかった．私のヘクシャーの著書に対する書評は *The economic history review*, Ⅵ (1935), 99-101 に掲載されている．

輸入額に対する輸出額の超過をもつことの重要性であり，これが一番よく知られていた．この教義やこれにもとづく貿易制限を，アダム・スミスは，重農主義者にならって[2]「商業的 (commercial)」体系とか「重商主義的 (mercantile)」体系と呼んだが，それはのちにドイツ人の「重商主義 (mercantilism)」という周知の呼び方になった[3]．しかし，「重商主義」を 1620 年頃から後の時代にあてて，強弱の違いはあれ，前期の「重金主義者 (bullionist)」の教義と後期の「貿易差額 (balance-of-trade)」の教義を区別する著述家が多い．二つの時代を区別する最も一般的な根拠は，次の四つである．(1) 1620 年以前には，商人一人ひとりの個別取引の黒字の重要性が強調されたが，後期では，総貿易差額あるいは 1 国の貿易差額が強調された，(2) 1620 年以前の個別差額への関心は，1 国の地金量が減ってほしくない気持ちからきていたが，後期には地金量の増加が切望された，(3) 1620 年以前には，貿易政策の主な目的は，国民通貨を為替切下げから守ることにあったが，後期にはこの点は重要な関心事ではなかった，(4) 前期では，貿易政策の目的を遂行するために支持・採用された手段は，特定の個人の為替や鋳貨・地金取引を厳しく規制することであったが，後期の政策の狙いは，地金量を，為替取引や鋳貨・地金の輸出制限を通じて直接増加させるというより，貿易制限を通じて間接的に増加させることにあった．この四つである．

　政府の実際の施策をたどると，重金主義者の教義と貿易差額の教義の時代区分を強く支持するものはないように思われる．確かに，前期は，商人の外国貿易取引や為替取引への規制は後期より厳重で細目にわたっていた．しかし，主だった法的変化や行政上の実施の変化は長期にわたり，重要な変化が 1620 年よりかなり以前に起こった場合もあったし，1620 年以後長い間起こらなかった場合もあった．個人の取引を規制する手段として利用された特産物専売制度 (the institution of the Staple) は，最終的に 1558 年のカレー地域の割譲とともに廃止されたが，機能はすでに風前の灯であった．外国商人がイギリス商品

---

(2) オンケン (Oncken) のケネーに関する論文, *Handwörterbuch der Staatswissenschaft*, 2d ed., 1901, VI, 280 を参照せよ.

(3) もしアダム・スミスがこの名称を重農主義体系と対比するつもりで使ったとすると，彼には十分な理由があった．重農主義者たちが農業（あるいは抽出産業）だけを生産的だと断言したのと同様に，イギリスの重商主義者たちは，外国貿易を唯一の富の源泉だと断言する者も多かったし，また極端な立場でなくても，国富に貢献する活動のトップに外国貿易を祭り上げる者も多かった．

を購入した際の支払いを，少なくとも一部分鋳貨か地金で要求した雇用条例 (the Statutes of Employment) は，16世紀の終わるかなり前に効力がなくなっていた．為替取引を管理するロンドン取引所 (the Royal Exchanger) は，法律的にはともかく，エリザベス女王時代のバレイ卿 (Burleigh) が取引所管理人の任命権の行使をやめたときに事実上消滅したが，チャールズⅠ世 (Charles I) は，成功しなかったが1628年まで取引所の復興を試みた．鋳貨と地金の輸出規制は，エリザベス女王の時代は緩和されていた．金に関する限り，この輸出規制は，ジェームズⅠ世の時代に1603年の宣言書にしたがって厳重に実施され，さらに厳しい規制がチャールズⅠ世によって1628年に決められたが，1663年になって，はじめて金・銀地金と外国鋳貨が自由に輸出できるようになった．しかし，イギリスの鋳貨またはそれが溶解された地金が法的に輸出可能になったのは，1819年になってからであった．言い換えると，「重金主義者」の規制は，1620年よりずっと以前に廃止か時代遅れになっていたか，あるいは1620年以後も長く存続し強化さえされていたのである．貿易規制を目的とした輸出入の禁止措置や関税は，1620年より何世紀も前に起源をもち，関税システムは，有利な貿易差額の獲得にいっそう効果的に役立つようにとジェームズⅠ世の時代と1720年代のウォルポール (Walpole) によっても改定されたが，19世紀末まで，財政上の必要，貿易規制，贔屓の個人とか団体に対する特権，そして外交といった互いに大きく矛盾する目的に，いろいろな形で役立つ雑多な性格のごった混ぜの規定として継続した．

しかしながら，分岐点を1620年ではなく1560年頃とすると，実際の貿易規制として，特産物専売制度やロンドン取引所や雇用条例といった方策が前期で重要であったのに対して，それらが後期では廃止または無効になるという著しい差異が出てこよう．またこの前期では，後期と比べて，仲買人や商人たちの手形取引業務が国家の地金ストックに与える脅威に関心が高かったといえるが，この問題については，1620年が，規制のない為替取引の結果について旧来の思い違いの多くを教義論争が一掃した時期に近い．ここでは重金主義者の為替についての推論にはふれないが，それについてはトーネー (Tawney) が素晴らしい要約をしている[4]．17世紀はじめの為替論争では，主としてミッセル

---

(4) トーマス・ウィルソン (Thomas Wilson), *A discourse upon usury*, [1572] のリプリント版 (1925年) の序文, pp. 60-86 と pp. 134-69. また *Encyclopaedia of social sciences*, III (1930), 60-64 の E. R. A. セリグマン (Seligman) の重金主義者についての記事も参照せよ．

デン (Misselden) とマン (Mun) の新説が，マリーンズ (Malynes) とミルズ (Milles) の旧説に対して決定的な勝利をおさめ，後期の文献では，旧説の代弁者に滅多にお目にかかることはない．おそらくはじめて，経済政策上の問題がパンフレットで論争され，さらにそれらのパンフレットが，政府の政策に直接確かな影響を及ぼしたと思われる．しかし，前期と後期の文献を精査することも注意深く吟味することもしない解説者たちは，せいぜい手形交換の議論にしかあてはまらないことをパンフレット全体にあてはめたり，旧式の教義の優先権をミッセルデンとマンに与え，そしてマリーンズとミルズがそれから先もなお長い寿命を保った教義の最後の発言者であると考えた．

第3節　貿易差額説

貿易差額という概念とその使われ方[5]．──イギリス重商主義者の文献の最も行き渡った特徴は，イギリスにとって，輸入に対する輸出の超過額をもつことが決定的に重要であるという教義であった．なぜなら，ふつうそれが，金山や銀山をもたない国が貴金属を増加させる唯一の方法であるからである．この教義の起源は古く，重商主義者の中には，論文のあちこちに古典派の知識が散見される前期に，この教義の説明と思われるラテン語の引用文をうまく見つけた者もいた．1381年の昔，造幣局の役人リチャード・レスター (Richard Leicester) は，イングランドからの想像上の金の流失の原因と救済方法についての公式の質問に答えて，きわめて明快にこの教義を陳述した．

　第一に，金銀がまったくイングランドに入らず，かえって海外に運び出されるという本件につきましては，その理由を次のように見ております．すなわち，本国が食糧や織物や毛皮，あるいは赤白のワインやお菓子といった品物や，あるいはいろいろなやり方でローマ政府に対して行われる交換品にお金を使いすぎていることです．したがって，これに対する救済方法は，品物をイングランドにもちこむ商人は，各々がもちこんだ品物と同額だけわが国の商品をもちだし，法令にしたがって，何人も金銀を海の向こうに運び出さないことであるように私には思われます．……そうすれば，貨幣はイングランドにとどまり，大量の貨幣と地金が海の向こうからやって

---

(5) Jacob Viner, "Balance of trade", *Encyclopaedia of social sciences*, II (1930), 399-406; F. W. Fetter, "The term 'favorable balance of trade'" *Quarterly journal of economics*, XLIX (1935), 621-30 も参照せよ．

くるものと推察いたします(6).

7　次の 16 世紀の資料からの引用文は，この教義が，16 世紀を通じて一般によく知られていたことを示している.

> イングランド王国の富はすべて，他のあらゆる王国から現金をもたらすわが国のありとあらゆる豊富な商品である．貨幣が王国全域にもちこまれた結果，王国の人びとは皆その貨幣で豊かになる(7).

> しかし，もしわれわれが，年々受け取るより 10 万ポンド多く海の向こうに商品を送るとすると，この王国内に 10 万ポンドの商品と同額の金か銀がもちこまれることは確実である．……他の王国からわが国王の造幣局に地金をもちこむためには，わが国の商品を毎年大量に海の向こうに運び出し，他国の商品は少量しかもちこまないと前もって定める以外にない(8).

> ……というのも，もしイングランドが，輸出品より少ない外国商品しか使わないとすると，そのとき差額が必ず銀か金で戻ってくるにちがいない．しかし，もしそうでない場合，毎年収入以上の生活をしたうえに資産を食い潰す，異常生活者の生活が短時日のうちにイングランドに起こるであろう(9).

(6)　Bland, Brown, and Tawney, *English economic history, select documents*, 1914, pp. 219-20. 1 国の差額を明らかに意味する(「この国は商品を消費し過ぎている」)この概念と，イングランドの貨幣量の増大を強調して単に貨幣量減少の防止を強調したのではなかったことは，ここでの主張，すなわちいわゆる「重金主義者」の時代と「重商主義者」の時代の間の教義の違いが誇張されてきたという主張を支持している．その他，エイルズベリー (Aylesbury) とクランテン (Cranten) という役人も，同じ時に同様の地金喪失の説明をしている．エイルズベリーについては前掲書を参照せよ．クランテンについては原典の *Rotuli parliamentorum* [1381], III (1767), 127 を見よ．「第 1 項 (条)：イングランド王国内で，イングランド王国から外に出て行く増加中の王国の商品 [輸出品] の価値より，外国商品 [輸入品] に対して多く支出されることがないようにするべし.」

(7)　[Clement Armstrong?] "A treatise concerning the staple and commodities of this realme" [手稿は 1530 年頃]，初版は Reinhold Pauli, *Drei volkswirthschaftliche Denkschriften aus der Zeit Heinrichs VIII von England*, 1878, p. 32 に掲載．また以下も参照せよ．"Clement Armstrong's sermons and declaracions agaynst popish ceremonies" [手稿は 1530 年頃]，同書, pp. 46-47; "How to reforme the realme in settyng them to worke and to restore tillage" [手稿は 1535 年頃]，同書, pp. 60 以降と p. 76.

(8)　"Polices to reduce this realme of Englande unto a prosperous wealthe and estate" [手稿は 1549 年頃], Tawney and Power, *Tudor economic documents*, III (1924), 318, 321. このコレクションは，*T. E. D.* として今後引用される.

第3節　貿易差額説

　もしわれわれが，[羊毛輸出に対する重税のために] 国内に多くの商品を溜めこめば，今まで海の向こうから手に入れていたたくさんの物を控えなくてはならない．というのも，われわれは，他国の人に売るだけしか買わないことをいつも気に留めなくてはならないからである．そのためにわれわれは，われわれ自身は清貧にして，他国の人を富ますべきである(10)．

　そしていま一つの [政策目的] は，運び出す品物の値段を，運び入れる品物より高くすることである．さもなければ，われわれは，即刻貧しい国土と貧しい人々を作るであろう(11)．

　1国の貿易差額（a national balance of trade）という概念は，すでに16世紀には周知のものであったが，概念自体が厳密な専門用語になったのは1615年が最初のようであり，またたく間に慣用語になった(12)．この年，二人の関税官，ウォルステンホーム（Wolstenholme）とクランフィールド（Cranfield）は，無染色，無調整の毛織物輸出を制限する「アルダーマン・コケイン・プロジェクト（Alderman Cockayne's Project）」の外国貿易に及ぼす影響を確かめるため，これに先立つ2年間の輸出入額を計算するように指示された．彼らの計算結果はいまも原稿のまま存在するが，その裏面に次のような書き込みがある．「ウォルステンホーム氏によるイングランドの年間輸出入商品額の計算1615年5月21日」，「ライオネル・クランフィールド卿の貿易差額　1615年5月21日」(13)．その翌年には，公的な立場でこれらの計算に詳しいフランシス・

(9) "Considerations for the restraynte of transportinge gould out of the realme" [エリザベス時代], Georg Schanz, *Englische Handelspolitik gegen Ende des Mittelalters*, 1881, II, 649 に掲載．
(10) [John Hales] *A discourse of the common weal of this realm of England* [1550年頃書かれ，初版は1581年]，Elizabeth Lamond ed., 1893, pp. 62-63.
(11) "A discourse of corporations" [1587年頃], *T. E. D.*, III, 267. その他16世紀中の貿易差額説の記述については以下を見よ．William Cholmeley, "The request and suite of a true-hearted Englishman" [手稿は1553年], *The Camden miscellany*, II (1853), 11-12; "Memorandum prepared for the royal commission on the exchanges" [1564?], 同書, III, 353; "Memorandum by Cecil on the export trade in cloth and wool" [1564?], 同書, II, 451; "D'Ewes' journal" (for 1593) [1693], 同書, II, 242; "An apologie of the cittie of London," in John Stow, *A survey of London*, C. L. Kingsford ed., 1908, II, 210.
(12) 以下の参照事項のいくつかは，W. H. Price, "The origin of the phrase 'balance of trade'", *Quarterly journal of economics*, XX (1905), 157 以下の優れた説明のお陰である．

ベーコン卿（Sir Francis Bacon）は，「ジョージ・ヴィラー卿への助言（Advice to Sir George Villiers）」の中で次のように書いた，

> イングランド王国は，近年外国との盛んな貿易で大いに豊かになったが，賢明な管理があれば，貿易は必ずその富をたいそうふやすにちがいない．輸出額が輸入額を上回るようするがよい．というのも，そうすればその貿易差額は，必ず鋳貨か地金で戻ってくるにちがいないからである(14)．

貿易差額というフレーズがはじめて印刷物に現れたのは，ミッセルデン（Misselden）の 1623 年に出版されたパンフレット *The Circle of Commerce, or the Ballance of Trade* の書名とその本文であった．それ以降の文献には嫌というほどみられる．これは，もちろん簿記の慣用句から借用したものであるが，「差額（balance）」という語句は明らかに 1600 年頃のイタリア語から取り入れられたものである．1615 年以前では，「超過（overplus）」(15)，「残高（remayne）」(16)，「過大評価（overvallue）」(17)というような言葉が，輸出超過あるいは輸入超過を表したが，1601 年のマリーンズ（Malynes）(18)と 1609 年のコットン（Cotton）(19)は，「超過（overballancing）」という言葉を同じ意味で用いた．1564 年の覚書は，輸入額を釣り合わせるのに足る輸出額という意味で「外国商品に応じる（to answer the foreign commodities）」十分な輸出額にふれ(20)，ジョン・ストウ（John Stow）は，1598 年に，二つの「差額（balance）」のために「超過（overplus）」と「釣り合い（countervail）」という言葉を使っ

---

(13) Astrid Friis, *Alderman Cockayne's project and the cloth trade*, 1927, p. 207 と W. H. Price の前掲書．当時の輸出入統計はないが，関税率はすべて財貨の公式価格の 5 パーセントであったから，関税収入を 20 倍すれば差額が計算できる．
(14) *Works*, 1852, II, 385.（この論集が書かれたのは 1616 年であるが，初版は 1661 年である．）
(15) "Polices to reduce this realme" [1549], *T. E. D.*, III, 324.
(16) "Considerations for the restraynte of transportinge gould" [エリザベス時代], Schanz, 前掲書, II, 649.
(17) "Memorandum prepared for the royal commission on the exchanges" [1564], *T. E. D.*, III, 353.
(18) Gerard Malynes, *A treatise of the canker of England's commonwealth* [1601], *T. E. D.*, III, 386.
(19) Sir Robert Cotton, "The manner and meanes" [1609], in *Cottoni Posthuma*, 1672, p. 196.
(20) "Memorandum by Cecil on the export trade in cloth and wool," *T. E. D.*, II, 45.

た[21]．1615 年には，明確な「貿易差額 (balance of trade)」という用語以外に作られたり発見されたりした用語はない．この年に，実際の差額が計算されたが，誰かがこれを斬新な考えを適用したものと捉えたという証拠はない．1623 年にミッセルデンは，「貿易差額――王国と王国の通商の重要度の違いをわれわれに教えてくれる優れた長所をもった造語」について書いたが[22]，彼が斬新と思ったものは，差額という概念ではなくて，現在われわれの知っているような定期的な貿易統計のないときに，実際にその計算がされたということにあった．マリーンズは，ミッセルデンの貿易差額論を批判したが，それは，輸出入の差額という概念が聞き慣れないとか反対だったからではなかった．というのも，マリーンズ自身，この概念を数年前に強調していたからに他ならない．マリーンズが批判したのは，単なる差額の計算をミッセルデンが大袈裟にいいすぎたことである．なぜなら，「ミッセルデンが得意げに提案した貿易差額は，国家にとって他に益のない単なる貿易超過の計算と発見にすぎない」[23]からであり，またとにかく非常に不正確のようであった[24]．

「有利な貿易差額 (favorable balance of trade)」という言葉は，いまではよく知られており，ふつう重商主義者に属すると考えられるが，この言葉を最初に使ったのは，1767 年のジェームズ・スチュアート卿 (Sir James Steuart) であったらしい[25]．しかし，「われわれに有利な差額 (balance in our favor)」という言い回しは，1695 年のケリー (Cary)[26]や，1697 年のポレックスフェン (Pollexfen)[27]や，1720 年頃のマクワース (Mackworth)[28]に見られるし，

---

(21) "Apologie of the cittie of London" [1598], in Stow, *A survey of London*, Kingsford ed., 1908, II, 210.
(22) *The circle of commerce*, 1623, p. 117. ミッセルデンは，エドワードⅡ世治世中のイングランドの貿易差額の見積りを，明確な証拠のない手稿から引用している．同書，p. 118.
(23) *The center of the circle of commerce*, 1623, pp. 68-69.
(24) 同書，pp. 58-59.
(25) *An inquiry into the principles of political œconomy*, 1767, II, 422.「一方の国が豊かになっていけば，その他の国は必ず貧しくなっていくにちがいない．これが有利な貿易差額の教訓である．」また同書，II, 425-26 も参照せよ．スチュアートも，「消極的」(passive)，「積極的」(active) という言葉を，それぞれ輸入超過額と輸出超過額の代わりに用いた．(同書，II, 207.)
(26) John Cary, *An essay on the state of England in relation to its trade*, 1695, pp. 131-32; 同, *An essay on the coyn and credit of England*, 1696, p. 20.
(27) [John Pollexfen] *A discourse of trade, coyn, and paper credit*, 1697, p. 40.
(28) Sir Humphrey Mackworth, *A proporsal for payment of the publick debts*, 2d ed., [1720 年頃], p. 9.

それに類似した言葉は，他の多くの著述家たちに用いられた[29]．

総貿易差額と部分的貿易差額．——重商主義者の教義の発展として，個々の取引差額の段階とその後の総貿易差額の段階を区別しようとした者がいたが，その区別に歴史的な根拠はない．リチャード・ジョーンズ（Richard Jones）は，目的の違いでなく手段の違いを明らかにしようとして，「取引差額（balance of bargain）」というフレーズを作った．「目的を達成するために，彼ら〔前期の政治家〕は，われわれが取引差額システムと呼ぶ大変複雑なシステムを採用したが，このシステムは，ずっと後に確立した貿易差額システムとまったく同じ目的であったにもかかわらず，同じ目的をまったく違った手段で達成しようとした．」[30] 輸入額に対する輸出額の超過で地金を流入させることは，重商主義の前期と後期双方の共通の目的であった．この目的を達成するために主張された方法や，実際に採用された方法の違いをもっと正確にいえば，前期重商主義者が，鋳貨や地金や外国為替の取引を直接規制したのに対して，後期では，関税規制によって商品の輸出入を規制し，間接的に同じ結果を達成しようとしたことである．1国全体の差額がはっきり認識された中での個々の細目を除くと，前期の文献の中には，個々の差額を重視する理論に近づく痕跡さえ見つけられないはずであり，かつてこのような理論が展開されたという謬論が広まったのも，重金主義者の諸々の規制の性格から推論した結果にすぎない．

　重商主義についての近代の文献の中には，貿易差額説の発展を，年代順に3段階で説明するものがある．第一は，個々の取引〔差額〕の段階，次は，中間の段階だが，総貿易差額ではなく特定の国との貿易差額の概念が把握された段階，最後に，1国全体の差額あるいは総貿易差額の概念の現れた段階である．これはすべて鮮やかな想像の産物である．17世紀や18世紀には，特定の国々との差額状態については多くの議論があったが，総貿易差額との関係がいつも考慮されていた．17世紀では，東インド貿易の差額の状態はこの関連で主な論争の対象であったが，18世紀では，フランスとの差額が最も懸念された．

（29） それにもかかわらず，F. W. フェッター（Fetter）は，「有利（favorable）」とか「不利（unfavorable）」という言葉を重商主義者が使ったとみることを時代錯誤と考えている．"The term 'favorable balance of trade'", *Quarterly journal of economics*, XLIX (1935), 629.

（30） "Primitive political economy of England" [1847], in *Literary remains*, Whewell ed., 1859, p. 295.

東インドとの差額は明らかな「逆調」であり，東インド会社はこれを理由に攻撃されたが，東インド会社のスポークスマンは，この攻撃を次の主張で論駁しようとした．すなわち，差額は当面逆調だが，東インド貿易は間接的な効果をもち，インドから輸入された商品を利益をもって再輸出したり，他国からの高価な輸入品をインドからの輸入品に代替することで，国の総貿易差額に直接的にも間接的にも有利な最終結果をもたらすとした(31)．たとえこれが事実に一致していたとしても，頑強な批判に対してそのような説を立証することは難しかったと思われるが，効果的な主張ができなかったときは，東インド会社の擁護者たちは，もし貿易が1国の有利な差額に直接間接を問わず貢献できなかったとしたら有害なことを抽象的に容認すると同時に，貿易に対する非難を正当化する十分に正確な検査がやれるのかどうかについて疑問を投げ掛けた(32)．

(31) この議論は，東インド会社の将来に個人的に関心のない多くの人びとによってなされ，それを東インド会社の批判者が理論的に受け入れた．次の著作物は東インド会社の代表者に限られている．Thomas Mun, *A discourse of trade, from England unto the East Indies* [1621], Facsimile Text Society reprint, 1930, pp. 9 以下；同，*England's treasure by forraign trade* [初版1664年，書かれたのは1630年頃], Ashley ed., 1895, pp. 19 以下；[Sir Thomas Papillon] *A treatise concerning the East-India trade being a most profitable trade to the kingdom* [1677], 1696 reprint, pp. 12 以下；[Sir Josiah Child] *A treatise wherein is demonstrated that the East-India trade is the most national of all foreign trades*, 1681, pp. 6 以下；[Child] *A discourse about trade*, 1690, p. 142; Charles Davenant, *An essay on the East-India trade* [1696], in *Works*, Charles Whitworth ed., I, 97; *Some considerations on the nature and importance of the East-India trade*, 1728, pp. 30 以下．たとえ間接効果を考慮しても東インド会社は貿易差額のこの検査にうまく対処できないという，東インド会社の批判者の議論の承認の代表例として，次があげられよう：[William Petyt?] *Britannia languens* [1680], McCulloch ed., *Early English tracts on commerce*, 1856, pp. 342 以下；[John Pollexfen] *England and East-India inconsistent in their manufactures*, 1697, p. 52.
(32) Charles Davenant, *Discourses on publick revenues* [1698], in *Works*, I, 388.「すべての貿易の道筋をたどることも，貿易の秘密の奥地を見つけることも，貿易の発生源や変動を見つけることも，そしてすべての交易がお互いにどんなに依存し合っているか示すことも難しいことである．それにもかかわらず，商売の損得を明言できる人なら，このことだけは知っているにちがいないし，おまけにその他の事柄についても非常に深い洞察力をもっているにちがいない．」ダヴナントの立場について，Sir Leslie Stephen, *History of English thought in the eighteenth century*, 3d ed., 1902, II, pp. 294 を参照せよ．「商人たちは，自分たちの差額が国家繁栄の十分な指標であると安易に仮定したが，こうして作られた理論が，自分たちの取引を制限し，最も有利な貿易商品の輸入を妨げるように適用されたときは，この厄介な推論にうまく対処する多かれ少なかれ巧妙な策を自然に見つけた．彼らは，絹より金を輸入する方がずっとよいことを認めていたが，抜け目のない操作によって，絹の輸入でより一層多くの金を手に入れることができることをきっと示すにちがいない．」

これでも批判を抑えきれなかった場合には，最後に東インド会社の擁護者たちは，貿易差額の検査法がどんなに修正されようとも，貿易の価値を測る尺度としてその検査法の有効性を疑い，あからさまに拒否さえせざるをえなかった(33)．しかしどちらの論争の著述家も，総貿易差額への寄与によらなければ特定の貿易差額を判断できるとはいわなかったし，また最初に総貿易差額の概念を頭の中に思うことなく，特定の差額を論じた者も確かにいなかった．この問題について教義の対立はなく，ただ事実とその事実を確かめる可能性について意見の相違があったにすぎない．

貿易差額の構成項目．——重商主義者は，国際差額が商品の輸出入額だけではないことを理解できなかったと非難されることがあり(34)，「見えざる項目 (invisible items)」(貿易外収支)は近年の発見であると考える者も多い．しかし，17・18世紀の大部分の主要な著述家は，地金を支払う純差額を説明する際に，商品以外の項目が考慮されなくてはならないと指摘するように注意した．「見えざる項目」への言及は，はるか1381年までさかのぼる．その年，エイルズベリー (Aylesbury) とリンカーン (Lincoln) の二人が，金流出の原因の一部をローマへの送金とした(35)．前期著述家の一人は，もし外国の商人たちが，イングランドの毛織物を自国で買いつけることが許されずに，イングランドまで来ることを要求されると，彼らのイングランドでの生活費がイングランドに有利な項目になると論じた(36)．ミッセルデンは，1623年に，漁業や再輸出貿易や運送収入からの利潤を，差額を計算する際の商品統計に加えるべき項目と

---

(33) Nicholas Barbon, *A discouse concerning coining the new money lighter*, 1696, p. 36 を参照せよ：「国の貿易差額を見つけること，あるいは国と国との間で貿易差額を構成するようなものがかつてあったもしくはありうるかどうか知ること，あるいはたとえ見つけられたとしても，貿易差額によって何か得失があるかどうか証明したりすることほど難しいものはない．」同書 p. 40：「しかし，たとえ貿易差額が計算できたとしても，私はその利益がどこにあるか知らない．なぜなら，貿易差額に与えられた理由，つまり余剰が地金で支払われればそれだけ国が豊かになる，なぜなら差額は地金で構成されるからという理由は，まったくの誤謬だからである．というのも，金銀も商品にほかならず，商品の有用性はどれも同じで，同じ価値があるからである．」

(34) 例えば C. F. Bastable, *The theory of international trade*, 4th ed., 1903, p. 73; Paul Leroy-Beaulieu, *Traité théorique et pratique d'économie politique*, 2d ed., 1896, IV, 175 を参照せよ．

(35) Bland, Brown, and Tawney, *English economic history*, pp. 221, 222.

(36) [Clement Armstrong] "How to reform the realme" [1535年頃], Pauli ed., 前掲書, p. 67.

第3節　貿易差額説

して言及した(37)．マリーンズは，同じ年，海外貸付額の利払いが差額に含まれるべきであるとした(38)．ロビンソン（Robinson）は，1641年に，外交上の海外支出額や旅行者支出額や運送費を差額に含めた(39)．マン（Mun）は，1630年頃，今日考えられる項目のほとんどすべての項目の一覧表を作った．すなわち運送収入，海外軍事支出額，海上保険支出額，漁場権利益，財貨輸送中の海上損失額，カトリック教のローマへの送金，旅行者支出額，贈与金，そして差額の計算される当事国における外国人の生活費が為替手数料や金利や生命・商品保険として外国人に支払われる金額を超過する金額である(40)．チャイルド（Child）は，1690年に，不在者所得と不良債務からの損失金を加えた(41)．ヒュー・チェンバリン（Hugh Chamberlain）は，1606年に，商品貿易に加えて，海外の移民労働者の稼得額や，旅行者支出額（「外国旅行者がわが国の観光で支出する額」）や，海外での外交・軍事支出額その他の項目を載せた(42)．

　重商主義者が最も関心をもったものは，即座に地金で支払われなくてはならない純差額という厳密な意味での「支払差額（balance of payments）」であり，この支払差額にもとづいた地金の流出入が，彼らの第一の関心事であった．だから船舶輸送の支払額とか海外債務の利払額は，価値としてみると商品輸入の支払額と同じ重要性をもつと考えられた．しかし，商品貿易差額と支払差額を区別するため別々の言葉ができるまでには長い時間がかかり，当時の著述家は，たいてい「支払差額」という言葉を，ある時は前者にまたある時は後者の意味で用いた．しかし，ジョン・ポレックスフェン（John Pollexfen）は，商品と非商品の両方の項目を含む全差額を意味するものとして「勘定差額（balance of accompts）」にふれ(43)，ジャスティス（Justice）(44)とハリス（Harris)(45)は，後に同じ言葉を同じ意味で使った．スチュアートは，「相互支払総額（the whole

---

（37）　The circle of commerce, 1623, p. 124.
（38）　The center of the circle of commerce, 1623, p. 59.
（39）　Henry Robinson, England's safety; in trades encrease, 1641, pp. 50 以下.
（40）　Englands treasure by forraign trade [1664], Ashley ed., 1895, p. 11 と XX 章.
（41）　A discourse about trade, 1690, pp. 138, 140.
（42）　Dr. Hugh Chamberlain, A collection of some papers writ upon several occasions, 1696, pp. 2-3.
（43）　A discourse of trade, coyn, and paper credits, 1697, p. 40. ポレックスフェンも，あらゆる種類の国際取引との関連で「債務額と債権額」にふれた．同書，pp. 4, 10.
（44）　A. J. [Alexander Justice] A general treatise of monies and exchanges, 1707, p. 74.
（45）　[Joseph Harris] An essay upon money and coins, part I (1757), 119.

mass of reciprocal payments)」とその「差額（balance）」にふれ[46]，また一ヵ所で，実際に使われている語句「国際収支（balance of payments）」を現代的意味合いで用いた．すなわち「われわれは，国際収支と，私が貿易収支と考える輸出入の差額との混同をいつも注意深く避けなくてはいけない．」[47]アーサー・ヤング（Arthur Young）は，1772年に，「一時的送金差額（temporal balance of remittance）」という言い回しを，即時的な支払差額の意味で使った[48]．「国際貸借（balance of indebtedness）」という言葉は，19世紀まで使われなかったようだ．しかし，アダム・スミスは，「債権債務の状態（state of debt and credit）」にふれた所で，この言葉に接近した[49]．

第4節　より多くの地金を欲求する理由

重商主義者の富の概念．——重商主義者が輸出の余剰を欲求した第一の理由は，彼らがより多くの金を欲求したことにあり，金山や鉱山をもたない国にとって，有利な貿易差額以外に地金を手に入れる手段がなかったことを彼らが知っていたからである．重商主義者の理論の解釈の中で中心的な問題は，貴金属を無限に蓄積することの望ましさを彼らが信じた根拠を見つけることである．重商主義者に対する共通の批判は，彼らが貴金属を国富の唯一無二の構成要素とみなしたことにある．アダム・スミスは，これを，重商主義者の教義を批判する中心にすえたが，重商主義を弁護する近代の人々は，重商主義者の教義に対する許しがたい誤解であるとして，スミスを非難した[50]．重商主義者に代わって近代の弁護者たちは，富と地金を同一視する教義はあまりに馬鹿馬鹿しく，ミダス王のギリシャ物語を熟知したすぐれた知識の持ち主たちがこの教義に執着することは信じがたいと主張し，そこで彼らは，当時の書物の中から幅広い富の概念を表わす一節を指摘するか，そうでなければ，「富（wealth）」と

---

(46)　*An inquiry into the principles of political œconomy*, 1767, II, 316.
(47)　同書, II, 453 注.
(48)　[Arthur Young] *Political essays concerning the present state of the British Empire*, 1772, p. 534.
(49)　*Wealth of nations* [1776], Cannan ed., I, 440.
(50)　A. Oncken, *Geschichte der Nationalökonomie*, 1902, pp. 154 以下を参照せよ．
William Cunningham, "Adam Smith und die Mercantilisten," *Zeitschrift für die gesammte Staatswissenschaft*, XL (1884), p. 44 以下を参照せよ．

か「財産 (riches)」とか「財宝 (treasure)」という言葉が現在と同じ意味をもたないとした(51)．しかし，1760年以前の文献の中でミダス王の物語にふれたものは，重商主義者の教義を鋭く批判した労作の中にあるだけであり(52)，また異議のでない富の定義が見つけられるはずであるにもかかわらず，そうした富の定義は，穏健な著述家とか懐疑的な著述家たちによって一般的見解の批判として通常提示されている．「財産」や「富」や「財宝」の意味は，17・18世紀においてはあいまいであった．それらは，ある時はお金や宝石やその他の特別高価な商品を意味し，またある時は人にとって有用な財のすべてを意味した．こうした意味の転換は，ひとつの段落中やあるいは一単文の中でさえ頻繁におこなわれ，大部分の重商主義者の議論，特に貿易差額の教義では，このような言葉の意味の転換を伴いながらもっともらしい推論が構成されている．

　重商主義者は，1国が海外に投資するとか海外から借り入れる可能性を考えなかったし，重商主義の著述家も，彼の有利な貿易差額に対する欲望を，資本を海外から借り入れるより海外に輸出するべき欲望として説明しなかった(53)．もし負債を無視すると，輸出余剰と輸入余剰の違いは，前者が財貨を貨幣に取り替える正味の交換であるのに対して，後者が貨幣を財貨に取り替える正味の交換である．だから，もし重商主義者が，少なくとも絶えず，貨幣以外の財貨はすべて無価値であると信じるとか，貨幣以外の財貨は貨幣を確保する手段として役立つ場合に限って価値があると信じるのでなければ，一般にいわれている重商主義者の議論，つまり外国貿易が唯一の国富への道であるとか，有利な

（51）　重商主義を擁護する文献においては，解釈の上で，ひとつのおもしろい論争が広く行われている．貿易差額説を近代的な批判から守ろうとする者の中には，その理由として，重商主義者は有利な差額が貨幣をもたらすことを知っていたことや，彼らが有利な差額の結果増加する富とか財宝とか財産について話すとき，それらを貨幣の意味でいった点をあげる者もいた．また貨幣を強調しすぎるという非難に対しては，重商主義者が欲しかったのは実物的な富とか資本の増加であって，単なる貨幣の増加ではなかったと擁護する者もいた．もし貨幣が資本とか富と同じものでないとすると，有利な貿易差額が，どのようにして資本とか富の総量の増大を1国内部で形成することができるのか，彼らは説明していない．これら二つの重商主義者の教義擁護論は，もちろん相互に矛盾しているし，また初期の重商主義者の陥っていた混乱が現代まで続いていることを反映している．

（52）　[Jocelyn] *An essay on money & bullion*, 1718, p. 15.

（53）　スチュアートは，有利な差額を欲する理由のひとつとして，海外投資の望ましさまで引き合いに出したただ一人の重商主義者であったが，彼は，ただ偶然かつあいまいにそうしたにすぎない．——*Principles of political œconomy*, 1767, II, 425-26：「……他国をすべてわが国の債務国にすることによって，……貴金属の大部分を増加させることなく，差額が極端に有利であるかもしれない……．」

貿易差額が地金をもたらす場合にのみ1国は外国貿易から利益を得るとか，輸出余剰は貿易利益の証明であると同時に尺度であるとか，輸入余剰は国家損失の証明であると同時に尺度であるといったようなことは理解できない話である(54)．これに対して，もし重商主義者は，「富」，「財宝」，「財産」，「利益 (gain)」，「損失 (loss)」，「貧困 (poverty)」，「繁栄 (prosperity)」，「利潤 (profit)」等々という言葉でただお金とかお金の欠如を意味させただけであると答えるとすると，重商主義者の議論は，一般に単なる手間のかかる同語反復にすぎなくなり，またひとつのミステリーとなる．すなわち (a) もしそうだとすると，金山・鉱山をもたない国にとって，地金を獲得する方法は財とひきかえに海外から手に入れる以外にないという主張を，彼らはなぜそれほどまで真面目に長々と示す必要を感じたのであろうか，また (b) 今日われわれが用いている財産，富，利益，繁栄という事柄を考える場合，彼らはこれをどのような言葉を使って言い表わしたのであろうか．

価値を貴金属だけに帰属させる記述とか，そうでなければ富の概念に関連する現在の用語をすべて単なる貨幣を意味するものとして使用する記述は，どちらも重商主義者の文献に多く，ただわずかな異端者だけが，単なる貨幣と富とを実質的にあるいは言葉のうえで混同した罪から自由であったにすぎない．次の著名な重商主義者の著書から引用した代表的な一節は，一方の貨幣数量と，他方の富，財産，繁栄，利益，利潤，貧困，損失の大きさとを混同したという非難を免れないと私は確信している．そのような引用文を増やそうと思えば簡単に増やせる．

　　……王国の富は，次の三つのやり方以外では減らすことはできない．一つは，王国外へ現金あるいは地金を移送することによって，次に，わが国の国産品を安すぎる値段で売ることによって，そして，外国の商品を高すぎる値段で買うことによってである．これが先に述べた超過の主因に他ならない……(55)．

（54） このような議論は，次の穏やかなかたちの議論とは慎重に区別されなくてはならない．例えば，外国貿易は，もし輸出余剰を生み出す場合にはそうでない場合より利益があるとする議論とか，あるいは外国貿易は最上の富の源泉であるという議論である．本文で述べたことは，別の反論にぶつかるかもしれないが，この穏やかなかたちの議論には必ずしも適用されない．本書後出, pp. 24 以下を見よ．

（55） Malynes, *A treatise of the canker* [1601], *T. E. D.* III, 387.

第4節　より多くの地金を欲求する理由

　もし輸出される国産品が輸入される外国品を凌駕して金額で超過すれば，王国は豊かになり，土地と財産が栄えることは間違いない．というのも，その超過は，必ず財宝をもちこむにちがいないからである[56]．

　それゆえ，わが国の富と財宝を増加するための通常の手段は，外国貿易によるのである．その場合に，われわれがつねに守らなければならない原則がある．すなわち，年々われわれが消費する外国商品の価値額よりもなお多く，外国人に販売すべしということ，これである[57]．

　……豊かになる方法は，海外で最高の価値がつけられる捌け口のある商品をたくさんもつ以外にない……[58]．

　外国貿易は，この王国を富ませる唯一の手段である……．輸入品の消費が金額で輸出品を超過するところでは，その超過分だけ損失になるであろう[59]．

　というのも，輸出は利益であるが，銀そのものあるいは再輸出されて他の国々から銀をもたらす商品以外，輸入商品はすべて損失である[60]．

　……金と銀は，唯一のあるいは最も有益な国の財宝である．……輸入される地金だけが，輸出された地金を修復できる[61]．

　もしわれわれが，わが国の製造品をいかなる金額でも外国の消費のために輸出し，

---

(56) E. Misselden, *The circle of commerce*, 1623, p. 117.
(57) Mun, *England's treasure* [1664], Ashley ed., p. 7.（渡辺源次郎訳『外国貿易によるイングランドの財宝』, 1965, p. 17.）
(58) Samuel Fortrey, *Englands interest and improvement* [1663], Hollander ed., 1907, p. 29.
(59) Roger Coke, *A discourse of trade*, 1670, pp. 4, 6.
(60) Carew Reynel, *The true English interest*, 1679, p. 10.
(61) [John Pollexfen] *England and East-India inconsistent in their manufactures*, 1697, pp. 18-19. *A vindication of some assertions relating to coin and trade*, 1699 も間違いなくポレックスフェンの著書であるが，この書は，ダヴナントが自著の *Discourse of Publick Revenues* [1698] の中で，ポレックスフェンの主張に向け攻撃したことに対する苦心の反論である．またポレックスフェンの議論は，[Gardner] *Some reflections on a pamphlet, intituled, England and East India inconsistent in their manufactures*, 1696, pp. 6-7（この論考は，書名の日付け（1696年）にもかかわらず，1697年以前に書くことは不可能であった）の中でも手酷く批判されている．

その国からわが国自身の消費のためにまったく輸入しないとすると，明白なことは，輸出されたわが国自身の製造品の全額は，貨幣でわが国に支払われなくてはならず，その貨幣がわが国の明らかな利得だということである(62)．

　……われわれが外国人と盛んに行っている貿易によって，国家の財産が増加しているか減少しているかを正しく判断するためには，われわれが貨幣を外国人から受け取っているかそれとも外国人に送っているかを調べることである……(63)．

　デランデス（Deslandes）氏は，彼の国が1年間に7百万ポンド・スターリングの貿易差額をもっているというが，もしこれが本当なら，ブリテンの主張できる数字をはるかに超えている．これから推察すると，フランス人はイギリス人より豊かでなくてはならないであろう……(64)．

　現在ヨーロッパ貿易の一般的な交換手段は，金と銀である．それは，時には商品であるが，しかしそれは貿易の究極の目的であり，この金属の1国の保有量の多寡によって，その国は富んでいるとか貧しいとか呼ばれる……．だから，もし大英帝国の輸出額が輸入額を超過すれば，外国人は，わが国にその差額を財宝で支払わなくてはならず，そこでわが国は豊かになる．しかし，もし大英帝国の輸入額が輸出額を超過すれば，わが国は，外国人にその差額を財宝で支払わなくてはならず，そこでわが国は貧しくなる(65)．

　しかしアダム・スミスは，重商主義者の主張が，貨幣と富を無条件に同一視することにどれほど依存していたかを針小棒大にいいたてた．というのもスミスは，このような同一視に覚えのない重商主義者がいたことやこの罪を負わなくてはならない重商主義者が少数であったことを明らかに説明できなかったからに他ならない．確かに，著名な著述家の中には，地金を無制限に蓄積することの望ましさを，貨幣と富の同一視だけに頼って論じる者も少しはいたが，自説を展開する核心部分でこの同一視に頼ることができず，また自分と読み手の双方に対して，これが自明であると示すことができない者も少なからず存在した．

---

(62) *The British merchant*, [1713/4], 3d ed., 1748, I, 28.
(63) Joshua Gee, *The trade and navigation of Great-Britain considered* [1729], 1767 ed., p. 205.
(64) W. Horsley, *A treatise on maritime affairs*, 1744, p. 37．
(65) [Matthew Decker] *An essay on the causes of the decline of the foreign trade* [1774], 1756, pp. 1-2.

第4節 より多くの地金を欲求する理由

　少なくとも啓蒙のときは別として，貨幣と富の区別の認識が自分たちの障害とならずに，かえって当時の問題点の指摘に役立つ場合には，大部分の穏健な重商主義者にとって貨幣と富の区別は十分に明白なことであった．トーマス・モア (Thomas More) は，すでに1516年に，金と銀を重要視する当時の錯覚を粉砕しようとしたが，彼の理想国家においては，ユートピアの住人が金と銀の重要性を過大視しないよう，金と銀の使い途は，外国人傭兵の雇用や低級で現実的目的の船舶建造に限られていた．「またこれら金属を，他の諸国は，あたかも自分たちの人生を手放すかのように悲嘆のうちに手放すが，たとえそれらが全部一度にユートピアの住人から取り上げられたとしても，ユートピアの住人は，誰一人として一銭たりとも失ったと思わないであろう．」[66] 次の16世紀の著述家からの引用では，「財宝 (treasure)」という言葉が，貴金属以上の意味を含むものとして使われていることが示されている．

　　しかし彼は，金，銀，家屋そして土地といった財宝 (treasure) をもっている．
　　彼は，主人として老若男女を支配するであろう……[67]．

　次の引用文の作者は，富について広い概念をもっており，富を表現するのに現在のわれわれと同じ言葉を用いたが，しかし，それを擁護した者たちは，その同じ言葉に別の狭い意味があったと主張した．しかし，注意しなくてはならないのは，ここで引用された著者はすべて，少なくとも重商主義者の極端な貨幣的教義に対する批判者であったということである．

　　……すべての人びとは，どの王国，どの国家あるいはどの連邦の財産あるいは資
　　産も，市民生活に必要なものの所有にあることを知っている[68]．

　　なるほど，ふつう蓄えや財産の大きさは貨幣で測られるが，それは現実というよ
　　り想像にすぎない……．王国の蓄えとか財産は，貨幣だけでなく，貿易のための
　　わが国の商品や船舶，軍用船，そしてあらゆる必要な原材料を提供する倉庫から
　　なる[69]．

（66）　*Utopia* [1516], A. W. Reed ed., 1929, p. 78．
（67）　Roger Bieston, *The bayte and snayre of fortune* [1550年頃], 1894 reprint, p. 21.
（68）　Mun, *A discourse of trade from England* [1621], 1930 reprint, p. 49.
（69）　Papillon, *A treatise concerning the East India trade* [1677], 1696 reprint, p. 4.

財産とは，非常に価値のあるすべてのものを意味する．価値とは，つまり売るに値するものの価格と理解されるべきである……(70)．

人びとの財産と正しく呼ばれるものを定義するのは至難のわざである……．金とか銀の金属に変えられるものも，大地の果実や製造品あるいは外国商品や船舶の蓄えも財産であるが，われわれは，人の役に立つように金や銀をこの国の建造物や改良のために転換してきたものも財産であるとみなす．艦隊や海軍軍需用品と同様，自国や注目に値する外国で人びとの安全に役立っているものは財産であると考える．さらに進んでいおう．航海上の知識やあらゆる種類の技術の改善や軍事上の熟練の上達も，見識や権威や同盟と同様，国の強弱や価値を測る基準になるはずである(71)．

われわれは一般に貨幣と地金を財産と数えるが，それらは，それ自体が財産ではなく，財産を手に入れるための道具であり伝達手段である……．だから，人の財産は，それ自体がわれわれの喜びや生計に役立つものの豊富さにある……．1国の財産は，人間らしい生活に最も役立つ商品の豊富さにある．空気が澄み，土地が肥え，人びとが聡明で才気にあふれ，製造業に忙しく働き，港が開かれ，国々との通商の自由な国は，たとえ1オンスの金・銀がなくても，富める国である……(72)．

言葉を間違って使うとかあいまいに使うことによって，これまで人間の推論に観念の混乱が引き起こされてきたが，富とか財産を貨幣の名称で呼ぶことほど大きな混乱のもとになったものはない．財産とは，国家については，食糧，衣服，家屋，家具，戦争のための蓄え等々といったすべての必需品の全般的な豊富さである．金貨とか銀貨といった貨幣は間違いなく交換手段であり，その数量によって通商商品になるかもしれないし，実際それ自体ひとつの通商商品である．しかし，ポルトガルのように最も貨幣の豊富な国でも，貨幣はその国の財産のほんの少しの部分でしかなく，その国自身は極端に貧しい．だから，金や銀の数量で国の財産を判定することほど誤謬にみちたものはない(73)．

---

(70) Barbon, *A discourse concerning coining the new money lighter*, 1696, p. 2.
(71) Davenant, *Discourses on the publick revenues* [1698], *Works*, I, 381.
(72) [Jocelyn] *An essay on money & bullion*, 1718, p. 11.
(73) [Robert Wallace] *A view of the internal policy of Great Britain*, 1764, p. 2. 類似の富の定義は次でみられるはずである．Gardner, *Some reflections*, 1696, pp. 6-7; Petty, *Political Arithmetick* [1690], *The economic writings of Sir William Petty*, C. H. Hull ed., 1899, I, 259; 同, *The political anatomy of Ireland* [1691], *Economic writings*, I, 192;

類似の文章は，極端な重商主義者の著作の中にさえたまにみられるが，文脈に照らして吟味すると，金・銀と交換できるというだけで金・銀以外の物を富に含めてよいとしたり(74)，海外で地金に交換することに確信がもてないという理由で，金・銀以外の財を貴金属以下の価値の富とみることを擁護することも一般によくみられるであろう(75).

富と貴金属を同一視することは，明示的かあるいは推論を基礎付ける暗黙の仮定としてかを問わず，重商主義者の教義の文献中において，目立った間違いもなく世論の形成に大いに貢献した極端な一面とみなされるはずであるが，この同一視は，臆病な擁護者たちによって幾分弁解ぎみに用いられ，二・三の最も啓蒙的な重商主義者の著書の中では，まったくふれられないことも，またあからさまに拒否されることさえあった．彼らの啓蒙は，重商主義の中心命題をいくつか放棄しがちであった．はっきり同一視したものの中には，単なる言葉だけのものもあったかもしれない．しかし，繰り返していうが，用語のあいまいさは，原因としても結果としても，まさに思考の混乱に深く関係していた．優れた重商主義者の著書において，富を金や銀と絶対的に同一視するよりはるかに重要なことは，国家の福祉に対して最も重要な機能を貴金属に帰することにあり，それが，国富に対する価値として，他に等しい交換価値の商品より優れた価値を貴金属に付与することが適切であると思わせたのである．貴金属の機能についてはいろいろの著述家がいろいろな事柄や組合せを強調したが，結局それは，国家の財宝としての役割や，富の私的蓄えとしての役割や，資本とし

Bernard Mandeville, *Fable of the bees* [1714], F. B. Kaye ed., 1924, I, 197, 301. (同書 I, 376 のマンデヴィル自身の見出し, "Nations : What the wealth of all nations consists in" も見よ.); Berkeley, *The querist* [1735-37], in *Works*, Fraser ed., 1871, III, 357, 402; John Bellers, *An essay for imploying the poor to profit*, 1723, p. 6; [Robert Wallace] *Characteristics of the present political state of Great Britain*, 1758, p. 113 以下.

(74) 例えば, Lewes Roberts, *The treasure of traffike* [1641], McCulloch ed., *A select collection of early English tracts on commerce*, pp. 60-65; John Cary, *An essay on the state of England in relation to its trade*, 1695, p. 10; Erasmus Philips, *An appeal to common sense*, 1720, p. 18; 同, *The state of the nation*, 1725, p. 37; John London, *Some considerations on the importance of the woollen manufactures*, 1740, 序文：「1国の財産は，他国に売って地金を獲得できる財貨を作り上げる住民の労働から生ずるにちがいない．これを理解するのに貿易の深い知識は必要ない．」

(75) 例えば, Thomas Manley, *Usury at six per cent. examined*, 1669, p. 8; [William Petyt] *Britannia languens* [1680], McCulloch ed., *Early English tracts on commerce*, pp. 455-56.

ての役割や，流通手段としての役割を果たすことであった．次に続く諸項では，貴金属のこのような機能について，重商主義者の理論を吟味する．

緊急時の準備としての国家の財宝．——貴金属を蓄積する重要性について，論理的に最も弁護しやすい重商主義者の議論は，財政的な準備を，緊急時に即座に利用できる流動的なかたちで国家が手元にもつ価値にもとづく議論である．貨幣取引が一般的になった場合でも，公共的借入が迅速で信頼できる資金源としてあてにでき，税金が財政需要の変化に素早く対応する正規の収入源になるまでは，貴金属のストックで構成される国家の財宝の蓄積に賛成する意見は多かった．これは中世では共通の習慣であったし，近代までとりわけプロシャでは存続してきた．これは今日の金融政策におけるひとつの重要な要素である．しかし，国家の財宝をそのまま維持するには君主がある程度自分の支出を抑制する必要があったが，ヘンリー VIII 世は，それを乱費し祖先から引き継いだ財宝を散財させて，イングランドの国家財政からこの慣習を消滅させることになった．後の君主たちは，例外なく戦費の調達は借入と特別課税に頼った．さらに，たとえ国家の財宝が維持されたとしても，それは貴金属の際限のない蓄積ではなく，ただ予想される必要に見合った量が要求されるにすぎないであろう．だから，国家の財宝を築き上げるための必要は，緊急時に国の蓄えとして貴金属を際限なく増加させる必要を主張する重商主義者にとって，論理的に十分な根拠になりえなかった．そのうえ，国家の財宝は，17 世紀中は存在していなかったか計画されてもおらず，またスチュアート王の最も忠実な追随者でさえ，継承されあるいは贈与された国家の財宝を，当座の目的のために不当に使わないよう自制できる自信はあまりなかったであろう．事実，重商主義者の文献には国家の財宝の記述はほとんどなく，有利な貿易差額の重要性を支持する意見としてこの記述を使うこともめったにない．国家の財宝がイギリス重商主義者の教義で重要な役割を果たしたという一般的な印象には，歴史的な根拠はない．

国家の財宝に対する当時の文献に見られる二・三の論及でさえ，熱狂的な論調はない．トーマス・モア卿（Sir Thomas More）が国家の財宝にふれるのは，王を強欲から遠ざけ，それによって「人々が貨幣に不足しないで，自分たちの日々の仕事や商売をやっていける」[76] ように，これを最小に限る必要を主張

---

(76) *Utopia* [2d ed., 1556], A. W. Reed ed., 1929, p. 44.

するためでしかない．16世紀前半の別の著述家も，王は，財宝の蓄積を，国内の金・銀量に丁度比例するように制限するか，イングランドの財貨と交換に海外から供給される金・銀量に丁度比例するように制限すべきであり，さもなければ人びとに貨幣の不足が起こって，生産能力が損なわれるであろうと忠告している[77]．マンは，他の重商主義の著述家より詳しく国家の財宝の必要を論じている．彼は，氏名不詳の批判者への反論としてこの慣習を擁護するが，しかし彼は，特別の強制取立てとか税金によって慎重に積み上げられた緊急時の準備としてよりも，豊かなときの日常収入を処理する際に，君主側の倹約を促すものとしてこれを熱心に説いたようである．マンは，上の16世紀の著述家とほとんど同じ線上で次のように助言する．すなわち，君主は，たとえ収入が支出を年間の輸出超過額以上に上回ったとしても，輸出超過額を超えて年々金や銀のかたちで自分の財宝を増加させてはならない．というのも，さもなければ，君主は，貿易と産業で必要な貨幣をすべて財宝に引き込むからである．国家の準備がすべて貴金属のかたちで蓄積されることは，必要ないどころか望ましくさえないと彼はいう．というのも，国家の準備は，より良くそしてより有利に軍艦を建造したり，飢饉の備えとして穀物を貯蔵したり，軍備品を蓄積したり，あるいは市民の生産活動のために貸与するために利用できるからである．マン曰く，

> ……たとい財宝は戦争の腱であるといわれているにしても，しかしそのようにいわれるのは，自体の必要があればいつどこでなりと，人の力・食糧ならびに武器を，調達し・統合し・動かすのが財宝だからである．それなのに，もし，そのときになってこれらのものをみたすことができぬとすれば，われわれが貨幣をかかえているとして，まったくどうにもなるまい[78]．

国家の財宝にわずかにふれたにすぎないものを除くと[79]，ジョン・ハフト

---

(77) "How to reform the realme" [1535年頃], in Pauli, *Drei volkswirthschaftliche Denkschriften*, p. 61.

(78) *England's treasure by forraign trade* [1664], Ashley ed., 17, 18章（渡辺源次郎訳『外国貿易によるイングランドの財宝』1965, p. 121.）

(79) [John Hales] *A discourse of the common weal* [1581], Elizabeth Lamond ed., p. 113; Petty, *A Treatise of taxes* [1662], *Economic writings*, I, 36;「Henry Lloyd」*An essay on the theory of money*, 1771, p. 14.（ここではそれは退蔵として非難され，そのため産業と貿易に有害であると非難される．）

ン（John Houghton）とヘンリー・ホーム（Henry Home）の文献以外に，当時これを論じた文献は見つけられなかった．ハフトンは，どのような資金をチャールズⅡ世が要求すべきかを議決する議会での抗弁の中で，国王の貨幣の退蔵を可とするありうべき反論をする．彼は，そうした退蔵は，外国との交渉で君主に威信と力を貸すと主張する．彼の主張では，イギリス国王で大量の退蔵をしたのはヘンリーⅦ世（Henry VII）だけで，その場合でも国に災いをもたらさなかった．退蔵は，貨幣をイングランドで高価にすることで，海外からもっと多くの地金を輸入させると主張する．しかし退蔵が，罪深い目的への支出を除いて，国王の収入の処理としては最悪であるということは認めている[80]．ホームは，国家の財宝を維持することは支持するが，賢明で善良な政府の存在を条件としている．「貪欲な内閣の手になれば，どれほど多くの財宝でも長くは続かない．大英帝国の内閣の管理では，一瞬のうちに消え失せるであろうし，流通貨幣をほどほどに制限する中でうまくやっていた以前より，必要以上に流通貨幣をふやすことによってもっと大きな損害を与えるであろう．」さらに，彼の国家の財宝を支持する第一の理由は，通常の重商主義者とは矛盾しているように見えたであろう．国家の財宝の効能は，さもなければ流通して物価を上げ，貿易を妨げる過剰な通貨の吸収にあった．財宝の蓄積は，通貨が過剰でないところでは，通商に有害であると彼は主張した．緊急時の準備として役立つことは，どうも彼にとって重要な要素ではなかったようである[81]．

　重商主義者の文献の中には，国家の財宝を，明述しないまでも内心気にかけている文章がいくつかある．そのようなものは，たいてい「軍資金」としての貨幣や，また特に外交上の重要性や，外国の領地内で傭兵部隊によって戦争を行う場合の貨幣の重要性にふれることが多い．しかし，通常の税金や借入を通じて得られる貨幣も利用できるであろうから，特に国家の財宝の金銀を強調するというより，むしろ国内にある多量の金や銀の重要性を強調しようというのかもしれない[82]．これらの文章には，貨幣をその貨幣で買える品物と同一視したり，財政の力を貴金属の量と同一視していると思われるものも多い[83]．

（80） John Houghton, *A collection of letters*, 1681-83, II, 115.

（81） Henry Home, Lord Kames, *Sketches of the history of man*, 1774, I, 82 以下．

（82） そのようなものは，明らかに "Polices to reduce this realme" [1549], *T. E. D.*, III, 324 における主張である．[J. Briscoe] *A discourse of money*, 1696, pp. 27-29. そして Henry Home, 前掲書．

（83） 代表的文章として次の文章を引用してよいであろう．

富の貯蔵としての貴金属．──重商主義者が貴金属を際限なく蓄積する望ましさを信じる本当に重要な理由はまだ論じられていない．この理由は，重商主義者を二つの明らかに別々のグループに分けるが，それぞれのグループは，貴金属の重要な機能について異なった大きく対立する見方をしている．第一のグループは，経済活動の第一の目的を貯蓄または富の蓄積とみなしたために，貴金属に大きな意味をおき，また生産的な投資プロセスの性質を理解できなかったことから，国の貴金属の数量の増加を，富を蓄積できる唯一のあるいは最も実際的な形態であると信じた．

消費を軽蔑して質素や倹約を賞賛することはこの時代の一般的な教義であったが，それは，経済的推論に頼っていただけでなく，その教義の持続力の多くを，道徳的・宗教的な原理と階級的偏見から引き出していた．ピューリタンは，贅沢を非難し，そして倹約と貯蓄を，経済的理由はもちろん道徳的および神学的理由から重要な美徳のひとつとみなした．他方，地主階級は，彼らの宗教や生活様式のいずれにおいても彼ら自身典型的ピューリタンではなかったが，贅沢や成金趣味を世襲貴族の特権とみなして，質素や倹約を中間・下層階級特有の美徳とみなす傾向があった．質素や倹約を賛美して贅沢を非難することは重商主義者の文献に共通しているから，二・三の例を引用するだけでよい．ウィリアム・テンプル卿（Sir William Temple）は，オランダ人を賞讃し，すでに

「……彼［スペイン国王］のインドの金こそ，ヨーロッパのすべての国家を危険にさらし妨害するものである．それは，ヨーロッパの偉大な君主国家において知性を買収し，協議の中にそっと忍び込み，忠義を意のままにする．」──Sir Walter Raleigh, *A Voyage for the discovery of Guiana* [1596], in *Works*, 1751, II. 149.

「［地金の輸出規制］は，軍隊の安全と福祉，国家内部の財宝の保持に関係している．というのも，国家や軍隊は，錨と錨綱と食糧とを装備していなくてはならない海の船舶に類似しているからである．貨幣は国家にとってまさにこれである，否すべてである．」──Thomas Violet, *Mysteries and secrets of trade and mint-affairs*, 1635, p. 35.

「……西インド諸島の富が発見され，その富がますます分散されるようになって以来，戦争は大量の財宝とわずかの戦力で処理され，したがって，豊かな国にとって危険なものでなくなった．」──William Petyt, *Britannia languens* [1680], in McCulloch ed., *Early English tracts on commerce*, p. 293.

「というのも，新しい火薬砲の導入と西インド諸島の富の発見以来，戦争は，人より貨幣の出費となり，最も多く最も長く貨幣を出費できる者が勝利することになる．そこから，女王陛下のヨーロッパの軍隊は，人の数より資力に比例するようになり，自然の道理として，最も有利に管理された外国貿易がわが国の富国強兵を約束し，わが国による世界貿易と世界の富またその結果としての世界それ自体の支配が続くことになる……．」──James Whiston, *A discourse of the decay of trade*, 1693 pp. 2-3.

17世紀初頭に確立し18世紀末期まで続いたと思われる習慣にしたがって，彼らを経済的な事柄でイングランド人が見習うべきモデルとしたが，その理由は，数多くの徳の中でも，「彼らは贅沢品を際限なく供給するが，けっして贅沢はせず，快楽品を売買しても，けっしてそれを口にしない」[84]からである．ペティ（Petty）は，富の獲得手段として何より貯蓄を強調している．

> しかし，これまで考えてきたどれより，金銭的余剰（superlucration）が第一に考慮されるべきである．というのも，たとえ君主がどんなに多くの臣民をもち，その国がたとえどんなに良好でも，もし怠惰や法外な出費あるいは不当な抑圧や不正のいずれかを通じて，獲得したものを手に入れるが早いか即座に使ってしまうとすると，その国は貧しいと考えなくてはならぬ……[85]．

貯蓄重視は，「財産（riches）」から，消費財つまり蓄積向けでなく消費向けの財をしばしば除外して，節約された財とか蓄積された財に財産を限定することによっても示される．次の文章はそのような用語法の代表である．

> 財産の二大原素は土地と労働である．……彼ら［つまり国民］が消費を超えて貯えた労働の成果はすべて財産と呼ぶ……[86]．

> またこの賃金の増加は国家最大の重荷である．賃金の受領者の身なりをよくして怠け者にするだけで，彼らを全然豊かにしない[87]．

> ……国内の消費は，一方が得たものを他方が失うだけだから，国全体は，これま

---

(84) *Observations upon the United Provinces of the Netherlands* [1668], *Works*, 1754, I, 131.

(85) *Political Arithmetick* [1690], *Economic writings*, I, 254. もちろん貯蓄を意味する "superlucration" と貨幣の蓄積（the piling-up of money）の語源的な類似性は，多くの重商主義者にとって貯蓄とは何を意味するかという，私がここで行った議論と関係をもつ．貯蓄に関係する言葉と貨幣を意味する言葉の語源的な関連性は，英語よりフランス語の方が強い．Charles Rist, "Quelques définitions de l'épargne," *Revue d'économie politique*, XXXV (1921), 734 以下を見よ．

(86) ［Thomas Sheridan］ *A discourse on the rise and power of parliaments* [1677], Saxe Bannister の *Some revelations in Irish history*, 1870, pp. 182-83 に再録．

(87) Richard Lawrence, *The interest of Ireland in its trade and wealth stated*, 1682, Part I, p. 28.

でより何も豊かにならない……(88)．

　貯蓄は価値のある商品の蓄積から成り立つという考えは，当然の帰結として，貯えられた富あるいは「財産」を，蓄積には向くが一般的な消費はできないあるいは一般的な消費が予定されていない特別な種類の商品の貯えと同一視することになった．価値が高く，耐久性にも優れ，流行の変化による価値の損失も受けにくい商品であれば，貯えられた富として特にふさわしいであろう．貯蓄の賞讃は，順にこのような商品を，腐りやすい商品や一般の消費向けの商品よりはるかに重要であると考えさせるようにした．貴金属は，富の貯蔵物として，他のどの商品よりこのような適性検査に適合した．ここに，重商主義者が金・銀の重要性を説明するときの重要な要因がある．次の引用文は，富の貯蓄物としての高い適性ゆえに，貴金属に他の商品より並外れた重要性をおくことを示している．

　　また彼ら［つまり外国商人たち］は，この土地から金を運び出し，われわれの手から倹約物を絞り取る．スズメバチが蜜蜂から蜜を吸うように，われわれの商品を減らす(89)．

　　……金や銀は，……他のほとんどの商品が腐敗や変質で悩ませられる時に，その運びやすさと耐久性から，人類にとって現在あるいは将来に有益かとにかく役立つとわかるすべての物を供給するために，最も必要にして長持ちする道具である……．銀や金は，家や土地より好まれて，貿易を増加し改善してきた唯一の道具である(90)．

　　貿易の結果のうち最大にして究極の結果は，富全般ではなく，特に金・銀・財宝の豊富さである．それらは，他の商品のように腐りやすくも変わりやすくもなく，いつでもどこでも富である．これに反して，豊富なワイン，穀物，鳥肉，獣肉等は，もしそのような商品を作って貿易が続き，それによってこの国に金・銀・財

（88）　Davenant, "An essay on the East-India trade" [1696], *Works*, I, 102.
（89）　*The libelle of Englyshe polyce* ［手稿 1436 年］Sir George Warner ed., 1926, p. 21. "Waffore"＝スズメバチ，"minceth our commodity"＝われわれの資源を減らす．この文章は，倹約と貴金属の蓄積を同一視した明白な一例として，ここに引用している．
（90）　Thomas Houghton, *The alteration of the coyn, with a feasible method to do it*, 1695, pp. 5, 15.

宝等を貯えれば利益であるような，その場限りの財産にすぎない[91]．

他の商品はすべて消費者のところで終わるが，貨幣はなお生きて，多くの手を移動すればするほどよい．その結果，ある意味で他の商品のように使っても破壊されずに，あたかも不死鳥のごとく生き続ける[92]．

金と銀は，数多くの理由で，これまで知られた金属の中で最も保蔵に適している．それらは耐久性に富み，傷つくことなく自在に変形され，嵩に比べて高価であり，また世界の貨幣であるところから，あらゆる品物との最高の即座交換物であるとともに，あらゆる種類のサービスを最も容易にまた確実に意のままにできる[93]．

金は保存中に腐食しないから財宝なのであって，その他の金属は，保存中に腐食するかあまりに量が多すぎるから財宝ではない[94]．

　もし仮に貴金属の退蔵物を蓄積すること以外に可能なあるいは実際的な貯蓄手段がないとすると，蓄積される1国の富は，貴金属の数量で制限されて，貴金属の増加以外ではふやせないことになる．もし金山とか銀山がないとすると，この国は，地金で支払われる有利な貿易差額以外では富を増加できない．このような推論は，重要な数多くのイギリス重商主義の著述家グループの貿易差額説を説明するとともに，貿易差額説の正体をあらわにする．次に二・三の代表的な引用文が続くが，そこでは，貯えられた富としての財宝という考えや，貴金属の累積としての貯蓄という考え，したがって有利な貿易差額が財産の増加に不可欠であるという考えが明言または含意されている．

　……［わが国］自身の農産物や製造品の輸出あるいはわが植民地からの輸出によって行われる貿易は，たとえ見返りがすべて腐りやすい商品であっても，わが国

---

(91) Petty, *Political arithmetick* [1690], in *Economic writings*, I, 259-60. 最近出版されたペティの手稿では，金や銀や宝石の蓄積は最善の貯蓄の形態であると述べられている．というのも，それらは耐久性に富み，その価値は時と所で影響を受けず，「道徳的にいって，永久のかつ普遍的な富」であるからである．―― *The Petty papers*, Marquis of Lansdowne ed., 1927, I, 214.
(92) Hugh Chamberlain, *A collection of some papers*, 1696, p. 9. ここでは，富の保蔵と貨幣の流通機能が組み合わされている．チェンバリンは，貨幣の重要性は，他の商品のたぶん同じ交換価値の10倍以上であると述べた．(同書．)
(93) Joseph Harris, *An essay upon money and coins*, Part I (1757), 99.
(94) *An inquiry concerning the trade, commerce, and policy of Jamaica*, 1759, pp. 2-3.

の財産を減らすことはできない．なんとなれば，そのようなわが国の財貨はすべて（もし錫と鉛について異議がないとすると），わが国が貿易しないでおけば腐ってしまうからである．しかし，腐りやすい商品の購入のために行われる貿易で，わが国の生産物を輸出する場合とわが国の地金を輸出する場合とは，はっきり区別するべきである．というのも，後者のような場合，わが国は，耐久的であるとともに最も役立つものを，長く役立つことのできないものと交換するからである[95]．

絹や羊毛品やワイン等々は，金や銀に変えられるかもしれないから，人びとの間で財産とみなされるかもしれないが，国の財産としては，外国に輸出されることによって金や銀に変えられて持ち帰るまでそれに値しない．というのも，これらの商品は腐敗を免れないから，数年の間にまったく消費されなければ無価値となるからである[96]．

人は，生活に必要なものを探している間に富を見つける．というのも，大地は，滋養に満ち，人びとの労働に対して十分にして豊かに報い，そしてこれら豊富な原料から，人類に必要なたくさんの品物が形づくられるからである．これが事物自然の成り行きである．さて，どの国も，このような品物をたくさんもてばもつほど，人びとの生活はますます安楽になり，そのうち消費を超えたものをもつなら何でも，その余剰はその国の財産つまり固有の財産である．この余剰は，他国に送られて，……そこで交換され売られるが，これが1国の貿易である．もし余剰を送られた国が交換に同額の財を与えることができなければ，貿易差額にあたる残額を貨幣で支払わなくてはならないが，この差額の有利な国は，間違いなく富を増加する．というのも，自国の鉱山に貨幣の天然の貯えのない国は，これ以外に貨幣をもちこむ方法はなく，また天然の貯えをもつ国にとっても，これが貨幣を維持する唯一の方法であるからである[97]．

倹約の教義も，別の推論を通じて有利な貿易差額の重要性を強調することになった．重商主義の期間中ずっと，イングランドの輸入品は，大部分高価な贅沢品や便利品から成り立っていた．それらは，倹約を通じた緩慢ながら徳の高い豊かさの過程に役立ったというよりも，娯楽や歓楽の生活に役立った．また，たとえイングランド人が国内商品の消費を控えても，余った国内商品が海外に

---

(95) [Pollexfen] *England and East-India inconsistent in their manufactures*, 1697, p. 49.
(96) 同書，p. 7.
(97) [William Hay] *Remarks on the laws relating to the poor* [1735], 2d (?) ed., 1751, pp. 20, 21.

輸出されなければ，失業を引き起こすか，売れ残って腐敗しやすい商品が山積みになると主張された．だから，輸入を少なくして輸出を多くすることは，倹約と豊かさに必ず付随していなくてはならなかった．こういった考えは広く行き渡っており，別の関連で引用された文章によって十分に例示できる．

「猿や孔雀」，「おもちゃや安物の飾り」の輸入に対する抗議は，重商主義の時代を通して繰り返されるが，すでに 16 世紀には一般的であった．だから，スターキー (Starkey) は，たとえ彼の対話仲間の一人が人生の楽しみを擁護して何かいっても，「単なる人間のおろかな気晴らしや道楽のためだけに，無意味なつまらない物や装飾品を持ち込む商人はすべて」，「悪徳商人」であるとして非難している[98]．

31　**投下資本としての貨幣**．——ほんの二・三の例外はあるが，重商主義者たちは，所有者自身によって使われたり利子付きで貸し出された資本や「ストック (stock)」を，貨幣と同じものとみるか，あるいははっきり区別できないかのどちらかであった．彼らは，資本を直接使うことや利子付きで貸し付けることについていつも貨幣単位で書いたが，概して彼らの分析には貨幣現象の背後まで見抜いた兆候はない．少なくとも言葉の上では，貨幣と資本を同じものとみなしたが，彼らの議論は，言葉だけでなく実質的にも，貨幣と資本を同じものとみなしたときだけ説明できるものが多い．このことは，この時期の重要な教義をみれば一目瞭然である．すなわち，金利は貨幣の利用に対して支払われたとか，金利は貨幣数量に依存したとか，高金利は貨幣不足の証拠であったといった教義であるが，ヒューム以前に，これらの教義を疑う著述家はまれであった[99]．次の文章は，貨幣と資本の一般的な混乱を示している．

　　［イングランド鋳貨の名目価値が上昇した結果でありそのため鋳貨の輸出を妨げる］豊富な貨幣によって，高利はむろん下がり，地価は改善されるであろう[100]．

---

(98)　Thomas Starkey, *England in the reign of King Henry the Eighth* ［手稿1538年頃］, Early English Text Society, 1871, pp. 80, 81. また "Memorandum…on the exchanges" [1564], *T. E. D.* III, 353; "Memorandum by Cecil on the export trade in cloth and wool," [1564？], *T. E. D.* II, 45 も参照せよ．

(99)　本書後出，p. 91 を見よ．

(100)　W. A. Show, *Select tracts…illustrative of English monetary history*, 1896, p. 7 で引用された 1625 年の造幣局員ジョン・ギルバート (John Gilbert) ［の文章］．

金利の低さは，貨幣が充満して大量に存在する絶対確実な証拠である．というのも，金利つまり耐忍は貨幣の価格であるからである……(101)．

さて，貨幣の自然利子は二通りで上昇すると私は思う．第一は，1国の貨幣が住民たちのお互いの負債額と比べて少ない場合，第二は，貨幣の自然利子を絶え間なく上昇させるが，1国の貿易と比べて貨幣が少ない場合である．というのも，貿易では誰でも貨幣を必要に応じて要求する結果，当然この不釣合いがいつも感じられるからである．というのは，もしイングランド人が全部で100万だけ借金し，イングランドに貨幣が100万あったとすると，貨幣はちょうど負債額に比例しているが，もし貿易をしていくのに200万必要であったとすると，100万不足して商品が顧客の半分しか間に合わず，一人の売手に買手二人がいる市場の商品価格と同じように，貨幣価格は上昇するであろう(102)．

この貨幣と資本の混同は，直接的には，1国の貨幣ストックの規模に大きな重要性を置く一因となり，間接的には，この貨幣量を増加させる唯一の方法として，有利な貿易差額の重要性を強調する一因となった．

個人の財務からの類推．──重商主義者の教義のうちで，貨幣を，富とか蓄積され貯蔵された富とか貸付可能な資本と同じものとみることにもとづく変形はすべて，個人の財務からの表面的な類推にその根拠があった．この類推は，大した修正を受けることなく，重商主義の前期から後期にかけての文献の中で繰り返され，この教義の変形は，しばしば古典派の著述家たちの引用文によって支持されている．次の二つの記述はこの類推の前期のものである．

……われわれは，外国人たちに売る以上のものは何も買えないことにいつも注意しなくてはいけない（そのためにわれわれは，自らは清貧に暮らし，外国人たち

---

(101) [William Paterson] *A brief account of the intended Bank of England* [1694]. Saxe Bannister, *The writings of William Paterson*, 2d ed., 1859, III, 85 に再録．
(102) John Locke, *Some considerations* [1691], in *Works*, 1823 ed., V. 9-10. 同じ結果の補足説明については以下を見よ． *Interest of money mistaken*, 1668, pp. 14, 18; John Asgill, on *Several assertions proved* [1696], Hollander ed., 1906, pp. 29 以下; [J. Briscoe] *A discourse of money*, 1696, p. 21; James Hodges, *The present state of England, as to coin and publick charges*, 1697, p. 18; William Wood, *A survey of trade*, 1718 p. 335; *A letter to the…Commissioners of Trade and Plantations, wherein the grand concern of trade is asserted*, 1747, pp. 76, 86.

を富ますべきである）．というのも，彼は，年々の給料以外には何ももたない節約家であったのではなく，市場で売る以上のものを買うやりくり上手であったからである(103)．

それゆえ，わが国の富と財宝を増加するための通常の手段は，外国貿易によるのである．その場合に，われわれが常にまもらなければならない原則がある．すなわち，年々，われわれが消費する外国商品の価値額（value）よりもなお多く外国人に販売すべし，ということこれである．……この常態がわが国の貿易において滞りなく保たれるならば，わが王国が年々20万ポンドだけ裕福になるはずであり，その分が，わが国に財宝としてもたらされることになることは確信してよい．というのは，わが国の元本（stock）のうち商品として戻らない部分は，当然財宝としてわが国にもちこまれることになるはずだからである．思うに，この場合一王国の富（stock）も一個人の財産も同じことになる．いまある個人が年収1000ポンドあり，金箱には2000ポンドもっているとしよう．もし，この人が贅沢をして年々1500ポンドずつ費消すれば，4年間でその現金全部がなくなってしまうだろう．だが，もしかれがつましい暮らしをして，年々500ポンドしか使わぬとすれば，同じ年月のうちにその金が2倍になろう．この法則は国家社会についても必ず同様にはたらくのである……(104)．

明らかにそこには，個人の財務からの類推としての欠点と，解釈としての欠点の両方があるような気がするが，当時この類推にほとんど批判はなかった．パピヨン（Papillon）は，貨幣をため込むために，販売するより少なく購入する農場管理者はバカ者だと指摘した(105)．バーボン（Barbon）は，個人の「貨

---

(103) [Hales] *A discourse of the common weal* [1581], Elizabeth Lamond ed., p. 63.

(104) Thomas Mun, *England's treasure by forraign trade* [1664], Ashley ed., pp. 7-8.（渡辺源次郎訳『外国貿易によるイングランドの財宝』1965年．pp. 17-8.）この類推の他の使用例については，以下を見よ．"Considerations for the restraynte of transportinge gould out of the realme" [エリザベス時代の手稿], in Schanz, 前掲書, II, 649; "Debate in House of Commons on subsidies" [1593], *T. E. D.*, II, 242; Misselden, *Free trade*, 2d ed., 1622, pp. 12-13; 同, *The circle of commerce*, 1623, p. 130; Samuel Lamb, *Seasonal observations* [1659], in *Somers' tracts*, 2d ed., VI, 465; Temple, *Observations upon the United Provinces* [1668], in *Works*, I, 130; Locke, *Some considerations* [1691], in *Works*, V, 19以下と72; Davenant, *An essay upon ways and means* [1695], in *Works*, I, 13; [S. Clement] *A discourse of the general notions of money, trade and exchanges*, 1695, p. 11; Pollexfen, *A discourse of trade, coyn, and paper credit*, 1697, pp. 80以下; Steuart, *Principles of political œconomy*, 1767, I, 421.

(105) Papillon, *A treatise concerning the East India trade* [1677], 1696 ed., p. 4.

幣量」は有限だから尽きることがあるが，国の場合には無限であり，「無限のものは，倹約によって余分に受けることも消費によって縮小させられることもできない」と論じることで，この類推を論破しようとした(106). マンデヴィル (Mandeville) は，倹約とか「節約」が財産をふやす最も確実な方法であることを認めたが，しかし彼は，「労働者を遊ばせないようにするための余分な仕事 (make-work)」を理由に，これは国家にはあてはまらないとした(107). ヒュームは，貨幣数量説を根拠として，個人は貨幣をもてばもつほど豊かになるであろうが，同じことは国にあてはまらないと指摘した(108).

高い物価をもつためのより多い貨幣. ──重商主義についての近代の文献では，重商主義者がより多くの貨幣を欲するのは，主に高い物価を欲する支配的な気持ちに因ると説明されることがあるが，これを弁護する人たちは，このような願望の経済的な理由を，当時支配的であったと彼らが主張する状況に見ている．例えば，もし物々交換経済から貨幣経済への移行期に物価下落の弊害が伴ってはならないとすると，国の貨幣量をふやす必要性があるという状況である．しかし 17 世紀前半の文献においてさえ，物々交換は，すでにはるか昔のイングランドの原始経済に特徴的な制度とされている．16 世紀はじめから 18 世紀の終わりまで，経済史家たちは，物価下落の期間がいくつかあったことに同意しているようだが，イングランドの商品物価の一般的傾向は，下降よりむしろはっきり上昇傾向にあった．しかしこの期間を通して，貨幣不足の不平不満は絶えることがなかった．高い物価を欲求し，高い物価水準を達成する手段としてより多い貨幣を欲求した重商主義者を，とにかく私はほんの少ししか見つけることができない．このような場合，物価が貨幣数量に依存するという認識が必要であったと思われるが，多くの重商主義者にはこのような認識の痕跡もなく，逆に，そのような貨幣数量と物価水準の関係を否定する者もいた(109). そのうえ，重商主義者の中には，より多い貨幣に対する一般的な願望は同じでも，高い物価に不平をいい，代わりに低い価格がよいとする者もいた．彼らに

---

(106) *A discourse of trade* [1690], Hollander ed., p. 11. また同じ著者による *A discourse concerning coining the new money lighter*, 1696 pp. 47-48 も参照せよ．
(107) *The fable of the bees* [1714], Kaye ed., I, 182.
(108) *Political discourses* [1752], in *Essays, moral, political, and literary*, 1875 ed., I, 337.
(109) 本書後出，pp. 41 以下を見よ．

とって，高い物価は害悪であった．すなわち貨幣数量とは関係のない害悪か，あるいはより多い貨幣で救済できると彼らが思った害悪か，あるいは，もし交易が進み，貧しい人びとが生活必需品を買うことができるようになったときに，さらにたくさんの貨幣の必要を生む害悪であった．地金を流入させるためにイングランドの有利な貿易差額を渇望した著述家であったにもかかわらず，その著述家が物価は高すぎると不平をいった典型的な2例を以下に引用する．

　……すべてのものの物価が高いということは，人びとの不平が向けられる最大の問題であり，貧困と飢饉の主要な原因のひとつであるばかりでなく，国王陛下が，驚くべき多額の出費をもってしか敵との戦争を維持することができないあらゆる原因の中の第一原因でもある……(110)．

　……安い商品は貿易を増大させる一方，高価な商品は，その消費を減じるばかりか，商人の取引を減らし，王国の財宝を貧しくし，陛下の関税収入を減じ，輸送や衣料その他における貧しい者たちの仕事と雇用を減じる……(111)．

　イギリス重商主義者の間では，価格インフレ主義者はきわめてまれであり，紙幣を擁護する者でさえ高い物価は望まなかった．重商主義者の中には，自分たちの計画が採用されると地価が上がると主張するものも多かったが，そうした主張の目的は，自分たちの提案に対する地主階級の支持を勝ちとるためとか，

---

(110) "Polices to reduce this realme of Englande" [1549], *T. E. D.*, III, 315.
(111) *Decay of Trade. A treatise against the abating of interest*, 1641, p. 9. 弊害として高い物価に言及した他の文献については，以下を見よ．"How to reforme the realme" [1535 年頃], in Pauli, 前掲書, p. 64; Henry Brinklow, *The complaynt of Roderyck Mors* [手稿 1542 年頃], Early English Text Society, 1874, pp. 49-50; Thomas Wilson, *A discourse upon usury* [1572], Tawney ed., pp. 258, 284, 312, 356; Thomas Milles, *The customers replie*, 1604, p. 13; Malynes, *The center of the circle of commerce*, 1623, 序文; Mun, *England's treasure by forraign trade* [1664], Ashley ed., p. 24; A. V[ickaris], *An essay for regulating of the coyn*, 1696, pp. 23-24; *An essay towards carrying on the present war against France* [1697 年頃], in *The Harleian miscellany*, X (1810), 380; Vanderlint, *Money answers all things* [1734], Hollander ed., 1914, pp. 16, 95; Steuart, *Principles of political œconomy*, 1767, I, 423.
　ライス・ヴォーン (Rice Vaughan) は，*A discourse of coin and coinage* (1675年, pp. 68 以下と第11章) の中で，物価がイングランドで上昇したことを認めたが，それでももっと多くの貨幣を欲した．というのも，貨幣の数量は物価と同じ割合で増加せず，そのため物価上昇が貨幣不足を引き起こしたからである．ヴァンダーリント（前掲書, pp. 15 以下）は，貨幣不足に不平をいったが，救済策として，貨幣供給の増加か物価の引下げにふれた．

第4節　より多くの地金を欲求する理由

彼らの反対を弱めるためであった．とにかく，彼らが日頃基礎にしていた議論は，貨幣が多いことは低金利を意味し，低金利は高い地価を意味する，あるいは貨幣の多いことは貿易の多さを意味し，だから農産物のすみやかな販売を意味する，あるいは貨幣の多いことは生産の多さを意味し，だから輸出額の多さを意味するといったもので，わざわざ高い商品物価にふれることはまれであった．重商主義者の中には，今日では「交易条件（terms-of-trade）」問題と呼ばれる事柄について，輸出価格は高く輸入価格は低いのが望ましいと論じた者もいた(112)．しかし，このような著述家の中の一人は，国内物価がどうあっても構わないといい(113)，他の人たちは，輸出品についてさえ，もし高い物価が販売量を小さくする場合には低い物価が望ましいといった(114)．私は，一般的な高物価への願望を，一点の曇りなくはっきり表明した重商主義の著述家をほとんど見つけられなかったが(115)，少なくとも貨幣とか財産とか所得が同等に増加することになれば，高い物価を弊害とみなさない重商主義者は多かったように思う．ミッセルデンは，イングランド鋳貨の呼称単位を引き上げると提案したが，それに対して，それは商品物価を上昇させることになるという反論を予想してこれに応答したが，このときの彼の立場は，そのような重商主義者のものと思われる．

　また品物の値段の高いのは貨幣を集めた結果であるが，たくさんの貨幣によって全員が十分補償されて，だれの取引も活発になろう．また品物の値段が全員にと

---

(112)　例えば，Malynes, *A treatise of the canker* [1601], *T. E. D.*, III, 389; Locke, *Some considerations* [1691], *Works*, 10th ed., V. 50; Thomas Houghton, *The alteration of the coyn*, 1695, p. 44.

(113)　Fortrey, *Englands interest and improvement* [1663], Hollander ed., 1907, p. 29：「……物の価格がわれわれの間で高かろうが低かろうが，それはどうでもよいことである．というのも，われわれが支払った分だけわれわれが受け取っても，この国はそれによって何の損害も受けないからである．しかし，われわれが外国人と取引するときの方策は，高く売って安く買うことである．そうすれば，これによってわが国の富はふえるであろう」．

(114)　例えば，Robinson, *Englands safety; in trades encrease*, 1641, pp. 55-56; Samuel Lamb, *Seasonal observations* [1659], in *Somers' tracts*, 2d ed., VI, 464; [John Browne] *An essay on trade in general*, 1728, p. 31; [Mildmay] *The laws and policy of England relating to trade*, 1765, p. 62.

(115)　[Petyt] *Britannia languens* [1680], McCulloch ed., pp. 283, 290; Thomas Houghton, *The alteration of the coyn*, 1695, p. 43; Browne, *An essay on trade in general*, 1728, p. 18; Robert Wallace, *Characteristics of the present political state of Great Britain*, 1758, p. 35; Arthur Young, *Political Arithmetic*, 1774, pp. 55 以下．

って等しく高ければ，高く買った人が高く売っても，誰かの害になるとはいえない．王国にとって，たくさんの貨幣で品物の値段が高くされることは，それによって人びとがいろいろの職業で暮らしていけるのであれば，今日みんなの不平を生んでいる貨幣不足で品物の値段が安くされるより，はるかにましである(116)．

流通貨幣の多さは取引の多さを意味する．——多くの重商主義者は，すでに検討した論拠を用いる者も含め，貨幣をただ単に消極的な交換手段とみるだけでなく，手から手に流通する間に取引を積極的に刺激するひとつの力とみて，より多い貨幣を欲した．彼らは，流通貨幣量の増加は取引量の増加を意味しており（あるいはもたらし），また人は売れるものしか作らないだろうから，取引が速まれば，生産が増加し国が富むことになると信じた．ここで注意すべきことは，貨幣は，それ自体で評価されるというよりも，むしろ取引の道具あるいはこれを刺激するものとして評価されていることである．しかし，貨幣の重要な働きとして「流通（circulation）」を強調する著述家は，交換手段として流通する貨幣の概念から貸手から借手に渡る貨幣の概念に転じるものが多く，二つの貨幣概念をはっきり区別することはめったになかった．基礎をなす推論は，特にウィリアム・ハーヴェイ（William Harvey）が少し前に発見した血液の流れからの類推のかたちで示されることが多い(117)．

取引が盛んな場合に流通貨幣の豊富さが重要であることを強調することは，

---

(116) *Free trade*, 1622 pp. 106-7. ミッセルデンの主張では，地主と債権者は，次の規定によって損害から保護されるべきであるという．すなわち，通貨の上昇する前にかわされた契約は，契約当時の貨幣価値で支払われなくてはならないという規定である．（同書）トーマス・マンレー（Thomas Manley, *Usury at six percent*., 1669, p. 67) は，上述の一部を許可なく盗用した．ヘクシャー（*Mercantilism*, 1935, II, 224 以下）は，私以上に，イギリス重商主義者間で高い物価に対する欲望がはるかに広汎に受け入れられているのを発見している．彼の提示する特殊な証拠は，私の間違いを確信させるには十分ではないが，正しいという私の確信をぐらつかせている．

(117) 「この計算手段［つまり，即座に消費されない商品すべてを「混ぜ合わせること」によって，貨幣額に変形すること］によって，動産と不動産のあらゆる財貨が，人がいつも居住する場所の内外で，彼の移動するあらゆる場所に携帯できるようになる．そして同じものが，国家の中で人から人へとやりとりされ，その各部分に（やりとりされるに応じて）栄養を与え循環する．この混合はいわば国家の血液循環である．というのも，自然の血液は，これと同様に大地の収穫からつくられ，循環してその途中で人体の各部分に栄養を与えているからである．」——Thomas Hobbes, *Leviathan* [1651], Everyman's Library ed., p. 133.

「また貨幣は，軍資金のごとく，あらゆる商品がこれによって値付けされる貿易の生命線であるように思われる．また貨幣は，自身を分散させながらあらゆる部位に生命と運動を与える自

第4節　より多くの地金を欲求する理由

すでにかなり初期の著述家にみられる[118]．「流通」を論拠とする最も詳細な説明は，ウィリアム・ポッター（William Potter）[119]とジョン・ロー（John Law）[120]のものである．ポッターの主張は次のようにまとめられるように思われる．すなわち，1国の富は，国内のあらゆる種類の財貨の価値と相等しく，貨幣は，より多い財貨の生産に役立つ場合に限って価値がある[121]．人は，より多くの貨幣をもてばもつほど，より多くまたより速く支出する．もし人がより多くの貨幣を手に入れて，受け取るが早いか消費すると，商人や製造業者の売上高はそれに応じて増加するであろう．もし彼らが貨幣額で5倍多く売ると，物的数量では5倍かそれ以上生産するであろう．というのも，より多い販売量に対しては，より低い価格をつける余裕があるからである[122]．

　……国家または社会については，人びとの間にある貨幣や信用，つまり商品と交換に渡すものの量が多ければ多いほど，販売する商品は多くなる，つまり取引は多くなる．というのも，人びとの間で商品と交換されるものがなんであれ，それが現在よりたとえ10倍多くあっても，それをそれぞれ受け取るや否やあちこち支出すると，その数量の大きさに比例して，（どこで休むこともなく）商品の手から手の回転速度つまり取引を速めることが起こるにちがいないからである[123]．

然の組織体内の静脈血液と同じくらい，戦争と貿易の双方で政治的組織体内において有益である……．」（Samuel Lamb, *Seasonal observations* [1659] in Somers' tracts, 2nd ed., VI, 463.)
　また以下も参照せよ．Bernardo Davanzati, *A discourse upon coins* [1588], (John Toland 訳), 1696, pp. 18-19; *Omnia comesta a bello*, 1667, p. 11; R. Haines, *England's weal and prosperity proposed*, 1681, p. 12; *Taxes no charge*, 1690, p. 11; Berkeley, *The querist* [1735-37], in *Works*, Fraser ed., 1871, III, 395.

(118) Sir Thomas More, *Utopia* [1516], A. W. Reed ed., 1929, p. 44. を参照せよ．
(119) *The key of wealth*, 1650.
(120) *Money and trade considered* [1705], 1750.
(121) 次を参照せよ．Berkeley, *The querist, Works*, III, 395：「死蔵された1ポンドより，流通する1シリングの方が社会の利益ではなかろうか．」；John Smith, *Chronicon rusticum-commerciale, or memoirs of wool*, 1747, I, 414：「また貨幣それ自体は，正しくは富ではない．つまり，それは流通していなければ社会の役に立たない．」
(122) *Key of wealth*, pp. 1-20.
(123) 同書，p. 7．ポッターは後にこの命題を強化さえする．すなわち，貨幣をふやしなさい，そうすれば「取引も富も，貨幣の増加率をはるかに超えて増大するであろうし，また，私が適宜証明するように，それは商品価格を上昇させることなく起こる」（同書，p. 10．p. 6は誤り．）彼の説明によると，これは次の事実によるという．すなわち人は，貨幣を少しももたないと，それを使わないでおきがちであるが，たくさんもつ場合には，それをより速く「回転」させる

ジョン・ローの主張は，控え目であるが本質的に同じである[124]．ポッターとローを含む最も熱烈な流通主義論の支持者たちは，紙幣擁護者であった．しかし，もし紙幣に金属貨幣と同じ価値を認めると，地金流入をもたらすことになる有利な貿易差額を望む肝心の理由がなくなるはずである．次の抜粋が示すように，実際そのようなケースは彼らの中にはあった．

> ……というのも，1国がどれだけ銀をもとうがもつまいが，もし銀がなくても取引できるとすると，彼らはどんな必要を感じるというのか．というのも，彼らが販売できる商品の財産価値（したがって彼らの信用）は，貨幣ではかった価値と同じ実質価値があるからである[125]．

> この金融機関で信用量が高められるならどんな数量でも，この国の現在の正貨ストックに正貨で同量の貨幣が加えられたときと同じくらいよいことであろうし，有用であろう……．国力の内に共通の取引尺度とか取引手段をもち，それが自国の産物から生じることは，金や銀のために外国の国王に翻弄されるより，国にとってずっと賢明であるし有利である……．信用は，退蔵されることもこの国の不利になるように運搬されることもないから，地金とか鋳貨の輸出を妨げる法律をつくる必要も心配もない．われわれはいつも，われわれ自身の信用を……有効に必要なだけ支配できる[126]．

> われわれは，ひとつの外国商品（金と銀）をあらゆるものの基準とし，唯一の取引手段とすることこそが，イングランドの外国貿易に唯一必要なことである．（そうである限り，）もしわれわれがこれを欠けば，すべての貿易はきっと止むにちがいない．しかし，もしわれわれの生活する土地に適し，他国の妨害を受けない（この信用のように）安全な別の交換手段を見つけることができれば，どうしてそれを快く受け入れないことがあろうか[127]．

また，もしその銀行所有者の120万ポンドの資金が融通可能で，いつでも20万

という事実である．（同書, p. 11.）
(124) *Money and trade considered* [1705], 1750, pp. 20 以下．
(125) William Potter, *Key of wealth*, p. 69.
(126) *Englands interest or the great benefit to trade by banks or offices of credit*, 1682, pp. 1-2.
(127) *Several objections sometimes made against the office of credit, fully answered*, 1682 年頃, p. 9.

第4節　より多くの地金を欲求する理由

あるいは30万ポンドを超えて死蔵しないとすると，この銀行は，事実上90万ポンドか100万ポンドの新しい貨幣をこの国にもたらすであろう(128).

どの1年間でも，50万が，貿易によって商業国家にもちこまれようと，あるいは優良証券に対する紙幣として銀行によって発行されようと，同じ目的に役立つであろう(129).

紙幣擁護者の中には，自分の論文の中で貿易差額とか貿易政策にわずかしかふれないかあるいはまったくふれない者もいた．彼らが貿易差額の妄想から自由であった理由は，印刷機によってより迅速により確実にそしてより安価に確保できる貨幣の増加を，わざわざ複雑な貿易規制を通じて確保しようとする政策に関心を失っていたからかもしれない．しかし，紙幣擁護者の中には，伝統的な教義を盲目的に承認したためか，あるいは蓄財論つまり販売以上のものは買うべきでないといった個人の財務からの類推にもとづいて，有利な貿易差額の重要性に対する一般的な信頼に忠誠を示す者もおり，このような著述家は，紙幣の増加は，地金をこの国から駆逐するのではなく，反対に生産と貿易に良好な効果を与えて，貿易差額をさらに有利にすると主張した(130).

貨幣数量説.──通貨のより多い流通量あるいはより多い投下資本を欲した

---

(128) [William Paterson] *A brief account of the intended bank of England* [1694], Bannister ed., *The writings of William Paterson*, III, 85.

(129) Robert Wallace, *Characteristics of the present political state of Great Britain*, 1758 p. 37. しかしウォーレスは，国の地金ストックの状態を時には心配している．

(130) 例えば，Samuel Lamb, *Seasonal observations* [1659], *Somers' tracts*, 2d ed., VI, 455; Edward Forde, *Experimented proposals* [1666], in *The Harleian miscellany*, VII, 343; M. Lewis, *Proposals to the King and Parliament, or a large model of a bank*, 1678, p. 20; Richard Lawrence, *The interest of Ireland*, 1682, Part II, p. 11; *An essay towards carrying on the present war against France* [1697年頃], in *The Harleian miscellany*, X, 380; *Proposals for restoring credit : for making the Bank of England more useful and profitable*, 1721, p. 17; Robert Wallace, *Characteristics of the present political state of Great Britain*, 1758, p. 30. ポッターとローの見解については，本書後出, pp. 45-47も見よ.

　しかし若干の著述家は，銀行券は貿易差額を不利にし金属貨幣を国外へ運び出すという理由で，銀行券に反対した．例えば，Vanderlint, *Money answers all things* [1734], Hollander ed., p. 15; Patrick Murray (Lord Elibank), *Essays, I. on the public debt, II. on paper-money, banking, &c., III. on frugality*, 1755, pp. 20-25; また十分に驚くべきことだが，David Hume, *Political discourses* [1752], in *Essays, moral, political, and literary*, 1875 ed., I, 311, 377以下.

から貨幣供給を増加しようとした重商主義者たちは，疑いもなく，取引とか資本の真の物理的増加を欲したのであり，減価した貨幣単位による単なる名目的な増加を欲したのではなかった．だから彼らの教義は，比例的であろうとなかろうと，いずれにしても価値が貨幣数量とは逆に変化するどの貨幣価値理論とも鋭く対立するようにみえる(131)．ただ貨幣の増加を，富の退蔵とか貯蔵として用いるために欲した重商主義者だけは，貨幣数量説を受け入れても矛盾は起こらなかったと思われる．重商主義の著述家の多くは，貨幣価値が貨幣数量に依存するという認識を口にしなかった．実際，彼らの中には，高い物価の結果起こる弊害の救済策として，より多い貨幣を欲した者もいた．しかしロックが時々，貨幣数量説をイギリスで最初に明確に定式化した人とされるとはいいながら，重商主義者の多くは，17世紀の初頭から，ひとつか二つの文脈で単純な数量説の見方を示していた(132)．もっとも，ほとんどの場合，彼らは，数量説を自分たちの外国貿易の教義に欠かせない部分として組み入れることも，数量説と残りの教義の一貫性について関心を示すこともできなかった．次の引用文は，ロックより40年から90年も前の著書の文章であるが，貨幣価値について何らかのかたちの数量説を示している．

> ……貨幣がたくさんあれば，一般に品物の値段を高くし，不足すれば安くする．それに反して品物は，それ自体かその利用が多いか不足しているかにつれて高価にも安価にもなる(133)．

> ……ちょうど貨幣の豊富さが品物の値段を高くし，貨幣の不足が品物の値段をかなり安くするように，商品の豊富さと不足は，その価格を利用が多いか少ないかにつれて上げたり下げたりする(134)．

---

(131) 本書後出，pp. 76以下の「自己調整メカニズム」の理論の議論も見よ．
(132) エンジェル (J. W. Angell, *The theory of international prices*, 1926, pp. 13, 15, 18 等々) は，特にマリーンズとマンそして一般的にロック (1691) 以前のすべてのイギリス重商主義者について，彼らはどんなかたちの数量説ももっていなかったという．モンロー (A. E. Monroe, *Monetary theory before Adam Smith*, 1923) も同じ印象を与える．国際貿易理論の諸々の目的にとっては，数量説を定式化するやり方が違っても，ふつうほとんど質的な重要性をもたない．しかし本文で示したように，いろいろ異なるかたちの数量説がロック以前のイギリスの著述家たちによって提示された．
(133) Malynes, *A treatise of the canker* [1601], *T. E. D.* III, 387.
(134) Malynes, *The center of the circle of commerce*, 1623, p. 14.

第4節　より多くの地金を欲求する理由

　一般にいわれているように，貨幣が潤沢であるか不足しているかによって，一切の物品の価格が高くなり，あるいは適当になり，あるいは安くなる……(135)．

　金や銀は……本質的には……商品であり，それが豊富であるか不足しているかにしたがってお互いを評価するが，その他の商品はすべて，金や銀によって評価され，それが唯一無二の貿易の原動力である(136)．

　……貨幣は，不足しているか豊富であるかによって，あらゆる品物の価格を上げたり下げたりする……(137)．

　……貨幣の不足している国では，土地と国産品の値段は安く，同じように貨幣のたくさんある国では，その土地と商品は高い……(138)．

　数人の重商主義者は，貨幣数量説と自分たちの教義の明らかな対立を真正面から受け止めて，二つは調和できると主張するかあるいは数量説の真理を否定するかのいずれかによって問題に応えようとした(139)．明らかに，その前者はウィリアム・ポッターであったが，彼は，この関連で当然受けるべき注目を受けてこなかった(140)．ポッターは，すでにみてきたように(141)，流通貨幣の増

---

(135) Mun, *England's treasure*〔1664年―1630年頃執筆〕, Ashley ed., p. 28. p. 24 も見よ．（渡辺源次郎訳『外国貿易によるイングランドの財宝』1965, p. 41.）

(136) Sir Robert Cotton, "A speech touching the alteration of coyne"〔1626〕, in *Cottoni posthuma*, 1672, p. 303.

(137) Henry Robinson, *Englands safety; in trades encrease*, 1641 p. 60. 文字通り解釈すると，これは数量説とは反対のようにみえるが，前後の文脈から，そのように解釈される意図のないことがわかる．

(138) *Decay of trade*, 1641, p. 2. また *A discourse…for the enlargement and freedome of trade*, 1645, p. 23 も見よ．1650年以降では，本文で論じられた著述家に加えて，次の人びとが引用されてよい．Ralph Maddison, *Great Britains remembrancer*〔1640〕, 1655, p. 7;〔William Paterson〕*A brief account of the intended Bank of England*〔1694〕, in Bannister ed., *Writings of William Paterson*, III, 85; John Briscoe, *A discourse of money*, 1696, pp. 47-58:

$$\left(\frac{貨幣量}{人\ 数}=貨幣賃金率=物価\times 平均実質所得\right)$$

Vanderlint, *Money answers all things*〔1734〕, Hollander ed., pp. 13, 44;〔Erasmus Philips〕*The state of the nation in respect to her commerce*, 1725, pp. 40 以下．ヒューム（1752）以降，数量説は特別なものではなくなった．

(139) しかし，エンジェルの前掲書, p. 211 を参照せよ:「イングランドでは，この対立する二つの教義を調和させる努力は，かつてまったくなされなかった．」

加は，取引や生産あるいは流通中の財貨に比例以上の増加をもたらすと主張した．彼は，貨幣数量説を論駁するために，この説をあまりにも単純で偏頗なかたちで述べている．

> だから，もしこうして証明を保証するものに反対して万一異議をはさむとしたら，次の理由であろう．すなわち，貨幣増加は，その増加に比例して商品価格の上昇を引き起こし，（つまり貨幣が2倍になると商品は2倍高くなる）その結果，（この増加による影響はそれ以上けっして商品に及ばないから）商品の販売増加を引き起こさないし，だから取引の増加も引き起こさないであろうが，それにもかかわらず（商品価格の上昇が起こることによって）不便が起こるであろう[142]．

彼の答えに苦心の跡はみられるものの，必ずしもよくわかるものではない．彼は，攻撃相手の貨幣理論の基礎を，貨幣の増加が（商品需要をふやすことによって？）（物的な？）販売量の増大を通じて物価を上昇させることにみた．［ところが］彼は，もし貨幣が2倍になって商品価格が2倍になっても，（物的な？）販売量は増えないだろうと答えている[143]．この理論は，だから矛盾を含んでいる．彼はそこで別の推論をもってきた．迅速な取引は低利潤を可能にし，まただから低価格を可能にする．迅速な販売は，職人らにさらに迅速な生産を可能にするが，もし彼らがより多く販売すれば，彼らには低い価格をつける余裕ができる．だから取引に対する貨幣増加の刺激の結果，量の増加が起こると，物価を上げる代わりに低下させるであろう．物価は，商品増加の割合が貨幣増加より低い場合に限って上昇するであろうが，それはありそうもない．しかし，たとえ物価が幾分上昇したとしても，生活を安楽にする品物は，安価でも少量しかもてないときより，高価でもたくさんあったほうがいい[144]．

もう一人の紙幣擁護者ジョン・アスギル（John Asgill）は，貨幣数量説の真

---

(140) デュボア（Dubois, *Précis de l'histoire des doctrines économiques*, 1903, I, 258 以下）は，どの重商主義の注解者より，貨幣数量説の発展によって作り出された教義の諸困難を鋭く扱ったが，彼も彼を引き継いだエンジェル（前掲書）もポッターにふれていない．デュボアは，この関係ではローとヴェリ（Verri）がきわめて重要であるとしたが，ここで関連する点については，二人よりポッターの方が先んじていた．
(141) 本書前出, pp. 39-40.
(142) *Key of wealth*, 1650, p. 13.
(143) 同書, p. 13. p. 15 も参照せよ．
(144) 同書, pp. 17-20.

理を荒唐無稽な別の理由で否定した．すなわち，貨幣増加は金利を下げ，だから土地価格を上げるだろうが，商品一般の物価は上げない．というのも，「穀物や家畜の価格は，貨幣利子と一緒に上がったり下がったりしない」(145)からだという．ジョン・ローは，数量説に対して，一部はポッターと似た議論で，一部はロー自身の推論で攻撃した．貨幣増加の結果取引や産業が刺激されると，商品が増加するであろう．というのも，貨幣が借りやすくなって，商人が商売の手を広げてこれまでより低い利潤率で販売できることになれば，貨幣価値は下がらないつまり物価は上昇しないであろうという(146)．貨幣は，人びとに対して存在する貨幣需要より多い貨幣数量が与えられる場合に限って，その価値を下げる．もし需要に見合って貨幣が発行されれば，「数量と需要の増減が一緒だから，」(147)貨幣の価値は減価しないであろう．ローは，もしいずれか特定の国の貨幣数量が，「その国がヨーロッパに対してもっている割合を超えて増加すると」，物価は上がるが，その物価上昇は他国に広がり，貨幣価値は，どの国でも同じかあるいはその近辺になると認める．貨幣の増加した国は，それによって大きく得をするであろう．「というのも，この国は，増加した貨幣数量の全利益を得るが，減価した貨幣価値の持分は，この国の貨幣がヨーロッパの貨幣に対してもつ割合に応ずるだけであるからである．」(148)何が他国の物価を上昇させるのか，彼は説明しない．

　別の著述家ジェームズ・ホッジズ（James Hodges）は，貨幣が不足していると不平をいったが，この不足の救済策として，金銀食器を集めてそれを鋳造し，

---

(145) *Several assertions proved* [1696] Hollander ed., p. 20. もちろんこれは，貸付資本と貨幣を混同した珍しく明白な例である．

(146) *Money and trade considered* [1705] (Glasgow, 1750), pp. 141-42. また *Englands interest or the great benefit to trade by banks*, 1682 p. 7 も参照せよ．もし銀行が設立されると，「あらゆる種類の商品は，それを製造販売する者に損害を与えることなく，それまでより安価な値段で供給されるであろう．というのも，取引はより大きく迅速になっているであろうからである．」

(147) ジョン・ローの前掲書, pp, 166-73, 221. この主張は，19世紀の「銀行学派」の教義のさきがけであるが，しかし銀行学派は，これを兌換銀行券に適用しただけで，不換銀行券には適用しなかった．

(148) 同書, pp. 142-43. ローの推論は，ハンフリー・マクワース卿（Sir Humphrey Mackworth, *A proposal for payment of the publick debts*, 2nd ed. (1720年頃) pp. 9-16) によって，許可なく大部分一言一句同じ言葉で長々と繰り返される．数量説も B-I-M. D. [William Temple of Trowbridge] (*A vindication of commerce and the arts* [1758], McCulloch ed., *Select collection of scarce and valuable tracts on commerce* 1859, pp. 517 以下) によって攻撃されるが，攻撃のやり方はあいまいで効果のないものであった．

イングランドの標準鋳貨の貨幣価値を引き上げることを欲した．彼は，これらの処置によって鋳貨の流通量が増加することになり，その後はじめて物価が高くなると主張した．だから，物価への影響はゆっくりであろうし，その間に取引が刺激されるであろう．しばらくして，鋳貨の価値が次第に下げられ，余分の地金は，もし所有者が望めば再び食器に作り直されることも可能であろう．彼の議論は，上昇する物価は取引に対する刺激であるというヒュームの教義の前ぶれとして興味深く，また永続的な物価水準の上昇を伴うことなく，この刺激を得る方法を見つけようと努力した点で興味深い．その論理を一応認めるとして，この計画に伴う困難は，当然の成り行きとして，刺激の期間後に，少くともそれに相当する期間の不景気が続くことである(149)．

　ポッターもローも，貨幣（紙幣）の増加が貿易差額を有利にして，地金の流入をもたらすと主張した．ポッターは，増加した貨幣数量の有益な効果で，イングランドは他のどの国よりも多く売ることができると論じた．というのも，「ある国の大きな貿易は，他国のより小さな貿易を弱体化し侵蝕する能力をもつ」(150)からであるという．理由は説明されなかったが，もしそれが，貨幣数量が増加した結果生じると主張されたイングランドの物価下落でなければ，外国商品の価格もイングランド商品の価格も両方とも，外国ではなくイングランドで下落するであろう．だから，輸出額は地金で支払われ（またおそらく輸入はイングランドの商品輸出で支払われて），その地金はむだなくイングランドの貨幣に鋳造できる．しかし，まれにみる一貫性をもって，ポッターは，紙幣とか信用が代替物として利用できる場合は，金属貨幣はイングランドにとって重要でないと認める(151)．ローは，ポッター以上に貿易差額の状態に関心を示したが，彼も，紙幣発行を通じた貨幣量の増加が差額を有利にすると主張した．「大多数の人は，貨幣不足はただ期日の到来した貿易差額の結果であるとばかり思っているが，それは，結果と同様に原因でもある．差額をわが方にひきつける効果的な方法は，貨幣を増やすことである．」(152)貨幣が多ければ多いほど，人びとをより多く雇用することによって輸出可能な財貨の余剰を作り，また，もし十分な貨幣が発行されれば，生産は輸入より多く輸出する水準に達するであろ

---

(149) *The present state of England*, 1697, pp. 27 以下，122 以下，230 以下，333.
(150) *Key of wealth*, p. 12.
(151) 同書，pp. 68 以下．
(152) *Money and trade considered* [1705], 1750, p. 217.

う．反対に，もし貨幣量が減らされれば，労働者の中には仕事のない状態にされる者も出るであろうし，国内生産量は縮小して輸出額は減り，差額は不利になるであろう(153)．このような貨幣数量の変化の結果を，どうも彼は一時的なものではなく，新しい貨幣数量が続く限り持続すると考えたようである．

退蔵物と金属食器についての重商主義者の見方．──重商主義者たちは，1国の地金増加がもたらす便益の性格についてそれぞれ違った考えをもっていたから，守銭奴や金・銀製食器の収集家や高利貸しや浪費家に対する彼らの受け止め方も違っていた．増加した地金供給の第一の効能を流通への刺激においた重商主義者は，私的な退蔵物は悪であると非難し，また，例えば地金を金属食器の製造で用いるような，地金を貨幣として流通させない慣習も反対すべきものとみなした(154)．ヴォーン（Vaughan）は，退蔵や金属食器の使用を貨幣不足の一因であると非難し，貨幣を溶解してそれを金属食器に作り替えることをくい止める，奢侈禁止令を推奨した(155)．匿名の一著述家は，英国国教会を，本来流通すべき財宝を退蔵したという理由で批判し，「それまで取引で流通していた貨幣が彼らの金庫の中でせき止められている」とした(156)．この批判に対する応答として書かれた別のパンフレットは，同じ理由で過度の銀製食器を非難したが，退蔵はあまり大きくはないから警告の理由はないとし，また教会を弁護するために，聖職者たちには，現実にはなかった「お金の死蔵」をしつづける場合だけ，一般的な貨幣不足の責任が課せられると主張した．同じように，貨幣退蔵者としての高利貸しに対する不平も根拠はなかった．というのも，「高利貸しの貨幣は，貿易業者に輸出用商品を準備させるか，輸入したものを紳士に買い入れさせるかのいずれかによって，高利貸し以外の人に役立ってい

---

(153) 同書，pp. 23-24. ハンフリー・マクワース卿は，ここでもローから盗作した．*A proposal for payment of the publick debts*, 1720年頃, p. 9.

(154) 次の *A Discourse of the nature, use and advantages of trade*, 1693 p. 20 を参照せよ：
　「次のことも同様に熟考されるべきである．すなわち，どの家族も実にたくさんの金属食器を所有するという不可思議な気質によって交易の進歩が大きく妨げられないかどうかということ，もしその金属食器が鋳貨に変えられれば，大抵の交易を限りなく促進するが，金属食器のままであれば，さもなければその食器を利用したり装飾するために用いられた多くの製造品は無視するとして，地球の内部に埋もれている場合と同じくらい公共の利益にならないということをである．」

(155) Rice Vaughan, *A discourse of coin and coinage*, 1675, p. 66.

(156) *Omnia comesta a bello*, 1667, p. 10.

る」(157)からである．マンレー（Manley）は守銭奴にケチをつけた．というのも，「守銭奴の金庫に封印されたカネは，山と積まれた肥料のように何の益にもならないが，分散されて海外にきちんと配分されれば，国を豊かにする」からである(158)．匿名の著述家は，守銭奴の退蔵金に課税して，特に貿易不振の戦時下に彼らの貨幣をいくらか流通に引っぱり出すことを欲した．彼は，「適正な法律によって財宝を鉄の箱から持ってくること」と，地金を外国貿易を通じて確保するために「長く危険な航海によって海を切り開くこと」の間に「違いはない」と書いた(159)．ロックは，法律によって金利を引き下げることに反対したが，その理由のひとつは，それが，人びとに貨幣を貸す代わりに「死蔵」させ，その結果貿易に損失をもたらすからであった(160)．ペティは，金属食器より貨幣を好んだが，その理由は，貨幣は貿易のためになるからだと述べた(161)．ヒュー・チェンバリンも同じことをいった．「貨幣は生きている財宝であるが，金属食器は死んでいる．貨幣は貿易を変え貿易を改善できるが，金属食器にそれはできない．」(162)

ホッジズの政策にはすでにふれた．すなわち，一般的な貨幣不足を救済して，取引にゆるやかな物価上昇の刺激を与えるために，「額面を引き上げた（raised）」貨幣と引き換えに金属食器の3年間の強制的な引渡しを行い，この間の金属食器の所有を禁止するという政策に他ならない(163)．別の著述家は，古くしたがって過少評価された鋳貨の退蔵金を流通に引き出すため，貨幣の額面を5％引き上げる類似の計画を主張した(164)．ある著述家は，他の著述家が退蔵貨幣と流通貨幣に限定した比較対比を，退蔵された信用と流通している信用の間の対比でも行った．退蔵された信用とは，その高い金利のために，貨幣

---

(157) *Et à dracone : Or, some reflections upon a discourse called Omnia à belo comesta*, 1668, pp. 5 以下. *Taxes no charge*, 1690, pp. 13 以下を参照せよ.
(158) Thomas Manley, *Usury at six per cent. examined*, 1669 p. 53. マンレーは，この類推をフランシス・ベーコンから拝借した．「貨幣は，肥料に似て撒かれなければ価値がない．」"Of seditions and troubles" [1625] in *Works*, 1852, I, 23. しかし，前後の文脈が示していることは，ベーコンは，より平等な富の分配のことをいわんとしたのであって，貨幣の流通ではなかった．
(159) *Taxes no charge*, 1690, p. 17.
(160) *Some considerations* [1691], *Works*, 1623 ed., V, 12.
(161) *Political arithmetick* [1690], *Economic writings*, I, 243.
(162) *A collection of some papers*, 1696, p. 4.
(163) 本書前出, p. 46.
(164) *The circumstances of Scotland consider'd*, 1705, p. 25.

として使われる代わりにもち続けられた大蔵省証券のことである．「……信用が手から手に頻繁に渡ってこそ，信用は取引に大きく役立つ．というのも，貨幣か信用のいずれかが退蔵される場合，それは流通しているというより停滞しているというほうが適切であるからである．」[165] ポッスルウェイト (Postlethwayt) の奇妙な論法によれば，利子付きの貨幣の貸付は，退蔵を引き起こすから流通の観点から非難されるべきであるという．もし貨幣が退蔵されれば，取引量は減少するであろう．退蔵貨幣を取引に引き戻すために，貨幣を強く必要とする人が，その借入に金利（「利潤」）を申し出るであろう．その結果その他の金持ちは，取引に「自分のお金を流通させる」代わりに，「お金を封じ込めて」貨幣の貸付機会を待ち，取引ではなく高利によって所得を得ることを選ぶであろう．取引からそのように引き上げられた貨幣は，いつかは貸し付けられ，こうして取引に復帰するであろうが，ひとつの取引制限として働く金利負担を負う[166]．

同じ理由から，銀行の設立に反対して，銀行は貨幣を独占して貨幣を流通させないと考える著述家もいた．例えばチャイルドは，「主としてこの外見上の貨幣不足は，流通を妨げる銀行家の取引から生じる」と主張した[167]．不思議なことにポッスルウェイトは，上述の利子付きの貸付が貨幣流通に及ぼす影響について自分の見解を熟考するうち，私が見つけたこの議論に最も効果的な返答をした．

> ここで，一部の人びとによって抱かれた誤った観念，すなわち銀行と銀行家たちは貨幣を独占し，それを退蔵して取引における流通を妨げるという観念に注意することが必要かもしれない．しかし，彼らがもしこれを真実の光の中で考えれば，銀行と銀行家の手に預けられた貨幣が最も繰り返し用いられることが容易にわかるであろう．というのも，正貨は必要あるまで留め置くべきものであるが，価値に見合って発行された紙幣は，継続的に流通するからである．それによって，個人の手に眠らされておかれるより十分に取引に役立ち，預金者の必要にも有効に

---

(165) *The vindication and advancement of our national constitution and credit*, 1710, p. 84.
(166) Malachy Postlethwayt, *Great-Britain's true system*, 1757, pp. 337-42.
(167) *A discourse about trade*, 1690, 著者序文．以下も参照せよ：*Reasons offer'd against the continuance of the Bank*, 1707; *A short view of the apparent dangers and mischiefs from the Bank of England*, 1707, p. 12; *Some queries, humbly offer'd…relating to the Bank of England*, 1707, p. 1; *An enquiry into the melancholy circumstances of Great Britain*（日付なし，1730年頃），P. 36.

応じられる(168).

ひとたび退蔵することや鋳貨とか地金を金属食器用に使うことが攻撃されると，それらを弁護するものは少なくなり，金や銀を糸にしたりメッキに用いることはほとんど全面的な非難を受けた．けれども，マンは，鋳貨を溶解して金属食器にすることについての規制に反対した．その理由は，金や銀は，もし鋳貨の形をとっている場合，外国財貨購入の支払いのときに，金属食器の形をとっている場合より王国から運び出されやすいことにあった(169).マンより前に，ミッセルデンは，王国内の金属食器が多すぎると貨幣不足の原因になることを認めながら，地金を金属食器の形にしておく方が，鋳貨に変えたために，それが当時イングランドに広まっていたとされる鋳貨の過少評価を理由に王国から出ていってしまうよりマシだと考えた(170).16世紀の著述家の一人は，地金を金属食器用に使うことを大目にみたが，その理由は，金属食器が，国王が大戦争の際に，「下院の機嫌を何ら損ねることなく」引き出すことのできる第二の国家の緊急準備のようなものを形成することになったからであった(171).同じ議論は，その後の文献で折にふれ見つけられるが，ブリスコー（Briscoe）は，これを私的退蔵物の擁護論として展開している．退蔵された財宝や地金や鋳貨は，「国家財宝の資本ストック」の一部であり，国の危機に際して引き出すことができる．私的退蔵物は，国王が貯えた財宝と同じ価値がある(172).

17世紀の終わり頃に新しい教義が現れた．そこでは，貨幣と商品の間には「適正比率（due proportion）」が存在しており，したがって，取引需要に関する限り，貨幣超過の可能性もあるとされた．貨幣数量説も，貨幣量の増加は物価上昇によって輸出額を減らし，結局国に損害を与えるという結論を出す傾向があった．「取引に対する貨幣の適正比率」とか数量説にもとづいて，どのよ

---

(168) *The universal dictionary of trade and commerce*, 4th ed., 1774,「銀行業」の項目．実際に銀行批判の何人かが抱いた危険は，手元貸付資金の大部分を支配する大銀行であれば，信用を独占的に支配して，法外な利子を課し，借り手を選別できるのではないかということであった．*Remarks upon the Bank of England, with regard more especially to our trade and government*, 1705; *A short view of the apparent dangers*, 1707 pp. 10 以下を参照せよ．

(169) *England's treasure* [1664], Ashley ed., p. 28.

(170) *Free trade*, 2d ed., 1622, p. 11.

(171) "Policies to reduce this realme" [1549], *T. E. D.*, III, 323-24.

(172) J. Briscoe, *A discourse of money*, 1696, pp. 27-29. また Henry Robinson, *Englands safety; in trades encrease*, 1641, p. 9 も参照せよ．

うな一定の組合わせの状況の下でも流通可能な最大貨幣量があることを認めながらも，貴金属に特別の重要性をおいた著述家たちは，貨幣を金属食器に作り変えたり退蔵することを，地金の輸入を促進するか地金の流出を阻止するいずれかの手段として是認したらしい．疑いもなくこの推論によって，ジョン・ハフトン (John Houghton) は，「もし国王がたくさんの貨幣を退蔵すれば，貨幣を当分高価にして，その高価が貨幣をより多くもたらし，それが貨幣を以前にも増して豊富にする」という結論に導かれた(173)．ペティは次のように書いた．「というのも，国内の貨幣は，少なすぎることと同様に多すぎることもあるかもしれない．私は貿易の最高の利点についていっているつもりであり，救済策はきわめて簡単である．貿易は，壮大な金や銀の船舶に直ちに変容できる」と(174)．

同じ理由から，別の著述家は，もし商売をしたり「生活費を払う」のに必要な量を超える貨幣があったなら，金属食器の利用増加を許し(175)，またヴァンダーリント (Vanderlint) は，数量説を認めて低物価を欲しながらも，同時に正貨で支払われるべき有利な貿易差額を欲し，この明らかに相反する目的を達成する手段として，金や銀の私的な退蔵や金属食器への利用や，さらに金や銀の衣服やメッキに利用することさえ奨励されると主張した．彼は，受け取った銀を退蔵する東インド諸島の人びとの慣習を引用して，この慣習の結果物価は低いままであり，輸出額は輸入額を超過しつづけ，差額はさらに多くの銀で支払われたとして，この慣習に賛成した(176)．ハリス (Harris) は，同じジレンマのある類似の解決策を提示している．もし有利な貿易差額の結果として地金の流入が続いたとすると，

> 地金を金属食器に変えることによるか別のやり方によって，地金を貨幣として貿易に入りこませないように地金を死蔵すると，地金の増大は続き，この場合には富の実質的な増大となる．……増加した地金を再び貿易の中に出ていかせると，差額はじきに不利に転じるであろう(177)．

---

(173) *A collection of letters*, 1681-83, II, 115.
(174) *The political anatomy of Ireland* [1691], *Economic writings*, I, 193.
(175) *The circumstances of Scotland consider'd*, 1705, p. 9.
(176) *Money answers all things* [1734], Hollander ed., pp. 94 以下.
(177) Joseph Harris, *An essay upon money and coins*, Part I (1757), 89.

しかし金や銀は，金属食器の形態が最も良い貯蔵形態である．

しかし人びとは一般に現金でひそかに蓄えないであろう．誰も自分の富を見せびらかしたいし，有り余る富を若干費用のかかるものに使うことを望む．だから，どの国の場合も，死蔵の財産を守る方法として，もろくてこわれ易い商品に使うより，趣向を凝らした金属食器に用いることほど有効な方法はないように思われる．金属食器は，危急存亡のとき，国家財源そのものである．というのも，貴金属はこれまで鋳貨の形を与えられていなかったからである(178)．

ヒュームは，1752年に，国家による退蔵は貴金属の供給を均衡水準以上に高めることができる唯一の手段であると主張する一方で，これは，「有害極まりないとしてわれわれすべてがこぞって非難の声を挙げることになりそうなやり方，つまり，巨額の金銀貨を国庫に収納して固く錠を下し，その流通を絶対的に阻止してしまうやり方」であると論評した(179)．

ヘンリー・ホーム（Henry Home）は，貨幣数量説の教えを盲信しすぎた結果，輸出余剰を輸入余剰と同様，国家にとって危険であるとみなした．輸入余剰は，物価下落と産業の停止をもたらす貨幣の対外流出を意味した．輸出余剰は，正貨の流入，乱費，物価上昇，その結果として輸出額の下落，輸入額の上昇，再度の不利な差額，そして正貨流出の再来を意味した．望まれたのは釣り合いのとれた差額であった．だから，「わが国の流通鋳貨が勤勉な隣国の流通鋳貨を超過せぬように，外国の造幣局の記録を注意深く監視するようにしよう．」しかし，物価水準を決めるのは，1国の金や銀の数量ではなく，流通貨幣の数量であった．まだ貴金属に対する重商主義者の愛着の痕跡がいくぶん残っていたために，彼は，貨幣を金属食器に転換することや，また有利な貿易差額の状況で国家財宝を形成することさえ支持した(180)．

---

(178) 同書, pp. 99-100.
(179) *Political discourses* [1752], in *Essays, moral, political, and literary*, 1875, I, 340.（小松茂夫訳『市民の国について』下巻，1982年，p. 109.）
(180) *Sketches of the history of man*, 1774, I, 82. Postlethwayt, *Great-Britain's true system*, 1757, p. 357 も見よ．

第5節　雇用と貿易差額

これまで検討してきた重商主義者の有利な貿易差額に対する賛成論は，すべてより多い地金の望ましさにもとづいている．ところが，重商主義者の主張には，貴金属の経済的な重要性を交換価値の等しい他の財貨より上位に置くことに依存しない主張があった．すなわち「雇用」論である．輸出品はイングランドの労働者の生産物であったが，輸入品は，特にそれらが国内の生産物と競争する最終生産物や商品の場合には，イングランドの労働者を排除した．だから，輸出額が大きく輸入額が小さければ，それだけイングランドの労働者の雇用は大きかった．この主張の起源は，時々想定されるような17世紀末ではなかった．この主張は，かなり初期の重商主義者の著作の中に見つけられ[181]，17世紀と18世紀の文献の至るところに切れ目なく続いている．この主張が，17世紀より18世紀の重商主義者の文献の中で大きく強調されていたかどうかはっきりしないし，誰より16世紀の著述家がこれを強調したということさえ論じることができる．重商主義者のすべての推論の中で，この主張が，批判に最もよく堪え，19世紀から20世紀にわたって保護主義者の教義の重要な要素として生き残った．

雇用を強調することは，輸出品の評価を，単なるその金額とか輸入額と比べた輸出額によるだけではなく，それらが表す労働量によることにもなった．製造品の輸出は，同額の原材料の輸出より高く評価された．というのも，製造品は労働を高い割合で含んでいたからである．雇用を強調することは，貿易利益の評価を時に輸出品だけで測るかたちを取らせて，二・三のケースでは，たとえ労働の生産物が完成したとたんに燃やされたとしても，単に労働雇用のためだけに商品の生産を勧めるという極論まで進んだ[182]．二・三の後期著述家の

---

(181) 例えば [Starkey], *England and in the reign of King Henry the Eighth* [1538年頃]，1871年のリプリント版, p. 94; "How the comen people may be set to worke" [1530年頃], Pauli ed., *Drei volkswirthschaftliche Denkschriften*, p. 56; "How to reforme the realme" [1535年頃], 同書, p. 76; "Polices to reduce this realme of England" [1549], *T. E. D.*, III, 333; [John Hales] *A discourse of the common weal* [1581], Elizabeth Lamond ed., pp. 63 以下.; Malynes, *Treatise of the canker* [1601], *T. E. D.*, III, 399; Misselden, *The circle of commerce*, 1623, p. 35. マンは，雇用論をまったく使わずに貿易問題を幅広く扱った数少ない前期著述家の一人である．前期文献の十分な代表者としてマンに頼ったことが，雇用論は後期にはじめて現れたという結論の原因になったのかもしれない．

場合，この雇用論が新しい貿易差額概念を生んだが，そこでは，互いに加重されるものは，輸出入品のそれぞれの金額ではなく，それぞれの労働量とか雇用量つまり「労働差額 (balance of labor)」とか「雇用差額 (balance of employment)」であった．ベーコンは，この概念に最初に肉薄した人だったように思われる．いろいろな輸出品からの利益の尺度は，その輸出がイングランドの労働者に与える雇用の量であり，また同じように，輸入品からの利益の尺度は，輸入品をさらに加工することによって生まれる雇用の量である．彼の雇用テストは，時々彼を自由主義的な結論に導く．未加工の生糸輸入は，金や銀の輸入より利益がある．というのも，金や銀の細工より生糸の加工の方が人手を必要とするからに他ならない．もし羊毛製品がドイツのウェストファリアのベーコンと交換に輸出され，その後このベーコンの輸入が禁止されるとすると，イングランドは，たとえイングランド製ベーコンの消費がふえたとしても，損失をこうむる．というのも，羊毛衣料は，それを生産するためにベーコンよりたくさんの人を雇うからである(183)．

　タッカー (Tucker) は，これを少し別のかたちで述べた．A国の貿易差額は，B国のA国向け製造品の生産労働者数と比べた，A国のB国向け製造品の生産労働者数の超過分である．

　　……2国がそれぞれの農産物とか製造品をお互いに交換しているとき，この相互の貿易で雇用される人数の最大の国が，他国から差額を受け取るといわれる．というのも，超過した労働者の価格が金や銀で支払われなくてはならないからである……．これは，国と国の差額を決める最も公明正大な方法である．というのも，たとえそれぞれの商品の価値額と実際に差額勘定に対して支払われた合計がいくぶん違っていようとも，この一般原理つまり労働者（貨幣にあらず）が人びとの財産であるという一般原理は，労働者として雇用される人数の最も多い国に利益があることを，いつも証明するであろうからである(184)．

---

(182) Petty, *Treatise of taxes* [1662], in *Economic writings*, Hull ed., I, 60; [Sheridan] *A discourse on the rise and power of parliaments* [1677], Bannister ed., p. 200; *Taxes no charge*, 1690, p. 16.

(183) Nicholas Barbon, *A discourse of trade* [1690], Hollander reprint, pp. 23, 37; 同, *A discourse concerning coining the new money lighter*, 1696, pp. 50-51.

(184) Josiah Tucker, *A brief essay on the advantages and disadvantages which respectively attend France and Great Britain, with regard to trade* [3d ed. 1753], McCulloch, ed., *Select collection of……tracts on commerce*, p. 315. この文章は第3版ではじめて現れた．次

第5節　雇用と貿易差額

　非常によく似た教義が，ハリス（Harris）やスチュアート（Steuart）やアーサー・ヤング（Arthur Young）らによっても提示される．

　……最終的に地金で貿易差額を支払う国は，死蔵財産をそれだけ失った国であるが，同時に，もしその国自身の住民のうち輸出によって維持される人数が，その輸入によって維持される外国の住民の人数より少なかった場合，そのことによっても失った国である(185)．

　いかなる貿易においても，販売される財貨について二つのことが考慮されなければならない．第一のものは物材であり，第二のものはこの物材を有用なものにするのに用いられる労働である．ある国から輸出された物材は，この国が失うものであり，〈他方で〉輸出された労働の価格は，この国が得るものである．輸入される物材の価値が輸出される物材の価値よりも大きければ，この国は得をする．輸出されるよりも大きな労働の価値が輸入されると，この国は損をする．なぜだろうか．第一の場合には，外国人が〈こちらから〉輸出された労働の超過分を物材で支払ったに相違ないからであり，また第二の場合には，この国が輸入された労働の超過分を物材で外国人に支払ったに違いないからである．したがって，製品の輸入を抑制し，その輸出を奨励することが一般的な準則となる(186)．

　差額がわれわれに有利ということは，外国人がわれわれの農産物や織物を受ける方が，われわれが彼らからそれらを受けるより多いという証拠であり，これは最も重要な利益である．というのも，これは，いずれにしても，外国人がわが国の貧民を雇用する方が，わが国が外国の貧民を雇用するより多いという見込みが強いことを示唆しているからである(187)．

　これらの著述家は，イングランドの「労働差額」を計算する場合，どうも輸出品に含まれるイングランドの労働者の大きさと，輸入品で代表される外国の労働者の大きさを比較しているようである．彼らが自分たちの教義の含意を知

　　　も見よ．Tucker, *Reflections on the expediency of a law for the naturalization of foreign protestants*, 1751, Part II p. 21.
(185)　[Joseph Harris] *An essay upon money and coins*, Part I (1757), 89. p. 24 も見よ．
(186)　Sir James Steuart, *Principles of political œconomy*, 1767, II, 336.（強調は原文イタリック）（小林昇監訳『経済の原理』第1・第2編，1998年，pp. 305-306.）
(187)　Arthur Young, *Political essays concerning the present state of the British Empire*, 1772, p. 538.

っていたかどうかは明らかでないが，これにもとづくと，貨幣で計算された一定の貿易差額は，イングランドの輸出品の販売価格が低ければ低いほど，そしてその生産に従事するイングランドの労働者の賃金が低ければ低いほど，有利とみなされなくてはならないであろう．彼らが意図した目的は，他のことは考慮の外において，イングランドの労働者の雇用であったし，ヤングの場合，その仮定はきわめて明らかで，輸出財の生産に従事する労働者は，もしそのような輸出がなければ仕事がないということである．彼は，「1年間の貿易の差額として他国に地金で支払われるものはすべて，仕事のない貧民とか購入されない商品をもつ国にとって，まさにそれだけ損失である」と述べるが，彼は，ヒュームに同意して，地金の損失は，「われわれが十分な数量の生産物と労働者を輸出していない」しるしとして重要であるにすぎないとした[188]．

55　労働差額説は，もちろんばかげているし，またおそらく前期の貿易差額説や全盛期の貿易差額説と比べてもさらにばかげている．それにもかかわらず，この説は，より良識的な教義に進むうえで，何かしら重要な一歩と考えることができる．第一に，支配的な貿易差額説に対するどんな批判または代替説でも，重商主義者の誤謬の崩壊を早めるのに役立ったし，またから，もし批判が生き残って提案された代替説が生き残らないなら，たとえ提案された代替説が満足なものでなかったとしても，ひとつの貢献になった．第二に，労働差額説は，雇用と外国貿易の役割を通常の貿易差額説の場合とは逆転させてしまった．ふつういわれている重商主義では，人口の増加や雇用の増加，技術，道路，運河，エネルギー，熟練の改善は，すべて輸出財の生産を増加させるとか，海外からの輸入品に代えて国内生産を増加させて，こうして有利な貿易差額を促進するという理由で歓迎された．労働差額説では，目的は雇用であり，また有利な差額はその手段であったが，ともかくその主唱者たちは，たとえ彼ら自身が，所得や消費が同じ様に雇用や経済活動一般の合理的な目的であることをはっきり

---

(188)　同書，p. 533. 彼らは二人とも雇用を強調するが，この「労働差額」説は，前期の議論，すなわち輸出価値が輸入価値を超過した結果，地金が流入しそれが貿易を増大し，したがって雇用が増加するという議論とは異なる．(Malynes, *Treatise of the canker* [1601], *T. E. D.* III, 399 を参照せよ：「わが国の商人が収益として獲得する即時貨幣が多ければ多いほど，わが国の国内商品にますます多くの雇用が作られるが，もしそれが原因で商品価格が上がると，上がった価格は，さらに多くの人びとを仕事につけることによって雇用者の数をふやすであろう……」．) 労働差額説で強調されるのは，雇用に及ぼす輸出の直接的な効果であり，正貨流出入の結果としての間接的な効果ではない．

と理解しなかったとしても，アダム・スミスやその後の著述家たちをして次の一歩を踏み出させ，こうして経済思想の方向に革命的変化を引き起こさせることを容易にさせた．

イギリス重商主義の研究者である E. A. ジョンソン（E. A. Johnson）は，大量の労働人口，労働者側の勤勉，労働者を利用する技術の進歩，輸送や産物の改善等々を重商主義者たちが好意的にみていたという，争うべからざる——また実際争われなかった——事実に注目し，重商主義者たちは，おそらく教義の現代的な解釈によってきわめて不当に取り扱われてきたと結論した．

> 立証すべきことは，重商主義者の究極の関心が効率的な生産の創造にあったということにつきる．不幸な貿易差額説に熱心なイギリス重商主義者の文献は，10%に満たない．[これを疑う者をイギリス重商主義者の文献を通じて改心させよう！]彼らの生産効率への熱情は，彼らが，土地や鉱山や漁場の改良を支持したり，国内交通や運河建設を奨励したことで立証される．勤勉は奨励されるべきことであり，怠惰は抑制されるべきことであった……(189)．

しかし，重商主義者たちが効率的な生産を望んだという証拠を山のように積み上げても，それだけでは「究極の関心」について何も証明しない．たとえ彼らが他の理由でそれを望んだとしても，そうすることが有利な貿易差額を促進すると思ったから生産の増加を望んだのかもしれないし，また事実望んだ．数を積み上げただけのそのような命題はそれらしい精確さの雰囲気をもつが，イギリス重商主義者の文献を猟渉した結果にもとづいて，あえて私が結論すると，貿易差額の状態とそれを改善する手段に明示的あるいは明らかな含意として関心を示したイギリス重商主義者は，90% を超えた．

イギリス重商主義者の労働差額説については，他の著述家がこれまで見事に扱ってきたから，これ以上吟味する必要はあるまい(190)．ただ一点について，彼らの説明に対して批判が必要のように私には思われる．彼らが指摘するように，重商主義者たちは，貿易差額の強迫観念とおそらく無意識の階級的同胞意

---

(189) "The mercantilist concept of 'art' and 'ingenious labour'," *Economic History*, II (1931), 251-52. ここでかぎ括弧で囲まれた文章は，原本中の注記である．

(190) E. S. Furniss, *The position of the laborer in a system of nationalism*, 1920; T. E. Gregory, "The economics of employment in England, 1660-1713," *Economica*, I (1921), 37-51.

識によって，労働者に影響を及ぼす諸問題を扱うことになったが，その場合の労働者とは，その安らぎと幸福が，政治家にとって当然第一義的な関心事となる人間というより，むしろあたかも少し厄介な道具の一団であるかのような労働者であった．その結果，当時の支配的な教義は低賃金を支持したが，それは，労働者をもっと働かせる手段としてであるとともに，イングランドの生産物の貨幣費用を低下させて，外国貿易における競争力を増大させる手段としてであった．ジェームズ・スチュアート卿が，「最下層階級の人びとは，交易国においては，生存ぎりぎりに抑え込まれなくてはならぬ」(191)と述べた時，彼は，重商主義者の多くが労働問題を扱う際の暗黙の立場を，下品というよりただ率直に表現していただけであった．しかし，低賃金は望ましいとする支配的教義に対して，経済分析やあるいは人道主義的感情のいずれかを根拠にして異論を唱えた異端グループが存在したが，ファーニス（Furniss）とグレゴリー（Gregory）は，その異端グループの規模と重要性を公正に評価できなかった．ケリー（Cary），コーク（Coke），ダヴナント（Davenant），デフォー（Defoe）のような重要な著述家は，この異端グループに属しており，18世紀後半には，当時の支配的な見解に対して，増大しつつある人道主義がさらに強力な抗議として働いた(192)．次の無名の著述家の不平は，人道主義を根拠にした反対論を代表していた．「働く貧民がもっと十分な励ましを受けないのは非常に残念である．労働者の抗議の叫び声を高からしめるこれら未熟練労働者の訴えは，実践より理論によってさらに広められるべき教義である．」(193)ヒュームは，高賃金が外国貿易をいくぶん不利にすることを認めたが，「なにも対外交易が最も肝心な事柄であるというわけではありません．ですから，それを幾百万人民大衆の幸福と引きかえにすべきではありません」(194)と主張した．ヒュームは，重商主義の啓蒙的批判家であったから，この文章に大きな意味はないが，ウォーレス（Wallace）は，重商主義者でありながら，ヒュームの教義を「思いやり

---

(191) *An inquiry into the principles of political œconomy*, 1767, I, 502. 同書の次も参照せよ．「だから，あまねく競争を奨励して，勤勉な人びとを生存ぎりぎりのところに引き下げ，けっしてそれ以下にしないようにすること，これが原則である……．」
(192) これにはたくさんの引用が加えられなくてはならないが，Lujo Brentano, *Hours and wages in relation to production*（ドイツ語からの翻訳），1894, pp. 2-5 の引用文を参照せよ．
(193) *An enquiry into the melancholy circumstances of Great Britain*, 1730年頃, pp. 19-20.
(194) *Political discourses* [1752], in *Essays, moral, political and literary*, 1875 ed., I, 297. （小松茂夫訳『市民の国について』下巻，1982年，p. 25.）

のある気質にふさわしい……金言」としてこれに同意した.「そのような慈悲深い感情にしたがって,われわれは貿易の諸概念を展開するべきであり,貿易が国家にどれだけ貨幣をもたらすかということだけでなく,どれくらい人びとの幸福に役立つかということも考えるべきである.」(195)

---

(195) [Robert Wallace] *Characteristics of the present political state of Great Britain*, 1758, p. 46.

第Ⅱ章 イギリスの外国貿易理論の発展
——アダム・スミス以前：その 2

> 私の理解では，彼の主張は，われわれが輸出するより［金?］を少なく輸入しても王国を貧しくしないことを証明した特筆すべき主張であった．彼の主張は逆説的であり，私はいまそのときの議論を思い出せないが，話は実に内容が豊富であったように思われた．——Samuel Pepys, *Memoirs*, February 29, 1663/4.

第1節　重商主義者の立法措置的な提案

　はじめに．——重商主義者の著述家は，その当時広く実施されていた法律に批判的な者が多く，これを念頭におかなければ彼らのことは理解できない．実施されたどのようなときの法律や声明も，いろいろな時期にいろいろな理由で採用されたバラバラな基準の積み重ねであり，貿易政策についてけっして辻褄のあった考えや原則にしたがっていたわけではなかった．これらの法律や声明の中には，法律上の位置付けが怪しかったり，あるいは状況の変化とか当局や大衆の意見の変化によって厳格な施行が厄介になったとか不可能になったという理由で，強制力がなかったり，たとえあったとしても一時的な強制力に限られていたものも必ずあった．その他，強制しようとしたにもかかわらず，買収された役人とか反対派の役人の見て見ぬふりで公然と破られたものもあった．

　これらの法律や声明は，重商主義の美徳の現代の賛美者ならわれわれに信じ込ませる者もいるかもしれないような，自己中心的な商人の利潤追求を糾弾した強力で輝かしい国家への高貴な熱き思いの結果というものではなく，立派さの程度も千差万別の利害対立の産物であった．経済的，社会的あるいは宗教的な各種の団体は，自分の特別な利益に合わせて絶えず立法化を迫った．国王の財政上の必要は，貿易立法のゆくえに対して，いつも重要かつ一般に決定的な影響を及ぼした．また自分の贔屓筋に特権を与えたいという国王の願望とか，

自分を一番よく買ってくれる人に特権を売るとか買収するといった外交上の考慮も，立法に影響を及ぼした．革命後，国王の貿易規制についての権威は大きく奪われ，貿易政策をコントロールする要因は，君主の気紛れから党派的な嫉妬や対抗意識に置き換わった．

　他方重商主義者の文献は，自分自身を国家福祉と結び付ける日常的能力をもった「商人」とか実業家の著書か，彼らを代表する著書から主としてなっていた．公平無私の貿易教義の叙述が重商主義者の文献にまったくないわけではなく，18世紀には，論文の多くは，個人よりむしろ団体に奉仕するために書かれた．しかし，大部分の重商主義者の文献は，部分的あるいは全体にわたって，率直にあるいは偽装しながら，特殊な経済的利益を特別に弁護する論文から成り立っていた．自分のための自由，他人に対する規制，そのようなものが商人の手になる重商主義者の論文の平素の立法プログラムの核心であった．

　次に，外国貿易固有の規制について，重商主義者の著述家が特別におこなった立法上の提案を概観しよう．もし完璧に概観しようとすれば，独占や製造業の国内的な規制だけでなく，漁業や植民地貿易や金利や貧民救済を処理するための重商主義者の勧告を考慮することも必要であろう．というのも，これらの問題はすべて，多かれ少なかれ貿易差額との関係の点から手をつけられたからである．しかし，紙幅が限られているところから，ここではこれらの問題を概略的に扱うことさえできなかった．またとにかく，このような事柄の大部分について，重商主義者の教義は，巧みにかつ包括的にそれぞれの特定の文献やヘクシャーの名著で扱われてきた．われわれはすでに，重商主義者の貿易の教義と次にあげる提案との関係を明らかにするために，これ以上そのような提案の議論を必要としないほど十分に述べてきた．その提案とは，退蔵とか地金の金属食器への転換を規制するための提案であり，貴金属を糸や衣服にするとかメッキすることを禁止または重税に処するための提案であり，紙券の導入を通じて貨幣流通を増加したりするための提案である．

　重金主義者の提案．――一般的な慣例にしたがうと，「重金主義者（bullionist）」という言葉は，為替や貴金属の取引を直接規制することを通じて，重商主義者の目的を促進しようとした手段に対して使われるであろう．1600年以前でさえ，地金の動きを，為替や貴金属の取引を規制することによって直接コントロールする代わりに，貿易の管理を通じて間接的にコントロールする政

策を支持する意見がすでにかなり一般的であったようである．早くも 1381 年には，エイルズベリー（Aylesbury）が，地金の流出を防ぐ手立ては，商品をイングランドから輸出される以上に持ち込ませないことであると述べた(1)．作者不明の著述家は，1549 年に，輸入額を超えた輸出額の余剰をもたらすために貿易を規制することは，地金の流入を確保する唯ひとつの手段であるといった(2)．1559 年の公的記録では，通貨を元の金属含有量に回復することを正当化しつつ，標準鋳貨の名目価値の引き上げは，鋳貨の輸出を防止する手段として効果はないとした(3)．パウリ（Pauli）が発見した 16 世紀の手稿には，重金主義者と重金主義者ではない双方の提案を見ることができる．特産物専売制度の復活と雇用条例の強化が勧告される．イングランドの羊毛の売り手が，その代金として正貨の代わりに為替を受け取ることは禁止されるべきものである．イングランドの鋳貨は，外国の金銀を引き寄せるためなら，外国鋳貨との交換で過大に評価されるべきものである．しかし，不要不急の外国商品の輸入は慎まれなくてはならない(4)．ヘイルズ（Hales）は，対話仲間の一人に対して，イングランドの商品は，正貨と全部または一部分交換する場合に限って，外国人に販売できるようにすることを力説したが，議論が進むにつれて，羊毛に対する重い輸出関税，未加工商品の輸出禁止，そして国内商品と競合する外国商品の輸入禁止か国内商品より十分高価になる高率関税のいずれかが勧告される(5)．

　他方，重金主義者の提案は 17 世紀においても見つけられる．マリーンズは，為替取引の独占権をもったロンドン取引所の復活や，現実の為替レートとして王室宣言による鋳貨平価の維持や，地金の輸出禁止を主張した(6)．為替レートの公的規制の復活も，ミルズ（Milles）(7)，マディソン（Maddison）(8)，ロビ

---

(1)　Bland, Brown, and Tawney, *English economic history, select documents*, 1914, p. 222.
(2)　"Polices to reduce this realme of Englande" [1549], *T. E. D.*, III, 321：「大量の地金を他の王国からわが国王の造幣局にもたらす方法は，毎年わが国の財貨を大量に海の向こうに運び出し，海外の財貨はより少なくわが国に持ち込むと定める以外にない……．」
(3)　"Memorandum on the reasons moving Queen Elizabeth to reform the coinage" [1559], *T. E. D.*, II, 195. また [John Hales] *A discourse of the common weal* [1581], Elizabeth Lamond ed., p. 79 も参照せよ．
(4)　Pauli, *Drei volkswirthschaftliche Denkschriften*, pp. 12, 32, 56, 64, 66, 71, 76.
(5)　*A discourse of the common weal*, pp. 66, 87-88.
(6)　*A treatise of the canker* [1601], *T. E. D.*, III, 398 以下；*The center of the circle of commerce,* 1623, pp. 70 以下と pp. 121 以下.
(7)　*The customers replie*, 1604, の随所．
(8)　*Great Britains remembrancer* [1640], 1655, pp. 16 以下．

ンソン (Robinson)⁽⁹⁾らによって説かれ，またロー (Rowe) は，マリーンズにしたがって，為替レートは外国政府との交渉で固定してはどうかと提案した⁽¹⁰⁾．(二番目でない)⁽¹¹⁾最初の著書におけるマンや⁽¹²⁾, ローや⁽¹³⁾, バイオレット (Violet) は⁽¹⁴⁾, 旧雇用条例の強化を望んだ．多くの著述家は，17世紀末まで，鋳貨や地金の輸出禁止の強化を熱心に説いたが，地金と外国鋳貨の輸出が合法化された1663年以降は，禁止を復活させることを強く主張した⁽¹⁵⁾．しかし，スチュアートの小さな一時的退歩を除くと⁽¹⁶⁾，18世紀の主要な著述家たちの間では，重金主義者の方策はいずれも支持されたようには見えない．

禁止令対関税．——有利な貿易差額を確保する手段として重商主義者が提案した重金主義的でない主要な方策は，外国商品特に工業製品や奢侈品の輸入抑制，イングランドの工業生産物の輸出促進，原材料の輸出抑制，再輸出貿易の

---

(9)　*Certain proposals in order to the peoples freedome*, 1652, p. 14.
(10)　Sir Thomas Rowe, *The cause of the decay of coin and trade in this land* [1641], *Harleian miscellany*, 1809 ed., IV, 457.
(11)　*England's treasure by forraign trade* の8-9章で，マンは，雇用条例を含む重金主義者の方策全般の詳細で優れた批判を提示している．
(12)　*A discourse of trade, from England unto the East-Indies* [1621], 1930年のリプリント版, p. 54.
(13)　前掲書, p. 458.
(14)　*An humble declaration…touching the transportation of gold and silver*, 1643, p. 27 (ここで14 Ed. III の21番の復活を主張する．これは，輸出業者に受取金の一部を金でイングランドに持ち帰ることを要求している); *A true discoverie to the commons of England, how they have been cheated of almost all the gold and silver coin of this nation* [1651], 1653年リプリント版, p. 83 (ここでは雇用条例の中のひとつである3 Hy. VIIの8番の復活を主張しているが，これは，外国商人に対して適用され，外国商品の販売代金をイングランドの商品の購入のために使用することを要求している．) パルグレイヴ (Palgrave) の *Dictionary of political economy* のバイオレット (Violet) についての記事を参照せよ．
(15)　例えば, Violet, *An humble declaration…*, 1643, pp. 30 以下; 同, *A true discoverie…*, 1653 の随所; 同, *Mysteries and secrets…*, 1653, pp. 35, 39 等; *Et à dracone*, 1668, p. 4; [Petyt] *Britannia Languens* [1680], in McCulloch ed., *Early English tracts on commerce*, pp. 307 以下; Hodges, *The present state of England, as to coin and publick changes*, 1697, p. 105; [Pollexfen] *England and East-India inconsistent in their manufactures*, 1696, p. 48.
(16)　*Principles of political œconomy*, 1767, II, 329:「しかし，差額が，一時的な原因ではなく正規の商取引の経過中に不利に転じる場合，彼［つまり'政治家'］は，輸入全般を減らし，それによって差額を均等にするために，他の規制に加えて，付随する規制として正貨の輸出に制限を加えるかもしれない．」また［George Blewitt］*An enquiry whether a general practice of virtue tends to the wealth or poverty of a people?* 1725, p. 60. も参照せよ．

第1節　重商主義者の立法措置的な提案

促進,そして重商主義や他の理由から見てもっと重要であるとみなされた,他の産業や貿易を妨害するイングランド産業に対する規制からなる.

　輸入は,関税の賦課か絶対的禁止令のどちらかで制限することができた.二つの方法とも利用されたし支持もされたが,多くの著述家は,どちらの方法を優先するかはっきり示さなかった.しかし,二つの方法の違いは実体より外観にあった.著述家たちが禁止令より関税を求めたとき,彼らが望んだ関税は,輸入を禁止するのに十分かそれに近い高さの関税の場合が多かった.政府が関税よりむしろ禁止令を出したとき,政府は特定の貿易会社や個人に特別の輸入許可を与えることが多かった.多くの禁止令は,有利な貿易差額を促進するためというより,輸入許可証を売ることによって収入を手に入れることが,紛れもない一番の目的であった(17).著述家の中には,理由も示さずに禁止令より輸入関税の方がよいとするものもいたが,おそらく関税の方が厳しくないように見えたためである(18).他の著述家たちは,高関税とか禁止令より適度の関税を勧めたが,その理由は,高関税や禁止令は,あまり厳しいと詐欺行為につながるのに対して,適度の関税は,実行できれば少なくとも収入を生むと思われたからである(19).しかし,他の著述家たちが,財政上の配慮から貿易利益の犠牲に反対したのに対して(20),スチュアートは,もし関税を高くしておかなくてはならないとすれば,関税より禁止令の方が効果的に実施できるといった(21).

　若干の著述家は,輸入制限は,イングランドの輸出品に対して外国の報復を刺激しないよう,やりすぎてはいけないと忠告した(22).ところが別の著述家

---

(17)　Thomas Violet, *Mysteries and secrets*, 1653, pp. 8-9 を参照せよ;「しかし,少数の人たちの私的な利益を確保するために,特定の人たちによる数品目の商品輸入だけを禁止したり,特定の人たちによる決まった港に向けた決まった季節の国産品の輸出だけを禁止する統制がある.」ここでバイオレットが反対しているのは,制限ではなく,制限からの特別な免除である.

(18)　例えば Petty, *Treatise of taxes* [1662], *Economic Writings*, Hull ed., I, 60. ペティは,外国の完成品が,競合する国内品より高価になるよう,関税は十分高い方がよいと助言したが,もし輸入額が輸出額を大きく超えたなら,絶対的な禁止令を支持したであろう.

(19)　例えば "Polices to reduce this realme of Englande" [1549], *T. E. D.*, III, 332; Fortrey, *Englands interest and impovement* [1663], Hollander ed., p. 28; [Sheridan] *A discourse on the rise and power of parliaments* [1677], Bannister ed., pp. 210-11; Barbon, *A discourse of trade* [1690], Hollander ed., p. 37; Arthur Dobbs, *An essay on the trade and improvement of Ireland*, 1729, p. 30.

(20)　本書後出, pp. 71-72 を見よ.

(21)　*Principles of political œconomy*, 1767, I, 338.

は，外国の報復の危険は少ないかあるいはまったくないと応答した．イングランドは，必需品を輸出し「詰まらぬもの（toys）」を輸入していたから，恐れるものはなかった(23)．他国は，すでに自分たちで生産できる品物の輸入を制限していた．それ以外の品物は，どこかで手に入れなくてはならないが，もし最適のところからの買い入れを拒めば，自分が傷つくだろう．さらに通商条約の最恵国条項は，他国が貿易制限でイングランドを差別的に扱ってはならないとした(24)．「賢い国は，それがなくても生きていけるものを他国から手に入れることはないが，それがなければ生きていけないものは，手に入れなくてはならないし，相手の好き勝手にさせないにちがいない．」(25)

64　1713年のフランス条約の反対者たちがポルトガル・ワインをフランス・ワインより有利に扱うことを支持して繰り返した議論とは，フランスよりポルトガルとの貿易差額の方が有利だから，ポルトガルからの輸入品により低率の関税が課されるべきという議論であった．その理由は，報復は，だからポルトガルの場合の方がイングランドにとって有害であろうというものか(26)，あるいは，もしイングランドがポルトガル・ワインを買わないとすると，イングランドの商品に対するポルトガルの購入能力が減少するであろうというものかのいずれかであった(27)．

---

(22) 例えば，Robinson, *Englands safety; in trades encrease*, 1641, p. 9; Barbon, *A discourse of trade* [1690], Hollander ed., p. 37.

(23) [Hales] *A discourse of the common weal* [1581], Elizabeth Lamond ed., p. 67; 作者不明，*The present state of Ireland consider'd*, 1730, p. 29.（ここではアイルランドにふれているが，イングランドにはふれていない．）

(24) [David Bindon] *A letter from a merchant who has left off trade*, 1738, p. 47. ミルドメイ（Mildmay）が別の関連で主張したことだが，国々は，自分に都合の良い場合だけ，最恵国条約の下で自分たちの義務を果たすという．(*The laws and policy of England*, 1765, p. 78.)

(25) "On the neglect of trade and manufactures," *Scots magazine*, II. (1740), 476. また以下も参照せよ．[Simon Clement] *The interest of England, as it stands with relation to the trade of Ireland, considered*, 1698, pp. 13-14：「またこのような警告［すなわち外国の報復の危険］は，通商論考においてこれまでしばしば主張されてきたが，取引を中止するほど他国に腹を立てた国の例は知らない．ただし外国の報復例についてはいくつか知っている．関税の利益とか商人の利潤等々のどれかに一般的な注意を常に払いながら，管理は次の原理で進められるように思われる．すなわち，たとえ売ろうと思っただけ貿易で売ることができなくても，売れるだけのものを売り続け，また得意先は相続財産ではなく，もし商人を一人を失ったら別の商人を獲得するという小売商人の通則にしたがうという原理である．」

(26) 例えば *The British merchant* [1713], 3d ed., 1748, II, 3.

第1節 重商主義者の立法措置的な提案

　原材料——特に羊毛——の輸出制限を力説する者は、ほとんど決まって禁止令を支持したが、たぶんその理由は、外国の輸入品を完全に締め出し、その結果外国からの報復や海上輸送の喪失等々の危険を伴うより、イングランドの原材料に対する外国人の接近を絶った方が、重商主義者の見方にもっとぴったりしたケースにできるからである。原材料の輸出禁止を支持する者が決まって仮定したことは、もし外国人が未製造の原材料を手に入れられなければ、製造されたものを買わざるをえないであろうから、貿易は、禁止令によって損をするどころか得をするということである(28)。タッカー(Tucker)は、自分の貿易差額の教義と調和させて、輸出税の高さは、たとえ原材料の輸出が完全に禁止されるところまでいっても、製品の完成度とは反比例して変化させるべきであり、反対に輸入税の高さは、製品の完成度に比例して変化させるべきであると主張した(29)。

　原材料特に羊毛の完全な輸出禁止令についてはいくつかの批判があり、それは主に農業の利益代表者から出た(30)。しかし、大陸の織工は、禁止令の擁護者たちが主張するほどイングランドの羊毛に頼っておらず、だから禁止しても大陸の羊毛産業の発展を妨げる効果はないという反論が時々なされた。シェリダン(Sheridan)も、原材料特に羊毛の輸出の完全な禁止を実施して違反者に死の重罪を課すより、その輸出に「幅広く」関税をかけ、税金を払わないで輸出された場合、追加的な関税を課すように勧めた。もし違反に対する罰則が死罪でなく罰金であれば、多くの者が、「いまや世間の優しさから、この有害な脱税を思いとどまらせる」密告者に転じるであろう(31)。ペティは、すでに生産した毛織物をイングランドの服地業者が完売できなかった場合、羊の飼育を減らして労働者を穀物耕作地に移すことは良くないことかどうか問うた。もし追加された穀物が必要とされず、また遊休労働者もなく、毛織物に織り上げら

---

(27) 例えば Joseph Massie, *Ways and means for raising the extraordinary supplies*, 1757, p. 27. (Br. Suviranta, *Theory of the balance of trade in England*, 1923, p. 30, 注Ⅰから引用。)

(28) 羊毛輸出は1647年にはじめて禁止された。その他の輸出禁止商品は、フーラー土、パイプ白土、獣皮、鉛、編物機械であった。

(29) *Instructions for travellers*, 1757, pp. 38-39.

(30) *Reasons for a limited exportation of wool*, 1677, p. 4; Davenant, *An essay on the East-India trade* [1697], *Works*, Ⅰ, p. 98 以下；そして John Smith, *Chronicon rusticum-commerciale*, 1747 の随所を参照せよ。

(31) *A discourse on the rise and power of parliaments* [1677], Bannister ed., pp. 198-99.

れる以上の羊毛があったなら，羊毛の輸出を許すのが適切であろう．しかし，毛織物を製造する上で，もしオランダのイングランドに対する優位がほんの少しであった場合は，事態をイングランドの毛織物に有利に変えることは容易と思われることから，ペティは羊毛の輸出禁止に賛成した[32]．ブルースター (Brewster) は，イングランドの羊が過剰供給であることを理由に，羊毛の輸出禁止に反対した[33]．ヘンリー・ホーム (Henry Home) は，羊毛輸出は全面禁止ではなく，適度な関税に従わせるべきであると主張した．フランス人は代わりの供給源をもっていたから，絶対的な禁止は密輸を刺激した．もし輸出が自由であれば，羊毛の生産をふやすことになるであろうし，まただからイングランドの毛織物生産者に低価格をもたらすであろう．輸出は高価格のときに禁止できたから，イングランドの毛織物生産者の外国のライバルは，原材料の払底した決定的なときに困難に遭遇した．羊毛の輸出税収入は，羊毛衣料の輸出奨励金として使うことができたであろう[34]．概してホームは，原材料の輸出規制に賛成であったが，それは，自由な輸出が産出物の増加に結び付かず，そのためイングランドの毛織物生産者に低価格がもたらされない場合に限られた[35]．

国内産業の差別的な扱い．――産業の国際的な特化に賛成する議論は，もちろん自由貿易の教義の中核である．ところが著述家たちの中には，イングランドが特定の産業に特化することを懸念して，一種の逆行した保護主義に進んだり，彼らがイングランドにとって特別に重要であると考える産業と競合する他の国内産業の活動は禁止か抑制されるべきであると提案する者がいた．早くも1564年に，セシル (Cecil) は，少量の衣服を作り少量の衣服を輸出するのがイングランドにとってよいことであり，そうすれば穀物を輸入する必要がないことを示唆した．なぜなら，衣服生産者は農夫より管理しづらく，またあまりにたくさんの労働者が衣服の生産に雇用されたために，他の職業の労働者が不足

---

(32) *Treatise of taxes* [1662], *Economic Writings*, Hull ed., I, 59. 同じように皮革についての穏やかな見解と，はるかに極端な羊毛輸出についての対応については，John Cary, *An essay on the state of England, in relation to its trade*, 1695, pp. 21, 37-40 も参照せよ．
(33) *New essays*, 1702, p. 9.
(34) *Sketches of the history of man*, 1774, I, 494 以下．
(35) 同書, I, 497. ホームは，輸出生産を増加しただけではイングランドの物価の低下につながらないことをどうも理解できなかったらしい．

することになったからであるという(36). ある著述家は駅馬車の活動を禁じたが, その理由は, 駅馬車の活動は宿屋での飲酒の減少や個人所有の馬の減少その他類似の承知しがたい結果に導くからというものであった(37). 1691年に, 作者不明の著述家は, イングランドにおけるリネン産業の設立に反対したが, その理由は, それが紡績賃金の上昇を引き起こし, 毛織物産業を妨害するからであるという(38). 別の著述家は次のように論じた.

> 本王国の毛織物産業と生糸産業は, わが国の貿易の主要産業であり, 国富の大部分をなす不可欠の部分であるから, 外国または推定される [つまり国内?] 産業の別を問わず, いわゆるブリテンの毛織物産業と生糸産業を滅亡に導き繁栄と矛盾する産業は, すべて認めないのが王国全体の共通の利益である(39).

デフォー (Defoe) は, イングランド内に設立できる産業をすべて奨励することに賛成していたが,「これにはただ一つ例外がある. すなわち, イングランドの主要かつ不可欠の産業である毛織物産業を, それらの産業が妨害して不利益をもたらさないということである.」(40)アーサー・ヤング (Arthur Young) は, イングランドにとって農業は製造業より価値があるから, イングランドの土地が完全に耕作されるまで, 製造業の増加が奨励されるべきではないと論じた. なぜなら,「そのような耕作が完全になるまでは, それら [すなわち製造業] の大半は, 国家の最も重要な事業に従事しない状況にあり, 国家の損害であることが証明されるからである.」(41)

---

(36) "Memorandum by Cecil on the export trade in cloth and wool" [1564?], *T. E. D.*, II, 45以下.
(37) *The ancient trades decayed, repaired again*, 1678, pp. 26-27.
(38) *The linen and woollen manufactory discoursed*… [1691], in John Smith, *Chronicon rusticum-commerciale*, I, 383-88.
(39) *A brief state of the question between the printed and painted callicoes, and the woollen and silk manufacture*, 2d ed., 1719, 序, p. 4. このパンフレットは, キャリコ産業に反対して書かれた. これに対して, アスギル (Asgill) は, 次のように応答した. すなわち, 生糸もキャリコも「主要商品」ではないこと, キャリコは毛織物よりむしろ生糸と競合していること, だからキャリコ産業の規制に賛成する立場と同じくらい強力な生糸産業の規制に賛成する立場があると.——Asgill, *A brief answer to a brief state of the question*, 1719.
(40) [Daniel Defoe] *An humble proposal to the people of England* [1729], *The novels and miscellaneous works*, 1841 ed., XVIII, 50.
(41) [Arthur Young] *The farmer's letters to the people of England*, 2d ed., 1768, p. 42.

もちろん，このような議論をする人たちは，全体の福祉に無関心の学者というよりむしろ，いつもある特定の産業の特別な擁護者であった．しかし興味深いことは，そのような推論によって世論に訴えることが可能であると彼らが思っていたことである．実際に，特別に重要と考えられる産業を邪魔する産業は妨害するという原理にもとづいた，ある種の法律があった．デフォーは，羊毛を育成するために有益な土地を使うという理由で，タバコの耕作を禁じた例を引用したし(42)，また（どうも事実にもとづいてはいないらしいが）この原理にもとづいた実例として，海上貿易を損なうという理由で国内炭の採掘は許可されていないと断言した．1699 年から 1720 年にかけて，イングランドの生糸産業を増進しイングランドにとって貿易差額の順調だったトルコとの貿易を促進する目的で，羊毛やあるいは生糸とかモヘアで覆われたボタンをトルコ以外の国から輸入することを禁じた一連の条例が制定された．貿易法をさらに吟味すれば，イングランドの一方の産業を利する目的で別の産業を故意に妨害する法令が間違いなく次々出てくるであろう．

68　**再輸出貿易**．——自由港や戻し税や保税倉庫は，再輸出貿易つまり中継貿易を促進するためや，外国の商品を国内市場に開放することなく運送業をオランダから勝ち取るために，極端な重商主義者たちによってさえ一般的に是認されたが(43)，何人かの著述家は，国内でうまく製造できない財貨に対する輸入関

---

(42) An act prohibiting the planting of tabacco in England, 1652 を参照せよ．「種々大量のタバコが，近年この国のいろいろな場所に植え付けられてきたし，今も植え付けられているが，これが，農業と耕作地の衰退や，海外のイングランド植民地の偏見と妨害や，この国の貿易や通商や航海や船積に対する偏見と妨害に導いている．……誰彼を問わず……国内のいかなる場所にも，タバコをけっして植え付けたり育てたりあるいは手入れなどしないことを法で定めなさい．……」

(43) マン (Mun) は，England's treasure by forraign trade [1668], Ashley ed., p. 16 で，再輸出貿易に特別に有利な関税措置を主張した．自由港の設立は以下の著書で特に推奨された．B. W., Free ports, 1652 (利用不可); Maddison, Great Britains remembrancer [1640], 1655, pp. 37 以下; Violet, Mysteries and secrets, 1653, pp. 22 以下; [Sheridan] A discourse on the rise and power of parliaments [1677], Banninster ed., p. 214; [Petyt] Britannia languens [1680], McCulloch ed., Early English tracts on commerce, p. 359; Gee, The trade and navigation of Great Britain considered [1729], 1767, pp. 180 以下. ペティは，自由港が輸入関税逃れを助長するとして，はっきりこれに反対した．——A treatise of taxes [1662], in Economic Writings, Hull ed. I, 61. 17 世紀には，戻し税や保税倉庫制度の設立に向けて少し手が打たれ（例えば 16 Car. I, cs. 25, 29, 31; 14 Car. II, cs. 11, 25, 27), 18 世紀にはさらにいっそうの拡張案も出されたが，自由港はついにイングランドでは実現されな

税の戻し税の一般的規制に賛成した(44).

しかしもっと重要で過激な提案は，すべての輸出入関税を廃止して，これを，税収と貿易制限の二つの目的のために，外国で製造された生産物の消費に対する国内消費税に置き換えるという提案であった．これなら，戻し税制度の不便と出費から再輸出業者を救い，こうして外国の競争相手と効果的に競争させることができるであろう(45)．それは，財政上の理由でイングランドの商品に賦課されながら重商主義の教義とは矛盾していた関税を，同時に取り除くであろう(46)．ウォルポール (Walpole) は，このような政策に共鳴して，彼の内閣のもとで次のような方向で関税制度を徹底的に点検した．すなわち，原材料の輸入を無税とし，イングランドの供給に依存するため外国人が税金を甘受せざるをえないと考えられる鉛や錫や皮革製品といった商品を除いて，輸出税を廃止

かった.
(44) 例えば Mildmay, *The laws and policy of England*, 1765, p. 70.
(45) 例えば [Petyt], *Britannia languens* [1680], McCulloch ed., *Early English tracts on commerce*, pp. 317, 497; Davenant, *Reports to the commissioners* [1712/13], *Works*, V, 379; Dobbs, *An essay on the trade and improvement of Ireland*, 1729, Part II, pp. 30, 31 :「国内税は，貿易に不利であるばかりでなく，最後は消費者の負担となることがわかっているが，その税の大部分は，地主階級や金持ちや贅沢人が支払う．だから守るべき港をたくさんもつ貿易国が，最小の費用で税を徴収し，その支払いを確保し，サギ師に内密に行動させないようにする最も利口で最善の方法は，すべての輸出入税を止めて，土地に動産税や国内税をかけることであろう……．庶民に有害な外国商品の輸入を妨害するのが目的であるのなら，小売業者とか消費者に高価なライセンスや高率の国内消費税をかけるべきであるし，もしそれらの輸入を完全に禁止するのであれば，見つけ次第消費者に罰金をかけるべきである．」また John Collins, *A plea for the bringing in of Irish cattle*, 1680, p. 21 も参照せよ．ここでは，商品が消費のために販売されるまで課税されないオランダの国内消費税を，「偉大なオランダの貿易や富や海上支配力の主因」に帰している．
(46) 重商主義者たちは，財政的理由からイングランドの輸出品に課された関税に対して繰り返し苦情を言ったが，ミッセルデンは，1623 年に，この件で見習うべきモデルとしてオランダ人を引用した．というのも，オランダでは，「外国人が自分たちの財貨に課した税は軽減された」からである．――*The circle of commerce*, p. 135. また次も参照せよ．Robinson, *Englands safety; in trades encrease*, 1641, pp. 8-9; Violet, *Mysteries and secrets*, 1653, p. 14; Reynel, *The true English interest*, 1679, pp. 10-11 :「わが国自身の製造品の輸出には，税はまったく課されないか課されてもほんの少しであるべきである．王国の収入は，わが国自身の商品に対する関税という，輸出を阻害するようなやり方以外の方法で増進させるか，あるいはわが国で生産できる外国の商品を国内で生産することを奨励して，税収を増やすほうがよかった」; Mildmay, *The laws and policy of England*, 1765, p. 73 :「われわれの最大の関心事は，わが国の港で課される種々の関税を見つけることでなくてはならないが，海外通商の利害を調整するために課されるというより，どちらかというとわが政府の社会全般の難局に応ずるために課される関税でなくてはならない．」

する方向を打ち出した．数種類の外国財貨についても，輸入関税は国内消費税に置き換えられた．1733年にウォルポールは，タバコとワインの輸入関税を国内消費税に置き換えることによって，同じ方向へさらに進む提案をした．この提案を主張する中で，彼は，これによってこれらの商品の再輸出から税金が完全になくなり，戻し税制度の不便と出費が解消されると指摘した(47)．この提案は，後の注釈者たちには異議はないように思われたが，しかしウォルポールの政敵たちは，政府の恣意的な力による人民に対する税の執行という昔からの連想に訴えて，よくいわれるように，もしこの税を限定的に受け入れれば直ちにその拡大につながることになるという不都合を強調し，この税に対する激しい反対を引き起こしてこれを廃止させることに成功した．

輸出補助金(48)．―― 1673年に，輸出補助金が穀物に与えられた．それは5年間しか実施されなかったが，新たな補助金は，1689年の有名な穀物条例（corn law）で設けられ，一時的な中断を除いて1814年まで続けられた．その後，輸出補助金は，リネンや生糸製品，帆布，牛肉，塩漬け豚肉等の商品に与えられ，これらは19世紀まで廃止されなかった．

18世紀の後半まで，この輸出補助金は，好意的非好意的を問わず，当時の文献ではあまり話題にならなかったようであるが，それは，おそらく実際的な重要性がなかったからであろう．しかし，1750年以降，特に収穫不足の期間の穀物の輸出補助金に対して非常に多くの反対が起こり，貧しい階級の人びとは繰返し過激な抗議行動を起こした．

輸出補助金が，補助金を注入した財貨の生産と輸出を促進する限り，重商主義者は，当然補助金に賛成する傾向があるであろうし，こうした単純な根拠にもとづいて，ジョン・ハフトン（John Houghton）は，最初の穀物輸出補助金を弁護したが(49)，後の著述家も(50)，必ずしも彼ら全員があからさまな農業利

---

(47) [Robert Walpole] *A letter from a member of parliament to his friends in the country, concerning the duties on wine and tobacco*, 1733, pp. 21 以下.

(48) 穀物の輸出補助金の歴史については，D. G. Barnes, *A history of the English corn laws, from 1660-1846*, 1930 を見よ．またこの本についてのジェイコブ・ヴァイナーの書評，*Journal of political economy*, XXXVIII (1930), 710-12 も見よ．

(49) *A collection of letters*, 1681-83, II, 182.

(50) 例えば Gee, *The trade and navigation of Great Britain considered* [1729], 1767 ed., p. 245; [Charles Smith] *Three tracts on the corn trade and corn laws*, 2d ed., 1776 の随

益の支持者ではなかったが，その後の輸出補助金を擁護した．ヘンリー・ホーム（Henry Home）も，穀物の輸出補助金を支持したが，それは，上の理由に加えて，輸出補助金がフランス農業に打撃を与え，戦時におけるフランスを弱体化したと見たからであった．同じ精神で，彼は，植民地への製品輸出に対する補助金を勧めたが，その補助金は，「植民地市場で製品をより安く売ることによって，植民地の人びとの競争心をことごとく押さえ込むであろう」とみた(51)．

穀物の輸出補助金が非難された理由は，穀物がイングランドで高価になることによって，賃金と一般生活費が上がることになり，そのために補助を受けていない商品特に製造品において，イングランドの他国に対する競争力が損なわれることにあった(52)．しかし，穀物の輸出補助金の支持者の中には，補助金が，それがなかった場合と比べて，実際に穀物価格をイングランドで高価にしたとか海外で安価にしたことを認めない者もいた(53)．

幼稚産業保護．――近代の著述家は，若い産業に対する「幼稚産業（infant industry）」保護論を最初に提示した栄誉を，いつもアレキサンター・ハミルトン（Alexander Hamilton）とかフリードリッヒ・リスト（Friedrich List）に与え，あるいはジョン・スチュアート・ミル（John Stuart Mill）にさえ与える．しかしその起源はずっと古く，そしてまた新しく危険な取引を開拓する貿易会社や発明に対して与えられる独占権（「独占の特許状（the patents of monopoly）」）と，原理や歴史の両方で密接な関係にある．初期の貿易独占権を正当化した状況がもはや存在していない1645年の不平不満は，補助金とか輸入関

所; [Mildmay] *The laws and policy of England*, 1765, pp. 56 以下; [Arthur Young] *The farmer's letters*, 2d ed., 1768, pp. 44 以下と *Political arithmetic*, 1774, pp. 29 以下．また *The manufacturer's plea for the bounty on corn at exportation*, 1754, p. 6 も参照せよ：「1クォーター当たりの穀物の実質的な売上げは，すべて，補助金の超過分だけ余分であることを認めないわけにはいかないと思う．少なくとも輸出業者は，この補助金がなければ市場に運び込めないと私は思っている．」また同書, p. 8.

(51) *Sketches of the history of man*, 1774, I, 491 以下.
(52) 以下を参照せよ．Brewster, *New essays on trade*, 1702, p. 54; Dobbs, *An essay on the trade and improvement of Ireland*, 1729, Part II, p. 64; Decker, *An essay on the causes of the decline of the foreign trade* [1744], 1756, pp. 65 以下; [Josiah Tucker] *The causes of the dearness of provisions assigned*, 1766, p. 24, 及び *Considerations on the policy, commerce and circumstances of the kingdom*, 1771, p. 124.
(53) Malachy Postlethwayt, *The universal dictionary of trade and commerce*, 4th ed., 1774, の「穀物」の項目では，支持者と批判者の両方の主張がうまく記述されている．

税を支持した幼稚産業保護論の確かな起源を明らかにしている．

貿易の揺籃期に人びとを励まして貿易を増加・改善させるために与えられた数々の免除は，貿易が完成の域に達し貿易の秘密が周知のものとなった時代ではそれほど適当ではない(54)．

「幼稚産業」に対する一時的な保護とか補助金を論じた初期の文章が続く．

しかもリネンや鉄鋼産業を公法で助成し，現在外国の諸国が利便を享受しているこれらの貿易をわが国だけに引き寄せるために，まず最初に次のことをすべきである．すなわち，将来イングランドに輸入される船の綱具類の材料になる全リネンの単糸，より糸，ひも，よりひもに対して1ポンド当たり少なくとも4シリングの税つまり関税をかけ，またエル単位当たり4シリング以下のすべてのリネン製の衣料に対して1ポンド当たり3シリングの税つまり関税をかけて，この法律を7年間継続すべきである．すると，この税つまり課税のお陰で，幼稚なリネン産業に与えられた有利な立場によって，産業は深く根づき，立派な基礎をたちどころに築くであろう……(55)．

［私は，］賢明な国はすべて，幼稚な産業を奨励することを非常に好むので，外国の同種の製品に高い税金をかけるだけでなく，その消費をしばしば全面的に非難し禁止すると確信している……(56)．

一般に，奨励金は，幼稚な段階にある製品あるいはその他優れたものを助成し，それを世界に紹介して，海外との通商をはじめる刺激を与えるためだけに付与されるべきである．だから，もしそれらが改善されたのち，同種の商品と同等に販売できるよう安く作られることによっても事業が推進できないなら，それを無理強いすることはムダである(57)．

---

(54) *A discourse…for the enlargement and freedome of trade*, 1645, p. 22.
(55) Andrew Yarranton, *England's improvement by sea and land* [1677]．パトリック・ダブ (Patrick Dove) が「Andrew Yarranton の話」として引用し，ダブの *The elements of political science*, 1854, pp. 450-51 に追加された．
(56) William Wood, *A survey of trade*, 1718, pp. 224-25.
(57) Arthur Dobbs, *An essay on the trade and improvement of Ireland*, 1729, Part II, p. 65. 同書，pp. 62 以下も見よ．

私は，諸君，次のことを証明したと思う．すなわち，リネン産業は……ブリテンとアイルランドでは幼稚な段階にすぎないこと，したがってわが国の人びとは，この産業を設立して久しい国の人びとのように安く販売するとか，速やかな販売を国内で経験することさえ不可能であること，またこのために，われわれは，公的な助成なしでこの産業を大きくあるいは急速に進歩させようとすることはできないこと，これである(58)．

　望み通りの量と質のものを作り，その産業の設立の古い国と同じ安価さで販売できるや否や作ったものはすべて間違いなく販路を見つけることができるという理由で，幼稚産業に対して，というより幼稚産業が成熟に向かって進歩しつつあるときに，どのような公的助成策も必要ないということは馬鹿げていることにちがいない(59)．

　およそ幼稚な製造業は，強力で活力ある状態まで育成するためには，世話をするだけでなくかなりの金額の出費を必要とする．当初の企画者や経営者が，一度に必要な資金を蓄えることは滅多にできることではなく，彼らは時間をかけて困難と立ち向かい，製造業の土台を徐々に拡大せざるをえない(60)．

　重商主義と保護主義．——通商政策としての重商主義と近代的な保護の教義を厳密に区分することは簡単ではない．というのも，二つは，実際の内容より力点の置き方に違いがあるからである．近代の保護主義者は，国内生産と雇用を促進するため，外国商品のうち自国で生産できる商品の輸入を制限する重要性を力説した．近代の保護主義者は，重商主義者が強調することを同じように強調するわけではなく，貿易差額の教義を論じることは控えるかもしれないしまた拒否さえするかもしれない．通俗的な表現を除くと，近代の保護主義は，国家の地金量を増加することとか維持することの望ましさを特に強調しない．近代の保護主義者たちがふつう使う議論の大部分は，すでに重商主義の時代に

---

(58) David Bindon, *A letter from a merchant who has left off trade*, 1738, p. 24.
(59) 同書, p. 60.
(60) "On the neglect of trade and manufacture," *Scots magazine*, II (1740), 477. 幼稚産業論は，Steuart, *Principles of political œconomy*, 1767, I, 302 以下と 381, および Josiah Tucker, *Instructions for travellers*, 1757, p. 33 にも見られるはずである．アダム・スミスのこの議論の扱いは，いくぶん批判の度が過ぎている．(*Wealth of nations*, Cannan ed., I, 422 以下．)

一般に知られていた．17世紀中でさえ，また18世紀中では頻繁に，貿易差額とか貨幣問題にまったくふれずに，ただ雇用と生産を増加するため国内産業を保護する望ましさだけを扱った論考が書かれた(61)．しかし平素は，貿易差額の議論は，輸入制限を擁護する雇用創造論を強化するために引っ張り出された．これら議論の間に矛盾の可能性を見た著述家は，どうも少なかったようである．しかし，貿易差額より「仕事差額 (balance of work)」の方が貿易の有用性をはかるいっそう良好な検査方法であると主張されたときの「雇用差額 (balance-of-employment)」論は，重商主義の教義の貨幣局面の口実というよりはるかに保護主義者の重要な口実と解釈されうるし，またある著者が東インド会社を非難したときも，たとえ東インド会社の活動の結果としてもちだされた金より多くの金がイングランドにもたらされたとしても，イングランドで消費される絹を，東インド会社がイングランド製の絹と毛織物の代わりにもちこんだということに彼の非難の理由があった(62)．法的手段についても，重商主義者と近代の保護主義の間に重要なちがいはない．主なちがいは次のことのように思われる．すなわち，当時と比べて現在では輸入の絶対的な禁止はよくあることではなく，通商条約と関税交渉が比較的により重要であること，輸出禁止はほぼ完全に消滅してしまったこと，関税率は当時より現代の方が一般的にはるかに高い（ふつうは反対の印象であるが）こと，そしていくつか古い議論に代わって，比較的知的な優れた新しいまたは部分的に新しい議論になったことである．

第2節　重商主義者の教義の崩壊

正貨配分の自己調整メカニズム(63)．——ヒュームとスミスの著述以降，重商主義は確実に守勢にまわり，主だったイギリス経済学者によって重商主義は全面的にあるいは大部分は拒絶された．二人の勝利がこれほどまでに大きかった原因はもちろんその力強い推論と卓越した説明にあったが，彼らの著述以前でさえ，経済的教義の本体としてのメカニズムが，支持者内の軋轢や当初の批判者からの攻撃のため，すでに崩壊していたという事実も大きかった．この崩

---

(61) 近代的な意味で「保護 (protection)」という言葉が使われたのは，私の知るところ，アスギル (Asgill) の *A brief answer to a brief state of the question*, 1719, pp. 10以下が最初である．
(62) A. N., *England's advocate, Europe's monitor*, 1699, p. 20.
(63) この節については，Angell, *The theory of international prices*, 1926, 第2章を参照せよ．

第2節 重商主義者の教義の崩壊

壊のとりわけ貨幣局面における重要な要因は，国際的な正貨配分の自己調整メカニズムの理論の発展であった．19世紀以前のイングランドで，この理論の定式化に最も大きな影響を与えたのはヒュームであった[64]．しかし，理論の最も重要な構成内容は，ヒュームのはるか以前にすでに述べられており，数人の初期の著述家は，ヒュームに負けないほどたくさんの内容を相互に関連付けていた．

簡単にいえば，この理論は，金属通貨をもつ国は，外国との相対的な物価水準が輸出入のバランスを保つような水準に，国の物価を維持するのに必要な大きさの地金を，自動的に獲得するであろうというものである．万が一これより多い貨幣がこの国に入った場合には，他国と比べて物価は上昇し，その結果輸出が減って輸入が増加しよう．その結果生じる不利な支払差額は地金で支払わなくてはならず，こうして余剰な貨幣は流出するであろう．反対に，もし1国の貨幣供給が均衡を維持するのに必要な大きさを下回ることになった場合には，この国の物価は海外と比べて下落し，輸出が増え輸入が減って，その結果生じる有利な支払差額は，均衡を回復するのに十分大きさの地金を海外からもたらすであろう．これを定式化して，重商主義者の教義の貨幣局面のいくつかを拒絶する基礎として使うためには，次の5段階が達成されなくてはならなかった．

1. 国際的な純支払差額は正貨で支払わなくてはならないということを認めること．
2. 貨幣数量は物価水準の決定因であるということを認めること．
3. 輸出量と輸入量は自国と外国の相対物価水準に依存するということを認めること．
4. 貨幣金属の自己調整的な国際配分という首尾一貫した理論に向けて上記3命題を統合すること．
5. 少なくとも長期の問題として，この理論が1国流通貨幣の十分な量に対

---

(64) Richard Cantillon, *Essai sur la nature du commerce en général* は1730年頃に書かれたが，1755年まで出版されなかった．ここでは，自己調整メカニズムがはっきりとまた巧みに展開されている．特に，ヘンリー・ヒッグス (Henry Higgs) 編集の1931年リプリント版，pp. 159-99を見よ．カンティヨンの手書き原稿の内容は，出版前にフランスやイングランドの著述家たちに使われていたが，彼の自己調整メカニズムの説明が1752年以前に一部分でも印刷されたとか，ヒュームが直接または間接にカンティヨンの影響を受けたという証拠は見つけられなかった．

する伝統的な懸念の根拠を破壊したことをはっきりと悟ること．

　最初の命題は，重商主義者の教義の重要な要素であり，例外なく認められていた．貨幣価値の数量説は，すでに示したように，多くの重商主義者たちに支持され，いったんそれを知るようになると拒否する者は少なかった．残る3段階の達成に向けた前進だけが吟味の対象である．正貨の自己調整的な配分メカニズムの存在を示唆してもその性格についてはっきりしないあいまいな記述は無視する[65]．

　低い物価が大きな輸出額に導き，高い物価が大きな輸入額に導くことは，重商主義者の初期の文献でもかなり一般的に認められていたが，貿易差額が相対物価水準に依存することを概括した記述は，17世紀の終わりまで見つけることはできなかった．マリーンズは，特に総じて鋭敏でないあいまいな彼の性格を考慮すると，ある一点で，自己調整メカニズムを把握することに対して驚くべき接近を見せた．彼は，もし為替ディーラーがイングランドの通貨を鋳造平価以下になるように巧みに操作すると，鋳貨は輸出され，国内物価はそのために下落し，外国財貨の価格は貨幣増加のために上昇すると述べた[66]．もし彼が，これらの価格変化の貿易差額や地金に及ぼす影響を考え続けたとすれば，自己調整メカニズムの全循環の完全な定式を提示していたと思われる．その代わりに，彼は，両替商を告発する方向に向かった．貨幣数量説の発展を除くと，この関連でこれ以上の進歩の跡は17世紀の最後の10年まで実際に見ることができない[67]．

---

(65) きわめて初期の例を引用しよう：「しかしあなた方は，貨幣のこの不足を恐れる必要がないと私は自信をもっていおう．品物の取引は全世界を通じてしっかり確立されているから，人類にとって必要とされるものにはすべて永久の循環がある．だからあなたの財貨は，必ず貨幣を捜しあてるであろう．」——1523年の下院におけるトーマス・モア卿 (Sir Thomas More) の発言．White Kennet, *A complete history of England*, 1706, II, 55で引用された．また本書前出のJohn Houghton (1681), p.51からの引用も参照せよ．
(66) *A treatise of the canker* [1601], *T. E. D.*, III, 392-93.
(67) 1622年に当時の未確認の著者からマリーンズが引用したものとして，エンジェル (*Theory of international prices*, p.14) が言及した一節には，正貨の移動が自国と外国の相対的な貨幣価値に依存していることや，貨幣価値が貨幣数量に依存していることがかなり明確に記述されているように思われる．しかし，この引用文の著者は，エドワード・ミッセルデン (Edward Misselden, *Free trade*, 2d ed., 1622, p.104) であり，ミッセルデンは問題の全容を理解していない．彼は，貨幣の低価値を，財貨に対する低い購買力というよりむしろ地金の高い鋳造価格の意味で使っている．

第2節　重商主義者の教義の崩壊

　ロックには自己調整メカニズムの十分な記述に近づいた栄誉が時々与えられるが，彼がその方向で何かしらの進歩をしたとはいえ，私はその栄誉は間違いだと信じている．彼は，1国が世界と通商関係をもち，同じ金属を通貨として使う場合，もしある量の貿易がいやしくも実行されて損失がなければ，その国は，所与の状況下で一定の（おそらく最小の）貨幣量を必要とすると述べる：

> 世界と通商を開き，隣国と同じ材質の貨幣を使用する国では，当該貨幣のある数量は貿易を行うのになにも役に立たないであろう．貨幣と貿易の間には一定の比率がなくてはならない．貿易を損失なしでやっていくために，貴国の財貨の価格が隣国の同種の財貨と同じか少なくとも近くなくてはならないのはこのためである．もし貴国の貨幣が他国よりはるかに少なければ，こうはできない．というのも，他国の豊富な貨幣が貨幣価値を低くし商品価格を高くするが，貴国にその高価格な商品に支払う十分な貨幣がなければ，貴国の財貨をひどく安く売らなければならないか，大部分の貿易を停止しなくてはならないかのどちらかであるからである……(68)．

　次に彼は，イングランドで貨幣の半分を失い，それ以外はいずれの国でも変わらないとすることによって説明する．貿易や雇用等の半分がなくなるか，物価，賃金，地代が半分にカットされるかのいずれかであろう．もし後者が起こると，イングランドの損失で国内商品は海外に安く売られ，外国商品は高く買われ(69)，労働者は賃金の高いところへ移動するであろう．結局，相対的に高い外国物価のために外国商品は希少になる（つまり輸入額は減少する？）．彼は，国内物価と海外物価の関係について，可能な関係や望ましい関係とは明瞭に区別されたものとしての必要な関係について何もいわず，また初期の望ましい状況からの乖離が，物価水準，商品差額，地金の流れに及ぼす影響を通じてそれ自らを救済する手段を生むことを暗示することさえしない(70)．自己調整メカ

---

(68)　*Some considerations of the lowering of interest* [1691], *Works*, 1823 ed., V, 49.
(69)　現代の用語でいえば，「交易条件」は有利ではないであろう．同書，pp. 49-50.
(70)　エンジェル（前掲書，pp. 19-20）は，ロックをさらに好意的に解釈して，「国際価格理論を最初に概説したのは」彼であるという．しかしエンジェルのこの評価は，ロックが，望ましいが必ずしも実現するわけではないと概説した箇所を，実際に「将来なるであろう」と読む場合に限られる．彼はロックの矛盾を見つけたように思われる．というのもロックは，「貨幣は，貿易と一定の割合で分配されても，世界中で均一の価値を保つ」とは考えなかったからであり，またこの矛盾を暴くためにエンジェルは一節を引用し，そこでは，私がここで主張したことが，つまりロックは貨幣が実際に貿易と一定の割合で配分されると思わなかったことが，はっきり

ニズムの要素として，ロックは貨幣数量説しかもっていなかったが，これも決定的なところでは利用しそこなっており，それどころか，物価と貨幣量の間の重大な不均衡は，物価の変動と同じくらい，貿易量の変化によっておそらく永久的に矯正される見込みがあると言外に匂わす欠点さえあった．

　為替相場を決定する要因の扱いでは，ロックははるかに洞察力に富んでいた．彼は，2国間の為替相場は次のものに起因すると説明する．(1)「貿易の差額超過」．前後の文脈から，これは過去の取引の結果として生じる国際収支を意味する．(2)（流動資本と同一視された）貨幣の相対的豊富さ．これは，余剰資金の有利な投資機会に逆に作用して，その結果どの国に貨幣が流れるかを決定する．彼は，地金の流出入を引き起こさない為替相場の変動域をかなり明確に述べている(71)．

　ノース (North) は，1691年に，国家が貿易を行う上で必要とされる「特定貨幣の確定量 (determinate sum of specific money)」を国にもたらす，自動的で自己調整的なメカニズムの簡潔で系統的な説明をした(72)．しかし，それは近代理論でいうメカニズムではなく，また貨幣の国際的な配分を少なくとも明示的に説明したものではない(73)．彼の提示するメカニズムは，貿易に必要な

示されているからである．：「貨幣は，……貿易の割合から見て最も少ない国で最高の価値をもつ．」──ロック，前掲書，p. 50. 傍点（原文イタリック）はヴァイナー．

(71) 同書，pp. 50-51. ロックは，為替レートの二つの限界点を説明する．すなわち (1) 正貨輸入点（鋳造平価　マイナス　オランダ・イングランド間の保険料　マイナス　船舶輸送費：なぜなら，保険料や輸送費は，オランダからの地金輸出に対する当然予定されたペナルティだからである），(2) 一方の国に資金をもつイングランドの商人が，別の国にその資金を移動させようと決心する点．(2) は，2国間の相対的に有利な利用機会，送金費用，外国での投資に付随する危険によって決められる．

　エンジェル（前掲書，p. 21）は，クレメント (Clement) の著述 (1696) の中に，正貨輸送点のメカニズムについての最初の明快な記述を見つける．正貨輸送点は，商人にとって実際に地金や為替取引に携わるや否や明確であるにちがいなく，だからグレッシャム (Gresham) は，正貨輸送点について十分な記述を1558年に与えている．J. W. Burgon, *The life and times of Sir Thomas Gresham*, 1839, I, 485 を参照せよ．また Petty, *Treatise of taxes* [1662], *Economic writings*, Hull ed., I, 48 も参照せよ：「為替の自然の限度について，つまり平和時における為替の最大値は，貨幣を正貨で運ぶ労働だけで決まるが，危険や不意の出来事で他の国より多くの貨幣が使われたり，あるいは真偽のわからない意見のあるところでは，為替はそれらに支配されるであろう．」また同，*The political anatomy of Ireland* [1691], in *Economic writings*, Hull ed., I, 185-86 も参照せよ：「もし貨幣が両方の王国で同じなら，為替は，ふつう二つの王国間の貨幣の陸上と水上の運賃とそれにかかる保険料をけっして超過できない．」

(72) *Discourses upon trade* [1691], Hollander ed., pp. 35-36.
(73) もう少し好意的な解釈として，エンジェル（前掲書，p. 17）を参照せよ．

説明されていない特殊な条件に応じて，流通に出たり入ったりする貨幣の自動的な満ち干からなる．事態の混乱で貨幣が退蔵されるとき，造幣局はより多くの地金を鋳造する．ただし，この地金の出所は説明されていない．平和が戻ると，貨幣は退蔵から出てきて，造幣局は地金の鋳造を止め，余分な貨幣は溶解される．それは，「国内取引を補うためか，海外に輸送するためかのいずれかである．こうして，バケツは交互に働く：貨幣が不足すると地金が鋳造され，地金が不足すると貨幣が溶解される．」彼は，このプロセスを，価格の変動や貿易差額の変動のどちらにも関連付けることができなかった．

サムエル・プラット（Samuel Pratt）は，大陸国軍の軍費を賄うために，手持金の支出を国王に強く主張し，次の議論によって，大陸へのこの送金でイングランドから銀の干上がることはないとした．その議論は，「軍資金」を貨幣とする説の誤りを正すだけでなく，私には妥当のように思われるが，もし「安価な銀」を財貨の高い価格と解釈できるとすれば，短いとはいえ自己調整メカニズムの十分な記述でもあった(74)．

> 鋳造されていない銀は大部分再び戻ってこよう．というのも，毎年大量に持ち込まれる銀は，持ち込まれた土地で溢れ，そのため銀は，その地で安価になるであろうし，最良の市場で吐き出されなくてはならないが，たぶんその地がイングランドであるからである．またこのケースのように，外国人がわれわれから得るにちがいない差額超過の影響は，銀以外の商品でしか国外に波及できない(75)．

ウィリアム・ウッド（William Wood）は，ホワイト・ホールの遺跡の下から偶然四千万余りの公的貨幣が正貨で発見され，それが公債の債権者に支払われたと仮定して，その結末を追跡する．金利は下落し，追加された地金は退蔵されるか金銀食器に変えられるかのどちらかであろうし，さもなければ物価と賃金が上昇し，輸出がそのために下落するであろう．もし貨幣の自由な輸出が許されていないとすると，イングランドは，少なくなった輸出と高い物価のため

（74） ヘクシャーはこの解釈を好意的すぎるとみた．その根拠は，プラットが引き合いに出した銀の安価さが，商品一般からみられたのではなく，ただ別の鋳貨からみられただけであったからである．（*Mercantilism*, 1935, II, 251, 注．）

（75） [Samuel Pratt] *The regulating silver coins, made practicable and easie*, 1696, p. 103. また同書, p. 104 も見よ．また Hugh Chamberlain, *A collection of some papers*, 1696, p. 13 も参照せよ：「お金の輸出よりわがイングランドの財貨の輸出によって余計に獲得できるときは，誰もお金を輸出しないでしょう．」

に，いまや生活は好転どころか悪化しているであろう．ただし，もし輸出が許された場合は，貨幣は，不利な貿易差額の結果輸出されるという含みがある．このことから，彼は，有利な貿易差額だけが地金を国内に維持する唯一の方法であると結論する(76)．

1720年に，アイザック・ジャーヴェイズ（Isaac Gervaise）という人によって書かれた約30ページ余りの注目すべき論文が世に出た．どうもこれは彼の唯一の出版物らしいが，そこでは，正貨が「自然」つまり適切な国際的配分に達する国際均衡と自己調整メカニズムの性格が，入念かつ緻密な推論で説明されている(77)．この論文の魅力を傷つける特異な用語や時々見られるあいまいな説明にもかかわらず，これは，この分野における前期重商主義者の教義の偉大な進歩を表している．傑出した内容とそしておそらく希少本ゆえに他の研究者たちによって完全に見落とされてきたことが，この論文を幾分詳細に扱う正当な理由となる．

ジャーヴェイズは，労働（すなわち労働の生産物）だけが正貨を引き寄せることができることを根拠にして，彼が「全商品価値の偉大な真の尺度つまり分母」と呼ぶ金と銀が，人口に比例して国際的に分配される傾向があるという命題から出発する．続いて彼は，時を移さずこの命題を彼の信念を表すかたちに修正して，正貨の分配は，国民価値生産性つまり実質所得に比例する傾向があり，また人口が実質所得の指標である場合に限って，正貨の分配は人口に比例する傾向があるとした．

> 私が住民の人数をいうときはいつも，世界のいろいろな国々の境遇や性質について配慮することを当然のこととしている．同じ数の住民であっても，性質の異なるに応じてすべての国で同じ結果を生むわけではない……(78)．

もし万が一，1国が一時的にこの比例以上の正貨をもった場合，これが消費

---

(76) *A survey of trade*, 1718, pp. 335 以下．
(77) Issac Gervaise, *The system or theory of the trade of the world*, 1720. ジャーヴェイズは，フランスのユグノー派の家系に生まれたが，ナントの勅令の廃止で，子供のときに両親に連れられアイルランドに渡った．彼は，英国国教会の宣教師となり，バークリー主教の盟友となった．A. C. Fraser, *Life and letters of George Berkeley, D. D.*, 1871, 259, 注を参照せよ．
(78) 前掲書，pp. 3-4. また pp. 24-25 も参照せよ．ここで，これが彼の推論の正しい解釈であることが明らかにされる．

と生産の均衡を破るであろう．消費は生産を超過して，その超過分は，輸入の増加か輸出の減少で応じられるであろう．不利な支払差額が生じて，それは適正比率が回復するまで続くであろう．

　１国が世界の偉大な分母を適正割合を超えて引き寄せてきても，引き寄せた原因がなくなれば，その国は偉大な分母の適正比率の超過分をとどめておくことはできない．というのも，その場合，その国の貧富［すなわち生産者と消費者］の比率が壊れるからである．つまり，富める人が貧しい人と比べてあまりに多くなり，その国は，世界に対して自分の保有する偉大な分母に比例した労働割当てを提供できず，貧しい人のすべての労働と富める人の支出が釣り合わないであろう．その結果，貧しい人の不足を釣り合わすために，出ていくより多くの労働がその国に入り，また貿易の目的が金と銀を引き寄せることにあることから，他国と比べた労働の相違は，分母が小さくなるまで金と銀で支払われ，それが同時に貧しい人と富める人の数も釣り合わせる[79]．

　ジャーヴェイズは，次に「信用」つまり「取引において猶予される時間」の影響を考える．「人はみな，概して同じ感情の支配を等しく受けるから，」すべての国の「分母」つまり通貨は，信用によって同じ割合だけ数量が増加される．「信用は分母を増大させるが，同時に信用は，信用によって増加した分母に比例して，すべてのものの価値の表示を引き上げる」，すなわち物価は，信用を通じて増加した通貨に比例して上昇する[80]．しかし万が一，１国が信用を使って自国通貨を適正な比率を超えてふやしたとしたら，その信用の増加は，あたかも同額を金山や銀山から取り出したかのようにその国に影響しよう．その国がその増加率を保つと，「その結果残余は，早晩他国の労働によって金か銀で引き出されよう．」このメカニズムは次のように説明される．つまり，通貨の保有が増えると，保有者に財の消費をふやすように仕向けるであろうが，その結果輸出に利用できる財が少なくなり，不利な貿易差額は正貨の輸出で支払われるであろう．１国が信用をその適正比率以下に減じる場合は，反対のことが起こる．相当するプロセスによって，金や銀は，「信用」を含む「分母」が他国と適正比率を回復するまで海外から引き寄せられるであろう[81]．しかし

（79）　同書，p. 5.
（80）　同書，pp. 7-8.
（81）　同書，pp. 8-9, 12.

ジャーヴェイズは，別の一時的な可能性を認める．すなわち（国内消費か輸出のどちらの代わりとは示されていないが），国家の「輸出可能な労働の貯蔵つまり資本」を引き渡すことを通じて，消費がたとえ国内で増加するとしても，外国貿易で差額の均等が維持されるかもしれないという可能性である．ジャーヴェイズは，どうも原料や完成財の正常なストックは減っても構わないという意味でいっているらしい．しかし，いったん利用できる正貨や財の蓄えがなくなってしまったら，信用は，「分母」が再び適正比率になるまで収縮されなくてはならないであろう[82]．

　特定の国の「分母」の相対的な過剰つまり通貨の相対的な過剰は，貿易差額に及ぼす影響を通じて通貨の対外価値を下落させることになる．もし通貨の過剰が大きく，その結果鋳貨が希少になり，通貨の交換価値が低くなると，その国に対して当該国の通貨による支払請求権をもつ外国人たちは，支払いを商品で受け取り，それを海外で処分して正貨に換えることによって損失を減らそうとする．しかし，この結果労働者の賃金が上がり，そのため（含意として）その国の通貨で測った商品の価格を上げることになり，外国の債権者たちは，海外の賃金ならびに物価が相対的に低下したことを知り，そのためこれらの商品を損をして処理しなくてはならない．だから，彼らは，「この国を信ずることをやめ，その国から確実に輸出できる労働しか輸入しないことにする．」その間に，外国の製造業者は，通貨拡大国の通貨の外国為替の減価のために，自身の通貨で通貨拡大国の高価な原料代金を支払うことができることを知り，その状態は，この原料価格が上昇して為替の割引を十分相殺するまで続くことを知る．ここまでの議論で，ジャーヴェイズは，減価した「信用」通貨をもつ国と金属本位の外部世界の間で均衡の確立される様子のうまい説明に乗り出すようにみえるが，不幸にも彼の議論はここまでである[83]．

　ジャーヴェイズの分析についてのこの要約では彼の真価を十分に評価できていないが，国際均衡の満足な説明に向けて，彼がどれほど目覚ましい前進を遂げたかということは十分に示されているはずである．ヒュームの説明は，古臭い用語に束縛されていない点で優れており，説明もはるかに明快ではあったが，ジャーヴェイズの記述で示された理解力，すなわち均衡の下では，1国の輸出入額の間と生産・消費の間の均等が必須なことを特別に規定したり，攪乱され

---

(82) 同書, p. 13.
(83) 同書, pp. 15-17.

第2節 重商主義者の教義の崩壊

た均衡が回復されるメカニズムにおいて，賃金率と為替相場が果たす役割の説明の記述で彼が示した理解力に匹敵するものは，19世紀になるまで現れなかった[84]．事実ジャーヴェイズは，価格よりむしろ所得の局面からこの問題に接近したことによって，ヒュームが採用したやり方や広く古典学派によって引き継がれたやり方より，はるかに近代の多くの著述家たちの好みに合ったやり方において前進したし，その意味で，1世紀あるいはそれ以上後のヒュームの後継者たちより「近代的」であった．

プライアー (Prior) は，1730年に，自己調整メカニズムの半分を反論の余地なく展開している．東インド貿易が銀をヨーロッパから引き出し，それによって，どうも金と商品のいずれの関連でもヨーロッパで銀の欠乏が生まれることを指摘した後で，次のようにいう．

> また，もしこんなにたくさんの財宝がかなりの時間にわたって同じ経路で流出すると，それはその貿易を終わらせることになるかもしれない．というのも，そのような大量の送金は，早晩それら地域をこの金属で満たし，その数量がふえるにつれてその価値が減るであろうし，その結果銀の金に対する比率は，東インドにおいて次第にヨーロッパの場合と同じ比率をもつようになり，商品も比例して上昇するであろうからである[85]．

ジェイコブ・ヴァンダーリント (Jacob Vanderlint) は，1734年にこのメカニズムを適切に述べたが，彼の説明は著作の中に分散していて，まとまったかたちで引用することはできない．次の一節はまとまりをもった説明に一番近い．

> しかし，規制のない貿易から不都合は起こるはずもなく，かえって非常に大きな利益が生じる．というのも，もしこの国の現金が規制のない貿易によって減少し，これを防ぐために禁止策が立案されても，現金を手に入れた国は，現金が増加するにつれて，あらゆるものの価格が上がるのを確実に知るからである．また，もしお金を手放したわれわれが，食糧や飲み物の価格をいつも構成する労働を十分に安価にするほど物資を豊富にすれば，わが国の製造物やその他あらゆるものが遠からず穏当な価格となり，貿易差額をわが国に有利にして，それにより貨幣を

---

(84) 彼もまた，国際的な貸し出しとか国際的な貢物がある場合の正貨配分の比率について，その後 (pp. 32-34) 持論を修正する．
(85) [Thomas Prior] *Observations on coin in general*, 1730, p. 13.

再び取り戻すであろう(86).

84　ヴァンダーリントは，この自動メカニズムを，物価上昇が引き起こされる場合には是認せず，貿易差額が有利な場合は，物価の上昇を防ぐ手段として金銀の工芸利用を奨励した(87).

だから，ヒュームが1752年に『政治論集』(Political Discourses) を出版したとき，自己調整メカニズムの理論に不可欠な要素はすべて，これまでの文献の中ですでに利用できたし，そしてまたそれらをまとめて統一ある理論にする十分満足な試みもいくつかなされていた．しかしヒュームは，この理論を，明晰さの程度や説明能力，理論の重要性の強調，他の経済的な見解との矛盾のない統合の点で，それまでの大部分の著述家とは較べものにならないくらい優れたかたちで記述した(88)．彼のメカニズムの説明は後章で再吟味されるから，ここでは彼の分析のいくつかの特定の局面だけに注目したい．彼は，一般的なメカニズムの中に，追加の均衡化要因として為替相場の変化が商品貿易に及ぼす影響を含めているが(89)，この点は，より広汎な調整メカニズムの説明の中に，これまではどうも誰も直接持ち込まなかったようである．彼は，このメカニズムは国際貿易に限ったことではなく，単一国家内の地域間で，国内的にも作用するという(90)．彼は，自分の分析の結論を最後まで追及しておらず，後世の分析の説明者が長期政策にとって論理的に重要だとみなしたこと，すなわち1国内の貨幣数量を懸念する必要はないということまでは至っていない．というのも彼は，自分の立場を正当化するかもしれない留保条件を述べないで，硬貨を国外に駆逐するという理由で，同額の金属貨幣の単なる預金証書ではない紙幣に反対し(91)，また外国での戦争や外国との交渉において，国内の金属貨幣の豊富さから国が利益を引き出すことを認め(92)，また増大する貨幣が産

---

(86)　*Money answers all things* [1734], Hollander ed., pp. 48-49.
(87)　同書, pp. 93-95. 本書前出, p. 51 を見よ.
(88)　*Political discourses* [1752], in *Essays, moral, political, and literary*, 1875 ed., I, 330 以下.
(89)　同書, p. 333, 注.
(90)　同書, I, 334-35.
(91)　同書, I, 337 以下; I, 311 以下. しかし同書, I, 339 以下を参照せよ.
(92)　同書, I, 337. アダム・スミスは，「国の豊かさは貨幣にあるという見解に少し加担して」しまったとヒュームを非難したが，多分これらの章句が心にあったのであろう．——*Lectures on justice, police, revenue, and arms* (1763年頃の講義), Cannan ed., 1896, p. 197. (高島善哉，

第2節 重商主義者の教義の崩壊

業の刺激として働くことを認めているからである(93).

　ヒュームの後,自己調整メカニズムは以前より頻繁にまた明確に記述された.パトリック・マレー(Patrick Murray)(エリバンク卿 Lord Elibank)が紙幣に反対したのは,数量説を理由にして,それが物価を押し上げて輸出を妨げ,その結果不況になるからであった.しかし,

> 多量の貨幣が原因で起こるこれらの不都合は,これを引き起こした豊かさで十分に償われるし,また上述の貿易不振は,他国がわが国より安く売り続けなければ継続しないであろうし,そんなに長い間安く売ることはできない.というのも,どの国の貿易も豊かさへの入り口であり,貨幣は一杯になるまでその国に流れ込み,充満することでその流入は止まるであろうからである.貨幣は,その国から別の国にそしてまた別の違う国に向かい,その流れは,すべての国を通じて貨幣が完全な水準で等しくなるまで続くであろう(94).

　ハリス(Harris)の提示した自己調整メカニズムの記述は特に優れている(95).しかし,ヴァンダーリントと同じく,ハリスもあまりに重商主義者でありすぎたために,貨幣の流出が起こるメカニズムの結果を冷静に受け入れることができず,さもなければ地金の国外流出が続くと思われるときに,地金を流通から引き揚げる手段として地金の退蔵や金銀食器への転換を勧めている(96).ワッ

水田洋訳『グラスゴウ大学講義』1989年, p.373.)紙幣が地金を駆逐したという,ヒュームの紙幣反対論に対して,ヘンリー・ロイド(Henry Lloyd)は,「貨幣は,国内で消費される等価物かあるいは有利に再販される等価物を受け取らないで,国から出ていくことはできない」と応じた. An essay on the theory of money, 1771, p.16.

(93)　この中で,ヒュームは,彼の別の経済論集におけると同様,自分が同意できないモンテスキュー(Montesquieu)の L'esprit des lois における議論にはっきり応答していた.ヒュームは,1749年4月10日のモンテスキューへの手紙の中の言葉とほぼ同じ言葉で,すでに自己調整メカニズムの教義を述べていた.この手紙は,グレイグ(J.Y.T.Greig)の The letters of David Hume, 1932, I, 136-37で引用された.ジェームズ・オズワルド(James Oswald)は,論集の原稿をすでに見ていたらしく,その主張に反対していたが,ヒュームは,1750年11月1日のオズワルドへの手紙で,ポッター・ジョン法(the Potter-John Law)の線にそってひとつの譲歩をした:「私は,以下の点であなたと同意見である.すなわち貨幣の増加は,あまりに突然でなければ,当然人びとと産業を増加し,そのことが貨幣自体の増加を持続させるかもしれないが,もし貨幣の増加が人びとや産業の増加を生まないとすると,退蔵以外に貨幣の増加を持続させるものはないであろう.」(同書, I, 143.)

(94)　Essays, I. on the public debt; II. on paper-money, banking, &c., 1755, p.21.

(95)　An essay upon money and coins, Part I (1757), 90-93. ハリス(Harris)はヒュームに言及していないが,彼は序文で,この論文集の主要部分は何年も前に書かれたと述べている.

トリー (Whatley) にも見事なメカニズムの記述がみられるが，そこには重商主義者の制約はない[97]．

86 　これまでみてきたように，ヴァンダーリントやウッドやハリスは，流通貨幣量の自動的な調整を認めたが，ヒュームにもいくぶんあったように，彼らには，国の地金量についての重商主義者の偏見がまだ残っていた．ヒューム以降の重商主義者の中には，自動メカニズムを排除する根拠を見つけようと努力した者も何人かいたが，結果は貧弱であった．ヒュームに対してウォーレス (Wallace) は，もし紙幣量が増加すれば，貿易は増加するであろうと答える．彼は，「貿易」を「輸出貿易」に無意識に置き換えて，次のように結論する：「彼らは，外国からの支払いを紙幣では受け取らないから，もし貿易の利得者であれば，差額は銀や金で受け取るにちがいない．」[98]物価は商品に対する需要と供給に依存するのであって正貨の数量には依存しないという理由から，スチュアートは貨幣数量説を拒否する．彼は，ヒュームが仮定した貨幣数量の突然の変化が退蔵と生産に及ぼす過渡的な結果を強調することによって，ヒュームの自己調整メカニズムの説明に本気で応じようとしない．もし流通貨幣の五分の四が取り除かれたら，産業と勤勉さは両方とも壊滅するであろう．もし低価格の結果，（あらゆる？）イングランドの商品が輸出されることになれば，それはイングランド人民の飢餓を意味するであろう[99]．他方，たとえ貨幣数量がふえるとしても，退蔵が，貨幣増加の物価に及ぼす作用を妨げるであろう．ともかく，「理屈も経験も」，数量説が誤りであることを証明する[100]．一ヵ所で，スチュアートは，貨幣は過剰になれば退蔵され，欠乏すれば吐き出される

---

(96)　同書, Part I, pp. 99, 100.
(97)　[George Whatley] *Principles of trade*, 2d ed., 1774, 注, pp. 15-16. ベンジャミン・フランクリン (Benjamin Franklin) は，この本の作成に助力したが，総じて本文より優れている注は特に彼の功績であるとされてきた．Jared Sparks, *The works of Benjamin Franklin*, 1840, X, 148 を見よ．
　　　銀行の信用操作が為替相場と正貨流入に及ぼす影響について興味ある優れた議論が，"Considerations relating to the late order of the two banks", *Scots magazine*, XXIV (1762), 39-41, 89-94 の中にみられる．要するに，その議論というのは，現在のロンドンの不利な為替は一時的な事情によるものだから，スコットランドの銀行信用の収縮よりむしろロンドンの借入によって矯正されるべきだということである．
(98)　[Robert Wallace] *Chracteristics of the present political state of Great Britain*, 1758, pp. 31-32.
(99)　*Principles of political œconomy*, 1767, I, 405 以下, 515-16.
(100)　同書, I, 422.

という自己調整メカニズムを示唆し，ノースのメカニズムと本質的に類似するが，しかしその類似性は，正貨の退蔵や退蔵からの吐き出しの動きは正貨を利子付きで貸し出すことがありうるかどうかによって支配されるというスチュアートの説明を除けばの話である．

相互移転を続ける十分な数量の貨幣が見つけられる限り，これら貨幣の収集者が自分の退蔵した富を国内で使うことはできないであろう．しかしこの収集によって，正貨が流通に必要とみられる割合を超えて縮小されると，たちまち正貨の貸し出しが開始され，そのため正貨は一時的に流通に復帰し，それは同じ原因の働きによって正貨が元の貨幣収集者の懐に戻るまで続くであろう(101)．

タッカー（Tucker）は，ヒュームの議論を論駁しようとする過程で，ヒュームのあいまいな用語にあまりに厳密に従ったために，結果として無意識のうちに，議論を，より多い貨幣が貿易に及ぼす影響から，より多い富が貿易に及ぼす影響に転換させて，富国が貧国とうまく競争できるかどうかという議論に進んだが(102)，ヒュームは，満足でない応答をする中で，みずからこの論点の転換を受け入れている(103)．

経済思想史のミステリーのひとつは，アダム・スミスがヒュームと親しく，彼の著作をよく知っていたにもかかわらず，『国富論』において，どうして物価水準と貿易差額による自己調整メカニズムにふれなかったのか，また正貨の国際的な配分を，どうして各国の相対的な物価水準にきちんとふれもせずに，各国が貿易をするのに必要な一定量の貨幣という古臭い言葉で説明することに同意したのかということである．1国の貨幣が貿易に必要な貨幣より多い場合，「流通経路（channels of circulation）」はあふれるであろうし，余分な貨幣は，「国内では見つからない有利な使用先を求めて」海外に送られるであろう(104)．初期の『講義』（Lectures）において，スミスが，ヒュームの分析を見事な要約で好意的に提示したことも，このミステリーを深めている(105)．

---

(101) 同書, II, 115.
(102) *Four tracts on political and commercial subjects*, 2d ed., 1774, pp. 34 以下.
(103) 1758年3月4日のケイムズ卿（Lord Kames）への手紙において：*The letters of David Hume*, J. Y. T. Greig ed., 1932, I, 143 以下.
(104) *Wealth of nations* [1776], Cannan ed., II, 277.
(105) *Lectures on justice, police, revenue and arms* [1763年頃の講義], Cannan ed., 1896, p. 197.

貨幣の不足.——イングランドは「貨幣の不足」に苦しんでいる,これが重商主義者の絶えることのない不平であった.この不足を軽減することが,少なくとも前期を通じた重商主義者の諸々の提案の主要な目的であった.多くの近代の著述家たちは,この不平を額面通りに受け入れ,この不足の原因としてあやふやな歴史的事実を引き合いに出したが,彼らは,不平をいう者が「貨幣の不足」をどういう意味で使っているか調査もしないし,自分自身でこの観念を分析することもない.そのような不平を口にする重商主義者たちは,自分の心の内をめったに明らかにしなかった.しかし,彼らの考えが文脈に表れているところでは,貨幣の不足の意味は,次のいずれかかそれらの組合わせで使われていた.すなわち,欲しいものを買うのに十分な「貨幣」を人びとがもっていないことつまり一般的な貧困,あるいは商人が商品を十分な量販売できないことつまり「活気のない取引 (slack trade)」,あるいは商人が自分の商売をやりくりするのに十分な「貨幣」をもたなかったり,それを適度な金利で借り入れることができないことつまり資本の欠乏,あるいは高金利つまり資本不足,あるいは本位貨幣の相対的不足つまり通貨の管理ミスか,金銀の市場比率と鋳造法定比率の乖離が常態化した複本位制のどちらか,あるいは低い物価,あるいは継続的な現象としては不可能な現存の貨幣供給にしては高すぎる物価である.

当時の著述家たちでさえ,このような不平は混乱した経済分析とか不十分な経済分析にもとづいていると見て,これら不平をさんざん馬鹿にした.すでに1523年には,モアが貨幣の不足という考えを批判していた[106].スターキー (Starky) は,対話相手の一人にこれを馬鹿にして論じさせたし,なかでもマンやチャイルドは,真面目に取り上げることさえ拒否した.

> ルプセット (Lupset):というのも,真の富である豊富な羊毛や鉛,錫,鉄,銀や金,そして生活に必要なあらゆるものに関する限り,わが国は他のどの国と比べても遜色ないと思う.
> ポール (Pole):……皆が一斉に貨幣が不足していると叫ぶ……が,それはけっして理由のない叫びではない.
> ルプセット:男どもは,富や貨幣をあまりに重んじ過ぎるから,もしそれを絶対に大量にかつ十分にもてないとすると,ますます不平をいうであろう……[107].

---

(106) 本書前出, p. 78 を見よ.
(107) Thomas Starkey, *England in the reign of King Henry the Eighth* [1538年頃], 1871, pp. 88-90.

なによりも銀を欲しがるという悪徳について，私は，それは，これまでもそして現在もあらゆる国の共通の病であるし，世界の終わりまで続くであろうと思っている．というのも，貧者も富者も自分たちはけっして十分もっていないと不平をいうからである．しかし，どうもこの病はわが国で致命的な成長をみせており，そのために救済策が叫ばれているように思われる．ところで私は，わが国が余すところなく健全で強固になった暁に，これがわれわれを不快にする単なる想像の産物にすぎなくなっていることを願っている……(108)．

……凡人からみると，貨幣は，それを利用する機会が最も少ないときに，一番たくさんあるようにみえるし，それを利用する機会が非常に多く有利なときに，いっそう不足しているようにみえる．同じ理由から，高利貸しの高い金利が，貨幣の不足をわれわれに想像させる……(109)．

私自身の記憶では，人は，私の知る限り，これまでずっと現在と同じ調子で貨幣の不足に不平をいってきた．そればかりか，今これに不満をいう人物と時代を賞賛する人物が，まさに同一人物なのである(110)．

　貨幣と貨幣で買えるものつまり貨幣で値付けされるものの一般的混同が，貨幣不足の不平の通常の解釈であるが，この混同については，ノース(111)と Considerations on the East-India trade の著者(112)が指摘していた．ヒューム以前に，少なくとも二人の著述家は，貯蓄が単に現実の貨幣ストックの蓄積だけで成り立つ必要のないことを示すために，貯蓄の過程を説明した(113)．すでに示してきたように，国家の財宝を蓄積するためによりたくさんの貨幣を必

---

(108)　T[homas] M[un], *A discourse of trade, from England unto the East-Indies* [1621], 1930年リプリント版, p. 46.
(109)　Josiah Child, *Discourse about trade*, 1690, p. 152.
(110)　同書, 序文. また, North, *Discourses upon trade* [1691], Hollander ed., p. 36; Harris, *An essay upon money and coins*, Part I (1757), 93-94 も見よ. 別の著述家は, 1710年に, 貿易衰退の原因を貨幣の欠乏とした説明を「通俗的誤謬」とし, 真の原因は, 貨幣の数量の減少ではなく, 不利な見込みにもとづいた貨幣流通量の減少であるといった. (*A vindication of the faults on both sides* [1710] in *Somers' tracts*, 2d ed., XIII (1815), 6-7.)
(111)　North, 前掲書, pp. 24 以下.
(112)　*Early English tracts on commerce* [1701], McCulloch ed., p. 558.
(113)　Barbon, *A discourse of trade* [1690], Hollander ed., p. 20; Joseph Massie, *An essay on the governing causes of the natural rate of interest* [1750], Hollander ed., 1912, 随所; Hume, *Political discourses* [1752], in *Essays moral, political, and literary*, 1875, I, 320

要とする議論は，ヘンリー8世が相続財産を乱費した後は完全に机上の空論となり，後期重商主義者の議論ではほとんど意味をもたなくなった．紙幣や金融銀行業の擁護者たちは，貴金属の権威を徐々に弱める助けをしたが，それは，特に信用や紙幣が貴金属貨幣のあらゆる機能を果たしうると彼らが主張したときにそうであった．このような考えは，貨幣供給の自動調整の教義の発展とあいまって，重商主義者の貨幣的教義を惨澹たる荒廃状態に追いやり，ヒュームやスミスによる決定的な攻撃にさらす道を準備した．

倹約[114]．──広く倹約を賛美し，生産の目的として富の蓄積を認めたことは，二重の方向で重商主義者の教義の保持を国民全体に強化するように働いた．ひとつは，貯蓄の過程と貴金属の蓄積とを同一視することによって，よりいっそうたくさんの貴金属を獲得することが倹約の積極的な側面になったこと，もうひとつは，倹約を強調することによって，当時その多くが贅沢品であった輸入品を嫌悪する手助けをしたことである．しかしこうした考えの勢いは，贅沢品の消費を正当化する次の反論のいずれかによって弱められた．すなわち，経済活動の目的は，生産でも富の蓄積でもなく，消費つまり御馳走を楽しむことであるという理由による正当化か[115]，あるいは自由な支出が取引や流通を早

以下．また Davenant, *Discourses on publick revenues* [1698], *Works*, II, 106 も参照せよ．
　次の引用文は，資本形成理論の発展の中間段階を示しているが，そこでは，生産的投資を通じた蓄積の可能性が認識されているが，貯蓄が貴金属の蓄積からなるという考え方を完全に払拭するまでには至っていない．
　「銀と金の主たる狙いと固有の目的は財宝である．そこから，銀と金が普遍的な価値と評価を獲得することになるし，人びとは，金と銀と引き換えに他のあらゆる財貨を手放すことになり，この見方によって，人びとは，金と銀で欲しいものはなんでも買い入れることができるうえに，人びとが節約して蓄えることができたものは，必ず将来の出来事への備えになるであろう．なるほど人は，土地を購入したり，利子をつけて貸し付けたり，貿易に使ったりすることによって，財宝の価値を高めたり増加したりする方法を間もなく見つけたが，しかしこのような培養方法がどれほど繰り返しいわれようとも，なお財宝の獲得を究極の目的と考えている．」(*A vindication of the faults on both sides*…[1710] in *Somers' Tracts*, 2d ed., 1815, XIII, 5-6.)
　ロックは，貨幣の存在だけが，物的な資本を蓄積するインセンティブを作ると論じた．というのも，もし物的な資本を腐敗しにくく退蔵可能な何かと交換する可能性がなければ，人は，自分の消費量をはるかに超えて，土地や牛等々の所有権を獲得する動機はもたないと思われたからである．(*Two treatises of civil government* [1690], in *Works*, 1823 ed., V, 365-66.)

(114) この項目については，E. A. J. Johnson, "Unemployment and consumption: the mercantilist view," *Quarterly journal of economics*, XLVI (1932), 708-19 を参照せよ．

めるという理由か(116), 楽しみの期待が勤労と危険負担への動機であるという理由(117)のいずれかを理由とした生産的な活動への刺激としての贅沢品消費の正当化である.

(115) 例えば [Starkey], *England in the reign of King Henry the Eighth* [1538年頃], 1878, p. 81; Potter, *Key of wealth*, 1650, p. 17:「目的は手段に勝り,手段は目的がなければ役に立つ事なしというように,高価でも外見上の安楽をたくさんもつことは,いくら安価でも外見上の安楽を少ししか楽しめないことより,どこから見ても有利である.」; Barbon, *A discourse of trade* [1690], Hollander ed., p. 22; Jocelyn, *An essay on money & bullion*, 1718, pp. 17-18 : 東インド会社は,地金と引き換えに商品をもって来るが,それは「わが国の婦人を飾り楽しませるためである.これらの商品は富ではなかろうか.……東インドの生産物は,西方からくる全地金よりももっとヨーロッパを豊かにする.」; *Some considerations on the nature and importance of the East-India trade*, 1728, p. 71:「慈悲深い神は,人生を人類にとってできるだけ安楽にそして楽しくするよう定められ,また技術を見つけて,それをわれわれの喜びと幸せに役立たせるために,われわれに分別をお与えになられた.」; Lindsay, *The interest of Scotland considered*, 1733, p. 63; Vanderlint, *Money answers all things* [1734], Hollander ed., p. 134:「というのも取引は,結局物の消費で終わる.この目的のためにのみ取引は実行される.」Thomas Fuller, *The holy state, and the profane state* [1642], Nicholas ed., 1841, p. 109 を参照せよ:「神はそんなにむごい主人ではなく,自分の召使たちが肉を食べるとき,(空腹ならなおのこと)ソースを許す.」しかし, Steuart, *Principles of political œconomy*, 1767, I, 25 を参照せよ:「人の本分は飯を食らうにあらず.自らの義務を果たし,役に立つために生かされているのである.」

(116) 例えば Houghton, *Collection of letters*, 1681-83, I, 52; Barbon, *A discourse of trade* [1690], Hollander ed., p. 32; Child, *A discourse about trade*, 1690, pp. 72 以下; *Taxes no charge*, 1690, pp. 11 以下; Vanderlint, *Money answers all things* [1734], Hollander ed., p. 29. ウィリアム・テンプル卿 (Sir William Temple) は,贅沢は利益であるという議論は,贅沢が輸出に利用できる財を減らすことから,たとえ支出が国内品に限定される場合でも誤りであると主張し,オランダ人の倹約を,イングランド人が従うべきモデルとして引用した. —— *Observations upon the United Provinces of the Netherlands* [1668], *Works*, 1754, I, 132. しかし,のちにダヴナント (Davenant, *Discourses on publick revenues* [1698], *Works*, I, 390-91) とマンデヴィル (Mandeville, *Fable of the bees* [1714], Kaye ed., I, 186) は,オランダ人の倹約は,選択の結果というよりむしろ宿命であったと主張した.

(117) North, *Discourses upon trade* [1691], Hollander ed., p. 27; Davenant, 上記引用文中; Mandeville, 上記引用文中; Vanderlint, 上記引用文中; "Impartial essay concerning the nature and use of specie and paper-credit in any country," *Scots magazine*, XXIV (1762), 134; Harris, *An essay upon money and coins*, Part I (1757), 30:「贅沢 (luxury) という言葉には,いつもある種の誹謗の観念が伴うが,それが,技術を促進し,人びとの工夫を刺激し,わが国自身の人民に多くの働き口を見つける限り,その影響は良性であり,社会全体にとって有益である.」また B-I-, M. D. [William Temple of Trowbridge], *A vindication of commerce and the arts* [1758], in McCulloch ed., *Scarce and valuable tracts on commerce*, 1859, pp. 551 以下も参照せよ. Arthur Young, *Political arithmetic*, 1774, pp. 46 以下では,贅沢は,農産物の市場を作るという理由で擁護される.

自由放任と自由貿易.——スミスの自由放任や自由貿易の見解の原型は，初期イギリスの経済的文献というよりむしろ，十中八九間違いなく，主に哲学的な文献の中やおそらく重商主義者の著作の中にも見つけられるはずである．確かにヒュームは，アダム・スミスに重大な影響を及ぼした．しかしヒュームは，経済学者というより第一級の哲学者であったし，自由貿易の見解をスミスが発展させるのを助けたにはちがいないが，ヒューム自身はずっと穏やかな保護主義者の立場を貫いた．しかしアダム・スミスが，当時いつも無名ですでに希少と思われる小冊子を含む初期のイギリスの経済文献をもし丹念に調べていたら，彼は，重商主義者の教義の保護主義的な性格を実際に攻撃する際に用いたほとんどすべての素材を発見できたであろう．しかし彼は，それらがあちらこちらに散乱し，時には粗削りな重商主義者の分析の中に埋没していることや，それぞれの著者にもその重要性がほとんどあるいはまったく気づかれていない後年の教義の偶然で曖昧な先鞭の数々からなるにすぎないことが多いことを知るであろう．われわれは，それらの著者が実際に意図した以上にそれら章句を深読みしないよう注意する必要があるし，事実，自由貿易の見解がすでにアダム・スミス以前のイギリスの文献に広まっていた程度について，はなはだしい誇張もあった．ノース，パターソン，*Considerations on the East-India trade*（1701）の著者，そしてアイザック・ジャーヴェイズ，ワットリーだけが，私がアダム・スミス以前の自由貿易論者であったと思えた著述家である[118]．しかし，自由貿易の見解に向かう傾向にあった教義の内容は，『国富論』の出版以前にかなり広範に広まっていた．その一部はすでに論じてきた．というのも，重商主義者の貨幣や有利な貿易差額の重要性についての教義は，自由貿易論の根拠とする原理と矛盾しており，したがって，それを論破することが，自由貿易の教義をうまく定式化するのに必要な予備的な段階であったからである．だから，貨幣数量説の定式化と貿易差額の教義の批判と修正は，包括的な自由貿易の教義出現の道を準備した．それ以外にも，アダム・スミスの自由貿易論にもっと直接に関係して，スミスの著作以前に，ある程度世間の信用を得ていた考えがあった．

利潤動機が特に商人の経済行動を支配する要素であるという一般的な同意があった．「イングランドでは公共の安寧を求める者はおらず，皆ことごとく自

---

(118) おそらくジョスリン（Jocelyn）も，彼女なら，「貿易の輸出入にはできるだけ関税や禁止はないほうがよい」と主張するであろう．(*An essay on money & bullion*, 1718, p. 30.)

分一人の安寧を求める」(119);「というのも商人たちは,利益のために骨を折り,利益がなくなればそれ以上労苦を払わないからである」(120);「誰でも自分の品物を最高の価格と思うところで売るであろう」(121);「彼は商人であり,彼にとって当然海は開かれ自由であり,貿易商の貿易と商品貿易がわが国の余剰財貨の輸出と必需品の輸入に必要であるといわれているところでは,いずれの私的な商人の目的も,公共善ではなく彼固有の利潤であり,商人固有の利潤こそ,彼を貿易と商売に誘う唯一の手段であること,これがよく知られていることは好意をもって尊重されるべきである.」(122);「ほとんどすべての人間は利潤に注目する.愛も多くのことをおこなうが,カネでできないことは何もない.」(123);「貿易にたずさわる人は,他の誰より格別に自分の利益に縛られる.利益は通商の目的である.」(124);「公共善と私的利益が互いに矛盾したとき,私的利益より公共善を好む人は,残念ながらどの国でもほんのわずかしかいないと思う.」(125)

人間の代わりに,「経済人（economic man)」という概念は,しばしばいわれるように 19 世紀の古典学派の造語であるが,重商主義者の教義の重要な要素であった.しかし,この「経済人」に対する両学派の態度は,対比のために仮に両派の極端な立場をとった場合,大きな食い違いがあった.すなわち,古典派の経済学者たちは,私利を追求する人びとは,神の摂理による利害調和によって公益に対して最善の奉仕をするか,あるいは少なくとも自分たちの活動が政府によって厳しく規制された場合と比べて,よりよい奉仕をするかのいずれかであると述べたのに対し,重商主義者たちは,商人の利己主義を嘆き,利己主義によって国家が滅亡するのを防止するために,商人の利己主義を厳格な管理下におくことが必要であると主張した.マリーンズが自分の論集のひとつの題名を *The center of the circle of commerce, or, a refutation of a treatise, intituled the circle of commerce,*（『商業界の中心あるいは商業界と題さ

---

(119) [Clement Armstrong] *A treatise concerning the staple* [1530 年頃], in Pauli, 前掲書, p. 42.
(120) John Hales, "On the unwisdom of a new imposition on cloth" [1559], *T. E. D.*, II, 224.
(121) "Polices to reduce this realme…," [1549], *T. E. D.*, III, 317.
(122) Fleming, J., "The case of impositions" [1606], in Howell ed., *A complete collection of state trials*, II (1809), 390.
(123) Robert Keale, *The trade's increase* [1615], in *Harleian miscellany*, III (1809), 307.
(124) [Defoe?] *An essay upon loans*, 1710, p. 14.
(125) David Bindon, *A letter from a merchant who has left off trade*, 1738, p. 12.

れた論考への一反論』）とした時，彼の狙いは，「利益」は経済活動にたずさわる人々の「中心」すなわち目的であるという主張や，商人たちの利己的な利益の追求によって国家が滅ぼされないようにする唯一の方法は個人に対する規制や罰則によって国益に反するある種の取引の利益機会を除去することであるという主張を強調することにあった(126). 極端な場合，この態度は，商人の全面的な非難に導く傾向があったが(127), 商人が私利だけで支配されていたという信念は，商業には国家規制が必要であるという重商主義者の基本的な教義の根拠になった．フォートリーは，それを次のように表現した．「公共の利益だけが基準になるべきである．彼「すなわち政治家」の関心は，ただ全体の利益だけである．」(128)

商人が利己心だけに支配されているとか，圧倒的に支配されていることを否定する者はいなかったが，商人の代弁者の中には，商人以外の人たちも同じだと応じて，誰が監視人を監視するのかという旧来の問いを発したり，あるいは商人の活動を政府が干渉することをもし商人自身が勧めた場合には，彼らが密かに何か個人的な思惑をもっているのではないかと警告する者もいた．これらの見方を示す二・三の引用文をあげよう．

　そして一般的に，自分たちの土地の生産物にはけ口を与えるとかその生産物で自ら商売することに対して，無頓着で不活発あるいは活力不足で展望できない人に限って，その商売の損得にはお構いなく，十分な価格を徹底するため貿易業者全員を法律で強制するであろう(129)．

(126) この論集の pp. 51, 139 を見よ．
(127) 君主の職務を説明するときの，ジェームズⅠ世の痛烈な商人攻撃を参照せよ．
　「商人たちは，国家がすべて自分たちを満足させるために命じると考えている．また彼らは，他人の損失の上に自分たちを富ますことは，合法的な利益であり取引であるとみなし，わが国から必要なものを運びだし，時に不必要なものをもってきて別の時は何ももってこない．彼らは，われわれにとって最悪のものを買い入れて高値で売りつけ，たとえ食糧価格が豊富や欠乏につれて下がろうが上がろうが，彼らの商品価格は，絶えず上昇するがけっして下落しない．それは，まるで彼らのために取り決められた法律のように，悪しき慣例の中で変わらない．また彼らは，わが国の鋳貨をすべて運びだして，外国鋳貨を持ち込み，それに好き勝手な価格をつける鋳貨改悪の特別な原因でもある……」(*Basilikon doron*, in *The works of…James*, 1616, p. 163.)
(128) *Englands interest and improvement* [1663], Hollander ed., p. 13.
(129) North, *Discourses upon trade* [1691], Hollander ed., p. 12.

貿易に従事する通商業者は断言するであろうが，われわれが貿易で損をすることなど滅多にない．平和な時代では，貿易全般によって王国が利益を得るのは明白である(130)．

　……航海条例以来，立法化されたほとんどの貿易関係の法律は，国家の貿易より，ある一部の貿易業者の利益を増進するために，公共善よりむしろ特定の利益を目当てに作られたとみなされるかもしれない(131)．

　……他国と関係する陛下の関心ある産業だけでなく他国も関心ある産業を制限したり禁止したり分離したりするために，ただ小さな慢心とか自分勝手な小陰謀を管理し，独占，排除，専売，制限策あるいは禁止策を奨励して入手すること．これらすべてのあるいは多くの見せかけの奨励策が，その名称とあまりに掛け離れ，公衆の犠牲の上に私的な利益を作る悪い企みであるばかりか，思慮のない人間の間違った考えや慢心から生じていることがわかるであろう．彼らには，物事を在るがままに考える気持ちも，そういう機会に身を置く気持ちもない．彼らは，ただ物事をあいまいにとらえるだけの，一種の横柄なお節介やきなのである．彼らは，絶えず原因と結果を混同しがちであり，事物の本質とその程度によって貿易あるいは家や家族や国の改善を，またさらに世界の改善さえはかるのではなく，ただ自分自身の狭い誤謬に満ちたみすぼらしい観念でそれらをみようとしがちなのである……(132)．

　貿易を規制したり指導したり制限する法令は，その大部分が，政治的な大失敗か，あるいは悪知恵に長けたものが公共善を装いながら個人的利益のために手に入れた金儲け策のどちらかであったとわれわれは思う(133)．

　公的管理のこのよく知られたディレンマを解決する方法について，すなわち規制それ自体が利害団体の忠告とか圧力の産物にならないように，危険を回避しながら公共の利益の観点から個々の利己的な活動を規制する方法について，対立する意見が提示された．意見に微妙な違いのある商人たちの間でも，政治家と地主には自分の判断にもとづいて貿易を規制する資格はないという共通の

---

(130) Davenant, *Discourses on publick revenues* [1698], *Works*, I, 146.
(131) Pollexfen, *A discourse of trade, coyn, and paper credit*, 1697, p. 149.
(132) William Paterson, "A proposal to plant a colony in Darien", ［手稿 1701 年］, in Bannister ed., *The writings of William Paterson*, I, 133-34.
(133) [George Whatley] *Principles of trade*, 2d ed., 1774, p. 33, 注.

同意があったが，これがいっそう深刻とも思われる問題を生んだ．一方の提示した，政治家は商人の意見を求めるべきであるという解決策(134)に対して，他方は，商人はいつも私的な利害を持ち出すから委員として不適切であると応じた．チャイルドは，商人も店主も生産者も，指導者として受け入れられてよい時期は，金持ちになって商売から引退し，「土地の購入によって，大部分の同国人と同じ共通の利害をもつようになって」からであると忠告した(135)．しかしこれは，その場に合わせたご都合主義的な主張であった．彼の意図は，彼自身の商業的野心と合わない特定のタイプの商人の提案の信用を落とすことにあった．チャイルドは，荒唐無稽な地主の知恵から生まれる貿易規制の類にはまったく敬意を払わなかった．ある指示に対して法律違反ではないかと反対した東インド会社の部下に向かって，チャイルドは次のように答えたといわれている．

> 私の命令がルールであって，イングランドの法律がルールとは考えていない．イングランドの法律はナンセンスの塊であり，少数の無知な田舎貴族が作ったものである．彼らは，自分自身の家族を上手に管理する法律の作り方も，ましてや会社や外国貿易を規制する法律の作り方もほとんど知らないのである(136)．

このように自分以外のどのような忠告も通常信じないことの一般的な結果は，貿易規制に関する健全で公正な忠告がどこからか得られるという確信を弱めることになったにちがいない．

規制は人間の性格に反しており，また規制は利潤動機の力に反しているからうまくいかないという頻繁に繰り返される主張は，政府による有益な貿易規制は可能であるという確信をさらに弱める傾向があった(137)．以下はそのいくつかの代表例である．

---

(134) 例えば，Lewes Roberts, *Treasure of traffike* [1641], McCulloch ed., *Early English tracts on commerce*, p. 58：「だから国が交通の要所にあり，君主が外国商人によって進んで王国を富まそうとするとき，商人の忠告は，同じ考えを広めるのに疑いもなく最適なものである．」
(135) John Smith, *Chronicon rusticum-commerciale*, 1747, 序文, I, v で引用された．
(136) ハミルトンの *New account of the East Indies*, I, 232 を根拠にして，McCulloch, *A dictionary…of commerce*, (アメリカ版) 1845, I, 620 で引用された．
(137) 1550年のはじめ，ジョン・メーソン卿 (Sir John Mason) は，チーズとバターの価格制限条例に対して，それは不可能な試みだといって反対した：「たとえ熊手で追い払っても，自然には自然の成り行きがあって，1ペニーの価値のものを1/4ペニーで売ることをけっして強制できないであろう．」 *T. E. D.* II, 188.

……世界の貿易は，その道を強制されるのではなく，あらゆる利潤機会に対して自由なそれ自らの道を見いだすかあるいはその道を作るであろう．……(138)

……彼［すなわち当時の無記名の論考の著者"I. C.,"──多分ジョサイア・チャイルド］がいうように，もしイングランド経済が金利の低下に対して十分準備されており，そのため長く妨害されることがないとすると，われわれには金利を決める法律は必要ない．なぜなら自然は，他国と同様わが国においても事物の成り行きをもつであろうし，また法律によって金利が6%以下に決められながら，自然が強制されない最良の状態にある国を，彼は例証できないからである(139)．

政党は自分の利益を度外視して人類を統治するであろうと装うことは，何を引き起こすことが賢明かあるいは賢明かもしれないかについてえらそうに哲学者ぶることである．しかし，これまで何が完璧に実行されたとか，あるいは世界中の人類を統治する共通の原理によって何が完璧に実行できたかは誰もいえない．……商人は利益の追及を止めるべきである，高利貸しは高利欲を捨てるべきである，お金を儲けたものはもっと欲しいと思うべきではない，政党への熱意は家族愛にまさるべきものである，人は人の喜びのため自分の利益を差し出し，自分の利益を捨てて政治に奉仕すべきである．……いやいや，これらが現実に行われるはずはないのである．人間には儲けてもなお強い欲望の流れがあるから，この時代にこの種のことが完全に実現されることはない．事は本質的にあまりに実行不可能なことだから，この考えをもちだすことは，時代の雰囲気を大きく無視した証拠であるように思われるし，人は，これをもちだす人びと自身が自分の言葉を信じていない人たちであると思いたくなるであろう(140)．

外国交通によって1国を繁栄させるための特定の規則を提案できるようにみせることほど愚かなことはない．貿易は自然の成り行きに黙って任せなくてはならないし，そうすれば自らの経路を見いだすであろう(141)．

---

(138) "Advice of His Majesty's Council of Trade, concerning the exportation of gold and silver…" [1660], in McCulloch ed., *Tracts on money*, pp. 148-49. ここでは，地金や外国鋳貨の輸出は無制限に許されるという勧告を支持する議論がなされる．

(139) *Interest of money mistaken*, 1668, p. 10.

(140) [Defoe] *An essay upon loans*, 1710, pp. 15-17. これは次の脅しに答えたものである．すなわち，もし政府がその政策を改めなかったら，金銭的利害が党利党略を理由にして政府に対する貸付を拒否するであろうという，脅しである．

(141) Davenant, *Report to the commissioners for stating the publick accounts* [1712], *Works*, V, 452.

もしわが国自身の製造品が，他国の同じ商品と比べて良質でも安価でもないのなら，海外でも自国でも販売されないであろう．貿易は強制できないが，製造品は改良できる(142)．

98　政府が公の立場から商人の利己的な活動を規制することに対してそれまでに考えられてきた反対論は，規制者が無能であるとか，不偏不党の助言者が利用できないとか，あるいは強力な利潤動機に政府が太刀打ちできないということにもとづいていた(143)．しかし二・三の著述家は，アダム・スミスの基本原理を明確なかたちで表すことに多少なりともはっきりと先鞭をつけた．すなわち，自分自身の目的を追及する者は同時にいつも一般善に奉仕するということや，また規制のない貿易が望ましいのは，それが，ただ単に二つの悪徳のうちでましな方だからというだけでなく，公共福祉の積極的な奉仕者でもあるからという，スミスの基本原理である(144)．利害の自然調和という考えは，すでに次のミッセルデンの引用文中に現れる．

(142) Lindsay, *The interest of Scotland considered*, 1733, 序文, p. iii.
(143) Vanderlint, *Money answers all things*, [1734], Hollander ed., p. 58 を参照せよ：「……私は，あらゆる外国商品をできるだけ輸入させないことに全面的に賛成である．ただし議会の条例によるのではない．それはけっして貿易のためにならない．そうではなくて，他国が商品をわが国にもちこむことが割に合わないほど，われわれ自身が商品を安く作ることによってである……．」
(144) この期間の文献の中には，中間的な教義の痕跡が見つけられるはずである．すなわちそこでは，利己心が善行の強力な力であって，利己心がののしられたり押し潰されるべきものでないと認められているが，同時に利己心は国家を害することも可能であり，したがって監視されたり規制される必要があると主張される．それは，たぶん穏健な重商主義者の幾人かの議論の中に合意され，ペティが次の一節の中で考えていたことかもしれない：「われわれは，次のことを一般によく考えてみなくてはならない．すなわち，賢い医者が，猛烈な自己管理によって自然に逆らうより，むしろ自然の運動を観察しそれにしたがいながら，過度に患者に干渉しないのと同様に，政治や経済でも同じやり方が用いられなくてはならない．というのも，「お前が自然を熊手でいくら追い払っても，自然はいつも返っていく」からである．」(*Treatise of taxes* [1662], *Economic writings*, I, 60) タッカーは，これをある箇所で表現しながら，他では矛盾した教義を説明している．彼は，*Elements of commerce*, 1775 の中で，自己愛が重要な刺激であると主張する．「その結果，主眼とするべき点は，自己愛を消滅させたり弱めたりすることではなく，自己愛を方向づけ，自己愛の追求によって公共の利益を促進することである．」(p. 7.) しかし，この中間的な立場を明確かつ入念に説明したものは，[ナザニエル・フォスター (Nathaniel Forster)] *An enquiry into the causes of the present high price of provisions*, 1767, pp. 17-22 にあるだけである．関係箇所は引用するには長すぎるが，自由放任思想の歴史に関心のある人たちには一読の価値がある．

また商人が自分の仕事を実践するとき，個人の利益を追及することは法律上正当ではないか．貿易の目的は利益ではないか．社会は個人と関係し，また個人は社会と関係しているのではないか．もし私がそういってよいなら，メンバー相互の貿易や外国との貿易を実践するとき，私的な富以外に何が国富を作るというのか(145)．

ノースは明言する：「国民にとって，利益のない貿易なんてあるはずはない．というのも，もし何かがそれを証明すれば，人は貿易を止めるからである．貿易業者が栄えるところはどこでも，業者がその一員である国民も栄える．」(146) それは，チャイルドの著作とされる論集の中で示唆されている．「……貿易は自由を体現する主体であり，制限されたり束縛されてはならない．もしいずれかの国でそうされると，貿易はけっして栄えないであろう．」(147) ダヴナントは，無条件ではないがこれに同意した．

貿易は，本来的に自由であり，自分自身の経路を見いだして，自分自身の最善をいく．貿易に規制や命令を与えたり，貿易を制限して拘束する法則はすべて，個人の特定の目的に役立つかもしれないが，滅多に国民の利益にならない(148)．

アダム・スミスへの道を準備した点でさらに重要であったのは，「貪欲(avarice)」のような「私的悪徳(private vices)」や贅沢は「公共の利益(public benefits)」であるという有名な論法にもとづいて，個人主義と自由放任を支持したマンデヴィルのさらに入念な推論であった(149)．ヒュームの経済的著作では，自由放任の教義はせいぜい言外で匂わされているにすぎない．タッカーは，

---

(145) *The circle of commerce*, 1623, p. 17.
(146) *Discourses upon trade* [1691], Hollander ed., p. 13. 同書, p. 37 も参照せよ：「…人びとは，これまで政策によってだれも金持ちにならなかった．貿易を興し富をもたらすのは，平和であり産業であり自由であって，その他のものではない．」
(147) *The humble answer of the Governor…of the East-India Company* [1692] in *Somers' tracts*, 2d ed., X, 622. チャイルドは，ここで，自分に反対して出された提案，すなわち1個人の保有できる会社の資産の大きさを制限すべきであるという提案に，異議を唱えている．
(148) *An essay on the East-India trade* [1697], *Works*, I, 98. また同書, p. 104 も参照せよ：「知識は，それがさも自然を導くかのように装う場合，たいてい誤りである．」
(149) *Fable of the bees* の随所に．マンデヴィルは，熟慮の上で，自分の結論を道徳主義者を攻撃するような形式で叙述したが，スミスは，それらの結論にもっと口あたりの好い表現を見つけながら，事実上マンデヴィルの結論を認めた．

外国貿易政策の領域では少し極端なタイプの保護主義者であり続けたにもかかわらず，ある一点で個人の利益と公の利益の同一性を力説し，そこから自由放任の結論を引き出した．

> というのも，国会には悪法を作らないように注意をさせるのみである．そうすれば，よい法律は自ずと出来上がるからである．すなわち，各個人の自己愛や利己心は，それぞれを促して自分のためになるような利益や貿易や職業の道を探させると同時に，公共の福祉を促進するであろう．建設的な制度に必須のことは，迅速に徴収される法的な罰金によって自発的な契約を守らせることだけである……．
> 　もちろん私は，近年の国会が，商業を促進し産業を拡大し製造業を拡張する多くの優れた法律を制定してきたことを感謝と喜びをもって認めなくてはならない．……しかし，当該の法律の本当の素晴らしさは，特定の商業の立場と行動原理にあるというより，以前に作られた馬鹿げた悪法を廃止したことにある(150)．

しかし『国富論』の出版される直前に，ワットリーは，明らかに重農主義の影響の下にありながら，個々の貿易業者と国家の間に利害の一致があることに一部分もとづいて，自由放任に賛成する特別弁論を行った．

> さて，上でそれとなくいったように，君主たちは，自分自身の真の利益をめったに知らないから，彼らが全般的な自由貿易とか自由交通を許すことはほとんど期待できない……(151)．

> おそらく一般的には，もし政府がこれ以上貿易に干渉しなければ，貿易を保護するよりもっとよいであろうから，貿易は成り行きに任せよう．……だから商業は，イングランドの各地と同様，全世界の国々の間で自由であることが望まれることになった．もしそうなれば，相互の交わりによってどの国もより多くの享楽を手に入れるであろう(152)．

---

(150) *Instructions for travellers*, 1757, pp. 31-32.
(151) *Principles of trade*, 2d ed., 1774, p. 10.
(152) 同書，注，pp. 33-34. この注は，ベンジャミン・フランクリン（Benjamin Franklin）の寄稿であったかもしれない．この注は，コルベール（Colbert）に対するフランス商人たちによってなされたとされる要求，すなわち「われらを放任させよ（Laissez nous faire）」に好意的に言及している．おそらくこれが，英語文献におけるレッセ・フェールという言葉の初見である．

古代ギリシャやローマの古典の中にわれわれは，各国の自然条件の相違が国々の貿易を相互に有利なものにするという教義をみることができる．初期キリスト教徒の哲学者たちはこの教義を引き継ぎ，これに神学的な装いを与えた．神は，人類に貿易の誘因を与えるために，異なった地域に有限の種々様々な生産物を賦与し，そのため人類は，世界経済を通じて世界社会の中に統一されるようになり，そうして神の子として相互に愛し合うことを学ぶであろう(153)．これは，16世紀およびそれ以後のイギリスの神学的著述家たちの間では，明らかに共通の教義であった(154)．この教義は，世俗の著述家たちによって，通商に関する問題である程度引き継がれたが，彼らは，巧妙にも，神の意思を自分たちの特定の見方に有利になるよう脚色した．極端な重商主義者たちは，一般に新規の貿易制限とか追加の貿易制限を弁護したが，彼らは，神がこの地に割り当て給うたことを根拠に，イングランド人に対するある生産物の制限を正当化するためにこの教義を使うか，あるいは彼らが育成したいと願う貿易部門や貿易の型を擁護するためにこの教義に訴えるかのどちらかであったが，逆にその他の貿易部門とか貿易の型を攻撃する場合には，都合よくこの教義を忘れた．ウィリアム・コムリー (William Cholmeley) は，最初はこの教義を公平に述べて，この教義の中には輸入や原材料輸入に寛大な態度を取ることが正しいという含意があることを明らかにしている．

> しかし深遠なる神の意思が，必要な財貨の欠乏によってどのように地球上のあらゆる国ぐにを導いて相互に求めさせ，それによって仲良く慈悲深く結合させるかを思うとき，私は，この王国が，わが国の財貨を完成させるのに不可欠な（自然の）物品に乏しく，そのため知力のあまりの不完全さからわれわれがけっして正真正銘の完璧な熟練の知識を獲得できないことは，イングランド国家にとって自然の事でもあると思った．というのも神は，わが国の財貨を［不］完全にすることによって，他の国ぐにが財貨をもつことをわが国に許さざるをえなくさせるで

---

(153) Heinrich Dietzel, *Weltwirtschaft und Volkswirthschaft*, 1900, p. 6 を参照せよ．
(154) [Clement Armstrong] *A treatise concerning the staple* [1530年頃], in Pauli, 前掲書, p. 25 を参照せよ：「豊かな財貨というあらゆる特別な贈物を，もし神が最初に全王国の中からひとつの王国に与え，意図的に別の王国にはもたせなかったとすると，いずれの王国も，互いに助け合い，時に生かされながら，神の贈物で生きられるはずである．」また R. H. Tawney, "Religious thought on social and economic questions in sixteenth and seventeenth centuries," *Journal of political economy*, XXXI (1923), 478 も参照せよ．

あろうからである(155).

　しかし彼の主要な関心は，イングランドの羊毛が，羊毛のままとか無染色の衣服としてではなく，完成された衣服の形態でなければ輸出されるべきではないことにあったから，彼は，自分の神学と愛国心を両立させるひとつの手段を見つけた．もし彼に，衣服を織り染色する完璧な職人になるイングランド人の「才能」を阻止しようという意思があったとすれば，それは神に対する忘恩であろうが，イングランド人が完璧な職人になり損ねた本当の理由は，外国の機織人と染色人に必要な羊毛を神がイングランドに供給させようと意図したからではなく，ただイングランドの職人たちが身勝手で怠け者であったからであった．「心が卑しく，何もしないくせに利益を求め，誰もが公益に無頓着で私利を追う，そんなわれわれは，良質な才覚を良質な調査研究に使うのではなく，（われわれが他国のどこより優越しているところで）たちの悪いごまかしの発明，つまり個人の利益は促進させてもわが国の公益を衰えさせることに向けている．」(156)

　ミッセルデンも，貿易商組合の貿易活動を擁護する過程で，同じように国家間の貿易に対する慈悲深い神の姿勢を説明したが，彼がその雇われ官吏であった貿易商組合は，貿易商組合が直接関心をもたない貿易部門の厳しい制限を彼が弁護しても，彼を困らせることはなかった(157)．別の著述家は，羊毛の育成と毛織物産業を神がイングランドに割り当てたという教訓や，まだだからイングランドはそれに努力を集中すべきであるという教訓をこの教義から引き出し(158)，また後の幾人かの著述家は，アダム・スミスが「見えざる手」に二度

(155) William Cholmeley, *The request and suite of a true-hearted Englishman* [手稿1553年], W. J. Thoms, editor, *Camden miscellany*, II, (1853), I.
(156) 同書, p. 2.
(157) Edward Misselden, *Free trade*, 2d ed., 1622, pp. 25-26. ミッセルデンは，アリストテレスとセネカをこの関係で引用している．
(158) *The linen and woollen manufactory discoursed*… [1691], in John Smith, Chronicon rusticum-commerciale, I, 384 :
　「神の摂理は，すべての国家や地方に対して特定の運命を命じられ，イングランドにもそれをお定めになったように思われる．それは，神の全能に対する何よりも悦ばしい犠牲，キリスト教徒の犠牲であった．……さてこれを拒絶して別の仕事を立ち上げることは，自身の軽率さでわが身の技術を失ってしまった金遣いの荒い職人のようにみえるし，また他人の運命を奪うことによって自分の不運を回復することであると思う．これは，仲間うちでは非難されるし，社会では恐れられるはずである．」

言及する中で要求したのと同じ位，極端な重商主義者への反論として，貿易の自由についてもっと自由な見方を支持することを要求した．

> というのも，われわれを豊かにするのは，わが国自身のあらゆるものの成長ではなく，貨幣の蓄えだからである．またわが国の物の増大や豊富も，もしそれに対して適当な売り手と消費がなければ，ある意味でわが国の富であるというわけにはいかない．そのうえ自然は，別の準備をして，世界の親交と通商を保持するために，他国が欲するものを世界のおのおの特定の地域にあてがってきた(159)．

> 異なる土地や国のいろいろな生産物は，それらの土地や国が相互に助け合って，それぞれに必要なものをお互いに提供すべきであるという，神の意思の表れである(160)．

> 神の賢き定めにより，人びとの相互の交通や相互の通商は，人びとの安寧に役立つとともに必要でもある．人はみな，他人の助けを必要とするし，国はみな，自然のものであれ人工のものであれ，その国の余分の生産物を，その国にとって必要な外国産の生産物と交換することにによって利益を得る(161)．

ヘンリー・ホーム（Henry Home）は，注目に値する一節で，通商が相互の利益であることをもたらす手段として，国際的な正貨流出入の自己調整メカニズムを神の仕業とする．

> すべての国が，太陽によって利益を受けるのと同じように，通商によって利益を受けるということは神の意思のように思われる．また天命によって，不均等な差額は，損失国と同様に，利得国にとっても益にならない．損失国は当面の被害者であるが，利得国の損失も最終的にはそれほど少なくない．これは，人間の意思とは独立に，また往々意思に反して，人事を導く数多くの注目すべき例のひとつである．神の手に委ねられた通商の差額は，けっして一方に偏って優勢であることを許さないし，またどの国も，世のすべての安楽に現在あずかるかこれからあずかるかのいずれかであろう．独り占めは悪であり，人は，利益と義務の双方に

---

(159) *A treatise of wool and cattel*, 1677, p. 3.
(160) Davenant, *An essay on the East-India trade* [1697], in *Works*, I, 104.
(161) Harris, *An essay upon money and coins*, Part I (1757), 14. また Charles Molloy, *A treatise of affairs maritime, and of commerce* [1676], 9 th ed., 1769, I, 序文, p. iv も参照せよ．

よって，神の計画を助けて，可能なかぎり貿易差額の均等を保とうとする(162).

国際分業. ——アダム・スミス以前の著述家の中には，後にアダム・スミスやイギリス古典派の自由貿易の教義の核心として利用できるはずの，規制のない貿易に向けた特別な経済的主張のいくつかを記述するか，その主張にきわめて近づいた者がいた．ジョン・ハフトン（John Houghton）は，1677年に，自由貿易論風の小冊子で，外国貿易にも国内貿易と同じ種類の推論が適用されるべきであると述べた．というのも，両方とも，おそらく相互に有利と思われる商品の相互交換から成り立っているからである(163)．バーボンは，禁止の結果としてもし輸入が減ると，同額の輸出が断たれると主張した(164)．ダヴナントは，自由貿易の教義にとって不可欠でありながら19世紀の経済学者たちが暗黙に仮定することが多かったこと，すなわち労働者が十分な職業的移動性をもっていたことを明示的に主張した．彼は，国内労働者が，外国財貨の輸入の結果としてたとえ仕事を追われたとしても，「これらの労働者は，彼ら自身あるいは社会にとってどんな大きな損害もなく，ひとつの仕事から別の仕事に移転できる」と主張した(165).

幾人かの著述家は国際分業を支持する議論を提示したが，彼らをほんの少し寛大に解釈するだけで，彼らが，アダム・スミスより高度な自由貿易の推論，つまり比較優位による地域特化の利益の記述に，かなり接近していたという結論を正当化することができる．ダヴナントは，土壌や人びとの一般的な嗜好のどれにもあわない商品の生産を人為的に刺激することはけっして賢明ではなく，絹やリネン産業は，賃金の低い国にしか向いていないと主張した．「この産業や資本が，社会全体にとって有益なものからそらされていないこと，また人民

---

(162) *Sketches of the history of man*, 1774, I, 81-82.
(163) John Houghton, *England's great happiness* [1677], in McCulloch ed., *Early English tracts on commerce*, p. 261. ハフトンは，*A collection of letters*, 1681-83, I, 60 で著者であることを名乗り，ここから引用・加筆して，いくつかの点について同じ線上で論じている．しかしハフトンは，重商主義者の教義の貨幣的局面は守り，別のところで自由貿易の推論と矛盾する教義を展開している．
(164) *A discourse of trade*, 1690, p. 35. しかしバーボンは，続けて輸出品の生産は必ずしも国内商品の生産で置き換えられないであろうと論じる．というのも国内商品は，買い手を満足させないかもしれないし，その結果買い手は貨幣を使わないと思われるからである．バーボンは，いずれにしてもけっして自由貿易論者ではなかった．マンデヴィル（Mandeville, *Fable of the bees* [1714], Kaye ed., I, iii）も，輸入の削減は輸出削減を伴うと主張した．
(165) *Essay on the East-India trade* [1697], *Works*, I, 95.

にとって無益でおそらく危険な対象に向けられていないことに気を配ることは，国家の分別である.」(166) *Considerations on the East-India trade* (1701) の無名の著者は，多くの近代の著述家たちから正当に賞賛されてきたが，彼は，重商主義者とか保護主義者の誤謬の痕跡をほとんど示していない. 彼は，貿易を物品の自発的交換とみなすことによって，地金輸出とか外国財貨の輸入に対するあらゆる反対論を論破する. もし地金が自発的にインド製品と交換されるなら，それはインド製品のほうが価値が高いからにちがいない.「地金を衣服と交換することは，価値の少ないものを価値の大きいものと交換することである.」安価な輸入品は，外国貿易の正当な目的であると彼は主張する. 彼は，外国貿易と労働節約手段の間の類似性さえ引き出す. インドの製品は，貿易を通じて，自国で生産するより少ない労働費用で手に入れられるが，この事実は，労働が節約されて他の目的に利用できることを意味する:

> もしイングランドで，9人の労働者が3ブッシェル以上の小麦を生産できなくても，同じ労働の生産物で，別の国から9ブッシェルの小麦を手に入れることができるとすると，これらの労働者をイングランドで農業で雇うことは，3人でやれる仕事のために9人雇うことであり，……小麦6ブッシェルの損失となるから，その価値だけ損失である(167).

アイザック・ジャーヴェイズは，各国には，人や地理的状況の「配置」またはそれらの生産能力に応じて，異なる産業間に生産資源の「自然の」割当があると主張した. もし消費需要の状態が，この生産の「自然の」割当では財貨の生産のいくつかが不十分となり，その需要を満足させられなかったとすると，

---

(166) 同書, I, 105-10. ダヴナントの考えに酷似しながら, *Considerations on the East-India trade* の著者にも幾分似た考えについては, Gardner, *Some reflections on a pamphlet, intituled, England and East India inconsistent in their manufactures*, 1696, pp. 9 以下も参照せよ.

(167) McCulloch ed., *Early English tracts on commerce*, pp. 556-59, 578-85.（引用は p. 583 から.）パンフレットの原本は極端に希少であり，当時の著述家たちに影響を及ぼしたとは思われない. ハルキット (Halkett) とレイン (Laing) は，ダッドリー・ノース (Dudley North) をこの著者とし，この説に数人の経済学者が従った. しかし，これは明らかに誤りのように思われる. ノースは1691年に亡くなったが，このパンフレットは1701年まで出版されなかった. パンフレットの第 iii 章は，二つの会社の競争の影響を論じ，その後インドと貿易する特権が与えられた影響を論じているが，この特権は，著作の時期を1698年より前ではないことをはっきり位置付けている.

そのような生産の不足分は，海外からそのような財貨の自由な輸入を許すことによって対処するのが最善であった：

> 輸入関税が禁止以外の何者でもないとすると，禁止は，それらの製造業を促して，自然の割合を超えて自己の生産を拡大させるだけである．そのため，この国の配置に従えば自然である製品が住民の全需要を超えるという損害を被る；これは，輸入の禁止される一部分しか自然でない製造品の増加によって，住民が被る損害に比例して，この国の輸出を減らすか妨害する．
> 　これを考慮すると，次のように結論できる．すなわち貿易は，自然で自由であるときの状況より良い状態にあることはけっしてなく，貿易を法律か関税のいずれかで強制することはいつでも危険である．というのも，予定された利益とか利点は理解できるとしても，どの反作用が少なくとも予定された利益に応じたものであるか理解するのは難しいからである．自然は，たとえ即座でなくても，これら反作用を激化して，予定された利益では埋め合わせきれない大過をもたらすのが普通である．さらに貿易とは，一定の種類の労働比率を付与ないし提供し，必要とか嗜好に最適の別種の労働比率に引き直す暗黙のそして自然の同意であるから，人は，目的を達成する最も容易で自然な手段を自然に探して見つけ出すのであって，ただ権力によって，人の意思に背いてこれらの手段から転じさせることはできない(168)．

　類似の推論はパトリック・リンゼー（Patrick Lindsey）が提示した．スコットランドは，唯一の「主要産品（staple）」リネンの進歩を妨げる毛織物のような産業は，促進するよりむしろ妨害すべきである．リネン以外の産業は，スコットランドで成功のチャンスはなく，だからそれらの生産物は，国内で生産を試みるより海外から買い入れる方がよかった：

> そこでわれわれは，最も低く見積もって次のような無理のない仮定をしよう．すなわちわれわれは，これら毛織物商品を，自国で生産するより10〜15％安くイングランドで買うことができるから，もしわれわれがリネンの衣服を作り，イングランドで5〜10％の利潤で販売し，それと交換に毛織物商品を自国で作るより10〜15％安く購入できれば，われわれはこの貿易で15〜20％の利得者となり，その結果，現在毛織物で雇用されこれからリネンで雇用されることになる労働の

---

(168) *The system or theory of the trade of the world*, 1720, pp. 22-23.

第2節 重商主義者の教義の崩壊

うち，この国の節約する労働量だけ利得する(169)．

二・三の著述家は，貿易差額とか輸入に対する輸出の優位性とかあるいは，貨幣の重要性について露骨な重商主義的教義を守るという，どちらかというと矛盾をはらんだ立場にありながら，完全なあるいはほぼ完全な自由貿易を主張した．ハフトン(170)とヴァンダーリント(171)は，このグループに属するように思われるし，より有利な貿易差額をもたらす手段として自由貿易を支持したデッカー（Decker）もそうだと思われる(172)．ロジャー・コーク（Roger Coke）は，全体の分析では徹頭徹尾重商主義者でありながら，独占や航海条例やスコットランドからの家畜輸入の禁止やアイルランド貿易に対する制限に反対し，調べることのできた彼のどの著書においても，貿易制限に対して明示的な支持はしなかった(173)．彼の他にも，貿易制限に対する態度をあいまいにしたまま，重商主義の教義を守る著述家たちがいた．

商人たちの著書においては，社会に対する貿易の有用さや貿易業者の品格や社会的価値がいつも力説されていたが，18世紀には，貿易業者自身より他の人たちが，独自の評価で貿易業者を認めることが一般的になったように思われる(174)．「貿易（trade）」の意味は明記されないことが多かったが，明らかに貿

---

(169) *The interest of Scotland considered*, 1733, pp. 111-12. 類似の推論として以下も参照せよ．Vanderlint, *Money answers all things* [1734], Hollander ed., pp. 96-98; 作者不明，*Reflections and considerations occasioned by the petition …for taking off the drawback on foreign linens, &c*, 1738, p. 26; Nicholas Magens, *Farther explanations of some particular subjects*, 1756, p. 6.

(170) *England's great happiness*, 1677; Collection of letters, 1681-83.

(171) 本書前出，pp. 86, 100 を見よ．

(172) しかしデッカーは，航海条例以外のすべての貿易制限の排除に賛成した後で，ややトーンダウンしながら，もし関税を全廃した場合，国内製造業を妨害するといけないから，若干の商品にはある種の規制が必要であると認めている．*Serious considerations on the several high duties*, 3d ed., 1744, p. 31. マッシーは，自由貿易に対するデッカーの一般的な賛成論と保護に対するこの譲歩の間の矛盾を指摘した．── Joseph Massie, *The proposal, commonly called Sir Matthew Decker's scheme, for one general tax upon houses, laid open*, 1757, p. 3.

(173) *A discourse of trade*, 1670; *A treatise wherein is demonstrated, that the Church and State of England, are in equal danger with the trade of it*, 1671; *Reflections upon the East-Indy and Royal African companies*, 1695; *A treatise concerning the regulation of the coyn of England*, 1696.

(174) 例えば，リロー（Lillo）の戯曲 *The London merchant*, 2d ed., 1731, 第1幕第1場と第3幕第1場における商人賛美を見よ．

易の価値を論じたたいていの著述家たちは，外国貿易のつもりでいうか，あるいは輸出貿易の意味でしかないことさえあった．しかし貿易の一般的賛美の中で，貨幣数量とか貿易差額あるいはその他重商主義者の教義の諸々の側面にまったくふれない論考もいくつかあった．いくつかのケースでは，奨励に値するものとして輸出と同様に輸入を明示的に含めたり，貿易促進の手段として，輸出入の別なく低関税を支持するものもあった(175)．特定の制限策を支持したのは主に商人であったといわれているが，このような議論の一般的な傾向は，法的な貿易制限の信認を弱め，明示的に記述された経済的な根拠にもとづいた自由貿易観を受け入れる道を準備することになったにちがいない(176)．

とはいえ，自由貿易の教義は引き続き異端の立場にあり，それに同意するものが多少いたとしても，彼らがあえて印刷して異説を世間に明らかにすることはなかった．バイオレット (Violet) は，高い地位の人びとの中には次のような考えをもっている人もいたと，恐怖の思いで語る：

……人によっては，毛皮，羅紗の油抜き泥土，穀物，羊毛，弾薬，金・銀，馬，その他この国の杖であり支柱である物品を除けば，あらゆる財貨を輸入し，あらゆる財貨をどのような制限もなく輸出するために貿易を自由にしておくという意

---

(175) 例えば，以下のものを参照せよ．John Smith, *Advertisements for the inexperienced planters of New England* [1631], in *Works*, Edward Arber ed., 1884, pp. 961-62；作者不明, *A discourse concerning the East-India trade* [1692年頃], in *Somers' tracts*, 2d ed., X, 642：「輸出入される商品が多ければ多いほど，たとえ貿易業者に利益はなくても，国全体の利益になるであろう…．」；William Wood, *A letter…shewing the justice of a more equal and impartial assessment on land*, 1717, p. 19；作者不明, *Considerations occasioned by the bill for enabling the South-Sea Company to increase their capital stock*, 1720, p. 14：「全体として，もしわが国自身の生産物や製造品がもっと多く輸出され，外国財貨がもっと多く輸入されれば，わが国の船舶や船員，わが国の製造品そして貿易に携わる人びととがもっと多く雇用されないのかどうか．その結果として，もし関税や物品税が大きく引き上げられないとしたらどうか．」

(176) 農業利益の代弁者が反対する理由とは，このような一般的な貿易賛美の中で農夫の利益が看過され続けていることであり，取るに足りぬ国内貿易業者でさえ，自分たちの貿易を特別に考慮に値する貿易に含めていることであった．：「貿易を促進するという考えは，近年大いに行き渡っており，外国貿易の場合，それはまさに正しく，またこの観念を最初に言い出した者たちも別の意図はなかった．しかしその後，われわれの議論が，外国貿易と国内貿易のすべてに進み，その要求があまりに一般的になり，あまつさえ庶民の間でさえ一般的になったため，私の田舎で小さな居酒屋を商う地主が熱弁を振るって，容易ならぬ不満の態度で，ビールやタバコの取引について通商は十分奨励されていないと非難するのを聞くことになった．」——*Some thoughts on the interest of money in general* (1720年頃), pp. 65-66.

第2節　重商主義者の教義の崩壊

見をもつ者もいる．私はそれをいちいち説明しようと思わないが，これが地位も権力もある若干の人たちの見解であることを，社会的にきわめて高い地位の人たちから断言された(177)．

　私は，アダム・スミスの自由貿易の教義の重要な要素がすべて，『国富論』以前に提示されていたことをうまく示すことができたと信じている．しかし，これらは，原文の周辺で展開された見解と完全には調和しない独立した別個の章句の中でしか見つけられないことが多かった．これら初期の説明が，全体としての人びとの考えとか，あるいはヒュームやスミスに対してさえ大きく影響した証拠はあまりない．ヒューム自身は，保護主義を守りながら当時の貨幣や貿易差額の教義を放棄し(178)，またアダム・スミスは，『講義』と『国富論』の双方で，保護主義だけでなく，どちらかというと荒っぽい重商主義者の貨幣と貿易差額の教義の話にときどき逆戻りした(179)．ヒュームやスミスが独力で外国貿易の教義を展開しなかったことを見る限り，二人が主に恩恵を受けたのは，イギリスの初期の経済的文献というよりむしろ哲学者たちであったように思われる．ヒューム以前の文献には，前述の自由貿易の教義を予想させる議論は，たとえ論駁が目的のものでもほとんどなく(180)，大部分の論争は，重商主

---

(177) *Mysteries and secrets*, 1653, p. 24.
(178) *Political discourses* [1752], in *Essays moral, political, and literary*, 1875, ed., I, 343-44（小松茂夫訳『市民の国について』下巻，1982年, pp. 114-15）を参照せよ：「とはいえ，外国産の財貨に対する課税のすべてが有害もしくは無益であるとみなさるべきではありません．有害もしくは無益であるのは上述のような猜疑心にもとづく課税だけです．ドイツ産のリンネルに対する課税は国内の諸工業を助成し，したがってまた，わが国の人口と生産活動とを増大させます．ブランデーに対する課税はラムの売行きを増大させ，われわれの南方植民地を支えます．」
(179) 例えば，*Lectures*, p. 209（高島善哉，水田洋訳『グラスゴウ大学講義』1989年, p. 389）を参照せよ：「もし私が1000ポンドの値打ちあるフランス葡萄酒を買い，それが到着したとき全部飲んでしまえば，財貨も貨幣もともになくなったのだから，わが国は2000ポンドだけ貧しくなる．私がもし自分のために1000ポンドの値打ちのある財貨を国内で消費すれば，その貨幣はなお国内に残っているから，わが国は1000ポンドを奪われたにすぎない．しかし遠方で戦っている軍隊を維持するにあたって，われわれが財貨で支給しようと貨幣で支給しようと同じことである．なぜならば，その消費はいずれにせよ同一だからである．」同じ誤りについて，近年のアメリカの歴史を述べたものとして，F. W. Taussig, "Abraham Lincoln on the tariff: a myth," in *Free trade, the tariff and reciprocity*, 1920, pp. 34-47 を見よ．初期のイギリスの話については，Richard Haines, *The prevention of poverty*, 1674, p. 11 を見よ．
(180) 私が気づいた重要な例外は，以下の二つだけである．すなわち，輸入規制に反対したおそらく最新の議論のいくつかを記述し論駁した [David Bindon] *A letter from a merchant who has left off trade*, 1738, pp. 31-32 と，Gee, *The trade and navigation of Great Britain*

義者と自由貿易論者の間の論争というより,むしろ競合する規制計画をめぐる人びとの論争とか,極端な重商主義者と中庸の重商主義者間の論争である.

　確かに重商主義者の議論は,それがより周到で複雑になるにつれて,多くの点で近代的教義の観点から見てますます反対すべきものとなり,また重金主義者の教義を除くと,18世紀前半の貿易についての大部分の通常の論考が,16世紀や17世紀前半の著書以上に,重商主義の誤謬にもっと極端にまた前後の区別なく固執したことを示したという主張を擁護する強い論拠も提示できる.初期の分析の単純さや簡潔さは,とにかくそれ相応の単純な誤謬をもたらしたが,後期著述家たちは,よりいっそう多様な誤謬を支離滅裂で自己矛盾の入念な議論の体系にまとめることができた.貿易理論に関する限り,そこで起きた進歩は,有能な小グループの著述家にもっぱら帰すべきである.しかし彼らは,経済問題を前任者たちより正確に論理的に分析することはできても,同時代の人たちに著しく目立った印象を与えることはおろか,注意を引かせることさえできなかった.ヒュームでさえ,イングランドにおいてはほとんど改心者を生まず,彼の重農主義者たちに対する影響は,同年代のイギリスの著述家たちに対する影響より顕著であった.法律については,重商主義批判が大きな影響力をもったかどうか明白ではなく,重金主義の諸規制がなくなったことを除くと,110　1600年からアダム・スミス後までの外国貿易法の一般的な推移は,重大な例外なく,重商主義批判の教義に一致する方向よりむしろそこから離れていったと,冗談でなくまじめに主張できる.

第3節　イギリス重商主義の現代的解釈

　最近,特にドイツの経済学者と経済史家の間で,イギリス重商主義の教義を好意的に評価する著しい傾向が出てきており,それは,イギリスの古典的伝統をひく経済理論家以上に強い.この傾向の多くを,介入主義者とか保護主義者とか重商主義的著述家の攻撃的愛国心が関与しているためだとしたり,あるいはイギリス重商主義者の経済的な教義の実体を誤解しているためだとしたり,あるいは近代の貨幣・貿易理論が重商主義者の教義を断固認めない理由についての知識や関心が欠如しているためだとして言い逃れることはできる.重商主

---

considered [1729], 1767 ed., pp. 183以下である.

義者の教義を弁護する理由が，批判者の主張する教義と重商主義者の教義が違っていたとか，あるいは批判者の理論的な反対論はうまく反駁できるとかのいずれかであれば，これら弁護人に対しては，本書でこれまでに提示してきた重商主義者の推論がひとつの答えとして十分であるにちがいない．

しかし重商主義に対する現代の弁護論は，近代の貿易・貨幣理論の命題と直接衝突しないいくつかの議論によっても支持されており，だから，それらの議論をより丁寧に取り扱う価値はある．例えば，経済史家たちは，彼らにとっての妥当な教義から，すなわちもし十分な情報が手に入りさえすれば，どの時代の特定の理論の流行も，当時の優勢な周囲の状況の光に照らして説明できるという経済史家の教義から，これら特別な状況に訴えることによってそれらは正当化できるという奇妙な命題を導くようである．経済史家のこの見解を受け入れるにはいくつか明白な障害がある．この見解によると，おそらく現在を除いて，どの時代も重大な教義上の誤りを犯す余地がないという結論に達するであろう．この見解は，進化を遂げてきた歴史的な状況のひとつが経済分析の対象であったという事実を見逃している．特に，重商主義者の教義をうまく弁護しようというのであれば，商人の典型的な行動や，貿易からの利害の性格や，貨幣的な諸過程の性格や地域的な分業の経済的な意味が，1550年あるいは1650年あるいは1750年以後に，以前は正しかった推論を今日の世界では間違った推論にするほど十分変わったことを立証することによって裏付ける必要がある．

重商主義者たちは短期の教義や提言をしていたのに，後の批評家たちは長期のことしか考慮しなかったともいわれてきた．重商主義者の教義の中に，もし短期の見方で評価すれば，それほど馬鹿馬鹿しくないものもあることは認められなくてはならない．しかし重商主義者たちが，自分たちの分析や提言を短期的にだけ正しいと考えていたという証拠はなかったし，一方で一時的状況に応じる望ましい貨幣的な慣例とか取引慣例と，他方で永久的な政策としての望ましい貨幣的な慣例とか取引慣例の区分に，通常彼らが気づいていなかったという証拠も山ほどある．

経済理論家たちの重商主義者の教義に対する批判に答えて，重商主義者の政策の第一の目的は経済的繁栄ではなく，国家統一と国力にあったということも主張されてきた．この重商主義の解釈を扱うにあたっては，教義の説明が公式のものか非公式のものか，この説明を支えるものが現実の政策か推論か，さらに大陸の重商主義かイギリスの重商主義か，これらの区別をすることが重要で

ある．どの場合でも，本書の関心は後者だけである．疑いもなく，政府の政策は，けっして経済的な配慮だけでしばられなかったが，非公式の著述家にとって，それは評価の対象というよりも不満の種であった．しかし，非公式の文献においてさえ，近代の経済文献には匹敵するものがないほど，政治的・宗教的な配慮が経済的な配慮と絡み合っていた．しかしイングランドにおいては，強力で中央集権化された政府や攻撃的な国家精神は，重要な重商主義者の文献が現れるはるか以前に確立されていたし，また大陸がどのような状態にあろうと，イギリス重商主義者の著述家たちの力点は，なによりもイングランドの富を増大させる手段にあった．なるほど多くの著述家は，自分たちが主張する手段を擁護して，それらが，イングランドの繁栄に寄与するだけでなく，イングランドの威信や国力を促進し，ライバルを痛めつけ，国の内外の敵に対してイングランドの国家的信用を保護すると強く主張した．しかし，政治的・宗教的配慮への訴えは，「商人」つまり実業家の提案に対する営利感覚の鈍い役人や地主階級からの支持を勝ちとろうと意図されたことが多いように思われるし，またこの訴えが本当に著者の第一の関心であったことを言い表したこともめったになかったように思われる．大陸の著述家にとっては真実であったかもしれない一般法則を，間違ってイギリス重商主義者の文献に当てはめることへの防衛策として，特に重要なことだが，イギリス重商主義者の教義は，大陸には匹敵するものがないほど，商人たちの産物であったことを忘れるべきではない．経済問題については，イングランドの地主階級たちでさえ，自分たちの有能な代弁者をチャイルドやノースのような商人にみていた．また商人たちは，公の政策が問題の経済的局面に一番の力点を置き損ねた場合や，また特に経済的な配慮を，政治的あるいは宗教的な配慮より下位に置いたと思われるような場合は，きまって公の政策に我慢できなかった．

　しかし，たとえイギリス重商主義者の著述家の第一の目的が，繁栄のイングランドというより，むしろ偉大で強力なイングランドであったとしても，厳密な経済的原因について彼らの推論を評価することが，不当であるとか見当違いであるということにはならない．著名な重商主義者のいずれかが，国力と繁栄を一般的に矛盾した不調和な国家政策の目的とみなしたという，説得力ある証拠を見つけることは難しいであろう．逆にイングランドにとって，国力と国威につながる確かな道は，貿易の促進と国富を通じる以外にないというのが，彼らの一般的な同意事項であった．チャイルドの決まり文句は，しばしば好意的

に引用されたが，重商主義者の立場を正確に表現している：「外国貿易は富を生み，富は力を生み，力はわが国の貿易と宗教を守る．」(181)実際，革命以後，貿易と富は，ほとんど商人階級の強迫観念となったかのようであり，彼らが国家政策の経済面に置いた強調は，どちらかというと度が過ぎていた．私は，17世紀と18世紀の「貿易戦争」は，戦争に乗り出す支配階級の意志以上に，商人著述家の想像において激しかったように思うし，また商人が，地主階級の気を引くために非経済的事柄に訴えたのと同様に，政府は，商人の貪欲さに訴えて，王朝とか政治の都合ではじめる戦争の支持を得ようとしたように思う(182)．しかしイングランドの役人階級でさえ，それに相当する大陸の階級と比べると，おそらく貿易に対する関心は高く，またおそらく経済問題に高い重要性をおいた．これが，少なくとも18世紀の大陸の観察者たちの見方であったように思われる(183)．

---

(181) James Whiston, *A discourse of the decay of trade*, 1693, p. 3 も参照せよ：
「このような案のどれを実行しても，国富と国力しか増大しないのではなく，その国富と国力はわが国の貿易と宗教をも守り，互いの維持のために相互に作用し合うのである．」
(182) 顕著な例は次の論文の一節である．これは，明らかに商業的な事柄に精通もせず，本当の関心もなかった著述家の産物である．しかし彼は，もし現在のフランスとの戦争の継続を願う自分の思いに説得力をもたせるには，経済的な配慮に訴える必要があることに気づいた著述家であった：「さて私が提案した第二の項目，すなわちこの戦争は，自由の他に，われらの財産の安全という巨大で継続的な利益を人びとに生み出してきたという項目に進もう．私が問題にする利益を，最も一般的に心を動かされる富という事柄に限定しよう．というのも，わが国がこの戦争の勝利によって手に入れる偉大な名誉について大衆に話しても，ほとんど意味がないことだからである．」——*The taxes not grievous and therefore not a reason for an unsafe peace*, 1712, p. 15. 経済的な利益を手に入れる手段として重商主義者が戦争の効率性についてもつ見解は，興味深い調査対象になるであろう．貿易戦争はうまくやり遂げれば国富を増進するという見解を，例外なしに重商主義者のものと考えることは間違いであり，彼らの中には，戦争に勝ったとしても，経済的な見返りより費用の方が多いという近代的な議論に先鞭をつけた者もいた．しかしそれ以外の者は，貿易戦争を商業的な繁栄に不可欠のものとみなしていたため，トルコ会社（the Turkey Company）は，一人のクェーカー教徒が貿易戦争の遂行に敵対的な考えを表明しているとして，彼を1759年に会社の会議から排除しようとした．G. B. Hertz, *The old colonial system*, 1905, p. 10 を見よ．
(183) Montesquieu, *De l'esprit des lois* [1748], Book XX, chap vii（野田良之他訳『法の精神』中巻，1989年，第20編第7章 p. 209）を参照せよ：「他の国民は商業の利益を政治的利益に譲歩させた．イギリス国民はその政治的利益を常に商業の利益に譲歩させた．」*Œuvres complètes*, Paris, 1877, IV, 371.
また Quesnay, "Remarques sur l'opinion de l'auteur de l'esprit des lois concernant les colonies" [*Journal de l'agriculture*, January, 1766], in Oncken ed., *Œuvres de…F. Quesnay*, 1888, p. 429 も参照せよ：「……イギリスにおいては，……海上貿易の法則は，政治の法則をまったく欲しておらず，土地や政府の利益は，貿易商たちの利益の下位に置かれており，農業生

重商主義者の著述家たちが，国の政治的利益のために経済的な利益を犠牲にする覚悟ができていたという証拠はほとんどないばかりか，重商主義者の文献の多くは，限られた経済的利益の特別な申立てとしてうまく説明することができる．重金主義者の制限策を復活するとか強化することに最も熱心な17世紀の論者は，このような規制になにかしらの個人的な利害をもっていた．マリーンズは，もし王立取引所 (the office of the Royal Exchanger) が復活すれば，通貨関連の有利な契約ができるという期待をもっていたといわれている．ミルズは，重金主義者の諸規制の強化を職務にした税官吏であった．バイオレットは，地金の輸出を禁止する諸規制に関連した「捜査員」兼諜報員であったし，彼のもっと厳格な実施の訴えは，規制破りを見つけるために自分が再雇用される口実であった(184)．ホイーラー (Wheeler) は，貿易商組合 (the Merchant Adventures) の秘書であったし，ミッセルデンは，その貿易商組合の重要メンバーであり，彼らの論文は，ミルズやマリーンズの攻撃に対して自分たちの為替取引を防衛するために書かれた．東インド会社は，1600年の免許状で，限られた数量の地金を輸出する権利を与えられたが，後期の取引と同様その初期においても，地金がこの会社のイングランドからの輸出額の大部分を占めていた．このことが，ロバート・カールズ (Robert Keales) の *The Trades Increase* (1615) を代表とする東インド会社攻撃につながった．東インド会社の社員ディッグス (Digges) は，カールズへの反論として *Defence of Trade* (1615) を書き，東インド会社の役員であるマンは，いくつか論文を書いたが，会社に対する敵対的な手段の回避を第一の目的として，政府に対する「抗議」を申し立てた．東インド会社の歴史を通じて，会社の役員や従業員たちは，ずっと会社を擁護する論文を出版し続けたが，これらは重商主義の文献に重要な貢献をした．17世紀末，東インド会社への攻撃が，おもに会社の独占的な性格や，東インド会社の絹とキャリコの輸入に対して申し立てられたイングランド産業の被害や，会社の不利な貿易差額に向けられたとき，会社の役員であるとともに多額の私的財産を会社に投資していたチャイルドとパピヨン (Papillon) は，会社を擁護する論文を書いた．1670年以降に東インド会社に

　　　産物の貿易や領土の所有や政治自体も，本国にとっての装飾品のようにしかみられていない．
　　　またその本国も，貿易商たちの形式的な外観のようにしかみられていないのである．」
　(184) バイオレットは彼自身，地金輸出法違反の判決を受けて罰せられたが，彼の職場復帰の便法
　　　のひとつは，「老いた鹿泥棒は，最高の公園管理人である」というものであった．——*A true
　　　discoverie to the commons of England* [1651], 1853, p. 79.

第3節　イギリス重商主義の現代的解釈

反対して書かれた重商主義者の文献の多くは，東インド貿易への参加を望んだライバルの商人たちの著作か，東インドとの競争の影響を感じていた国内繊維産業に何らかのかたちで関係した人たちの著作であった．それぞれの論文は，羊毛輸出の禁止を強く推進するか支持する羊毛産業の代理人によって書かれ，その論文に対して農業利益の代弁者が応答した．ジョン・ハフトン（John Houghton），チャールズ・スミス（Charles Smith），アーサー・ヤング（Arthur Young）その他大勢の者が，明らかに農業を贔屓して，穀物の輸出補助金を支持する論文を書いた．租税についての文献は大部分，主な租税負担を土地に負わせたかった貿易業者か，あるいはその負担を貿易に負わせたかった土地所有者によって書かれた論文から成っていた．金利の法的制限を主張する者の中には，自分自身の事業に融通できる有り余る資金をもった金持ち商人がいたが，彼らに対しては，法律によって金利を引き下げることによって，彼らの貧しい競争相手が事業の遂行に必要な資金を借入できないようにすることを望んでいるという非難が当時存在した．特定の利益を抗弁することは，公然であれ偽装であれ，重商主義者の文献の大部分を占めていた．重商主義者の教義の発展において，公平無私の愛国者とか哲学者は小さな役割しか果たさなかった(185)．

英国革命以後，通商政策の管理が国王から議会にはっきりと移ったとき，通商問題は政党政治の駆け引きの道具となり，党派的な対立や相反する経済利害が，通商政策の重要問題の中に複雑に絡んでこざるをえなくなったように思われる．一例として，ユトレヒト条約（the Treaty of Utrecht (1713)）の通商条項の周辺で起こった論争をあえて取り上げるとすると，状況は大体次のようであったと思われる(186)．17世紀の初めの数十年から，英仏間の貿易は，禁止同然の厳しい差別関税か完全な出港停止のいずれかで大きく制限されていた．1713年にトーリー党政府がフランスと和平を結んだとき，政府は，フランスとの開かれた貿易を再建することも提案した．トーリー党は，地主階級と英国

---

(185) この時代の文献が主として特定の利益を求めた弁論趣意書からなるとしたこの解釈を，われわれは，過激な重商主義者の著述だけでなく，中庸の重商主義者の著述にも当てはめることができる．事実チャイルドは，特定の利益を懇願する例として最も明白な例のひとつを提示している．Sven Helander, "Sir Josiah Child", *Weltwirtschaftliches Archiv*, XIX (1923), 233-49 を見よ．またチャイルドにきわめて類似した同時代の人の例として，*A discourse concerning the East-India trade* [1692年頃], in *Somers' tracts*, 2d ed., X, 634-47; *The interest of England considered: in an essay upon wooll*, 1694 を見よ．

(186) Jehan Maintrieu, *Le traité d'Utrecht et les polémiques du commerce anglais*, 1909 の優れた説明を参照せよ．

国教会を代表したが，ホイッグ党ほどカトリック教会に敵意がなかったので，復活しつつあった教会の支持も受けた．改革前の議会における当時のホイッグ党は，同じ地主階級の主要メンバーであったが，国民全体の地盤を確保するため，英国国教会の反対者に対する寛容政策や極端な反カトリック教徒政策を採用することによって非国教徒とか低教会派自作農の支持をさぐったり，イングランド銀行を支持することによって財界の支持をさぐったり，独占企業に反対するとか急進的な重商主義を支持することによって独立商人や製造業者の支持をさぐったりした．他方トーリー党は，東インド会社と妥協し，それによって会社の独占権を確保し，東インドの衣料品輸入を意のままにする会社の努力を支持する見返りに，国王に対する貸付や議会内の擁護者に対する個人的な賄賂を通じて東インド会社から金銭的な支援をさせた．

　フランスとの貿易関係の再開という特殊な問題については，トーリー党は賛成でありホイッグ党は反対であった．この組合わせは，他の要件も重要であったとはいえ，これが単なる党派的な対立の問題でなかっただけ，かなり密接な経済的利害から起こったように思われる．自由貿易の再開を支持した者は地主階級に限られていたように見えるが，その原因には主に三つの要件があったように思われる．[1] フランスとの貿易の拡大は，当時地主階級が支持していた国王の関税収入の増大をもたらすことになる，[2] フランスとの貿易の拡大は，安価な仏国産の赤ブドウ酒と絹物をもたらすことになる，[3] また重要性の劣る理由として，フランスとの貿易の拡大は，承知しがたい貿易商階級の成長力に対する抑止力になる．すなわち，貿易商階級とは，「成り上がり者」として，ホイッグ党として，地主利益の敵として，そして紳士階級の贅沢な生活費用を高める貿易政策の代弁者として承知しがたき階級であり，フランスとの貿易拡大は，この階級に対する抑止力だというのである．ホイッグ党がこの通商条約に反対した理由は，一部分は国王を困らせるためであり，一部分は屈指のカトリック君主国としてのフランスへの伝統的な敵意によるものであった(187)．彼らは，独立「商人」(188)と，酒と衣料の国内製造業者たちから支持された．ホイ

---

(187) ホイッグ党によると，フランスとの貿易を進んでやろうとする意志は，貿易に対する敵意の証拠と受け取られた．興味深いパンフレットとして，*Torism and trade can never agree* (1713年頃) を参照せよ．このパンフレットは，いつも貿易に冷淡であったとトーリー党を非難し，また『マーケィター』誌を反貿易的であるとして攻撃したが，その理由は，フランスとの開放貿易を支持しているからであった．

(188) 「18世紀の'商人 (Merchants)'は事業家 (business men) を意味し，この商人という言葉は，

ッグ党は，通商条約の批准に対して過激な反対を引き起こすことに成功した．17世紀末の論争では，トーリー党は，東インド会社による東インド貿易の独占的な管理の継続と東インドの衣料に対する適度な制限の両方を支持したが，そのとき彼らには，東インド会社の内外にチャイルド，ノース，ダヴナント，バーボンといった人たちを含む優れた擁護者がいた．しかしユトレヒト条約の論争では，双方の議論の水準は低かった．ダニエル・デフォー(Daniel Defoe)は，伝えられるところによると，本条約を擁護する目的で創刊された定期刊行物『マーケィター』(Mercator)誌上で，条約擁護派のトーリー党に雇われていたといわれており，ホイッグ党は，別の定期刊行物『ブリティッシュ・マーチャント』(The British Merchant)誌上でそれに応答したが，その主な寄稿者は，急進的な重商主義者の見解をもった傑出した商人たちであった．デフォーは，彼自身が重商主義者の教義のあまりに熱心な信者でありすぎたために，重商主義者の論拠にもとづいた条約批判に対して効果的に答えることができず，世論に関する限り，『ブリティッシュ・マーチャント』誌は論争ではるかに勝っていた．定期刊行物や論文における論争がこの結末とどれほど関係しようとしまいと，いずれにしても，通商条約は議会における批准で僅差で敗れ，この失敗によって，重商主義者の教義のイギリス商人階級側の足場が強化され，地主階級と商業・産業階級間の利害と見解の衝突が尖鋭化されがちであった[(189)]．

　この論争では非経済的な配慮が疑いもなく重要な役割を演じたが，私の知る限り，このような配慮が経済的な配慮と衝突することは誰も認めなかった．近代的な理論にもとづいて，トーリー党はより強力な経済的な主張をもっていた．しかし党を構成する地方の貴族階級の人たちは，重商主義者の教義に対して効果的な応答はせず，またこの重大局面で，その他の階級の人びとからの的確な助力も得られなかった．イングランドの地主階級は，自らの無知と不明瞭な主張のために，議会の圧倒的支配力にもかかわらず，漠然と利害に反すると感じていた重商主義者の政策による損害を，1713年に未然に防ぐことはできなか

現在の'貿易(trade)'と同じくらい広い概念であった．銀行業者(bankers)や製造業者(manu-facturers)は商人の中に含められた．」L. B. Namier, *The structure of politics at the accession of George III*, 1929, I, 61, 注．

(189) 興味深いことだが，フランス政府も，重商主義者の多様な考えを冷静に再考した結果，この条約への熱意を失い，そのためイギリス議会が条約を否決した時，救われたと感じた．E. Levasseur, "Les traités de commerce entre la France et l'Angleterre sous l'ancien régime," *Revue d'économie politique*, XV (1901), 971を見よ.

った．その後の1世紀の間に，イギリス農業の情勢が変わったことによって，彼らが重商主義の被害者ではなく受益者になったにもかかわらず，商人階級の演説者たちに対抗できる代弁者をつくりそこね，これが，なお多数を占めていた議会内で，重商主義の劇的な転覆を防げなかった一因となった．イギリス貿易理論の発展を客観的な歴史的状況だけで解釈しようとする人は，自分の説明と，経済分析能力の進展が果たす役割とを調和させるという困難な仕事に誰でも直面する．客観的な事実にはそれ自体の役割がある．しかし，もしトーリー党が，1713年にノースとバーボンの尽力を得ていたとしたら，彼らは，私的な利益は国家の利益でもあることを明らかにして，重商主義に致命的な打撃を与えたであろう．また，もし1846年のピールが公共心や知性に欠けていたり，あるいは下院の後部座席に座る地方大地主の中にコブデンやブライトと丁々発止論じあえる者がいたとしたら，イングランドの重商主義時代は，1846年から1916年の一時的休止はなかったであろう．

第Ⅲ章　地金論争
——その1：インフレ局面

> 本位についてわれわれは何を認めなくてはならないか，
> 物品の価格は何によって知るのか．
> それはかつて分別ある人によって考えられた，
> それはギニー金貨やシリングやポンドやペンスであったと；
> イングランド銀行はこれまでも言ってきたし，今でも言う，
> それは紙幣に他ならないと；
> フランシス・バーデット卿（Sir Francis Burdett）の頭の中では，
> 本位は一塊のパンであるが，
> アダム・スミスはどんなときでも言った，
> それは一日の労働であったと．
> ——("William Pitt," The bullion debate; a serio-comic satiric poem, 1811, p. 7.)

第1節　地金論争の参加者

　イングランド銀行の1797年の正貨支払停止と，それに続く通貨，為替，価格の諸々の現象は，大規模で全体として驚くほど質の高い論争的文献を生んだ．正貨支払いの再開以前は，物価や景気の一般的傾向は上向きであったが，再開後は，物価の下落と経済的な困窮の長く辛い時期が続いた．状況の変化は問題の強調点を著しく変化させ，中には，両期間で論争の参加者が教義上の立場をまったく逆転させる場合もあった．したがって文献は，インフレ期とデフレ期にそれぞれ区別できる前期と後期に分けて扱うのが都合がよいであろう．
　国際貿易理論の分野における古い論争の中では，地金論争[1]のインフレ局

（1）　参加者は，地金に対するプレミアムの出現を，銀行券の減価と通貨管理のミスの証拠として認めるか認めないかに応じて，地金主義者と反地金主義者に区別された．もちろん，この時代の「地金主義者（bullionists）」と，第1章でその教義が吟味された16世紀の「重金主義者

面は，たぶん近代の著述家たちによってほぼ完全にかつ適切に吟味されてきたように思う(2)．しかし，この論争が再調査される余地はまだある．

　地金論争の当時の文献は，貨幣局面における国際貿易理論の歴史にとってきわめて重要である．少なくとも現代の大部分の貨幣理論の萌芽はその中に見つけられるはずである．それは，金属通貨と不換紙幣双方の下での通貨現象と国際収支，為替相場，価格水準の関係について，最初の詳細な分析を含んでいる．外国為替理論は実質的な前進を見せており，国際収支の調整メカニズムの理論は，ヒュームのやり残した段階を超えて実質的に進歩している．また複雑な信用経済の中で，国際的な貨幣均衡の維持と国内景気の安定の維持に関して中央銀行の果たす役割について，まさに先駆的性格の議論もある．

　当時の論争参加者は，敵対する二つのグループに峻別された．一方は，貨幣事象の経路を批判した「地金主義者（bullionists）」つまり「反制限主義者（anti-Restrictionists）」であり，他方は，政府やイングランド銀行を地金主義者の攻撃から守った「反地金主義者（anti-bullionists）」である．しかし次に見るように，各グループの内部には重大な意見の相違があった．地金主義者の主要な教義は，1801年から1803年までの著しい地金プレミアムと為替下落のあった第一期を通じて，ボイド（Boyd）(3)，キング（King）(4)，ソーントン（Thornton）(5)，ウィートレー（Wheatley）(6)，ホーナー（Horner）(7)を最重要メ

　　　　（bullionists）」はまったく関係ない．
 (2)　N. S. Silberling, "Financial and monetary policy of Great Britain during the Napoleonic wars," *Quarterly journal of economics*, XXXVIII (1924), 214-33; 397-439; 同, "British prices and business cycles, 1779-1850," *Review of economic statistics*, prel. vol. V, suppl. 2 (1923), 219-62; R. G. Hawtrey, *Currency and credit*, 3d ed., 1928, chap. xviii : J. H. Hollander, "The development of the theory of money from Adam Smith to David Ricardo," *Quarterly journal of economics*, XXV (1911), 429-70; J. W. Angell, *The theory of international prices*, 1926, pp. 40-79, 477-503; E. Cannan, *The paper pound of 1797-1821*, 1919; H. S. Foxwell, preface to A. Andréadès, *History of the Bank of England*, 2d ed., 1924.
 (3)　Walter Boyd, *A letter to…Pitt*, 1801; 2d ed., 増補版, 1801. 1811年版は第2版とされることが多いが，第1版の単なるリプリントにすぎず，本来の第2版にあるべき重要な増補部分が欠落している．
 (4)　Lord King, *Thoughts on the effects of the Bank restrictions* [1st ed., 1803], 2d ed., 1804.
 (5)　Henry Thornton, *An enquiry into the nature and effects of the paper credit of Great Britain*, 1802.
 (6)　John Wheatley, *Remarks on currency and commerce*, 1803.

第1節 地金論争の参加者

ンバーとする著述家たちの小集団によって明らかにされた．アイルランド銀行と関係したもっと激しくさえあった類似の現象は，議会の調査[8]や，ジョン・レスリー・フォスター (John Leslie Foster)[9]，やヘンリー・パーネル (Henry Parnell)[10]やローダーデール卿 (Lord Lauderdale)[11]ら地金主義者の出版物を生んだ．1809年から再度出現した金の高いプレミアムや為替の暴落は，大量の論文やパンフレットを生んだが，その中で地金主義者側の最も重要なものは，1810年の地金委員会報告の他に，経済学者として印刷物ではじめて登場するリカードウ[12]やT. R. マルサス[13]，ロバート・ムシェット (Robert Mushet)[14]やウィリアム・ハスキソン (William Huskisson)[15]らの寄稿文であった．

反地金主義者の最も有力な陳述は，ニコラス・ヴァンシッタート (Nicholas Vansittart)[16]やジョージ・ローズ (George Rose)[17]の議会演説と，ヘンリー・ボーズ (Henry Boase)[18]，ボザンケ (Bosanquet)[19]，クーツ・トロッター (Coutts Trotter)[20]，J. C. ヘリーズ (J. C. Herries)[21]たちの小論文の中にあ

---

(7)　Francis Horner, review of Thornton, *Edinburgh review*, I (1802), 172-201; review of Lord King, 同書, II (1803), 402-21; review of Wheatley, 同書, III (1803), 231-52.
(8)　*Report…from the Committee on the circulating paper, the specie, and the current coin of Ireland* [1804], 1826年リプリント版．
(9)　*An essay on the principle of commercial exchanges*, 1804.
(10)　*Observations upon the state of currency in Ireland*, 1804.
(11)　*Thoughts on the alarming state of the circulation*, 1805.
(12)　*Three letters to the Morning Chronicle*, August-November, 1809. (ホランダーによるリプリント版 *Three letters on the price of gold*, 1903); *High price of bullion, a proof of the depreciaton of bank notes* [1st ed., 1810] 4th ed. 付録付 [1811], (J. R. McCulloch ed., *The works of David Ricardo*, 1852 に再録.); *Reply to Mr. Bosanquet's practical observations* [1811], (*Works* に再録.); その他 the *Morning Chronicle*, September, 1810 への3通の手紙 (Hollander, *Minor papers on the currency question 1809-1823 by David Ricardo*, 1932 に再録.)
(13)　"Depreciation of paper currency," *Edinburgh review*, XVII (1811); "Review of the controversy respecting the high price of bullion," 同書, XVIII (1811).
(14)　*An inquiry into the effects produced on the national currency…by the Bank restriction bill*, 3d ed., 1811.
(15)　*The question concerning the depreciation of our currency stated and examined*, 1810.
(16)　*Substance of two speeches*, 1811.
(17)　*Substance of speech…on the report of the bullion committee*, 1811.
(18)　*A letter…in defence of the conduct of the directors*, 1804.
(19)　*Practical observations on the report of the bullion committee*, 2d ed., 1810.
(20)　*The principles of currency and exchanges, applied to the report*, 2d ed., 1810.

った.

リカードウは，前任者たちの分析にほんの少し付け加えたにすぎず[22]，後に示すように，いくつかの重要な点で，地金主義者の立場の初期の支持者の一部が免れていた誤謬を犯した．しかし，彼の説明の包括性や力強さや技量そして彼の推論の確実さや厳格さは，彼をまたたく間に地金主義者の筆頭に押し上げた．そのうえ，主にリカードウの著作を通して，地金主義者の教義は，次の世紀の貨幣論争に影響を及ぼした．だからこれからの地金論争の説明では，リカードウの立場に特別の注意が向けられる．

第2節 論争の背景

正貨支払いの停止に関連した銀行業務と価格と為替相場の重要なデータを，図と表の両方で示した優れた統計的編纂物が，シルバーリング (Silberling) の論文集の中にみられるはずであるが，その内容のほとんどはエンジェル (Angell) が再現している．シルバーリングは，これまで印刷物として利用できないかあるいは利用できてもまったく未整理の状態にある原資料から，重要ないくつかの一連の数値を計算して編纂した．だから，この論争の経過中に起こった理論的な問題を理解するのに不可欠な，当時の通貨や銀行制度の性質や貨幣的な営みの推移についての最低限の情報だけは，ここに示す必要がある．

フランスとの戦争が1793年に勃発してから，イングランド銀行は，主に政府によってなされた強力な前貸し要求のために少しも油断のならない状態にあった．イングランド銀行はこの要求に抵抗したが，成功しなかった．1797年の初め，フランス軍がイギリス本土へ上陸するといううわさに誘発され，地方銀行の失敗と支払停止によって倍加されたと思われる全般的パニックによって，金を求める全国的な騒動が引き起こされた．1797年2月25日のイングランド銀行の正貨と地金は，通常の500万ポンド余りの準備金と比べると，わずか127万2000ポンドしかなかった．1797年2月26日に，政府は，イングランド銀行の要請を受けて，イングランド銀行による銀行券の正貨兌換を禁止する勅令を発令した．1797年5月3日の条例によって，正貨支払制限は，小さな修正

---

(21) *A review of the controversy respecting the high price of bullion*, 1811.
(22) これはホランダーの結論でもある．前掲書，*Quarterly journal of economics*, XXV (1911), 469.

はあったものの1797年6月24日まで有効とされて事実上継続し，その後の一連の条例によって，戦争終結まで正貨支払停止が実施された．われわれは，ここでは1797年の正貨支払停止に責任を負うべき要因に関与する必要はない(23)．正貨支払停止の後，すぐに地金の流入，危機的な状況からのイングランド銀行の回復そして全般的な信頼の回復が起こり，1799年の終わりまで，ハンブルク宛の為替が制限前の平価以下に大きく下がるとか，地金に対して紙幣プレミアムがつくことはなかった．1804年から1808年までの為替は，再び平価またはその近傍にあり，紙幣は，地金に対してまったく割り引かれないか少しの割引しかなかった．しかし1809年から戦争終結までは，低いポンド為替と，地金に対するかなり大きな紙幣プレミアムが再び支配的になった(24)．

　イギリスは，制限条例以前は，法律的には複本位制だったにもかかわらず，しばらくの間事実上金本位制にあった．というのも，銀の金に対する鋳造比率は，一般に銀を過少に評価し，そのため銀を流通させない比率であったからに他ならない．金属貨幣は，ギニー金貨（＝21シリング）とその倍数金貨と分割金貨，そしてクラウン銀貨（＝5シリング）以下の銀貨からなる．銀貨については重量不足の鋳貨だけが流通していた．古代に発行され残存していた鋳貨を除くと，ソブリン金貨（＝20シリング）が唯一の計算貨幣であった．イギリスの鋳貨は，重量不足でなければ合法的に溶解も輸出もできなかったが，金地金は，それがイギリス鋳貨を溶解したものでないと公的に宣誓されたものだけは輸出できた．金属通貨の不足は，要求に応じて正貨と兌換できる額面5ポンドかそれ以上のイングランド銀行券と，要求に応じて正貨またはイングランド銀行券で支払われる額面5ポンドかそれ以上の地方銀行券で補われた．ロンドンの銀行経営者たちは，1793年に自発的に自らの銀行券の発行を止めた．イングランド銀行券は，ロンドン地域以外ではランカシャーでのみ自由に流通したが，そこでは地方銀行は銀行券を発行せず，小額の為替手形が交換手段として広く用いられた．小切手による銀行預金も存在しており，それらは今日流通手段とみなされるものの一部を構成したが，このことはまだ当時広く認識されていなかった．指図人払い小切手は，ロンドンにおいて，高額支払いに限って最近一般的に使用されるようになったにすぎない．イングランド銀行の私的預金とか非政府預金の金額は，制限条例期間中は少額であり，正確な金額のわかっ

（23）　よくできた説明は，R. G. Hawtrey, *Currency and credit*, 3d ed., 1928, pp. 320-32 にある．
（24）　本書後出，p. 144 の表Ⅰを見よ．

ている1806年以降の数年間では，1年だけ年平均200万ポンドに達したにすぎない(25)．ロンドン以外の地方でも，預金は比較的重要ではなく，主として正貨を求めて引き出されてきたように思われるが，この点について利用できる証拠は対立していて一致したものはない(26)．

第3節　過剰発行の証拠としての地金のプレミアム：地金主義者の立場

論争の中心問題は，ポンド紙幣が減価したかどうかという問題であったが，地金主義者は減価したと主張し，反地金主義者は，全員ではなかったが大部分これを否定した．このような問題に対する答えは，明らかに「減価」がどのように定義されるかということにかかっており，そのため論争はいつも単なる用語問題に陥る傾向があった．地金主義者の著述家の一人が皮肉にも評したように，「［金ではかった紙幣の］価格の下落が減価であるかないか，あるいは減価と同義かどうかは，'ロンドンの小路（Change Alley）'で相場師たちの運まかせの話によく似た言葉の問題である．」(27)しかし，議論の前面に出てこなかった場合でさえ，事実や政策の真の重要問題が必ず存在した．

地金主義者にとって，紙幣は，過剰に発行されれば減価するのであって，多くの反地金主義者も，この減価の数量基準は認めるか，少なくともそれをあか

---

(25) *Report from the Committee of secrecy on the Bank of England charter*, 1832, 付録No. 32, p. 41.

(26) 地方の銀行経営者ヴィンセント・スタッキー（Vincent Stuckey）の1819年の証言では，彼の銀行では，この割合に変動があったとはいえ，預金は銀行券発行額の約三分の一であった．(*Report from the [Commons] Committee on the expediency of the Bank resuming cash payments*, 1819, p. 245.) ジェームズ・ペニングトン（James Pennington）は，晩年の1861年の著書で，「地方銀行経営者の預金は，一般に最終支払いが済まされる前に，銀行券とか鋳貨あるいはロンドン宛て手形に転換される」と述べた．("Letter from Mr. Pennington on the London banking system," in John Cazenove, *Supplement to thoughts on a few subjects of political economy*, 1861, p. 50, 注.) しかし，もうひとりの著述家の記述も参照せよ．というのも私には確証がないからである．「地方銀行は一種の手形交換所であり，そこでは実際の銀行券とか貨幣の交換なしで，人びとの間の支払額のかなりの部分が単なる取引銀行の帳簿上の移転で実行される．……銀行券を必要とするのは，ただ小額の賃金の支払いや期間1週間の手形だけである．」Samuel Turner, *Considerations upon the agriculture, commerce and manufactures of the British Empire*, 1822, pp. 54-55.

(27) Sir Philip Francis, *Reflections on the abundance of paper in circulation*, 2d ed., 1810, p. 10. また類似の意見として，Mathias Attwood, *A Letter to Lord Archibald Hamilton, on alterations in the value of money*, 1823, p. 8 も参照せよ．

第3節　過剰発行の証拠としての地金のプレミアム：地金主義者の立場

らさまに拒否しなかった．減価した通貨を過剰に発行された通貨と定義することは，意味の怪しい言葉を別の言葉に変えただけのようにみえる．しかし，何が1国の適正通貨量かという問題は重要な問題である．この問題に対して，アダム・スミスは，ホランダー（Hollander）の指摘するように[28]，それは「有効需要（effective demand）」によって決められると，あいまいにいう以外何も答えなかった[29]．だから地金論争の参加者が，はじめてこの問題に本気で取り組んだ人たちだった．地金主義者たちは，流通量は，他の点で同じ条件であれば，金属本位制の下で維持できる流通量を超えれば過剰であると主張するか，あるいは単純にそのように決めつける場合が多かった．インフレ局面では，この適正に調整される通貨という基準に対してはっきりした反論はあまりなく，デフレ局面のときだけその妥当性について本格的な議論が起こった．

　インフレ局面での主要な論点は，過剰発行の存在を断定する適正な方法にあった．地金主義者が使った過剰発行の主な検査手段は，地金のもつ紙幣プレミアムの存在であったが，彼らは，物価水準が通貨量で決められると主張し，地金がもつ紙幣プレミアムとポンド・スターリング為替の金属平価からの割引の大きさとが密接に関係していると主張していたから，海外と比べたときのイギリスにおける相対的な物価上昇やポンド・スターリング為替の平価以下の下落も減価の証拠であると主張した．地金主義者の立場はボイド（Boyd）がうまく表現した：「地金のプレミアム，低い為替レート，商品一般の高い物価は……紙幣過剰の徴候であり結果［である］．」[30]彼らの結論は，次の推論にもとづいていた：通貨間の為替レートは，唯一あるいは主として2国における同一の輸送可能財貨に対する相対的な購買力に依存する；貨幣数量説によれば，2国の物価は，そこで流通する貨幣数量で決まる；紙幣ではかった地金の価格は，金属本位の通貨間の為替レートで支配されていた；だから，もし為替が金属平価以下であり，地金が紙幣に対してプレミアムをもてば，それは，イギリスの物価と流通貨幣量が，兌換停止以前に金属本位制の下で一般に可能であった場合よりそれぞれ高くて大きい証拠である[31]．

（28）　前掲書，*Quarterly journal of economics*, XXV, 436-37.
（29）　*Wealth of nations*, Cannan ed., I, 402.
（30）　*Letter to Pitt*, 2d ed., 1801, 序文 p. xxxi. リカードウは，例外的に，これをもっと強く表現し，地金のプレミアムの存在を，減価と過剰発行の証拠というばかりか，証明ということがあった．彼の論文，*The high price of bullion, a proof of the depreciation of bank notes* のタイトルを参照せよ．

ウィートレーとリカードウが主張したことは，イギリスの特定財貨の価格が，金属本位通貨をもつ外国の同じ財貨の価格と比べて相対的に上昇したとき，それはイギリス通貨の過剰の大きさと比例するということであったが，二人は，過剰発行の存在がそのような価格比較によって実際に検査できるとはいわなかった[32]．指数の概念はまだ幼稚な状態にあった．エヴリン（Evelyn）は，1798年に，200年間にわたる粗削りなイギリスの物価指数を公表し，ウィートレーはそれを賛美の言葉で論評した[33]．しかし，通用する指数はまだイギリスにはなく，他国の価格情報もほんのわずかにすぎなかった．そのうえ，リカードウにとって，一般物価とか貨幣の一般的な購買力の傾向が測定できるという考えは馬鹿げた考えのように思われた．物価は金属本位制の下でも変動したから，彼は，不換通貨下の物価変動の原因を，通貨の過剰の大きさが変化したことだけに原因があると考えることはできないと認めた．だから，減価の存在をイギリスの物価だけから検査する方法のうち，リカードウが矛盾なく受け入れることができた方法は，他の条件は同じとして，当時の不換下の物価を，仮に兌換であった場合の物価と比較することだけであった．リカードウが物価データからこれを論じるとき，彼は必ずこの立場を守った[34]．しかしリカードウは，次のように考えた．すなわち，地金のプレミアムは通貨の過剰の大きさを測定するから[35]，このプレミアムは，また，正貨支払停止期間中のい

(31) この推論は，カッセルのいわゆる購買力平価説と表面的なつながりをもっているが，後で説明するように（本書後出，pp. 370以下を見よ），同一の輸送可能な財貨の特定価格をリカードウが強調したことによって，輸送費用と関税を除くと，彼のこの部分の推論は自明の理となるのに反して，カッセルの教義は，カッセルは限定していないが，たとえ彼が国際的に貿易される財貨だけに限定しても，自明の理であるどころか真実でないのである．さらに，カッセルの教義は，外国送金の効果を斟酌するが，ウィートレーとリカードウは斟酌することをはっきり拒絶した．もし斟酌すれば，自分たちの立場全体にとって致命的だと誤って考えたと思われる．

(32) しかしフランシス・ホーナーは，イギリスと外国の相対価格は，イギリス通貨の減価の存在のひとつの検査法として使用できることを示唆した．ソーントンの *Paper credit* についてのホーナーの書評，*Edinburgh review*, I (1802), 201を見よ．

(33) *Remarks on currency and commerce*, 1803, vi章．

(34) 少なくとも一人の反地金主義者もこの立場を守ったと同様にである．*The substance of a speech by Castlereagh in the House of Commons, July 15, 1811*, 1811, p. 15を参照せよ：「貴金属を除いて，銀行券は，その他の財貨すべてに同一の購買力をもっており，もしイングランド銀行のギニー貨を封鎖するとか異常な数量の金を海外に送金する必要がおこらなければ，今日でも銀行券にはこの購買力があるであろう．……これが私の理解して欲しい認識であり，この認識によって，銀行券はいま減価していないと私はいうのである．」

(35) ほとんどの地金主義者は，減価の大きさをどのように計測するかという問題に本気で取り組まないで，減価の存在を証明することで満足した．King, *Thoughts on the effects of the*

ずれかの年の物価，例えば1810年の物価が，どれだけ1797年の物価より高いかではなく，もし通貨の量が金属本位であれば流通できた量であるとした場合の1810年の物価より，どれだけ高いかということも測定すると．しかしリカードウは，減価を終焉させるのにどれくらい通貨の縮小が必要とされるかという問題に答えを出すとして，減価の大きさの問題を何よりも重要視した．

第4節　地金主義者の容認した修正

　地金主義者たちは，この推論にいくつか修正をすることによって，地金がもつ紙幣プレミアムつまりスターリング為替の金属平価からのディスカウントの存在が過剰発行の無条件の証明ではなく，それが十分かつ長期間続く場合にだけ，過剰発行が推定できる強力な証拠であることを認める用意があった．

　第一に，金と銀の地金価格のどちらが検査手段として採用されるべきかという問題があった．地金主義者は金価格を検査方法として使うことを選んだが，それは，地金主義者の比較がいつも，1797年に支配的な金属本位下で可能な流通量との比較であったことや，イギリスがそのとき実際に金本位制にあったことが，例外はあっても一般に同意されていたからである．金と銀の相対価格は，イギリス市場でかなり大きく変動し，そのために金や銀のもつ紙幣プレミアムも大きく変動した．しかしこの期間中，金か銀の一方に対するプレミアムには必ず他方に対するプレミアムが伴ったから，もし論点が，過剰通貨の規模がどの位かということであれば問題であったと思われるが，過剰通貨の存在の検査方法としてどちらが採用されるかということは，実際の目的にとって問題ではなかった．

　第二に，金属本位制の下でも，為替は鋳貨平価より低い地金輸送費の限界まで下落し得るから，地金主義者たちは，為替レートを減価の存在する代替的あるいは補足的な検査手段として使う場合，この限界を超えない為替の下落は，不換下の過剰通貨の存在の証明ではないと認めた[36]．そのうえ，イギリスが

　　Bank restrictions, 2d ed., 1804, p. 40, 注を参照せよ：「地金価格と為替状態の二つの検査に細心の注意を払い，それによって通貨が減価したという一般的事実が反論の余地なく証明されたとしても，減価の正確な大きさは確かめることはできないであろう．」(傍点は原文イタリック．)

（36）　確かにリカードウは，外国為替は，完全に兌換通貨の下であっても，通貨が「過剰」（つまり

制限条例以前に金本位制であったのに対し，制限条例中の為替にとって最も重要な相場地点であったハンブルクやアムステルダムやパリは，銀本位制であった．リカードウやその他の地金主義者たちが指摘するには，金と銀の相対価格が一定ではなかったから金と銀の通貨間の為替平価も一定ではなく，また例えばロンドン―ハンブルク為替の平価からの乖離を計算するにあたっては，二つの金属の相対的な市場価値の変動を考慮する必要があるということだった．しかし，金と比較した銀価格の一般的な傾向は，論争の後半期間ずっと悪化していたから，リカードウは，ハンブルク為替の制限条例前の一般レートを基点とした制限条例期間中の傾向の比較は，海外の金地金ではかったイギリス紙幣の実質的な交換価値の下落を，過少に評価していると指摘した(37)．

第三に，1797年以前でも，イギリスの金鋳貨あるいはそれを溶解した地金は合法的に輸出できなかったから，為替がイギリスに不利なときは，輸出可能な地金に対して，鋳貨あるいは紙幣ではかった鋳造価格を超えるプレミアムが要求されたであろう．しかしリカードウやその他の地金主義者は，イギリスの鋳貨とか地金の輸出禁止令はうまく執行できないし，たとえ少額のプレミアムでも，溶解や偽証あるいはイギリスの地金の国外密輸に伴うリスクを埋め合わせるのに実際十分であろうと主張した．彼らは，このリスク・プレミアムを超えない金のプレミアムは，必ずしも過剰を意味しないと認めた．また兌換であっても，もし貨幣の鋳造が正常な基準に照らして一般に量目不足であれば，地金は鋳貨や紙幣に対してプレミアムを要求できるから，これについても地金主義者は進んで譲歩した．しかし金の鋳造は1797年に良好な状態にあったから，この件についてほとんど考慮する必要はなかった(38)．地金主義者たちは，これら二つの要因に対して5%の金のプレミアムを認めれば十分であることに同意する傾向があり，1797年以前では，隔離された特殊な取引を除くと，金

為替を鋳造平価に保つことと矛盾しない流通量より多い状態）であれば，そのときに限って鋳造平価以下に下落しうると主張したが，彼はどうも，不換通貨下の通貨の「過剰」の意味を，兌換下で可能な「過剰」をさらに超える，特別に大きい過剰に限ったようであった．

(37) *Reply to Mr. Bosanquet's observations, Works*, pp. 321-22.
(38) ムシェットによると，1807年に実施された流通金貨の鋳造検査によると，平均でわずか1.5%以下の過少重量が示されただけであった．(*An inquiry into the effects produced on the national currency…by the Bank restriction bill*, 3d ed., 1811, p. 30.) 重量の足りない軽量鋳貨は流通に最後まで止まる傾向があったであろうから，これは，1797年以前は，量目不足についてほとんど考慮の必要がないことを示唆しているであろう．

のプレミアムは、どんなときにも5%を超えなかったと思われる[39]。

　第四に、地金主義者は、イギリスで紙幣を金に替えその金を輸出すると、金で換算した他国の物価が上昇することになりがちなことや、またイギリスがこの物価上昇を共有できることから、他の事情は同じままで、金のプレミアムとか為替下落を被ることなくそれまでより大きな数量の通貨を発行できることを認めていた[40]。しかし、彼らはこの要因に重視性を置かなかった。たぶんその理由は、このような金の放出は、世界の供給と比べれば無視できるということにあったように思われる[41]。こうした考慮が重みをもてばもつほど、地金主義者の定義する過剰の検査方法は、厳格にされるというよりむしろ大まかにされる傾向があったから、反地金主義者たちもこれを利用しなかったが、デフレ期の論争ではこの要因が重要な要素になった。

第5節　地金主義者の立場に対するありうべき反論

　地金がもつ紙幣プレミアムの存在つまり鋳造平価以下の為替の下落は、兌換の下で流通できる紙幣発行量と比べて過剰な発行が存在している証明であるという地金主義者の主張に対して、地金主義者自身もこれを修正したが、この他にも、彼らが故意に省略したか看過した有力な修正があった。

　論争中ずっと、通貨は一般に金属貨幣と銀行券を意味するとされ、銀行預金は、看過されるか通貨とみなされないかのいずれかであった。確かに銀行券は、たとえその数量が急激に減少させられても、同時に預金が相対的にそれ以上の割合で増加されれば減価しうる。しかし、もし兌換から離脱しただけで、通貨と銀行預金の相対的重要性が変化させられることになると仮定する理由がなかったとしたら、銀行預金を考慮できなくても、主要な理論的な論争に何の問題もないであろう。

---

(39)　地金委員会は、1797年以前に流通できた紙幣や鋳貨に対して金地金がもつ最大のプレミアムを、約5½%と見積もった。*Report*, pp. 14-15.

(40)　Wheatley, *Remarks on currency and commerce*, 1803, p. 187; Ricardo, *High price of bullion*, *Works*, p. 266, 注を参照せよ。

(41)　James Mill, Review of Thomas Smith's *Essay on the theory of money and exchange*, 1807, in *Edinburgh review*, XIII (1808), 54 を参照せよ。しかしジェームズ・ミルは、制限条例に批判的でありながら、この段階では多くの反地金主義者の主張を受け入れていた。だから彼は、無条件の地金主義者とみなされることはできない。

同じように通貨は，通貨数量がその間に変わらなくても，あるいはたとえ減少しても，流通速度の上昇のために減価するかもしれない．これは当時一般に認識されていたが，流通速度は，当時もそれ以降もずっと不変のままだったわけではないが，暗黙のうちに不変と仮定された．というのも，流通速度は，経済活動の確信の状態や伝達手段の改善や手形取引所の発達やその他「通貨節約」(42)の取り決めの変化の影響を受けるとしても，単なる兌換停止だけでは変化しないことがわかっていたからである．たとえ通貨の将来の確信が変化したことによる流通速度の変化が無視されても，この仮定が重大な誤謬の源泉になるとは思われなかった．兌換の下では，実際の流通手段は，もし預金と為替手形を無視すると，一部は鋳貨で一部は紙幣であったが，不換下では，すべて紙幣であった．個人は，もし通貨が紙幣であれば，鋳貨の場合より，取引量に比べて現金残高を少なく保有する傾向があることは想像できる．紙幣の保有には，火災とか発行者の失敗による損失の危険があった．紙幣は，正貨と比べると，ある地点から別の地点までより迅速にかつ安全に，また少額であればより経済的に運搬が可能である．というのも，紙幣は郵便で送ることができるが，正貨の送金には私的な運搬人が必要であり，その運搬人は，追いはぎの危険のために護衛されなくてはならないからである．このことは，通貨が紙幣の場合より，正貨の場合の方が，取引量に比べて，平均でより多い現金残高の保有に導く傾向があろう(43)．しかし，これが重要な要因になりえたかどうか疑わしいように思われる．

しかし演繹的理由と経験的理由の両方から，流通速度は，支払手段の量や物価水準が上昇するにつれて高まると予想されるべきであり，だから通貨の過剰率を，金ではかった紙幣のディスカウント率で測定することは，過剰の大きさを，物価の上昇期に過大に評価して，物価の下落期に過少に評価する傾向があろう．

地金主義者の見解の妥当性に対するもっと深刻な修正は，不換下では，通貨価値の下落とか上昇の投機的な予想が，個々人の通貨保有の願望に影響を及ぼ

---

(42) the *Bullion Report*, pp. 63-64 を参照せよ．
(43) Walter Hall, *A view of our late and of our future currency*, 1819, p. 70 を参照せよ：
「通貨流通の活動が現実の通貨量を増大することが現在わかっており，車輪の大きさより動きの速さを確かめることがもっと重要なことであることが認められている．しかしこれは，おそらくある程度通貨の性格によることでもあり，もし正貨が再びここで媒介手段となれば，紙幣の場合より多量の正貨が同じ働きのために必要とされるであろう．」

し，こうして通貨量の変動の影響とは独立に流通速度に影響を及ぼして，金や外国通貨や財貨との関連で通貨価値に影響を及ぼすという事実にある．現代では，いまのわれわれにとってはあまりによく知られているように，そのような投機的要素は，不換紙幣の金属価値つまり交換価値をかなりの時間にわたって支配できる．そのような投機的要素も，地金論争の期間中にある程度作用していたと信ずる十分な理由がある．

　地金主義者も反地金主義者も，投機的要素がポンド紙幣の価値に影響している可能性に気づいていた．しかし両陣営とも，投機的な要素がポンド紙幣の価値を低下させる現実の影響力であることをあからさまに非難も承認もしなかった．当時の状況では，このデリケートな問題を扱うのに，両陣営にまったく遠慮がなかったわけではないかもしれない．反地金主義者は，通貨管理は批判できないことだとはいいながら，同時に，通貨を退蔵地金とか商品とか外国通貨へ逃避させることに追い込むごく近い将来の確信の欠如が十分に存在することを認めることはできなかった．他方地金主義者は，もしそのような非難をすれば，国家の危機のときに，彼らが国民通貨を「不信」の状態に持ち込もうとしていると攻撃される余地を自作自演すると恐れたのかもしれないし，まただから，証拠は見つからなかったが，自分たちが信じたことをすべて話すことは控えたのかもしれない．とにかく地金主義者たちは，慎みからか確信からか，いずれにしても紙幣が「不信の状態に」ないと認めるのに骨を折った．

　シルバーリングとエンジェルは，地金主義者の著作全般の中にある明瞭な非難，すなわち地金に対するポンド紙幣の減価は一部分は少なくとも「質的な(qualitative)」減価であるという非難を誤解して，そのような非難の中に何か馬鹿げたものを見る．シルバーリングは，リカードウの著述の中に，自分がはっきり奇妙なものとみなす教義を見つけたという．すなわち，紙幣の「下落」は，紙幣の過剰発行によるというより，むしろ紙幣の「単なる固有の質的低下」によるという教義である．シルバーリングは，もし過剰というのが，紙幣で換算した金価格が鋳造平価にあるときの紙幣量を超過した部分を意味するのであれば，通貨の「価値低下(debasement)」は容易に「過剰」といい換えられると認める[44]．しかしリカードウは，過剰とはまさにそのことを意味すると一貫して繰り返し主張した．

---

(44) "Financial and Monetary Policy of Great Britain," *Quarterly journal of economics*, XXXVIII, 425, 436.

エンジェルは，シルバーリングに従って，地金主義者の間に通貨の質的減価の考えに対する執着を見いだし，それを馬鹿馬鹿しいとしたが，これに関連した地金主義者の立場の解釈はシルバーリングとは違っている．エンジェルは，ボイドやリカードウその他の地金主義者たちは，通貨の過剰がまず「本位の明瞭な価値の低下」に導き，この価値の低下が次に物価上昇に導く，つまり彼らは「こうして価値低下は，通貨増大と物価上昇の間の，はっきり区別された‘中間の’段階である」と考えていると主張する(45)．エンジェルは，リカードウに特別に言及しないが，ボイドの次の一節にふれている：

　　彼ならこういうであろう．すなわちこの国の通貨は，確かな本位から不確かな本位に転換しただけでなく，その数量は，おそらく要求しても支払義務のない紙幣の発行によって十中八九大きく増大し，こうして交換価値のあるすべての物の価格は，本位の明瞭な価値低下と，その国で予想される貨幣数量の増大の影響を必ず受ける．そのどちらも，かなりの物価上昇のために通貨価値を割り引くのに十分であるが，両方が一緒になれば，これまで起こったどれよりさらに大きな影響を与えるのに十分である(46)．

　ボイドはここで，物価に対するまったく別の影響として，貨幣数量の増加に由来するものに加えて，はっきり「本位の価値低下 (degradation)」をあげている．しかしここには，エンジェルがボイドにあると思いこんだ時間的継起の痕跡もない．上の文脈では，「本位の価値低下」を修飾する「明瞭な (positive)」いう言葉が，通貨量の「予想される (probable)」増加と対比された「確かな (certain)」を意味するものと理解されるべきことが示されている．ボイドの執筆当時，制限条例以後のイングランド銀行の発行量についてはまったく報告されなかったから，そのような発行量の増加は，状況証拠による類推の問題でしかありえなかったであろう．ボイドが「本位の価値低下」で何をいわんとしていたかという問題も残る．文脈からはなんの糸口も与えられないが，彼の立場をはっきりさせる無理のない説明は，同時代のその他の著述家たちの教義にふれることによって可能である．1797 年にヘンリー・ソーントンは，その時々

---

(45) *Theory of international prices*, pp. 45, 59, 60.「なぜこの一連の推論を理解することが重要かといえば，リカードウはもちろん，後の著述家たちの貨幣理論についての矛盾した見解に対して，唯一満足なカギを提供するからである」とエンジェルは解説した．（同書，p. 45.）
(46) Walter Boyd, *A letter to Pitt*, 1st ed., 1801, pp. 64-65.（傍点は原文イタリック．）

第5節 地金主義者の立場に対するありうべき反論　　　135

の妥当な紙幣発行量は,「人びとの心の状態,すなわち紙幣を手元に留め置こうとする個人の性向」に大いにかかっていると主張した.だから,一般的信用が損なわれても,「イングランド銀行の信用が保たれていれば」,紙幣の価値を損なうことなく,紙幣発行の増加は可能であるし望ましくもあろう[47].1802年に,彼はこの主張を繰り返し,紙幣の信頼が流通速度に及ぼす影響やそれが個人の一般に保有する現金残高の規模に及ぼす影響にふれることによって,この主張を支持した[48].さらに彼は,紙幣の価値の下がっている間,一般に外国人は,「価値の低落を来たしつつある紙券は,比較的うまくいったときにのみ低落を止めるであろうし,もし価値が騰ったとしても,それはいうに足らぬ騰貴しか示さない」と予想するだろうから,「この予想が,いうまでもなく,紙券価値の下落を促進させる働きをする」と指摘した[49].こうして正貨支払停止は,たとえ紙幣発行の増加が起こらなかったとしても,地金の紙幣プレミアムに帰着しうると考えられた.しかしソーントンは,これをもたらしうる信頼の喪失はイギリス通貨に生じなかったといった.

　キング卿とジョージ・ウッズ (George Woods) も同様の見解を示した:

　　しかし鋳貨で支払う義務がなくなると,通貨は,もはやこの決められた価値を保てず,二つの別個の原因で減価する危険がある.すなわち,人びとの信頼の欠如と紙幣数量の不当な増加である.……要求払いではない通貨を管理する人は,最も適切で合理的な範囲内で通貨を発行すべきであるが,もし通貨の信用とか支払能力が疑われる場合には,それら紙幣が完全な額面価値で流通するのは不可能である[50].

　　銀行券の減価の原因が発行過剰であろうと,銀行券の現在の有効性を支える基盤の不安定さであろうと,世論の基準が絶えず変動しているという事実それ自体……［つまり地金から見た紙幣の減価］という事実それ自体は否定できない.……もしイングランド銀行の現在の発行高が,人びとの必要と比較して以前よりも大きくないと主張されたら,私はこう答える.すなわち,その推論は,イングランド銀行に対する信頼の減退をいわんとしているかもしれないが,通貨価値の

（47）　*Report of the Lords Committee*, 1797, pp. 72-73.
（48）　*Paper credit*, 1802, pp. 65-67.
（49）　同書, p. 65.（渡辺佐平,杉本俊朗共訳『紙券信用論』1948年, p. 85.)
（50）　King, *Thoughts on the effects of the Bank Restrictions*, 2d ed., 1804, pp. 5-6. イギリスの通貨には,いまのところまだ信頼の喪失は起こっていないとキングも認めた.同書, p. 24.

減価問題に少しも光を投げかけないと(51).

　同様にリカードウも，1810年に，ポンド紙幣の信頼の欠如が紙幣の減価の一因であるという考えを一切否認した：「私は過剰発行以外のどのような原因も承知していない．つまり紙幣発行における信頼の欠如（私は現在これはないと確信している）が，われわれがこれまで幾度となく目撃してきたような結果を作り出せるとは思えない．」(52)

　この点について地金主義者たちは間違っていた．しかし彼らの誤りは，シルバーリングやエンジェルが主張するように，ポンド紙幣の減価の一部をその信頼の喪失に帰したことではなく，たとえ深長な配慮の結果だったかもしれないが，彼らが信頼の喪失に帰すことを拒否したことにある．というのも，後にホーナーやリカードウが認めたように(53)，金のプレミアムの急激な変動の中には，それに伴う紙幣数量の変動に起因するものとしては十分に説明できないが，ポンド紙幣の将来についての予想が変化して，その結果現金残高を保持してもよいとするイギリス人や，ポンド建ての証券を保持してもよいとする外国人の気持ちの変化を考慮してはじめて十分説明できることがあったからである．

　地金主義者の立場には，さらにもうひとつ修正の余地があるが，これはおそらく実際的な重要性は小さい．金属本位制の下で，もし外国送金とか極端に大量の穀物輸入のために外国為替手形の相対的な需要に一時的な上昇が起こる場合には，正貨の輸出が起こる傾向があろうが，これは，国内流通量を低下させるとともに，輸出された正貨それ自体が交換できる量まで外国為替手形の供給を増加するように直接働くであろう．不換通貨の下で通貨がある期間減価の状

---

(51) George Woods, *Observations on the present price of bullion*, 1811, p. 46.（本書後出，p. 183 も参照せよ．）思惑的な要素つまり「不信」が紙幣の減価に与かって力がある可能性について，類似の認識をした他の例として，次を見よ．Henry Parnell, *Observations upon the state of the currency in Ireland*, 1804, p. 55; *Bullion Report*, 1810, pp. 22, 39; David Buchanan, *Observations on the subjects treated of in Dr. Smith's…The wealth of nations*, 1814, p. 88：「紙幣の価値は，……不信か過剰のいずれかの理由でその標準から外れるであろう．安全が欠如しているところでは，紙幣の価値は，最後はその流通を完全に止めることになるかもしれない究極の損失の危機をはらみながら，変動しよう……．」このような著述家も，紙幣はこの意味で「信用されていない」とはっきり非難することは差し控えた．また Wheatley, *Theory of money*, I (1807), 97 も参照せよ：「われわれが貨幣の市場価格の変動の真の原因とみなくてはいけないのは，1国の総通貨量であって，その国の鋳貨の状態や品位ではない．」

(52) *Reply to Mr. Bosanquet's observations*, Works, p. 363.
(53) 本書後出，pp. 199-200 を見よ．

態にあって，その結果すべての地金がすでに輸出されてしまったか多かれ少なかれ恒久的に退蔵されてしまった場合，国際的な貸借差額を直接に均衡化する要因となる正貨輸出はないであろう．だから同じ規模の外国送金が起こった場合，もし金属本位制下で為替が金の輸送コスト以上に下落しないとすると，必要な通貨の縮小は，金属本位制のときより不換のときの方が大きいであろうし，また逆に，為替が金の輸送コスト以上に下落した場合でも，それは，通貨縮小の規模が，もし本位が金属であった場合に必要な規模より小さかった絶対的な証拠ではないであろう．

第6節　反地金主義者の立場

　反地金主義者はすべて，金属本位制の下で流通できる通貨量を，あらゆる状況の適正通貨量の判断基準として受け入れる気はまったくなかったから，たとえ流通量が金属本位制の下で維持できる量より実際に大きいことが示されても，そのことによって通貨が過剰であることが証明されてしまったと認める気もなかった．しかし，地金主義者の立場に対する批判のうち，通貨を規制する最善の判断基準としての金属本位制を拒否することにもとづいた批判は，物価の上昇期よりデフレ期に一層広く行き渡り重要になったから，そのような批判の吟味は後に延ばすのがよかろう．

　反地金主義者たちは，しばしばイングランド銀行の紙幣発行の統計から発行量が増加しなかったことを示そうとするか，あるいは発行量の変動と地金のプレミアムの変動つまり為替変動との間に時間的関係とか程度の関係がなかったことを示そうとした．しかしリカードは，——データはそうでないことが多かったので——たとえデータがそうであったとしても，それによって自分の議論は論駁されないことを示すことができた．彼が主張していたことは，通貨は制限条例中ずっと増加したということではなく，もし兌換が維持されていたとしたら，他のことは同じとして，そのとき維持できていた通貨量より多い通貨量が存在したということであった．例えば，1810年の実際の発行量が1797年のそれより大きいか小さいかということは，もし1810年の発行量が，1810年に兌換であれば維持できていた量より大きければ，どうでもよいことであった：

私は，地金の高い価格と低い為替とが継続するかぎり，……［1797年の約1千万ポンドや1810年の2千3百万ポンドと比べて］たとえ5百万ポンドの銀行券しか流通していないとしても，私にとっては，それはわが国の通貨が減価していないという証拠にはならないであろうということを，最も素直に認めるであろう．したがってわが国の通貨が過剰であるという際には，現在は流通することができるが，もし通貨が地金の価値をもつようになれば流通することはできないだろうと思われるイングランド銀行の発行量の一部分を意味させている(54)．

反地金主義者の中には，地金は単なるひとつの商品にすぎず，したがってその価格に特別な意味はないから，減価を証明するためには，金貨が紙幣に対してプレミアムを要求したことを証明する必要があると主張する者もいた(55)．イギリスの鋳貨を溶解するとか輸出することは違法であり，そのような鋳貨をプレミアム付きで購入する人たちは，法を犯すのではないかと疑われたであろうから，金貨を紙幣に対してプレミアム付きで売買する余地がなかったとしても驚くことはない(56)．実際に起こったことは，完全な重量の鋳貨は，静かにしかし速やかに流通から消え，政府勘定で輸出されるか，退蔵されるか，あるいは産業用とか不法な海外輸出のために溶解炉の中に入れられるかのいずれかであった．リカードウが指摘したように，もし溶解禁止令や輸出禁止令が廃止されていれば，金貨や金地金は，紙幣に対して同じプレミアムを要求したであろうし(57)，反対に，もし溶解禁止令や輸出禁止令を十分強化できた場合には，輸出可能な地金は，鋳貨と紙幣に対して同じプレミアムを要求したであろう(58)．

(54) *Reply to Mr. Bosanquet's observations, Works,* pp. 349-50. (邦訳『リカードウ全集』III, 1969年, p. 269.)
(55) Henry Boase, *A letter…in defence of the conduct of the directors,* 1804, pp. 22-23; *Substance of two speeches made by the Right Hon. N. Vansittart,* 1811, p. 15; *The Speech of Randle Jackson, Esq., …respecting the report of the Bullion Committee,* 1810, p. 9 以下を参照せよ．
(56) 輸出不可能な地金でさえ，紙幣に対してプレミアムを要求したし，国内利用の目的で合法的に溶解できた重量不足のギニー金貨は，紙幣や十分な重量のギニー金貨に対してさえ，プレミアム付きで公然と貿易された．地金委員会での地金商人 S. T. ビンズ (Binns) と W. メール (Merle) の証言を見よ．*Report, Minutes of evidence,* pp. 18, 40.
(57) *High price of bullion, Works,* p. 280.
(58) 同書, p. 265.

第7節　支払差額論争

　しかし反地金主義者たちは，地金がもつ紙幣プレミアムを過剰な通貨の証拠として認めることにさらに真剣に反対した．両方の陣営は，非兌換本位制の下でも，兌換本位制の場合と同様，地金価格は外国為替に支配されるという点で意見が一致していた．同じく両陣営は，兌換制の下では，為替はふつう金輸出点以下に下落できないという考えで一致していた．というのも，この点と二つの通貨の鋳造平価との距離は，地金の輸送費用を表し，この金輸送点より下では，外国為替手形を買うより地金を船積みしたほうが有利であるからである．しかし反地金主義者たちは，非兌換制の下では，為替下落にこの限界がないこと，為替や地金のプレミアムは，もっぱら国際的な支払差額の支配しか受けないこと[59]，だから大規模な軍事上の送金とかイギリスの収穫不足による異常な穀物輸入がなされなくてはならなかった期間中，為替の下落や地金のプレミアムの上昇に明確な限界はなく，通貨が過剰である証明にならないと論じた．

　この重大な問題の取り扱いでは，地金主義者は，それぞれ異なる答えをもったグループに二分される．そのグループのひとつは，ウィートレーとリカードウのたった二人からなる[60]．外国送金は非兌換制の下で為替を押し下げるように働くという議論に対して，ウィートレーとリカードウの二人は，外国送金

---

(59) Boase, *A letter*, 1804, pp. 22-23 を参照せよ：「為替相場は，為替取引の差額に支配され，（政治的な大激動を別にすると）他のいかなる要因にも支配されない……．」

(60) このウィートレーとリカードウの教義について，ウィリアム・ブレイク（William Blake）は，「これら二人の紳士の意見は彼らに特有のものだ」と論評したが，この論評は，だからかなり正しいところをついていた．（*Observations on the effects produced by the expenditure of government*, 1823, p. 26.) しかし，ローダーデール（Lauderdale）（*Thoughts on the alarming state of the circulation*, 1805, p. 20, 注）が，明らかに賛成の立場で，the *Minutes of evidence* of the Committee on the Irish circulation, 1804, p. 22 から引用した，次の一文を参照せよ，

> 「1801年8月から現在まで，重要な送金が……正貨でロンドンに向けてなされたことはなかった．しかしアイルランド銀行券は，正貨がアイルランドに入ろうが出ていこうが，為替が平価より上にあろうが下にあろうが，債務残高が有利であろうが不利であろうが，けっして減価されることを止めなかったし，またその減価も，債務残高が有利なときに高く，それ程有利でなかったときに低かったようであるから，全体から見て，減価が債務残高の影響を受けなかったことは明らかである．」

は，兌換制下であろうと非兌換制下であろうと為替に影響を及ぼさないと答えた．二人は，両ケースとも，イギリスと残余の世界のそれぞれの生産物に対する需要が送金に対して自動的に調整するから，送金は，相対価格とか為替レートのいずれの変化も伴わないで，商品で移転（トランスファー）されると主張した．だから，もし非兌換制の下でスターリング為替に減価がみられたとすると，それは，通貨が過剰発行されている証拠に他ならなかった．リカードウは，後に彼の批判者たちにわずかに譲歩したが(61)，ウィートレーは最後まで頑なにこの教義を守った(62)．二人以外の地金主義者たちは中間的な立場をとった．彼らは，外国送金が為替レートに影響を及ぼすことを認め，また十分に理由を説明していないとはいえ，そのような送金が行われている間，地金のプレミアムや平価以下の為替は，流通している通貨量が金属本位通貨の下で維持できる量より過剰である証拠ではないことも認めた．彼らは自らの主張を次に限定した．すなわち，金がもつ紙幣プレミアムが継続的で十分大きいことと，為替の平価以下の下落が継続的で大きいことが，通貨が金属本位制の下で維持できる量より過剰であると推定できる強い根拠になるという主張である．例えば地金報告は，金の高いプレミアムや低い外国為替が「かなりの時間」継続したことを，過剰通貨の存在を示す証拠として取り上げた(63)．

　地金主義者の出版物やリカードウの書簡は，リカードウと他の地金主義者が，それぞれの存在に気づきながら相互に満足な一致に到ることができなかったことを示しているが，それでも上の説明は，それぞれの違いを大袈裟にいいすぎているといってよい．リカードウは，詳しく経過を追跡できる経済的過程でも，直近の局面や過渡的な局面にほとんど関心をもつことができなかったし，しばしば分析を最終的な結果に限定して，中間的な段階の存在は不問に付すか否定するかのいずれかであった．そのうえリカードウは，彼が修正してもよいとしたものについて，重要性が小さいと考えたりすでに他の関連で認めていた場合には，その都度いちいちいわない傾向があった．この二つの習慣の結果，彼の定式化は厳格で明確になり，一般大衆と関係したときの説明に力を与えたが，

（61）　本書後出，pp. 141-42 を見よ．
（62）　*Remarks on currency and commerce*, 1803, pp. 52-57; *An essay on the theory of money and principles of commerce,* I (1807), 64-71; II (1822), 134-35; *Report on the reports of the Bank committees*, 1819, pp. 20-21 を参照せよ．
（63）　*Bullion Report*, p. 45.

より専門的な批判に彼をさらして，実際以上に多くの表面的なダメージを与えることが多かった．このようなリカードウの思考方法の特徴は，今では経済学者によく知られているが，リカードウ自身もある程度それらを自覚していた(64)．リカードウの特徴は，彼の次の引用文がよく示している．最初の引用文は，通貨の攪乱に対する国際的な調整過程の中間段階の存在を，全面的に否定していることを窺わせるし，それに反して二番目の引用文は，その存在を認めながらも，彼の関心が，もっぱら中間的な段階が働き尽くした後の出来事にあることを明らかにしている：

> 私にとっては，イングランド銀行券の縮小が，わが国の現在の輸出および輸入の正常さを少しも乱すことなしに，地金の価格を引き下げ，為替を改善するであろうことは，まったく明白であるように思われる……．わが国と外国人との取引はまったく同一であろう…(65)．

> 私は，一日の発行，あるいは一ヶ月の発行が外国為替になんらかの影響を及ぼすことができることを主張しようと思わない．その影響は，より永続した期間をたぶん必要とするであろう．ある期間は，このような影響が現れるためには絶対に必要である．この点は，委員会の諸原理に反対する人々によってはけっして考えられていない．彼らは，その作用がすぐには認められないので，これらの原理には欠点があると，結論している(66)．

一時期リカードウは，反地金主義者だけでなく大半の地金主義者からの異議の圧力に対して少し譲歩した．マルサスの批判に答えて，彼は，送金が行われているとき，送金国で，財貨の輸出余剰が商品総量に占める割合に比例して通貨が縮小されなければ，送金国の通貨は過剰であると認めたが，そのことは依然として次のことを意味した．すなわち送金は，兌換本位制の下では，あるい

―――――――――――――――――――――――――――――
（64） *Letters of Ricardo to Malthus*, 1887, p.127 の Ricardo to Malthus, Jan.24, 1817 を参照せよ．
（65） *Reply to Mr. Bosanquet's practical observations*, *Works*, p.360.（邦訳『リカードウ全集』III, 1969年, p.287.）
（66） 同, *Works*, p.364.（邦訳『リカードウ全集』III, 1969年, p.294.）ここで彼は，地金委員会に賛成して，その効果が完全に現れるまでに「非常に多くの時間」が必要かもしれないと認めるが，しかし「銀行券の割引のことを話すときは，われわれは，かつて一年を非常に多くの時間と思っていればよかった」と述べている．同書 p.363, 注．（傍点は原文イタリック．）

は非兌換本位制の下で通貨の切り下げなしで，送金国の価格水準の相対的下落を伴うことなく実行されうることである[67]．彼は後に，自分の説明の中に，初期の著作にはみられない種類の修正語句を挿入したが，それらは，彼の立場を他の地金主義者にさらに近づけることになった[68]．

ウィートレーとリカードウ以外の地金主義者は，異常な送金が為替に不利な影響を及ぼすことを認める一方，この要因をはっきり否定するか考慮できなかった反地金主義者に対して，紙幣の発行量は，財貨価格への影響したがって貿易差額への影響を通じて，イギリス通貨の交換価値を決定する新たな要因であり，通常最も有力な要因であろうと主張した[69]．次のマルサスの叙述は，穏健な地金主義者の最も簡潔な叙述であったかもしれない：

　　このケースの実態は次のようだと思われる．通貨の過剰が為替に及ぼす影響は確実であるが，通貨の問題と関係をもたない商業取引の影響と比べると遅い．また通貨の過剰の影響は確実でかつ一般に一定のペースで作用するのに対して，商業取引のもっと早い影響は，この作用をいろいろな形で邪魔したり悪化させたり変更したりして，複雑で見かけ上矛盾した様相を作り，それが算出された為替相場

---

(67) *High price of bullion* の第4版付録，*Works*, p. 293.
(68) 特に彼の1819年の議会証言を参照せよ：
　質問．支払差額が本国に不利だと仮定した場合，支払いは，正貨か地金のどちらかで必ずしなくてはならないですか．
　答弁．(リカードウ) 支払差額は，わが国の通貨状況の結果であって原因ではないことが多いと私には思われます．(*Report from the* [*Commons*] *Committee*, 1819, p. 141. 傍点 (原文イタリック) はヴァイナー．)
　質問．ということは，あなたは，どの国のいついかなる時の不利な為替をみても，不利な為替はすべて，流通手段の量のせいだと結論できますか．
　答弁．(リカードウ) 一部は他の原因によるかもしれません．(*Report of* [*Lords*] *Committee on resumption of cash payments*, 1819, p. 200.)
(69) Thornton, *The paper credit of Great Britain*, 1802, pp. 277-78 を参照せよ：
　「したがって，『金の出入り』は (ロック氏 (Mr. Locke) がいうように) 『貿易差額には全面的に依存』しないように思われる．それは，発行された流通手段の量に依存するか，あるいは，もし貿易差額が発行された流通手段の量に依存すると認められるときは，私が後で述べるように，貿易差額に依存する．」
　シルバーリングは，これに関連した反地金主義者の立場を誤りとみなしたとして，ホートレー (Hawtrey) を非難する．"Financial and monetary policy of Great Britain," 上記引用文中 p. 434, 注．異常な送金は，「関係する期間中の大英帝国の債務残高では，これまで事実上無視されたも同然の事柄であった」(同書，p. 226) という彼の記述に根拠はない．というのも，異常な送金の意味は，当時もその後も，際限のない論争の種であったからに他ならない．

に現れることになる(70).

　ウィートレーとリカードウは，次の二点で明らかに間違っていたと私には思われる．すなわち，異常な送金がイギリス通貨の交換価値を下げるように働くことを否定したこと，また通貨の変化がない場合でも，イギリスと残余の世界の相互の生産物に対する需要が異常な送金に対して必ず即座にかつ完璧に調整し，そのため金属本位制でも不換紙幣本位制でも，正貨移動の助けや2地域の相対価格水準の変化の助けやあるいは為替相場変動の助けがなくても，支払差額の均衡が維持されることになると主張したことである．このような見解を誤りとする理論的な根拠は，後章で詳しく示される(71)．さらに，シルバーリングとエンジェルは，このような送金とイギリス通貨の状態の間に密接な関連があることを示したが，シルバーリングの場合，これを，イギリスの外国送金とイギリス紙幣ではかった銀価格の比較によって示し，またエンジェルの場合，これを，銀のプレミアムとハンブルク為替の比較によって示した．これらの比較は，表Ⅰと図Ⅰで再現されている．この期間の大英帝国の国際的な支払差額あるいは貿易差額でさえ，表にできるほど十分な資料はない．そのようなときに，外国為替とイギリス紙幣ではかった銀価格を上方に押し上げる圧力を公正に推定する指数として，異常な送金を仮定することは悪くはない．示された相互関係は，事実，予想以上に密接であって，この比較のために利用した資料の部分的な特徴を与えているし，他の国や期間の同様の比較でも，これほど顕著な結果は記憶にない．故意か偶然かいずれにしても，外国送金がまったく必要のない年とか少しでよかった年は，イギリス紙幣は，銀および外国金属通貨の平価かその近傍にあり，大規模な外国送金が必要な年は，ほぼそれに見合う大きさで平価から乖離した(72).

---

(70)　"Depreciation of the currency," *Edinburgh review*, XVII (1811), 360.
(71)　本書後出，第Ⅶ章を見よ．
(72)　類似の結果は，類似の方法で同時代の一人の匿名の著述家によって得られた．この著述家は，政府の対外支出額や輸入穀物の支払額やハンブルク宛て為替レートを示す表から，次の結論を引き出した：
　　　「為替は，政治経済の2大要素すなわち対外支出額と輸入穀物の支払額の影響を受ける．だから為替は，穀物輸入と対外支出が大きかった時に不利になり，反対に，これら二つが小さくなると，ほぼ同じ割合で有利になった．表でわかるように，為替の変動を示す各々の突出した境界線は，ほんのわずかな例外はあっても，対外支出額と輸入穀物の支払額の増減を示す2線に対応したへこみをもつ．」── "Two tables…illustrative of the speeches of the…

表 I （図 I のデータ）
異常な送金額，銀価格，そしてハンブルク為替　1795-1820

年	異常な送金額[a] （単位百万ポンド）	銀　価　格[b] （平価=100）	ハンブルク宛為替[c] 36s. banco=100
1795	9.4	102.4	107
1796	7.0	104.2	106
1797	1.6	101.7	98
1798	0.3	99.0	96
1799	3.4	105.1	103
1800	11.3	111.2	113
1801	12.0	115.9	113
1802	1.5	109.5	109
1803	0.3	107.8	105
1804	0.7	107.0	101
1805	4.5	107.1	103
1806	1.8	110.0	105
1807	2.6	109.7	104
1808	6.6	107.2	106
1809	9.1	110.2	121
1810	14.1	114.4	120
1811	13.8	121.1	144
1812	14.8	128.0	128
1813	26.3	138.2	130
1814	23.1	126.4	119
1815	11.9	118.4	114
1816	2.9	102.3	100
1817	4.4	105.4	102
1818	8.9	111.6	105
1819	2.2	107.2	102
1820	0.7	101.5	…

a. Silberling, "Financial and monetary policy of Great Britain," *Quarterly journal of economics*, XXXVIII (1924), 227. （大陸への政府送金額プラス2百万ポンド超の大ブリテン穀物輸入額）．
b. 同書．（スペイン銀ドル）．
c. Hawtrey, *Currency and credit*, 3d ed., 1928, p. 335 と, *Reports by the Lords Committee*… [on] *the expediency of the resumption of cash payments*, 1819, p. 330.

145　しかしリカードウは，彼の主要な主張を放棄することなく，つまり現実の為替の減価は通貨の流通量が金属本位制の下で流通可能な量を超えた証拠であるという主張を放棄することなく，異常な送金が為替を下落させる傾向があるという点を反対者に対して認めようと思えば認めることはできた．異常な送金は,

Earl of Liverpool and the…Chancellor of the Exchequer," in *Pamphleteer*, XV (1819), 286.

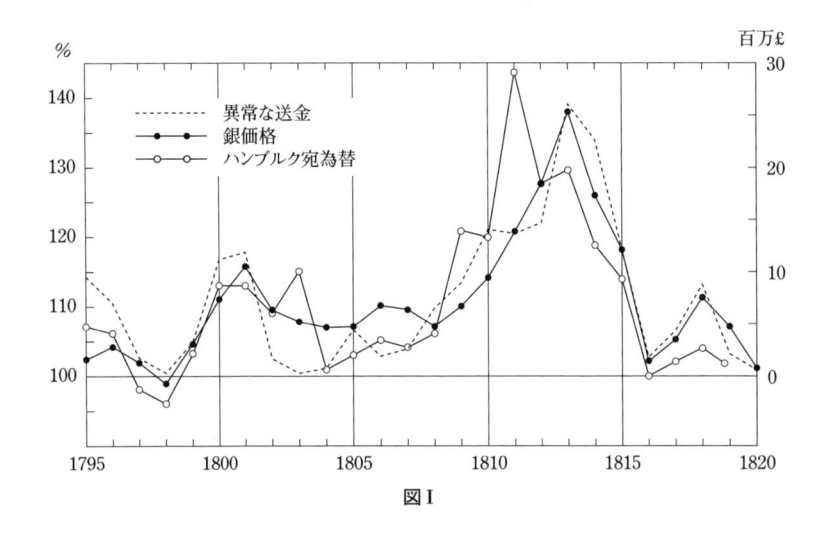

図Ⅰ (凡例: 異常な送金／銀価格／ハンブルク宛為替)

金属本位制の下でも紙幣本位制の下でも，同じように為替を下落させる傾向があるが，金属本位制の下では，この下落は，通貨の縮小によって金輸出点を超えて下落はできない．もし投機的要素を取り除くか，投機的要素の作用が異常な送金の影響を受けないと仮定すると，そのような送金によって，もしいずれの場合も送金国の通貨に等しい縮小が起こったとすると，紙幣本位の為替に金属本位の為替より大きな減価が起こるはずはない(73)．外国送金の結果そのようなポンド紙幣の著しい為替減価がおこった一番の理由は，紙幣本位制の下では，イギリス通貨は，金属本位制のときに必然的に縮小したようには縮小しなかったことにあった．

もしウィートレーとリカードウが，不換通貨下の為替相場と支払差額の関係の説明を誤ったとすると，反地金主義者の誤りはもっと嘆かわしいものであった．反地金主義者たちは，非兌換制の下では，為替はただ外国為替手形の需給だけで即座に決定されると正しく主張したが，彼らが理解できなかったことは，これが金属本位制でも同等に正しいということであり，また外国為替手形の相

(73) 金属通貨の下での通貨の縮小は，ある程度，実際の正貨輸出の形をとり，この正貨が対外債務を直接弁済するが，これは紙幣本位通貨の場合にはない．これに対して紙幣本位の下では，一定量の外国送金が起こった場合，為替減価を防ぐために金属本位のときより大きな通貨の縮小が必要であろう．本書前出，pp. 136-37 を見よ．

対的な需給を決めるきわめて重要な要素が，2国の相対的な物価水準であり，その物価水準は相対的な通貨量で大部分決定されるということである．さらに反地金主義者の多くが思ったにちがいないことは，財貨の輸出余剰がなくても，何らかの方法で，外国為替の下落が外国送金の支払を可能にするということである．そうでなければ，彼らの再三にわたる主張，つまり低い為替の期間中にイギリスが貿易勘定の不利な支払差額をもったとか，海外の軍事支出を相殺するには十分でない有利な差額をもったという主張は説明できない．ボザンケのこの種の推論に答えて，リカードウが指摘したように，これは海外の軍事支出の実際の弁済方法にひとつのなぞを残した．というのも，正貨は利用できなかったからである(74)．

しかし，反地金主義者全員がこの点について混乱していたわけではなかった．彼らの一人は，そのような状況下の可能性をきわめて簡潔かつ明瞭に述べた：

> ［減価した紙幣の下で］支払差額がいつまでもわれわれに不利というのは，文字通り不可能であろう．というのも，不利な差額を支払う手段がわれわれにはないからである．だから，諸外国からの受取額と諸外国への支払額は，わが国の商品輸出額の増加や輸入額の減少や政府の対外支出の減少によるか，……あるいは国際的な資本移転によって，等しく（あるいは差額をわが国に有利に）しなくてはならない……(75)．

もう一人の反地金主義者ヘリーズ（Herries）は，もし差額が海外借入で賄われれば，外国送金は，しばらくの間輸出余剰を超過できると説明し，また政府の送金作業に従事していた現場の知識にもとづいて，次のようにいった：「このケースは，おそらく今回のわが国の海外からの資金調達についての実例である：――わが国は，海外支出を続けるために高利でお金を借り入れている．」(76)

地金主義者を批判するシルバーリングの章句には，送金国の通貨の交換価値下落が送金国に外国資金を支給するように働き，その資金でもって，当該国の

---

(74) Reply to Mr. Bosanquet's observations, Works, pp. 334-35.
(75) John Hill, An inquiry into the causes of the present high price of gold bullion in England, 1810, pp. 8-9.
(76) J. C. Herries, A review of the controversy respecting the high price of bullion, 1811, pp. 43-44.

第7節 支払差額論争

外国債務を，輸出促進や輸入抑制以外の方法で弁済するという考えにも同意していると思わせるところがある(77)．シルバーリングは，不換通貨の下で為替が下落すると，負債を弁済する地金の船積みが起こるという主張に，矛盾なしでは頼れない．というのも彼とエンジェルは，この主張を地金主義者，特にリカードウの間違った教義のひとつとしてあげていたからである．私が別の論文で示したように(78)，リカードウは，地金から見て減価した不換紙幣と減価のない不換紙幣とを注意深く区別して——シルバーリングとエンジェルにはそれができなかった——，前のケースの場合，国際差額の正常な調整メカニズムの一部として，地金の船積みの可能性はないとした．不思議なことに，シルバーリングとエンジェルは二人とも，制限条例期間の現象を説明する一部として，地金の船積みを強調し，暗黙のうちに，またおそらく間違って，イングランド銀行の金の喪失は主として政府向けであったと仮定したり，イングランド銀行が金を売却したとき，たいてい市場価格を請求しなかったと仮定したり，制限条例の実施中に輸出されたほとんどあるいはすべての金は，個人の蓄えからでなくイングランド銀行の所有する金から出たと仮定したりして，これらの地金の船積額を，正貨支払停止期間中の賞賛されるべきイングランド銀行の記録の一項目として引用している(79)．

　減価した不換紙幣の下でも，為替の変動は日常的出来事として地金移動を引き起こすという考えは，シルバーリングとエンジェルがそれがどんな不換通貨についてもおこると考えるほど，演繹的にみて馬鹿げていない．市場価格が鋳造価格を超えれば，地金に対して貨幣用の国内需要はないが，それでも産業で使ったり，退蔵するとか投機目的のための国内需要は依然として残る．為替の

---

(77) "Financial and monetary policy of Great Britain," *Quarterly journal of economics*, XXXVIII, p. 229, 注を参照せよ：「しかしわれわれは，軍事支払いの不利な差額自体は，イギリスにとって不利な為替相場の上昇を埋め合わす外国貿易量の重要な再調整を引き起こさなかったと結論してよいのかもしれない．」；同書，pp. 433-34：「データがない時，地金委員会は次の仮説を用いた：たとえ国の対外支払いが為替平価からの著しい乖離を生んだとしても，これはきわめて一時的な出来事でしかない．というのも外国人たちは，ポンド・スターリングの低価格に魅せられて，直ちにイギリス商品を買い始め，こうして即座にイギリスの輸出額は拡大して，その結果支払差額の再調整が起こるという仮説である．たまに多くのかつての外国人バイヤーが，瞬間的に別のことに夢中になることはあったが，それは偶然のことである．」

(78) "Angell's theory of international prices," *Journal of political economy*, XXXIV (1926), pp. 603-06.

(79) Silberling, "Financial and monetary policy," *Quarterly journal of economics*, XXXVIII, 226; Angell, *Theory of international prices*, p. 478.

下落によって地金のもつ紙幣プレミアムが上昇すれば，いく人かの地金所有者は，地金を輸出用に売ろうという気になるであろう．イギリスの制限条例期間や減価した紙幣通貨をもった国々の過去や現在のケースの両方について，法的な規制の効かないところで，そのような国々の間を，地金がその紙幣価格の変化に応じてかなり自由に出入りするという少なからぬ証拠がある[80]．支払停止期間中のイギリスからの地金の純輸出が，金属本位制の維持された場合に考えられた量より大きかったことさえ十分に考えられるし，まただから，地金の船積みに負債を直接弁済する効果がないとしても，それが紙幣減価の部分的な説明にもならないことは十分に考えられる．

第8節　銀行による過剰発行の可能性

　反地金主義者の中には，どのような通貨量も大きすぎるはずはないとする幼稚な通貨膨張主義者（inflationists）もいた．しかし大概の反地金主義者は，通貨発行がそれ以上行われると望ましくない限界があることを認めていた．この限界が何かということについて，彼らは，「取引需要（needs of business）」によるということ以外特に明示できなかった．彼らは，通貨は，ただ銀行だけが発行して，銀行が真正で健全な短期の商業手形の割引で発行する限り，取引需要を超えて発行できないと主張した．というのも，必要としない資金を，誰も利子付きで借りるわけはないからだという．万が一通貨が偶然に過剰に発行されても，銀行貸付金の返済か，あるいは兌換制の下では正貨兌換のいずれかによって，あっという間に銀行に戻るであろう[81]．この教義に対して，イングランド銀行の重役も傑出した議会メンバーも同意し，その弁護のために，アダ

---

(80) この点については，次の優れたアルゼンチンの経験の分析を参照せよ．J. H. Williams, *Argentine international trade under inconvertible paper money, 1880-1900*, 1920.

(81) 例えば次を参照せよ．Bosanquet, *Practical observations*, 2d ed., 1810, pp. 49-64; John Hill, *An inquiry into the causes of the present high price of gold bullion*, 1810, p. 36; Coutts Trotter, *The principles of currency and exchanges*, 2d ed., 1810, pp. 10 以下．「通貨原理」の擁護者として後に有名になったことを考えると，この時期のトレンズ（Torrens）が，発行が優良商業手形の割引だけに限られていた場合，たとえ不換紙幣であっても過剰に発行することはできないという教義に同意すべきであったということは興味深いことである．(R. Torrens, *An essay on money and paper currency*, 1812, p. 127.) ジェームズ・ミル（James Mill）もこの原理に同意した：ミルの Thomas Smith, *Essay on the theory of money*, 1807 についての書評を見よ．*Edinburgh review*, XIII (1808), 57-60.

ム・スミスの権威がもちだされた(82)．

　地金主義者たちは，少なくとも不換通貨について，この教義の可能性をはっきり否定した．1797 年にソーントンは，高利禁止法に反対して，この法律が，イングランド銀行にとって「応じることがふさわしい借入意向より，はるかに多い借入意向が存在するかもしれない」水準に金利を制限したとし(83)，また 1802 年には，利子が割引需要を規制する大きさは，課される利子率に依存すること，イングランド銀行が高利禁止法によって 5% 以上の利子率を課せられなかったために，もし商業の一般的な利潤率がそれ以上の場合，借入需要はイングランド銀行の応ずべき大きさを超えたであろうということを指摘した(84)．キング卿 (Lord King) は，それをさらに強く表現し，市場利子率が銀行利子率を上回るとき，割引需要は「際限なくもたらされるかもしれない」といったが(85)，それは，いくぶん極端な形で他の地金主義者たちによって繰り返された(86)．1811 年 5 月 7 日の下院演説で，ヘンリー・ソーントン (Henry Thornton) は，卓越した能力をもって，そして他国の中央銀行の興味深い経験にふれることによって，銀行券の発行量を規制するものとしての利子率の作用形態を説明した．彼の指摘によると，ジョン・ロー (John Law) の銀行でさえ利子付きの貸付に限って銀行券を発行したが，ローの誤りは，「安全がすべてであり，数量に興味はないと考え」，自分の提示した貸付利子率の重要性を理解できなかったことにあった(87)．さらにソーントンが論じるには，物価の上

---

(82)　*Wealth of nations*, Cannan ed., II, 287 を参照せよ．
(83)　*Report of the Lords Committee*, 1797, p. 83.
(84)　*The paper credit of Great Britain*, 1802, pp. 287-90.
(85)　*Thoughts on the effects of the Bank Restrictions*, 2d ed., 1804, p. 22.
(86)　例えば，J. L. Foster, *Essay on the principle of commercial exchanges*, 1804, p. 113; *Report of the Bullion Committee*, 1810, pp. 56-57; Dugald Stewart, in memorandum to Lord Lauderdale, 1811, 彼の *Collected Works*, 1855, VIII, 444 で初出版; McCulloch, review of Ricardo's *Proposal for an economical and secure currency, Edinburgh review*, XXXI (1818), 62.

　　アイルランド銀行は，法律によって，法定最高利子率より 1% 低く割り引くことを強要された．ローダーデールは，1805 年に次の論評をした，「法定利子より低い割引を強要する条項の廃止を伴わない……規制によって，［アイルランド］銀行は，当然低い利子率で割り引いてほしいという請願の嵐にさらされ，逆にわがままに対してはまったく抑制が利かなくなった．」(*Thoughts on the alarming state of the circulation*, 1805, pp. 23-24.)

(87)　*Substance of two speeches of Henry Thornton, Esq. on the Bullion Report*, 1811, pp. 19-37.

昇期には実質利子率は表面利子率より低く，実業家は一般にこれに気づかなかったが，そういう時の借入が常に有利なことを知っていたから，もし銀行利子率が上がらなければ，借入需要をふやしたという(88)。

　リカードウが他の地金主義者に同意した点は，通貨に対する「取引需要 (needs of commerce)」は数量が限定できないことであり，また結果として生じる物価変化を通じて，商業取引は，発行されたどのような通貨量も吸収できることであった(89)。しかし彼は，通常，利子率と貨幣数量の間のどのような関係も否定し，おそらく利子率と借入需要の間の関係も否定したであろう：「イングランド銀行が貸し付けたいと思っているうちは，借り手はいつも存在するであろうから，私がいまふれた兌換制の場合を除くと，過剰発行に限界があるはずはない。」(90)議会演説の中で，彼は，利子率が発行量を抑制する存在であることをはっきり否定した：「というのも，イングランド銀行の重役たちがひとつの抑制物と考えたもの，すなわち貨幣に対する利子率は，アダム・スミスやヒューム氏や他の者たちが十分証明したように，発行量をまったく抑制しなかったからである。」(91)ここで再びリカードウは，長期の考えを短期の問題にあてはめていた．しかし『原理』の中の一ヵ所で，リカードウが他の指導的な地金主義者たちと同じ見方を説明しているのを発見する：

　　その場合，イングランド銀行に対する借金の申込みは，その貨幣を使って生み出すことのできる利潤率と同行が貸し出そうとする利子率との比較に依存している．もし同行の請求額が市場利子率以下であれば，同行から貸し出される貨幣額は限りがない．だが，もしイングランド銀行の請求額が市場利子率以上であれば，浪費家や放蕩者以外には誰も銀行から借金しようとしないだろう．したがって，次のことがわかる．すなわち，市場利子率が，イングランド銀行が一律に貸し出す利率である5パーセントを超える場合には，割引局 (the discount office) は借

---

(88) 同書，pp. 20 以下．これには，物価水準の変化が利子率に及ぼす影響についてのアーヴィング・フィッシャー (Irving Fisher) の理論の本質が含まれている．フィッシャーの *Appreciation and interest, Publications of the American Economic Association*, XI (1896, No. 4) を参照せよ．

(89) *Reply to Mr. Bosanquet's practical observations, Works*, p. 341 を参照せよ．

(90) *Three letters on the price of gold* [1809], p. 11.

(91) Hansard, *Parliamentary debates, 1st series*, XL (May 24, 1819), 744. 彼がふれたヒュームとスミスの教義とは，どうも貨幣量と利子率の間に密接な関係があることを否定した教義らしいが，(本書前出, p. 91 を見よ) この教義には短期では条件が必要である．

第8節　銀行による過剰発行の可能性　　　　　　　　　　151

金申込者に包囲され，これに反して，市場利子率が一時的でさえ5パーセント以下になれば，割引局の職員の仕事がなくなるということである(92).

　貸付利子の負担は，利子率の水準と関係なく，過剰発行に対する十分な保障であることを地金主義者が否定したことに対して，反地金主義者は少しも返答しようとしなかったらしい(93)．地金委員会の証言の中で，イングランド銀行の役員たちは，イングランド銀行による過剰発行を防ぐ保障は，たとえ割引率が5%から4%あるいは3%に低められても減らされないであろうと断固として主張した．どのような利率であろうと，投機目的を除けば，必要でない借入に誰も利子を払わないであろうし，「また，もしイングランド銀行の運営が今日のように統制されていれば，そのような目的の人に融資はされない」と彼らは断言した(94)．
　要求される銀行借入額は割引利率次第であることは，いまや広く経済学者に受け入れられており，これ以上議論の必要もない．しかし，イングランド銀行が制限条例中に一様に課した5%の利子率が，市場利子率より低かったかどうかという問題については，意見は分かれている．高利禁止法は確かに5%以上の利子率を公然と課すことを防ぐように働いたであろうし，また制限条例期間中(95)に一般的であったとしばしばいわれている一律の利子率は，表向きは

（92）　*Principles of political economy and taxation*, 3d ed. [1821], in *Works*, p. 220.（羽鳥・吉澤訳『経済学および課税の原理』下巻 pp. 206-07.）この文章は1817年の初版から変わっていない．
　　　同じ段落のはじめで，リカードウは，市場利子率は，イングランド銀行の割引率で決められるのではなく，資本を用いることで生まれ，貨幣量とか貨幣価値とはまったく関係のない利潤率で決められると述べた．「銀行の貸付が100万ポンドであれ，1000万ポンドであれ，はたまた1億ポンドであれ，それは市場利子率を永遠的に変動させはしないだろう．それは，銀行によってこのようにして発行された貨幣の価値を変動させるにすぎない．」（傍点は原文にない．）
（93）　しかし，W. T. Comber, *A view of the nature and operation of bank currency*, 1817, p. 16 を参照せよ：「これら［イングランド銀行の］前払いの金額は，多くの人が想像するようなイングランド銀行の気紛れによって決まったのではなく，イングランド銀行へ5%の利子を支払った後に借り手に利潤をもたらす，取引の現金支払額の大きさによって調整された．」
（94）　*Report of the Bullion Committee*, 1810, *Minutes of evidence*, p. 129. イングランド銀行の総裁ドリアン（Dorrien）の1819年の証言も参照せよ：「割引需要は，いつも人びとの必要から起こるから，たとえイングランド銀行が5%より低い利子率で割り引いたとしても，私の考えでは，申込みは現在の利子率で割り引いた場合より多くないであろう．」*Report of [Commons] Committee*, 1819, p. 145.
（95）　Thomas Tooke, *A history of prices*, I (1838), 159 を参照せよ：「……イングランド銀行

5％であったかもしれない．しかし，銀行がこの高利禁止法の規制を免れる方法を見つけたという当時の証拠がある．高利禁止法に関する委員会は，1818年に，その報告書の中で，「近年，法律で制限された利子率を恒常的に超過した市場利子率」が存在したと述べた(96)．ソーントンが注目したことは，民間銀行からの借入者はその銀行に当座預金をもっていなくてはならず，また貨幣市場での借入者は，公式の利子の他に手数料を払わなくてはならなかったことであり，このような手段によって，実効市場利子率は，しばしば5％の水準以上に引き上げられたということであった(97)．別の著述家は，ロンドンでは長期信用貸が慣例であって，即時払いには，法律で決められた期間利子より高い割引率が課されたと語っている(98)．

　5％の利子率自体が，銀行による無制限の貸付拡大に対する必ずしも効果的な障壁でなかったことを示すさらに説得力のある証拠が，次の事実の中に見つけることができる．すなわちイングランド銀行の重役たちは，割引適格手形をすべて5％で自由に割り引くと公言したが(99)，彼らは質問に答えて，われわれは，それぞれ個々の顧客に対して慣例的な最大の融資額をもっており，時に

　　　で唯一割り引かれる記述式の約束手形［61日の期限を超えない優良商業手形］の市場利子率は，実質的につまり長い間，ずっと年5％を超えなかった．」
　　　　Silberling, "British prices and business cycles," *Review of economic statistics*, 予備巻V (1923), 補足2, p. 241：「高利禁止法は最高利子率と割引率を5％に固定したが，当時の文献は，この利率が，少なくとも1790年から1822年まで全国的に広く行きわたった不変の割引率であったことを示している．銀行は，利子率を変える代わりに，貸付に応じるか拒絶するかのどちらかであった．」
　　　1857年の議会委員会証言において，ロンドンの銀行業企業のメンバーの一人で1801年以来ロンドンで銀行業者として働いたジョン・トゥエルズ（John Twells）は，5％は制限条例期間中に銀行業者が課した唯一の利子率であり，誰も他の利率は考えなかったと述べた．
　　　(*Evidence of John Twells…before the select committee*, 1857, pp. 13-15.)
（96）　*Report from the select committee on the usury laws*, 1818, p. 3. Ricardo, *On protection to agriculture* [1822], *Works*, p. 474（邦訳『リカードゥ全集』第IV巻，p. 279）も参照せよ：「先の戦争中，貨幣に対する市場利子率は，数年にわたって7％と10％の間を上下していたが，イングランド銀行は，5％以上の利子率ではけっして貸付なかった．」
（97）　*Substance of two speeches*, 1811, p. 7.
（98）　David Prentice, *Thoughts on the repeal of the Bank restriction law*, 1811, p. 14. 後の著述家は次のように述べている：「戦時では，貨幣の代わりに，株式総額の移転によって返済する貸付が慣習化していた．これは，実際に法的に確保できる利子率より高い市場利子率を，資本家に対して確保するために行われた．」(James Maclaren, *The effect of a small fall in the value of gold upon money*, 1853, p. 12.)
（99）　*Report of Bullion Committee*, 1810, p. 26.

応じて割引額に他の制限額を充てたと認めたのである(100).

　たとえ譲歩して，同じ種類の貸付に対してイングランド銀行の利子率がけっして市場利子率より低くないことを認めたとしても，イングランド銀行の利子率は，もしそれが絶対的に低く，またもし市場利子率を決めるのがイングランド銀行利子率であったとすると，依然として十分に狂乱インフレを許すかあるいは促進さえする低い利子率であったかもしれない．重要な種類の貸付に関して，イングランド銀行は，他の貸付業者の直接の競争相手であったし，また少なくとも市場利子率に重要な影響を及ぼす貸付業者として，確かに非常に重要であった．またイングランド銀行は，信用基準を落とすとか，あるいはもっと広範囲の商業貸付の申込者に信用を提供することによって，利子率をこれまでの水準より低くすることなく，積極的に通貨の拡大を促すことができた．だから5％の利子率は，商業上の借り手に与えられる銀行信用の大きさに対して，必ずしも十分な抑制力ではなかったと認められるかもしれない．

　そのうえイングランド銀行の発券拡大能力は，商業割引活動に限定されなかった．イングランド銀行は，政府に対する前払いによっても，公開市場における大蔵省証券や公債の買付によっても，そして新発国債の投資家に対する前払いによっても銀行券を流通させることができたし，また実際に流通させた．多くの反地金主義者でさえ，発券が政府貸付と結び付いていたところでは，過剰発行を自動的に食い止めることはできないと認めていたから，過剰発行の可能性があることについて，長々と論争すべきではなかった(101)．

第9節　過剰発行の責任：イングランド銀行対地方銀行

　銀行券はイングランド銀行と地方銀行の両方で発行されたから，紙幣の過剰

---

(100)　同書, pp. 22, 24; *Minutes of evidence*, p. 89. また Thornton, *Paper credit*, 1802, pp. 179, 294; A. W. Acworth, *Financial reconstruction in England, 1815-1822*, 1925, p. 146 も参照せよ．
(101)　商業割引と政府貸付のどちらで過剰発行が起こりやすいかということについて議論があった．一部の著述家は，二つの間に違いはないと主張したが，大部分は，政府貸付のほうが過剰発行になりやすいことを認めた．マサイアス・アトウッド (Mathias Attwood) は，政府に対する前払いの流通速度が事実上速いことにもとづいて，政府に対する前払いが，同量の商業割引より物価を上昇させる強い傾向があることを支持する巧みな演繹的議論を展開する．(*Letter to Lord Hamilton*, 1823, pp. 50-56.) しかし政府には，イングランド銀行に例外的に大きな遊休残高を保有する慣例があったため，制限条例期間中に，イングランド銀行の政府に対する前払いが，異常に低い流通速度であったと信ずる理由はある．本書後出, p. 168 を見よ．

発行の責任は,二つのうちの一方かあるいは両方にありえた.地方銀行に大部分の責任があると主張するウィートレー(Wheatley)を除くと[102],地金主義者たちは,責任は,すべてあるいは圧倒的にイングランド銀行にあるとすることで一致していた.ボイド(Boyd)は,1801年に地金主義者の定説となる原則を断固として主張した.すなわち,「イングランド銀行はこの国の流通手段全体の偉大な源泉であり,その紙幣の増減によって,どの地方銀行の紙幣の増減も間違いなく規制される.」[103]彼の議論が根拠にした仮定は,地方銀行は,自らの流通紙幣に対して一定の割合でイングランド銀行券の準備を保たなくてはならないのに対して,イングランド銀行には,そのような制限がなかったということであった[104].彼は,第2版に付け加えた注で,地方銀行は,準備率を低下させることによって,当時存在した過剰通貨を独立にもたらしたかもしれないと認めたが,しかしこの準備率の低下を可能にした責任は,制限条例にあるとした.制限条例は,地方銀行券の所有者に対して,彼らに馴染みのないイングランド銀行券に変換する可能性だけは残していたのである.どうやら彼は,イングランド銀行は,いったんこの準備率の低下が起こっても,自身の発券額を調整することを通じて,地方銀行の発券量を制御しようと思えば再び制御できたと信じているようであった[105].

ソーントンも同じ結論に達しており,イングランド銀行の発券量は地方銀行券の発券量を規制するとしたが,彼の一連の推論はもっと綿密に作られていた.彼は,1国内の異なる地域にヒューム・タイプの国際収支の調整分析をあてはめた[106].もし地方銀行が率先して銀行券の発行額を増やすと,地方の物価が上昇し,地方は,それまで当地で買っていた商品をロンドンで買うであろうが,

---

(102) *Remarks on currency and commerce*, 1803, pp. 209 以下. *Essay on the theory of money and priciples of commerce*, I (1807), pp. 336 以下.

(103) *Letter to Pitt*, 1st ed., 1801, p. 20.

(104) 同書:「地方銀行券の流通は,支払時に正貨またはイングランド銀行券の提示を免除する必要な条件として,正貨またはイングランド銀行券の合計額に必ず比例しなくてはならない.しかし,イングランド銀行券にはそのような制限はない.」

(105) *Letter to Pitt*, 2d ed., pp. 19-20, 注.ボイドは,地方の個人による正貨保有額の増加が,地方銀行の準備額に圧力をかけうる唯一の方法であると思っていたらしい.第2版の付録(pp. 42-43)で,ボイドは,地方銀行券に十分な重要性をおかなかったと彼が非難する匿名の文通相手の手紙を掲載するが,この手紙によると,地方銀行券は,たいていイングランド銀行券より高い割合で増加した.

(106) ヒュームは,自分の分析が1国の異なる地域間の関係に適用できることに,偶然言及していた.本書前出,p. 86を見よ.

第9節　過剰発行の責任：イングランド銀行対地方銀行

　その結果ロンドンに対して不利な支払差額となり，その支払いのために，イングランド銀行券をロンドンに船積みするか，ロンドンの銀行業者が地方銀行の残高からお金を引き出すであろう．準備金が減少すれば，地方銀行業者は，地方銀行券の発行額を縮小せざるをえなくなるであろう[107]．

　しかしこれは，イングランド銀行券に対する地方銀行券の割合が必ず同じでなくてはならないことを意味しないとソーントンは指摘した．これは，2種類の銀行券の流通地域とさらにそれぞれの地域でなされる支払差額の相対的な大きさが変わらない場合に限って正しいであろう：

> 地方銀行券が同じ程度に制限されると私が言うとき，その意味は，ロンドンの紙券の量と地方銀行券のそれとの間に，必ずしもある一定不変の比率が維持されているということを指すのではない，それは単に，一方の銀行券の量をそれに対する需要と比較したとき，他方の量をその要求に比べて得た比率と同一，もしくはそれに近い割合にあることを指すものである[108]．

　同じような見方は，ホーナー(Horner)[109]，キング[110]，リカードウ[111]，地金委員会[112]，マルサス[113]その他の地金主義者たちが示した．

---

(107)　*Paper credit*, 1802, pp. 216 以下．ソーントンも，ここで次のように述べている．すなわち，ロンドンで銀行信用が制限されている間に，地方で銀行信用がもっと利用しやすくなったとすると，地方とロンドンの両地域で銀行取引関係のある貿易商は，借入の一部をロンドンの銀行から地方の銀行に移し，こうして手に入れた地方銀行券と引き換えにイングランド銀行券を要求して，それによって地方銀行の準備額を減じて，地方銀行に銀行券発行の縮小を余儀なくさせるであろうと．

(108)　同書，p. 228.（渡辺佐平，杉本俊朗訳『紙券信用論』1948年，pp. 233-234.）

(109)　Review of Thornton, *Paper credit, Edinburgh review*, I (1802), p. 191.

(110)　*Thoughts on the effects of the Bank resrictions*, 2d ed., 1804, pp. 101-11. キングは，銀行学派がのちに強調することになる主張をした．すなわち，銀行券を自ら発行する銀行間の競争は，個々の銀行の膨脹を妨げるであろうから，地方銀行は過剰に発行できないという主張である．本書後出，pp. 237 以下を見よ．

(111)　*High price of bullion*, 1810, *Works*, pp. 282 以下．

(112)　*Report*, 1810, pp. 46, 67. それにもかかわらず，地金委員会は，二つの通貨が並行して流通する地域の変化額を考慮に入れた後でも，地方銀行の準備比率が下落して，その結果それら地方銀行券の発行額が，イングランド銀行の発行額より高い割合で上昇したことを示す傾向のある証拠を引き合いに出した．(同書，pp. 68-71.) 彼らはまた，もし地方銀行が，イングランド銀行券の増加に比例して地方銀行券の発行額を増加した場合，「イングランド銀行券の過剰は，単にそれ自体の増加率だけでなく，はるかに高い比率で物価に影響を与えるであろう」という誤った結論にも達した．(同書，p. 68.)

反地金主義者たちは，通貨全体の過剰を否定したから，過剰の責任をどこかに押し付ける地金主義者の試みに，たいていあまり関心を示さなかった．反地金主義者の中には，地方銀行券をイングランド銀行券に変換することが，金への兌換と同じくらい，地方銀行券の発行を制限することに効果的だと認めるものもいた(114)．しかし彼ら以外の反地金主義者は，たとえどんな非難が持ち出されようとも，イングランド銀行のせいにされるはずはないと決めつけていたようであり，とにかく，地方銀行券の量がイングランド銀行券の量次第であるということを否定し，その裏付けとして，地方銀行業者が地金委員会に提出した次の証拠を引き合いに出した．すなわち，自分たちの準備にはわずかのイングランド銀行券しかなく，二つのタイプの紙幣の発行額の変動には一致がまったくないという証拠である(115)．

シルバーリングとエンジェルは，地方銀行券の流通がイングランド銀行券の流通に依存しているという地金委員会の主張を，断固として認めなかった．シルバーリングは，もし地方で物価が上昇すると，買い物が地方からロンドンに移ることになるという見方をあざ笑った：「ロンドンと残りのイングランド地域とは，当時も今も，同じ品物を生産する経済圏ではない．たとえ鉄とかホップとか綿の価格が，農夫や投機業者へのあり余る信用便宜によって地方で上昇したとしても，……ロンドンで生産しなかったものはロンドンから買いようがない．」(116) これは，地金主義者の持論の展開方法に対する有力な批判であるが，

---

(113) "Review of the controversy respecting the high price of bullion," *Edinburgh review*, XVIII (1811), 457-58.

(114) Coutts Trotter, *Principles of currency and exchanges*, 2d ed., 1810, pp. 22-23 を参照せよ．

(115) Bosanquet, *Practical observations*, pp. 76 以下; Vansittart, *Substance of two speeches*, 1811, pp. 52-55 を参照せよ．ボザンケは，もしイングランド銀行による発券額の増加の結果としてロンドンで物価が上昇し，そのためイングランド銀行券が地方に流出すると，おそらくイングランド銀行券が地方銀行券を補足するというよりむしろ必ず置き換わるため，地方銀行券の流通は縮小することになって，けっして増大を引き起こすことはできないであろうと主張した．

(116) "Financial and monetary policy," 上記引用文中, p. 419. Henry Burgess, *A letter to the Right Hon. George Canning*, 1826, p. 28 を参照せよ：「地方銀行券の過剰が地方の物価を上昇させ，安い商品を買うために人びとを残らずロンドンに追いやるという……［地金］委員会の説は，私にも同じように明瞭のように思われる……．通貨の働きについて正しい考えをもった者なら，イングランド銀行と比べた地方銀行券の過剰は，穀物，牛，チーズ，羊毛，ベーコン，石炭，鉛，鉄炉等々を買うために，遠方の地方からロンドンへ，人びとを送り出すと考えるであろう．」また John Ashton Yates, *Essays on currency and circulation*, 1827, p. 37 も参照せよ：「地方銀行券の発行増加の結果生じる物価上昇は，穀物とか鉄をロンドンから

議論の核心にふれていない．地方銀行券の相対的な発行増加は，地方の人びとによるロンドンの地方生産物の購買をふやすことにはならないであろうが，地方のロンドンに対する支払差額を不利にするであろう．地方は，支出可能な資金の増加によって，ロンドン産の生産物の購買をふやすことになるであろうし，また地方の物価上昇によって，ロンドンは，地方生産物の購買を減らすことになるであろう．二つの地域が，固定レートで相互に変換できる通貨をもち，相互に通商関係にあるときは，たとえ二つの地域で同じ共通の生産物がなくても，これら地域の一方が，他方の行動を無視して，為替や支払差額の深刻な困難にあうことなく通貨を発行することはまったくできない(117).

さらにシルバーリングとエンジェルは，ソーントンとリカードウの説明がバランスがとれているどころか一面的であるとして反対した．ソーントンとリカードウの説明では，ロンドンの物価を引き上げる効果が考慮されていない．すなわち地方銀行券の発行が拡大された結果，地方が，ロンドンへ向けて，イングランド銀行券とロンドンの銀行業者との残高を放出し，それによってロンドンの物価に上方の影響がもたらされることが考慮されていない．シルバーリングとエンジェルは，反論の中で，地方銀行券の発行増加に起因する地方の物価上昇はロンドンまで広がると主張する(118).

これはソーントンに対する有効な批判である(119)．しかし，ボイド(120)とかリカードウ(121)には適用できない．というのも両者とも，地方銀行は，イングランド銀行券であろうとなかろうと，いずれにしても一定の現金準備率を維持することが必要だということを当然のことと考えていたからである．もしイングランド銀行が発券を増加しなかったとすると，地方銀行は，流通量の増加と

グラモーガンシャーとかスタッフォードシャーまで運ぶには，桁外れに大きくてはならない……．」
(117) ジョージ・ウッズ（George Woods）の返事も参照せよ．「というのも商品は，銀行券の過剰発行が起こったところより起こらなかったところで安いから，より高い価格の得られるところに運ばれよう．もしたくさんの品物が，東インドの商品のようにロンドンでしか買えないといわれているのなら，私は，贅沢品の価格は必需品の価格によって決まると答える．」(*Observations on the present price of bullion*, 1811, p. 21.)
(118) Silberling, "financial and monetary policy," p. 408; Angell, *Theory of international prices*, p. 46.
(119) ソーントンはこの問題に気づいたが，それに満足に答えることができなかった．*Paper credit*, 1802, pp. 219 以下を参照せよ．
(120) 本書前出，p. 154 を見よ．
(121) *Reply to Mr. Bosanquet's observations, Works*, p. 352.

一定の準備率の維持を同時にやれなかったであろう．地方銀行の準備率が一定というこの仮定こそ，シルバーリングもエンジェルもふれなかった地金主義者の議論の弱点である．もし，ボイドが認めたように，地方銀行が準備率の低下を許せば，地方銀行は，準備金がすべてなくならないかぎり，イングランド銀行が受動的でいる間でさえ発券を強行できる．もし地方銀行が自分たちの準備率の低下を大目にみたとすると，ロンドンと地方のそれぞれの地域で，以前より多い流通量と高い物価で，新しい価格均衡と新しい支払差額均衡をもたらすことができたであろう．たとえ地方銀行が急激に途方もなく拡張され，イングランド銀行が後に続かなかった場合でさえ，のちにジョプリン（Joplin）が指摘したように(122)，準備金の枯渇するまでに時間がかかるであろうし，その間に物価は異常に高くなって，地金のプレミアムはイギリス全体で大きくなるであろう．しかしながら，そのような状況において，何がイングランド銀行の義務であるかということについては，依然として問題は残る．

　さらにシルバーリングは，地方銀行の発行額はイングランド銀行の発行額に依存しなかったという自分の持論を裏付けるために，次のように主張した．すなわち，地方銀行の準備金は主としてロンドンの私営銀行業者の残高からなるが，そのロンドンの銀行業者たちの準備金は，「法律による管理をまったく受けず，またけっして適度の金額を超えたこともなく，彼らの信用創造能力も，現状ではほんのわずかしかイングランド銀行によってコントロールされなかった」という(123)．ロンドンの銀行業者は，もし彼らがまだ承認されていない銀行業種でなければ，まさかの時に備えて，現金あるいはそれと同等のものを手元におく必要性を実際にわかっていたにちがいない．しかし当時の「現金」は，イングランド銀行券しかなく，それに準ずるものはイングランド銀行の要求払預金だけであった．実際ロンドンの私営銀行業者たちは，制限条例期間中，彼らが現金準備の補充が必要となったとき，以前のように公開市場で大蔵省証券とか国債を売却する代わりに，イングランド銀行に勘定を開設して，資産の中から手形をイングランド銀行で再割引する活動をはじめた(124)．当時のイングランド銀行の副頭取は，この件についての地金委員会の厳しい質問に答えて，ロ

---

(122) T. Joplin, *Outlines of a system of political economy*, 1823, p. 259.
(123) "Financial and monetary policy," 上記引用文中, p. 399.
(124) Joseph Lowe, *The present state of England in regard to agriculture, trade, and finance*, 2d ed., 1823, 付録, p. 20 を参照せよ．

第9節　過剰発行の責任：イングランド銀行対地方銀行

ンドンの私営銀行がイングランド銀行で割り引いた手形は，そのかなりの部分が地方銀行券であったことを認めた(125)．もしロンドンの銀行業者が自分の現金残高の減少を許す気があれば，たとえイングランド銀行がロンドンの銀行業者に対して再割引の便宜をふやさなかったとしても，ある程度，地方銀行は信用を拡大させることができるであろう．しかしそのような拡大は，イングランド銀行や流通市場に絶え間なく現金を流出させることになるであろうから，イングランド銀行の積極的な支持がなければ実行できなかったであろう．そのうえイングランド銀行は，イングランド銀行との割引額とは無関係であったようなロンドンの私営銀行の割引額の拡大でさえ，断固たる行動によって阻止しようと思えば阻止できた．

シルバーリングとエンジェルが完全に見落とした提案は，イギリスが不換通貨である間，通貨を良好な秩序に保つために，ある機関に対して，それもおそらく事実上の中央銀行としてのイングランド銀行に対して，たとえそのことで地方銀行やロンドン私営銀行業者の活動を無効にする必要があるとわかったとしても，特別の責任を与えるという提案である．しかしながらシルバーリングは，残念ながら理由も示さず，次のリカードウの主張を，「真に注目すべき見解」と断定しようと骨を折った．リカードウの主張とは，シルバーリングの要約によると，「イングランド銀行券の'過剰'の原因のひとつは，地方銀行券の発行の拡張であったのであり，それによってイングランド銀行券の流通領域が狭められたのである．イングランド銀行券はあふれた，つまり水路の縮小である」(126)．なるほどイングランド銀行は，利潤を生む組織として設立された．しかしこの銀行は，重要な特権を享受し，また多少の株主がどのように考えていようとも(127)，今日われわれが中央銀行の責務と称する特別の責任を負っていたというのが当時の一般的な見解であった．シルバーリング自身，この時期のイングランド銀行を「中央銀行」と呼び，イングランド銀行自身，自らを通貨の「調整者（regulator）」と名乗ったと述べている．イングランド銀行は，これらの責務を果たす金融的な能力がないという訳にはいかなかった．という

---

(125) *Bullion Report : Minutes of evidence*, pp. 171-72.
(126) "Financial and monetary policy," 上記引用文中, p. 426.
(127) Daniel Beaumont Payne, *An address to the proprietors of bank stock* [1816], in *Pamphleteer*, VII (1816), 381 を参照せよ：「「重役会の第一にして唯一といっていい義務とは，あらゆる合法的な方法や手段を使って，株主利益の拡大を図ることである' ことを，アラーダイス氏 (Mr. Allardyce) は正確に理解していたように思われる．」

のも，地金主義者の想像の産物でしかないことを示唆しようとしてシルバーリングが口にしたイングランド銀行の「おそらく莫大な利潤」は，実在していたからである(128)．残りの金融システムが危険な拡大をしているとき，中央銀行は，その拡大を抑えそれを相殺するために収縮すべきだという提案には何も注目すべきものはない．反対に，この中央銀行の調整機能と，地方の銀行ビジネスとの慣例的比率を何が何でも維持しようとする中央銀行側の決意の間に，決定的対立があるのは明らかなはずである(129)．

シルバーリングとエンジェルは，イングランド銀行と地方銀行の行動を詳しく比較して，通貨増大に対して，イングランド銀行に責任のないことも立証しようとする．しかし，もしイングランド銀行が中央銀行であったことを認めれば，その能力を極限まで使っても十分でなかったことが示されない限り，通貨過剰に対するイングランド銀行の責任は事実そのものによって立証される．この種の統計分析が示すことができるのは，せいぜいイングランド銀行がもっている管理能力の，どれを，どれだけ，どのような成功の基準で行使することがイングランド銀行の責務であると，その他の銀行の行動が決めつける大きさでしかない．そのような問題でさえ，2種類の紙幣の短期的な発行額の変動を単純に比較しただけでは答えられない．イングランド銀行には，この期間全体を通じて，インフレ傾向を引き起こし継続させたすべての責任がありえたが，インフレ傾向の短期の変動を処理する仕方においてはまったく責められるべきではなかった．さらに，そのような比較から多くのことを学ぼうとする前に，二

---

(128) イングランド銀行は，通常その利潤額を株主に対してさえ報告しなかった．しかし，1797年に，イングランド銀行は，株式資本に7％の配当金を払っていた．これは1807年まで続き，この年10％に増額された．加えて，政府債において，6回の特別配当つまり臨時の配当，すなわち平均5½％を超える現金が1799年から1806年まで支払われ，25％の株式配当が1816年に支払われ，そして制限条例期間中に，利潤を使ってイングランド銀行の敷地が広げられた．銀行株の平均株価は，1777年の133½および恐慌年の1797年の127½から，1809年の280まで上昇した．(Mushet, *Effects produced on the national currency*, 3d ed., 1811, pp. 68-69; J. R. McCulloch, *Historical sketch of the Bank of England*, 1831, p. 75.)

(129) 地方銀行とイングランド銀行間に発券競争があったが，それは，大部分地域的な競争であった．二つの通貨は，ただきわめて限られた範囲内でのみ並行して流通し，また紙幣を発行する地方銀行が新しい地区に設立された場合，イングランド銀行券は，ふつうそこで引き続いて自由に流通し続けないであろう．もし地方銀行がその紙幣の流通地域を拡大した場合，イングランド銀行が発行を続けたとすると，イングランド銀行券の流通域内でイングランド銀行券の流通が増加する結果になる傾向があるであろう．Lord King, *Thoughts on the effects of the Bank restrictions*, 2d ed., 1804, pp. 102-5 を参照せよ．

つの通貨の流通地域，取引量，地域内の流通速度の変化，信頼失墜による地方銀行通貨の偶発的な崩壊などの影響が考慮に入れられなくてはならない．このような事柄は，シルバーリングとエンジェルが看過した難問である．しかし，それらがうまく乗り超えられたとしよう．そのときわれわれは，2種類の紙幣の発行額の変動を比較することから何を学ぶことができるであろうか．

　イングランド銀行は，自行の発行額と地方銀行の発行額の関係について，三つの代替的な政策として区別できる政策，すなわち (1) 調整的な政策，(2) 消極的つまり無関心な政策，(3) 同調的な政策，のいずれかひとつの政策をとることができた．もし調整的な政策をとったとすると，イングランド銀行の発行額の変化が地方銀行の発行額の変化より遅れることによって，2種類の紙幣の発行額の変動の間に負の関連が示されるはずである．もしイングランド銀行が，地方銀行の活動に対して消極的つまり無関心な態度をとったとすると，次の二つの場合を除いて，正負いずれも目立った関連はないはずである．すなわち (a) 地方銀行は，政策か必然のいずれかによってイングランド銀行に従うが，その時，地方銀行がイングランド銀行の発行額の変化の後につづくことによって，2種類の紙幣の発行額の変動の間に正の関係がある場合か，あるいは (b) イングランド銀行も地方銀行も，信用拡大か縮小を支持する一般的状況の同じ要素に反応するが，その時，ロンドンと地方のそれぞれが感じる拡大か縮小への刺激の時間的な順序とそのような刺激への反応速度によって決められるズレの存在と特徴によって，2種類の紙幣の発行額の変動の間に正の関係がある場合である．最後に，もしイングランド銀行が同調的な政策をとったとすると，イングランド銀行の発行額の変化が地方銀行の発行額の変化に遅れながらも，2種類の紙幣の発行額の変化の間に正の関係があるはずである．これはもちろん可能な関係を網羅していない．というのも，上で区別された政策の関係は，実行の際に相互に排除される必要はないし，もっと多様な組合わせで提示できたからである．

　統計データを吟味した結果，シルバーリングは，「地方銀行券の四半期の循環的変動は，イングランド銀行の割引額（銀行券よりもっと正確な融通資金の尺度）より先に起こった」と結論した(130)．もしこれが事実であるとすると，こ

---

(130) "Financial and monetary policy," 上記引用文中，p. 420, 注；"British prices and business cycles," 上記引用文中，p. 243. もし銀行券が，イングランド銀行の与える「融資」の適格な尺度として認められないとすると，地方銀行の融資尺度としても認められるべきではない．

れは，イングランド銀行が次のいずれかの政策をとったことを意味するであろう．すなわち，地方銀行の発券に対して「同調的な」政策をとったか，あるいは地方全般に通貨インフレを引き起こす諸力に対して，地方銀行と同じ様に，しかしもっとゆっくり反応する以外の政策はとらなかったかのいずれかである．前者は，もしイングランド銀行の機能が通貨の秩序を維持することにあったとすると，確かに弁護できない政策である．それにもかかわらずシルバーリングは，この結論を，イングランド銀行の非難を晴らすひとつの重要な要素として提示する．

エンジェルがシルバーリングのデータを使って発見したことは，イングランド銀行の銀行券の流通は「比較的安定した要素」であったことであり，そして次のこと，すなわち「通貨量変動の最大の要素は，むしろ地方銀行券の発行額であった．これらの発行額は，いつも物価が上昇する前やその最中に大きく拡大し，反対に物価が下落する前やその最中にむしろもっと突然に縮小した」(131)，つまりイングランド銀行は消極的な政策をとったということである．

残念ながら，二人の著述家の統計結果は，地方銀行券の流通について誤ったデータにもとづいている．発行された銀行券の実際の数値資料はなかったが，銀行券は納税印紙を添付しなくてはならなかったから，当時の推定額はすべて，政府が販売した納税印紙の公式統計と推定された銀行券の平均使用期間にもとづいていた．地方銀行券は，発行時だけに税金がかけられた．いくつか複雑な制限条件に縛られて，1810年より前は，これら銀行券は，最初の発行日から3年が経過すると再発行できなかった．紙幣の寿命は，磨滅や損耗のために平均で約3年という仮定にもとづいて，この制限は1810年に削除された．もし紙幣が1810年より前に平均で3年間もつと仮定でき，またもし1810年以後もすべての紙幣が丸々3年間もつと仮定でき，また地方銀行が印紙を購入したすべての紙幣を流通させ続けるのにいつも成功したとすると，どの四半期の期首の流通量も，その前の12四半期中に印紙販売された紙幣量に等しいであろう．この種の疑わしい仮定を必要としない流通量の推定方法は利用できなかった(132)．さらに，エンジェルも使ったシルバーリングの地方銀行券の流通量推

---

(131) *Theory of international prices*, p. 486.
(132) 地方銀行は，多少の銀行券を手元現金として常に手元におくか，あるいはそれらを発行できる状態に常に置いておかなくてはならないであろう．支払不能になったとか停止したとかあるいはその他の理由で発行を止めた銀行券は，最初の発行日から3年を経ずして回収されるであろう．印紙販売額の統計から信頼できる地方銀行券の流通額を推定するには，この他にも障害

第9節　過剰発行の責任：イングランド銀行対地方銀行　　　163

表II：特定四半期の地方銀行券の流通量推定値（単位百万ポンド）

各年の第3四半期	先行12四半期中の印紙販売総額にもとづく推定値[a]	シジウィックの推定値[b]	シルバーリングの推定値[c]
1807………	19.7		11.0
1808………	17.5		14.9
1809………	20.6	17.0	23.1
1810………	22.9	21.8	13.1
1811………	23.1	21.5	18.7
1812………	19.2	19.9	15.3
1813………	20.5	22.6	17.5
1814………	22.1	22.7	14.5
1815………	20.8	19.0	9.0

a. Report by Lords Committee [on] resumption of cash payments, 1819, 付録F. I, p.396.（£1と£5紙幣のみ.）
b. 同書，付録F. 8, pp. 408-15；どの年も以下の仮定にもとづく．印紙が販売された年の全紙幣と，前年に販売された紙幣の2/3と，前々年に販売された紙幣の1/3が流通しているとする．
c. Silberling, "British prices and business cycles," 上記引用文中, p. 258.（£1と£5紙幣のみ.）

定値には，それ自体の特別な致命的欠陥もある．推定値は，印紙が販売された各四半期毎の1ポンドと5ポンドの紙幣量だけから構成されているが，その値は，おそらく数字を写す際の誤った結果と思われるが，恣意的に10倍されている，つまり小数点が右に一つ動いている(133)．これは，上の表で示されているように，その他の利用可能な地方銀行券の流通量推定値のどれとも，その変

があった．印紙局長のJ.セジウィック（Sedgwick）の証言，Report by the Lords Committee [on] resumption of cash payments, 1819, 付録F, 7, pp. 408-15を参照せよ．
(133)　任意に選んだ次の四半期データは，シルバーリングの一連の数値の性格を十分示している．

(1) 第1四半期	(2) 四半期中に印紙を貼られた1ポンド紙幣の数量[a]	(3) 四半期中に印紙を貼られた5ポンド紙幣の数量[a]	(4) 四半期中に印紙を貼られた1ポンド紙幣と5ポンド紙幣の総額[b]	(5) シルバーリングの一連の数値（百万ポンド）[c]
1811………	472,075	122,399	£1,084,070	10.8
1814………	946,174	137,712	1,634,734	16.4
1818………	954,268	217,383	2,041,183	20.4

a. Report of [Commons] Committee on resumption of cash payment, 1819, 付録32, p. 330.
b. (2)+(3)×5
c. Silberling, "British prices and business cycles," 上記引用文中, p. 258.

動にまったく類似性がない．

シルバーリングは，彼自身の一連の数値に対し，「この印紙税には発行銀行業者の出費を必ず伴うから，印紙を貼られた各期の紙幣量は，とにかく現実の発行額の変動を示す安全な指数をもたらすと確かに信じて良さそうである」といい切る(134)．しかしシルバーリングは，各期の印紙発行高は，せいぜいその期に発行された新紙幣の発行高を示すにすぎないことを看過している．それは，その期間中に流通する古い紙幣の大きさをまったく示さないから，その期中の地方銀行券の流通量の純変化の指数としてまったく信頼できない指数である．

シルバーリングの一連の数値は，その編集方法から予想されるように，その他の利用できる地方銀行券の流通量の推定値より，期毎や年毎の変動率がはるかに大きい．最後に述べたことは，地方銀行券にイングランド銀行券の流通より明らかに大きな不安定性があることを示すものではない．しかしこれ以外の推定値であっても，おそらくあまりにも欠陥が多いように思われるので，それらを使って導いた結論が信頼に足るものと確約することはできない(135)．

第10節　過剰発行の責任：イングランド銀行の信用政策

シルバーリングは，他の統計的な証拠として，制限条例中の高度なイングランド銀行の業務管理についての証拠も発見する：「イングランド銀行の政府に対する貸付は，割引額が中くらいのときに拡大し，反対に割引額が拡大するときに中くらいの額であった．言い換えると，イングランド銀行の政府に対する融資は，戦時中はむしろ控え目にまた商業的判断にしたがってなされた．イングランド銀行は，産業の利益を第一に，英国の貿易と産業の維持に最大の責任を負ったが，それは，本質的商業戦争においてはきわめて重要なことであった．」(136)しかし図IIと表IIIからわかるように，資料は，商業割引額と政府への貸付金のそれぞれの短期的な変化額の間には，いくぶん逆の相関関係があったことを示しているだけである．現状では，政府の需要が満足された後に残されたものだけを商業は入手したにすぎなかったという結論も，資料は同じように十分支持するであろう．商業割引額と政府貸付金の逆の相関関係について，

---

(134)　"British prices and business cycles," 上記引用文中, pp. 242-43.
(135)　Tooke, *A history of prices*, II (1838), 130-31 を参照せよ.
(136)　Silberling, "Financial and monetary policy," 上記引用文中, p. 420, 注.

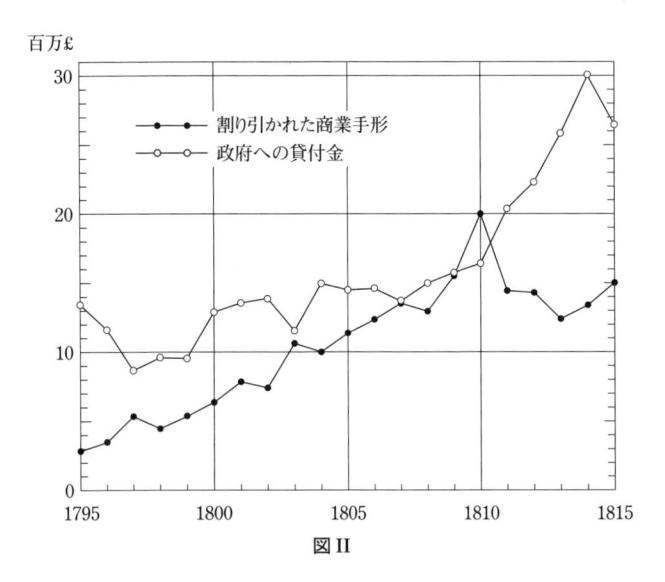

第10節　過剰発行の責任：イングランド銀行の信用政策

百万£

凡例：
- ●— 割り引かれた商業手形
- ○— 政府への貸付金

図 II

さらにいっそうもっともらしい説明は，この関係はイングランド銀行のどのような一貫した調整政策にもよらないことから，政府貸付金は，商業割引ほど直接的でないが，これと同じくらい効果的に資金を商業に供給したという説明である．政府が自由にイングランド銀行から借り入れたとき，その借入資金が商業に流れ込み，その結果事業者の割引需要を減らした[137]．しかしシルバーリングは，ここで，イングランド銀行が政府より商業に優先権を与え，政府を信用の残余の請求者としてしか扱わなかったとしてイングランド銀行を賞讃すると同時に，のちに地金主義者を非難して，彼らは，政府需要に起因するイングランド銀行の信用拡大の大きさを認識できなかったといわれているとした[138]．

エンジェルは，同じ資料から，イングランド銀行の運営を擁護するまったく別の立場を引き出す．イングランド銀行が政府をひとつの残余の借入者として扱ったとみる代わりに，彼は，多分正しいであろうが[139]，イングランド銀行

---

[137] イングランド銀行の役員たちは，1819年の下院委員会の証言で，政府に対する前貸金が大きいとき，商業割引の需要は一般に小さいといった．(*Reports from the Secret Committee on the expediency of the Bank resuming cash payments*, 1819, pp. 27, 143.)

[138] "Financial and monetary policy," 上記引用文中, pp. 425-27.

[139] Vansittart (英国大蔵大臣), Hansard, *Parliamentary debates*, 1st series, XXIV (Dec. 8, 1812), 230：「イングランド銀行の巨額な利潤についても詳しく論じられてきた．これに対して

表III （図IIのデータ）
割引額とイングランド銀行による政府貸付額 (1795-1815)

(百万ポンド)

年	割り引かれた商業手形[a]	政府への貸付金[b]
1795	2.9	13.3
1796	3.5	11.6
1797	5.4	8.7
1798	4.5	9.6
1799	5.4	9.5
1800	6.4	13.0
1801	7.9	13.6
1802	7.5	13.9
1803	10.7	11.6
1804	10.0	15.0
1805	11.4	14.5
1806	12.4	14.6
1807	13.5	13.7
1808	13.0	15.0
1809	15.5	15.7
1810	20.1	16.4
1811	14.4	20.4
1812	14.3	22.3
1813	12.3	25.8
1814	13.3	30.1
1815	14.9	26.5

a. *Report from the [Commons] Committee…on the Bank of England charter*, 1832, 付録 no. 59, p. 54.
b. *Reports by the Lords Committee… [on] the expediency of the resumption of cash payments*, 1819, 付録 A, 5, p. 309.（各年の2月と8月の統計表の年平均額．）

は，政府に貸与すべき信用量を自由に決定できる主体ではなかったと主張し，資料の分析から次のように結論する．すなわち，イングランド銀行の信用割引額のうち，「自主的に管理した信用拡張部分は，好況時に引締め，金融逼迫時に支援するという中和的な政策……」をとっており，「イングランド銀行は，自主的で統制されない貸付拡張額に関する限り，おおむね罪はなかった」という[(140)]．

イングランド銀行の商業割引額と政府に対する貸付金の逆の相関関係は，新

彼なら次のように証言するであろう．すなわち，利潤の上がる政策でも，政府によって押しつけられた政策に対しては，イングランド銀行は反抗的な団体であったと．」
(140) *Theory of international prices*, p. 486.

第10節　過剰発行の責任：イングランド銀行の信用政策

たな情報がない中では，イングランド銀行の信用政策についての多様な解釈と矛盾しない．入手可能な統計的資料や非統計的な資料から，イングランド銀行の運営についておよそ無理のない解釈をすべてあげると，制限条例期間中に，イングランド銀行は，政府前貸金と商業割引額の両方を実質的に増大したこと，商業割引額の増加率は政府前貸金の増加率と比べてはるかに大きかったこと，地金のプレミアムの上昇や為替の下落や物価上昇はすべて，イングランド銀行のあらゆる形態の信用便宜の拡大に対して抑止力にならなかったこと，イングランド銀行の重役たちは，自分たちが割引額を調整するにあたって，割り引かれる商業手形が「健全」で短い満期であるべきだと主張する以外，けっして明文化された規則とか原則にしたがわなかったと繰り返し主張したが，そのとき彼らは真実を語っていたことである．貨幣価値の減価が，近代では，差し迫った規範というよりほどほどの規範にすぎなかった原因は，イングランド銀行の慎重な政策にあったというより，5％の割引率が伝統的になり，そのためそれ以上下げられなかったという事実にあったように思われる．たとえイングランド銀行が安定化の影響力を行使したとしても，それが，非常によく考え抜かれた政策上の問題として行われた政策であったという証拠は十分ではなく，また地金のプレミアムや為替の下落や物価の上昇の現象についての記録も，もしこれらの現象が地金主義者全員の考えと同じくらいきわめて望ましくないとみなされるとしたら，安定化の影響力をイングランド銀行が十分行使しなかったことをはっきり示している．

　政府に対するイングランド銀行の前貸金についてイングランド銀行は自由の許された主体ではなかったという，エンジェルのイングランド銀行擁護論には，これを信じるに足る十分な根拠がある．それにもかかわらず，イングランド銀行には，商業割引の利用より，商業割引の管理を通じて通貨を規制する，はるかに大きな余地があった．この期間を通じて，民間事業に直接信用を与える十分な信用機関が，ロンドンにおいても地方においてもイングランド銀行の外部に発達したが，国の通商や産業に関する限り，イングランド銀行が真正の「商業」割引に応じる切迫した必要が一体全体あったかどうかけっして明白ではない．しかしその「商業割引額」は，1800年の630万ポンドから1809年の1530万ポンドへ，そして1810年の1950万ポンドに増加したが[141]，1914年になる

---

(141)「商業割引額」の増加の一部は，ロンドンの銀行業者のための再割引額であったかもしれないが，一部は，商業割引それ自体というより，むしろ政府公債の新発債の応募者に対する明らかな

まで再びこの額にはけっして達しなかった！　イングランド銀行の商業割引額の総前貸金に対する割合は，1794 年から 1796 年までの平均でおよそ 25% から，1797 年から 1800 年までの 33%，1801 年から 1805 年までの 42%，1806 年から 1810 年までの 50%，1811 年から 1815 年までの 36% へ増加したが[142]，兌換再開後の 1820 年には 19% に下落し，この水準が 1820 年代を通じてかろうじて維持されたらしい[143]．

このような比率でさえ，イングランド銀行が政府よりむしろ民間産業の利用のために提供した信用便宜の拡大の大きさが，どうも低く見積もられているようである．制限条例期間中の政府は，おそらく緊急準備として，イングランド銀行への預金のかたちでイングランド銀行の政府貸付金の割合を高く維持し，その割合は，1807 年から 1816 年の間の平均で 50% を超えていた[144]．他方商業割引は，たいてい現金で即座に引き出されており，同期間のイングランド銀行における個人預金は，平均で商業割引額の 12% 以下であった[145]．だから商業割引から生じる資金は，政府への貸付金より高い流通速度をもち，その結果それに比例して物価水準に対してもいっそう大きな影響力をもったと思われる．

エンジェルは，イギリスの物価インフレが為替下落や地金のプレミアムに対してもつ責任を確定しようとして，シルバーリングのこの期間のイギリス物価指数で示されるようなイギリス物価水準の変動を，それらの変動と比較したが，明らかに不十分な結果しかもたらさなかった[146]．このような比較は，その性格からいって意味がない．為替相場の変動をイギリスと外国の物価水準の相対的な変動と比較する場合でさえ，変動が際立って一致するかあるいは一致しな

前貸金であった．

(142) Angell, *Theory of international prices*, p. 498, col. 15. エンジェルは，「この比率は全体として驚くほど低い」（同書，p. 502）と論評しているが，「低さ」の基準が何か示していない．
(143) *Report on the Bank of England charter*, 1832, 付録 5, pp. 13-25 で示されている，イングランド銀行保有の公的証券と民間証券の統計を参照せよ．
(144) 同書，付録 24, p. 35; 付録 5, pp. 13 以下を参照せよ．
(145) 同書，付録 32, p. 41; 付録 5, pp. 13 以下．
(146) *Theory of international prices*, p. 484. これについて，エンジェルは次のようにいう．「当時の大部分の著述家の意見とは反対に，正貨のプレミアムも外国為替の上昇も，もし通貨価値の下落が商品物価ではかられたとすると，通貨価値下落の正確な尺度ではなかった．両方ともあまりに低すぎた」と．地金主義者は，実際に，通貨価値の下落をイギリスの商品物価の動向では測らなかったし，また反地金主義者は，通貨価値の下落それ自体を否定するか，地金に対するプレミアムと為替の下落が通貨価値の下落の大きさを誇張したと主張するかのどちらかであったから，この文章の理解は容易ではない．

い場合でなければ，反論の余地のない結果は生まれないであろう(147).

　シルバーリングにとっては，もし大きな戦争の資金を手当てしようとすれば，物価インフレの力を借りざるをえないことはあまりに自明に思われたので，彼は，地金主義者がこれに気づけなかったことを地金主義者を告発する際の最重要項目のひとつと決めつけた(148)．この問題をここで議論する必要はないが，地金主義者たちが気づいたいくつかの事柄には注意が必要である．当時の著述家の指摘によると，イギリスは，7年戦争とアメリカ独立戦争の資金をうまく手当てしたが，二つの戦争は両方ともかなり類似した金融的な逼迫を伴ったにもかかわらず，地金ではかった通貨価値の深刻な下落を伴う物価インフレに頼らなかった．ナポレオンは，厳格な金属通貨制の下で軍資金を手当てした．さらにイギリスの物価には，金や銀から見てもかなりの上昇があった．イギリスは，だから，たとえ金本位のままであってもかなりのインフレになりえたであろう．

---

(147) シルバーリングの指数は貴重な貢献であるが，この目的にとっては，たとえ比較可能な大陸の指数が利用できたとしても十分ではないであろう．その価格から指数が算定される35の財貨のうち，シルバーリングは，11の財貨だけを英国の財貨として分類するが——本質的に輸入財である銅版（あるいは銅塊あるいは銅片）と錫ブロックを含んでいる（？）——，それらはどれも基本的には製造された財貨ではない．("British prices and business cycles," 上記引用文中, p. 299.) そのような比較のためには，「国内財」の価格の相対的な傾向こそ最も意味がある．本書後出, p. 373 を見よ．

(148) シルバーリングは，当時存在した状況下のインフレの望ましさを強調したが，それは，インフレをもたらした元凶という非難からイングランド銀行を解放したいというシルバーリングの切実な願いの説明を難しくする．

第Ⅳ章 地金論争
——その2：デフレ局面

> ギニー金貨は人のために作られたのであって，ギニー金貨のために人が作られたのではない．
> ——Thomas Attwood, *A letter on the creation of money*, 1817, p. 95.

第1節 正貨支払いの再開

　2年以内の旧平価による正貨支払いの再開を主張した地金報告は，1810年6月8日の議会に提出されたが，翌年の7月まで審議されなかった．1810年の後半に厳しい不況がはじまったが，それは大部分，イギリスのラテン・アメリカとの貿易が開始された後に続いた輸出貿易ブームの崩壊の結果であった．この不況は1811年も続き，多くの地方銀行の一時的な支払停止や信用の逼迫を伴った．この状況を救済するために，政府は，1811年3月にイングランド銀行あるいはその他の銀行で引き受け可能な割引手形を商人に供給するため，財貨を担保に600万ポンドの大蔵省証券を商人に発行した(1)．その間に，地金のもつプレミアムは上昇したが，金のプレミアムは1813年まで，また銀のプレミアムは1814年までピークに達することはなかった．これらの状況は，正貨支払いの早期再開への反対を強める傾向があり，地金報告の結論を具体化するホーナー決議案 (the Horner resolutions) は，1811年の議会で圧倒的多数で否決された．

　1813年と1814年は商業と産業は繁栄状態にあり，戦争終結が迫るにつれて地金価格が下落しはじめた．1815年のナポレオンのエルバ島からの帰還と戦争再開の結果，地金プレミアムは上昇したが，ナポレオンのワーテルローでの

（1）　政府は，信用の逼迫を軽減するために，それまで少なくとも2回，1782年と1792年にこの手段を使った．

決定的な敗北の後金融危機が起こり，物価の下落と金銀のもつプレミアムの下落が起こった．

　このようにほんの数年間でポンド紙幣が激しく運命を変えたことが，多くの影響力ある人びとを金属本位制の復帰待望論者に転向させたと思われる．1816年に政府は，金本位制に旧平価で復帰することを準備する法案を成立させた．銀貨は明確に補助的な地位に退けられ，こうして1774年に発生した単一金属本位制に向けた法的な進行が完成した．1797年の銀行制限条例とそれに続く法律の制定によって，額面5ポンド以下の銀行券の発行が認可されたが，これも，正貨支払いの再開後2年以内に打ち切られることになった．しかし政府は，正貨支払いの再開をイングランド銀行に義務付けることを拒み続け，政府もイングランド銀行も，再開の好機が到来するのをひたすら待っていた．1816年に金が鋳造価格の手前まで下落したため，イングランド銀行は，大量の金を市場価格で買い入れ，その金を赤字で鋳造した．1817年の1月，イングランド銀行の指導で旧平価で部分的な正貨支払いを再開し，5ポンド以下の銀行券の正貨支払いを銀行に許した1797年の制限条例の規定にしたがって，特定の銀行券に対して要求があり次第金を支払った．しかし為替は，その直後にイギリスに不利になり，その結果イングランド銀行が新たに補充した金準備が流出したため，議会は，1819年のはじめ，後述の新設委員会の忠告で，銀行券のイングランド銀行による一切の金兌換を禁じた．

　将来再開される正貨支払いに異なる五つのケースを見込んで，下院は，最終的に1819年に若いロバート・ピール（Robert Peel）を委員長とした正貨支払い再開の便宜を調査する委員会を命じた．類似の委員会は上院によっても命じられた．この下院の委員会は，一人を除いて再開に対して全面的に好意的な証人たちの証言を聞いた後，たった一票の反対票をもって再開を勧告した．その報告書で委員会は，旧平価での再開の望ましさを当然のことと考え，再開の日時と再開の方法についての勧告に集中した．委員会は，リカードウの提案した線にそって，旧本位での正貨支払いに徐々に復帰することを勧告した．政府は決定を下院に任せたが，下院は，ほとんど議論をせずに，1819年の7月2日に条例を通過させた．その条例は，鋳貨や地金の輸出について旧来の制限を廃止し，1821年の5月1日までに徐々に1オンス当たり3ポンド17シリング10½ペンスのレートに達するはずの旧レートで，銀行券を最小重量60オンスの金の延べ棒で支払うことをイングランド銀行に求めた．1822年の5月1日

以降は，イングランド銀行は，要求があり次第銀行券を金貨か金塊のどちらかで支払うことができた．

金の価格は瞬く間に鋳造価格まで下落し，為替はイギリスに有利となり，金はイングランド銀行に還流しはじめた．金の延べ棒への要求は皆無であり，1821年のはじめ，インゴット（金塊）計画を好まないイングランド銀行の要望で，1821年の5月1日以降，イングランド銀行券を金貨で払うことをイングランド銀行に許した条例が通過した(2)．

いくつかの短い繁栄の期間はあったが，1816年からずっと長期の経済的困窮が続いた．正貨兌換を再開する前に，再開が悪い結果をもたらすと警告する声が上がっていた(3)．再開が実施されるや否や，多くの人びとが経済的な困窮を再開のせいにしたために，再開の便宜やその実施方法や実施時期の賢明さについて広範な論争が起こり，論争は多年にわたって活発に続き，それまでの物価水準の下落傾向が反転する19世紀の半ばまで，実際上完全には収束しなかった．

第2節　物価下落に対する正貨兌換再開の責任

シルバーリングの指数によると，イギリスの物価水準は，ピークの1814年の198から1819年の136，1822年の114，1824年の106そして1830年の93に下落した．リカードウは，兌換再開によって，その当時一般的な金のもつプレミアムより大きなつまり3〜8%より大きな物価下落は引き起こされないで

（2）詳しい説明については以下を見よ．A. E. Feavearyear, *The pound sterling: a history of English money*, 1931, 9章; A. W. Acworth, *Financial reconstruction in England 1815-1822*, 1925, 6章.

（3）トーマス・アトウッドは，彼が主要問題と考えた金属本位制がどうあるべきかという問題や，またその場合どのような平価かという問題に無頓着に答える地金委員会の態度に特別に激しく抗議し，もし旧平価で復帰したとしたら不可避のデフレは，地金委員会の想定したようには容易に耐えられないであろうと予言した．「イングランド銀行や地方銀行業者について，'融資の回収に'十分な時間をもっていると地金委員会はいうが，その冷静さは異常だ」と，彼は激しく抗議した．「……'融資を回収すること'は，彼らや銀行業者にとって娯楽であるかもしれないが，民衆にとっては死である．私は，ふつうの'融資回収'の期間中に，委員たちに銀行で12ヵ月過ごしてもらいたいと思う．そうすれば，彼らは，これまでに世界の起源から説き起こされたどの書物で学ぶより，人間の生活や生活方法や生活手段について，もっと多くの知識を短い期間で手に入れるであろう．」彼は，負債の全般的清算は，単一の銀行による清算よりはるかに深刻な提案であると指摘した．(*A letter to the Earl of Liverpool, on the reports of the committees*, 1819, pp. 34 以下．また同，*A second letter…on the bank reports*, 1819 も参照せよ．)

あろうと予言していた(4)．兌換再開の後リカードウは，予想以上に大きな物価下落が，おそらく再開によって引き起こされたことを認めた．しかし，それでも彼は，もし兌換再開が自分の提案した計画どおりに管理されていたなら，5％より大きな物価下落にならなかったであろうと主張した．もし兌換再開が実際にこれより大きな物価下落を起こしたとすれば，それは，イングランド銀行が管理を誤り，不必要に世界の金価値を上げてしまったからである(5)．彼は，世界の金価値の上昇のうち，どれだけが管理ミスで，どれだけが他の原因によるのか決定する確かな方法はないと主張したが，イングランド銀行の管理ミスによる追加的な物価下落として，5％というトゥークの見積もりを信頼できそうな推測として受け入れた(6)．ということは，イギリスの物価下落のうち，リカードウにしたがって兌換再開のせいにできるものは，全部で約8％～13％になり，残りの下落は，世界の金価値を同時に上げるように働いた他の原因のせいということになる．しかし，別の機会でリカードウは，トゥークの見積もりより大きい物価デフレをイングランド銀行の管理ミスのせいにした(7)．物価指数が何もない中で，彼は，実際に起こった物価水準の下落の大きさについてぼんやりした知識しかもてなかったであろうし，また下落の大きさをひどく過少評価したと思われる．

　原則として正貨兌換の再開を熱心に擁護しながら，同時に少しとはいえ兌換再開のイングランド銀行の管理を批判した点で，リカードウはいくぶん孤立した立場にあった．兌換再開に続く不況に直面して，再開を弁護する人は少なく，その弁護も，ある種の金属本位制が望ましいという主張に基礎をおく傾向があったが，旧平価の回復を正当化するとか，あるいは実施された兌換再開の結果として認めた弊害をイングランド銀行の責任にすることはなかった．インフレ期に金属本位制への復帰が望ましいと主張した熱心な地金主義者は，今では，

---

(4)　1819年3月4日の下院の委員会証言では5～6％であり（*Reports from the Secret Committee on the expediency of the Bank resuming cash payments*, 1819, p. 137.），1819年3月26日の上院の委員会証言では8％であり（*Reports respecting the Bank of England resuming cash payments*, 1819, p. 202.），1819年5月24日の下院では3％である．(Hansard, *Parliamentary debates*, 1st series, XL, 743.)

(5)　Hansard, *Parliamentary debates*, 2d series, VII (June 12, 1822)) 939以下．

(6)　*On protection to agriculture* [1822], *Works*, p. 470.

(7)　1821年7月9日のリカードウからマルサスへの手紙を参照せよ．「困難のほとんど全部は，彼ら［すなわちイングランド銀行］の操作が，本位それ自体に与えた価値の増加から生じたものです．」*Letters of Ricardo to Malthus*, p. 185. (邦訳『リカードウ全集』IX巻, p. 17.)

第2節 物価下落に対する正貨兌換再開の責任

ある者は他界し，またある者は通貨論争に関する限り活動せずに，またウィートレーやローダーデールのような人たちは，物価下落に直面したとき，彼らの旧平価で金属本位制に復帰しようという初期の情熱を失った．マカロック（McCulloch）のような熱心なリカードウの門弟でさえ，旧平価での兌換復帰は誤りであったと考えた．この世紀のずっと後になると，1819年の兌換再開条例は，経済的政治手腕の偉大な実践として一般にみなされるようになったが，再開後の経済的な困窮や再開で生み出された抗議や批判についての大量の文献は，その頃までには大部分忘れられてしまった[8]．

しかしリカードウは，他の地金主義者たちよりもっと余計に一か八かの運に賭けた．彼は，1819年でも，他の地金主義者が無口になるか平価切り下げを勧めたときも，旧平価での兌換再開を積極的に主張しただけでなく，地金主義者の間で彼だけあるいはほとんど彼だけが，地金のもつプレミアムを，イギリスの物価上昇に対する正貨支払い停止の責任の大きさの尺度であると主張していたから，もし首尾一貫するつもりであれば，彼だけは，地金のもつプレミアムを，旧平価での正貨支払い再開が物価を引き下げる大きさの尺度でもあると主張する義務があった．その他の地金主義者たちは，正貨支払い停止のインフレ効果を数量的に評価することにまったくかかわろうとしなかった．彼らはいまや，兌換再開のデフレ効果を測るリカードウの尺度を自由に拒否できた[9]．

リカードウは，1823年の死の直前に，兌換再開は物価を5%しか下落させないであろうと予想した自分の間違いを友人に認めたことが，正貨兌換再開条例の議会における強力な反対者であったヘイゲイト（Heygate）の証言に大部分もとづいて，のちにたびたび主張された[10]．しかし，これは疑わしいと思

---

(8) 「およそ19世紀の最もよく知られた著述家が，ナポレオン時代の通貨インフレ後，旧本位が復活された1819年の決定を賞賛した」というフィヴィアリアー（Feavearyear, *The pound sterling*, p. 137）の記述は，仮にそれが正しいとしても，ただ19世紀後半について正しいにすぎない．

(9) Mathias Attwood, *Letter to Lord Hamilton on alterations in the value of money*, 1823, p. 26 を参照せよ：「1811年の議論はすべて，貨幣の減価があったかなかったかという問題に向かった．今日の議論は，減価の大きさについての議論である．」

(10) *The currency questions*, 2d ed. (1847?) の p. 20 で引用されたように，例えば，William Ward, *Remarks on the commercial legislation of 1846* を参照せよ：「ところでリカードウ氏は，この見解を変えてから死んだ．つまり彼は，死の少し前，自分が見解を変えたとはっきりと述べた．故 W. ヘイゲイト卿がリカードウと同席したとき，リカードウは次のようにいった．'ああ，ヘイゲイト，正貨支払いの件でわれわれに反対した君や他の何人かが正しいことが判明した．私は，物価の違いはせいぜい5%にすぎないだろうといったが，君たちは少なくとも25%だろ

われる．リカードウは，すでにみたように，兌換再開が実施されたとき，結果的に5％以上の物価下落が起こったことを率直に認めたが，この5％以上の下落が兌換再開の不可避的な結果であったということは否定し続けたし，死ぬまで否定したようである(11)．リカードウが兌換再開によってイギリスに5％の物価下落が起こるといったとき，彼は，兌換再開の結果，5％以上の物価下落は起こ・ら・な・い・といったわけではない．他の要素が，同時にしかし独立に物価を下げるように働いてもおかしくはない．さらにリカードウが，兌換再開が物価に及ぼす影響を1819年に予想したとき，彼は再開の適切な管理を仮定していたし(12)，また彼は，1819年にあったような物価の水準や金のプレミアムにはいつもふれたが，のちの何人かの批判者のように，それ以前の高物価や高プレミアムにはふれなかった(13)．リカードウは，インフレ期間中ずっと，紙幣の減価と物価上昇の大きさを過大に評価したと非難された．いまでは彼は，時には同じ人物から，紙幣の減価の大きさを低く評価したと非難され，またその結果，兌換再開後の物価下落に対して，兌換再開の責任の大きさも低く評価したと非難されることになった(14)．

うといった．'」また，Sir James Graham, *Corn and Currency*, 4th ed., 1827, p. 39 も参照せよ．
（11） ポーター（Porter）は次の一節で，兌換再開が物価に及ぼす影響について，リカードウに見解の変化がなかったとすることにかなり成功しているようにみえる：「……デヴィッド・リカードウ氏は，金属本位制に復帰した結果もたらされる物価下落は，金の市場価格と鋳造価格の違い以上にはならないであろうと考え，実際にピール氏の法案通過時点で4％を超えなかったが，彼はこのように表された見解を公然と放棄したとたびたび指摘されてきた．この主張は，他の多くの作り話のように，真実の光に照らされるまで繰り返されたが，実際この主張に少しも正当な理由はない．」(George R. Porter, *Progress of the nation*, 1851 ed., p. 418.)
（12） Hansard, *Parliamentary debates*, 2d series, VII (June 12, 1822), 944 のリカードウを参照せよ：「……彼の計画は採用されなかったが，彼の計画とはまったく別の結果が，彼の計画のせいにされた……．」
（13） 同書，945 を参照せよ：「1819年から現時点の通貨に起こった変動だけが，ピール氏の法案のせいにすることができよう．」
（14） Ricardo, *On protection to agriculture* [1822], *Works*, p. 467（邦訳『リカードウ全集』IV巻，pp. 266-7）を参照せよ：「戦争中に，わが国の貨幣はぜんぜん減価しなかったと主張した人びとの多くが，今になって示そうと努力していることは，当時における減価がきわめて大きいということであり，またわれわれが現在苦しめられている困窮のすべては，わが国の通貨を，減価の状態から平価に復帰させようとしたことによるものであるということが，やがてわかると私は信じる．」また1822年2月15日の下院におけるハスキッソン（Huskisson）(Hansard, *Parliamentary debates*, 2d series, VI, 428) も参照せよ：「この新しい転向者は，減価が最も明白なときに減価を頑なに否定した人たちであったが，今や彼らが当時の減価を大げさにいう最も精力的な人たちというのは，どちらかというと奇妙なことである．」

リカードウは，兌換の復活は金貨でなく金塊でするべきであり，実際の流通通貨はすべて紙幣であるべきだと提言した．このようにすれば，金属本位制は，世界の金供給から最小限の流出で再確立できるであろうし，またそれも，最小限の金の世界価値の上昇で再確立できるであろう(15)．しかし，イングランド銀行はこの計画にしたがおうと思わず，その代わりリカードウが不必要な信用収縮と金蓄積とみなした活動に乗り出し，こうして金の世界価値を上げ，イギリスの商品物価に追加的なデフレを強いた．リカードウは，もしイングランド銀行がリカードウの計画通りに行動していたとすれば，すでに1819年に保有していた金量に何も追加する必要はなかったと信じていた．「私の計画には，金価値の上昇を引き起こすものは何もなかった．というのも，金を追加する必要がまったくなかったからである．」(16) イングランド銀行が犯したと指摘されたこの兌換再開の管理ミスは，リカードウに強い感情を引き起こした(17)．

　表IVは，正貨支払いの準備期と確立期という重要な期間のイングランド銀行の経営の統計データを示している．これらは，概してリカードウの批判に裏付けを与えていると思われる．しかしイングランド銀行の地金保有額は，1819年以降大きく増加したにもかかわらず，1819年は例外的に少なかった．当時

(15) リカードウがはじめてこの計画を思いついたのは1811年であった．(*High price of bullion*, 4版の付録, 1811, *Works*, pp. 300-01.) 彼は，これを *Proposals for an economical and secure currency*, 1816でさらに発展させて，1819年の議会委員の前で主張した．計画の歴史については，James Bonar, "Ricardo's Ingot Plan," *Economic journal*, XXXIII (1923), 281-304 と，A. W. Acworth, *Financial reconstruction in England 1815-1822*, 1925, 第7章を見よ．

(16) *On protection to agriculture* [1822], *Works*, p. 468. 1819年2月に，イングランド銀行は地金420万ポンドを保有し，1819年8月に360万ポンドを保有した．1821年2月までに，地金の保有額を1190万ポンドまでふやした．(*Report…on the Bank of England charter*, 1832, 付録第5, pp. 13以下．) 1822年8月には，イングランド銀行の地金の保有額は1010万ポンドに下落した．イングランド銀行は，1821年に与えられた許可，すなわち銀行券に対して地金でなく金貨で支払うという許可をしばらく使いながら，流通から少額紙幣を積極的に回収した．そのため，こうして支払われた金の大部分は，回収された紙幣に代わってイギリスの流通に流入したにちがいなく，こうして金の世界供給から取り去られた．1819年にリカードウは，イングランド銀行に対して，地金を買わないで思い切って売却した方がよいと忠告した．── Hansard, *Parliamentary debates*, 2d series, VII (1822), 939.

(17) 1821年7月9日のリカードウからマルサスへの手紙を参照せよ：「わが国が固定した本位によって規制されない通貨から，規制される通貨にむかって大きな転換をとげるにあたって，現在のイングランド銀行の理事連よりも有能にこれを処理すべき人がいなかったことを私は非常に残念に思います．彼らの目的が仮にかの激変をできるだけ堪えがたいものにすることであったとすれば，彼らが実際に追及してきた方策以上に目的に適った方策を追及することはできなかったでしょう．……彼らはまったく非常に無知な連中です．」*Letters of Ricardo to Malthus*, pp. 184-85. (邦訳『リカードウ全集』IX, pp. 16-7.)

表IV　1810-1830年の物価水準とイングランド銀行の活動

年	物価水準[a] (1790=100)	前払総額[b]	紙幣発行高[c]	預金額[c]	地　金[c]	準備比率[d] (パーセント)
		(単位百万ポンド)				
1810	176	35.7	22.9	13.1	3.4	9.4
1811	158	33.9	23.4	11.3	3.3	9.5
1812	163	36.4	23.2	11.8	3.1	8.9
1813	185	38.5	24.0	11.3	2.8	7.9
1814	198	42.9	26.6	13.7	2.2	5.5
1815	166	42.5	27.3	12.2	2.7	6.8
1816	135	34.6	26.9	12.2	6.1	15.6
1817	143	27.0	28.5	10.0	10.7	27.8
1818	150	29.0	27.0	8.0	8.3	23.7
1819	136	27.2	25.2	6.4	3.9	12.3
1820	124	22.2	23.9	4.3	6.6	23.4
1821	117	18.0	22.2	5.7	11.6	41.6
1822	114	17.1	18.1	5.6	10.6	44.7
1823	113	16.0	18.8	7.5	13.6	51.7
1824	106	14.8	19.9	10.0	12.8	42.8
1825	118	17.9	20.1	8.3	16.2	57.0
1826	103	17.6	23.6	7.1	4.7	15.3
1827	101	12.0	22.3	8.5	10.4	33.8
1828	97	10.8	21.7	9.7	10.4	33.1
1829	94	11.2	19.7	9.3	6.8	23.4
1830	93	10.6	20.8	11.2	10.2	31.9

a. Silberling, "British Prices and Business Cycles, 1779-1850," *Review of economic statistics*, preliminary volume V (1923), 付録2, pp. 232-33.
b. 同書, p. 255. 四半期データの単純平均.
c. *Report from the [Commons] Committee…on the Bank of England charter*, 1832, 付録5, pp. 13-25. 各年毎の二日間データの単純平均.
d. 紙幣発行高と預金額の合計に対する地金の割合.

のイングランド銀行にとって，何が伝統的に安全な金準備であったかを判断する根拠は，イングランド銀行の地金保有額を基礎とした信用の上部構造の大きさの資料がない中では，見つけるのは難しい．もしわれわれが，イングランド銀行の金準備の状況の尺度として，イングランド銀行自身の総要求払い負債額に対する金保有額の割合を使うとすると，1821年から1825年は，イングランド銀行は必要額以上の金準備額を維持していたことがかなり明白のようにみえるであろう．しかしイングランド銀行は，ピークの1825年の金準備で，正貨支払いの停止をすることなく，1826年の危機をかろうじて乗り切った．たとえ1826年のイングランド銀行の窮状が，銀行側の言い訳のできない無茶な信

用拡大のせいであったとしても，イングランド銀行の管理の特性や金融逼迫時の紙幣発行の堅実さについて世論の神経質な状態が変わらないとすると，地金準備額が減少する速度や規模は，大量の準備が必要であったことを証明していた．金を蓄積しそれを流通に押し出すとき，何がイングランド銀行の動機かについて情報は不足しているが，考慮しなくてはいけないひとつの事柄は，イングランド銀行が自分自身の利潤額を過度に気にかけているという非難に対して，イングランド銀行が反論したいと望んでいたように思われることである(18)．

イングランド銀行が地金本位制を放棄したことは，もっと確かな誤りであった．イングランド銀行と，他のリカードウ計画の批判者は，計画の非現実性の証明として，金塊に対する即時需要の欠如をあげた．しかし地金本位制の下で国内的な金の退蔵がないとすると，金塊に対する需要は産業用と輸出以外にありえなかったであろう．だから1819年から1821年まで，すなわちイングランド銀行が割引額を収縮させた時であり，紙幣が減価していない時であり，そして為替が有利であった時に，金塊に対する需要がなかったという事実は，地金本位制の実現可能性とか望ましさにけっして影響を与えなかった．たとえイングランド銀行が少額紙幣を流通から引き揚げなかったとしても，鋳貨とか金塊に対する需要は皆無であったであろう(19)．金塊計画の第一の長所は，金属通貨への全般的復帰が価格デフレを引き起こす恐れのあるときに，世界の金供給の最小限の流出でイギリスの金本位制への復帰を可能にさせるという事実にあった．それはまた別の長所ももっており，すなわち紙幣の信頼はあっても投資の収益性の信頼が損なわれている不況期に，正貨流動性への欲求が地金ではなく紙幣ですべて賄われ，こうしてイングランド銀行の強制デフレが回避できるという長所である．しかし金塊計画は，安定化効果を小さくするという反論を招いた．すなわち，信用の拡大期間中の銀行券の発行高増大によって，イング

---

(18) ウィリアム・ワードの証言を参照せよ．William Ward, *Report…on the Bank of England charter*, 1832, *Minutes of evidence*, p. 143.

(19) James Wilson, *Capital, currency, and banking*, 1845, p. 276 に掲載された一通の手紙の中の「地方銀行家」についての論評を参照せよ：
「金塊計画が実行されたとき，その計画は死文化された．そして，このわかりやすく健全な理由によって，イングランド銀行は，発行量の縮小によってイングランド銀行券の価値を金と同じ水準まで高め，また貿易収支が外国に対し自国に有利になったために，1オンスの金も要求されなかった．もしいま金塊計画が採用されれば，間違いなくこのようなことが起こるであろう．金塊計画は，為替がわが国に有利なときは死文化されるであろうし，また為替が不利になったとき，金を供給する効果的な手段であろう．」

ランド銀行に加えられた圧力という安定化効果を小さくし，銀行券の発行高減少とそれに伴うイングランド銀行への金の還流によって，イングランド銀行に与えられた不況期に信用を拡大する自由という安定化効果を小さくするという反論である．

　1819年2月から1822年8月まで，イングランド銀行は，主として流通紙幣を金貨に換えることによって，5ポンド以下の紙幣の発行高を740万ポンドから90万ポンドに減らした．これも明らかに誤りであった．国内に不信のあるとき，金と交換にイングランド銀行に戻ってくるのはほとんど少額紙幣であり，これらは，だから金本位制をそのまま維持するために最も危険な紙幣の流通部分であり，イギリスの保守的な考えは，常に少額紙幣に疑念をもっていた．しかし紙幣と正貨の置き換えは，もっとゆっくり安全にやれたと思われる．さらに数人の著述家は，もし外部流出に応じうる流通鋳貨という形態の第二の金準備がなければ，金本位は安全に運営できないと主張したが[20]，しかしイングランド銀行が流通する金を絶えず素早く回収し，激しい外部流出に応ずる手段として役立たせることができるかどうか疑問であるし，また金の流通する国で国内危機があった場合，金は銀行から引き出されて個人の退蔵になりそうである．

　正貨兌換再開当時のイングランド銀行の重役サムエル・ターナー（Samuel Turner）は，次のように主張することによって，イングランド銀行に対するリカードウの批判，すなわち1819年以降のイングランド銀行が，地金の過度の購入によって，兌換再開に起因する困難を増大したという批判に反論を試みた．すなわちイングランド銀行は，地金の代金を銀行券で支払ったが，もしそのような買い入れがなければ，地金所有者は鋳貨にするため地金を造幣局に持ち込んだであろうから，イングランド銀行の地金の買い入れは，地金保有者が地金と交換に鋳貨を手に入れるまで待たざるをえなかった場合より，ただ単により素早く流通量を増加させたにすぎないと主張した[21]．しかし表 III (p. 166) の

---

(20) Erick Bollmann, *A letter to Thomas Brand, Esq., on the practicability and propriety of a resumption of specie payments*, 1819 を参照せよ：「正金銀行は，正貨の欠乏している国では，まったくの不合理とまではいかないが，紛れもなく間違った考えのように私には思われる．」(p. 54)「正貨支払いの再開を実施してそれを確実にするために，国は，何よりもまず1797年以前の状態に戻されなくてはならない．すなわち正貨が補充されなくてはならない……．」(p. 57.) 匿名の *Observations on the reports of the committees*, 1819, pp. 49-50 も参照せよ．

(21) Samuel Turner, *Considerations upon the agriculture, commerce, and manufactures of*

第2節 物価下落に対する正貨兌換再開の責任

資料は，もしイングランド銀行が割引額の縮小と少額紙幣の回収をしなかったとすると，地金はまったくイギリスに来なかったと思われることや，輸入された地金が，イングランド銀行で紙幣と交換されないで，直接または間接的に，イングランド銀行に対する負債を相殺するためや紙幣に代わる流通手段として使われたことをうかがわせている．イングランド銀行は，銀行の擁護者が主張するような純粋に受動的な主体ではなく，むしろ割引率を変えないままにしたり[22]，正貨を少額紙幣の代わりにしたり，公債の保有額を減らしたりすることによって，デフレを助長していた．

しかし政府は，イングランド銀行が少なくとも1822年以前に犯した兌換再開に関連した誤りに対して，責任を分け合わなくてはならない．イングランド銀行は，1819年の再開に反対であったが，再開したのは強制されたからにすぎない．再開条例は政府の法案ではなかったが，政府はそれに反対しなかった．だから，次のマサイアス・アトウッド (Mathias Attwood) の非難には[23]おそらく多少の根拠がある．彼は，1819年の委員会の聴聞会が，その意図があったにせよなかったにせよ，議会の反対派を陥れて，政府自身は実施することを望みながらも全責任を取るのを嫌った法案を，彼らに支持するように働きかけたと非難した．委員会や政府自身も，疑念があったにもかかわら

---

the British Empire, 1822, p. 51. また同じ趣旨で，Thomas Tooke, *History of prices*, II (1838), p. 108 も参照せよ．初期の出版物でターナーは，新しく発券された紙幣で金を市場価格で買い入れ，こうして金のプレミアムをさらに上げる以外，当時の枯渇した金準備を補充する方法はないと主張した．(Samuel Turner, *A letter…with reference to the expediency of the resumption of cash payments*, 2d ed., 1819, p. 76.)

(22) 1822年の初め，イングランド銀行は，割引率を引き下げよという政府の圧力に抵抗した．ターナーは，イングランド銀行が割引率を5%という伝統的な水準より下に引き下げようとしなかったことによってデフレが促進された訳ではいないと言った．当時の市場利子率が4%にすぎなかったという事実が，流通手段に不足のないことの証明だと彼は考えた．(*Considerations*, p. 52.) リカードウも，イングランド銀行が割引率を引き下げなかったことを非難すべきでないと主張した．リカードウは，公債の公開市場操作が，イングランド銀行券の流通量を規制する本来の手段だとどうも思っていたらしい．(本書後出, p. 256 を見よ．) イングランド銀行の割引率は，必ず市場利子率と等しくしておくべきであると彼は主張し，また彼は，イングランド銀行の割引率が市場利子率から乖離したりあるいはイングランド銀行の割引率がフランス銀行の割引率から乖離しても，紙幣の流通量とか物価水準とか金の国際的な移動に影響を及ぼすことはできないと思っていたらしい．(*Protection to agriculture* [1822], *Works*, p. 474.) しかし，1822年6月20日には，イングランド銀行はついに議会の圧力に屈して，1773年以来はじめて割引率を4%に下げた．

(23) *Letter to Lord Hamilton*, 1823, p. 41.

ず(24)，イングランド銀行に対する一時借入金を思い切って削減するという，効果としてはデフレ的な方策を主張するイングランド銀行に，あまりに簡単に屈した．金貨を少額紙幣の代わりにすることは，イングランド銀行の少額紙幣の発行権を正貨の支払い再開後の2年間に限定した1816年の条例の規定によって，不可避とされた(25)．この規定は，兌換再開条例が通過したときほとんどあるいはまったく言及がなく，その存在は忘れられていたと思われてきた(26)．しかし，政府は確かにこの存在に気づいていたし，またとにかくそれについて責任のあるのは政府だけであって，金にプレミアムのあるときでさえ，イングランド銀行が金を購入して金準備を積み上げたのも，おそらく一部分は政府の圧力のせいであった(27)．

1819年以降のイングランド銀行の地金の蓄積が金の世界価格に及ぼした影響を，リカードウが過大評価したかどうか，断定することはできないように思われる．マサイアス・アトゥッドは，リカードウのインフレとデフレの論じ方が一貫していなかったと指摘した．金のもつプレミアムを，正貨支払いの停止に帰因するイギリスの物価上昇の十分な尺度として承認する際，リカードウは，イギリスの貨幣利用から金が多少解放されても，金の世界価格に及ぼすインフレ的な影響は大したものではないとした．「しかし，もしイングランド銀行の地金購入によって，通貨価値の騰貴といっしょに地金の下落を防ぐことができるとすれば，イングランド銀行の地金販売によって，通貨[価値]の減価といっしょに地金の上昇を防ぐことができることも，同じように疑う余地はない．」(28)マサイアス・アトゥッドの立場は，イングランド銀行の金蓄積が物価に及ぼしたデフレ効果をリカードウが過大視していたことにあったのではなく，リカードウが，金のもつプレミアムを，イングランド銀行の活動が物価に及ぼした影響の尺度として使うことによって，兌換停止のインフレ効果も兌換再開のデフ

---

(24) Hansard, *Parliamentary debates*, 1st series, XL (May 24, 1819) 687 以下を参照せよ．

(25) これは，1822年に一時的に廃止されたが，1829年に完全実施されるために，最終的に1826年に再制定された．

(26) T. Joplin, *An analysis and history of the currency question*, 1832, p. 65 を参照せよ：「その存在は忘れられてきたし，他のどの関係者と同様に大臣たちにも知られていなかった．これ以外にこの処理の解釈はない．」

(27) C. D. Yonge, *The life and administration of Robert Banks, second earl of Liverpool*, 1868, II, 382-83 の中の，1819年2月4日のリバプール卿宛てのハスキッソンの覚書きを参照せよ．

(28) *Letter to Lord Hamilton*, 1823, p. 36.

第2節 物価下落に対する正貨兌換再開の責任

レ効果も両方とも過少評価したことにあった．それとは逆に，物価に対するイングランド銀行の金蓄積のデフレ効果を，リカードウが過大評価していたと主張する著述家もいた．というのも，イングランド銀行の地金保有額は，ピークのときでも金と銀の世界の推定量のほんの一部にすぎなかったからであり，またイングランド銀行が入手した金の多くは，他国の蓄えから出てきたというより，むしろおそらくイギリスの退蔵金から出てきたと思われるからであるという(29)．しかしこの比較の一方は，イングランド銀行の仲介を通じてイギリスの流通に流入した金を含む，イギリスが貨幣目的で吸収した非退蔵金のストックであるべきであって，他方は，世界の金銀ストックの総額ではなく，金をより重視しながらも，世界の金銀の貨幣ストックであるべきである．当時世界の大部分が，たとえ法制化されていなくても実際に銀本位制であったという事実は，兌換再開が実施されるにつれて，イギリスによってかなりの金が吸収されることになったことが少なくとも本当のように思われる．

しかし，イギリスの金の吸収が世界の金価格に及ぼしたデフレ効果をリカードウが過大視したかどうかはともかく，彼は，正貨支払いの再開がイギリスの物価に及ぼしたデフレ効果を，過大評価というよりむしろおそらく過少評価した．基準年として1819年をとったことで，リカードウは，早期再開が予想されるだけで物価が押し下げられる蓋然性を見逃したし，まただから，1816年から1819年までの金プレミアムの下落や物価の下落も，一部は少なくとも再開に対する人びとの動揺の結果であるとみなされるはずだという蓋然性を見逃した．一人の著述家ジョージ・ウッズ（George Woods）は，この少し前に，もし「投機家たちが，最終的には正貨か地金で支払われると予想して，彼らの資本を銀行券に投資する」なら，物的な取引量は同じとして，物価は，紙幣発行量の増加に完全に比例しては上昇しないであろうと指摘した(30)．同じ理由で，紙幣発行額や物的な取引量は同じとして，もし投機家たちが，兌換再開を予想して紙幣を退蔵するとか金を退蔵から放出すれば，物価は実際の再開より前に下落しうるであろう．しかしリカードウは，この時期のほとんどの著述家と同様に，投機的な要因が地金とか商品で換算した紙幣の価値に及ぼす影響に対して，ほ

---

(29) Tooke, *History of prices*, II (1838), 131-43; McCulloch, *Historical sketch of the Bank of England*, 1831, pp. 26-27 を参照せよ．

(30) Geroge Woods, *Observations on the present price of bullion*, 1811, p. 9. また David Prentice, *Thoughts on the repeal of the Bank restriction law*, 1811, p. 50 も参照せよ．

とんどあるいはまったく注意を払わなかった．ある著述家も，正貨支払いの再開より前に，機械の発明の作用と救貧税からの労働者への補助金の作用によって，輸出製品の貨幣費用としたがって価格が下げられて，輸出総額が増大し，こうしてイギリス通貨に一時的に高い交換価値が与えられたと指摘したが[31]，1819年以後に，これらの要因の作用が止まったとか弱まったかははっきりしない．

しかし兌換再開の擁護者は，1816年以後に起こった物価の下落や，あるいは1819年以後に起こった物価の下落でさえ，とりわけこの下落が1850年代まで継続したことから，兌換再開にそのすべての責任はなかったと弁明することができた[32]．戦争中に物価の暴騰した紙幣本位国は，戦争終結後，旧平価で金属本位制に復帰し，その結果地金をイギリスと奪い合ったが，地金は，それまでの物価水準を維持するのに十分な量は入手できなかった．また兌換再開後のイギリス物価水準は，長期にわたって下落が続いたが，その下落は，世界全体として，金を商業と産業の成長に歩調を合わせて生産できなかったことによって，おそらく説明されるはずである．ナポレオン後の物価下落は，イギリスに限ったことではなく，世界的規模の現象であったように思われる．

しかし正貨支払いの再開が，イギリスの物価水準の下落の一部もしくは全部に対して，原因としての責任があろうとなかろうと，旧平価で正貨支払いを再開するにあたって，イギリスは，物価の下落傾向を抑制できる手段を，たとえ完全な手段ではないとしても放棄していた．この主張は，金属本位制への復帰を批判する多くの者の根底にあった．リカードウでさえ，イングランド銀行は，イングランド銀行券が不換である限りは，金属本位制の下ではもてなかった物価下落の抑制力をいくらかもっており，これが利点であると認めた．しかしそれは，彼によると，不換通貨の不利益で相殺される利点であった[33]．

---

(31) Thomas Paget, *A letter…to David Ricardo…on the true principle of estimating the extent of the late depreciation in the currency*, 1822, p. 12.

(32) Malthus, *The measure of value stated and illustrated*, 1823, pp. 67-8 を参照せよ：
「この通貨価値の上昇は，農産物の下落を基準にしてこれを測って通貨価値を上昇させたい人が思うほど大きくなかったが，金紙の違いだけを基準にしてこれを測る人が想像するほど小さくない．しかしこの金紙の違いは，違いのすべてが十分に銀行制限条例と正貨支払い復帰のせいにできるものであろうとなかろうと，変化しなかったものと比べた場合，けっして通貨価値に起こったすべての変化ではない．」

(33)「紙幣を無制限に発行する権限をもったイングランド銀行は，[物価] 急落の結果生じた不都合を確かに緩和できた……．イングランド銀行が規制されなかったときは，イングランド銀行には，あの [物価の] 引き下げを阻止する力があった．ひとつの利点は他の不利益で相殺された．」(Lords Committee, *Report.*, 1819, p. 204.)

第3節　変動する物価水準の経済的影響

　当時，物価水準の変化は，富と所得の気まぐれで不公平な再配分をもたらすという一般的な意見の一致があった．しかしこの期間中に，次の教義を支持するいくつか新しい主張もあったらしい．それは，下落する物価は，富と生産の大きさに悪影響を及ぼし，したがって物価下落を特に望ましくないものにするが，上昇する物価は，生産と富の蓄積を促進して，分配への不公平な影響を埋め合わせるという教義である．このような主張の一般的な傾向は，戦時インフレの少なくとも部分的な擁護になり，旧平価での兌換再開に対する反対を強化することになった．このような教義は，国際的な金属通貨が従わなくてはならなかった制限から自由な，国民的な紙券通貨を擁護する人びとを，陰に陽に勇気付けた．リカードウにとって，これらの教義は，理由のいかんを問わず快いものでなく，その後の「正統派」経済学者は，リカードウにならってこれを無視するか嘲笑する傾向があった．これらの教義は，確かに極端で馬鹿げたところにまで進められた．それにもかかわらず，それらは，経済分析に対してかなりの貢献を示しており，後年再発見される必要があった．

　トーマス・アトウッドによれば，物価下落を有害なものにしたのは，それが一様でないことであった：

　　もし物価が，あらゆる物品において突然かつ一般的にまたかつ一様に下落し，そしてもし負債額が当然同じ割合で同時に下落するはずだとしたら，そのような物価下落は，消費と生産を阻害することなく起こり，そうしたケースでは目立って有害でも有益でもないことは可能であるが，この種の物価下落が，ぼんやりと知らぬ間に，最初はこの商品次はあの商品と，それに対応した債務額の下落なしに起こった場合は，財産に対するあらゆる信頼や生産に対する誘因あるいは労働者の雇用に対する誘引のすべてを破壊する効果をもつ(34)．

　また一方で，通貨縮小は，費用の硬直性が価格の即座の引き下げを妨げるので有害であった．その間に消費者は，手持ちの資金の減少に気づいて，これまでより物理的に少ない商品を購入するであろう．こうして労働者は，「極度の

（34）　*Prosperity Restored*, 1817, pp.78-79. 強調は原文イタリック．

悲惨が労働者の精神に及ぼす作用や，一般的な困窮が労働者全員に及ぼす作用が，労働者の貨幣賃金と費用を引き下げることによって，［生産物］価格が資本家の減少した金銭的資産の範囲内に引き下げられるまで」，雇用を失うであろう(35).

ウィートレーは，当初の自分の見解を捨てて，今やこれと同じような主張をした．すなわち下落する物価は，もしそれが一人当たりの産出物の増加の結果でなければ，農夫や製造業者の負担である．というのも地代や賃金や税金は，比例して下落しないであろうからである：

> すべての困窮は，個人が物価の高いときに相互に結んだ契約を履行できないことから起こるが，この困難を取り除くには，物価の下落に応じて契約を変更して地代や賃金や税金を引き下げるか，あるいはわが国の通貨を以前の数量まで増大して，以前の水準まで物価を高める以外にない(36).

このような著述家や他の著述家は，同様に貨幣数量の増大が雇用と繁栄を増加する効果があると主張した．その主張は二つの形態をとった．そのうちのひとつ，すなわちイギリスで当時はじめて発表された「強制貯蓄（forced-saving）」の教義では(37)，貨幣の増加は，それに見合う要素価格の増大を伴わずに商品

---

(35) Thomas Attwood, *Observations on currency, population, and pauperism*, 1818, p. 10.
(36) John Wheatley, *A letter…on the distress of the country*, 1816, p. 16. また以下も参照せよ．C. C. Western, *A letter…on the cause of our present embarrasment* ［原文のまま］ *and distress, and the remedy*, in *Pamphleteer*, XXVII (1826), 228-229; G. Poulett Scrope, *The currency question freed from mystery*, 1830, p. 2; 同, *On credit-currency, and its superiority to coin*, 1830, pp. 20 以下．マルサス（*Principles of political economy*, 1820, pp. 446-47）も，物価下落の結果として起こる生産の減少を，賃金の物価に対する遅れと，それに伴う投資誘因の消失のせいにしたように思われるが，マルサスの分析は，トマス・アトウッドの分析よりかなり劣る．
(37) 強制貯蓄の教義の詳細な説明は，少数派フランス重農主義者の一人，セント・パラヴィ (Saint Peravy) の 1786 年出版の書物の中にみられる．セント・パラヴィは，大部分のイギリスの著述家とは違って，金属通貨の拡大の点からこの教義を展開する．まず増大した貨幣が流通に入ると，契約地代や賃金等々を即座に上げることなく生産物の価格を上げる．その結果生産者は，特別利潤を手に入れて，それを生産増大のために投資するが，大衆は，一時的にそれに見合う実質所得の減少を被る．パラヴィは，増大した投資を望ましい現象とみなすが，物価はすべての国で等しくなくてはならないから，もし他の国々で通貨量に等しい増大がなければ，他の国々との競争によって，この国の物価の上昇が妨げられると主張する．セント・パラヴィの Guérineau, *Principes du commerce opposé au trafic*, 第 I 編, 1786, pp. 80-83.

価格を上げることになると主張される．強制貯蓄は比較的に固定された所得受領者に起こるが，それは，支出されないお金の量が増えるという貨幣的な意味で起こるのではなく，貨幣支出は変わらないのに実質的な消費量が減るという反対の意味において起こる．貨幣の増加は，追加的な生産にその貨幣を投資する企業家によって維持される．もうひとつの形態の主張では，商品価格は，即座に上昇しないか貨幣の増加と同じ割合で上昇しないから，残された貨幣は，追加的な支出のために利用できて，その結果労働者の追加的な雇用のために利用できる．もちろん，この形態の教義は目新しいものではなく，ヒュームや古くはウィリアム・ポッター（William Potter）やジョン・ロー（John Law）まで遡れるが(38)，遊休資源が存在しているという仮定にもとづいている．

強制貯蓄の教義のイギリスにおける発展の第一段階は，ハイエクが見事に突き止めた(39)．彼は，次のヘンリー・ソーントン（Henry Thornton）の一節の中に，印刷された教義の最初の記述を発見する：

> なおまたここで容認されねばならぬのは，紙券の過剰な発行が，たとえしばらくの間にもせよ労働の価格を動かさずに，諸財貨の原価［価格と読む］を引き上げると仮定すれば，資材のある程度の増加という結果を来たすであろうことである．というのもこの仮定に従えば労働者は同一の勤労を致すであろうけれども，必要上，前より少なく商品を消費せざるをえないかもしれないから．しかしこの貯蓄にしろ，それからまた社会の不生産的な人員の収入から同じようにかすめとられるために生じた，もう一つの貯蓄にしろ，それ相応の苦難と不正とを伴うであろう(40)．

ジェレミー・ベンサム（Jeremy Bentham）は，この同じ教義の拡張された説明を完成する直前にいたが，1843年に *Manual of political economy* として出版するまでずっと手稿のかたちにおいた(41)．ベンサムによると，もし増加した貨幣が，まっ先に「生産的に」貨幣を使う人の手に渡ると，新しい貨幣

（38） 本書前出，pp. 39-40 を参照せよ．
（39） F. A. von Hayek, "A note on the development of the doctrine of 'forced saving'," *Quarterly journal of economics*, XLVII (1932), 123-33.
（40） *Paper credit*, 1802, p. 263.（渡辺佐平・杉本俊朗共訳『紙券信用論』1948年，pp. 263-264.）
（41） ベンサムの強制貯蓄の教義についての要約は，Bentham, *The rationale of reward*, 1825, pp. 312-13 に示されている．

が不生産的に貨幣を使う人の手に渡るまで,「不生産的支出」に所得を使う人びとの消費は高い物価のせいで減少することになる.この間に,賃金労働者や固定所得の受領者たちの削減された消費は,それに見合った国民資本ストックの増加をもたらす(42).

ハイエクは,「この時代のいっそう綿密な文献の研究によって,もしこの問題についてもっと多くの議論が明らかにされることがあっても驚かないであろう」と注意しながら,マルサス,ドゥガルド・スチュアート (Dugald Stewart), ローダーデール (Lauderdale), トレンズ,リカードウらによる類似の方向の推論にもふれている(43).ハイエクの引用に対しては,すでに彼が引用した著述家の別の議論(44)と他の著述家の議論,中でも最も注目に値するジョプリンの議論(45)の両方を含んだいくつか重要な追加をすることが可能である.

貨幣の増加は生産の増加をもたらすという,もう一方の教義の形態では,次のことが主張された.すなわち貨幣数量の増加は,物価を上げるより速く購買金額を増加し,その結果使える資金の増加が,上昇した物価によって吸収されるよりむしろ消費財生産における雇用の増大によって吸収される十分な時間が存在するであろうということである(46).この教義の形態では,貨幣増加の結果,

---

(42) *Manual of political economy,* in *The works of Jeremy Bentham,* John Bowring ed., 1843, III, 44 以下.ベンサムはここで,貨幣が最初に流れ込む人の素性の重要性をたしかに誇張しすぎている.

(43) ハイエクの引用は以下の通り:Malthus, "Depreciation of paper currency," *Edinburgh review,* XVII (1811), 363 以下; スチュアートが 1811 年にローダーデールに送った地金報告についてのメモ.ただし最初の公表は,*The collected works of Dugald Stewart,* 1856, VIII, 440 以下; いまふれたローダーデールがドゥガルド・スチュアート宛てに出した手紙; Torrens, *An essay on the production of wealth,* 1821, pp. 326 以下; Ricardo, *High price of bullion,* 第 4 版付録 [1811], *Works,* p. 299, 及び同, *Principles of political economy,* 3d ed., *Works*, p. 160.

(44) Torrens, *Essays on money and paper currency,* 1812, pp. 34 以下; Malthus, review of Tooke, *Quarterly review,* XXIX (1823), 239; Lauderdale, *Further considerations on the state of the currency,* 1813, pp. 96-97; Ricardo, 本書後出, pp. 194 以下を見よ.

(45) John Rooke, *A supplement to the remarks on the nature and operation of money,* 1819, pp. 68-69; Tooke, *Considerations on the state of the currency,* 2d ed., 1826, pp. 23-24; Joplin, 本書後出, pp. 189 以下を見よ.

(46) T. P. Thompson, "On the instrument of exchange," *Westminster review,* I (1824), 200; Henry Burgess, *A letter to the Right Honorable George Canning,* 1826, pp. 79-82; G. Poulett Scrope, *On credit-currency and its superiority to coin,* 1830, p. 31 を参照せよ.ウィートレーは,1813 年に,貨幣数量の増加は生産の増加を引き起こすことはできないといった.というのも,これが起こるためには,生産を増加させるより商品価格を上昇させる方が時

第3節　変動する物価水準の経済的影響　　　　　　　　　　189

実際に消費が増加することになるが，それに対して強制貯蓄の形態では投資が増加することになり，両方の形態で雇用の増大が可能になる．

　この議論でジョプリンの寄稿が興味深い理由は，多くの混乱した分析の中にありながら，今日の貨幣理論の用語と概念の両方において，いくつかの「革新」を先取りする正確な記述があるとみられる点である．ハイエクは，次のことによって，ヴィクセルが「著しく重要な貢献」をしたと考えている．すなわち金利が，銀行の貸付量に影響することを通じて貨幣量に影響を及ぼすというソーントンの教義を再発見し，その教義を貨幣数量の増加の結果である強制貯蓄の教義と結合したことである[47]．しかしこの件では，ジョプリンが優先権をもっている．ハイエク自身が指摘したことであるが[48]，ジョプリンは，1823年とそれ以降に，金利が貨幣数量に及ぼす影響を見事に分析していた．ジョプリンは，強制貯蓄の教義をはっきり記述しただけでなく，これら二つの形態の教義にもとづいて，通貨管理の適正基準について，主要な点でハイエクの「中立貨幣」の教義に先鞭をつけたと思われるいくつかの結論に達した．

　ジョプリンは，いくつかの著作の中で強制貯蓄の教義をはっきり述べた．次の記述はそのような記述のひとつである：

　　もしある人が，紙幣を発行できる銀行業者の 1000 ポンドを借り入れるとしても，その銀行業者は，自分が貸したお金がかつて貯蓄されたものかどうか知るすべはほとんどない．銀行業者が彼に自分の紙幣を貸し，万一彼も他の銀行業者もこれまで 1000 ポンドの預金をもっていなかったとしたら，彼はその国に 1000 ポンドの資本と 1000 ポンドの通貨を一度に追加したことになる．そのお金を借り入れた関係者に対して，その銀行業者は，市場に出向いて 1000 ポンドの財貨を購買する力を与えたが，この過程で財貨の価格を上げて，これまで流通していた貨幣の価値を 1000 ポンドの大きさだけ下げるので，彼は，貨幣を所有し財貨が本来帰属する人から財貨を剥奪することによって，財貨を獲得する．反対に，もしある人が銀行業者の手に 1000 ポンドを支払い，そのため通貨がそれだけ縮小され

　　間がかかる場合以外不可能だが，それは現実的ではなかったからだという．(*Remarks on currency and commerce*, 1803, pp. 19 以下.) もちろん正解は，生産の一部の増加を起こすより，貨幣数量の増加をすっかり吸収するために物価を十分に上昇させる方が時間がかかるあるいはかかるかもしれないということである．

(47) *Prices and production*, 1931, p. 20.
(48) 同書, pp. 15-16.

ると，1000ポンドの資本と1000ポンドの通貨の両方が消失する．こうして貯蓄され削除された貨幣で表された財貨は市場に投げ込まれ，物価は下げられ，それら財貨を消費する力は，流通に残された貨幣の所有者によって入手される[49]．

　ジョプリンは強制貯蓄に賛成しない．それは，紙幣の発行が増加される以前の貨幣の所有者に対する詐欺行為になる．第一に，それは，取引に対して，「以前に流通していた貨幣の所有者の被る損失を十中八九償って余りある」刺激となるが，もし発行の増加が続くと，明白な損害と不正が結果として生じる[50]．「本来なら銀行業者は，所得から貯蓄されなかった貨幣をけっして貸し出すことはできない．貯蓄された貨幣は，貯蓄当事者が消費したかもしれない財貨を表す．利子は，商品の使用に対して支払われるのであって，貨幣に対して支払われるのではない．」[51] もし銀行に貨幣を発行する権限があるとすると，その発行量は，銀行が貸付に課す利子率によって決められる．もし強制貯蓄を回避すべきだとすると，銀行は，ジョプリンが貯蓄額と借入額を等しくする利子率と定義する「自然利子率 (the natural rate of interest)」を課すべきである[52]．最も完全な状態の純粋金属通貨の下では，貨幣数量（そして/あるいは価値の尺度）は，「固定されて変化しにくい」であろうし，銀行は，他の人たちが貯蓄したもの以外，貸し出すことはできないであろう．しかし，銀行が金に完全に裏付けられない紙幣を発行する権利を手に入れたところでは，「できることなら日時計並みに固定されるべき」貨幣量は，「大衆に対する銀行業者の信頼や銀行業者に対する大衆の信頼によって決まったり，手形の供給や資本価値や，あるいは太陽の運行と同様流通する貨幣量に影響を及ぼしてはいけない無数の偶発的な出来事によって決まるようになった．」[53] この状況を救済する

---

(49) *An illustration of Mr. Joplin's views on currency*, 1825, p. 28. ジョプリンは，この一節を，1823年8月23日のクーリエ宛ての手紙から転載している．彼は，この教義を彼の *Views on the subject of corn and currency*, 1826, p. 35以下と，*Views on the currency*, 1828, p. 146で再述するが，後者では，「強制経済 (forced economy)」と「自発的経済 (voluntary economy)」をはっきり区別している．

(50) *Views on the subject of corn and currency*, 1826, pp. 36-37. また *An illustration of Mr. Joplin's view*, 1825, pp. 28-29, 37も参照せよ．ベンサムも，強制貯蓄を，貨幣数量の変化の好ましくない結果として論じた：「国富が国民の安楽と正義を犠牲にして増加される．」(*Works*, III, 45.) 本書前出，p. 187のソーントンからの引用も参照せよ．

(51) *Views on the subject of corn and currency*, 1826, p. 35.

(52) *An illustration of Mr. Joplin's views*, 1825, pp. 28-29, 37.

(53) *Views on the subject of corn and currency*, 1826, p. 37.

第3節 変動する物価水準の経済的影響

ため，彼は，紙幣の流通を，地金に交換できて地金との交換以外には発行できない地金の預金証書に限定した(54)。

この期間中に提示された別の教義には，戦時期のインフレが国富つまり国民所得の増大に寄与したという結論に導く，同じような傾向の教義があった．ベンサムは，さもなければ消費に使われた資金に税金をかけ，その税収が政府によって非生産的に使われないとすると，納税者によってなされた「強制節約 (forced frugality)」は，国富を増加するように働くと主張した(55)．ローダーデールは，同じ趣旨で，債務償還基金は「税金で毎年徴収される資本の強制蓄積」にならざるをえず，こうして「消費者の手からその収入の一部を，法律によってそれを資本として用いる義務のある政府委員に移転するが，それに反して，もしそれが本来の所有者の手に残された場合には，消費財の購入に支出されたであろう」と主張した．ベンサムと同様にローダーデールも，この「強制蓄積」に賛成しなかったが，ベンサムの訴えた公平性の理由からではなかった．ローダーデールは，政府の経常支出が収入を下回ると，「有効需要 (effectual demand)」の減少と，その結果として生産の減少が起こると主張した．戦争が続く間，彼は，増大する戦時支出を政府の借入で処理することを望み，課税を通じて無理やり個人の支出を減少させることのないことを望んだ(56)．戦争終

---

(54) 同書，pp. 63 以下．ハイエクは，自ら強制貯蓄の現象を論じる中で，この強制貯蓄が，わが国の資本構造に歪みを生み，結果として，その後の追加投資に損失を生じさせるとかなり強く反論したが，強制貯蓄に対する反対論は，やや後半の文献で，ジェームズ・ウィルソン (*Capital, currency, and banking*, 1847, pp. 147 以下) がハイエクの教義にいくぶん部分的な先鞭をつけたように思われるとはいえ，初期の文献には起こらなかった．しかし初期の著述家たちは，過剰投資というよりむしろ未利用の資源や過少投資で特徴付けられるデフレ不況を論じており，そのような状況下では，強制貯蓄の結果である追加投資が，長期的にムダになることを期待する先見的な理由はない．反対の教義の根底には，好況期の行動は，個人主義的観点からみてもあまりに不合理なものが多いのに対して，不況期に個人が自発的に行うことはすべて賢明で適切であるという，暗黙の仮定があるように思われる．しかし，もしその代わりに，人間の行動が不況期でも繁栄期と同じくらい不合理でありそうなことや，好況期の過剰投資と不況期の過少投資がこの不合理性の顕著な徴候であることを，十分にありそうな仮定として認めるとすると，強制貯蓄は，(強制貯蓄を引き起こす道筋が，自発的な貯蓄者を誘って投資を控えさせることがない限り) 好況期の通貨縮小あるいはその同等物である強制退蔵とほとんど同じくらい，不況期の矯正手段をさし示している．

(55) *Manual of political economy*, Works, III, 44.

(56) Lord Landerdale, *Sketch of a petition to the Commons House of Parliament*, 1822, pp. 5-7. ローダーデールは過少消費を恐れた．1798 年の著書で彼は，すでに同じような理由で減債基金を激しく非難した．もし政府が，軍事支出をイングランド銀行からの借入資金で供給したとしたら，それは流通量を増加させることになる．これらの借入金を弁済するための所得税

結後，彼は，労働需要の回復のため，公共事業への国内支出の増加によって軍事支出の減少を補うように政府を促した(57)．

ウィリアム・ブレイク (William Blake) も同様に，借入によって調達した政府支出の増加は，もし個人の手に残されていれば「休止状態」のままであったと思われる資本，つまりおそらく遊休現金か遊休財貨ストックのどちらかという意味で彼がいったと思われる資本を，活動資本にすることによって，物価と利潤と生産を増加するように働くと主張した．彼は，戦後の問題を，「ほとんどあらゆる消費品に対する莫大で絶え間なく何年も続く有効需要から，その需要の相対的停止への移行」に起因する問題として説明した(58)．

ジョン・ルーク (John Rooke) は，消費支出は繁栄に寄与するが，貯蓄は，おそらくたとえ投資されたとしても，繁栄に寄与しないと信じた．だから彼は，軍事支出の停止が，もし意識的な通貨インフレで埋め合わせられなければ，とりわけもしこの軍事支出が借入で調達されてきたとすると，デフレと沈滞をもたらすように働くと主張した：

> 彼ら［つまり兵士］を軍人として特にイギリス国内において支えた資金は，部分的に借入金で工面されたので，このお金を供給した節約家たちは，政府からみて浪費家にはならなかったし，戦時税が免除されたとしても，あらゆる所得の基礎である消費という媒介を通じて即座に流通内に入ることはないであろう(59)．

194　ジョン・スチュアート・ミルは，最も初期のエッセイの中で，政府の戦時支出の停止が不景気をもたらすというブレイクの主張を否定した：

> ……資金は支出されることによって需要の源泉になるが，逆に貯蓄された場合には，個人支出を削減することによって，銀行券に対する需要を減らした．「再生産への刺激はすべて需要にかかっており」また「需要は支出によってしか創造できない」から，彼は，「国債の借換えが，現代の長期の出費を賄う最善で最も賢明な手段である」と結論した．(*A letter on the present measures of finance*, 1798, pp. 18-24．)

(57) 彼の "Protest", *Journals of the House of Lords*, LII (Dec.17, 1819), pp. 961-62 を参照せよ．

(58) *Observations on the effects produced by the expenditure of government*, 1823, pp. 60-67, 88．

(59) *Remarks on the nature and operation of money*, 1819, pp. 37-38．また pp. 58-59 も参照せよ：「人びとに貯蓄する気がないという心配は少しもない．最大の問題は，不必要な支出をする人がいるかどうかである．」

は需要の源泉にならないという仮定にもとづいた主張は, すべて [誤謬] である. 公債は, 貸付者から政府への資本の一部の単なる移転である. もし資本が貸付者の手にあれば一定の持続的な需要の源泉であったと思われるが, それが政府によって取り上げられ支出された場合は, 一時的で変わりやすい需要の源泉である(60).

ミルは, ここで暗黙のうちに, 政府が借り入れた資金は, そうでなければ貸付者自身が投資する資金であると仮定している. しかしブレイクは, もし個人の手にあれば, これら資金は「休止状態」のまま, すなわち現金の遊休保蔵か

---

(60) Review of Blake's *Observations, Westminster review*, II (1824), 39. 貯蓄者が貯蓄と投資を同一視することは, 退蔵の可能性を否定するか退蔵の考えられる重要性を否定するかのどちらかを必ず含みながら, 古典派経済学者に共通していた. Ricardo, *Notes on Malthus* [1820], p. 231 を参照せよ:「生産的支出を増加するため, 非生産的な支出から貯蓄する以外私は貯蓄の方法を知らない.」;同書 p. 245:「マルサス氏は, 貯蓄することは支出すること, つまり彼がもっぱら支出 (spending) と呼んだものであるということを忘れているように思われる.」また "Mr. Owen's plans for relieving the national distress," *Edingburgh review*, XXXII (1819), 473 も参照せよ:「自分の財産を退蔵する二, 三の狂気の守銭奴を除くと, 人は皆, 自由にできる富を, 自分の状況を改善するために生産的に消費することを望んでいるか, さもなければ目前の享楽のために非生産的に消費することを望んでいる.」(リカードウは, この論文――*Letters of Ricardo to…Trower*, p. 108 を参照――の著者はトレンズであると信じていたが, どうもマカロックが書いたものらしい.) ローダーデールは, 戦後の不況は, 政府が収入以上に支出することを止めた結果生じた需要の減少に起因すると主張したが, これに対するジョン・クレイグ (John Craig) の反論も参照せよ:「……流通資本は, 違った組合わせの人びとによってだが, 所得と同じく定期的に年々消費される;資本は, 雇われた職人によって年々消費され, その職人労働の生産物は, 利潤とともに資本の所有者に資本を戻す;所得は, どのような再生産もなく, 所有者自身によって所有者の満足のために年々消費される. だから, 資本を所得に変えることから新しい需要は起こらず, 消費の内容を変えながら, ただ単に消費する人が変わるだけで, そうした消費の結果どのような新しい生産もけっして行われることはない.」(*Remarks on some fundamental doctrines in political economy*, 1821, p. 214.)「……戦争中のわれわれ自身の無駄な出費は, どの様な状況においても, 国家繁栄の一時的な装いの母体にさえけっしてなりえない.」(同書. p. 219.)

マルサスは, 不況の原因を, どうも対応する投資のない貯蓄増加にみたようであり, 一般的な状況の下で十分な投資誘引が欠如していることを仮定すると, 救済策は, 個人消費の支出増加に見いだせるはずだと思った. (*Principles of political economy*, 1820, 463 以下.) しかしはるかにありそうに思われることは, 貯蓄量は, 繁栄の戦間期より不況期に……多いというよりむしろ……少なく, しかもその戦後の貯蓄能力の減退は, 貯蓄を生むような投資意欲のさらなる減退にさえ結びついたことである.

リカードウ学派のメンバー中で, ウィリアム・エリス (William Ellis) だけは, 貯蓄の動機が, 現行投資に対する利子の確保以外にあるという事実に注目し,「貯蓄の資本への転形」が自動的で確実なプロセスではないという認識を示した. ―― "Employment of machinery," *Westminster review*, V (1826), 106 以下.

商品の遊休ストックのいずれかであり続けたと主張した．彼は，さらに効果的に，政府の借入資金は，銀行が政府に貸し付ける目的で大部分創造したものだから，もし政府借入がなければまったく存在しなかったと主張することさえできたであろう(61)．ミルはまた，ブレイクの過剰貯蓄がありうるという主張にも反論したが，ミルによると，ブレイクの主張は，貯蓄家しか自分たちの投資の（純？）生産物を購入できる人はいないのにもかかわらず，人が貯蓄するのは消費したくないからだという推論にもとづいているとした．これに反してミルは，人が貯蓄するのは貯蓄以上の消費をしたいからだと応答した(62)．ミルはここで，再び貯蓄と投資を明らかに同一視している．彼が看過したことは，人は，差しあたり消費も投資も望まず，不利な投資で損失を被る危険を犯すことなく資本財産を確保したいというただそれだけのために，投資しないで貯蓄するかもしれないという可能性であり，またこのことが，物価が急激に下がってどの投資も利益がないか確実でないとみえる場合に特にありそうだという可能性である(63)．

　金属本位制に忠実であり，経済過程の短期的局面や中間的局面を究明することに性格的に気が進まなかったリカードウが，このような教義を好まなかったことは驚くべきことではない(64)．彼がこのような教義にふれたことはほとんどなく，事実上あいまいになりがちである．他の場合と同様に彼は，一方でその妥当性をきっぱりと否定し，他方でその短期の正しさを限定的に認めつつも，その重要性を最小に見積もり，この二つの間を行きつ戻りつした．

（61）　John Ashton Yates, *Essays on currency and circulation*, 1827, p. 28：「……紙幣を発行する銀行業者は，預けられた実際の資金を貸し付けるだけでなく，銀行業者自身の信用をも貸し付ける……．」
（62）　Mill, *Westminster review*, II (1824), 43.
（63）　Thomas Attwood, *A letter…on the creation of money*, 1817, p. 13：「その時［つまり1810年］縮小行動がはじまり，それ以来現在まで，多かれ少なかれ勤勉より怠惰に多くの報酬があり，人間の知識や気配りや勤勉でお金を使うことより，お金を箱にしまい込む方が利潤は大きかった．」C. C. Western, *A letter…on the cause of our present embarrassment*［原文のまま］*and distress*, in *Pamphleteer*, XXVII (1826), 228-29 も参照せよ．
（64）　リカードウは，印刷前のベンサムの著書，*Manual of political economy* をみて異議をとなえたらしい．ド・ブログリ公爵（the Duc de Broglie）がシーニア（Senior）にいったことを参照せよ：「私は，リカードウとデュモン（Dumont）が，コペ（Coppet）で1日か2日にわたってベンサムの政治経済学について対談したのを覚えている．デュモンは，この主題に関してたくさんのベンサムの手稿を世に送り出した．ベンサムの教義のうちでリカードウが反対しなかったものは少なかったが，私にはリカードウの反論の方が優勢のように思えた．」(N. W. Senior, *Conversations with M. Thiers*, 1878, II, 176.)

第3節 変動する物価水準の経済的影響

マルサスは，貨幣数量の増加は，購買力を，固定的な貨幣所得の人びとつまり「非生産的な有閑階級」から農夫や製造業者や商人たちに移転させる働きがあり，こうして資本の増加をもたらすと主張したが，これに対してリカードウは，そのような貨幣の増加から生じた物価上昇は，実質的な固定所得を減らすことによって，所得を受け取った人びとの消費ではなく貯蓄を，同じ程度だけ減らすと応答した[65]．

リカードウは，1819年の上院委員会で尋問された問題に答えて，強制貯蓄の問題をさらに論じた．彼は，銀行信用は資本を創造しないといった：

> 信用とは，実際に存在する資本を利用するために，一方から他方に交互に移転される手段であると私は思う．信用は資本を創造しない．信用は，誰によって資本が用いられるべきかを決定するのみである……．資本は貯蓄によってしか獲得できない[66]．

「流通紙幣の過剰から起こる擬制資本（fictitious capital）[67]による刺激と，生産で用いられた実際の資本の通常の働きの結果として生じる刺激」との違いは何かと尋ねられて，リカードウは，ただ次のように答えた：

> この件について私は，他の大部分の人たちと意見が違っていると思う．擬制の言葉通り，擬制資本を使うことによって生産が刺激されるとは思いません．

---

(65) *High price of bullion*, 4版付録 [1811], *Works*, p. 299. 同, *Notes on Malthus* [1820] pp. 212-16 も参照せよ．これが発生するかぎり，通貨膨脹の結果として投資の純増加はないであろう．しかしこの主張は，収入がどの水準にあってもその大部分を使ってしまうと思われる賃金生活者にはほとんど適用できない．

(66) Lords Committee, *Report*, 1819, pp. 192-93.

(67) 第1世リバプール伯爵は，彼の著書，*Treatise on the coins of the realm* [1805], 1880, リプリント版，p. 255 で，単に紙幣の意味でこの言葉を使用し，ハスキソン（Huskisson）は，1811年に，「人為的（factitious）」を「擬制的（fictitious）」に代えて，この意味で彼を引用した．(Hansard, *Parliamentary debates*, 1st series, XIX, 731.) しかしローダーデールは，この言葉を，1811年のドゥガルド・スチュアート（Dugald Stewart）宛の手紙の中で使い，彼の著書，*Further considerations on the state of the currency*, 1813 の中で，強制貯蓄の現象に関連させて再びこの言葉を使った：「紙幣の過剰は，流通手段の作用によってでなく，大量の擬制資本を創ることによって外国との為替に有害な影響を及ぼし，また結果として，商品価値を上げる有害な影響を及ぼすと主張されてきており，これまでのところ，この推論は否定されていない．」(*Further considerations*, p. 96.) ローダーデールは，1819年の上院委員会のメンバーであったから，リカードウにこの質問をぶつけた人物であったかもしれない．

彼は，紙幣流通の増加は，国民所得の分配比率を貯蓄階級に有利に変えることによって，「資本家の手元にある資本の蓄積を促進するかもしれないことや，資本家は利潤を増加したが労働者は賃金を減らした」ことを認めた．これは強制貯蓄の承認ではない．というのも投資の増加は，消費者の生活費が上昇した結果として直接的にかつ非自発的に生じたというより，むしろ非貯蓄グループから貯蓄グループへ実質所得が再配分された結果として間接的にかつ自発的に生じたとみなされるからである．さらにリカードウは，「これは，時には起こるかもしれないが，めったに起こらないと思う」とつけ加えた⁽⁶⁸⁾．

リカードウは，物価の急激な下落は重大な弊害であると認めたが，彼の強調するそのような下落の望ましくない結果は，それに起因する富の勝手気ままな再配分だけであった⁽⁶⁹⁾．彼はまた，戦争終結後に経済不況が続きそうなことも認めたが，その原因は，特定商品に対する需要の相対的な変化にあるとみて，その国の資本設備にはそれに対して自身を調整する時間がまだなかったとした⁽⁷⁰⁾．リカードウのこの問題についての立場は，彼がジェームズ・ミル—J. B. セーの教義を認めていたことと密接に関係していた．すなわち生産は，もし正しく方向付けられていれば，その生産物に対する需要を作り，したがって産業の可能な産出物をすっかり吸収する需要が一般的に不足することはないという教義である．この教義は，物価の下落が生産を制限するように働くとか，物価の上昇が生産をふやすように働くということを否定することに自ずと通ずる．それは，あまりに物的な「供給」と「需要」の概念にもとづいており，またあまりに非現実的な価格と貨幣生産費の伸縮性という暗黙の仮定にもとづいているために，貨幣経済の短期的な攪乱の分析には役立たない．もし「供給」と「需要」が，当然の事として，商品の単純な数量としてではなく，現代風に，特定の価格表でそれぞれ生産あるいは購買される数量表として解釈されるとすると，たとえ貨幣生産費が非弾力であっても，需要価格表は，それに伴う価格の減少だけではなく，販売量や産出物や雇用や資本家の投資意欲の減少とか，

---

(68) Lords Committee, *Report*, 1819, pp. 198-99.

(69) John Rooke, *A supplement*, 1819, p. 15 を参照せよ：「ウィートレー氏もリカードウ氏も，膨脹あるいは縮小する通貨が公共の富に及ぼす影響について，何も考えていなかったらしい．」ルークは，その後のウィートレーの著作を知らなかったにちがいない．

(70) Ricardo, *Principles of political economy*, 3d ed., *Works*, p. 160. マルサスは，資本の新しい有利な投資機会を提供する産業を列挙してくれるよう，リカードウに依頼した．(Malthus, *Principles of political economy*, 1820, pp. 333-34.)

いわゆる借り手がいた場合の銀行業者の貸出意欲の減少を伴って，供給価格表より急激に下落するかもしれないことを理解することはたやすくなる．

マルサスは，リカードウ学派の見解を含んでいるジェームズ・ミルの教義の中に，誤謬があると確信した．しかし彼は，教義の根底にある誤謬をついに十分に暴露できなかった．というのも彼自身，「供給」と「需要」の純粋に物的な解釈から十分に解放されていなかったからである．次の一節は，混乱しているが，この誤謬をうまく暴露するのに彼が一番近づいた一節のように私には思われる：

> ミル氏の誤謬は，もっぱら数量が価格と価値に及ぼす影響にかかっている．ミル氏は，個々の需給は必ず等しいという．しかし，供給は必ず数量で評価され，需要は価格と価値だけで評価されるから，そしてまた数量の増加は価格と価値を下げることが多いから，どう考えても，需要と供給はいつも等しいどころか，経験からわかるように，当然等しくないことが多いにちがいないことになる．もし商品の需要も供給も価値で計算して等しいというのなら，それは認めてよい．しかし，次のことは明白である．すなわち需要と供給の価値は，貨幣や労働と比べて両方とも大きく下がるかもしれないということ，またあらゆる種類の需要の中でも最も一般的で重要な資本家の起業しようとする意志や力は，生産数量がどんなにうまく互いにバランスされていようとも，それがまさに増大した瞬間に決定的に減少するかもしれないということである(71)．

価格理論の「需要と供給」が通貨の状態にかかっていることを，論理的に満足したかたちで最初に説明したのは，マルサスではなく(72)二人のアトウッドであり，また特にトーマス・アトウッド（Thomas Attwood）であった：

> 流通貨幣量の減少は，すべての商品の貨幣価格の下落を必ず引き起こすことは間違いないが，どの商品の価格も，相対的な需給比率を少しも変えずに下落できな

---

(71) Review of Tooke, *Quaterly review*, XXIX (1823), 232, 注．
(72) しかしJ. M. ケインズは，マルサスのこれらの問題についての教義は，ほとんど評価されていないとみている．"Commemoration of Thomas Robert Malthus," *Economic journal*, XLV (1935), 233：「偉大なリカードウに対する力強く反駁の余地のないマルサスの攻撃を，ほんのわずかの同感と理解をもって解釈する者が現れるのでさえ100年かかった．かくして，マルサスの名前は，彼の『人口論』で不朽のものとなってしまい，さらにいっそう重要な有効需要の原理という異彩を放つ直感は忘れ去られてしまった．」

いことも同じく必定である．だから，貨幣量の減少がどのように貨幣価格を下落させるかは，需給自体を支配する根本原理への作用によって決まる．貨幣の不足は商品の豊饒を生む．貨幣量を増加すれば商品は希少になる．貨幣と商品の相対的な比率は，このような状況を起こさずにはけっして変えることはできない．トゥーク氏やリカードウ氏は，この明白な原理の中に，主題にかかわる多くの困難や矛盾の説明を見つけるであろう[73]．

価格を構成するにあたっては，貨幣は財貨と同じくらい必要である．貨幣の供給をふやせば，あなたは財貨に対する需要をふやし，貨幣の供給を減らせば，財貨に対する需要を減らす．財貨の供給は貨幣に対する需要であり，貨幣の供給は財貨に対する需要である．だから財貨の価格は，財貨の需給の「比率」と同じくらい貨幣の需給の「比率」に依存している．これは，ヘンリー・パーネル卿（Sir Henry Parnell）がまったく看過した真理であり，これを無視したために，彼は誤謬の迷路に入ってしまった．彼は，通貨の状態や法的な条例をまったく考慮しないまま，財貨の需要と供給を，あいまいで管理できない勝手気ままないくつかの原則にしたがうものとみなした．この法的な条例は，ある期間は，安価な貨幣と高い物価を提唱し，またそのような安価な貨幣で巨額な貨幣債務が契約されると，別の期間には，高価な貨幣と低い物価を提唱し，こうしてその貨幣価格では償還できない貨幣債務の弁済を産業に強いることによって，その国の産業を圧迫した[74]．

第4節　金本位に対するリカードウの立場

リカードウは，購買力の安定が理想的な価値基準の判定規準であると信じていたが，正貨支払いの停止がポンドの購買力に及ぼす影響は，支払停止の結果

（73）Mathias Attwood, *Letter to Lord Archibald Hamilton*, 1823, pp. 48-49. アトウッドは，商品の不足とは，現行の一般的な価格で，需要と比較したときの不足を意味しており，産出物の減少ではないと明言する．彼は，貨幣数量の増加は，産出物を増大させても減少させないであろうと主張していた．

（74）Thomas Attwood, *The Scotch banker*, 2d ed., 1832, pp. 70-71.（巻頭ページ以外，第2版は，1828年の第1版とまったく同一である．）同，*A letter…on the creation of money*, 1817, pp. 18以下も参照せよ．ここで彼は，偶然，貨幣の取引速度と所得速度を近代的に区別し，前者を年当たり50，後者を4と大雑把に見積もっている．トーマス・アトウッドの教義についての好意的な説明は，R. G. Hawtrey, *Trade and credit*, 1928, pp. 65-71 を見よ．

を評価する際には重要視しなかった．第一に，彼は，一般的な購買力の測定は不可能であると考えた(75)．第二に，彼は，倫理的な理由から，契約上の債務額の維持を著しく重視し，債権者が請求期日に，債権者の明記または予期した金の総量を徴収できることが不可欠であるとみていた．彼は，貨幣請求権の購買力の下落リスクを債権者が引き受けなくてはならない以上，購買力上昇の利益を債権者に認めないことは不公平であると考えた(76)．

しかしリカードウが，次のことを仮定したとか信じたと想定することは間違いである．すなわち，金は必ず一定の購買力を維持しているとか，また金のもつ紙幣プレミアムは必ず紙幣価値の下落を意味しており，けっして金価値の上昇を意味していないということである．こうした見方は，しばしば反地金主義者がリカードウに帰したことであり，どうもシルバーリングが，次の一節でリカードウに帰したようである：「リカードウは，金は法定本位として常に有効であり，金自体の価格は，紙幣ではかってけっして上昇できないと仮定した．いつも紙幣が下落したのであって，金が……上昇したのではなかった．」(77) リカードウは，金価値の変動する可能性をけっして否定しておらず，金に対しては，ただ他のどの商品より価値が安定しているだけだと主張した：

価値の尺度はそれ自身価値が変動しないものでなくてはならない．しかし金も銀

---

(75) *Proposals for an economical and secure currency* [1816], *Works*, p. 400 を参照せよ．
(76) *Reply to Mr.Bosanquet's observations* [1811], *Works*, p. 326; *Proposals for an economical and secure currency* [1816], *Works*, p. 403 を参照せよ．
　　金属本位制からの離脱によって債権保有者の権利が侵害されることになるという主張に対して，トーマス・アトウッドは後に次のように答えた．すなわち，債権保有者が貨幣を貸し出すとき，彼らは，その債務額がポンド・スターリング表示であって，その金属内容が過去に変更されたことがあり，将来も変更される傾向にあることを知っていたと．もし彼らが，貸し出したものと同量の地金で返済を確保したかったのなら，彼らは，「借入金と利息は，変化しやすいポンド・スターリングという媒体でなく，相当する銀か金の重量で支払われなくてはならないとした特別契約で」取り決めるべきであったであろう．「彼らは少しもこのような契約を思いつかなかったが，彼らは，眼前の貨幣減価の進行を考慮しながら，高額の利子や一般に高額のプレミアムを取って，いつものやり方で貨幣を貸し付けることに満足した．」(*Observations on currency, population and pauperism*, 1818, pp. 178-79.) もちろん，これはもっともらしい推論である．このような契約上の取り決めがなかったのは，本位が変更されるリスクを意識的に仮定したからではなく，そのような変更によるリスクの存在が認識されていなかったからである．このリスクが明白であった以前の数世紀では，近代の「金約款 (gold clause)」に類似したそのような取り決めが，少なくとも折りにふれて契約に導入されてきた．
(77) "Financial and monetary policy", *Quarterly journal of economics*, XXXVIII, 424.

も，他の諸商品と同様に価値の変動を被りやすいものであるから，両者とも，この例にあてはまらない．なるほど経験の教えるところに従えば，金，もしくは銀の価値における変化が，長い期間を比較した場合に，かなり大きなものになるとはいえ，しかし短期においては，それらのものの価値はかなり固定している．金もしくは銀が，他のどのような商品よりも貨幣の用途に適しているのは，他にもすぐれた性質をもってはいるが，それらのうちこのような性質によるのである(78)．

リカードウの主張はすべて，金価格の変動にもとづいていたが，彼の反対者たちは，金価値の変動にもとづいて反対してきかなかったと，実際にリカードウはこぼした．彼は正当にも，金価値の上昇には懐疑的であったが，戦争中にそれが起こったことは否定しなかった；彼は，それが，紙幣の減価が起こったかどうかという問題とは関係ないとだけ主張した(79)．

戦争終結後に起こった激しい通貨や物価の変動は，金と銀の価値が，たとえ短い期間であっても，一般に考えられてきた以上に変化しやすいことを，リカードウに認めさせることになった．しかし彼は，それでもこの金の価値の変化が地金主義者の主張とは関係のない変化であって，この変化にもかかわらず，金と銀は，なお最も安定した価値基準を提供すると主張した(80)．どうもリカ

（78） *High price of bullion*, *Works*, p. 270, 注．（邦訳『リカードウ全集』III, 1969年, p. 81.）
（79） Ricardo to Horner, Feb. 5, 1810, *Minor papers on currency*, p. 40; Ricardo to McCulloch, March 25, 1823, *Letters of Ricardo to McCulloch*, p. 146 を参照せよ．リカードウは，「実は，金が本当に上昇したのか紙幣が本当に下落したのか，これを確信をもって確かめることができる判定規準はない」と思った．（同書．）Hansard, *Parliamentary debates*, new series, VII (June 12, 1822), 947 も参照せよ．
（80） 「これを認めることは，結局，金と銀がこれまで考えられてきたほどよい基準でないこと，つまり金と銀自体が，基準が当然受けて構わない変化より大きな変化を受けることを証明するだけである．しかし金や銀は，われわれが知る最良のものである．」（*Proposals for an economical and secure currency* [1816], *Works*, p. 402.）
「地金主義者とその仲間である私は，金と銀が実際より変化の少ない商品であると考えて，戦争がこれらの金属価格に及ぼす影響を，［原文のまま］確かにかなり過少に評価した．1814年の平和で地金価格が下落し，ボナパルトのパリ入場で戦争が再開され地金価格が再び上昇したことは，注目すべき事実であり，この問題についてのどんな将来の議論でもけっして看過されるべきではない．しかしこれをすべて認めても，地金主義者の理論に影響を及ぼさない．」Ricardo to Trower, Dec. 25, 1815, *Letters of David Ricardo to Hutches Trower and others*, 1899, p. 12. 同様に，フランシス・ホーナー（Francis Horner）の 1816 年 5 月 1 日の下院演説（Hansard, *Parliamentary debates*, 1st series, XXXIV, 145）を参照せよ：「彼が以前述べた見解は，その後の出来事によって力強い予想外の承認を受けたが，彼は，すでに金価格について以前述べ

ードウの立場というのは，金や銀は一般に不換紙幣より価値が安定しているから，もし金属本位制から離脱した場合には，紙幣は，同じ状況下で金属通貨がもつと思われる通貨価値になるよう通常規制されるべきであり，たとえそのために規制されなかったときより通貨価値が大きく不安定になることがあってもそうすべきであるということのようであった．

　同じ精神でマルサスは，たとえ制限条例中に，地金報告の批判者の数人が事実として主張したように，金の世界価値が上昇したとしても，それでも紙幣を金と等価に戻すことが望ましいと主張した(81)．ジョン・スチュアート・ミルは，金属本位制に十分忠実であったが，そこまで行くことは拒んだ．彼が，この異説を正当化する状況は永続しないと考えたことを所与とすると，彼の拒絶はむしろ理論的であった：

> ……ブレイクの意見では，それ［銀行制限条例］は，変化を引き起こすどころか，もし通貨の水準を名目本位制と同じ水準で続けていたとすれば引き起こされずにはいられなかった変化を防いだ．もしわれわれが，銀行制限条例にそのような効果があったと信じることができたなら，われわれ自身，この条例の最も熱烈な擁護者であり支持者であるべきであろう(82)．

第5節　金属本位制からの離脱のない改革

　この期間の通貨困難と，特に1815年以降の金に対するプレミアムや商品価

た見解を修正していた．金が永久に紙幣から切り離されたとき，通貨価値の下落によって，金は，その他ありとあらゆる商品の価格変動の影響をすべて受けた．」

(81)　"Review of the controversy respecting the high price of bullion," *Edinburgh review*, XVIII (1811), 451. *Substance of two speeches of Henry Thornton, Esq.*, 1811, p. 72 を参照せよ：「金それ自体が上がったといわれたが，たとえそうであったとしても，金は基準だから，われわれは金を守る義務があった．われわれは，全般的下落のときに金を捨てなかったし，全般的上昇のときにも当然金を守るべきである．」

(82)　Review of Blake's *Observations*, 1823, *Westminster review*, II (1824), 47. 1823年に，ブレイクは，以前公表した見解の一部を取り消して，現在では金の価値が上昇したのであって，紙幣の価値が下落したのではないと主張している．(*Observations on the effects produced by the expenditure of government*, 1823, pp. 17, 79.) マサイアス・アトウッド (Mathias Attwood) が指摘したように (*Letter to Lord Hamilton*, 1823, pp. 68-69)，ブレイクは絶望的なまでに混乱していた．ブレイクは，紙幣で換算した商品価格の上昇があったことや，その上昇が紙幣で換算した金の上昇より大きかったことを認めていたにもかかわらず，金の価値が上昇し，紙幣は下落しなかったといい張った．

格や景気状態の激しい変動は，より安定した通貨価値を目的とした多くの通貨改革案を生んだ．われわれは，最初にある種の金属本位制の回復と維持を必要とする改革案を扱い，その後で金属本位制の完全な放棄と安定紙幣本位制への転換を伴うより過激な改革案を取り扱う．

　少なくとも 1809 年以来，旧平価ではなく紙幣で換算した当時の金価格で金本位制に復帰することによって，通貨のいっそうの減価を阻止し，同時に悲惨な物価の下落を回避する改革案が作られてきた．地金委員会は，平価切下げは，「社会的な信用を破ることであり，政府の最も重要な職務を放棄すること」であると主張し[83]．ハスキッソン（Huskisson）は，それを「陳腐でお粗末な策」とみなした[84]．リカードウは，一年足らずの間に通貨が著しく減価するという注目すべき出来事の起こった 1809 年の 9 月に著述し，平価切下げを「驚愕の不正（a shocking injustice）」と呼んだだけでなく，明確にしなかった何かしらの理由によって，平価切下げは金のもつ紙幣プレミアムを取り除かないであろうし，商品価格をさらに上昇させることになるであろうと主張した[85]．

　平価切下げの擁護者は，1819 年にいなかったわけではないが，彼らの話は有力な集団には好意的に聞いてもらえなかった．政府は，兌換再開を旧平価でできるだけ早く実施するという 1814 年以来繰り返してきた約束を履行できなかったが，この不履行にはかなりの不満があった．また 1819 年に地金に対するプレミアムが紙幣と金がほぼパーになる点まで減少したことや，鋳造平価より低いところで正貨支払いが再開されれば，噂されているイングランド銀行の超過利潤がさらに増加されるという人びとの感情も，政策の決定される重大なときに，平価切下げの議論が俎上にのることを強く妨げるように作用した．だからリカードウは，旧平価より高い金の鋳造価格で正貨支払いを再開する望ましさにほとんどあるいはまったく考慮を払わない議会の意向に賛成した．1819 年の議会委員会の証言でも，リカードウは，私の知る限りまったく切下げにふ

---

(83)　*Bullion Report*, p. 74.
(84)　Huskisson, *The question concerning the depreciation of our currency stated*, 1810, p. 18.
(85)　「金の鋳造価格を市場価格に変更すると仄めかすこと，言い換えると，3 ポンド 17 シリング 10½ ペンスの鋳貨が 4 ポンド 13 シリングで通用するという宣言を仄めかすことは，ひどい不正に加えて嘆かわしい悪事を悪化させるだけであろう．この乱暴な救済策は，金の市場価格を新しい鋳造価格より 20% 上昇させて，銀行券の価値をさらに同じ割合だけ低下させるであろう．」*Three letters on the price of gold* [1809], J.H.Hollander ed., 1903, p. 18.

第5節 金属本位制からの離脱のない改革

れずに，平価での再開を主張した(86)．しかし1820年の議会演説では，リカードウは，もし1819年の委員会の開催中に，金に対するプレミアムが5％まで下がっていなかったとしたら，旧平価の正貨支払いの復帰より，平価の変更に賛成していたであろうと述べており(87)，その後も彼は類似の記述をした(88)．

シルバーリングとエンジェルは，これを，リカードウの個人的な経済状態がおそらく確定所得証券の大口所有者から大土地所有者へ変化したことに対応した，リカードウの見解の劇的な変化の証拠とみている．しかしリカードウの遺言は，彼の死亡時にまだ非常に大量の証券を所有していたことを証明しており，見解の変化とみえたものは，もっと面目を施すようにそしてもっと確かに説明できる．彼が1809年に平価切下げを攻撃したとき，通貨の明らかな減価が支配的になるのに数ヵ月しかかからなかった．1819年まで，通貨の減価はおよそ10年間支配的であったし，既存の契約の多くは，そのような減価を前提に組まれてきた．ある状況のひどい不正も，別の状況では有効な最も正義に近いものとして弁護されることがあるかもしれない(89)．

物価上昇期中に，リカードウを含む地金主義者は，金属本位制の作用様式について，金属本位制は，世界全体の状況は一定として，それを守る国に対してまるで特定の通貨数量と特定の商品物価領域を命ずるかのように，いつも説明してきた．しかし1815年以後，リカードウは，この制度の下で維持できる貨幣数量と物価水準について，なにがなんでも一定不変のものとみなすのではなく，短期的にはある程度の変動領域が許されるものとみなすことを明らかにし

---

(86) しかし，Silberling, "Financial and monetary policy", 上記引用文中, p.437 と Angell, *Theory of international prices*, p.56, 注を参照せよ．
(87) 「この議論が起こったとき，確かに彼は，旧平価に戻るよりむしろ平価を変更したいと思ったのであろう．しかし委員会の開催中に，金価格が4ポンド2シリングに低下する値下りが起こり，そこで，大原則を犠牲にして新しい平価を確立すべきか，あるいは小さな当惑と困難を背負いながら旧平価に戻るべきかが問題になった．」Hansard, *Parliamentary debates*, 2d series, I (May 8, 1820), 191.
(88) 1821年9月18日のリカードウからウィートレーへの手紙 (*Letters of David Ricardo to Hutches Trower and others*, p.160.); *On protection to agriculture* [1822], *Works*, p.468.
(89) 1822年6月12日の下院におけるリカードウの発言 (Hansard, *Parliamentary debates*, 2d series, VII, 946. 傍点 (原文イタリック) はヴァイナー)：「1819年に，もし1ポンド紙幣の通貨価値が1813年の相場であった14シリングであったなら，彼は，その利害得失をすべて勘案したうえで，大部分の既存の契約が結ばれた当時の通貨価値に通貨を固定するのがよいと思ったはずである……．」

た．イングランド銀行が必要以上に大きく通貨を縮小し急激な物価下落をもたらすように兌換再開を管理したというリカードウの非難も，もし彼にこのような考えがなかったとしたら理解できないであろう[90]．1816年に，彼は，公債の四半期配当金の政府による支払いの期日前に起こる定期的な通貨不足に対して，ひとつの救済策を提案した[91]．彼は，イングランド銀行の重役たちが従う厳格な資金貸付規則が，商業割引を通貨数量の規制手段として不適切なものにすると考え，だから通貨管理者は，通貨の拡大とか縮小が望ましいとき，公開市場操作をするべきだと助言した[92]．

ウォルター・ホール（Walter Hall）は，彼が強く反対していた金本位制にもし復帰した場合には，イングランド銀行は，銀行券の発行量を正貨の移動額と厳格に一致させる必要のないよう，十分な正貨準備を維持すべきであると主張した．一時的な要因によって不利な支払差額が生じたとき，イングランド銀行は，銀行券の発行を縮小することなくいつでも金の流出を許すべきである[93]．

ジョン・ルーク（John Rooke）は，固定金属本位制で実現できる通貨の安定より，もっと徹底した通貨安定の支持者であったが[94]，固定金属本位制でさえ，価格安定の可能性は限られていると断言した：

　　現実を一瞥すれば，物価が低下傾向にあるときに流通手段をふやし，上昇傾向にあるときに減らすことが公正で妥当であることが示されているように思われる．身近の行動にはいつも決まり切った様式がある．必要に応じて，一定の大きさまで，金価格を変えることなく，時に大きく時に少ない銀行券がいつも流通を出たり入ったりしている．銀行券の増加によって金の市場価格の上昇がいつも引き起

（90）　Hansard, *Parliamentary debates*, 2d series, VII (June 12, 1822), 939（リカードウの発言）を参照せよ：
　　「かの英国下院議員がいうには，イングランド銀行が銀行券を金で支払う義務を負う限り，国民は，紙幣の発行高について，イングランド銀行に干渉しようと思わない．というのも，もし発行高が少なすぎれば，不足は金の輸入で補われるであろうし，もし多すぎれば，紙幣を金に交換することによって発行高が減らされるであろうからという．この見解にリカードがすっかり同意したわけではなかった．というのも，イングランド銀行券の発行高の不適切な削減によって，国民が大きな不便を被る期間があるかもしれないからである．」

（91）　*Proposals for an economical and secure currency* [1816], *Works*, pp. 410-11.

（92）　Hansard, *Parliamentary debates*, 1st series, XL (May 24, 1819), 744; *Plan for the establishment of a national bank* [1824], *Works*, p. 512.

（93）　Walter Hall, *A view of our late and of our future currency*, 1819, pp. 48 以下.

（94）　本書後出, p. 206 を見よ.

こされるわけでないことは明らかである．というのも，それは，紙幣が可能な最大限度まで流通できるかどうかというめったにない状態にかかっているからである(95)．

トレンズも，金本位制が，金現送点の範囲内で，通貨数量をいくぶん弾力的にすることを許すと主張した．もし金本位制に復帰したときは，金現送点の範囲は小さすぎないことが望ましいであろう．だから彼は，金輸出点を引き上げるように働くとして，鋳貨の溶解と輸出を禁止する法律の存続を熱心に説いた．同じ理由で彼は，金塊に金貨の代わりをさせるリカードゥ案に反対した．金貨は，地金より「輸出にふさわしい品物ではなかった」から，地金ほど密接に外国支払差額の変動を反映しないであろう(96)．

1812年に，トレンズは，イギリスの価格水準を低下させないで正貨支払いの再開を可能にする手段として，関税の引上げを主張した．彼は，これによって「地域分業 (territorial division of employment)」の利益を失うことになることは認めたが，物価下落の弊害の方が外国貿易からの利益より大きいと主張した(97)．別の著述家は，1818年に類似の提案をした：

> しかしながら財貨の価格を上昇させるもっと素早い方法は，紙幣を採用することであろう．この方法は，もし一律の輸入関税の助けがあれば，流通から貴金属をすっかり駆逐することはないであろう．この方法によって，貴金属は，紙幣量が輸入関税と適正な比率を超えて発行されない限り，紙幣と等価を保つであろう(98)．

1819年に，イングランド銀行は，たとえ金の支払いが要求されることになっても，固定レートで応じるべきではなく，支払要求時に紙幣による金の市場価格がどうあろうとも，その市場価格で応じるべきだと強く主張した(99)．リ

---

(95) *An inquiry into the principles of national wealth*, 1824, pp. 214-15.
(96) *A comparative estimate of the effects which a continuance and a removal of the restriction upon cash payments are respectively calculated to produce*, 1819, pp. 36 以下．
(97) *An essay on money and paper currency*, 1812, pp. 56 以下と p. 295.
(98) Anthony Dunlop, "Sketches on political economy," *Pamphleteer*, XI (1818), 424.
(99) 1819年の上院委員会がイングランド銀行に送付した質問に対して，イングランド銀行の理事たちは次のように返答した：「地金を3ポンド17シリング6ペンスで市場で買付けることは，役員会のみるところでは，あまり確信のないことなので，理事としては，所有者たちに対する義務として，自分たちが3ポンド17シリング10½の価格で地金の供給を確約できるとは感

カードウはこの提案の明らかな欠点を指摘した：すなわちイングランド銀行は，紙幣の発行を調整することによって，紙幣による金の価格を決めることができたから，紙幣の発行についてどのような実質的な制限にも従わないであろう(100)．やや単純でなかったのがジョージ・ブース（George Booth）の提案であった(101)．彼は紙幣本位通貨を主張した．彼は，紙幣は，本来不変の一般的購買力をもっていなくてはならないと漠然と示唆したが，万が一紙幣の購買力が実際に変動したらどうするかについては，まったくヒントを与えなかった．

しかし小額紙幣は偽造されがちであったから，おそらく彼は，金貨と銀貨の鋳造は存続させるであろう．本位は紙幣であり，1ポンドは20銀シリングに等しい．1銀シリングの銀含有量は，1ポンド紙幣と20銀シリングの銀含有量の価値を等しく保つよう，紙幣ではかった銀の市場価格の変化につれて変化させられる．既存のギニー金貨は，金属の含有量が不変に保たれているはずであるが，ギニー貨を表す紙幣や銀のシリング数は，シリングで換算した金の市場価格につれて変化させられることになっていた．しかしブースは，シリング紙幣の購買力の安定を保つために，シリング紙幣の数量を調整する基準を明示できなかった．

ジョン・ルークは，1824年にいくぶん似た提案をしたが，この提案は，ブース案にあった紙幣発行を調整する計画を決定的に看過するという過ちは犯さなかった(102)．ルークは，安定した購買力をもつように数量調整された兌換紙幣を主張した．彼は，紙幣の数量は，紙幣の購買力が上がるにつれて増加され，逆の場合は逆にされるべきだと提案した．紙幣ではかった金の市場価格は自由に変動することが許されるべきだが，紙幣の兌換は，いつでも必要なときに，シリングの価値を変えるか金貨の呼称を変えることによって維持されるべきである．紙幣はこうして不変の購買力をもつが，金貨の価値は，シリングからみても一般的な購買力からみても変化しよう．ルークは，通貨の購買力安定化の

じていない．しかしながら役員会は，ひとつの代案として，外国郵便日の前日の市場価格で，紙幣と交換に，固定された重量の地金を指定された量まで供給することが得策であると申し上げたい．ただし，イングランド銀行に，このような手段の効果を試す十分な時間が許された場合の話である．」Lords Committee, *Report*, 1819, 補論 a. 8, p. 314.

(100) *On protection to agriculture* [1822], *Works*, p. 470.
(101) George Booth, *Observations on paper currency*, 1815, pp. 22以下と pp. 36以下.
(102) *An inquiry into the principles of national wealth*, 1824, pp. 216-17, 226-27, 460以下.
アーヴィング・フィッシャーは，ルークを，自分の「補償ドル（compensated dollar）」案の先駆者と認めていた．

基準として，どの財価格あるいはどの財価格の組合わせより「農業労働の年間価格（annual price of farm labor）」を高く評価したが，それは，短期変動がほとんどないかまったくないからである．しかし，「もし通貨の交換価値の正確さが増すのなら，労働だけでなく別の物品の価格が考慮されてもよい」と認めた(103)．

1818年にヘンリー・ジェームズ（Henry James）は，デフレ回避のために銀行制限条例の継続を主張した(104)．1820年に彼は，小麦と農業労働で換算した通貨の購買力の安定化を勧めたが，安定化の方法について具体的な提案はしなかった(105)．

ジョプリンは，いつもなら金属本位通貨の強力な支持者であったにもかかわらず，もしそうしなければ金の海外流出のために物価が急落することになるのであれば，収穫不足の期間中は，金の支払いは一時的に停止されるべきであると主張した(106)．

第6節　紙幣本位通貨

これまで述べた案はすべて，通貨の金属本位制をある程度継続するために準備された．しかし金属本位制との関係を完全に断ち切って，不換通貨の採用を主張する者がなかったわけではない．正貨支払いの停止を擁護する者はすべて，

---

(103) 同書, p. 462. 1819年にルークは，継続的に減価する通貨を主張した：「貨幣の実質価値に一定の減価をもたらす制度は，ただ国富を促進することを意図したものである．」(*Remarks on the nature and operation of money*, 1819, p. 57.) しかし同年の後半になって，彼は，減価する通貨を支持することを撤回した．というのも，それが，「一連の結果として，災いと不正をもたらし，その災いと不正が，最終的にその採用から引き出される利益をはるかに超える」からである．(*A supplement to the remarks*, 1819, p. 4.) 彼は，その代わりに，「過去16年間の物価に一致する」安定貨幣制度を主張して，その提案の概略を示し，その提案を，彼のその後の研究でさらに詳しく展開した．彼のその後の研究では，農業労働賃金からみて安定が果たされることが提案されたが，商品価格の変化に対して農業労働賃金の調整が遅れることや，収穫の変動が起こす問題もあることから，彼は，ひとつの指標として輸出産業の賃金を示唆したが，それはおそらく短期変動の指標であろう．(同書, pp. 88以下.)

(104) *Considerations on the policy or impolicy of the further continuance of the Bank Restriction* Act, 1818.

(105) *Essays on money, exchanges, and political economy*, 1820, p. 203. その後の研究では，彼は，物価の下落につれて，紙幣ではかった銀の価格を同率で引き上げることを主張し，こうしてルーク案にきわめて近づいた．(*State of the nation*, 1835, p. 173.)

(106) *Views of the subject of corn and currency*, 1826, p. 76.

210 少なくとも大量の外国送金を伴う大きな戦争が続く間は，金属本位制より不換紙幣の方が望ましいことを明らかにしてきた．反地金主義者の一人は，戦時下における不換紙幣の金属本位制に対する優越性を，不換紙幣がどんな巧妙な計画にも従わないあるいは規制されないという事実の中にみたようにさえ思われた(107)．多くの反地金主義者は，イギリスは，国際的な混乱とはかかわりのない通貨をもったことで，国際収支のどのような戦時中の変動に対してもイギリス自身を調整する必要がなかったことによって，戦争中に利益を得たと主張した(108)．正貨支払いの停止は，一人の著述家が表現したように，「高価な戦争という事情の下で，隔離された通貨の利益」をイギリスに与えた(109)．しかし戦争の続く間，制限条例の大部分の支持者は，非兌換制をただ緊急手段として擁護しただけで，結局は金属本位制への復帰を期待した．このとき，不換紙幣をあえて永久の制度として宣言した著述家は少数であったし，また支持者を引きつけられなかったように思われる．彼らの中には次のような人びとがいた．すなわち，説明できない何らかの方法でいつも適正な価値を保持し，適切な貨幣量が発行される貴金属から完全に分離された「抽象的通貨（abstract currency）」の主張者(110)；どのような貨幣量も過剰ではありえない幼稚なインフレ主義者(111)；そして，国内の取引需要と関係なく海外に流出する心配のない通貨をもつという重要性に一番の重きをおくその他の人びと(112)である．しかし，戦

---

(107) 「このような理由から，人びとの欲求やその改善のために使われた工夫は，今回もほぼ他の場合と同様，全体として，現在のこの国にいっそう適した通貨制度を作ったし，またいっそう時宜にあっており，その制度は，どんなに有能で精通した政治家や政治経済学者の机上の空論よりすぐれていたと私は思いたい……．目標は真っ先に実行される．そうされなくてはならない理由は後で明らかにされる……．他の国々では紙幣は失敗してきたが，そのような国は，一般に頭でっかちな人が紙幣の実施計画を作ってきた国である．」（ロゼ伯爵（The Earl of Rosse），*Observations on the present state of the currency of England*, 1811, pp. 87-88.）

(108) 本書前出，p. 40-41 の 17 世紀の著述家たちの類似の主張を参照せよ．

(109) J. C. Herries, *A review of the controversy respecting the high price of bullion*, 1811, p. 96.

(110) 例えば，Thomas Smith, *An essay on the theory of money and exchange* [1807], 2d ed., 1811; Glocester Wilson, *A defence of abstract currencies*, 1811; 同, *A further defence of abstract currencies*, 1812.

(111) 例えば，Sir John Sinclair, *Observations on the Report of the Bullion Committee*, 3d ed., 1810; 同, *Remarks on a pamphlet by William Huskisson*, 2d ed., 1810.

(112) 例えば，John Raithby, *The law and principle of money considered*, 1811, p. 111：「1国の通貨は，国内でとどまっていることが，永遠かつ必然の傾向の性質であるべきだ．」；スタンホープ卿（Lord Stanhope）の上院提出の決議案：金や銀だけでなく，「英国の対外債務を弁

争が終結して，特に正貨支払いの再開が急激な物価下落を伴ったとき，けっして政府に大きな影響を与えることはなかったようだが，不換紙幣の擁護者はかなり多くなった．さらにもっと興味深いのは，1830年より前に，ある種の安定紙幣本位制を主張した著述家たちであった．

匿名の著述家が，早くも1797年に，金利を使った不換紙幣の管理システムを提案したが，彼は，この提案が，通貨数量の調整要因として可変の利子率を意図したかどうか明らかにできなかったし，適正通貨数量の明瞭な判定規準を定式化することもできなかった．彼は，すべての銀行券を廃止すべきことと，政府発行有価証券と交換に発行される国家紙幣が，銀行券の代わりになるべきであることを提案した．イングランド銀行は，個人が銀行に差し出す国家紙幣を，どんな量でも利子付き預金として受け入れなくてはならず，政府は，イングランド銀行が事業の遂行上必要でないとみなした紙幣は，残らずイングランド銀行から引き取らなくてはならない．政府は，政府がイングランド銀行に借金したか，それともイングランド銀行が政府に借金をしたかに応じて，イングランド銀行に利子を払うか，あるいはイングランド銀行から利子を受け取らなくてはならない(113)．

ジョン・ウィートレーは，正貨支払いの停止に対する最も遠慮のない批判者の一人であったが，正貨支払いの再開の接近と実現に伴う物価下落の衝撃で，彼の金属本位制への信念はしぼんでいった(114)．彼は，1816年以降の著述の中で，ある時は物価水準を一定に維持するよう調整された通貨の方が望ましいといい，またある時は数量一定の通貨の方が望ましいといった．しかし彼の究極の目的は，どうも物価安定であったらしく，というのも彼は，人口が増加してそれに応じて生産が成長しているところでは，貨幣量は，物価を下落させないように，同じ割合で増加すべきであると指摘していたからである．これは，調整紙幣の考えにつながると思われるが，しかし，1816年の彼は，まだ1813年の物価水準に戻すことを根拠にして，金本位制の復帰を主張していた：「鋳貨

済することができる他のあらゆる商品は，英国国内のさまざまな商品や物品の相対価値を測る固定的で不変のそして永久の尺度として使うためには，……これは，国内流通手段の最も重要で不可欠の目的だが……，不適切でありその任に堪えない法定基準である……．」Hansard, *Parliamentary debates*, 1st series, XX (July, 12, 1811), 911.

(113) *The iniquity of banking*, part II, 1797, pp. 42 以下と pp. 59 以下と p. 62.
(114) 彼は，1807年に，長期契約のために計表本位を任意に利用することを主張したが，この主張については，本書後出，p. 279 を見よ．

には，債権者を詐取する突然の過剰の余地も，債務者を詐取する突然の縮小の余地もない……．紙幣流通の場合は，われわれの通貨量が絶えず変化することは避けられない．銀行は，確信に満ちた期間は発行し過ぎであって，不信の期間は発行が少なすぎる」(115)．1819年の彼は，まだ兌換の再開を主張していた．低い物価を生む通貨不足の弊害は，高い物価を生む通貨過剰の弊害より大きいが，非兌換制の下では，通貨システムは不足にも過剰にもなりやすかった．適正な通貨システムを手に入れるために必要なことは，数量が最も変化しやすい小額紙幣を廃止して，金の蓄えを徐々に積み上げ，急激な物価下落を起こさないようにして，他国を困らせないようにすることだけであった(116)．しかし1822年に彼が主張したことは，世界の価格水準が上昇してイギリスの価格水準と均衡するまで，スターリング・ポンドの価値を減価させたままにしておくことであった．もし非兌換制の下で紙幣量が一定に保たれていたとしたら，正貨支払いはけっして再開しない方がよかったであろう．彼は今では次のように主張する．すなわち，穀物価格が1812-13年の水準に回復するまで紙幣の発行を増加させ，その後，金属本位制はおそらくきっぱり廃棄したうえで，物価と所得をこの水準に維持するのに必要な通貨数量の変化があればよいと(117)．

　トーマス・アトウッドは，安定紙幣に対して少しも熱意がなかったといってよく，彼の本当の目的は，通貨や物価のどのような増加も，無条件に完全雇用をもたらすのに必要なものであるべきだということのように思われた(118)．しかし彼は，物価下落は，不換紙幣でなければ回避できない重大な弊害であることを十分にわかっていたから，彼の安定化の提案は，不換紙幣の弁護の申立てがもっと大衆に気に入られることが期待されてなされたように思われる．それにもかかわらず，彼の提案はかなり興味深い．アトウッドは，政府によって発行される不換紙幣を提案したが，その数量は，政府の公開市場操作を通じて調整される(119)．通貨安定の判定規準として，彼は，小麦価格(120)と商品物価の

(115) John Wheatley, *A letter…on the distress of the country*, 1816, pp. 14-25, 43-44.
(116) 同, *Report on the reports of the Bank committees*, 1819, pp. 4, 45, 50-51.
(117) *An essay on the theory of money and principles of commerce*, vol. II, 1822, pp. 121 以下，pp. 131 以下．
(118) 彼は，なぜ貨幣を無限に発行しないかと質問して，次のように答えた．「1国の貨幣が，すべての労働者を，彼の習慣と体力に一番合った組織や職業で働かせるのに十分であるときはいつでも，流通量を増加してもなにも利益は生まれない……．」その点を超えた刺激は，「無駄か有害」である．(*A letter…on the creation of money*, 1817, p. 68.)

一般的上昇あるいは一般的下落[121]と利子率[122]と農業労働賃金[123]の間を揺れ動いた．彼には，明らかに，どれかひとつの規準に自分自身をしばりつける覚悟はなかった．通貨数量の調整は，立法上の委員会に任されるべきであり，「銀行券とか他の国家紙幣の発行については，最大・最小という法律ではなく，立法上の賢明な操作」[124]で実施されるべきである．もし労働賃金が安定の標準として使われた場合は，通貨数量の変化とその結果としての賃金変化の間に，時間的なズレのあることを彼は認めていた．だから彼は，賃金を補うため，市場利子率を，貨幣数量の変化した結果のいっそう敏感な指数として使うべきこと，つまり利子率は発行高を調整する「一時的な」指標として，そして労働賃金は「長期的な」指標として使うべきだと提案した[125]．

アトウッドは，物価の傾向は容易にひっくり返せないと知っていたから，紙幣を多く発行する権限を銀行に単純に付与するだけでは十分でないことをはっきり理解していた：

　たとえ「紙切れ製造者」にしたがって行動したとしても，同時に，一般大衆の心にも従わなければ無益であろう．というのも，もし一般の人びとに「紙切れ」を借りる気がなければ，「紙切れ製造者」はそれらを発行できないからだ．だから，両者にしたがって行動することが必要であり，一方が借入を，そして他方が貸付を刺激されなくてはならない．これらの性向は，現在は両者ともどちらかというと不活発であり，日に日にますます不活発になっている．慎重で用心深い人は，借りたお金を安全で有利に利用できないために，お金の借入に臆病である．銀行家は，お金が安全に利用されないことを知っており，また止むをえず貸し出しても誰も返済できなかった最近のパニックを思い出すために，貸し付けるのに臆病である[126]．

---

(119) *Prosperity restored*, 1817, pp. 129-130; *Observations on currency, population, and pauperism*, 1818, pp. 164-67; *The late prosperity, and the present adversity of the country, explained*, 1826, pp. 34-35.
(120) *Prosperity restored*, pp. 129-130, 135.
(121) 同書, p. 136.
(122) 同書, p. 183.
(123) 同書, pp. 184, 193-94; *Observations on currency*, pp. 166-67.
(124) *Prosperity restored*, pp. 163 以下.
(125) *Observations on currency*, pp. 204-05.
(126) *The Scotch banker*, 2d ed., 1832, p. 101.

古典学派の主要なメンバーはすべて，固定金属本位制の支持者であったが，この期間中に，このようなもっと優れた通貨本位制が利用できるという主張に応じようと真剣に試みられた形跡を見つけることができなかった．そのためそれ以来，固定金本位制の擁護者には，これ以外の通貨体制は不公平であり，貴金属より安定した価値をもつ通貨体制は考え出せないという教条的な主張を信じる著しい傾向がずっと続いてきた(127)．金属貨幣以上に貨幣価値を安定させようとする試みは，彼らの主張では実行不可能であり徒労にすぎなかった：「〔通貨の〕安定は，完全で不変でなくてはならないということは，……創造主の意思とか意図のようには思われない」(128)；「変動のない本位を漠然と望むことは，小麦から作られたパンよりもっと優れたパンを探すようなものだ．」(129)すでに指摘してきたように，ジェームズ・ミルやリカードウや彼の信奉者たちも，物価水準の変動規模やそれに伴う弊害をいずれも低く評価する傾向があったから，変わりやすいとはいいながら，金属本位制が，優れた通貨本位制の必要条件を十分に満たしているという意識を助長しがちであった．

　この期間を通じて，固定金属本位制の支持者たちは，この本位の利点として，これが純粋に国民本位というより国際本位であることをはっきり主張しなかった(130)．地金主義者は，不換紙幣の望ましくない作用形態の証拠として，為替の下落を特に強調したが，その主なあるいは唯一の理由は，為替の減価が地金で換算した国内価値の下落を表すからであった．私は，地金主義者が，為替の不安定性を本質的に有害であるとして公然と指摘した例をひとつしか知らないし(131)，また地金主義者が為替変動に起因すると信じた特有の不利益が，通貨の地金価値の変動と，それに結びついた自国と外国の相対的な価格水準全体の

---

(127) 1819年にリカードウは，金属本位制通貨より変化しにくい通貨は，「私がこれまで想像してきた」どのシステムでも得られないと主張した．(Commons Committee, *Report*, 1819, p. 138.)

(128) Samuel Read, *An inquiry concerning the nature and use of money*, 1816, p. 83.

(129) T. P. Thompson, "On the instrument of exchange," *Westminster review*, I (1824), 197.

(130) マルサスは，私の知る唯一の例外である．彼は，国際的に共通の本位をもつことは，たとえそれが物価下落を意味するとしても，望ましいと述べたが，理由はいわなかった．"Review of the controversy respecting the high price of bullion," *Edinburgh review*, XVIII (1811), 450-51.

(131) George Woods, *Observations on the present price of bullion*, 1811, p. 53：「その他現行制度にある不利な結果というのは，小集団の人間に絶えず翻弄されてぐらつく為替平価と，不安定な通貨の相対価値だけのように思われる．」(強調は原文にはない．)

変動以外に，たとえあったとしても何も発見できなかった．

　反地金主義者の中にも，変動する為替が有害であると認めた者が少しはいたが，そのとき彼らは，概して変動する為替の不利益として何を考えていたか示さないで，安定した為替の利益は，法外な費用をかけなければ得られないとか維持できないと主張した．紙幣擁護者の一人が叫んだように，金属本位制の下では「事物自然の秩序は逆にされるであろう．安定した通貨と変動する為替の代わりに，われわれは安定した為替と変動する通貨をもつであろう!!」(132)．
　反地金主義者の一人ウォルター・ホール（Walter Hall）は，議論を一歩進めた．彼は，変動する為替の不利益が非常に深刻であると認める覚悟はできていなかった：「安定した為替の価値とは何か，私はこれからよく考えてみるが，しかし，もし安定した為替の代価が変動する通貨であるとすると，非常に高くつくように私には思われる，」(133)「結局，この不利な為替の桁外れの弊害が何であれ，弊害の多くはなくなるはずだから，一か八かやってみるべきである．」(134) 彼は，明らかに為替変動を為替下落と同じものとみて，より高い物価というかたちで輸入商品の消費者の損失になると認めたが，しかし彼は次のように主張した．すなわちこの負担は，社会全体に等しく広がり，製造業者や輸入業者にもたらされる利益によって国全体としてはつり合わされるが，それに反して，為替下落に代わる通貨収縮の結果生じる強制販売や物価の下落は，商人と製造業者の重い負担となって，一時的に国の生産活動を損なうであろうと(135)．彼は，かつて税の変更は特定の価格関係に重大な変化をもたらし，こうして「社会の諸関係」を変えると主張し(136)，まただから，物価水準全体の変化と同じく，相対価格の変化も重大な結果をもたらしうるという認識を示したが，彼の

---

(132) Erick Bollmann, *A second letter…on the practicability of the new system of bullion-payments*, 1819, p. 25, 注．

(133) Walter Hall, *A view of our late and of our future currency*, 1819, p. 56.

(134) 同書, p. 59. その他の反地金主義者は，「不利な」為替は，輸出に対する補助金と輸入に対する抑止力として望ましいと主張したが，それについては次を見よ．Daniel Wakefield, *An investigation of Mr. Morgan's comparative view of the public finances*, 1801, pp. 51-52; 匿名, *Reply to the author of a letter…on the pernicious effects of a variable standard of value*, 1819, pp. 34-35：「為替が不利の間，それは，わが国のすべての製造業の輸出に対して補助金として働き，追加の利潤によって，この国の産業と技術を刺激する．またこの不利な為替は，わが国に損失をもたらすとはいいながら，利益ももたらすから，この利益を見逃さないようにしよう……．」

(135) Walter Hall, 前掲書, pp. 53, 60.

(136) 同書, p. 16.

示そうとしたこのことは，減価する為替の結果として生じる相対価格の変化にはあてはまらないというのは納得できるものではない．しかし皮相的で十分でなかったとはいえ，彼の分析は，地金論争の文献に限らず，私が吟味した19世紀のイギリス通貨問題の文献においても，私の知る限り，このきわめて重要な問題の局面を唯一はっきり認識していた分析であった．

　地金論争の文献は，金属（そして国際的な）貨幣本位制と非金属（そして国家主義的なあるいは「隔離された」）貨幣本位制の比較的利点に関する当時も今も人びとの耳目を引く問題に対して，満足な答えを与えたとはいえない．金属本位制の擁護者は，自分勝手な教義や道徳問題に訴えることに満足していたし，また金属本位制によって課される制限が，無責任にあるいは無能に管理された紙幣本位通貨のインフレの可能性に対する防衛手段であると主張することに満足していた．国家主義的な紙幣本位制の擁護者は，理論的には中の下の論点だが，通常の実践的な状況下ではきわめて下位の論点と私はみなしたいと思うケースに対して，立派に議論を立てた．彼らは，独立した貨幣本位制がもたらす自由の経済的利点について，説得力のある斬新な論拠を示した．その経済的利点とは，外部要因によって引き起こされるデフレ（またはインフレ！）を回避することであり，内部要因の結果として起こり，生産要素価格の下方硬直性の広がりによって強められるデフレを切り抜けることであり，また一般に，国のコントロールの利かない外部要因によって命じられる支払手段の数量をもつことを防ぎ，国にとって最善と考えられる数量の支払手段を供給することである．
　しかし，もし紙幣本位制の代弁者がいくぶんこの議論で知的に勝ったとすれば，大部分は，為替の安定のために私には最も重要な議論であるようにみえるものを，論争相手が論じ損なったためである．重大な論点は，安定した為替と不安定な為替の間にあり，またもし金属本位制を実施すれば安定した為替がもたらされ，紙幣本位制を実施してもそうできない場合は，その場合に限って，金属本位制と紙幣本位制の間にある．第一に，変動する為替は，外国貿易や外国投資にリスクと不確実さをもたらし，これらリスクと不確実さは，経済的に高価であり，為替変動をヘッジする先物市場やその他手段が発達しても，きわめて限定的な軽減しかできない．第二に，外国為替に関係なく管理される紙幣本位通貨は，たとえ通常の国際的な金属本位制の場合と比べて一般価格水準の短期的変動の大きさを縮小できたとしても，そのために，国際的な貨幣本位制で考えられる変動と比べて，輸出商品や輸入商品や国産商品といった部門間の相対

的な価格水準の短期変動を大きく増大させる傾向があると思われる．しかしこのような問題が，地金主義者やその批判者のやり残した点を超えてさらに分析されるためには，最近の大不況の刺激を受ける以外になかったし，また今日の議論は，安定した為替対不安定な為替という議論から，永久に安定した為替対変更可能な為替という議論に論点を移す傾向があるように思われる．これははるかに重大な問題である．というのも，外国貿易が非常に重要な国では，自由に変動する為替を長期的にこれまで進んで我慢した国はほとんどなかったし，また永久に固定された碇を変更可能な碇に代えるために，碇のまったくない状態に代えるより，強力な根拠が提示できるからである．

第V章　イギリス通貨論争 1825-1865

　　　　わが国の近代銀行業の先行事例に関係する原典文献の研究を試みる
　　　ために，イギリスの貨幣論争の英雄時代の文献から目を転じた研究
　　　者は，英国議会発行の報告書の青書（blue books）や議会審議録，
　　　パンフレットや小論文や主要記事の密林にぶつかることになるであ
　　　ろう．その密林は，一見あまりに入り込みがたく，研究者が絶望す
　　　るのももっともである．というのもその密林は，論争を生むばかり
　　　で実りが少なく，それが1832年以後の中産階級優位の時代の特徴
　　　であったからである．大量の証拠や統計も第一級の報告書ではなく，
　　　大量の立法も，直面するいろいろな問題の少なくとも長期的な最終
　　　的解決ではない．――T. E. Gregory, *Select statutes*, I, ix.

第1節　はじめに

　イギリスの物価水準の低落傾向は，1815年から1850年代まで一貫して続い
たが，イギリスの産業と労働者にとって，これは，製造技術の進歩と輸入原材
料価格の下落によって部分的に埋め合わせられただけであった．時々起こる繁
栄の期間も，たいてい急激な金融危機によって終結させられ，その後は不況と
失業の時代が続いた．このような景気変動は，新しい産業構造に固有のもので
あるという一般的な同意はあったが，変動が，長年の通貨の管理ミスとか不正
行為で強められてきたという一般的な確信もあった．固定的な金属本位制を
厳格に守っても，順調で有益な通貨制度の運営を保証するのに十分でないこと
は，正貨支払いの再開の後すぐに明らかになった．イングランド銀行は，この
期間中，イングランド銀行券の兌換を維持することに成功したが，いくつかの
ケースでは大変な困難に出会い，緊急手段に訴えた．1825年と1836年と1839
年に，兌換停止はきわどいところで回避された．1847年と1857年と1866年
には，イングランド銀行は再度大変な苦境に陥った．特別に緊迫したそれぞれ

の期間に，イングランド銀行の管理能力や通貨管理上の原理について，広範な論争が引き起こされた(1)．コブデン（Cobden）は，「通貨の管理というのは，……潮の管理とか，星や風の規制と同じ程度しか可能［でなかった］」(2)し，もし政府がやれるとすれば，通貨を完全な金属本位制において，「自動的な」プロセスに任せることだけであろうと主張したが，この主張に賛成した人は少なくなかったとはいえ，通貨がうまく働いていないことに誰も反論しなかった．

この期間に，イギリスの銀行システムは重要な構造変化を経験しなかった．金融逼迫の期間中に金兌換のために提示されたのは主として小額紙幣であったという考えから，1822年に更新された5ポンド以下の紙幣の発行権は，1826年の条例で廃止された．金融的により強固な地方銀行の設立を促進するため，同年の条例は，地方における人数制限のない共同出資者による紙幣発行銀行の設立を認めた．1833年に通過した条例は，短期手形の割引に関する限り，イングランド銀行を，高利禁止法下の法定最高金利の5%から免除して，こうして割引率を，信用コントロールの道具として使用する権限をイングランド銀行に与えた．またこの条例は，イングランド銀行が金の兌換を維持する限り，イングランド銀行券をイングランド銀行以外では発行できない法定通貨とするとともに，以前は疑わしいものであったロンドン地域における6人以上の共同出資者による非発券銀行組織を設立する権利をはっきりと宣言した．株式銀行は，地方とロンドンの両地域において，数においても重要性においても急激に増加した．1850年代まで，ロンドンには，イングランド銀行より多い預金をもった株式銀行が，少なくとも三つ存在した．イングランド銀行は，通常の商業割引取引の大半を次第に廃止していき，イングランド銀行の「個人預金」は，現金準備金に相当するものとしてイングランド銀行が保有する銀行業者の残高から大部分成り立つようになった．

最後に，一般にピール条例（Peel's Act）といわれる1844年の銀行特許条例（the Bank Charter Act）が通過したが，これは，第一次大戦までずっとイギ

（1）私が見つけたこの期間のイギリス通貨論争のサーヴェイのうち，明らかに一番役立つものは，トゥークとニューマーチの *History of Prices*（藤塚和義訳『物価史』1978-92年）の1928年リプリント版に書かれたT. E. グレゴリー（Gregory）による序文と，グレゴリーの *Select statutes, documents and reports relating to British banking, 1832-1928*, 1929 の序文である．

（2）*Report from Select Committee on banks of issue*, 1840, p. 39.

リス銀行業の憲章であった．この条例は，イングランド銀行に，発券部と銀行部に分離することを正式に要求し(3)，発券部を制限して，地金でカバーされない紙幣の最大発行高を1400万ポンドとした．この額を超える銀行券は，金（あるいは一定の限界で銀）との交換以外では発行できなかった．そのとき銀行券を発行していた地方銀行は，当時流通していた額を超えない範囲で紙幣の発行を続けることが許されたが，しかしこの法律は，イングランド銀行の発券部が，地方銀行の大部分の銀行券の流通を，地金でカバーされない発行の付加分としての徐々に吸収する規定を定めた．イングランド銀行の銀行部は，当時存在した民間銀行が，銀行券の発行権を除いてあらゆる事柄について法的な規制から自由であったように，銀行券の発行に関することを除いて法的な規制からまったく自由であった．

第2節 「通貨学派」と「銀行学派」の論争

この期間の通貨論争は，それぞれ「通貨学派」と「銀行学派」として知られるようになった異なる見解をもつ，主に二つのグループのメンバーによって行われた(4)．通貨学派の最も著名なメンバーは，オーヴァーストーン卿（Lord Overstone）（Samuel Jones Loyd），G. W. ノーマン（Norman），R. トレンズ（Torrens），ウィリアム・ウォード（William Ward）であった．銀行学派のリーダーは，トーマス・トゥック（Thomas Tooke），ジョン・フラートン（John Fullarton），ジェームズ・ウィルソン（James Wilson），J. W. ギルバート（Gilbart）であった．それぞれのグループ内では完全な教義の一致はなく，通貨学派は，論敵の批判の影響を受けながら，論争の途中で教義を明らかに大きく変更した．それにもかかわらず私は，次の数ページで二学派の一般的な立場の要約を試みるが，それは，論争の過程で展開された国際貿易理論にとって重要な特定の教義の，より詳細な吟味の準備のためである．しかし二つの学派間の議論は，完全に短期の問題に向けられた．何が長期の金属通貨の数量と価値

（3） イングランド銀行は，自らの意思で1840年に銀行の勘定にそのような区分をした．
（4） 通貨学派のメンバーであるウィリアム・ウォードは，1832年に，「通貨の原理」としてその主要な教義に言及した．サムエル・ジョーンズ・ロイドは，1840年の発券銀行に関する委員会の証言において，それぞれ「通貨原理」と「銀行原理」として二つのグループの教義に言及した．1840年以降，このような見解をもったグループは，「通貨学派」と「銀行学派」の名称で一般に区別された．

を決定するかという問題については，両学派とも，「古典派」つまり「リカードゥ学派」の教義に従った．

通貨学派の主張では，「純粋金属通貨（purely metallic currency）」の下では，外国への金の流出とか海外からの金の流入は，即座かつ自動的に，それに相当する通貨流通量の減少あるいは増加をもたらす．実際の通貨は，「混合通貨（mixed currency）」であった．すなわち，兌換紙幣が通貨を構成していた．混合通貨は，それが正確に金属通貨のように働く限り，つまり金の流出入が，それに（比例的ではなく，絶対的に）一致した通貨数量の減少あるいは増加をもたらす場合に限り，適切に機能するであろう．これが「通貨原理（currency principle）」である．しかし混合通貨は，もし紙幣の発行が，その数量を，発券機関が保有する金の数量に一致して変化するよう慎重に規制されなければ，このように自動的かつ即座に働かないであろう．そのような規制がないとすると，紙幣は，時に過剰に発行されまた別の時に過度に縮小されるであろうから，兌換の維持ははっきりと保証されないであろうし，通貨の不適切な変動が，経済構造に固有な周期的な好・不況の傾向を強めるであろう．

通貨学派の最終目的は，貨幣単位の価値つまり物価水準が，混合通貨の下でも純粋金属通貨のときと同じ水準であるべきだということであったから，銀行券の数量の変化を，純粋金属通貨の下で正貨の数量に生じると思われる変化額に一致させるルールによってこの目的を成し遂げるためには，銀行券と正貨の流通速度が，同じ状況の下でまったく同一でなくてはならない．これは，通貨学派のメンバーによってどうも看過されたようだったが(5)，彼らは，そのような流通速度の同一性の存在を当然のことと考えたかもしれない(6)．

銀行学派は，このような命題のほとんどすべてを否定した．彼らは，一般に，混合通貨が正確に純粋金属通貨のときのように働くことが望ましいかどうかの問題を検討しないで，純粋金属通貨は通貨学派の主張するようには働かないとした．彼らの指摘によると，純粋金属通貨の下では正貨の他に，また複合通貨

（5） しかし，チャールズ・ウッド卿（Sir Charles Wood）を参照せよ：「解決されなくてはならない本当の問題は，流通紙幣の価値を金属通貨であった場合とまったく同じに保つように，どのように流通紙幣の数量を規制すべきかという問題である．紙幣の流通は，紙幣がなかった場合に必要な金属通貨と正確に同じ数量である必要はない．というのも，紙幣のよりいっそう大きな利便性によって，金とか銀より少ない数量で同じ機能を容易に果たしうるかもしれないからである．」（Hansard, *Parliamentary debates*, 3d series, LXXIV (May 20, 1844), 1356.）
（6） そのような同一性が必要でない理由については，本書前出，p. 132 を見よ．

の下では正貨と銀行券の他に,大量の銀行預金と為替手形が存在するが,彼らの主張によれば,それらも通貨であり,どんな場合でも銀行券や正貨の場合と同じように物価に作用する.さらに純粋金属通貨の下では,金は,流通しないで「退蔵 (hoards)」されるものもあり,近代では,主にイングランド銀行やその他の銀行の金準備として保有されるものもあった.このような退蔵金の大きさが変化しても,物価に影響を与えることはできなかったかもしれない[7].だから純粋金属通貨の下であっても,国の金ストックの獲得とか損失がそれと一致した通貨の変化になる必要はなく,ただ退蔵金の大きさを変えるだけか,預金量の反対の変化で相殺されるかもしれなかった.だから,もし退蔵金や預金額のコントロールがなければ,銀行券の発行を制限しても,銀行券の総流通量の変化額と金の総量の変化額を一致させるという通貨学派の目的を達成するのに十分ではありえなかったであろう.銀行学派は,法令による通貨管理の代替案を提示しなかった.彼らの主張では,法令による預金管理を誰も要求しなかったしできなかった,またたとえ可能であったとしても,望ましくなかった.銀行券の流通量は,競争的な銀行業の通常の過程で十分に管理されたし,また,もし兌換の要件が維持されていれば,どんな時でもビジネス・ニーズを超えることはできなかった.これが「銀行原理 (the banking principle)」である.もし不健全な銀行業の慣習が,時に信用を過剰に供与することになっても,そこには自浄作用が働いた.とにかくそれは,法的な手段によっては防ぐことはできなかったし,特に銀行券の発行を単に制限するだけでは防ぐことはできなかった.

覚えているであろうが,地金主義者が強く主張したことは,不換紙幣の下では,発券は,兌換通貨の下で維持された正貨と銀行券の総流通量に一致するよう規制されるべきだということであったが,いつも主張していたことは,あるいは論拠もなく当然のことと考えたことは,もし兌換が実施されていれば,紙幣の過剰発行とか過少発行に備えてさらに規制する必要はないということであった[8].

(7) Fullarton, *On the regulation of currencies*, 2d ed., 1845, p. 140 を参照せよ:「正貨流通国間の国際的支払いの全機構は,退蔵金の作用に依存し,しかも退蔵金として集積された貨幣が物価に及ぼす作用は,たとえ通貨原理の仮説にしたがってさえ全く不可能であらねばならぬにもかかわらず,[通貨学派は]はいまだかつて金属の一大退蔵のごときものの存在について論及さえないのである.」(福田長三訳『通貨論』岩波文庫,1941年,p.176.)
(8) しかしリカードウ,本書前出,p.203 を参照せよ.通貨学派は,この点について,自分たちがリカードウから支持を引き出せたことに気づかなかった.

他方，反地金主義者の通常の主張は，銀行券は，もし優良の短期商業手形を担保にした貸付として銀行が発行するだけであれば，兌換であろうとなかろうと，過剰に発行できないということであった．通貨学派と銀行学派は両学派とも，不換紙幣に過剰発行はありえないという反地金主義者の教義を断固として認めなかった(9)．通貨学派はさらに進んで，たとえ兌換紙幣でも，兌換の維持を危うくして金融危機を招くほど，永久ではないが十分長期にわたって過剰に発行されることはありうると主張した．しかし「通貨原理」つまり混合通貨は「純粋金属」通貨のように働かせるべきだという教義は，地金主義者の教義，つまり不換通貨は兌換通貨のように働かせるべきだという教義に類似しており，明らかに地金主義者の教義から引き出された．

通貨原理は，1820年代に初めて定式化されたと思われる．1823年にジョプリン（Joplin）は，100％の地金準備率を不可欠の条件とする，銀行券の発行規制の体系を提案したが，「この体系によって銀行券の流通は，正確に金属通貨と同じ仕方で膨張したり縮小したりするであろう」とした(10)．1826年にヘンリー・ドラモンド（Henry Drummond）は，同じように主張して，およそ通貨数量の変動というものは，それに見合う正貨数量の変動からなるよう紙幣総額が一定に保たれなくてはならないとした(11)．

第3節 「パーマー・ルール」

1827年にイングランド銀行は，割引手形を含む証券保有額を一定に保つことによって，英国通貨の変化額を純粋金属通貨の下で生じる変化額と一致させることを狙ったひとつのルールを採用したが，これは，当時のイングランド銀行総裁 J. ホースレー・パーマー（J. Horsley Palmer）が1832年にはじめて公に説明したところから，その後「パーマー・ルール」とか「1832年ルール」として一般に知られている．同じ時に，どうやらまったく独立に，通貨問題に

（9） 紙幣は，もし不換であれば過剰に発行されるが，兌換であれば過剰に発行できないと彼らは主張したが，その根拠は，銀行学派の著述中にも明確な記述は見つけられないはずである．しかし彼らの推論を類推すると，兌換の下では，国の物価水準，まただから貨幣数量は，短期においても国際的に決められたが，不換の下では，この外部的な制限は働かないであろうというものだったように思われる．

（10） Thomas Joplin, *Outlines of a system of political economy*, 1823, p. 276.

（11） Henry Drummond, *Elementary propositions on the currency*, 4th ed., 1826, p. 47.

関する大蔵省の秘密顧問ペニングトンは，当時の大蔵大臣ハスキッソン(Huskisson)への覚書きの中で同じルールを提示した．ペニングトンがそのルールを考えたときの問題とは，紙幣を「純粋金属通貨」のように機能させるという問題であった．「紙幣に対する最大の反対理由は，紙幣の拡大・縮小を，純粋に金属的な通貨の拡大・縮小の規制法則と同じ法則にしたがわせることが極端に難しいことにある．」(12)その解決策として彼が提案したことは，イングランド銀行に銀行券を発行する排他的な独占権（あるいはその他銀行の発券額に対する直接的な通貨管理権）を与え，そして一定額の証券を保有すべきことであった．そうすれば，地金の保有高の変動と一致しない銀行券の発行高の変動は起こりえないであろう：

> イングランド銀行が，種類が同じで不変の証券の一定額を常に保有すべきであること以外何も必要ないであろう．もしイングランド銀行の負債残高が，ある特定の時に2600万ポンドになり，これに対して，もしイングランド銀行が1800万ポンドの政府証券と800万ポンドの地金を保有していたとすると，証券を1800万ポンドにとどめることによって，外国為替の動きは必ず金次第で決まることになるであろう．イングランド銀行は，ある時は600万ポンド，ある時は1000万ポンド，またある時は800万ポンドの財宝をもつかもしれないが，どのケースにおいても，イングランド銀行券は，イングランド銀行の正貨の増減につれて拡大したり縮小したりするであろう(13)．

パーマー・ルールは，本質的にこれと同じであった．イングランド銀行は，為替が平価にあって通貨が「十分」であるとき，銀行券と預金債務額の合計の三分の一を正貨準備でもつようにしなくてはならず，その結果イングランド銀行の流動資産は，三分の一の正貨と三分の二の証券にならなくてはならない．その後必要なことといえば，証券を一定の総額に保つことだけであろう．こうして海外からの金の流入は，銀行券の発行高を金の流入額だけ増大させるように作用して，金の流出とか国内流通のための鋳貨需要は，それに見合う銀行券の発行高の減少をもたらすであろう．こうして正貨と銀行券を合わせた国内流

---

(12) James Pennington, *Memorandum*（個人的な出版物），1827, p. 8. このメモランダムは，Pennington, *A letter…on the importation of foreign corn*, 1840, pp. 82以下に転載されている．

(13) *Memorandum*, p. 14.

通額は，もし対外的な金の移動の影響を受けないとすると，ずっと不変のままであろう(14)．

このルールの致命的な欠陥は，もし証券を一定額に維持することが，地金の変動額と銀行券発行高の変動額の一致を保証するためであるとすると，預金額を一定に維持することもまた必要であることを看過したことであった．もし預金額の変動が許されるとすると，地金の保有額が変動しても，銀行券の発行高はずっと一定のままであるかもしれないし，あるいは逆の方向に変動するかもしれない．不換紙幣の下では，もし次の場合であれば，証券額を一定に維持する一般的政策は擁護できた．すなわち，銀行券の流通速度の変化や預金額の変化を相殺するために，このルールからの離脱が許された場合，そして人口と資本の成長の結果生じる生産の長期的な傾向に対して，証券の大きさを調整する規定が定められた場合である．しかし国際的な金属本位制の下では，証券額を一定に維持するルールに固執すると，国内物価水準と世界物価水準の間に重大な継続的な不均衡が生まれることになり，そのため金準備の枯渇か無限の蓄積という結果になることがありえた(15)．

この件について，ペニングトンの初期の立場を理解するのは容易ではない．彼が述べた通貨管理の目的のためには，通貨原理の無条件の承認が必要になるように思われる．しかし彼の主張した通貨管理方法によれば，パーマー・ルールのように，銀行券と預金を合わせた変化額が正貨準備の変動額に一致させられると思われるが，通貨原理では，銀行券の変動額だけが正貨準備の変動額と一致することが要求された．このことは，支払手段としての預金の重要性に注意を喚起するうえで重要な人物であったペニングトンが，イングランド銀行の側にどんな積極的な調正行動も要求することなく，どうしてすべての正貨準備を預金を通じて引き出すことを認めるルールを主張しなかったかの説明を特に要求するように思われる．その後ペニングトンが1840年に自分の覚書きを出版したとき，彼の見解は明らかにいくつか修正された．彼は，そのとき，「純

（14） パーマー氏の証言を参照せよ．*Report from the [Commons] Committee of Secrecy on the Bank of England charter*, 1832, p. 11.

（15） のちにG. W. ノーマンが主張するには，イングランド銀行がパーマー・ルールを採用したとき，銀行当局は，そのルールが，金の対外流出に対して，銀行券発行高の収縮でなく預金の収縮で応じることを許すことに気づいていたという．しかし彼は，それでもパーマー・ルールが，有効で実施可能な最善の原理であると思った．（*Remarks upon some prevalent errors, with respect to currency and banking*, 1838, pp. 79 以下．）

第3節 「パーマー・ルール」

粋金属貨幣」を正貨だけからなる貨幣のつもりで用い,「紙幣流通」を銀行券と預金のつもりで用いたことを明らかにした(16). これであれば, 彼の通貨管理のルールは彼の目的と一致するであろう. 通貨原理に反対した彼は, 通貨原理によって, 通貨（=銀行券と預金）の変動は, 正貨しかない場合のもとで生じる変動を上回ることになり, その結果,「人びとは, 貨幣市場の作用で, 比較的に裕福なときと困難のときの間を, きわめて大きく揺れ動かされるであろう」と抗議した(17). 彼がそのとき支持したものは, 銀行券と預金の変動額を正貨準備の変動額内に限定したパーマー・ルールを暫定的に守り, 正貨準備の危険な枯渇が起こる場合に限って, 証券の公開市場売り操作というかたちでこのルールから離脱することであったらしい(18).

予想された通り, イングランド銀行の業務は, パーマー・ルールが適用されている間中うまくいかなかった. 特にこのルールがおそらく守られていた1836年から1839年まで, イングランド銀行は大概いつも重大な窮地にあった. 当時イングランド銀行は, 銀行券が補整的に削減されることなしに, 金が輸出のために預金を通じて引き出されていることを知っていた. イングランド銀行は, イングランド銀行自身が, 証券額を一定に維持できないか維持したくないこともわかっており, 金の流出が続いている間に証券額を増加さえした. イングランド銀行の窮地の原因は, 一部分は, イングランド銀行が自身のルールを誤って破ったことにあったが(19), 一部分は, 証券額を一定に維持するルール

---

(16) *Letter…on the importation of foreign corn*, 1840, pp. 89-90.
(17) 同書, p. 100.
(18) 同書, pp. 98-99 を参照せよ.
のちにペニングトンは, 銀行券の発行高が縮小されないままであっても, イングランド銀行の金準備が預金の引き出しを通じて枯渇する危険はないと主張した：
「これが起こったとしても, ……ほんの小規模に起こりうるだけであろう. というのもそれら預金の大部分は, 私営の銀行が所有することを強いられる金準備からなっており, またその準備は, 金融逼迫時や危機のときに, 縮小させるより増大させる方が得策だとわかっているものであるからである. もし私営の銀行が, これらの金準備をイングランド銀行の管理に委ねる代わりに, 自分の金庫で保管するために銀行券の形態で金準備を引き出したとしても, その影響はまったく取るに足らないであろう. イングランド銀行は, 一方の形態の代わりに, 別の形態で金準備を保有しているであろう.」("Letter from Mr. Pennington on the London banking system," in John Cazenove, *Supplement to thoughts on a few subjects of political economy*, 1861, p. 53, 注.）
(19) のちにパーマーは, このルール違反を擁護して, それらはすべて, 例外的な状況に対して慎重に適応した結果であると主張した. (J. Horsley Palmer, *The causes and consequences of the pressure upon the money-market*, 1837; 同, *Reply to the reflections, …of Mr. Samuel*

228 の許す以上に大きな通貨（銀行券と預金）の縮小が必要とされるときにはいつも，金属準備通貨の下でこのルールをまったく実施できないことにもあった．

トレンズとオーヴァーストーンは，パーマー・ルールに批判的であったが，パーマー・ルールからの離脱は，このルールの欠点を和らげるよりむしろその欠点を際立たせるようであったと主張した．彼らは，もし通貨原理が実施されることになれば，金移動がただ預金だけに作用するのを許すはずはないと指摘した．イングランド銀行は，銀行の金準備が預金を通じて引き出されていることを知ったとき，「証券に対する強制的な働き掛け」によって，つまり割引額の意図的な収縮とか公開市場での政府証券の売却によって，イングランド銀行券の発行高を縮小したはずである．地金保有額の変動額と銀行券発行高の変動額の一致を強要する代わりに，証券額を一定に維持することは，この二つの変動額の一致をイングランド銀行に許さないことであると彼らは主張した[20]．

トレンズとオーヴァーストーンによると，パーマー・ルールの誤りは，「イングランド銀行が預金を貸し出す」際の担保証券を含む，イングランド銀行の全証券額を一定に保つことを狙ったことであり，また預金を含む全債務額に対して，金の流出入の作用を許したことにあった．そうではなくて，イングラン

Jones Loyd, 1837；また1840年の発券銀行に関する委員会におけるパーマーの証言，*Report*, pp. 103以下．）しかし，イングランド銀行が例外的であるとみなした状況は，驚くほど頻繁に繰り返し起こったらしい．イングランド銀行が自分自身のルールから離脱したときの動機が何であったのか明白ではない．ロングフィールドは，対外流出の場合の動機を指摘した：「［パーマー・ルール下の］証券は，イングランド銀行の安全のためでなく，公衆の便宜のために，一定［つまり増加されない］に保たれるはずであった．もしイングランド銀行が絶えず活動的であって，為替が不利であったり別の状況のために金に対する需要が生まれるときにいつでも証券を減らした場合は，イングランド銀行はさらにいっそう安全であろう．」("Banking and currency, IV," *Dublin University magazine*, XVI (1840), 619.) 同じ原理にもとづいて，イングランド銀行が証券保有額を拡大することは，このような状況の下では，公衆の「便宜」をいっそう良好にさえするであろう．イングランド銀行の収入も，証券保有額を維持または拡大することから利益を得るであろう．サムソン・リカードウ (Samson Ricardo) が疑問を抱いたように，「願わくは，イングランド銀行の株主に対するわずかな配慮のために，定められた原理の厳守が時に邪魔されないことを．」(*Observations on the recent pamphlet of J. Horsley Palmer*, 1837, p. 27.) しかし，イングランド銀行の理事たちに公平にいえば，イングランド銀行の規則では，理事たちは，イングランド銀行の株式を，最小制限額である2000ポンドを超えて所有してはならなかったことを書き留めておくべきであろう．

(20) Torrens, *A letter to…Lord Melbourne, on the causes of the recent derangement in the money market*, 2d ed., 1837, p. 29; Overstone, *Reflections suggested by…Mr. J. Horsley Palmer's pamphlet* [1837]. (Overstone, *Tracts and other publications on metallic and paper currency*, J. R. McCulloch ed., 1857, p. 29に再録．）を参照せよ．

ド銀行は，銀行券を発行するときに担保になる証券額だけを一定に保つべきであった．つまり金でカバーされない銀行券の発行高を一定に保つべきであった．その場合だけ，イングランド銀行の銀行券の発行高の変動額は，必ず地金の保有額の変動額と一致するであろう[21]．イングランド銀行のこの手順を強化するために，また銀行券の保証として保有される証券が，預金の保証として保有される証券から分離されなくてはならないことを確実にするために，イングランド銀行の銀行部と発券部は正式に分離されるべきであり，発券部は，証券でカバーされた銀行券の固定された最高額の他は，銀行券と地金，地金と紙幣，ポンドとポンドの交換だけに限られるべきである[22]．通貨学派は，確かに，地方銀行の銀行券の発行権の取消しかあるいは少なくともそれらの徹底的な制限を望んだが，しかし彼らは，おそらく通貨学派の提案に対するそれまでの地方銀行の激しい反対を，さらに刺激することを警戒して，問題のこの局面を詳しく述べなかった[23]．

第4節 1844年の銀行条例

1844年の銀行条例は，通貨学派のこのような提案を実行に移した．しかし，この条例の諸規定が通貨不安から国を守る保証として十分であるという，人びとに抱かれたかもしれない期待は，早々と失望にぶつかる運命にあった．イングランド銀行は，この条例下では，銀行部が法的な規制から免除されていることを真にうけて，4％の割引率を，それまでの歴史上最低の2½％に即座に引き下げて，商業割引の拡大に着手した[24]．

---

(21) Torrens, *Supplement to a letter…on the derangement in the money market*, 1837, p. 6 及び付録 pp. 4, 5; Overstone, *Reflections*, 1837.（*Tracts*, pp. 7-9）．
(22) Torrens, *A letter to Thomas Tooke, Esq., in reply to his objections*, 1840, p. 5 以下; Overstone, *Reflections*〔1837〕(Overstone, *Tracts*, pp. 38-39.)
(23) G. W. Norman, *Letter to Charles Wood, Esq., M. P. on money*, 1841, p. 95 を参照せよ：「私は熟慮の結果以下の問題を無視する．すなわち，イングランド銀行の財宝は，イングランド銀行券と同じ割合で増減させるべきか，それともこの国の全紙幣と同じ割合で増減させるべきかという問題である．」
(24) パーマーは，1848年の商業的困難についての英国上院委員会で，次のように証言した．すなわちイングランド銀行は，1844年9月に割引率を2½％に引き下げたが，これは，「イングランド銀行が，イングランド銀行の所有者たちの利益のために，銀行部の一定割合の金準備を使用する適切な行動と考えられていた事情に応じたものである．」*Report*, p. 108.

イングランド銀行の金準備はすぐに減少しはじめた．1847年に国民は，このような金準備の減少に目を留め，1844年の条例の下では，いったん銀行部の金準備が枯渇してしまったら，預金者の要求に対してイングランド銀行は自行の銀行券とか正貨で応じることはできないことに気づいて，驚いて預金の引き出しに取りかかった．イングランド銀行は，割当制限や割引率の継続的な増大や証券の売却や市場からの借入によって，この流出を食い止めようとしたが，成功しなかった．1847年10月22日，銀行部の金準備は£2,376,472まで減少し，パニックは国全体に広がった．イングランド銀行は，それでも支払いに応じ続けられると確信していたが，政府はパニックを静めるために介入し，金でカバーされない銀行券を，法的な最高限度を超えて発行する権限をイングランド銀行に付与し，自由に，しかし高利で割り引くようにイングランド銀行に求めた．パニックはすぐにおさまり，金はイングランド銀行に戻りはじめ，法的最高限度を超えた銀行券の発行は実際には行われなかった．しかしここで証明されてしまったことがある．それは，1844年の条例の下では，金は，正貨の支払いを求める銀行券の提示だけでなく，預金という手段によってもイングランド銀行から引き出すことができるということであり，またパニックの時にイングランド銀行の発券能力が法的に制限されているという知識が，そのような金の引き出しを助長するように働きうるということであった．1857年と1866年に，銀行部の金準備の枯渇を防止するために，銀行条例の停止が再度行われた．1844年の条例は，国民の手の中に自発的に止まる銀行券の総額が1400万ポンド以上にならないという条件をつけた場合だけ，銀行券の兌換性を絶対的に保証できたかもしれない(25)．この条例は，イングランド銀行によってなされる十分に良好な信用操作管理を，明らかに保証できなかった．

　条例を制定していた25年間に銀行条例を三度停止する必要のあったことは，通貨学派の支持者たちを失望させたが，彼らは，それは，銀行学派の主張，すなわち通貨学派の教義が誤りであるとか，条例が有害な影響を及ぼすという主張を正当化しないといった．オーヴァーストーンは，1844年以降のイングランド銀行の銀行券発行高とその地金保有額のちぐはぐな変動でさえ，通貨学派の主張，すなわち1844年の条例が自動的にこのような変動を一致させるとい

（25）たとえ議論の余地のある次の問題の場合でも，これを条件として，銀行条例は兌換の絶対的な保証をした．すなわち，イングランド銀行が銀行部の債務を履行しないケースにおいても，イングランド銀行券の保有者が，発券部の金に対して法的に優先権をもつという場合である．

第4節　1844年の銀行条例

う主張を無効にしないといった．彼が明らかにできたことは，条例の通過以前に，彼は，イングランド銀行の地金保有額と発券部以外の銀行券の発行高を一致させるルールを支持したのではなく，イングランド銀行の地金保有額と国民の手の中の銀行券発行高を一致させるルールを支持したということであり，彼がそうした理由が，1844年まで，イングランド銀行によって「手元現金」として保有されたイングランド銀行券の保有額の情報が利用できなかったというただそれだけの理由だったということである．もしそのような情報が利用できていたなら，彼は，イングランド銀行が銀行部に保有する銀行券を，イングランド銀行の地金保有額の変動と一致させなくてはならない「流通」紙幣に含めたであろう[26]．1844年の条例は，発券部の銀行券残高と発券部の地金保有高のそれぞれの変動額が，絶対的に一致することを保証した．

通貨学派の最大の誤りは，国民をそそのかして，イングランド銀行全体の適切な機能に寄与するものとして，発券部の自動調整機能の重要性を誇張したことであった．ロバート・ピール卿（Sir Robert Peel）は，銀行条例を紹介する下院の演説で次のように述べた：「イングランド銀行の銀行業務について，私は，イングランド銀行券を取り扱う別の部局とまったく同じ原理で管理されるべきであることを提案する．」[27]彼の見解では，発券部の運営を規制すれば，健全な通貨管理を保証するのに十分である，あるいはおそらくもっと正確には，十分そうである．これに関しては，ピールは，通貨学派の支持者たちよりさらに先に行ったが，のちに自分が楽観的すぎていたことを認めた[28]．トレンズとオーヴァーストーンは，銀行券の発行規制があらゆる銀行業の災いのための救済策であるという教義に，けっして拘束されなかった．この教義は，しばしば通貨学派の当時の批判者とその後の批判者の両方から批判された．トレンズとオーヴァーストーンは，もし銀行部の準備金を預金の引き出しを通じて枯渇

---

(26) The evidence, given by Lord Overstone, before the Select Committee of the House of Commerce of 1857, on bank acts, 1858, pp. 119 以下．

(27) Hansard, Parliamentary debates, third series, LXXIV (May 6, 1844), 742.

(28) 「そこで私は，1844年の法案には三つの目的があったといおう．その第一は，私が失敗と認める目的である．すなわち，初期の漸進的縮小によって，過酷で急激な縮小とそれに不可避のパニックや混乱を防ぐことである．しかしこの法案には，少なくともこれと同じ重要性をもった他の二つの目的があった．一つは，紙幣の金への兌換を維持し保証することであり，もう一つは，約束手形のかたちで紙券信用を乱発することによってより過酷になる過度の投機からいつでも起こる困難を防ぐことである．これら二つの目的があったからこそ，法案が無修正で通過したと信じている．」Hansard, Parliamentary debates, 3d series, XCV (Dec. 3, 1847), 657.

されないようにするつもりなら,イングランド銀行の注意深い管理が必要であることを認めていた.パーマー・ルールを議論する中で,彼らは,イングランド銀行を適切に機能させるには,適切な割引額の管理が不可欠な要素であると指摘した.しかし彼らは,銀行券の裏付けとしての地金準備を一部分分離することを要求することによって,1844年の条例が,銀行券の発行の兌換を保証するという第一の目的を超えて,イングランド銀行を強制し,銀行部で保有された未分離のつまり限界的な金準備の変動額に細心の注意をさせて,その結果,前ぶれ的な金の流出を抑制するためにもっと迅速に行動させるであろうと信じていた[29]. そこで彼らは,1847年の困難は,イングランド銀行の管理ミスによるものであって,1844年の条例が原因ではなく,だから,もし1844年の条例に賛成していなかったとしたら,イングランド銀行はもっと軽率なことをしていたであろうと主張した:

> このケースは,新しい法律の影響についての曖昧で無知にもとづく不安のために特別に疑心暗鬼になっている時に,イングランド銀行の銀行業務の管理ミスが社会に影響を及ぼしたひとつのケースであった……. 地金が過度に枯渇することからくる危険は,社会を守るために条例が立ち向かわなくてはならない害悪である.銀行準備の過度の枯渇とそれに続く不都合に対して,時宜にかなった効果的な予防策をとることはイングランド銀行の義務である[30].

しかし,もし通貨学派が,銀行組織の固有の機能として,イングランド銀行による銀行券の発行だけでなく,信用操作全体の適切な管理の必要も認める用意があったとすると,なぜ彼らは,銀行券の発行だけを規制する提案に同意したのであろうか.その答えの一部は,彼らの第一の目的が発行された銀行券の兌換の保証にあり,この保証を,1844年の条例が実質的に果たしたという事

---

(29) Torrens, *A letter to Thomas Tooke*, 1840, pp. 10-11 を参照せよ:「われわれの間にある違いはこれである:あなたの主張によると,イングランド銀行の仕事を二つのまったく別の部局に分離するという提案は,発券部の過剰取引は防ぐことはできても,預金部の過剰取引は防げないということであるが,私は逆に,提案された分離によって,両部局の過剰取引は阻止されると断言する.」以下も参照せよ. Overstone, *Thoughts on the separation of the departments of the Bank of England* [1844], *Tracts*, pp. 263 以下;同, *Evidence… before the…Committee of the House of Commons*, 1858, pp. 163-64; Sir William Clay, *Remarks on the expediency of restricting the issue of promissory notes*, 1844, p. 71.

(30) [Overstone], *Letters of Mercator on the Bank charter act of 1844* 1855-1857, pp. 57-58.

実にある.オーヴァーストーンが主張したように,1844年の条例は「銀行券の兌換を確保した.この目的のために条例が制定されたのであり,条例が果たすべきこととして立案者が約束したことは,この目的以外にない.」[31]通貨学派は,物価に影響を及ぼす要素として,銀行券以外の形態の銀行信用の重要性を最小に見積もるか否定する傾向もあったし,あるいはトレンズの場合のように,預金の変動は,銀行券の発行高の変動によって厳重に管理されていたと主張する傾向もあった[32].彼らは,単純な自動的なルールにあこがれたが,イングランド銀行の一般的な信用操作を管理するために適したルールは,何も見つけられなかった[33].それにまた,彼らには,銀行組織の法的統制を必要以上に拡大することには,自由放任主義的な反対論があった.

通貨学派は,自分たちへの批判が銀行条例停止の重要性を誇張したと主張した.オーヴァーストーンは,条例の成立以前には,国内パニックの場合に,条例を停止することが望ましいと認めた.そのようなケースでは,「予見できない危機や国家的な必要があった場合に,あらゆる政府が必ず保持しなくてはならない特別な干渉権」に訴えなくてはならない.しかし,緊急の際に条例の停止を認める規定を条例の中に明文化することは差し支えがあろう.というのもそれは,ただ危機の対策としてみなされなくてはならないものを,日常的で予見される手続きに変質させる傾向があるからである[34].後に彼は,過去に起こった停止は大して重要ではなかったと主張した.パニックが起こった場合,銀行券の発行高の縮小が海外からの金流入によって相殺されるまでには時間がかかるであろう:「この純粋に技術的で,どんな原理原則もあてにできない一時的な困難に対処するために,銀行条例の重要な規定が短期間停止された.」[35]

---

(31) *Correspondence between the Right Hon. Lord Overstone, and Henry Brookes, Esq.*, 1862, p. 36.
(32) 本書後出,p. 248 を見よ.
(33) Sir William Clay, *Remarks*, 1844, p. 26 を参照せよ.
(34) *Thoughts on the separation of the departments*, 1844 (書かれたのは1840年), *Tracts*, pp. 282-84.
(35) *Correspondence between…Lord Overstone, and Henry Brookes, Esq.*, 1862, p. 23. 実際に国民がすぐに確信したことは,必要があった場合,イングランド銀行の金でカバーされない銀行券の法定の発行制限が,パニックを防ぐことが緊急に必要とされたときにイングランド銀行の信用拡大を有利にさせるのではなく,この制限が停止されるであろうということであった.*Report from the Select Committee on Bank acts*, 1857, part II, p. 3のイングランド銀

銀行学派は，次の両方の理由で1844年の銀行条例に反対した．すなわち，
条例は，銀行信用の拡張しすぎに対する救済策ではないこと，また兌換銀行券
の過剰発行は不可能であるという理由である．しかし彼らは，銀行信用量の法
的統制のどのような提案もけっして支持しなかった．理由の一部は，それが実
施できないと思ったからであり，また一部は，通貨学派と同様，彼らが一般的
な自由放任主義的立場から統制に反対であったからである．銀行学派は，過去
のイギリス銀行組織の記録を，通貨学派と同じくらい都合の悪いものと思って
いたにもかかわらず，彼らは，どうもイギリスの銀行家がそのうちもっともうま
くやることを学ぶであろうという希望に頼ることしか考えなかったらしい：

　　いやしくも地方銀行が誤ったとすれば，誤りは，発券銀行としての行為の中にあ
　　ったのではなく，割引や貸付に対する銀行としての行為の中にあった；穀物とか
　　綿への向こう見ずな投機あるいは中国とかオーストラリアに向けた軽率な船積み
　　と同じく，法律とは関係のないまったく別の事柄なのである(36)．

　　いずれかの法的手続きによって，もし信用の誤りや行きすぎを効果的に抑制する
　　ことが可能とすれば，それは，わが国の銀行制度の真に有益な改革に向けた正し
　　い行き方であろう．しかしこのような信用の誤りや行きすぎは，残念ながらむし
　　ろ法律の範囲外のことであり，法律によってたまたま影響を及ぼすことができる
　　か，あるいは法律が矯正しようとする弊害よりはるかにいまいましい我慢のなら
　　ない一種の干渉によって影響を及ぼすことができるにすぎない(37)．

　銀行学派は，1844年の条例のどんなメリットでも認める気はしなかった．
彼らは，金の海外流出のときに，条例が，イングランド銀行を強制して発券を
より迅速に縮小させることを認めないか(38)，あるいはたとえこの強制を容認
したとしても，強制がメリットであることを認めないかのどちらかであった(39)．

　　　行総裁ヴェクリン（Weguelin）を参照せよ：「この［停止］の権限は，すでに一度行使された
　　　から，1847年に起こったようなパニックを懸念する理由はない．国民は，その権限が，同じ状
　　　況でまた行使されると信じている．」
（36）　Samuel Bailey, *A defence of joint-stock banks*, 1840, pp. 85-86. 許可を得て，トゥー
　　　クの次の著書で引用された．Tooke, *An inquiry into the currency principle*, 2d ed., 1844, p. 93.
（37）　Fullarton, *On the regulation of currencies*, 2d ed., 1845, p. 195. J. W. Gilbart, *A practi-
　　　cal treatise on banking*, 米国版第1版（英国版第5版），1851, p. 92 も参照せよ．
（38）　James Wilson, *Capital currency, and banking*, 1847, pp. 22 以下．

ジョン・スチュアート・ミルは中間の立場をとった．彼は，概して1844年の条例に冷淡であったが，金の海外流出が起こったとき，条例が，イングランド銀行に対して，条例のない場合と比べて素早い信用縮小を強制しても構わないとした．しかし彼は，その流出が，一時的な要因に起因していてひとりでにすぐ止むと思われるところでは，そのような縮小は望ましくないと主張した．なおこの条例は，恐慌がすでに発生してしまったときに，イングランド銀行が救済策を取れないようにした(40)．

第5節　兌換銀行券の過剰発行の可能性

1844年の銀行条例は，地方銀行の銀行券の最大発行高を定め，またそれらが，結局はイングランド銀行によって吸収される手はずを整えて，通貨学派の提言を実行していた．思い出されるであろうが，地金主義者は，もし地方銀行券が，請求あり次第イングランド銀行券か正貨に交換できるとすると，地方銀行券の相対的な過剰発行の可能性はないといった．しかし1824-25年のブームとその結果生じた1826年の恐慌は，兌換の下でも銀行券が膨張する可能性のあることを多くの人びとに気づかせ，だから通貨学派は，この点について地金主義者の教義に執着しなかった．通貨学派の主張によると，地方銀行は，問題を起こすほど十分長い期間にわたって，地方銀行券をイングランド銀行券の発行高と比べて拡大できるし，それは，その結果生じるロンドンとの不利な支払残高によって十分に阻止できない．ましてイングランド銀行と地方銀行が一緒に行動すれば，兌換の下でも過剰に発行できると主張した．

トレンズは，この問題について，彼の通貨学派の仲間たちより銀行学派に近い考えをもっていた．彼の主張によると，地方銀行券に相対的な過剰が起こると，地方銀行券はロンドン宛て手形と交換されるために提示され，それは順に輸出用の金と交換されるであろう．すると地方の支払残高は，ロンドンと海外諸国の両方に対して不利となり，地方銀行は，すぐに自ら発券を縮小せざるをえないとわかるであろう．同様に，イングランド銀行の重役たちが「通貨縮小を命じた」とき，「地方の発券銀行は，抵抗する代わりに命令にしたがって損

---

(39) J. W. Gilbart, *A practical treatise on banking*, 1851, p. 94 を参照せよ．
(40) J. S. Mill, *Principles of political economy*, 第 iii 編 24 章. *Report from the Select Committee on the Bank acts*, part I, 1857, pp. 180 以下のミルの証言も参照せよ．

をした.」[41]

トレンズが, イングランド銀行は地方銀行の発券を完全にコントロールできると主張したとき, ノーマンは, 彼は「摩擦」を十分考慮しなかったと答えた[42]. オーヴァーストーンは, トレンズの結論が正当な根拠のない二つの仮定にもとづいていると主張した. その仮定とは, 二つのタイプの銀行券の流通地域が別々で相互に完全に分離されているという仮定であり[43], またイングランド銀行の発券の縮小が, 遅滞なく地方銀行の準備に十分な影響を及ぼすという仮定である. トレンズの記述では, イングランド銀行が通貨縮小を命じたとき, 地方の発券銀行は, 抵抗する代わりに命令にしたがって損をするとあるが, オーヴァーストーンは,「地方銀行は, 最初は抵抗し, 次に損をして, 最後に服従する」と答えた[44].

同じくトレンズは, イングランド銀行は,「兌換の維持できる通貨発行量を支配する必要かつ自然な法則」の命じる発行量を超えて, 1ポンドも発行できないと主張した. もしイングランド銀行がそれ以上の銀行券を発行すると, 同量の地金に置き換えられて, それによって地金が海外に追いやられるであろう[45]. トレンズと残りの通貨学派は, かくして, 銀行券発行の「過剰」をそれぞれ違った意味で使った. トレンズは, 銀行券発行の「過剰」を, 地金保有と両立する発行量を超えた量, つまり存在するおそらく適切と思われる量の準備金とか鋳貨として流通する地金保有と両立する発行量を超えた発行量のつもりでいったのであり, まただから, 即座に地金が輸出されることになる発行量のつもりでいったに違いない. 通貨学派全体としては, 銀行券発行の過剰を, 銀行券と鋳貨を合わせた総流通高が, 兌換の維持と金本位の維持に矛盾することなく, 永遠に維持できる量を超えて大きくなるような発行量のつもりでいっ

---

(41) *A letter to…Lord Melbourne*, 2d ed., 1837, p. 48. 彼はひとつの限定的な状況は認めた: すなわち, もしその地域のロンドンに対する不利な支払差額が, その地域で流通するイングランド銀行券をロンドンに現送することによって支払われたとすると, 発行高と物価は, 地方だけでなくロンドンでも上昇し, 地方銀行は, 自分たちの金準備全部を失うことなく, しばらくの間, 増加した発行高を維持できることを知るであろう. だから, 発行高を確実にコントロールするには, イングランド銀行が, 地方の発行高をすべて供給するか, あるいはまったく供給しないかのいずれかであることが必要であった.

(42) *Remarks upon some prevalent errors*, 1838, p. 53.
(43) すでに見てきたように, トレンズは, この仮定が事実と一致していないかもしれないと認めた.
(44) *Remarks on the management of the circulation* [1840], *Tracts*, pp. 96 以下.
(45) *The principles and practical operation of Sir Robert Peel's bill of 1844*, 1848, p. 49.

た．通貨学派によれば，過剰な銀行券の発行の結果生じる現象は，最初の過剰発行とそれに伴う物価上昇，金の対外流出，そしてイングランド銀行の地金準備の減少といった時間的な経過によって説明できた．トレンズは，ここで時間的経過にまったくふれなかったであろうし，また過剰な総発行量の重要な介在期間の可能性をまったく考慮しなかった．しかし，そもそもトレンズが，自分の見解が，通貨原理の他の著名な主張者の見解からどれだけ乖離していたかということを理解していたかどうか，あるいはこの局面のトレンズの分析が，彼が厳しく攻撃していた銀行学派の著述家たちの分析と，どれだけ本質的に一致していたかということを理解していたかどうか明白ではない．

過剰発行がありうるということに反対して銀行学派が訴えたことは，「還流の法則 (law of reflux)」といわれているものであった．これは，銀行システムが利子付き貸付で顧客に発行した銀行券は，貸付金が満期になったとき，これらの貸付金の弁済によって銀行に戻るというものであり，したがってどのような過剰があったとしても「銀行に戻るであろう」ということに他ならなかった．

> 新金貨や新慣習的紙幣は，支払手段とされることによって市場に投げ込まれるが，銀行券は，貸付以外にはけっして発行されず，貸付が満期になれば，同額の銀行券は常に必ず銀行に還流する．だから，銀行券はけっしてその過剰によって市場を塞ぎ市場の動きを妨げることも，またそれを処分せんとする人びとをして値引きしても支払いに使用するよう誘うこともけっしてありえない．銀行業者は，銀行券が十分の担保をもって貸し出されているかを留意すればよい，そうすれば，その還流と発行は，結局，常に相互に均衡を保つであろう[46]．

フラートンの「豪語されすぎたきらいのある還流の原理」に対して，トレンズの応答は不十分であった．もしイングランド銀行が，60日手形の割引によって銀行券を発行した場合，増加した銀行券がイングランド銀行に還流するまで60日の時間がかかるであろう[47]．しかしフラートンは，「銀行券の前払い

---

[46] John Fullarton, *On the regulation of currencies*, 2d ed., 1845, p. 64.（傍点は原文イタリック）（福田長三訳『通貨論』岩波文庫，1941年, p. 90.）また Tooke, *History of prices*, IV (1848), 185 も見よ．トゥークは，銀行が過剰に銀行券を発行できることを否定しただけであり，預金や為替手形の形態で過剰に発行できることは認めた．(*An inquiry into the currency principle*, 2d ed., 1844, p. 158, 注.)

の基礎になったその特定の証券が，銀行券の還流のための通路ももたらさなくてはならない」必要はないと指摘した[48]．60日の間に初期の貸付が満期になるにつれて，イングランド銀行は，それを新規の貸付で置き換えないことによって発行高を縮小できた．フラートンが明らかに見損ないそしてどうもトレンズが見損なったように思われることは，「還流」は，強要しなかったにもかかわらず，イングランド銀行に発券を縮小する能力を与えたこと，また古い貸付が満期になるや否や素早く新規の貸付をすることによって，イングランド銀行は，地金準備が使い果たされないことだけを条件に，期間の長さは問わず，どんな数量の銀行券も維持できたこと，またイングランド銀行は，借りようと思った借り手に十分魅力的な条件で貸し付けたことである[49]．

銀行学派の教義の本質的な誤謬は，すでに地金論争中にリカードウやその他の人びとによって暴かれていた．それは，通貨に対する「ビジネス・ニーズ (needs of business)」が，事業心理の状態や銀行行動に関係なく，一定量であるという仮定にあった．銀行学派は，銀行信用量が，銀行の貸付意欲だけでなく，実業家の借入意欲にも依存していると主張したことにおいて正しかった．しかし実業家の借入意欲は，景気動向の予想や利子率についての実業家の予想や，また要求があった場合に銀行が満期に貸付を更新する気持ちに関する実業家の予想にかかっていた．銀行は，利子率を低くするとか，あるいは意識的にあるいは無意識的に信用基準を低くすることによって，より多くの貸付ができたし，貸付の増加は，販売価格や販売数量を増加させることによって，順に実業家の借入意欲を増大させたであろう．ジョプリンが1826年に指摘したように，銀行業者はたいていこれを理解していない．というのも彼らは，信用の拡大を可能にしたり信用の拡大を「必要」にするように思われる状態を，銀行業者自身がひとつの団体として作り出してきたことを理解していないからである：

---

(47) *The principles and practical operation of Sir Robert Peel's bill of 1844*, 1848, pp. 106 以下．

(48) *On the regulation of currencies*, 2d ed., 1845, p. 96.（福田訳『通貨論』p. 126.）

(49) T. P. Thompson, "On the instrument of exchange," *Westminster review*, I (1824), 197 を参照せよ：「……私営銀行か国立銀行のいずれかを，どんなに短い短期手形の割引に限定しても，なんの制限にもならない．というのもそれは，結局そのつど契約を更新しながら，人びとが借りたいと思う額だけ銀行券の発行を永遠に許すことになるからである．」

第5節　兌換銀行券の過剰発行の可能性

　確かに銀行業者は，銀行券の発行は，その国の自然の欲求からいつも生まれるという考えをもっており，また高物価が銀行券の需要を引き起こすのであって，銀行券の発行が高物価を作り出すのではないという考えをもっている．この原理は馬鹿げているが，彼らのその土地の経験から演繹した自然な推論である．彼らは，自分たちにはわからない規則によって銀行券の発行が縮小されるのを見つけ，その結果，通貨の人為的な変化を，国の欲求と彼らが名づける自然の隠れた作用のせいにすることになる[50]．

　さらに銀行学派は，過剰発行の可能性に対して，もしいずれかの銀行が通常の量を超えて発行した場合，その銀行は，手形交換所で自分に不利な残高を発見して，発行の収縮を余儀なくさせられるであろうとも主張した．他行と競合している個々の銀行の過剰発行能力がきわめて限定されていることは，長い間知られていた．もしひとつの銀行が，その銀行券の発行を増大させると，最初は同じ地域の別の銀行の準備を流出させるが，そのうち他行との残高が不利になり，準備を補充するために，割引の縮小を余儀なくさせられる．これは，はるか1773年の昔に指摘されていたことである[51]．キング卿は，1804年に同じ指摘をした：「ある特定の銀行業者による銀行券の過剰発行は，たとえ大衆によって見破られなくても，少なくともライバルの私利私欲の警戒心によってすぐ見破られる．警戒が起こり，彼は，ただちに彼の発行銀行券の大部分を，支払義務のある通貨と交換するよう要求される．」[52]

　1820年代に数人の著述家は，この主張を過剰発行ができないことの証明に使うことに回答して，個々の銀行が単独の行動でやれることと，大きなひとつの銀行グループとか銀行組織全体が同時に行動することでやれることを区別した[53]．株式銀行に関する1826年の英国議会の委員会は，スコットランドの諸

---

(50) *Views on the subject of corn and currency*, 1826, pp. 45-46. ジョプリンは，個々の銀行の発券能力に制限があり，銀行業者はこれに気づいているが，しかし彼らは，このような制限が，銀行組織全体に対して適用されないことに気づいていないと主張している．

(51) Adam Dickson, *An essay on the causes of the present high price of provisions*, 1773, pp. 46-47.

(52) *Thoughts on the effects of the Bank restrictions*, 2d ed., 1804, p. 100.

(53) C. A. フィリップス (Phillips) が，つい最近の1920年に書いたもの (*Bank Credit*, 1920, p. 32) によると：「一般に認められた銀行理論の記述では，ほとんど例外なく，そのような区別［すなわち単一の銀行の発券能力と，協調行動する銀行組織の発券能力の区別］をしていない．その結果，この問題の大部分の基本原理について，混乱とあいまいさと誤謬がはびこっている．」

銀行の慣習が，過剰発行に対する完璧な予防策であるという趣旨の証言を多く聞いた．その慣習とは，それぞれの銀行券を正貨とかロンドン宛ての手形あるいは大蔵省証券で支払うことを，相互に定期的に要求する慣習である．数人の証言に対してなされた質問が示唆していることは，銀行が一緒に行動すれば過剰発行で・き・る・という教義が，質問者や証人のどちらにも受け入れられなかったにもかかわらず，すでに一般に流布していたことである(54)．

相互の銀行券を支払いのために提示する銀行の定期的な手順が過剰発行防止の保証を与えるという，スコットランドの銀行のためになされた主張は，同じ年に数人の著述家によって否定されたが，その理由は，もしすべての銀行が同時にまた同じ程度で発行高を増やせば，互いに不利な手形交換尻をもたないであろうし，またがら，無制限に過剰発行できるということにあった(55)．このような著述家が看過し，あるいはダブルディー（Doubleday）のケースで否定されたことは，スコットランドの銀行の同時で同程度の発行は，それぞれの銀行間では不利な交換尻にならないが，少なくとも少し時間が経つと，ロンドンとの間では不利な交換尻になるであろうという点である．しかし彼らが，次の重要な原理に気づきそれを説明したことは，彼らの名誉である．すなわち，銀行が単独で行動するときより揃って一致して行動するときの方が，銀行の膨張に対して抑制がきかないという原理と，また単独で行動する個々の銀行がしたが

(54) *Report on Joint-Stock Banks*, 1826, p. 269 を参照せよ：「Q. あなたは，これが，特定の銀行による過剰発行の可能性に対する十分な抑止力だと思いますか．A. 個々の銀行は過剰発行できないと思います．Q. もしすべての銀行が連合したとすれば，わが国の取引が必要とする以上の銀行券を，何らかの方法で無理やり永久に流通させられると思いますか．A. それはまったく不可能だと思います．この国で必要とされない銀行券は，即座に銀行に還流されるでしょう．」同書，pp. 59, 213 も参照せよ．

(55) J. R. McCulloch, "Fluctuation in the supply and value of money," *Edinburgh review*, XLIII (1826), 283 を参照せよ：

「……スコットランドの銀行業者が，週に2度行う所有する銀行券の相互交換は，多くの点で有益で便利な規制であるが，国民が信頼するどの銀行の銀行券の過剰発行の防止にも，あるいは全般的な過剰発行の防止にもまったく効果はない．もし別々の銀行が，同じ割合かあるいはほぼ同じ割合で発券を増加したとすると，その国の全通貨は，どの銀行の銀行券も他の銀行券に関して過剰にならないで，12ヵ月以内に，そうしない場合の2倍にできるかもしれない．というのも，特定の銀行による支払い可能な銀行券の増加は，その銀行による受取り可能な同額の銀行券の増加とちょうど見合うであろうから，現金またはロンドン宛て手形で支払われるはずの残高は，増加前の残高より実際に大きくないと思われるからである．」

また以下も参照せよ：Henry Burgess, *A letter to…George Canning*, 1826, pp. 45-46; Thomas Joplin, *Views on the subject of corn and currency*, 1826, pp. 44-45; Thomas Doubleday, *Remarks on some points of the currency question*, 1826, pp. 30-31.

第5節　兌換銀行券の過剰発行の可能性

わなくてはならない拡大に対する制限からの類推として，重要な銀行グループやましては銀行組織全体が一致して行動した場合も，一時的に膨張はできないという推論が誤りという原理である．1826年以降，この原理は繰り返し述べられたが(56)，過剰発行は兌換のもとでは不可能であるという銀行学派の教義に返答するときの要素のひとつとして，通貨学派によって採用された．この原理は，当時流行の景気循環論，すなわち楽観と悲観の交互の波が過大取引と投機をもたらし，崩壊と縮小がこれに続き，また顧客の楽観論とか悲観論をひとつの団体として共有する銀行業者が，信用を同時に拡大したり縮小したりすることによって景気循環に油を注ぐという景気循環論において，重要な構成要素になった(57)．

しかし，数人の著述家はさらに進んで，単一の銀行でも一時的に過剰発行できることや，単一の銀行によってはじめられた信用拡大が，他の銀行に広がるかもしれないと主張した．1831年にマカロックは，ロンドンにおける10の銀行が，それぞれ100万ポンドの銀行券を発行するという仮説的なケースから出発した．万一この中の1銀行が，銀行券の発行を200万ポンドまで増大させたとすると，為替が下がり，金に対する需要が起こるであろう．しかし過剰発行した銀行に対する金需要は，他の銀行に対する発行割合と同じ割合でしかないであろう．もし金の流出を阻止するために一般的な収縮が起こり，その結果準備が補充されたとすると，発行を拡大した銀行の発行高は，181万8000ポンドになっていることがわかるであろうが，その他の銀行の発行高は，それぞれ

---

(56) 例えば Sir Henry Parnell, *Observations on paper money, banking, and overtrading*, 2d ed., 1829, pp. 88-89；ある商人の *Observations on the crisis, 1836-37*, 1837, p. 19 を参照せよ．

(57) 以下参照せよ．Sir Henry Parnell, *Observations on paper money*, 2d ed., 1829, p. 90; Overstone, *Reflections, suggested by…Mr. …Palmer's pamphlet* [1837], in *Tracts*, p. 32; Sir William Clay, *Remarks on the expediency of restricting the issue of promissory notes*, 1844, pp. 34 以下．また "The Bank of England and the country banks," *Edinburgh review*, XLV (1837), 76 も参照せよ．

　「要するに，イングランド銀行組織の根本的欠陥は，商人階級の感情や考えにあまりに関与しすぎていることにある．イングランド銀行は，商人によって管理されており，イングランド銀行が彼らに同情すべきものであることを不思議に思う必要はない．しかし，イングランド銀行の行動が商人に暖かく受け入れられているときに，イングランド銀行が間違った原理で行動していることやその逆もあることは，ほぼ間違いなく推定されてよい．首都圏の新聞各紙の経済記事が，イングランド銀行の行動をほめちぎっているときはいつも，間違いなく災いが広まっていると思っていい．」

90万9000ポンドにすぎないであろう．他の銀行は，「同じように行動することによって，きっと自分たちが受けた傷を補修しようという気持ちになるであろう．」だから，単一の銀行でも発行を拡大できるし，さらに重要なことは，他の銀行に防衛的な拡大を起こさせるかもしれない(58)．マカロックは，他の銀行の発券が控え目かあるいは縮小された状態のときに，ひとつの銀行が銀行券の発行を拡大すると，その銀行は，準備の激減に見舞われるということを指摘できなかった．彼は，そのとき，理由ははっきりしたものではないが，おそらくスコットランド人の論理というよりスコットランド人の愛国心を考慮したことからくる理由で，ロンドンの単一の銀行による拡大は可能だが，これはスコットランドの銀行にはあてはまらないとも主張した．

スクロープ(Scrope)は，マカロックの推論は，ロンドンとスコットランドのどちらの銀行についても正しくないといった．スクロープは，発券を拡大している銀行の準備にどのような影響が及ぶのかという問題を明述しなかったが，ひとつの銀行が他の銀行より相対的に発行を拡大するには，競争相手の銀行より低い利子率，つまり劣った担保で割り引くことによってはじめて可能であると主張し，またその増大した発行高を維持するには，いっそう有利な条件で割引を続けなくてはならないと主張した．「しかし，推定できるように，もし他の銀行が健全な営業の許す範囲内で運営している場合は，当該銀行は，安定した資力ある組織なら冒さないような危険なしに，他の銀行を超えて進むことはできない．」(59)

ウィリアム・クレー卿(Sir William Clay)は，株式銀行に関する1838年の英国議会の聴聞会で，彼の一人の証人に向けた次の質問に対して，肯定的な返事を受け取った：

> なるほど（ダブリンでそれぞれ競い合って発券していると仮定する）多数の銀行の中のひとつが，もしライバル銀行より高い割合で発券をふやしても，その銀行券を当該銀行に還流させることがあるかもしれないが，果たして貨幣の発券競争についてもこの状況はあるであろうか．また，もしすべての銀行が，活況期の競

---

(58) J. R. McCulloch, *Historical sketch of the Bank of England*, 1831, pp. 48-50. また Henry Burgess, *A letter to…George Canning*, 1826, pp. 45-46 を参照せよ．

(59) G. Poulett Scrope, *A plain statement of the causes of, and remedies for, the prevailing distress*, 1832, pp. 13 以下．このような危険は，おそらく貸倒れによる危険であって，正貨準備金の悪化の危険ではなかった．

争精神で大いに発券する気にでもなった場合に，果たしてこの状況が発券の抑止力として作用するといえるであろうか．

ロングフィールドは，この質疑応答を引用しながら，それらは，発行高の拡大をもたらすうえで，単一の銀行でも果たすことができる役割を十分考慮していないと反論した．もし特定の地域における単一の銀行が，その割引額を拡大して，その正貨準備比率の下落を容認したとすると，その地域全体の銀行から，流通市場か輸出に向けた金の流出が起こるであろうが，その金の流出は，その地域のすべての銀行が自分の発行高に見合うと感じる流出であろう．もしその他の銀行が割引額を一定にしておくと，自分たちの金準備が発行高以上の割合で減少していくのを知るであろう（というのも，それらの発行高は金準備額より数倍大きいから，兌換を求めた銀行券の提示によって失われる一定額の正貨は，銀行券発行高より相対的に大きな準備額の減少を表すからである．）以前の準備比率を維持するには，割引額を急激に減少させなくてはならない．発券を拡張している銀行は，もし自分自身の金準備の流出に耐えうる十分な資本をもっていたとすると，この行動によって他の銀行をビジネスから駆逐できる．もしその他の銀行が，自己防衛のために割引額を拡大して，準備比率を下落させたままにすると，この地域の信用と発行高に全般的拡大が起こることになろう．「こうして銀行は，競争相手が採用した過剰な取引システムに応じるために，自己防衛を余儀なくさせられるかもしれないし，また銀行券を発行する数行の株式銀行が存在する国は，高い物価と低い物価，信頼と恐慌，取引の大活況と全般的不況を交互に経験するであろう．」だから銀行券の競争的な発行は，行き過ぎた発行高の全般的拡大と縮小の周期的発生に対して，それを防御するものとしてでなく，それを刺激するものとして働くかもしれない[60]．

---

(60) M. Longfield, "Banking and currency, II," *Dublin University magazine*, XV (1840), 218-19. Overstone, *Remarks on the management of the circulation* [1840], *Tracts*, pp. 98-99 を参照せよ：「自分自身の発券を拡大したいという欲望が，おのおのの発券銀行の動機である：この動機は，それぞれの銀行を導いて，他の銀行の発券の拡大に対して，それに見合う自行の発券を拡大させるであろう．しかし同じこの動機は，どの地域の発券の縮小も，自行の発券を縮小する機会と思わせず，ライバルの撤退地域をわが物にしようという目的と期待から，自行の発券を拡大する好機と思わせることにもなるであろう．」

第 6 節　通貨制度における預金，為替手形，「信用」の役割

　すでにみてきたように，銀行学派の立場では，銀行券と銀行預金は支払手段であるとともに流通手段の一部でもあったから，銀行券だけ扱って銀行預金を管理の外におく通貨学派の提案は，たとえ実行に移されたとしても，満足な効果が生まれるはずはないと思われた．ペニングトンは，トゥークへの 1829 年の覚書の中で，ロンドン銀行業者の預金はまさに地方の銀行券の機能を果たしたと主張した：「ロンドン銀行業者の帳簿の貸方と地方の銀行券は，同じ信用に属する二つの違った形態にすぎない．」(61) このペニングトンの記述に対しては，銀行券と預金の経済的な機能が同一であることを最初に記述した栄誉がしばしば与えられる．これは，確かに銀行学派のメンバーだけでなく，通貨学派の，中でもトレンズにかなり大きな影響を及ぼした(62)．しかしペニングトンは，ただ過去の教義を繰り返していたにすぎなかった．イギリスで紙幣が使われた当初でも，銀行内の銀行券の移転と貸方の移転は，支払いをするときの代替的な手段であると認められていた(63)．19 世紀初めの正貨支払いの制限期間中に銀行預金の膨張が物価や地金プレミアムの上昇を起こす上で果たした役割は，けっして論争の主題にならなかったが，数人の著述家は，地金主義者も反地金主義者も，貨幣プロセスを分析する中で，銀行預金に銀行券と同じ役割を割り当てた．1801 年にボイドは，ロンドン銀行業者の「清算勘定（open accounts）」が，地方銀行券と同じく「この国の流通手段諸力への追加」であると主張した．銀行券は，銀行の「現在流通紙幣（active circulation）」であったが，帳簿の貸方は，その所有者が銀行に命じる場合だけ流通するから，「未発行紙幣（passive circulation）」であった(64)．ソーントンは，1802 年に，銀

（61）　"Paper communicated by Mr. Pennington," Thomas Tooke, *A letter to Lord Grenville*, 1829, pp. 117-27 で付録 1 として印刷された．

（62）　ペニングトンは，トレンズに送った文書中で持論を繰り返した．この文書は，ペニングトンの *A letter to…Melbourne on the causes of the recent derangement in the money market*, 2d ed., 1837, pp. 76-80 で付録 2 として出版された．ペニングトンの影響を受けて，トレンズは，最終的に，銀行預金の役割に関するほとんどの銀行学派の教義を受け入れた．

（63）　*A discourse concerning banks*, 1697, p. 6 と，Somers, *Tracts*, 2d ed., 1815, XIII, 5 の中の *A vindication of the faults on both sides* [1710] を参照せよ．

（64）　*Letter to Pitt*, 2d ed., 1801, p. 22 と付録，p. 9. 1797 年の英国上院委員会の証言で，ボイドは，私営銀行業者の割引額は流通手段の追加ではないといった；それらは，「現に存在してい

第6節 通貨制度における預金，為替手形，「信用」の役割

行預金を紙幣の代替物とみなした(65)．1807年にジェームズ・ミルは，「銀行宛て普通小切手 (the common cheque upon a banker)」を銀行券と同類とみなし，両方とも「通貨 (currency)」であるが「真正の貨幣 (real money)」ではないとした(66)．スタンホープ卿 (Lord Stanhope) が1811年に上院に対して提示した決議案では，イングランド銀行に，イギリス全土で支店を建てる権限を与え，イングランド銀行の帳簿上の貸方を銀行券の代わりとし，法貨であるとともに費用なしで振り替えできるとした．スタンホープは，この提案によって，偽造されやすいという紙幣の不利益と，その数量が国際収支の影響を受けるという金属貨幣の不利益が回避されると主張した(67)．彼は，銀行預金を，貨幣的な意味ではっきり銀行券と同一であるとみなした．トレンズは，後に自分の貨幣的見解を根底から変えることになったが，1812年に，小切手や為替手形が，銀行券より重要な通貨の構成要素であると主張した(68)．サムエル・ターナー (Samuel Turner) が指摘するには，「地方銀行は，一種の手形交換所であった．そこでは，銀行券とか貨幣の実際の交換なしで，人と人の大部分の支払いが，銀行の帳簿上の単なる振り替えで行われた．」(69)シーニア (Senior) は，小切手を前提とした預金が，銀行券以上に支払いのための重要な金融手段であると述べた(70)．他の著述家たちは，銀行預金は，流通手段の独立した構成要素に値しないといいながら，より少量の銀行券で一定量の貨幣取引を十分に実現させる「効率的工夫」であると認めた(71)．

今日の経済学者の間では，銀行預金は，「貨幣 (money)」か「通貨 (currency)」かということについて論争があるかもしれない．しかし，それらが，銀行券と同じように支払手段であり，だから流通手段の一部であるという一般

る流通手段が利用される」たくさんの方法のうちの単なるひとつにすぎなかった．(*Report of the Lords Committee of Secrecy*, 1797, p. 54.)
(65) *Paper credit*, 1802, p. 55.
(66) スミスについての書評，"Essay on the theory of money and exchange," *Edinburgh review*, XIII (1808), 52.
(67) Hansard, *Parliamentary debates*, 1st series, XX (July 12, 1912), 908 以下．
(68) *An Essay on money and paper currency*, 1812, p. 289 の注．
(69) *Considerations upon the agriculture, commerce and manufactures of the British Empire*, 1822, p. 54.
(70) N. W. Senior, *Three lectures on the transmission of the precious metals*, 2d ed., 1830, pp. 21-22.
(71) the *Bullion Report*, 1810, p. 63 を参照せよ．

的な同意はあると思われる．しかし初期の多くの著述家は，為替手形も流通手段の一部であると主張した．1797年にヘンリー・ソーントン (Henry Thornton) は，「支払手段 (means of payment)」として，鋳貨や銀行券だけでなく「そのように使われたときの」為替手形，つまり最終決済手段の役割を果たしたときの為替手形も含めた(72)．匿名の著者は，1802年に，「正貨つまり現金は，商業国で支払手段とみなされたとき，流通証券 (negotiable paper) そのものを意味する……」と書いた(73)．レイヴンストーン (Ravenstone) は，支払手段としての為替手形の重要性を強調し，「私は，この種の手形が，この問題を論じた人たちの注意からどうして完全にのがれられたのかわからない」と明言した(74)．バージェス (Burgess)(75)やパーネル (Parnell)(76)や彼らに続く多くの著述家たちは，為替手形を流通手段の一部に含めた．

何人かの著述家は，「信用」を流通手段の一部に含めたが，彼らは，「信用」を銀行信用のつもりで用い，銀行券や銀行預金に付加されるものとしてではなく，それら二つが生じる源泉であるとみなした(77)．しかしその他の著述家は，J. S. ミルが最も有名であるが，信用を広い意味で「購買力」の一要素に含めた：

> 個人がその時々にもつ購買力は，われわれが，貨幣を金属のつもりでいおうが銀行券を含めようが，実際に個人のポケットにある貨幣では測定されない．それは，第一に，彼が所有する貨幣と，第二に，銀行に預けてある貨幣や要求すれば当然彼に支払われるべきその他すべての貨幣と，第三に，たまたま彼が所有するすべての信用からなる．個人は，これら三つの総額の購買力をもつ．彼がこの購買力をどれだけ使うかは，彼の必要とか，現在のケースでは彼の利潤期待にかかっている．彼がどの部分の購買力を使っても，彼の商品需要を構成し，価格に影響を及ぼす大きさを決定する……．銀行券と信用の関係は，鋳貨と地金の関係と正確に同じである．つまり，ただ携帯しやすく細分可能にしただけの話である．われ

---

(72) *Report of the Lords Committee of Secrecy*, 1797, p. 71.
(73) *Of the utility of country banks*, 1802, p. 3.
(74) Piercy Ravenstone, *A few doubts as to the correctness of some opinions generally entertained on the subjects of population and political economy*, 1821, p. 376.
(75) Henry Burgess, *A letter to…George Canning*, 1826, p. 21.
(76) Sir Henry Parnell, *Observations on paper money*, 2d ed., 1829, p. 73.
(77) これに反して，フラートンは，額面価値と等しい真正価値の鋳貨だけが「貨幣」であり，銀行券や銀行預金や為替手形を含むその他すべての交換手段は，「信用」であると主張した．(*On the regulation of currencies*, 2d ed., 1845, pp. 35 以下．)

われは，それらが，購買力の総額や実際に行使される購買力の一部のいずれにも，何か付け加えるとは思えないのである[78]．

貨幣についての近代の著述家が，「貨幣」あるいは「流通手段」あるいは「支払手段」の量を構成するものとして一般に含めるものは，正貨，政府発行紙幣あるいは銀行券，小切手による要求払いの銀行預金である．彼らは，為替手形や約束手形を除外して，小切手を，銀行預金が移転されるつまり銀行預金が「流通する」単なる道具とみなす．しかし19世紀前半を通じて，小額の為替手形は，個人間の支払手段としてイギリスの一部，特にランカシャーにおいて絶えず一般に用いられ，しばしば満期で精算される前に，取引の決済のために多くの人びとの手に渡った．このような手形は，受取人が満期前に債務の支払いとか買い物の支払いとして他人に手渡す限り，ちょうど銀行券のように機能しており，流通手段に含められるのが適切であった．当時の著述家の一人，エドウィン・ヒル（Edwin Hill）が，「貨幣とは貨幣がなすところのものなり」というフランシス・ウォーカー（Francis Walker）の格言に先鞭をつけて指摘したように，「通貨」であるかないかの正しい検査法は，それ自体ではなく，その機能にあり，為替手形は，他の媒介を用いることなく取引を精算する限り，通貨の役割を果たした[79]．しかし為替手形は，手から手に渡らない場合でさえ，もし，イギリスで一般的なように，このような手形が手形引受銀行で支払いが可能とされ，それらが満期になったとき，手形交換所を通じて譲渡され，小切手と同じ方法で銀行勘定の貸方と借方に記入されたとすると，銀行預金の振替手段として依然として小切手に匹敵する資格をもっている．

信用に対する個人の支配力や他人に対する個人の請求権を，「購買力」の手段の一部として含める点で，J. S. ミルは極端であった．もし正当な個人の即

---

(78) J. S. Mill, review of Tooke and Torrens, *Westminster review*, XLI (1844), 590-91.
(79) Edwin Hill, *Principles of currency*, 1856, pp. 105-06. R. H. ウォルシュ（Walsh）は，後に次のことを指摘することによって，この分析を改善した．すなわち(1)信用手段は，財・サービスと交換されるときだけ「貨幣」の必要とされる取引数を減らし，信用手段が貨幣と交換されるときは取引の数をふやすこと，(2) しかし，異なった土地において支払いをするため，貨幣で為替手形を買い，その手形の受取人が現金化する場合のように，信用手段の利用によって貨幣が使われなくてはならない取引の数を増やす場合でさえ，貨幣の移転のために利用される時間の総量つまり期間は，為替手形がまったく使われなかった場合と比べて少ないかもしれないことである．—"Observations on the gold crisis," *Journal of the Dublin Statistical Society*, I (1856), 186.

金払いの請求権が支払手段に含められるなら,個人の即金払いの債務額は支払手段から差し引かれなくてはならない.このような項目は,自分の現金を別の取引に使いたい債権者の気持ちと使いたくない債務者の気持ちに違った影響を実際に及ぼすかもしれないが,これらの項目は必ず等しいから,お互いに相殺される.買い物をするときの信用の支配力の場合はもっと難しい.もし信用で購買できる人が全員で同時に購買したとすると,たとえ要求払預金や発券高が量において変わらなくても,物価は上昇するであろう.というのも,物価を上昇させるのは,購買に対する支払額より,むしろ購買額そのものであるからである.しかし高水準の購買額を保つためには,しばらく経ってから支払額が増加される必要があり,またこれは,順により多くの支払手段かより速い「流通速度」つまり利用の素早さのどちらかを必要とする.しかし,何が貨幣で何が貨幣でないかについての議論が重要性を失わないでいられるのは,背後で流通速度が考慮され続けられる場合だけである.通貨学派―銀行学派の論争で大切なことは,支払額の変動額つまり支払速度で乗じられた貨幣量の変動額の大きさとその原因であったから,間違って支払手段として役立たないものが貨幣として算入されても,もしその流通速度がゼロであると認識された場合はどうでもよいことであった.さらに,あるときに貨幣でなかった手段も,別のときには貨幣でありえた.これと関連して,為替手形,定期預金,当座貸越権は一種の「潜在的貨幣(potential money)」とみなすことができた.ある著述家が為替手形だけの属性と考えた性質は,「為替手形は,支払手段として流通に存在し続けることもできるし,あるいは流通から引き上げられてしばらく利子付きの投資として保有されることもできる」[80]結果,定期預金でも保持された.定期預金は,あまり手間取らずに,要求払預金に転換できたからである.

　銀行券や預金や為替手形が「通貨」の特性をもっていることについて,互いを区別する基準として流通速度の違いが重要であったことは,この期間中けっして見落されなかった.実際そのような違いの存在が,比較的に流通速度の低い預金や為替手形を,通貨学派が銀行券と同等に流通手段の一部として含めようとしなかった主な理由であった.しかしこれは,預金や為替手形は流通手段のどの部分も構成しないとみなされるべきだという通貨学派の結論を承認しなくても,通貨学派には認められたであろうし,また一定量の銀行券に同量の預

---

(80) E. Hill, *Principles of currency*, 1856, p. 107.(傍点は原文イタリック.)

第6節　通貨制度における預金，為替手形,「信用」の役割

金より大きなウェイトを割り当てることにはなったはずである．これは，実際にいく人かの著述家によってなされた．例えば，ギルバート（Gilbart）は，預金は，銀行券とまったく同様に支払手段であるといい張っていたが，預金が貨幣の機能を果たす大きさは，「預金の大きさによるのでなく，振替の大きさによって」測られなくてはならないと主張した．要求払預金だけが振り替えられたから，彼はそのような預金だけを通貨の一部と考えた[81]．同じようにロングフィールドは，物価への影響に関する限り，銀行券のより大きい流通速度が，預金と銀行券の間の重要な相違であり，しかも唯一重要な相違だと主張した[82]．J. W. ラボック（Lubbock）は，アーヴィング・フィッシャーの有名な「交換方程式」によく似た代数式の助けを借りて，現金と小切手と手形について同じ教義を詳しく述べた[83]．

通貨学派のメンバーは全員，銀行券の発行については厳しい管理下におきな

---

[81]　"The currency: banking," *Westminster review*, XXXV (1841), 99-100.
[82]　"Banking and currency, IV," *Dublin University magazine*, XVI (1840), 613.
[83]　[J. W. Lubbock] *On currency*, 1840, pp. 29 以下.
　　ラボックの公式は，$\sum ax + E = A + mB + nC$ である．
　　ただし $\sum ax =$ 一定期間内の (x) 価格での (a) 取引の総額
　　　　　$E =$（贈与，税金の支払い，引受手形の支払い等）価格を伴わない取引の総額
　　　　　$B =$ 一定期間内に存在する為替手形の総額
　　　　　$mB =$ 取引の清算のために一定期間内に用いられた為替手形の総額
　　　　　$A =$ 小切手取引の総額
　　　　　$C =$ 現金の総額
　　　　　$nC =$ 一定期間内の現金の使用総額

したがって，m と n は流通速度係数である．支払手段の流通速度がはっきり提示された，前期の交換方程式の算術式（あるいは数学式）があった．（以下参照せよ．Henry Lloyd, *An essay on the theory of money*, 1771, p. 84; *The theory of money; or a practical inquiry into the present state of the circulating medium*, 1811, pp. 42 以下; Samuel Turner, *A Letter…with reference to the expediency of the resumption of cash payments*, 2d ed., 1819, pp. 12-13.）しかしラボックは，それぞれの流通手段の項目の流通速度に別々の記号を与えて明示的に提示した最初の人のように思われる．ラボックはまた，交換方程式内の変数間の関係や，これらすべての記号の定量的な値を見いだす必要性と困難さについて，鋭い論評もしている．

貨幣問題に対する「現金残高」というもうひとつの接近法は，マーシャルが指摘したように，ペティやアダム・スミスまで遡る．それは，ポッストルスウェイト（Postlethwayt）によって綿密に展開された．（*The universal dictionary of trade and commerce*, 4th ed., 1774,「現金」の項）．この接近法は，時々吟味中の期間の文献に見られる．シニアは，これを付随的に利用している．リチャード・ページ（Richard Page）は，1840 年の発券銀行に関する英国議会の委員会の証言の中で，かなり詳細に展開し（Report, pp. 64-65），ロングフィールドは，彼の"Banking and currency", *Dublin University magazine*, 1840 (XVI), 613 において，ページの議論について論評している．

がら預金についてはまったく干渉しないという，通貨規制の方式を支持したが，この預金と銀行券の差別的な取り扱いを正当化する根拠について，意見の一致はなかった[84]。

　トレンズは，銀行預金と銀行券が同等の支払手段であり，同じように物価に作用することを率直に認めた。しかし彼は，正貨と銀行券の支払額は小切手による支払額と一定の割合を保つから，預金の拡大は金とか銀行券の増大なしに起こることはできないし[85]，だから銀行券の発行量の規制には，自動的に銀行預金量の規制が伴うと主張した[86]。ウィリアム・クレー卿は，要求払いの銀行預金と銀行券の類似性を承認したが[87]，銀行券が補助的な流通手段であって，その重要性は必ず減少するにちがいないということさえ認めた[88]。それにもかかわらず，彼は，銀行券の発行が管理される必要があり，また厳重に管理できると主張した。しかし銀行預金については，その量を実際に管理できる手段を知らなかったし，またいずれにしても，そのような管理をどの地域でもしたいとは思わなかった[89]。

(84) 以下を参照せよ。*Report from [Commons] Select Committee on banks of issue*, 1840 における（ロイド）オーヴァーストーン卿の証言，pp. 212, 281 以下；ノーマンの証言，p. 143；チャールズ・ウッド卿 (Sir Charles Wood) の証言，pp. 50 以下。ひとつの点で，彼らの意見は一致していた。銀行券の保有者は，損失に対して，小切手の保有者より保護される資格があった。銀行券は，その属性を調べたり損失を負える立場にない人びとを含むあらゆる階級の人びとによって使用される一般的な流通手段であった。他方小切手は，損失に対してうまく身を守ることができる企業家や富裕階級によって主に使用された。

(85) たとえ小切手による支払額に対して正貨と銀行券による支払額の割合が一定のままであったとしても，これは，預金と銀行券の相対的な流通速度も一定のままであった場合に限って，有効であろう。

(86) *Reply to the objections of the Westminster review*, 1844, pp. 16-17。この主張に対して，銀行学派は，預金額と銀行券の発行高と未払いの為替手形総額のそれぞれの変化額の間に，著しく短期的な乖離があると主張する統計データを引用することによって応答した。William Newmarch, "An attempt to ascertain the magnitude and fluctuations of the amount of bills of exchange…in…circulation," *Journal of Statistical Society of London*, XIV (1851), 154 以下を参照せよ。またこの主張を論駁する通貨学派の支持者の試みについては，G. Arbuthnot, *Sir Robert Peel's Act of 1844…vindicated*, 1857, p. 30 を参照せよ。

(87) *Remarks on the expediency of restricting the issue of promissory notes*, 1844, pp. 14 以下。

(88) 「確かに銀行券は，預金の機能が終わったところからその機能がはじまる，預金の補助であるとみなされるかもしれない。銀行券は，銀行業が普遍的でないからこそ必要とされ，銀行業の慣習が広範に普及するにつれて，その数量は必ず減少するであろう。金属貨幣を銀行券に置き換えさせた経済性と利便性の同じ事情が，確かに力は劣るが，銀行券の流通を，小切手で振り替えられる預金にさらに置き換える傾向が明らかにある。」（同書，p. 19.）

ノーマンは，預金を通貨の一部として含めることに反対したが，その主な理由は，預金の流通速度が銀行券とか鋳貨よりはるかに低いことにあった(90)．彼はまた，預金や為替手形の量は基本的な信用量に依存し，その信用量は，順に銀行券と鋳貨の大きさによって規制されるから，いずれにしても，このような「節約手段（economizing expedients）」の物価に及ぼす影響は，「わずかで束の間」にすぎないとも主張した(91)．さらに，銀行券がないときに鋳貨の規制に反対することが理屈に合わないことと同様，銀行券の発行を規制する提案に反対することは，「節約手段」が無規制にされているのだから，道理に適っていなかった(92)．またノーマンは，次のことも主張した．すなわち通貨学派の提案は，通貨はあたかもそれが純粋金属通貨であるように働かせるべきだということにつきるが，そのような通貨の下でさえ，つまり銀行券が存在していなかった場合でさえ，「貨幣による取引は，おそらくいまほど頻繁でも大規模でもなかったとはいえ，他の取引のように時々乱れたであろう」と(93)．

　オーヴァーストーンが銀行券の発行を限定的に規制することに賛成したのも，主にこの主張，すなわち，もし銀行券を含む通貨制度が銀行券の存在しない通貨制度のように働かせられるなら，それが通貨制度に期待しうるすべてであるという主張から成り立っていた：

> 　銀行券から期待できることは，社会で生じる不便が金属流通の下で生じる不便より大きくなることなく，銀行券が，国のいろいろな取引を調整する媒体になるというのが精一杯のことである(94)．

（89）　同書，pp. 26-27.
（90）　*Report from Select Committee on banks of issue*, 1840, p. 205 の彼の証言を参照せよ：
　　　「イギリス連合王国の銀行預金は，少なくとも1億スターリングを超えると見積もられるかもしれない．そこで私は告白するが，銀行預金が，同額の銀行券や鋳貨によって果たされる貨幣機能と同等の貨幣機能を果たす（これこそ，銀行預金が本当に貨幣であるという真の検査法である）という考えは，私にはまったく受け入れられない仮説のように思われるし，また，たとえ私が一般的な理由で納得しなかったとしても，［1億スターリングを超えるというこの金額は］，銀行預金を同額の鋳貨とか銀行券と同じ貨幣とみなしたり，同等の貨幣機能を果たすとみなすことが間違った仮説であるということを私に確信させるであろう．」
（91）　*Letter to Charles Wood, Esq., on money, and the means of economizing the use of it*, 1841, pp. 42 以下，82 以下．
（92）　同書，p. 74.
（93）　同書．
（94）　Overstone, *Reflections suggested by a perusal of Mr. …Palmer's pamphlet* [1837],

252　　預金や，未払いの負債や，もちろんどのような形態の信用も，取引を精算する購買と支払いの手段になるかもしれないし，まただから，ある意味で「補助通貨」と呼ばれてきたものの一部を形成していると思われるかもしれない．しかし，「補助通貨」という全上部構造は，発行高を管理するという問題とはまったく別の問題を作り出す．それは，金属流通とか銀行券流通のうえに等しく建てられるかもしれないが，上部構造が被るかもしれない変動は，銀行券という金属貨幣の代用物を規制する法則とは違った法則に支配されている(95)．

　論争の最終結果として，通貨学派は，銀行券だけでなく，預金や他の「補助通貨」あるいは「節約手段」という形態も困難の原因になりうることで銀行学派と一致したが，二つの学派は，通貨と信用不安の原因として，二つの形態の支払手段の変動額の相対的な重要性について，違った評価をした．通貨学派は，銀行組織の信用操作に対する政府規制を擁護する用意はなく，銀行券の発行を法的に制限すれば十分な改善手段になると信じた．銀行学派は，銀行預金や銀行券のどちらの法的制限も支持しようとせず，たとえ金準備の担保のない銀行券の発行量を厳しく制限したとしても，なんの効果もないか，あるいは景気変動を緩和するよりむしろ強めるように働くかのいずれかであろうと主張した(96)．
　通貨学派の主張を論破するには，銀行券の発行高と銀行預金が別々に変動をすることを示しても十分ではなく，あるいは通貨学派が仮定した場合のように，たとえ銀行券と小切手の相対的な利用が，どの瞬間にも一般的な環境や習慣を

Tracts, p. 36.
(95)　同, *Second letter to J. B. Smith, Esq.* [1840], *Tracts*, p. 201.
(96)　J. S. ミルは，銀行券の発行規制は無駄だと主張した．というのも普通の人にとって，信用が銀行券のかたちを取るか取らないかは，単に利便性の問題にすぎないからであるという．「彼が信用を使って商品を買おうと思っても，信用供与のある特定のやり方が銀行業者によって禁じられているため，それができないことは考えられないだろうか．」これは，銀行券の発行規制が重要な結果をもたらさないことを明らかにしていると思われる．しかしミルは，それにもかかわらず，発行規制は，利子率をさらに変動させて，恐慌中の信用不足を際立たせるであろうと予言した．──トゥークとトレンズについての書評, *Westminster review*, XLI (1844), 591以下．──このような見解をどうしたら調和することができるか明らかではない．しかし，特定の形態の支払手段の量を厳しく制限したとしても，制限されない形態の支払手段が大規模に利用されるとか，新しい形態の支払手段が工夫されるとか，制限された形態の支払手段がもっと効率的に使用されることによって当初の目的が達成できないかもしれないという可能性は，ふつう考えられているよりもっと多く考えられてよいように思われる．逆に，ひとつの形態の支払手段の使用を人為的に刺激することによって，別の形態の支払手段の使用の減少が相殺されることになるかもしれない．

一定としてかなりはっきりと固定されて，銀行券の数量規制それ自体がこれらの関係を変化させないとした場合に，銀行券と小切手それぞれの支払額に別々の変動があることを示しても十分ではない．しかし，価格の安定化と景気の安定化という目標が与えられたとすると，通貨学派は，もし流通速度を考慮しないのであれば，いつでも望ましい支払手段の総量になるような銀行券の発行規制の方法を提案するべきであったろうし，あるいはもし流通速度を考慮するのなら，いつも望ましい支払総量になるような銀行券の発行規制の方法を提案するべきであったろう．景気循環のいろいろな段階は，銀行券と預金額の比率の変化で特徴付けられるから，無担保銀行券の発行総量を単に制限するだけでは十分ではないであろうし，銀行券と預金額の比率やそれらの相対的な流通速度の循環的な変化に対して備えのない銀行券の発行規制策は，支払手段の一形態の規制それ自体によってもたらされがちなこれらの比率の変化に備えのない規制策と同様，十分ではない．このような備えは単純な公式に還元できなかったから，銀行券の発行だけの規制は，それがまったく規制されなかった場合より，全体としてそれでもなお「複合通貨」を「純粋金属通貨」にいっそう近づかせる作用をするかもしれないとはいえ，物価や経済活動量について望ましい結果をもたらすことはできないであろう．実際にあったと思われるケースとして，もし預金の変動が，銀行券発行の変動と同時とか後でなく，変動の前に起こったとすると，規制手段のタイミングに関して別の困難が起こると思われるから，もし注意が銀行券の発行だけに限られたとすると，危険を知らせるシグナルは遅すぎることになるであろう[97]．

しかしこの期間中，イギリスの流通手段における銀行券の相対的な重要性は，確実に減少していたとはいいながら，現在よりはるかに大きかった．そのうえ，たとえ預金が支払手段として銀行券と同等であると認められても，次の場合に

---

(97)　J. M. Keynes, *A treatise on money*, 1930, II, 264 を参照せよ：
「銀行券の発行量を規制することは，銀行貨幣の量を調整するきわめて拙劣な，悠長な，間接的な，また非効率な方法である．なぜならば，銀行券の量が，銀行貨幣の量に対していつでも多少とも確定した関係を保っているということは確かだといってよいであろうが，この関係は数量的にいっても，長期にわたっては貨幣的な習慣と慣例の変化の結果として，絶えず変化しつつあるからであり，また一方，短期については重大な時の遅れがあって，銀行貨幣の量が一般には最初に変化し，したがって銀行券の量についての調節は，あまりにも遅くなって——数か月も前に生じたような銀行貨幣量の変化により，その弊害がもたらされてしまった後になって——しか行われないからである．」(長澤惟恭訳『貨幣論II』(ケインズ全集第6巻)，1980年，p. 276.)

は，通貨学派をこのような批判から擁護することは可能である．すなわち，もし支払手段の変動額を「純粋金属通貨」の下で存在するところまで制限するという通貨学派の目的が十分なものとして受け入れられる場合と，またもし「混合通貨」の下の地金と銀行券に対する預金比率の変動が，他の事情が同じとして，「純粋金属通貨」の下の地金に対する預金比率の変動と一致すると認められる場合である．

第7節　信用管理の技術

イングランド銀行の記録．——この期間のイングランド銀行の記録を評価するにあたっては，イングランド銀行の活動についての十分な統計記録が不足していることが考慮されなくてはならないし，またイングランド銀行側にも，公的にその記録を守る真剣な試みがなかったことが考慮されなくてはならない．それにもかかわらず，入手できた証拠からすると，1800年頃から1860年頃の期間を通じてイングランド銀行には，中央銀行として当然要求される必要条件の遂行能力とか意欲に，弁解できないほどの欠落がほとんど絶え間なく現れていたという意見が正当化されるように私には思われる．正貨支払いを制限している間，イングランド銀行は，ポンド紙幣の減価や物価の上昇や為替の変動を許したばかりか，このような現象とイングランド銀行自身の行動の間にどのような関係もないと繰り返した．ウィリアム・ウォード（William Ward）が1817年にイングランド銀行の重役になったとき，彼は，信用の管理「計画とか制度の設立を明言したものは何も発見できなかった」と語った．1827年になってはじめて，イングランド銀行は，1819年に正式に採択された決議案，すなわち銀行券の発行量と外国為替の水準の関係を否定したように思われる決議案を，ウォードの動議によって削除した[98]．1827年以降でさえイングランド銀行は，その割引率について，道理にもとづいた政策のない状態を続けたらしい．というのもウォードは，1840年に依然として次のように書くことができたからである：

　　私は市場利子率を考慮に入れる必要性をたびたび議会で強調してきたが，それが歓迎されない主題であることはだいたいわかっていた．低金利は投機を助長する

---

(98) William Ward, *On monetary derangements*, 1840, pp. 11以下と, *Report…on the Bank of England charter*, 1832, p. 143の彼の証言を参照せよ．

といわれていたし，また金利を支配する原理の私の研究に関しては，先祖の慣習を見よと言い返された(99)．

1830年代のイングランド銀行の顧問団の中では，ホースレー・パーマー(Horsley Palmer)やG.W.ノーマン（Norman）の権威が高まりつつあり，それはより啓蒙された見解を大衆にもたらしたが，イングランド銀行の慣習を改善したように思われない．パーマー・ルールの採用はひどい誤りであったし，またこのルールは，事態を改善するのではなく悪化させるかたちで繰り返し破られた．1844年の条例が圧倒的多数で成立したことは，大衆に対して適切にその責任を果たすイングランド銀行の能力における信頼が一般的に欠けていた証拠であった．1844年の条例が実施されたとき，イングランド銀行は，条例が銀行部にゆだねた外部統制からの自由によって，あたかも内部統制をも不必要にされたかのように理解して，ただちに行動した．この期間のすべてを通じて，イングランド銀行の経営は，銀行自身のそれまでの経験や外部からの率直な助言だけでなく，18世紀の「先祖の慣習」さえほぼ完全に役立てられなかったことを示した(100)．そのときイングランド銀行は，銀行の割引政策が，一方

（99） *On monetary derangements*, p. 13.
（100） イングランド銀行の前頭取であったトムソン・ハンキー（Thomson Hankey）は，1867年に二つの教義を詳述したが，これらの教義は，イングランド銀行内で当時依然としてもつことのできた見解をあばいたものとして興味深い．第一に，彼は，イングランド銀行には金融逼迫時に市場を援助する責任がないとした：「イングランド銀行の業務運営は，イギリス内の良好に管理された他のすべての銀行運営と同じであればあるほどイングランド銀行にとってもよいし，社会全体にとってもよい．」(*The principles of banking*, 1867, pp. 18以下．) これは，イングランド銀行が「中央銀行」であることの事実上の否定であった．第二に，彼は，「1国のどの時点の現金量も，あるいはもっと広い表現の運転資本量でさえ固定された量であり，いずれかの使用のためにどのような部分が選択されたり充当されたりしようと，その分だけ，他のあらゆる部門から，あるいは少なくとも他のある1部門から取り除かれる……」（同書，p. 30）と主張した．これは，銀行制度がもつ支払手段の創造能力とか破壊能力の事実上の否定であった．そのような見方が支配していた中央銀行から，効果的な信用管理方法が期待されるはずはあまりなかった．
この期間を通じてイングランド銀行の記録が貧弱であったのは，ひとつには，イングランド銀行の重役たちが，中央銀行の役員としての責任と個人的な事業家としての利害を，十分に区別できなかった結果であったとすることもできる．この期間の重役名簿は威厳のあるものではなかった．当時の一人の著述家が，1830-1847年の期間の九人のイングランド銀行の重役名を書き留めたが，六人は1847年かそれ以前に破産者になった．（Jonathan Duncan, *The mystery of money explained*, 2d ed., 1863, p. 147. また T. H. Williams, "Observations on money, credit, and panics," *Transactions Manchester Statistical Society*, 1857, p. 60 も参照せよ．）

256 で銀行券の発行高と，また他方で外国為替の水準と関係があることを知るとともに，割引額の縮小が，為替を改善して金の対外流出を阻止する効果のあることを知った．イングランド銀行は，信頼の悪化に起因する金の国内流出と，紙幣の相対的な過剰発行に起因する金の国外流出の違いを認識していたから，二つの場合には違った救済策が適切であるということを承知していた．つまり前者には，勇気ある信用拡大が適切であり，また後者には，勇気ある信用縮小が適切であったことである．イングランド銀行が1833年に高利禁止法のいくつかの規定から免除されるまで，5%を超える割引率は信用管理手段としてイングランド銀行には利用できなかったが，イングランド銀行は，18世紀を通じて，非公式の割当制や(101)，市場からの組織的借入や，またおそらく公開市場操作も利用した．

割引率の変更対割当制．――19世紀の初頭から，著述家たちは，高利禁止法のために，イングランド銀行が信用管理手段として割引率の変更を割当制の代わりに利用できないことに遺憾の意を表した(102)．1833年にイングランド銀行は，三ヵ月満期かそれ以下の貸付に限って，高利禁止法から免除されたが，そのときそれは，イングランド銀行の賛同を得て行われたとはいいながら(103)，どうもイングランド銀行の要求ではなかったらしく，イングランド銀行は，1844年になるまでこの新しい手段を組織的に利用しなかったし，それ以後も
257 あまりに自分の利益のことばかりで，中央銀行としての責任を十分に考えなかった(104)．イングランド銀行は，割引率が有効な管理手段であることを発見して驚いたらしいが，多くの著述家は，イングランド銀行が長年にわたって割引率を大々的に使わなかったことを非難した(105)．

(101) 信用圧力の少なくとも1つの事例として，イングランド銀行は，形式的で組織的な割当制度を使った．the Resolution of the Court of Directors, Dec. 31, 1795 を参照せよ：「将来，為替手形がいつ割引のために差し出されても，割引当日の割引額より多い金額が，手形差出人の社会的地位とか手形それ自体の確実性とは無関係に，別段拒否されないような各包み内の為替手形に比例して，手形差出人に戻されるであろう．同じ調整は［約束？］手形についてもみられよう．」The life of Abraham Newland, Esq, 1808, p. 39 から引用．
(102) Henry Thornton, *Paper credit*, 1802, p. 287; Francis Horner, review of Thornton, *Edinburgh review*, I (1802), 195 を参照せよ．
(103) *Report from the Committee of Secrecy on the Bank of England charter*, 1832, pp. 16 以下のパーマー氏の証言と，p. 170 のノーマン氏の証言を参照せよ．
(104) この点で，1848年の商業的困窮に関する上院議員委員会による，イングランド銀行批判 (*Report*, pp. xxxv-xxxviii) を参照せよ．

その当時，割当制を割引率の変更に置き換えるために使われた議論とは，割当制の作用が恣意的で気まぐれであるという議論であったり，割当制が生む恐怖つまり金融逼迫のときに十分な量の信用手段がどのような条件でも利用できないという恐怖がパニックを助長しがちであるという議論であった．公式の割当制は，異常な信用緊迫の場合でしか実行されなかったらしい．しかし，割引率の変更を主要な管理手段として採用した後でも，イングランド銀行は，割引のために受け入れる手形の満期を縮める形で，割当制を補助的な管理手段として依然として時々利用した(106)．

公開市場操作．――銀行業についての現在の文献は，一般に公開市場操作を，つまりイングランド銀行の自主的な判断によって証券を通貨と信用のひとつの管理手段として売買することを，知識としてであれ実践としてであれ，ひとつの最近の発展とみなしている(107)．法的にそして伝統的に固定された割引率を所与とすると，イングランド銀行が何らかの理由で地金準備をふやしたいと思ったときは，18世紀を通じてさえ，公開市場の売り操作と市場からの借入を除くと，割引額の割当制以外にイングランド銀行がとるべき道はなかった．割当制というのは，正規の商業上の顧客に対して，それまで完全に受け入れられていた商業手形の割引が拒否されることを意味したから，緊急事態でなければけっしてとりえない過激な手段であった．銀行制限条例の期間中に，イングランド銀行は，この国の取引需要に対して通貨が不足していると思い，しかし伝統的な金利水準では追加の割引需要がないことを見つけたときはいつも，公開市場で大蔵省証券を買ったことをわれわれは知っている(108)．リカードウは，イングランド銀行の商業割引業務の大きさが，適切な通貨量の規制者として働

---

(105) *Report from the Select Committee on Bank acts*, 1857, part I, p. 319 の G. W. ノーマンの証言を参照せよ：「意外と思われるであろうが，われわれは，われわれが所有しわれわれが行使する公定歩合の引き上げ権限を，われわれの管理できる範囲内におくことが絶えず求められていることに気づいていた．重要でない諸々の規制は他にある．われわれが割引に課す利子率が，一般に十分な抑制物であることをわれわれは知っている．」
(106) *Report from the Select committee on Bank acts*, 1857, part II, p. 3 のイングランド銀行頭取の T. M. ウェグリン (Weguelin) の手紙を参照せよ．
(107) 例えば，J. M. Keynes, *A Treatise on Money*, 1930, II, 170 を参照せよ：「'公開市場' 政策がまだ知られていなかった当時［つまり 1893-94］．」
(108) *Report from the Secret [Commons] Committee on the expediency of the Bank resuming cash payments*, 1819, p. 152 のサムエル・ソーントンの証言を参照せよ．

くためには小さすぎるとみなしており，だから彼は，もし通貨量が金属本位制の下で十分に高い水準に維持されるべきだとすると，イングランド銀行の保守的な割引政策では，通貨量をふやす手段として，どうしても商業割引の増加以外の手段を使う立場にイングランド銀行をおくことが必要とされると主張した(109)．リカードウは，金属本位制の下では，イングランド銀行が自動的な金移動の影響を強化したいとか相殺したいと思うときに，公開市場操作がいつも頼りにされるのは当然のことと思っていた(110)．正貨支払いの再開以降，公開市場操作は，確かにイングランド銀行が用いた主要な信用管理手段であった(111)．イングランド銀行は，信用活動を収縮したいと思ったときに，割引額を形式的に割り当てるという思い切った手段に訴えることは躊躇したし，伝統的で法的に許される最高利子率の5%で生じる割引需要が，信用管理目標とか銀行自身の所得目標のいずれに対しても不十分なときは，銀行貸付残高を増大させる公開市場操作より他の手段はもっていなかった．パーマー・ルールの下では，いったん望みの残高に達したら，イングランド銀行が保有する証券を一定額に維持することが要求されたから，公開市場操作の活動余地というのは，イングランド銀行が保有する商業手形の変動額を，保有国債の逆方向の変動額で相殺するこ

---

(109) Hansard, *Parliamentary debates*, 1st series, XL (May 24, 1819), 744.
(110) 「もし理事たちの資金が豊富になって有利に処分できるほど余剰になったなら，彼らを市場に出向かせて，おおっぴらに政府証券を購入させなさい．反対に，彼らが，金ストックを減少せずに銀行券の発行を収縮させることが必要になったなら，同じように彼らの証券を公開市場で売却させなさい．」(*Plan for establishment of a national bank* [1824], *Works*, p. 507.)「万一ロンドンの流通高が過剰なら，……救済策もやはり現在実施中の救済策と同じである，つまり流通高の削減である．これは，銀行券の発行高削減によってもたらされる．そのような削減は二つのやり方で起こる．市場で大蔵省証券を売却し，代わりに得られた銀行券を削減することによるか，あるいは銀行券と交換に金を与え，前と同様に銀行券を削減して金を輸出することによるかのいずれかである．金の輸出はイングランド銀行の理事たちはやらないであろう．それは商人の営利活動が行う．彼らは，紙幣が余分で過大な時に，金が最も有利な送金であることをけっして見逃さない．反対に，もしロンドンの流通高が少なすぎたなら，それをふやす方法は二つある．市場で政府証券を買い入れて，目的の新しい銀行券を創造することによるか，あるいはイングランド銀行の理事が金地金を輸入・購入して，その購入によって新しい銀行券を創造することによるかのいずれかである．通貨量が不足しているとき，金は必ず有利な輸入品であるから，金の輸入は営利活動を通じて行われるであろう．」(同書，p. 512. 傍点は原著にはない．)
(111) 銀行学派は，証券の購入とか販売が銀行券の発行高の大きさに影響を及ぼすことを否認しがちであったが，その理由は，それは，単にあるいは主として預金量に影響を及ぼすだけだからということにあった．Fullarton, *On the regulation of currencies*, 2d ed., 1845, pp. 96 以下; James Ward, *The true action of a purely metallic currency*, 1848, p. 43 を参照せよ．

第7節　信用管理の技術

とだけであったであろう．パーマー・ルールの批判者は，「証券に対する強制的操作」が時に必要とされるのは，金の流出を阻止するためとか，あるいは金の流入したときに金準備の場合と同額まで銀行券の発行を拡大させるためであると主張したが，これら批判者のいう強制的操作とは，商業割引額の縮小とか拡大を意味しただけでなく，公開市場における国債の販売や購買も意味した．事実ノーマンは，1832年に，高利禁止法の諸規制を所与とすると，公開市場操作が，銀行券の発行高を調整する唯一の実行可能な手段であると証言したし(112)，また同じ委員会でパーマーは，もし収縮が必要なら，イングランド銀行は，まず最初に大蔵省証券を売却し，最後の手段として，また市場割引率が法定最高利子率を超えた場合に限って，割引額を縮小させるであろうと述べた(113)．当時の共通の認識では，公開市場操作は，貸付残高に影響を及ぼしたいときにイングランド銀行が最も頼りにしたものであった(114)．おそらくもっと重要な事実というのは，1844年のイングランド銀行条例の通過以前は，イングランド銀行は，商業割引率をけっして4％以下に下げなかったことであり，また正貨支払いの再開後の市場利子率が，恐慌期を除くと，原則としてイングランド銀行の割引率よりかなり低かったことである(115)．イングランド銀行は，

---

(112) 「いずれにしても，もし発券高が制限されるべきであるとすると，確かに大蔵省証券の方がはるかにいいと思う．現在の状況では，発券高を割引率で制限しようとすることは，時に計り知れない商業的な悪影響を起こさずにはまったく不可能であると思う．高利禁止法だけがまさにその点の解決策である．」(*Report…on the Bank of England charter*, 1832, p. 170.)

(113) 同書，pp. 16-17.

(114) 同書，p. 249 のオーヴァーストーンの証言と Richard Page, *Banks and bankers*, 1842, p. 231 を参照せよ．また E. S. Cayley, *Agricultural distress—silver standard*, 1835, p. 42（イギリス下院における陳述集のリプリント）も参照せよ：「(あの有名な) イングランド銀行がその発行高を拡大したいときはいつでも，大蔵省証券を買い上げ，その代わりに銀行券を発行する．反対に発行高を急に減らしたいときは，大蔵省証券を売却する．」しかし，Henry Parnell, *A plain statement of the power of the Bank of England*, 2d ed., 1833, pp. 57-58 を参照せよ：「銀行券の発行高を減らさざるをえない状況が起こったとき，作り出されなくてはならないプロセスは，取引の融資額を少なくすることである．というのも，公債の価格が大きく下がるとき，それは銀行券の大きな縮小が不可避のときに決まって起こるケースであって，そのときイングランド銀行の理事は，損失を増加させずに大蔵省証券とか他の証券を売却できないからである……．」

(115) A. H. Gibson, *Bank rate; the banker's vade mecum*, 1910, pp. 56-57 を参照せよ．しかしパーマーは，イングランド銀行が地方銀行の手形割引に対して3％しか請求しなかったと1832年に証言しており(*Report…on the Bank of England charter*, 1832, p. 33)，また明白と思われることは，正規の割引率が市場割引率を上回ったとき，イングランド銀行の大部分の割引が，いつも正規の割引率以下で行われたことである．他方イングランド銀行は，法定最高利率

その結果大部分の商業割引取引を失ったうえに，財政窮迫の時を除くと，名目利子率以下で支払われる主として国家予算特別会計からなる残存部分も失った(116)。

しかし，公開市場操作の技術の議論はほとんどなかった。ある著述家は，イングランド銀行が銀行券の発行高を収縮したいとき，操作手順の第一は，公定歩合を引き上げることであり，第二は，国債を売却することであり，最後に，もしそれでも十分でない場合は，「圧迫を加える」つまり割当に訴えることであると主張した(117)。イングランド銀行の立場から見ると，公開市場操作は，売却が適切なときに国債価格が低かったり，購入が行われるときに国債価格が高ければ，不利益を被ることが指摘された(118)。1847年の恐慌の間，イングランド銀行は，政府公債の売却に伴う資本ロスを回避するためや，市場からの公然の借入に伴って起こると思われる同程度の注目を貨幣市場で起こさないために，正貨と引換えに国債を売却し，同時に同額の国債を先物で買い入れ，こうして事実上市場から借り入れた(119)。1875年およびそれ以降は，イングランド

5% を回避する方法をいくつかもっていた。(*The evidence, given by Lord Overstone before the…committee…of 1857, on Bank acts*, 1858, pp. 104-05 を参照せよ。)

(116) 1848年に証言したとき，イングランド銀行のジェームズ・モリス(James Morris)は，1844年以後のイングランド銀行が割引率の変更に大きく頼った理由を，次のように説明した：

「1844年9月以前は，イングランド銀行の課した最低割引率は長い間4%より低くなかった。その結果，貨幣が豊富で現行金利が4%以下のとき，イングランド銀行の銀行券の発行手段は証券の買入以外になく，現行金利が高いときには，イングランド銀行での割引需要は自然に上昇し，そこでイングランド銀行は，割引需要に応えるために，銀行券を公衆から入手する目的で証券の売却に頼らざるをえないことになった。貨幣が豊富で価格が高いとき証券を買い入れ，貨幣が不足し価格が低いとき証券を売却するというこうした操作によって，イングランド銀行の損失と，回避することが望ましい貨幣市場の不便が引き起こされたが，イングランド銀行の銀行預金の一部が手形割引で絶えず利用されて，したがって絶えず管理されるべきことは有利であるともみなされた。」(*Report from the [Commons] Secret Committee on commercial distress*, 1848, Minutes of evidence, pp. 199-200.)

(117) R. Cockburn, *Remarks on prevailing errors respecting currency and banking*, 1842, p. 16.

(118) James Ward, *The true action of a purely metallic currency*, 1848, p. 39. デビッド・サロモンズ(David Salomons)は，国債が強制的に売却されても，国債価格の下落は小さいだろうから，イングランド銀行が，公開市場操作で国債を使わず，大蔵省証券の使用を通例とするのは間違いであると考えた。だから彼は，公開市場の売り操作が必要とされたとき，イングランド銀行は，貯蓄銀行の理事から国債を借りる手配をすることを提案した。(*A defence of the joint-stock banks*, 2d ed., 1837, pp. 34-35.) 彼は，なぜ短期証券が，恐慌中に長期債券より大きく市場価値を下げると思ったか明らかにできなかったが，彼は，どうも大蔵省証券の市場の厚みが薄く，短期利子率が恐慌中に長期利子率より大きく上昇すると信じていたらしい。

(119) R. G. Hawtrey, *The art of central banking*, 1932, p. 151 および *Report from the Secret Committee [of the House of Commons] on the commercial distress*, 1848, pp. 199-200 のイングランド銀行頭取ジェームズ・モリス(James Morris)の証言を見よ。

銀行は類似の慣習に訴えたように思われる．

金の国内流出と国外流出．——銀行学派が 1844 年の銀行条例の欠点のひとつとみなしたことは，この条例が，イングランド銀行の金の国内流出と国外流出に対して別々の対処ができず，両方のケースで，銀行券の発行高を流出金に相当する額だけ無理やり収縮させようとしたことにあった．銀行学派は，不信に起因する国内流出には，信用の収縮でなく拡大が必要であると主張した(120)．1840 年にパーマーは，さらに，放っておけば自己調整できる一時的原因に起因する国外流出と，ただ信用の収縮を通じて物価を無理やり下落させる以外修正できない物価水準の基本的な不均衡に起因する国外流出とを区別した：

> イングランド銀行は，流出がはじまったとき，それについて意見をまとめられる限りで原因を捜査し，その発生と経過の最善の評価にもとづいて行動することをいつも要求されていると私は思う．国の地金に影響を及ぼす原因には二つある．ひとつは，この国と他国の混乱した物価状況と私が考えるものであり，もうひとつは，一般物価にまったく混乱がないのに，諸外国に対してなされなくてはならない明瞭な支払いである．もし後者の性格で支払いがなされ，その国の貿易が混乱しなかった場合は，地金や通貨は次第に元の状態に再び戻ると思う．1825 年のときのように，もし物価に大きな混乱があった場合は，地金の流出を止めるためには，諸外国との間でこれらの物価を調整する他ないであろう(121)．

J. S. ミルは，国内流出と，自己調整的な国外流出と，そしてただ相対価格水準の変化による以外阻止できない国外流出との間に同じような区別をして，三つのタイプのどの流出に対しても同じ対処をイングランド銀行に強要したという理由で，1844 年の銀行条例を非難した(122)．彼は，銀行券の発行高を調整

---

(120) 1857 年にイングランド銀行頭取ヴェクリン（Weguelin）は，同じ理由で 1844 年の条例を批判した．*Report from the Select Committee on bank acts*, 1857, part II, pp. 1, 2 の彼の手紙を見よ．

(121) *Report from Select Committee on banks of issue*, 1840, p. 138.

(122) *Principles of political economy* [1848], Ashley ed., p. 665; 同，*Report from the Select Committee on bank acts*, part I, 1857, p. 182. ジェームズ・ウォード（James Ward）(*The Bank of England justified in their present course*, 1847, pp. 24 以下）も，金の流出が起こったときに発行高を縮小する規則は，流出が国外流出であって，国際価格の不均衡に起因する場合に限って妥当な規則であると主張した．流出について有益な多くの事柄を含んだ入念な論議の中で，フラートンは，流出は，すべからく最終的に自己調整的であり，また概して，イング

する機械的規則は，タイプの違う流出に異なった対処をすることを妨げるので反対すべきだと主張し(123)，また流出原因は一般によく知られていたから，流出の性格を特定するのに，イングランド銀行にはふつう困難はないであろうと主張した(124)．

263　国外流出をその原因にしたがって区別することは，有効であるし重要であるが，ミルは，実際にそのような区別が容易にできると，特に統計データに乏しい時代に大袈裟にいった(125)．そのうえ流出は，最初は明らかにひとつのタイプのものが，知らぬ間に別のタイプの流出になるかもしれないし，あるいは警戒を生むことによって，別のタイプの流出も引き起こされるかもしれない(126)．

ミルは，トゥークにしたがって次のように主張したときも間違った．すなわちミルは，1844年より以前には，そして純粋金属貨幣の下でも，流出は，一般に銀行業者と商人の「退蔵金」から出てきたと思われるが，1844年の銀行条例下では，流出は必ず流通から出てくるにちがいないと主張した(127)．当時

ランド銀行は，損害の大部分を受けた後はじめて流出を阻止する力をもつのであって，流出があったとしても，とにかくじきに止むであろうと主張した．(*On the regulation of the currencies*, 2d ed., 1845, pp. 136-73. 福田長三訳『通貨論』岩波文庫，1941年，pp. 172-210.)

(123) Lord Ashburton (Alexander Baring), *The financial and commercial crisis considered*, 4th ed., 1847, p. 15 も参照せよ：国外流出はいろいろな原因で起こり，したがって異なる対応が要求されるから，「そのようなケースにおける機械的な仕掛けに人間の知性の代わりをさせることくらい，馬鹿げた厚かましいことはない．」また John G. Hubbard (Baron Addington), *The currency and the country*, 1843, p. 19 も参照せよ．

(124) *Report from the Select Committee on bank acts*, part I, 1857, p. 189. フランスの *Enquête*（『調査』）1867, V, 591 に対するミルの覚書きを参照せよ：
「有能な人材によって運営されている銀行は，その準備金が流出しはじめるや否や，それまでの貿易のいろいろないきさつを考え，流出を作り出した特定の原因を認定する方法を見つけるであろう．その銀行は，通貨が際限なく出て行く傾向にあるか，それとも一定量だけが出て行く傾向にあるかを知るであろう．」

(125) William Fowler, *The crisis of 1866: A financial essay*, 1867, p. 44 を参照せよ：「イングランド銀行の理事やその他の実務経験者は，地金の流出原因を楽に見分けられるかどうかについては，ミルと意見が違う．」

(126) I. C. Wright, *Thoughts on the currency*, 1841, p. 11 を参照せよ：「われわれの現在の制度の下では，国外流出はかならず国内流出を引き起こしそうである．」Overstone, *Letters of Mercator on the Bank charter act*, 1855-57, pp. 54-55 を参照せよ：「地金の流出は，数個の原因の複合的な働きから生じるといってよい．実際それ以外のことはめったにないのである．どれだけの流出が一方の原因から生じ，どれだけが別の原因から生じると誰がいえるであろうか．そんな区別ははじめからやれるわけはない．……地金が流出すれば，その原因が何であれ，金属貨幣の縮小を生むであろう．だからそれには，それに見合った銀行券の縮小が起こるのが当然である．」［というのも，どうもそれが1844年の銀行条例の目的であったようだから．］

の一人の著述家は，ミルがここで「流通(circulation)」という言葉をあいまいに用いたと指摘した．1844年の銀行条例の作用経路について，「流通」を，発券部以外の「総流通高(gross circulation)」のつもりでいったのなら，ミルの説明は正しい．しかしこの総流通高は，イングランド銀行以外が保有する銀行券とか地金の準備金ばかりか，銀行部が保有する銀行券や地金も含んでいた．しかしこのような発券部以外の準備金は，「彼がまさに正しく主張するように，[純粋]金属通貨について話すときに，ほぼすべての流出金が出てこなくてはならない退蔵金そのもの」であった．だからミルの1844年銀行条例批判は，条例下で流出金が「活動」流通高つまり純流通高から出てこなければならないという，現実にない場合であれば有効であろう[128]．言い換えると，イングランド銀行は，1844年の条例下で，違った種類の流出金を別々に処理できたし，また，もし銀行部で十分な準備金を維持していれば，イングランド銀行が望ましいと思ったときに，「活動」流通高を収縮させないで準備金から流出に応ずることができた．しかしのちにミルは，少なくとも国外流出に関する限り，もしイングランド銀行が，銀行部内に，1844年以前にイングランド銀行全体として十分であった準備金と同じ大きさの準備金を持ち続けていれば，イングランド銀行は，1844年以前にやれたように，依然として国外流出に対処できることを事実上認めた[129]．

適正準備金．——金準備は所得をまったく生まないから，利潤を追及する銀行は，安全と矛盾しないと思われる最低の水準にそれらを縮小しがちである．中央銀行をもつ国では，中央銀行以外のすべての銀行は，制度全体のために金準備の大部分を用意する中央銀行をあてにする傾向がある．イングランド銀行は，法的に少しもこの責任を負わされておらず，株主に対する義務がどうしても重役たちの心に大きく映った．というのも，この期間を通して，イングランド銀行の株主は，主として配当がほしかったためにその株式を保有したのであって，社会的な責任とか「イングランド銀行の所有者」の威厳のために保有し

---

(127) *Principles*, Ashley ed., p. 665.
(128) William Hooley, "On the bullion reserve of the Bank of England," *Transactions Manchester Statistical Society*, 1859-60, p. 85.
(129) *Principles*, Ashley ed., p. 674. 関係箇所は第1版にはなく，アシュレーは，初出の日付を指摘し忘れている．

たのではなかったからである．他方でその他の銀行は，まるでイングランド銀行が，この国の金準備を監督することに全責任をもった真の中央銀行であるかのように行動した．銀行設立免許が1833年に一新されたとき，政府は，イングランド銀行の利潤獲得能力を減少させて，余分な準備金の維持をますます重荷にさせる過酷な金融契約を，イングランド銀行と結んだ．さらにロンドンの株式銀行の急成長は，これまで資金の最も有利な利用形態であった商業割引事業の大部分を，イングランド銀行から奪った．このような状況の結果，イギリスの信用構造の特徴は，19世紀を通じて，銀行制度の総粗要求払債務額に対する金準備の比率の異常な低さとなってあらわれる．この期間のイギリス銀行統計はあまりに貧弱だったので，この比率を正確に測定することはできないが，株式銀行や個人銀行が準備金として保有するおそらくごくわずかの鋳貨や地金を無視すると，時に2%の低さに下落し，1850年から1890年の間けっして4%を超えなかったと思われる．

1820年代の後半から(130)その世紀の末まで，著述家たちは，この金準備金の不十分さに絶えず注意を喚起したが，目に見える結果はなかった．ある著述家は，適正金準備に対する大衆の関心があまりに大きかったので，その維持費は，国家的観点からみてほとんど重要な問題にならないと指摘した．彼は，1833年の銀行設立免許の条件によって，適正準備金の維持が，イングランド銀行にとって耐えがたい大きな重荷となるのは当然のことと思った．だから彼は，イングランド銀行が要求されるべきことは，大蔵省からのいわれなき侵害を甘受することではなく，政府の費用で追加的な準備金を確立することであると主張した(131)．リチャード・ページ（Richard Page）は，イングランド銀行のあいまいな地位が危険の源泉であるとみた：「イングランド銀行の二重の利害と義務——通貨の調整に相応しい機関とともに，営利的銀行事業の経営に相応しい機関として——は両立しがたい．この二つは，多くの場合共存するかもしれないが，いつか共存できないときが来るであろう．」(132)彼の警告によると，貴金属の使用の節約はすでにかなり進められてきたから，準備金を満足な水準まで回

---

(130) Burgess, *A letter to…George Canning*, 1826, pp. 110, 123; Tooke, *History of prices*, II (1838), 330-31 と, *Report from Select Committee on banks of issue*, 1840, pp. 355 以下のトゥークの証言を参照せよ．

(131) R. Cockburn, *Remarks on prevailing errors respecting currency and banking*, 1842, pp. 57 以下．

(132) *Banks and bankers*, 1842, p. 221.

復する手段が見つけられなくてはならないという：

> 銀行業者は，いまでは少しの地金をもてばよいとされており，彼の取引はすべて，現金に変えられ現金に基礎づけられているから，正貨を手に入れるあらゆる心配から免れている．その義務の負担と責任は，彼の肩から取り除かれてイングランド銀行に肩代わりされる．だから，市場における金の買手は単一の主体となる．それは，もし金が来れば受け入れるが，わざわざ金の獲得を義務の一部とは考えない単一の主体である．これはひとつの害悪である．もしすべての銀行業者が，それぞれ自分で売買せざるをえなくなったとしたら，われわれの状況が改善されたとすぐにわかるはずである[133]．

> 最近の銀行業におけるどの改善も，金を本位として維持してもめったにそれを公にせず，ほとんどそれにふれるべきでないという原理で進められてきた．この理論の極致とは，金の有ることと無いことがひとつとなり同一物になるまで，事物を無に純化して，実在を精神化することであろう．そのような改善者は，金がまったく消え失せて，議論より他に存在をやめてしまうまで，金を「段々小さくして，美事に少なくして」しまうであろう[134]．

1844年の銀行条例は，イングランド銀行の銀行部が発券部の金と交換できる可処分の紙幣準備をもつ場合を除いて，発券部内の金を対外支払いに利用できないようにした[135]．1847年と1857年の恐慌と，これらの年に条例を停止せざるをえなかった原因は，大部分は，緊急に備えてイングランド銀行が保有

---

(133) 同書，p. 308.
(134) 同書，p. 400. また Lord Ashburton (Alexander Baring), *The financial and commercial crisis considered*, 4th ed., 1847, p. 39 以下も参照せよ．それは，「本位の完全無欠性をあまりに純化したいがために，本位をまったくもたないという危険にさらされていないかどうか，また彼らがバーミンガムの不換紙幣の泥沼に陥ることにならないかどうか考えるように，」金本位制の支持者たちに警告するためである．
(135) Richard Webster, *Principles of monetary legislation*, 1874, p. 123 を参照せよ：「十分な地金準備は，都市の十分な水の貯えと同じくらい国家にとって必要であるが，両方とも，単に見られるために蓄えられるのではなく，必要が生じたときいつでも使うために蓄えられるべきである．……準備の有用性の本質は，それが利用できるところにある．それを封印して使えなくすることは，保有の本当の理由を完全に無視することである．もし必要であれば，金利を上げることによって地金が利用される条件を変更しなさい．しかし，その利用を実際に禁止してはならない．さもなければ，あなたは，地金だけがもち続けられる信頼をただちに失墜させることになる．」

していた金準備が十分でなかったことにあると考えられた．イングランド銀行に対して準備金の増強が必要だという助言はたくさんあったが，そのような助言には，政府あるいは大株式銀行には新たな出費が当然発生するはずだという忠告がついて回ることが多かった(136)．次は，特に有力な記述であった：

……われわれは，ありったけの力を込めて，この国の通貨制度の管理問題は，すべからくイングランド銀行の金準備の大きさの問題になるといおう．現在の制度の働きは，悪く過酷で危険であるが，その原因は，イングランド銀行が，500万か 600万かあるいは 700万の金準備しか銀行部にもたないからである．しかし金準備を，1年の平均あるいはもっと使いやすい期間の平均で，例えば 1400万より少なくない点まで引き上げさせたとすると，状況は一変しよう．300万とか 400万の地金の移転は，このような目まぐるしい時代の中にあって，たとえ大きな対外差額を調整する場合でも役に立つが，1400万から取り出された 400万は，800万とか 900万から取り出された 400万と比べると著しく違った量であり，残量はきわめて大きい．さらにイングランド銀行の重役会の細則では，例えば 1200万より 50万下がる度に公定歩合を 0.5% 引き上げるか，あるいは十分な調査の後決められる別の比率に引き上げることになっている．このように数百万の人びとが貿易に依存する国が，営まれる事業の大きさや不安定さに相応しい十分な金準備をうまく保つことができず，少量の金や銀の流出入のために商業的な好不況が作られることは，憐れでみっともないことである(137)．

(136) 以下を参照せよ．"Tristram Trye," *The incubus on commerce*, 1847, pp. 8-9（もし必要であれば，国家は，必要とされる地金ストックの増大を調達し維持する費用の一部を負担すべきである）; Adam Hodgson, *Letter…on the currency*, 1848, pp. 14 以下．（激しい信用収縮を不要にするため，公費で維持される緊急用の特別準備金があってしかるべきであろう）; J. E. Cairnes, *An examination into the principles of currency*, 1854, pp. 73 以下; *Report from the Committee on bank acts*, 1857, part I, p. 178 の J. S. ミル．

T. H. ミルナー（Milner）は，イギリスが被りがちな最大限度の国外流出の可能性を精査した後，次のように結論した．すなわち，銀行券の発行高の三分の一という国内用の地金準備に加えて，1000万ポンドの国外用の金準備が十分な金準備であると．（*On the regulation of floating capital*, 1848, p. 90．）これは，1400万ポンドに満たない現在の準備金と比較した場合，約 1600万ポンドの総準備金を 1848年に要求したであろう．

ハマー・スタンスフェルド（Hamer Stansfeld）は，国費で維持されるトゥックの緊急準備金計画の代案として，4% の貸付条件で 1ポンド紙幣を発行する権限をもった国立銀行の設立案を提案した．この 1ポンド紙幣は，割引率が 5% を超えたときは，いつでもソベリン金貨の代用として使えるが，金が国に戻って割引率を下落させたときは，これら紙幣をもっていても割に合わないであろうから，提示され破棄されるであろう．（*A plan for a national bank of issue*, 1860, pp. 5-6．）

第7節　信用管理の技術

　これまでピールは，通貨の金属基礎が異常に狭いことに気づきながらも，イングランド銀行か国民のいずれかが，その基礎を拡大する費用を喜んで負担するとは思わなかったといわれてきた(138)．当時の文献は，このきわめて重要な問題に対して，イングランド銀行がどのような態度であったかほとんど説明していない．1840年の英国議会の委員会の証言で，パーマーは，1832年ルールを，イングランド銀行が実行可能なものとは思っていなかったことを事実上認めた．彼は，イングランド銀行にとってもっと良い手順を示すように求められて，次のように答えた：「私は，もっと大量の地金を保有する以外にないと思うが，それに伴う出費や負担を償う手段を工夫しなければ，イングランド銀行がやれるとはいえない．」(139)他方でG. W. ノーマン（Norman）は，必要以上の金準備は望ましくないといった．もしイングランド銀行が必要以上の金準備をもった場合には，流出がはじまったときに，発券を収縮する必要はないであろう．しかし「海外流出は，どのように起ころうとも，必ずそれだけ［純粋］金属通貨を減らす」から，混合通貨に対しても同じように作用させるべきであろう．喪失した金を回復するには，それに比例した発券の収縮以外になく，収縮は，遅れずにすぐ起これば，それだけその害は少ないであろう．必要以上に準備金をもてば，通貨調整は，（そのタイミングにおいて？）「通貨を管理しなくてはいけない人たちの勝手とか気まま」次第になるであろう．「逆に私は，収縮は，自動的な仕組みに関係させるべきであり，為替で評価して他国通貨と比較したイギリス通貨の状態で，単純に調整されるべきであると思う．言い換えると，収縮は，われわれが金属通貨しかもたなかったときに起こると思われることに正確にしたがうべきであると思う．」(140)

---

(137) N. W., "The recent financial panic."（*British quarterly review*, July, 1866, pp. 15-16 から再録．）割引率が，多少なりとも明確な方式にしたがって，地金準備の大きさによって変化させられるべきだという初期の提案については，以下を見よ．*Suggestions for the regulation of discount by the Bank of England*, 1847，および T. E. Gregory, *An introducton to Tooke and Newmarch's A history of prices*, 1928, pp. 102-03 で要約された1848年のトゥークの提案を見よ．

(138) Adam Hodgson, *Letter…on the currency*, 1848, p. 13.

(139) *Report from Select Committee on banks of issue*, 1840, p. 136.

(140) *Letter to Charles Wood, Esq., M. P. on money*, 1841, pp. 92 以下．のちにノーマンは，1850年代を通じて，銀行業者が必要と考えた額を超えた銀行業者のイングランド銀行に対する差額超過分と，イングランド銀行が必要と考えた額以上の地金準備のうちこの差額超過分を超える地金準備との合計は，400万ポンドを滅多に超過せず，したがって，比較的に少額の国外流出でも，金利を上昇させるには十分であったと述べた．（*Papers on various subjects*, 1869,

この期間を通して，適正な地金準備額の判断基準の議論は，一般に，過去の国内外の流出の経験に照らして，イングランド銀行に十分な安全をもたらすと思われる地金の最小絶対額の観点からなされた．この問題を，銀行券発行額に対する地金保有額の最小の安全比率，つまりイングランド銀行――あるいは銀行システム――の総要求払債務額に対する地金保有額の最小安全比率の点から論じることは，この世紀の終わり近くになってはじめて一般的になったにすぎず，準備比率の点から適正な準備額を考えた当時の議論は二つしかなかった．一人の著述家は，パーマー・ルールが地金準備比率を要求払債務額の三分の一に維持することを要求しなかったことを認めながら，大衆がそれにもかかわらずこのルールを大変よく理解したと主張し，そしてこのルールが，証券保有額を一定に維持するルールより良いルールであると断言した[141]．彼は，「将来のためにイングランド銀行は，銀行券の発行高に対して三分の一の金を保有する原則にもとづいて，（預金額に関係なく）銀行券の発行高を管理すること」を提案した[142]．同じ年にもう一人の著述家は，イングランド銀行は，パーマー・ルールにしたがう代わりに，発券高に対し50％の金準備を維持することを目指すことを勧告した．彼が必要な準備をそのような高い比率に決めた理由は，どうも彼の認識と信念，すなわち地金は銀行券の提示によるだけでなく預金を通じてもイングランド銀行から引き出すことができるという認識と，究極の地金準備をイングランド銀行に頼る私営銀行の銀行券の流通の存在も考慮されるべきであるという信念にあったらしい．彼は，もしイングランド銀行が，地金を1ポンド失うごとに銀行券を4ポンド回収するルールにしたがうなら，25％の準備比率で十分であると認めた．彼は，自分の提案を「比例の原理（the principle of proportion）」と呼び，「これまで正しい原理と想定され，同額削減の原理（the principle of diminution in equal amounts）と呼びうる原理」と区別した[143]．

　銀行準備を極端に節約する慣習は，偶然の産物として，金属本位の世界に次のことを保証する有益な効果をもった．すなわち，イングランド銀行に関する

---

　　　　pp. 105-07.) しかし，今では彼は，株式銀行が，十分な金準備を維持する費用を，イングランド銀行と分担すべきであるという提案を歓迎している．（同書, p. 138.)
(141)　"A Merchant," *Observations on the crisis, 1836-37*, 1837, pp. 5 以下．
(142)　同書, p. 13.
(143)　John Hall, *A letter…containing a new principle of currency*, 1837, pp. 10 以下．この引用は，マリオン・J・ワドレイ（Marion J. Wadleigh）夫人のお陰である．

限り金の退蔵はないであろうということと，イギリスに到着する金はすべて，金利や銀行信用量に対して，国際均衡にとって適切な方向で素早く影響を及ぼすであろうということである．しかしそれは，イギリス国内で発生しつつあった不安定な景気動向を助長する傾向があった．もし銀行券の兌換を確保するのに絶対に必要な金属準備より大きい準備をもつ気がなく，またもし苦境時に信用収縮に代わるものとして解放できる余分の準備がないなら，国内の安定を図って金属本位通貨を「管理」しようと思ってもできないであろうし，またイングランド銀行の数百万ポンドの金の一時的「不胎化」によって被ったと思われる世界の損失より，これによるイギリスの国内的安定から得られた世界の利益の方が大きかったということさえ疑わしい．イギリス通貨は，確かに当時でさえ純粋に「自動的」な通貨というよりむしろ「管理された」通貨であったが，管理の主な目的は，準備の最大限の節約つまり兌換維持と矛盾しない最大の銀行利潤の獲得にあったらしい．しかしイングランド銀行は，慈善団体として設立されなかったし，またこの期間を通じてイングランド銀行は，政府からの財政的な保証がなければ多分大きな管理責任を負えなかったと思われるが，その財政的な保証は，銀行の威信を傷つけずには要求できなかったであろうし，また単に要求しただけでは多分手に入れられなかったであろう．

第二の準備としての外国証券．——1840年の英国議会の委員会の聴聞会で，国際支払いの緊急手段を提供しながら所得を生む第二の準備として外国証券を保有する政策の望ましさについて，イングランド銀行が若干考慮したことが明らかにされた．質問に対する応答で，パーマーとノーマンが認めたことは，外国証券は，この目的のために金と同じように役立ち，準備の役割を果たしながら利息を稼ぐ点で金より有利であろうということであった．パーマーは，外国証券の売却は，金準備金への異常な圧力を抑制する手段として，外国中央銀行からの借入に無理やり頼ることより望ましいことも認めた．しかしノーマンは，国際収支が不利なときに，売却をあてにできるちょうどよい外国証券を見つけることは実際には難しいであろうと思ったし，またオーヴァーストーンは，これを実施することに反対する傾向があった．というのも，彼が金の国外流出に対処する唯一健全な方法であるとみなした銀行券発行の縮小を，それが回避する役を果たすと思われたからであり，また外国におけるイングランド銀行の信用を傷つける傾向があると思われたからである[144]．

1840年の英国議会の委員会での議論は多少注意を引いた．ジェームズ・ウォード（James Ward）は，これが実施されれば，外国の利子付き証券が地金に代わるだけでなく，為替がイギリスに有利なときに証券が輸入され，不利なときに売却されて，為替の変化のたびに追加的な利益が生まれ，イングランド銀行にとって大いに有利になるであろうと主張した．さらに，万一フランス銀行もこのやり方を採用した場合は，「この共同行動は，あたかも各国が，事前や事後に実際に金を送る必要なしに，国家間の差額支払いのために手形を振り出す銀行勘定を相互にもつことと事実上同じであろうし，またそのような取り決めが，為替相場の変動を大いに減少させるであろうことは明白であるにちがいない．」(145)

ロバート・サマーズ（Robert Somers）は，1857年の著書で，タイムズ誌の投書の提案について次のように論評し，地金の造幣局預り証書を国際的な支払手段として用いて，地金の現送費用を節約することを勧めている：

> 地金主義者［つまり通貨学派］は，原理を固守するにあまりに形式的だから，イギリス造幣局内の金を，たとえその権利が別の国にあってその国で役立っていたとしても，貨幣の適切な基礎であるとみなすであろう．確かに，他国にある金や，この金に対して他国に付与されている権利は，イギリス通貨があてにできる十分よい保証であるにちがいない．これは，イングランド銀行条例の下で常に看過された区別である．割引率を調整する上で，唯一イングランド銀行の指針となるのは，地金の所有権でも地金の移動や地金の所有に対する支配力でもなく，地金がたまたま預けられる場所だけである．たとえイングランド銀行の地金の全ストックが，外国資本家の支配下にあり，それが外国資本家の好きなときに移動できたとしても，条例は，その地金ストックを紙幣の妥当な基礎とみなすであろう．しかし，もしイギリスの資本家が，金を一時的にフランスとかアメリカに送り，その金と等価の証券を保有したとしても，これら証券はまったく流通しないであろう(146)．

なるほど1844年の銀行条例の下で，イングランド銀行は，個人の外国証券

---

(144) *Report from Select Committee on banks of issue*, 1840, pp. 136, 159, 241.
(145) James Ward, *The true action of a purely metallic currency*, 1848, p. 74, 注．またJ. W. Gilbart, "The Currency: Banking," *Westminster review*, XXXV (1841), 126 も参照せよ．
(146) *The errors of the banking acts of 1844-5*, 1857, pp. 18-19.

の保有額はいうまでもなく，海外のイングランド銀行勘定の金とかイングランド銀行自身の外国証券の保有額を，発券部の地金準備の一部として算定できなかった．しかし1844年の条例では，イングランド銀行が，海外に取っておいたイングランド銀行の金とかイングランド銀行自身の外国証券の保有額を，銀行部の準備の一部とみなすことを妨げるものはなかったし，あるいはイングランド銀行が，イングランド銀行の準備金の状態を評価する際に，イギリス国民の外国証券の保有額や外国人のイギリス証券の保有額を考慮に入れることを妨げるものもなかった．

準備金属としての銀．——1844年以前のイングランド銀行は，銀を売ったり買ったりして，地金保有報告書の中にいつも銀の保有高を市場価値で含めた．1819年にイングランド銀行は，ベアリング（Baring）の複合本位の勧告案に反対したが，その理由は，「銀地金は，まるでそれが現行鋳貨に兌換されるかのように，不利な為替を阻止して海外からの金需要をはばむという，イングランド銀行の目的に等しく役立った」ことにあった[147]．1844年にイングランド銀行は，引き続き銀と引き換えに銀行券を発行することや，銀の保有高が発券部の地金準備の一部分として算定されることを要求した．イングランド銀行は，外国送金は，金でやるより銀でやるほうが安くできることが多いと主張したが，しかし，銀の市場価格の変動はあまりにわずかであったから，銀をストックとして保有しようとする個人の関心を償うことはできないし，またその変動があまりにわずかであったから，もし発券部の準備の一部として銀を算定できない場合は，銀を保有するイングランド銀行を償うこともできないと主張した．1844年の銀行条例は，銀と引き換えに銀行券を発行する権限を，発券部の保有金の四分の一を超えない範囲でイングランド銀行に与えたが，イングランド銀行は，この制限を三分の一以上に設定することを求め，条例で決められた制限が低すぎるとしばらく不平をいい続けた[148]．

しかし，単一金属本位制下で二つの金属準備を操作する試みが，あまり成功しなかった若干の証拠がある．1825年の恐慌の間中，イングランド銀行は，

---

[147] Lord Ashburton (Alexander Baring), *The financial and commercial crisis considered*, 1847, p. 38.

[148] *Report from the [Lords] Committee [on] the causes of the distress…among the commercial classes*, 1848, pp. xli 以下を参照せよ．

銀を金に交換できるようフランス銀行に協力を求めたらしい(149). ベアリングによると, 1847年の恐慌の間中, イングランド銀行は, 金と交換できない銀を150万ポンド以上もっていた(150). いずれにしてもイングランド銀行は, 1850年に, 銀に対して発券することを止めたが, 例外的に1860-61年に小規模の再開があり, フランス銀行を救済するために, 買戻協定にもとづいて200万ポンドの金を銀に交換した(151).

中央銀行間の協力. ——イングランド銀行は, もちろんきわめて渋々, いくつかのケースで外国の貨幣市場の助けを求めるように強いられた. 1836年にイングランド銀行は, フランス銀行 (the Banque de France) との協定によって, パリ宛てに40万ポンドを超える信用状を振り出した. この取引は, 1840年まで公的に知らされなかった. 1838年にイングランド銀行が苦境にあったとき, イングランド銀行は, 当時ロンドンにいたフランス銀行総裁と, 必要があればパリで信用が引き出せるように協定を結んだ. 1839年にイングランド銀行の金準備が枯渇しつつあったとき, イングランド銀行はこの協定を利用した. イングランド銀行は, 外国宛ての振出しに不慣れであり, また, フランス銀行も, フランス人の名前のついた為替手形とかフランス公債でしか借り入れなかったから, 取引は仲介機関の助けで行われた. ベアリング兄弟社は, イングランド銀行に代わって, パリの12の銀行業者宛てに200万ポンドまで手形を振り出し, 協定にしたがってこれをフランス銀行が割り引いた. 同時にハンブルクで認定された類似の信用が, イングランド銀行に90万ポンドの追加金をもたらした(152). なお同時に, フランスとの関係があまり友好的でなかった

---

(149) J. H. Clapham, *An economic history of modern Britain*, 1926, I, 282 と, そこで引用された資料を見よ.
(150) *The financial and commercial crisis considered*, p. 38.
(151) *The bullion business of the Bank of England*, 1869, p. 20; Sir Felix Schuster, *The Bank of England and the State* (1905年に行われた講義), 1923, p. 34; *Economist*, XVIII (1860), 1301, 1357 を参照せよ.
(152) このような取引については, 次を見よ: A. Andréadès, *History of the Bank of England*, 2d ed., 1924, p. 268; *Report from…Committee on banks of issue*, 1840, pp. 120, 128 のホースレー・パーマー氏 (Horsley Palmer) の証言; David Buchanan, *Inquiry into the taxation and commercial policy of Great Britain*, 1844, p. 295. こうして, 1839年の10月中に290万ポンドが海外で調達されたが, イングランド銀行の地金保有高は, 結局252万5000ポンドにしかならなかった.

第7節 信用管理の技術

時にパリに助けを求めざるをえなかったことは，イギリスではむしろ屈辱的とみなされた．特に M. ティエール（Thiers）の支持者らが，苦境のイングランド銀行を助けるようになったフランス人の寛大さを誇りながら，そのような気前の良さは今後一切繰り返すべきでないと忠告したことが報じられたからである(153)．

1847年には，金融恐慌と金不足は，ロンドンとパリの両方に共通していた．フランス銀行との協定によって，ロシア皇帝と帝国ロシア銀行は，ロシアの準備金で，フランス銀行および他の関係当局から，ロシアの証券や外国証券を660万ポンドの金額まで買い入れ，こうしてパリとロンドンの貨幣市場の緊張を緩和した(154)．しかし，イングランド銀行がこの取引に直接関与し，実際にその年のフランス銀行を間接的に援助したとは思われない．フランス銀行は，被りつつある金流出を抑制するため長期公債の公開市場売りをすべきであるという提案を，熟慮の結果やらないと決めたが，それは，そのような操作が，流通量は減らしても金属準備はふやさないという理由であった．その代わりフランス銀行は，公定歩合を引き上げ，長期公債を担保にしてロンドンで2500万フランを借り入れると銀行業者に約束して，その借入金をイングランド銀行から金を取り戻すために使った(155)．

---

(153) *The banker's circular* for Nov. 19, 1841. これは，William Leatham, *Letter…on the currecy*, 2d series, 1841, p. 12で引用されている．

(154) *The currency question*, 2d ed., 1847 (?), pp. 35-38を見よ．ここでは，ロシアの法令が翻訳され再録されている．

(155) Horace Say, "La crise financière et la Banque de France," *Journal des économistes*, XVI (1847), 200を参照せよ．この取引は，イングランド銀行が最も困っているときに起こったから，フランス銀行が，この取引に取り掛かる前に，イングランド銀行から意見を聞いたかどうかわかれば興味深いであろう．

　本文でふれた1826年，1836年，1839年，1847年の例に加えて，イングランド銀行は，1832年，1890年，1896年，1897年に，フランス銀行や他のフランスの銀行から援助を受けていたらしい．1890年の取引の結果，フランス衆議院内で敵意のある説明要求がでることになったが，フランスの大蔵大臣は，ロンドンの金融恐慌がフランスに有害な影響を及ぼさないようにすることが必要であるという理由で，この取引を擁護した．(*Journal officiel, débates parlementaires*, 5ᵉ leg., sess. ord., 1891, I, 16以下．）イングランド銀行は，1696年つまり銀行設立直後に，オランダで借金をした．(Andréadès, *History of Bank of England*, 2d ed., 1924, p. 109.) イングランド銀行は，1898年に，ドイツの諸銀行を援助するためにフランス銀行と協力したらしい．(*Revue d'économie politique*, XIII (1899), 165を参照せよ．）イングランド銀行が外国の中央銀行のために最初に金を指定したのは1906年であり，エジプトの国立銀行のためであったらしい．しかしイングランド銀行は，もっと以前にもインドのために金を指定したことがある．

金属通貨を管理する際の中央銀行間の協力は，確立した政策というより，むしろこの期間中の例外的な政策であった．それどころか，ふつう各国の中央銀行は，この期間を通じて，他の貨幣市場で起こっていることにほとんど注意を払わないか，そうでなければ，現実あるいは予想される信用逼迫時に，われ先に公定歩合を引き上げて相互の準備金に急襲をかけるかのどちらかであった(156)．

　この期間の文献の中で，信用管理の国際協力の必要性にふれたものは，あちこち散在しているにすぎない．1830年にポウレット・スクロープ (Poulett Scrope) は，1826年の条例の小額銀行券の発券禁止を非難したが，それは，この禁止によって世界中の金価値が上昇して，イギリスのみならず他の大商業国も苦しめられたからであるという．この国際的側面はどうも注意を引かなかったようだと彼は述べたが，「宣戦布告によって，どんなに些細な損害でも不愉快に思われることが幾度もあった．しかしこの事実は，通商が諸国家を一体に結び付ける密接な関係の中で，たとえ同じでないとしても，ほとんど自分の国の場合のように，各国がどれほど他国の福祉や善良な統治に関心をもつかということを示すかけがえのない事例」であった(157)．数人の著述家は，通商の成長や増大する国際資本移動が，世界貨幣市場のより大きな相互依存をもたらしつつあり，その結果，どの国も金属通貨を単独で調整することがますます難しくなっていると指摘した．この傾向から，ウィリアム・ブラッカー (William Blacker) は次のように予言した．すなわち，「金融パニックは，金属本位が維持される限り年々頻繁にかつ厳しくなるであろうし，このパニックは，実質的効果として，あらゆる国の土地を貫いて地球の辺境の地にほとんど同時に電気ショックを運ぶ電線に比肩しうる速さをもって，国から国へ汽船の助けによっ

---

(156) R. H. Patterson, "On the rate of interest…during commercial and monetary crises," *Journal of the Royal Statistical Society*, XXXIV (1871), 343 を参照せよ．また Robert Somers, *The errors of the banking acts of 1844-5*, 1857, p. 95 も参照せよ：「いろいろな商業国家の主要な交換手段の取り扱い方は，何か知的な原則によってというより，むしろ気まぐれによって指示されたように思われるし，またこれまでは，ある一般的な制度を全世界の利益のために採用するどころか，彼らの貨幣政策にはお互いに敵意が感じられる．」しかし，サマーズは，いろいろな国の日々の貨幣的な慣習というより，むしろそれらの国の貨幣的な規範を考えていた．また，ルッツァーチ (Luzzati) のその後のコメントも参照せよ：「今日，あらゆる発券銀行は，それぞれの孤立した威光の中で，ほとんどお互いに近寄りがたいままであり，それらの銀行の間では，例外的にコミュニケーションがとられるだけである．」「通貨の平穏のための国際会議」．(*Séances et travaux de l'académie des sciences morales et politiques*, new series LXIX (1908), 363-64.)

(157) *The currency question*, 1830, pp. 32-33.

て金融動乱を運ぶ．」(158)別の著述家は，予想される金融逼迫の厳しさと広さに影響するものとして，異なる国々の信用拡大率の違いの重要性を強調した．もしこの信用拡大率の違いが広範囲に及ぶと，金融逼迫が生じたとき，金に対する全般的争奪が起こるであろう(159)．

第8節　イングランド銀行の操作と正貨移動の関係

　イングランド銀行自身は，地金あるいは正貨の輸出入取引には直接携わらなかった．しかし，請求があればイングランド銀行券と交換に正貨を与えなくてはならなかったし，また正規の仕事の一部として，請求があり次第正貨と交換に銀行券も与え，預金者の小切手を正貨にも換え，標準純度の金地金を1オンスにつき£3.17.9の固定価格で購入もした．そのうえイングランド銀行は，通常の商業原則によってその地金部門を運営し，標準純度以下の銀地金や金地金を時価で売買した．景気の拡大期というのは，ふつうイングランド銀行券の増大する期間でもあるし，イングランド銀行に対する私営の銀行業者や他の顧客の負債の増加する期間でもあり，イングランド銀行の正貨準備の減少する期間でもあった．イングランド銀行が自由に割り引く限り，信用の拡大は，利子率の上昇とか私営銀行(160)の現金準備の消耗なしで，どこまでも続けることができる．信用の拡大は，もしそれがイギリスに固有であったりあるいは比較的に外国よりイギリスで目立った場合には，輸入を刺激し，供給される商品の国内吸収の増加を通じて輸出を抑制するように働き，こうして不利な国際収支を生む傾向があろう．世界中のどこより遅いイギリスの信用の拡大でさえ，もしそのことによって，増加した手から手の正貨流通需要を満たすためにかなりの金の国内流出が起こることになれば，イギリスの正貨準備を枯渇させるかもしれない．そのような状況下でのイングランド銀行の役割は，自分自身の正貨準

---

(158) *The evils inseparable from a mixed currency* [1st ed., 1839], 3d ed., 1847, pp. 128-29.
(159) T. H. Williams, "Observations on money, credit, and panics," *Transactions of the Manchester Statistical Society*, 1857-58, pp. 58-59.
(160) イギリスにはアメリカの「加盟銀行（member bank）」にあたる言葉がないので，私は，イングランド銀行以外のすべての銀行や銀行業者を示すため，「私営銀行（private bank）」を使う．もちろん株式銀行（joint-stock banks）は，通常はイングランド銀行から直接に借り入れないで，ビル・ブローカー（証券仲介業者）を通じて間接的に借り入れたが，彼らがイングランド銀行から直接借り入れた例外的な事例はあった．

備を守るために行動しようとあるいは信用状態を管理するために行動しようと，いずれにしても，危険水準に達する前にそのような信用の拡大を食い止めることであった．われわれのここでの関心は，当時のメカニズムについての見解にある．すなわちそのメカニズムによって，イングランド銀行がこの国に出入りする正貨の流れに影響を及ぼし，こうしてイングランド銀行自身の地下金庫に出入りする正貨の流れに影響を及ぼすことのできる当時のメカニズムに関する見解である．

　一般的な教義によると，市場利子率は，高い利率が正貨を引きつけ，低い利率が正貨の放出を強いるように働くことによって正貨の流れに影響を及ぼし，イングランド銀行は，市場利子率への影響を通じて正貨の流れを規制できた．正常なときは，イングランド銀行の外部には無駄な資金は当然ないものと考えられていたし，またイングランド銀行の貸付信用量の縮小は，それがたとえ割引率の引上げとか割当とか公開市場での国債売りあるいは市場からの借入のいずれで行われたとしても，他のことが等しいとすると，市場利子率を上昇させるものと考えられた(161)．しかし往々にして市場は，イングランド銀行から十分に独立しており，もし公開市場の売りや，極端な場合市場からの借入によって支援されなかった場合には，イングランド銀行の割引率は統制要因として機能しなかったことが指摘された(162)．他方，イングランド銀行の割引率の上昇は，次の二つを通じてデフレ要因として働く可能性があった．すなわち直接的には，イングランド銀行自身の顧客に対する前払額の大きさへの影響を通じて，また間接的には，景気動向についての市場判断や，したがって私営銀行業者の貸出意欲や実業家の借入意欲や流通速度に対する心理的な影響を通じてである(163)．

(161)　T. H. Milner, *Some remarks on the Bank of England*, 1849, p. 21 を参照せよ：「イングランド銀行の外部には，けっして余分な資本はない.」W. J. Duncan, *Notes on the rate of discount in London*, 1867, pp. 69-70 で引用されたように，London *Times*, April 27, 1863 の "N"（ニューマーチ）も参照せよ．

(162)　本書前出，pp. 256-58 を見よ．

(163)　Overstone, *Thoughts on the separation of the departments of the Bank of England* [1844], in *Tracts*, p. 264 を参照せよ：

　　「……金利の上昇は，その国の流通に収縮的な影響をもたらしがちであるが，信頼の状態や，その信頼に依存する補助通貨［すなわち銀行預金や為替手形］の状態には，もっと大きな収縮的な影響をもたらしがちである.」

　　Report from Select Committee on banks of issue, 1840, p. 158 のノーマンの証言も参照せよ：

利子率の役割について大部分の議論がふれたことは，周期的な景気変動つまり景気「循環」を含む短期的な攪乱だけであり(164)，利子率の変化は，主に短期資金の国際的な移動に対する影響の点から正貨移動と関連付けられ，利子率の変化が相対価格に及ぼす影響は，その働きがあまりにゆっくりであったため，国際均衡を回復するうえでは重要な要因になりえないと一般に主張された(165)。最も強調されたことは，ロンドンと海外の市場金利の相対的な変化に反応して行われる証券投資目的の国際的な資金移動であったが(166)，その他にも，イギリスの相対的な金利上昇が海外から短期資金を引き付けるやり方とか，その短期資金を海外に流出させない方法がたくさん書き留められた(167)。

「……私は，割引率の上昇を，単に証券やイングランド銀行の発行高に影響するものとしてみていない．それは，信用に対して，一般的影響よりはるかに大きくはるかに重要な影響を生む．それは，あらゆる金融手段を制限する．私は，それが銀行業者の準備金をふやし，したがって通貨の一定数量の効率を減じ，人びとの手形割引意欲を殺ぎ，商人の購買意欲を低下させて，販売意欲を高めると確信する．」

(164) 景気循環の各段階における，金利や貿易収支や国際収支の状態を強調する景気循環の説明については，特に Hamer Stansfeld, *The currency act of 1844*, 1854, pp. 17-19 を見よ．William Miller, *A plan for a national currency*, 1866, pp. 16 以下も参照せよ．

(165) オーヴァーストーンは，金利上昇の結果として生じる出来事の順序を，次のように説明する：「発行高の収縮は，第一に金利に，次に証券価格に，次に株式市場に，次に外国証券の取引に，ずっと後になって商品投機の参加傾向に，そして最後に物価一般に影響する．このような影響は，その他の状況によって妨害されたり促進されたりするかもしれないし，ひょっとすると，ここで述べられたようにいかないかもしれない．しかしこれは，発行高の収縮の影響が徐々に生じる発生の順序のようなものである．」(*Thoughts on the separation of the departments* [1844], in *Tracts*, 1857, p. 253.)

実質的に類似の説明として，R. K. Douglas, *Brief considerations on the income tax and tariff reform, in connection with the present state of the currency*, 1842, p. 28 および Robert Somers, *The errors of the banking acts of 1844-5*, 1857, p. 10 も見よ．また J. S. Mill, *Principles of political economy* [1848], Ashley ed., p. 497 も参照せよ：「……貴金属がある国から他の国へと移動するのは，かつて考えられた以上に種々なる国々における貸付金市場の状態によって決定されるものであって，物価の状態によって決定されることはそれほどないものであるが，この事実も，ようやく認められはじめた．」(末永茂喜訳『経済学原理』岩波文庫，1960 年，第 3 巻，p. 128.)

(166) T. H. Milner, *Some remarks on the Bank of England*, 1849, p. 16 を参照せよ：「資本が自国に投資されるかそれとも他国に投資されるか，いずれにしても 1％ の違いが決め手になるかもしれない．」本書後出，pp. 391 以下も見よ．

(167) 例えば *Report from Select Committee on banks of issue*, 1840. p. 359 のトゥークの証言を参照せよ：

「……金利上昇が為替に及ぼす影響とは，外国資本家が，さもなければこの国から引き上げたかもしれない資金を同量だけ引き上げさせないようにするという影響であろうし，またこれは，同時にこの国の資本家に対し，外国証券に投資しようとするつまり外国証券を保有し

279 この期間の大部分の著述家たちは，イングランド銀行の割引率は，もしそれが十分巧みにかつ効果的に使用されれば，短期資金の国際的な移動と，そして程度は小さいが商品貿易差額への影響を通じて，正貨移動の規制者として有効であることを認めた．しかし，ひとつの懐疑的な記述にときどきぶつかった．そこでは，短期資金の移動に関する限り，重要なことは，ロンドンと海外の市場金利の相対的な高さだけであるが，金利は，重要な貨幣市場において同時に上下しそうなことが指摘された．なおその後の主張によると，外国中央銀行，特にフランス銀行は，一時この期間中に，自らの準備金を守るために，フランス銀行自身の割引率を上げることによってイギリスの割引率の上昇に対抗する行動に組織的にしたがったという(168)．さらに割引率の上昇は，差し迫った金融逼迫の徴候と受け取られて，イギリスに資金を引き付ける代わりに，資金を脅してイギリスから追い払うかもしれない(169)．一人の著述家は，他の点では割引率の使用に好意的であったが，割引率が，たぶん輸出への融資を高価にあるいは難しくすることによって輸出を抑制するように働くことを，正貨の流れを規制するものとしての割引率の欠点とみなした(170)．最後に，金属本位とか

280 中央銀行のコントロールに反対する者の傾向として，彼らは，正貨移動の規制者として割引率の有効性を一般的に否定したり，あるいは自己調整メカニズムの存在を当然のこととして，そのようなコントロールの必要はないといったり，あるいは規制が正貨準備を守るのに効果的であろうとなかろうと，規制が割引率の上昇と信用の収縮を伴うときは，国内的な繁栄にとって犠牲が多いと主張

　　　ようとする意欲を減らす作用をするであろうし，英国株式に投資する目的で外国証券を手放させるであろう．それは，海外への船積みの前払によって，英国商人からの信用を抑制する上で同じように作用して，大部分の輸入を外国資本で行わせる効果をもつであろう．」

(168) 以下を参照せよ．R. H. Patterson, "On the rate of interest…during commercial and monetary crises," *Journal of the Statistical Society of London*, XXXIV (1871), 343; Robert Somers, *The Scotch banks and system of issue*, 1873, pp. 177 以下; Richard Webster, *Principles of monetary legislation*, 1874, p. 113.

(169) "History and exposition of the currency question," *Westminster and foreign quarterly review*, XLVIII (1848), 468, 注; R. H. Patterson, 上記引用文中.

(170) William Hooley, "On the bullion reserve of the Bank of England," *Transactions of the Manchester Statistical Society*, 1859-60, p. 89：
　　　「金利を上げて融資額を少なくすることによってこの目的［為替レートの修正］を果たすという，今のやり方の中で一番満足できない特徴とは，輸入に対する影響が数ヵ月後でなければ感じられないのに反して，輸出に対する影響は即座であり，不幸にも制限という間違った方向に影響することである．」

第9節 通貨改革案

したり，あるいはもっと別の反論を見つけたりした(171).

第9節 通貨改革案

これまでみてきたように，通貨学派の狙いは，現在の「混合通貨」が，「純粋金属通貨」の場合に想定したときと寸分たがわず働くように作られるべきであるということに尽きた．彼らのいう「純粋金属通貨」には，政府発行紙幣も銀行券もどちらも含まれないが，小切手とか為替手形によって移転できる銀行預金は存在しているという意味であったことを忘れてはならない．彼らが考えたそのような通貨の主な特徴は，外国からの金の流入とか外国への金の流出がすべて，即座かつ自動的にそれぞれそれに見合う流通貨幣量の増減を来たすということである．銀行学派の指摘によると，この種の「純粋金属通貨」の下であっても，主に銀行準備金の形態で可変量の金の「退蔵」があり，金の流入は，正貨や銀行券発行高の増大ではなく，退蔵金を増大させるかもしれないし，反対に金の流出は，流通からではなく，同じように退蔵金から出てくるかもしれない．また金属通貨の流通高の変動が物価水準に及ぼす影響は，銀行預金の反対方向の変動によって相殺されるかあるいはそれ以上になるかもしれない．さらに多くの通貨学派に対する批判者は，もし混合通貨が正確に純粋金属通貨のように働くという意味が，純粋金属通貨が経験するあらゆる数量と価値の変化

---

(171) Robert Somers, *The errors of the banking acts of 1844-5*, 1857, p.78 を参照せよ:
　「イングランド銀行の圧力によって外国貿易を規制するという理論が放棄されなくてはならないときがきた．それは通商の地位と事情に相応しくない．自由貿易は，新しくてより自然な調整者を諸国の取引にもたらした．われわれはいま，イギリス連合王国の産物や製造物と隣国の商品の単純な物々交換ほども，外国貿易において山をはらない．こうして，われわれの輸出入貿易には，禁止や保護の制度ではとても実現されなかった単純さと適応性と平等性が与えられた．最速の移動と知識を保証する鉄道と電信による遠隔の国ぐにの結合，そしてひとつの貨幣市場を創造し貿易を世界中に等しく活発に保つ世界主義的な資本の気質，これらはすべて，自由貿易の原理と協力して為替を調和し，かつて貨幣的な混乱と商業的な混乱の常習的な原因であった為替変動と輸出入の不均等を防ぐ.」
　サマーズはさらに，割引率を使ったメカニズムに反対するが，その理由は，正貨は必ずしも高金利市場に流れず，反対方向に流れるかもしれないからであり (p.18)，輸入が割引率の上昇で妨害されるとき，輸入の源泉である各国の購買力がその結果下落することによって，輸出が同時に抑制されるからであり (p.77)，金利の上昇は，資本費用を増加することによって，外国の競争に対抗するイギリス輸出業者の能力を増大させるどころか損なうからであり (p.78)，また一般に，信用政策でもっと注意が払われなくてはならないのは，正貨の流出入より国内市場の必要であるからである．

を混合通貨が受けるべきであるということなら，それは望ましくないと主張した．一人の著述家がいったように，「混合通貨は，金属通貨のように変動してはいけない．金属通貨は，真正の価値をもっているから疑いなく最も安全である．しかし，為替の状態やそれに伴う金の流出から生じる通貨数量の変動のしやすさは，金属通貨が最善の通貨形態とみなされるという通貨学派の主張の価値を傷つける．この通貨数量の変動のしやすさは，相殺できない害悪でありまた受け入れがたい害悪である．」(172) しかし，銀行学派には提出すべき法的な解決策はなかった．もし通貨の働きが不完全であれば，法的な干渉は事態を悪化させるだけであろう．信頼は，良識のうえになくてはならないし，銀行制度の信用操作を担う人びとの力量のうえになくてはならない．

ところが著述家の中には，通貨価値を安定するための規制は無駄であるという銀行学派の教義は拒絶しながら，現行の通貨制度がたとえ通貨学派のいう通り働くように作られたとしても，銀行学派の現行通貨制度に対する不満に共感する人たちがたくさんいた．アトウッド家はかなりの支持者を集めた．彼らは「バーミンガム学派（Birmingham school）」として知られるようになり，一時は，穀物法反対同盟を手本に作られた「全国反金貨法同盟（National Anti-Gold Law League）」と呼ばれる組織をもって，通貨の金属本位制の全廃に向けて，活発で継続的な宣伝活動をした．しかしアトウッドの教義は，彼らの弟子たちの手で退歩させられた．彼らは概して幼稚なインフレ主義者であり，国家的な不換紙幣制の支持者であった．この不換紙幣は，彼らが恣意的で危険な金との結合とみなしたものから自由であるだけでなく (173)，その他どのような法的数量規制からも自由である．彼らは，物価を過度に上昇させないことについては，流通通貨数量とは無関係に，競争の有効性に無邪気に頼った (174)．こ

---

(172) *Money market review*, Dec. 21, 1861 のハマー・スタンスフェルド（Hamer Stansfeld）の手紙．これは，*Correspondence between…Lord Overstone, and Henry Brookes, Esq.*, 1862, p. 65 でブルックスが引用した．また次の類似の見解も参照せよ：J. W. Gilbart, "The currency : banking," *Westminster review*, XXXV (1841), 98; "The Bank charter act. Currency principles," 同書, XLVII (1847), 432; J. S. Mill, *Principles of political economy*, Ashley ed., p. 670; 同, *Report from the Select Committee on the bank acts*, part I, 1857, p. 204; John Haslam, *The paper currency of England*, 1856, p. 34.

(173) Jonathan Duncan, *The national anti-gold law league. The principles of the league explained*, 1847, p. 9 を参照せよ：「われわれは，流通に約2億2,000万の暫定的な紙幣と為替手形をもっているが，これらは，金という逆ピラミッドの狭い基礎のうえに乗っており，この基礎を揺さぶると，上部構造全体が地面にくずれ落ちる．」

第9節 通貨改革案　　279

の集団や，この期間中にパンフレットを発行した多くの幼稚なインフレ主義者は，われわれは当然無視してよい．しかしこの期間中の数人の著述家は，通貨価値を安定させる目的で通貨数量の規制を準備する案か，あるいは物価水準の変動，特に下落から生じる有害な結果を減らす措置の採用を準備する案のいずれかを提示した．この期間中に作られたこのようなタイプの改革案については，お世辞にも完全とはいえない簡略な説明がつづく．しかし注意してほしいことは，政府や J. S. ミル，マカロック，シーニア，ケアンズ，トレンズのような当時の優れた経済学者が，これらの著述家をまったく無視するか，彼らの提案を嘲笑もしくは軽蔑して論じるかのいずれかであったということである．

　1807年に，ウィートレーは，貨幣単位の購買力の変化を防ぐものとして，物価指数にもとづいた計表本位（tabular standard）の長期契約を任意で利用する次の提案をした：

　　……長期契約においては，貨幣価値の物差しを提供するために何らかの基準が想定されるべきであり，所得の増大とか減少は，その基準にしたがって考慮されるべきである．現在の英国クラウン銀貨の減価は，一定の金額の長期契約に対する十分な警告であり，契約自体の中に金銭的な補償について改定する力を含まない社会的な契約は，今後結ばれないであろうと私は確信している．最近計画された契約の中で，政府は，きわめて適切にも固定所得の原理を離れ，十分の一税の代わりとして，穀物価格に応じて固定された俸給を供与することが提案された．補償が取り決められる根拠はまったく正当であったが，私はすでに穀物を唯一の基準とすることの非能率さを明らかにしてきた．広範な政策目的のために，長期にわたる相対的な貨幣価値の確認を必要とするときはいつも，ジョージ・シュクバーグ卿（Sir George Schuckburgh）が彼の比例表を構築したときの原理が，最も反対の少ない原理であることがわかるであろう(175)．

　1822年のジョセフ・ロー（Joseph Lowe）(176)と1833年のスクロープ（Scrope）(177)は，ウィートレーと関係なく，計表本位を任意で利用するために

---

(174) 同書，p. 11 を参照せよ：「この国民貨幣の中で，賃金と物価は課税水準まで上昇するであろうが，競争することによってその水準を超えられないであろう．」
(175) *Essay on the theory of money*, I (1807), 328-29.
(176) *The present state of England*, 2d ed., 1823, pp. 331-46, 付録, pp. 85-101. ローの提案については，Correa M. Walsh, *The fundamental problem in monetary science*, 1903, p. 171 を見よ．

類似の勧告をした(178)．数年後に匿名の著述家は，事実上強制的な支払計表本位を勧めた．彼の計画にしたがうと，通貨は£100の大蔵省紙幣からなり，これが法貨とされて，四分の一重量ポンドの小麦の価値を過去10年間の平均価格で毎年政府に支払う義務と引き換えに，政府によって発行される．万一小麦が十分な基準ではないと判断されたなら，そのときは50とか100の商品の平均価格が代わりに使われる．もしこの通貨が過剰に発行されたために物価が上昇した場合，紙幣を政府に戻すことが保有者の利益になるであろう(179)．この計画の核心は，商品価格の変化と同じ方向で変化する利子率で貸し付けられる，不換紙幣の発行であった(180)．

1842年にジョン・グレー（John Gray）は，賃金を安定させる通貨制度を主張したが，それは，貸し付けられた貨幣が貸付契約のなされた時点で支配できた財貨と少なくとも同量の財貨を，債権者が満期日に獲得できるようにした通貨制度であった(181)．後者の目的を達成するため，通貨は次の二つから構成さ

(177) *Principles of political economy*, 1833, pp. 406-07; *An examination of the Bank charter question*, 1833, pp. 25 以下．スクロープは，ローが先であることを認めた．(*An examination*, p. 29, 注．）また R. K. Douglas, *Brief considerations on the income tax and tariff reform*, 1842, pp. 22-23 において，チャールズ・ジョーンズ（Charles Jones）が1840年に類似の提案にふれたところも参照せよ．
(178) サムエル・ベイリー（Samuel Bailey）は，ローとスクロープの提案の実行可能性について疑いを表明した．当時はまだ洗練されていなかったので，ベイリーは，貨幣単位の購買力変化を指数を使って測定できるかどうかを疑い，そして次のように指摘した．すなわち，たとえ任意の基準にもとづいた計表本位でさえ，それを広範に採用することに対しては，さらに別の本質的な障害があると．（*Money and its vicissitudes in value*, 1837, pp. 165 以下．）
(179) "History and exposition of the currency question," *Westminster review*, XLVIII (1848), 480-81.
(180) その他不換通貨の数量を金利変化で規制する提案については，本書前出，pp. 209 でふれた1797年のパンフレットや，本書前出，p. 211 のトーマス・アトウッドの提案や，本書後出，pp. 281 以下のノートン，ペル，ボザンケ，ブラッカーの提案を参照せよ．1833年にジョン・テイラー（John Taylor）は，鋳貨からみて一定の価値を保つように数量規制された不換銀行券を提案したが，規制の方法は具体的に述べなかった．（*Currency fallacies refuted*, 1833, p. 29．）一人の著述家は，金利を安定させるように数量規制された銀行券を提案し，こうして提案の主客を逆にした：「金利の上昇が，貨幣の高価になりつつあることを証明し，また金利の上昇が，生産者の正当な利潤が金持ち階級の利益のために犠牲にされていることを証明するときは，金属貨幣の紙の代替物は，」金利からみて「貨幣価値を以前の水準まで引き下げるために十分大量に発行されるべきである．」"The Bank charter act—currency principles," *Westminster review*, XLVII (1847), 452.
(181) *An efficient remedy for the distress of nations*, 1842, p. 18：
「だから，負債が正しく支払われる時というのは，債務を作ったときの貨幣あるいは他の等

れる.すなわち,私営銀行によって自由に発行され,要求があり次第本位貨幣に兌換できる銀行券と,通貨の構成される金属の市場価値の変化とは正反対に重量が変化するように作られた本位鋳貨からなる.彼の提案は,「補償ドル(compensated dollar)」案の変形であって,鋳貨の呼称は変わらないが,鋳貨の重量は,商品に対する購買力を一定に保つよう変更されるようになっている(182).彼は,これが,もう一方の目的である賃金を一定に保つことと矛盾することがどうもわからなかったらしい.

1856年にウィリアム・クロス(William Cross)は,金に兌換できる紙幣を主張したが,兌換される金の量は,紙幣の購買力を一定に保つように加重された商品の「指数目録(index list)」つまり加重された商品指数にしたがって定期的に変更されるとした.彼は,サイズは固定されているが紙幣価値は変化する金貨として,ソブリン金貨を存続させるであろう(183).彼は,金貨の紙幣価値(あるいは紙幣の金価値)が調整されやすいという知識が実業家の予想を通じてそのような調整の必要を減らし,潜在的な変化を「調整的干渉というよりむしろ予防的影響」にするように働くと信じた:

> 他方,全般的な物価下落の間に,この状況の観察が,次の本位の調整期に売り手有利の反応を予想させ,こうして物価下落を抑制し,調整を不必要にする傾向があるだろう.というのも,財貨の生産者や保有者は,貨幣の過剰な増大が,……法的調整によって縮小されるや否や,……彼らの在庫品の価値が上がると知るか信じたときは,無理やり販売しようとはしないと思われるからである.同じ状況で資本家と商人は,定期的な調整システムの下で,貨幣が可能な最大価値に近づき商品が最小価値に近づくのを知って,資本家は貸付にもっと自由になり,商人は購買にもっと自由になるであろう(184).

ある著述家は,固定的な価格でなく,可変的な市場価格で金と兌換できる紙幣を主張した.彼は,紙幣の価値を商品からみて安定させるため,紙幣の発行

価物が借り手に与えられたときに,生活必需品や安楽品や贅沢品に対してそれらのもった支配力と同じ大きさの支配力が債権者に戻されるときであり,返済時の貨幣の種類は問わず,その時に限られるのである.ただし貸し手は,負債の契約から消滅までの期間に生じたかもしれない一般的な改良や便利な発明のあらゆる恩恵に与かっているものと常に仮定する.」

(182) 同書, pp. 33-35, 84.
(183) *A standard pound versus the pound sterling*, 1856, pp. 13 以下.
(184) 同書, p. 30.

は，金利が5％より上昇したら増大させ，3½％より下落したら縮小させる権限をもった政府機関によって管理されるべきであると提案したが，なぜこれが物価を安定させるのに十分であると彼が信じたのか明らかにできなかった(185)．

リチャード・ページ（Richard Page）は，政府によって決められ定期的にその国の人口と貿易の変化に対して調整される制限のある，固定的に発行される不換紙幣を主張した(186)．ジョージ・ペル（George Pell）は，政府発行の法定紙幣を提案したが，これは，担保証券にもとづいて最低1年間発行され，通貨の発行時点の適正評価額でこれら担保証券によってもたらされる利率で金利がつく．この案の狙いは，「国内の貨幣価値の変動つまり購買力の変動を防止すること」にあり，著者は，この貨幣に支払われた利子率と投資によって稼がれる利子率との乖離が，発行される通貨数量を自動的に調整して，この狙いが達成されると信じた．彼は，もし発行のために課された利子率が資本の平均収益率といつも等しく保たれていれば，通貨の購買力は一定に維持されると仮定した．現行の資本収益率が上がれば，政府からより多く通貨を入手することが銀行家の有利となり，資本収益率が下がれば，政府への返済によって，これまで入手した通貨を少なくすることが銀行家の利益となるであろう(187)．彼は，政府が利子率を市場の資本収益率にもとづいて決めた場合，どのように市場の資本収益率と政府の利子率の間に乖離が発生しうるのか説明しないし，また通貨の発行時点の利子率が資本収益率に常に等しくされた場合，なぜ通貨の購買力の安定が保証されるのかということも説明しない．

数人の著述家は，通貨の購買力を，短期では安定させるが長期では必ずしも安定させないことを意図した案を提示した．ポウレット・スクロープ（Poulett

---

(185) Edward Norton, *The Bank charter act of 1844*, 3d ed., 1857, 特にp.52. ノートンは，自著 *National finance & currency*, 3d ed., 1873, pp.91-92 でこれらの提案を繰り返している．W. T. トムソン（Thomson）は，市場価格で金と兌換でき，最大発行量の決められた，政府しか発行できない紙幣を主張した．（*The Bank of England, the Bank acts & the currency*, by Cosmopolite, 1866.）紙幣が固定レートでなく市場価格で金に兌換できる案でも，その通貨の数量を規制する方法について具体的な意見がないとか，規制の必要性をはっきり認識していないものは，地金論争以来よくあった．

(186) *Report from Select Committee on banks of issue*, 1840, p.90. この提案は，I. C. Wright, *Thoughts on the currency*, 1841, pp.35以下で支持されている．ライトは，外国貿易用の補助通貨を提案するが，その通貨は，金と交換に発行されて，地金の市場価格で再び金と兌換できる「地金兌換紙幣（bullion notes）」からなる．

(187) George H. Pell, *Outline of plan of a national currency, not liable to fluctuations in value*, 1840, pp.5以下.

Scrope)は,イングランド銀行が銀行券の発行高を適切に規制することによって,固定金属本位の下でも,物価水準を短期的に安定化できるかなりの可能性があると主張した.彼は,この問題について,実に見事に後の見解の先鞭をつけているので,彼の説明は少し長く引用する価値がある:

> 金が,商業的目的か金融的目的か政治的目的で少しでもこの国から引き出されるとき,その金は,主にイングランド銀行の財産から引き出されるが,この流出がわが国の国内物価に影響を及ぼすかどうかは,もっぱらイングランド銀行が決める.もしイングランド銀行が,銀行券の発行高を以前と同じ水準に維持すれば,わが国の市場は何の影響も受けない.金の流出につれて銀行券の発行高をふやし,それによってわが国の物価を不自然な高さに上げることによって,イングランド銀行は,金の流出が物価を下げるという自然の結果を,ひっくり返すことさえできるかもしれない.為替の自発的な反発によって金がこの国に戻るとき,それが発行高に影響を及ぼすかどうか決めるのは,イングランド銀行である.金の流入したとき彼らが金を買っても,相当する銀行券の増加を起こさなければ,この国の貨幣はまったく増加しない.また万一イングランド銀行が金を買いながら発行を収縮させたとしたら,本来であれば金の流入がわが国の物価を上げたと思われるときに,物価は実際に下落する.……海外流出のために金を手放したときにイングランド銀行が正確に銀行券を収縮させ,金が再流入したときに銀行券を拡大させる場合,そのときに限り,地金需給のこのような国内の変動の結果が [まま] 金属本位制が引き起こす当然の結果となり,わが国の流通が純粋に金属的な場合とまったく同じ結果が起こることになる.
>
> そこで,以下のことは明らかである.すなわち,イギリス市場におけるイングランド銀行の価格支配力は,銀行券を金に兌換する義務を通じた狭い範囲に限定されないということ,イングランド銀行が銀行券を拡大したり縮小したり,そして金を買ったり売ったりすることによって,金それ自体の価値は,最初はこの国において,そして最後は他の諸々の国においてきわめて広範囲に恣意的に影響されるということ,イングランド銀行は為替を決定する力をもち,その結果金がこの国に流入するか流出するかどうか決定する力をもつということ,イングランド銀行は,均衡回復のために何かをする前に,ある時は地下金庫に 1500 万かそれ以上の金を蓄積し,またある時は地下金庫をほとんど空にすることによって,他のすべての商品市場と同じく,金市場に影響を及ぼすことができるということである[188].

---

(188) *An examination of the Bank charter question*, 1833, pp. 41-42.

スクロープがきっと理解していたと思われることは，兌換が必要とされている間は，イングランド銀行のできることは，せいぜい手元の地金準備金の範囲内で，短期の国際収支の変動に応じた物価水準の変動を妨げることか，あるいは物価上昇を防ぐことが目的なら，無収益の地金ストックを蓄積するイングランド銀行の金融能力の範囲内でそれをやるということであり，もし銀行券を固定レートで地金に兌換することが強く要求された場合は，イングランド銀行は，イギリスの物価水準が金の世界価値の継続的な傾向に反応しないようにすることはできないということである．いずれにしても，スクロープが理想的な通貨として，つまり「考えられうる完全な通貨制度として」提案したものは，通常は地金と平価が保たれた不換紙幣であるが，しかし，乖離させなければ一時的な物価水準の変動が起こると思われる場合は，短期間平価から自由に乖離させておく不換紙幣であった(189)．

　ウィリアム・ブラッカー（William Blacker）は，政府の権限によって商業手形の割引で発行される不換紙幣を主張した．その商業手形は，ふつうの状況では，経験上為替を平価に保つと思われる割引率で割り引かれたが，国際収支の一時的な攪乱の時は，為替が平価から自由に変動できるような割引率で割り引かれた．彼は，割引率を変えることによって，通貨委員たちが好きなように通貨を操作できると論じたが，しかし通貨が金銀の長期の価値変動にしたがわされるべきか否かは，論争の余地のある問題であると思った(190)．J. W. ボザンケ（Bosanquet）は，同じように，金価値の長期的な傾向にしたがうが短期的な変動にはしたがわない紙幣を主張した．これを実現するために彼は，一時的な国外流出を準備金で応じるか，あるいは大衆の手元にある正貨と交換に，一時的に5ポンド以下の紙幣を発行することによって応じる．もしこれが十分でなかった場合には，彼は，通貨管理者に一時的に兌換を停止させるであろう．もし為替が，その後パリとハンブルクの双方で，2年間にわたって0.5%不利であり続けた場合には，彼は，前払いの割引率を上げさせるであろうが，6%以上にはしない．為替がかなりの期間有利なケースであれば，割引率を引き下

---

(189) 同書，p. 63. スクロープの貨幣的教義のさらに詳しい説明については，Redvers Opie, "A neglected English economist, George Poulett Scrope," *Quarterly journal of economics,* XLIV (1929), 101-37 を見よ．

(190) *The evils inseparable from a mixed currency* [1st ed., 1839], 3d ed., 1847, pp. 51, 65, 93-94.

げさせたであろう．彼は，このような制度の下で，イギリスの物価水準は，通常では銀行券が金との平価から著しく乖離することもなく，金の世界価値の変動や国際収支における一時的な変動に対して反応しないようにできると信じた．彼自身は，銀行券の兌換の維持が重要であるとは思わなかったが，世論は金本位制からの完全な離脱を考える覚悟はできていないと思った(191)．

正統な金属本位制の支持者たちが不換紙幣の主張者に対してしばしば向ける批判とは，通貨の「管理」とか「安定化」に対する不換紙幣論者の熱意が，物価の下落している期間に限定されがちであることであり，また一般に彼らは，物価が上がるのではないかということより，下がりはしないかと心配することが多いことである．この批判は，ここで研究された期間についてはかなり正当なように思われる(192)．しかし今世紀半ばの金の発見の結果，物価の上昇が起こり金準備が増大したとき，アトウッドの弟子たちの少なくとも幾人かは，通貨原理の主張を次の罪でののしった．すなわち，通貨原理の政策にはインフレを助長しているという罪があり，そのインフレは，唯一規制された不換紙幣だけが防ぎうると(193)．

---

(191) *Metallic, paper, and credit currency*, 1842, pp. 14 以下, pp. 144 以下.
(192) イングランド銀行条例に関する 1832 年の英国議会委員会で証言するトーマス・アトウッドを参照せよ：
　「あなたは，わが国の紙幣の発行高がいつも正確に同じであるべきだと思いますか．——いいえ，それは膨張する特性をもつべきであり，めったに収縮する特性をもつべきでないと思います．」(*Report*, p. 468.) しかしアトウッドは，貿易の物理的な量が永続的に上昇する傾向があると考えていたのかもしれない．
(193) *The money bag*, 1858, pp. 113-14 を参照せよ．(*The money bag* は，不換銀行券の主張を広めるために創刊された短命な雑誌であった．この雑誌は，通貨問題に関係した興味深い風刺漫画をいくつか載せた．)

第Ⅵ章　通貨が単一の正貨の場合の国際メカニズム

> そのような理論的思索がわれわれの真理愛を満たすに十分であるというだけではありません．国事を処理する上でもそのような思索は役に立つ場合が少なくないからです．少なくともこうは言えるはずです．なににもまして最も重要なこれらの主題にかんしその考察方法を実際に改善することぐらい有益なことはあり得ぬ，と．それらの主題にかんする通例の扱い方は，この上なくルーズでこの上なく不注意であるというのが実情です．——David Hume, "Of interest," *Political discourses,* 1752（小松茂夫訳『市民の国について』（下），岩波文庫，1982 年, p. 86）

第1節　はじめに

　この章では，一貫して国際的に単一の正貨が流通するという単純化した仮定，すなわち流通手段がただ一つの本位金属貨幣からなるという仮定の下に，国際収支の調整メカニズムの理論の歴史と現状について考察することにしよう．この理論がはじめて提起されたときにもこうした仮定に立っていたが，その後もこの仮定は，メカニズムに関連したいろいろの問題を区別して取り扱うひとつの重宝な工夫として役立ってきた．注意してほしいのは，本書の全体を通じてもそうだが，この章においては，「国際収支 (balance of payments)」という言葉が，対外債務と対外債権との過不足といった具合に，その本来の意味で使われ，しかも過不足が正貨で決済されるということである．いまひとつ注意してほしいのは，国際均衡の「攪乱 (disturbance)」という意味が，既存の均衡の中での新しい均衡を必要とする一要因の変化であるということ，またその一要因の変化が，たとえ一連の凶作，国家間の貢納とか貸付，新規の輸入関税，あるいは相互の生産物に対する2国間の需要の相対的な変化というかたちをとろ

うと，いずれにしても，この変化が限りなく継続すると仮定され，その停止が，逆方向の新しい変化の現れであると考えられているということである．国際貿易のメカニズムの理論を説明するために，非常に多様な攪乱を用いることができるが，そのどれもがそれぞれの連続的な調整段階をもっており，またある程度それ自身の一連の特殊な問題をもっている．だから攪乱の選択が必要となるが，読者は，文脈の明らかな意図を超えて，個々に取り扱ったケースの分析から導きだされた結論を一般化して，それを押し付けてはならない．

ヒュームからJ. S. ミルへと発展した国際貿易メカニズムの「古典派」理論は，その一般的な筋道としては，いまでも卓越した理論である．そのうえ，これまで分析の精密さが高められて，いくつかの明白な誤りが訂正されてきたが，まったく別のメカニズムが説得力をもって提案されたことはなかった．確かに，最近の数年間に幾人かの著述家が，古典派理論の重大な誤りとみなされる点を指摘し，これらの誤りを取り除くには，古典派の教義の主要な再構築が必要であると主張してきた．しかし，古典理論は実際に何であったかについての最近の意見は，他の事柄と同様に，この点に関しても，原典を吟味して得た産物というよりも，むしろ伝統にひきずられているし，またしばしば見受けられるように，古典派の教材を古典派の教義の解釈の基礎として用いるときでさえ，ほとんどすべてがリカードウやJ. S. ミルに論及するにとどまり，また彼らの『原理』の国際貿易についてと題された短い章に出てくるリカードウやミルの教義についても，彼らの『原理』からみると，圧縮され，省略され，単純化された説明で終わっているのである．しかし，仮にも国際貿易メカニズムに関する古典派の教義について的確な意見をもとうとするのなら，他の古典派経済学者の著作を吟味する必要があろうし，またリカードウやJ. S. ミルについては，国際貿易を取り扱うとはっきり題名のついている諸章を超えて二人の『原理』を読み，かつ他のところで二人がこの点に関して何をいわんとしていたかも探究することが必要であろう．また古典派の経済学者たちの間でも，その教義に重大な相違のあったことに留意する必要があり，したがっていくつかの重要な点では，これが古典理論だというに相応しいひとつの理論を見つけるのは難しい．これからの説明で，私は，最近過度に強調されている発見や「修正」のうち若干のものは，間違いとして拒否されるべきであるか，あるいは古典学派の時代の通説であったか明らかにされるであろうと確信している．

第2節 ヒュームのメカニズム

　国際貿易のメカニズムの古典派理論に明確な創始者がいたとすると，それはデヴィッド・ヒューム（David Hume）であった[1]．ヒュームがそのメカニズムの理論を提起した主な目的は，重商主義者流の政府介入の必要性やその介入から利益を得る可能性がなくとも，1国の貨幣供給は自己規制的であることを示すことにあった．彼は，グレート・ブリテンの全貨幣の五分の四が一夜のうちに消滅するという仮説から話をはじめ，その帰結を追究するという手順をとった．まず，ブリテンの財貨の価格とブリテンの賃金がそれに比例して下落する．その結果ブリテンの財貨は，外国市場での競争を圧倒するであろうし，輸出の増加分は，グレート・ブリテンの「貨幣の水準」が近隣諸国の「貨幣の水準」と再び等しくなるまで，貨幣で支払われるであろう．次の仮定として，グレート・ブリテンの貨幣が一夜のうちに5倍に増加したとすると，価格と賃金がブリテンで騰貴するためにブリテンの財貨を購入できる外国は少なくなるが，他方，外国の財貨は相対的に安価になるので，大量にブリテンに輸入されるであろう．その結果貨幣は，再び他の国ぐにの水準に達するまでイングランドから流出するであろう．「奇跡的に」攪乱された場合にも，共通の国際的水準にこうした接近をもたらす同じ原因は，「自然の成り行き（in the common course of nature）」で起こる水準の大きな不同を食いとめるであろう．また同じ力が，同一の国のいろいろの地方の間の水準も近似的に等しくするであろう．重要性は小さいとはいえ，「貿易収支の悪化」を是正する追加的な要因は，金現送点の限界内での外国為替の変動であった．もし貿易残高が赤字になると，為替はイングランドに不利に動き，このことが輸出に新しい刺激を及ぼすことになる．メカニズム全体には，個人の利潤動機すなわち「人間の利害と強い感情からもたらされて」，物価の違いという刺激の下で行動する「道徳的な牽引力」が働きつづけていた．

　したがってこのメカニズムは，ヒュームによると，おのずと自己均衡化的であり，自国と外国の双方の調整を含むところから双方的であり，しかも主として相対価格の変化にもとづくばかりか，わずかばかりの為替相場の変動によっ

---

(1) *Political discourses* [1752], in *Essays, moral, political, and literary*, 1875 ed., I, 330–345，また特に333–335．（小松茂夫訳『市民の国について』（上下），岩波文庫，1982年．）

ても生ずる輸出品と輸入品の変化から生ずるものであって，その変化は，釣合いのとれた貿易収支をもたらしあるいはそれを維持し，その結果，収支を精算するのに，もはやそれ以上の正貨の移動を必要としないようなものである．

第3節　見落とされた要因？　均衡化要因としての相対的な需要の変化

　ヒュームの説明では，こうして価格水準の変化が，貿易差額に必要な調整をもたらすうえで有力な役割を演じており，また為替レートの変動だけが手助けするが，それは重要性が少ない要因とされている．最近になって幾人かの著述家たちとりわけオリーンは，そのような説明では，重要な均衡化の要因が考慮の外におかれることになると主張している．これらの著述家たちの主張は，相対価格の変化に一般に帰せられている均衡化作用の多くないしはそのすべてが，二つの地域間におけるように，支払手段とか貨幣所得の量の相対的な移動が貿易差額に及ぼす直接的な効果によって実際におこなわれているということ，また，国際差額に攪乱が生じた場合に，均衡の回復は，相対価格の変化を伴わないか，伴うにしても相対価格のわずかな変化ですむということ，さらに，たとえ相対価格の変化が生じても，そのような変化は，J. S. ミルやタウシッグが展開したような後期の古典派の教義で仮定されたタイプのものではないか，あるいはありそうにもないか，あるいは必ずしもそうでなくともよい——事実であるとされている点は必ずしも明白にされていない——ということである．これらの著述家の誰かが，少なくともある種の一時的な価格変化が明らかに必要だと思われるヒュームの仮定した通貨攪乱に対して，自分たちの教義を適用したようにも見えないが，それにもかかわらず，彼らは，そのようなケースに限ってみた場合でも，メカニズムについてのヒュームの分析が不十分であると主張しているように思われる．

　ただちに認められることは，例えば，継続的な一方的送金がはじまった場合には，買い手が現行価格ですすんで購入したい量という意味での財に対する総需要量は，価格に変化がなくても，支払国では減少し受取国では増大することであり[2]，また，もし以前の比率と違った財の組合わせに対する相対的な需

（2）　この点は，ヒューム＝ソーントン＝タウシッグ流の定式化の中でさえ暗黙のうちに認められていたにちがいない．というのは，さもなければ，彼らが仮定した価格の変化が直接の説明にはならないからである．だから問題は，相対的な需要変動が起こるかどうかということではな

第3節 見落とされた要因？ 均衡化要因としての相対的な需要の変化　　　291

要に極端でしかも異常な歪みがなければ，需要のこうした変動は，それ自体送金による国際収支の調整に寄与することである．問題は，むしろなぜこのかなり明白な命題がもっと早く一般の承認を受けなかったかを説明することであり，そしてある人が強く主張したように，この認識が，メカニズムの理論において，以前の著述家がいわなければならなかったことの全面否定の必要のあるどの程度の大改革になるかを決定することである．最初の点については，たとえ私がこの関連で自ら罪をおかしてきたとはいえ，何かが私たちに明解に指摘された後で，それによって，他の人たちがどれほど明白にそのような境遇に置かれるとか置かれるはずだと判断することは難しいという以外答えられない．とはいえ，ヒュームやその後の多くの人たちのメカニズムの説明では，2国間の相対的な需要変化が貿易残高に及ぼす直接的な影響が均衡化の要因であるという認識について，何も指摘されていないが，このような認識が，19世紀の主な人びとの一部にまったく欠落していたわけではなかった．

　輸入は輸出の支払いであるとか，輸入の増加は，増加した支払手段を外国人に与えることによって輸出の増加に作用するといったことは，重商主義の時代でも指摘されていた．しかしこれからの説明では，素人にもあった所得と需要の大きさの関係についての偶然の認識は無視して，このような認識が，19世紀の著述家たちによって，国際バランスの調整メカニズムの多少とも正式に説明された不可欠な部分と結びつくとみられるケースだけを扱うこととした(3)．

────────────────────────────

　　く，これ自身で，そしてそれが相対価格に及ぼす影響とは別に，このような需要の変動が，均
　　衡化の影響を及ぼすかどうかということである．
（3）　しかしこれらの著述家たちより前に，18世紀のフランス人イサク・ド・バカラン (Isaac de
　　Bacalan) がいた．1764年に書かれた彼の研究論文は，ソヴェール-ジュールダン (Sauvaire-
　　Jourdan) によって発見された後，1903年までに公刊されなかった．
　　　　「1国だけが，引き出す以上の商品を他の国に提供し，すべての国がこの国に対して銀で精
　　　算するなどと，われわれは仮定するであろうか．……その場合，このような状態が永続し，
　　　世界中の銀をすべてこの国が吸収してしまうと本気で考える者があるであろうか．おそらく
　　　あるまい．銀の量が増えれば，銀価格が低下しよう．贅沢が増大し，それとともに自国産，
　　　外国産を問わず商品の消費が増大しよう．その結果，この国はより少ない量の商品を他の国
　　　に送りこみ，他の国からはより多くの量の商品を引き出すことになろう．こうして今度は，
　　　この国が銀で支払わざるをえなくなり，物事は循環してもとの状態に戻ることになる．」
　　("Paradoxes philosophiques sur la liberté du commerce entre les nations" [ms. 1764]
　　first printed in F. Sauvaire-Jourdan, *Isaac de Bacalan et les idées libre-échangistes en
　　France*, 1903, p. 43.)
　　1720年の Isaac Gervaise, 本書前出, pp. 82-84 も参照せよ．

295 **ウィートレー，リカードウ．**──ヘンリー・ソーントンは，1802年に，ヒューム流の説明を一般に国際収支の攪乱のすべての場合にあてはめたが，中でもその攪乱の原因が，大規模な穀物輸入の増加を必要とした凶作にある場合と(4)，外国財貨に対するイギリスの需要がイギリス財貨に対する外国の需要と比べて変化する場合にこれをあてはめた(5)．ウィートレーとリカードウは，ヒューム流の説明が，このような非貨幣的性格の攪乱にはあてはめられないとして，このような攪乱の調整メカニズムにまったく別の説明を与えた．ウィートレーの議論の方が時期的にやや早いが，問題になっている点についてはリカードウの議論の重要性は劣るから，ひとまずリカードウの議論を片付けておくのがよかろう．リカードウは，凶作とか外国軍事援助の支払いによって国際収支は攪乱されないとして，だからどのような調整のメカニズムも必要ないとした(6)．この立場に対して彼が申し出た唯一の弁明は，たとえ凶作によって万一国際収支が攪乱されても，凶作による攪乱は一時的であることが立証できるし，またそれが済んだ後はすべてはもとに戻るであろうから，正貨移動があっておそらくそれにつれて相対価格水準が変動しても，後にそれに等しい量の正貨が戻ってきて，努力を徒労に終わらせてしまうにちがいないということであった．

　　　だから，貨幣のこのすべての輸出と輸入との最終的な結果は，ひとつの国が一商品を他の商品と交換に輸入し，そして鋳貨および地金がこれら両国において，それぞれの自然的水準をふたたび取り戻すであろう，ということである．資本が潤沢であり，取引におけるあらゆる可能な節約が実施されて，競争がその極限まで推し進められているある国において，これらのもろもろの結果が予知されず，そ
296 してこれらの無駄な取引に伴う犠牲と困難とが効果的に阻止されないであろう，ということが主張されうるであろうか．この国では高価に，また他の国では安価にするという目的だけのために貨幣が外国に送り出され，またこのようなもろもろの手段によって，わが国への貨幣の復帰を保証することが考えられるであろうか(7)．

---

(4)　*Paper Credit of Great Britain*, 1802, pp. 131 以下．
(5)　同書，pp. 242-43.
(6)　*High price of bullion, Works*, pp. 268-69 と，同書，第4版の付録，p. 291 以下．リカードウの議論およびそれに対するマルサスの応答についての詳細な分析と，マルサスへの応答の中でのちにリカードウが自分の議論に加えた若干の修正については，Jacob Viner, *Canada's balance*, pp. 193-201 を見よ．
(7)　Ricardo, *High price of bullion*, 付録, *Works*, p. 292. （末永茂喜監訳『リカードウ全集』第

この意見は，個人の貿易業者が，金流出が一時的であるかどうかについて予見できる程度を誇張しているし，あるいはまた，たとえ彼らが金流出を一時的であると確信したとしても，それを食いとめることが彼らのためであるとわかる程度を誇張している[8]．正貨の季節的な移動は，正貨の移動が季節的であることがたとえよく知られていたとしても，なお起こるとみてよい．

　ウィートレーは，凶作とか外国軍事援助支払いが国際収支を攪乱しないという自分の立場を，さらに適切な理由付けによって弁護した．彼の主張によれば，凶作とか軍事援助支払いは，相互の生産物に対する2国の相対的な需要を，財貨の貿易残高が国際収支の均衡を保持するのに必要な変化をすぐに起こすような形式と大きさで即座に変えるとした．この相対的な需要の変動は，凶作や軍事援助支払いによってもたらされた2国の相互の財に対する相対的な購買力の変化に起因するであろう．

　そこで，もし独立国との輸出入が相互に互恵的なものであり，一方の輸出入額が他方の輸出入額によって常に限界を設けられていることが理論的に正しいとすると，明白なことは，もしこの国で，1793年から1797年にわたって穀物と軍事品に対する需要がまったくなかったとすると，それらを供給した国ぐにには，販売力がなければもちろんそれに等しい購買力もないであろうから，わが国の輸出品を消費できる手段ももちあわせていなかったことである．だから，もしわが国が穀物と軍事品の輸入を手控えた場合，それらを供給する国ぐににはわが国の輸出品を購買する力がまったくないのだから，わが国の輸出が同じ額にとどまると推論することはまったく異常である[9]．

　　3巻，pp. 126-7.）類似の議論について，Wheatley, *Report on the reports*, 1819, pp. 20-21 も参照せよ．
（8）　どうもリカードウは，正貨の移動が，それと同額の他の財の移動を生む以上に，その国全体にいっそう深刻な調整問題を生むという事実の結果，いくぶんかは，新規の外国債務が正貨ではなく財貨で弁済されることになると考えていたらしいが，彼はこれが引き起こされるメカニズムを示さなかった．リカードウの前掲書，p. 293（末永監訳『リカードウ全集』第3巻，p. 130）を参照せよ：「これらの商品［つまり金以外の財］のいずれも，それらの価格上昇からひどい不都合が生み出されることなく，輸出されるであろう．それに反して，他のすべての商品を流通させ，またその適度な比率の増減さえも価格をいちじるしく騰貴させるところの貨幣は，もっとも重大な結果を与えないで輸出されることはありえないであろう．」しかし，もしこれらの結果が深刻であるとすると，正貨の個々の輸出者ではなく，社会全体にとって深刻であろう．
（9）　*An essay on the theory of money*, vol. 1, 1807, p. 238.

ウィートレーは，同じ根拠から，不換紙幣の下で為替相場は，凶作や外国軍事援助支払いの影響を受けず，その国の通貨が相対的に過剰になったときだけその国に不利になると主張した(10)．ウィートレーは，彼が正当化されるとはっきり証明した以上に彼の教義を推し進め，地金論者でも受けつけなかったところまで教義を進めたが，そうするうちに教義のもととなる妥当性という重要な要素を見逃してしまった．

　ロングフィールド，トレンズ，ジョプリン．——1840年にロングフィールドは，イギリスの凶作による穀物輸入の増大の影響を論じて，次の点を指摘した．すなわちこの結果，イギリスと穀物輸出国では，支出のための貨幣量に相対的な変動が現れて，この変動が，たとえ価格の変化がない場合でも，貿易バランスの矯正に寄与するであろうと．しかしロングフィールドは，だからといって，価格の変化を必要としないほど十分な寄与ではないといった．

　　平均的な輸出入の間には一定の均衡がみられる．この状態は穀物の輸入で攪乱される．イギリスがにわかに大量の穀物，仮に600万の穀物を需要するとしよう．その支払いに，イギリスは，自国の製造品をあてようとするかもしれないが，穀物を売る人たちは，交換に製造品を喜んで受け取るであろうか．にわかに富のふえたプロシア人とかロシア人の地主は，そのふえた富で増加したイギリス製造品を購入して，満足するであろうか．いいたいことは，その逆が起こって，地主の習慣はもとのままで変わらず，富の増加分は，これまでの所得とほとんど同じ仕方で支出され，したがってイギリスの財貨の購入に支出されるのは，その1/50にも満たないであろうということである．彼の地の農夫は，はじめは消費を増大できる立場にある．それがイギリスに現れてくるまでには長い時間がかかり，しかも紆余曲折を経なければならないであろう．……こうしてイギリス人は，これまでいつも消費してきた財貨に，前よりも600万だけ少なく支出し，他方で穀物輸出国の人びとは，600万だけ多く支出するのである．……したがってロシア人とプロシア人が消費する財貨の価格は上昇し，イギリス人が使う財貨の価格は下落するであろう．しかしどの国でも，消費する財貨の大部分，つまり19/20以上はその国の生産物である．だからイギリスの製造品の価格が下落し，一方でロシアとプロシアの財貨の価格は上昇するであろう．この攪乱は，時間がたてばおのずと解消されていく(11)．

（10）　同書，pp. 180-81．また*Report on the reports*, 1819, pp. 21-29.

第3節 見落とされた要因？ 均衡化要因としての相対的な需要の変化　　295

　1841年から42年にかけて，トレンズは，外国の関税に報復することが，たとえそれが外国の関税の引き下げをもたらさなかったとしても，イギリスには有益であることを論証しようとする中で，国際バランスを関税変化に適応させるときの相対価格変化の役割に主要な力点をおいた．しかし彼の有名なキューバの例証においては，この均衡の回復が，支払手段の変動にもとづいた相対的な価格変動から間接的に起こるだけでなく，直接的に支払手段の相対的な変動からも起こるとされた．彼は，まず貨幣ではかった各国の商品需要のすべての弾力性が1であり，しかもキューバは，1単位当たり30シリングで150万単位のイギリス衣料と交換に，同じく1単位当たり30シリングで150万単位の砂糖をイギリスに輸出すると仮定した．そして，キューバが衣料に100％の関税をかけ，その結果として，キューバでは衣料価格が60シリングにはね上がり，キューバ人の消費は50％すなわち75万単位に減少する．砂糖は，しばらくの間は，もとの価格でもとの量がイギリスに流れつづける．その結果として，イギリスにとって国際収支は逆調となり，正貨がイギリスからキューバへ移動する．砂糖の価格は上昇し，衣料の価格は下落する．この衣料価格の下落と，キューバにおける衣料支出のための貨幣量の増加のために，キューバ人の衣料消費は，75万単位以上にふえる．それと反対に，イギリスの砂糖価格の上昇と貨幣量の減少によって，イギリスの砂糖消費は減少し，150万単位以下になる．正貨は，イギリスからキューバに流出し，貨幣量は，イギリスで減少しキューバで増加し，衣料価格は下落し，砂糖価格は上昇しつづけていく．そしてついに2国間の国際収支の均衡が回復するに十分な程度まで，キューバへの衣料輸出が拡大され，イギリスへの砂糖輸出が縮小することになる．この終局の均衡の下では，キューバは，関税賦課前の1単位20シリング，賦課後の40シリングの価格で，年間150万単位の衣料を輸入しているであろうし，1単位40シリングで75万単位の砂糖を輸出していることであろう[12]．これらの結果が，需要の弾力性を問わないとして，価格の変化だけでは生じなかったことに注意するべきである．結果の示唆しているものは，各々の国の貨幣所得が変化することであり，いまひとつは，貨幣所得の変化と同じ方向で，価格が変わらないときの両商品の需要量が，結果として変化することである．

（11）　"Banking and currency, Part 1" *Dublin University magazine*, XV (1840), 10.
（12）　R. Torrens, *The budget, a series of letters on financial, commercial, and colonial policy*, 1841-44, Letter II.

ジョプリンは，多くの論考の中で，相対価格の変化に限った国際バランスの調整メカニズムを繰り返し説明したが，例外的にある一節において，相対価格の変化を，均衡化過程の主要な要因というより，むしろ単なるその副産物として取り上げ，1国から他国への貨幣の移転に伴う，相互の商品に対する需要の相対的な変化が貿易のコースに及ぼす直接的な影響を強調した．

さて，国際収支が甲国に逆調で乙国に順調であるとき，それは，甲国の住人の乙国の生産物に対する需要が，乙国の住人が甲国の生産物に対する需要よりは大である結果として起こる．しかしその差額を貨幣で支払った後は，この需要状態が必ず変化するにちがいない．貨幣を送金した国の住人は，その減少した貨幣所得でもって，貨幣受取国の生産物を以前と同じだけ購入できないであろう．ところが貨幣受取国の住人は，貨幣所得が増大するから，貨幣送金国の商品をこれまで以上に購入できる．こうして，貿易は貨幣を再び均衡化し，それによって，商品と商品の交換ということになり，貨幣受取国は，その後に物々交換がおこなわれるときの交易条件の好転によって，利益をものにするのである[13]．

J. S. ミル，ケアンズ．——ジョン・スチュアート・ミルは，その『原理』で展開しているメカニズムの説明では，攪乱された国際収支の均衡を回復するであろうような貿易バランスをもたらす唯一の責任ある要因を，相対的価格に求めているように思われる[14]．現に，あるところでは明示的にそういっているようにみえる．「フランスの財貨に対する通常の価格におけるイギリスの永続的な需要が，フランスにおいて，通常の価格をもって必要とされるイギリスの財貨をもって支払いうるよりもより大きい」というケースを取り上げ，彼は，「輸入を永続的に削減するか，あるいは輸出を増加させるかする必要がある．しかしこれは，物価を通してのみなし遂げることができる」と述べている[15]．しかし別のところでは，均衡を回復させるひとつの要因として，正貨の移転にもとづく2国間の貨幣所得の大きさの相対的な変動をはっきりと考慮に入れて

---

(13) Thomas Joplin, *Currency reform : improvement not depreciation*, 1844, pp. 14-15.
(14) *Principles of political economy* [1848], Ashley ed., bk. iii, chap. 21.（末永茂喜訳『経済学原理』1960年，岩波文庫，第3巻21章．）
(15) 同書，p. 620.（邦訳，第3巻，p. 345.）（傍点は原著にはない．）ミルのいわんとしたことが，物価だけが均衡を回復するように働くという意味であったのか，それともただ価格の変化が必要であったという意味であったのかについて確信をもっていいきれないので，ここには残念ながらあいまいさがある．

第3節　見落とされた要因？　均衡化要因としての相対的な需要の変化　　　297

いる．彼は，イギリスの生産する重要な品物の生産コストが低下した後の結果を跡づけている．

> これから生ずる第一の結果は，その物品の価格が下落し，外国においてこれに対する需要が生まれる，ということである．この新しい輸出は貿易の均衡をやぶり，為替の関係を変えてしまう．貨幣がその国に流入する．……そして物価騰貴が生じるまで，流入しつづける．この物価水準の騰貴は，新しい輸出品に対する諸外国の需要を，若干抑えるであろう．またイギリスが従来輸出していた他の諸物品に対する外国の需要を減退させるだろう．このようにして，輸出は減退するであろうが，一方，同時に，イギリスの一般国民は，手に所有する貨幣が多くなるから，外国の諸商品に対する購買力が大きくなるであろう．もしも彼らがこの増加した購買力を実際に使用するならば，そこに輸入の増加が生じるであろう．そしてこれと，さきの輸出に対する制限とによって，輸出入の均衡が回復されるであろう(16)．

ミルの理論を指して，相対価格の変化だけで国際バランスの調整を説明するものとする通常の解釈は，おそらく認められるであろう．したがってこの引用部分は，彼の理論の必須の要因というより，メカニズムにおいて付加的な要因の存在を，ある瞬間にミルがたまたまそれに気づいたことをただ示したものとみなされた．しかし，そうみるのは間違いかもしれない．『原理』での説明は，ある点ではやや詳細を欠くが，ミルの初期の説明の再述であって(17)，そこでは，正貨の移動にもとづく2国間の貨幣所得の相対的な変化が，貨幣価格による需要の弾力性とともに，価格変化に対して2国の相互の商品の購買量がどれほど反応をするかを決めるものとして，メカニズムの説明の中に明白に組み込まれている．ここでも，強調点は主として相対価格の変化にあるが，このことは，ミルが，1国の生産物の価格の上昇が，その国の貨幣所得の上昇をも常に

---

(16) 同書，pp. 623-24.（邦訳，第3巻，pp. 352-53.）（傍点は原著にはない．）またミルは，外国の消費者が，「同じ原因によってその貨幣所得を減らしたようだ」（同書，p. 624）とも記しているが，これが，イギリスの輸出額を減らして，均衡を回復するように作用するもうひとつの要因になるとは明言していない．ブレシャーニ＝トゥローニ（*Inductive verification of the theory of international payments*, 1932, p. 91, 注）は，本文で引用されている箇所の重要性を指摘している．

(17) *Essays on some unsettled questions*, 1844, Essay 1.（末永茂喜訳『経済学試論集』1936年，岩波文庫．）

伴うものとして取り扱っている事実からも説明できるし[18]，同様に彼が，ここではメカニズムのためのメカニズムに関心があるというよりも，攪乱が貿易の「利益」に及ぼす影響に主たる関心をもっている事実によっても半ば説明できる[19]．

ケアンズは，彼の周知の国際貿易メカニズムの説明の中では[20]，国際バランスを調整する要素として，支払手段の相対的な変動つまり貨幣タームでの商品需要の相対的な変動になんらふれていない．しかし初期の論文では，彼がその果たす役割を強調し，通例の話では出てこないものを自ら承知のうえで付言していることが示されている．

302　……輸出と輸入の動因が物価だけに依存しているということは本当ではない．また物価の下落があまりにも突然で激烈であれば，全体としてのその影響は，商品の輸出に対して不利にならざるをえないと私は考える．……もし，産業をもっと不利にしたり，1国の一般的な富を減ずるような事情が起これば，外国商品の購入のためにその国が自由に使える手段は減少するであろう．だから，たとえ物価の変動を想定しなくとも，このような商品に対する需要は減退し，その結果として，自国の輸入量が減ずるであろう．また逆に，もしこれと反対のことが起こり，また1国の富が増加すると，われわれは，お互いに平均して，もっと消費をふやすことになろう．別に海外の物価の下落を想定しなくても，この増加した富の一部は外国商品に対する需要の増加になり，結果的に自国の輸入が増えよう．……自国で起こることは，もちろん，外国でも同じように起こるであろう．だから，われわれの輸出額と輸入額との関係，またその結果としての金の流入と流出との

---

(18)　同書，p. 16 を参照せよ．「その国の他のすべての商品［＝その国自身の生産物］の貨幣価格が騰貴したのだから，すべての生産者の貨幣収入は増進している．」(邦訳，p. 27.)

(19)　同書，pp. 26-27 を参照せよ．(ミルは，イギリスがドイツのリンネルに対して賦課した輸入関税の貿易利益に及ぼす影響を論じている．)

「関税の賦課が消費されるリンネルの数量を最も軽微な程度において減少させたとしても，貿易の均衡は攪乱されるであろう．その残高は，貨幣をもって支払われなくてはならぬ．物価は，ドイツにおいては下落し，イギリスにおいては騰貴するであろう．リンネルはドイツ市場において下落し，衣料はイギリス市場において騰貴するであろう．ドイツ人は，衣料に対してより高い価格を支払い，しかもこれを購買するのにより小さい貨幣収入しかもっていないのであるが，他方においてイギリス人は，リンネルをより安く取得するであろう．すなわちその価格は以前のそれを関税の額を超えないものだけ超過するだろうが，同時に彼らがこれを購買する手段はその貨幣収入分だけ増加しているであろう．」(邦訳 p. 39-40.)

(20)　*Some leading principles of political economy newly expounded*, 1874, pp. 360 以下. *Essays in political economy*, 1873, pp. 24 以下.

関係は，ただ単に自国と外国との物価状態に依存するだけではなく，国内と外国の消費者のそれぞれ自由になる購買手段にも依存するということになる．

　　　　　　　　　………

［凶作，海外への軍事送金などのケースにおいて.］1国から外国への大量の金の移動は，たとえそれが国内商業の通行に大いに邪魔にはならないにしても，1国と他国の可処分の富を比較的に変える．すなわち，彼らの支出手段は比例して変化し，その結果，お互いの財貨に対する需要も変化する．こうして，1国からの金の移転に伴う状況の中で，物価の状態あるいは貨幣流通の状態とはまったく独立に，金還流のための準備がなされていく……(21).

バステーブル，ニコルソン.——1889年にバステーブルは，ミルに反論して，2国の「購買力」あるいは貨幣所得の相対変化が貿易バランスに及ぼす直接的な影響に訴えることによって，リカードウの教義，つまり国際貸付が正貨の移転とか物価の相対的な変化をもたらさないという教義を擁護した．

A国がB国に毎年100万ポンドの支払義務があるとしよう．この借金は，B国にとっては権利であり，これによってB国の購買力は増加し，それにそれ以外の購買力も付加される．……［利払いのケースか借金返済のケースかはっきりしないが］ミルが主張する，貸し手国で貨幣数量が増加し借り手国で減るという点は正しい．貨幣所得の額は，貸し手国で間違いなく前よりふえるが，その増加分は，借り手国のもつ負債額を通じて輸入財の購入にあてられるかもしれない．……また，物価が，借り手国より貸し手国でより高くなるということにもなるまい．これまでより多くの貨幣所得をもつ貸し手国の住人は，同一価格でより多く買い，こうして輸出を超える必要な輸入超過がもたらされるであろう(22).

その後数年たってニコルソンは，ミルの推論について同じような批判を提起

---

(21) *An examination into the principles of currency*, 1854, pp. 34-36. 私に傍点（原文イタリック）をつけられたところは誤りである．なぜなら，相対価格が変化しないときですら，支払国の貨幣流通は相対的に必ず減少するからである．本書後出，pp. 356-57 をみよ.

(22) C. F. Bastable, "On some applications of the theory of international trade," *Quarterly journal of economics*, IV (1889), p. 16. （傍点は原文のまま.）リカードウは，後年のマルサスとの往復書簡の中で，凶作とか一方的送金が相対価格の変化を引き起こすという考えを否定しつづけてきたが，それが，各国の商品の数量と貨幣の数量との間の正常な関係を保つには十分な正貨移動を，借り手国から貸し手国に起こすことについては認めた．（私の*Canada's balance*, pp. 195-96 をみよ.）

して，やや詳しく論じたが，未熟にも誤った推論にもとづいて，物価の変化と正貨の移動が，このメカニズムの中でどのような役割も果たさないと付け加えた(23).

このように，国際貿易の理論についての19世紀の最も有力な著述家の幾人かは，支払手段の量や所得額の相対的な変動が，相対価格の変化とはかかわりなしに，国際バランスの攪乱を調整するメカニズムの中で均衡化の役割を果たすことを認めた(24). しかしこれらの著述家の間では，教義について重大な相違点があった．彼らのすべてに共通の教義とは，例えば，貸付にもとづく相対的な貨幣所得の変化が，それを通じて2国の相互の商品に対する相対的な需要に影響し，貸付に対して国際収支が調整されることであった．しかし一方のグループ（すなわちリカードウ，ロングフィールド，J.S.ミル，ケアンズ）が，この相対所得の変動を，以前の貨幣移転の結果として説明するか，あるいは貨幣移転がこの変動の結果であるとみるかのどちらかであったのに対して，もう一方のグループ（ウィートレー，バステーブル，ニコルソン，そしてある点でケアンズ）では，いかなる貨幣移転も起こる必要はないとした．一方のグループ（ロングフィールド，ジョプリン，ケアンズ，J.S.ミル）では，メカニズムの重要な役割を相対価格の変化に託したが，それに反して，もう一方のグループ（ウィートレー，リカードウ，バステーブル，ニコルソン）では，均衡を回復するための相対価格の変化の必要性を否定するか，あるいは疑問視した．

その後の文献においても，需要の相対的な変動に均衡化の役割を求める調整メカニズムの説明と，求めない別の説明が提起しつづけられ，またその重要性を一度苦労して指摘した著述家でも，別のときにはその説明から離れ，ただ相対価格の変化だけの説明に逆戻りしている者もいる．しかし，主としてオリーンのお陰でこの問題に対する理解がすすみ，この要因を重視する風潮が強まってきている．

タウシッグ，ヴィクセル．——タウシッグは，1917年の論文では，主とし

---

(23) J.S. Nicholson, *Principles of political economy*, II (1897), 287-93. ニコルソンは，この書物の序文で，「外国貿易理論の諸章の周到な修正と批判に対して」，バステーブルに謝意を表した．

(24) これらの著述家のうち，ロングフィールドとケアンズとバステーブルが，ダブリンのトリニティ・カレッジの生徒か教授として結び付いていたことや，ニコルソンがバステーブルから助力を受けていたことは，指摘されたありうべき恩として意味のあることかもしれない．

て紙幣本位通貨の下での調整メカニズムを取り上げたが，金属本位制の下の国際貸付の場合には，その借り手が外国商品の購入にすぐにそれを使用しない部分は，貸し手から借り手への正貨の送金によって借り手国の物価が上昇し，貸し手国の物価が下落した後になってはじめて，商品のかたちで借り手国に輸入されるであろうと論じた(25)．この論文に答えて，ヴィクセルは，借り手国の商品需要の増加と貸し手国の商品需要の減少は，「大体において」，国際収支の均衡を回復するのに必要な貿易収支の変化をもたらすに十分であると主張した．彼は，仮に借り手国の購買力が増加して，それが輸入生産物よりむしろ借り手国自身の生産物に向けられても，それほど相違はないであろうと主張した：

> ……このために，もちろん輸入は減るであろうが，もし輸入額が同じ期間の借入額に正確に等しいだけ輸出額を超過すれば，金の送金も受取りもあるまい．

金はきっと借り手国に移動するであろう．しかし，それは，借り手国が商品をさらに獲得したからという理由だけであり，またそれを獲得した後の話であって，財の形で貸付がトランスファーされる前ではない(26)．

タウシッグは，彼の簡潔な応答では，自らの論点を主として他の事柄に限定し，均衡化の過程で需要の変化が果たす役割について，ヴィクセルの提起した根本問題に適切に答えなかった．調整過程の初期の段階で必ず正貨が移動することをヴィクセルが否定したことに対して，タウシッグは有力な返答をした．すなわち，「より多くの貨幣が商品の購入に向けられなければ，どういう方法で『商品に対する需要増加』が商品の価格を上昇させるのか私にはわからないし，また貨幣の供給が増えなければ，商品を購入するのに，より多くの貨幣は差し出されない．」(27)これは，物価の変化はさておいて，需要の変化が均衡化の役割を果たすという認識の範囲では，タウシッグが少なくともヴィクセルの教義を受け入れていることを意味しているとみてよい．というのは，もしも需要が増えると，それは物価を上昇させるだけでなく，同一物価でとらえた需要

---

(25) F. W. Taussig, "International trade under depreciated paper," *Quarterly journal of economics*, XXXI (1917).

(26) Knut Wicksell, "International freights and prices", 同書, XXXII (1918) 404-10. ヴィクセルは，ここではリカードウの教義にしたがっている．本書前出, pp. 299-300, 注22を参照せよ．

(27) *Quarterly journal of economics*, XXXII (1918), 410-12.

量も増大させるように働くからである．しかし，この影響についての明快な記述を，ここでもその後の彼の著作の中でも見いだすことはできない．タウシッグは次のことも指摘した．すなわちヴィクセルは，輸送費は別として，商品価格はどこでも等しくなる傾向があるから，相対価格の変化が重要な均衡化の要因になりうる可能性はないとしたが，ヴィクセルは，国際貿易に参加しない「国内」商品のあることを見逃している．国内商品価格の動きは，国際商品価格の動きからはずれ，こうして新しい国際均衡の成立を助けるのである[28]．

「カナダの国際収支」．──1924年に私は，このヴィクセルとタウシッグの論争を回顧して，次のことを認めた．すなわち，タウシッグがもとの論文で述べていたように，貸付による借り手国での新規の消費可能資金が，そうでなかったら輸入されなかった外国商品の購入のために使用される限り，相対価格の変化とは関係なしに調整の助けになるであろうということである．私はまた，貸付金が，そうでなかったら輸出されたであろう国産の商品の購入に使用されても，等しく調整の助けになるという議論──これはヴィクセルのお手柄だと思う──[29] も承認した．しかし私は，次の根拠から，これら二つの要因が調整をもたらすに足りると期待すべき先験的理由がないという結論に達した．すなわち，(1) 価格の変化がない場合には，もとの消費可能資金も増加された消費可能資金も，ともに同じ割合で「国内」商品つまり非国際商品の購入に用いられることが理論的に考えられるし，(2) 価格の変化がない場合に，借入資金がまったく「国内」商品の購入に用いられないわけではないとすると，相対価格の変化なしには，国際収支が調整されえないからである[30]．後にも出てくるように，この最後の命題は，このとき[31] 次のことを私が心にとめていなか

---

(28) 同書．仮に「国内」商品がなく，またもし全商品の物価が世界中で必ず等しかったとしても，相対価格の変化はそれでも均衡化の要因でありうる．というのは，このメカニズムの中で重要な価格要因は，同一市場における異なる商品の相対的な価格変化であって，異なる市場における同一商品の相対的な価格変化ではないからである．本書後出，p. 315 を見よ．
(29) 私にはいま，ヴィクセルがこの議論を明示的に記述したところを見つけることができない．しかしニコルソンは，1897年にこの議論を提示した．彼の *Principles*, II (1897), 289 を見よ．
(30) *Canada's balance of international indebtedness*, 1924 pp. 204-06.
(31) 同書の後半で私は，カナダの資本輸入の輸出貿易に及ぼす影響について分析し，この追加的な要素の均衡化作用を指摘しておいた．すなわち，
　「海外からの資本借入にふれないで，［カナダ］総生産商品に占める輸出割合の下落を説明することはできない．……製造業の拡大は，高い割合でカナダの原材料生産を吸収しただ

ったことから生じた誤謬であった．すなわち，輸出のための輸出可能商品の生産から国内消費のための国内商品の生産へ生産要素が転換されることによって，輸出量が制限され，それによって，輸入額の同額の増加とかこれまで輸出されていた生産物の国内消費の同額の増加と同じくらい，国際収支の調整を助けることである．

ケインズ，オリーン．——ドイツ賠償金問題のトランスファー局面をめぐる議論は，この問題について激しい議論をまき起こしたが，ここではオリーンとケインズの貢献だけを取り扱う．オリーンは，1928年に発表した論文で，貨幣タームでの商品需要の相対的変動，すなわち受取国で上昇しドイツで下落したこの需要変動が，ドイツの国際収支を賠償支払いにあわせるように働き，こうしてドイツに不利な相対的な価格変化を，メカニズムの補助的なおそらくは不必要な部分とし，財貨のかたちで賠償金がトランスファーされる仕事を容易にすることになった点を強調した[32]．彼は，この論文において，後の彼の著書の取り扱い（私にはこれでも行き過ぎのように思える）よりもっと極端に，国際メカニズムにおいて相対価格の変化の重要性を認めない点について，ひとつの姿勢を貫いているように私には思える．彼は，国際的に一方的な送金がおこなわれたとき，支払国に有利な価格の変化が，不利な価格変化と同じくらい起こりそうであること，また特定の状況についての知識がない場合には，相対価格の変化が全然起こらないと仮定されなくてはならないと論じた[33]．さらに彼は，たとえ支払国にとって不利な相対価格の変化が起こったとしても，それは支払いの初期だけのことであって，意味のあるほど長くは続かないと主張した[34]．

けでなく，そうでなければ輸出された原材料の生産から労働を引き抜き，その労働を，プラント・設備の建設にふりむけ，また輸入原材料から作られる国内消費用の製造品製作にふりむけたのである．海外からの借入で可能になった道路，街，鉄道の発展は，移民労働者の大部分を吸収し，彼らは，さもなければ輸出に利用されたカナダ商品のおびただしい量を消費した．資本の借入の結果として生じた相対的な価格水準の変化も，上記に説明した要因と同等に作用しながら，輸出を制限する重要な要因でもあった．（同書，pp. 262-63.）」

(32) "The reparations problem," *Index*, April, 1928.
(33) 同書，p. 9.：「A国の輸出品価格が上がってB国で下がる直接の理由はない．これは，全体として，A国の需要の増加とB国の需要の減少とがつり合っているという問題にすぎない．ともかく全体としての需要増加は，A国の国際財にもB国の国際財にもちょうど同じようにあてはまるかもしれない．それぞれの特定のケースの状況がわからない場合には，このような価格の変動がまったく起こらないと，私たちはみなさなくてはならない．」
(34) 同書，p. 10.

1929年にケインズは，ドイツ賠償金のトランスファーの可能性に関する悲観的な論文の中で，たとえドイツが政府予算からの支払いに成功しても直面すると思われるドイツの国難を強調したが，彼は，支払いの経済的トランスファーを促進する要因として，ドイツから受取国への支払手段の初期の移動の結果生じる商品需要の変動を一顧だにしなかった．オリーンは，トランスファー問題の危機的状況を緩和する一要因としてこの需要変動に訴えて，ケインズに答えたが，二人のその後の意見の交換にもかかわらず，どちらも相手を説得するにはいたらなかった(35)．自説を提示して以来，オリーンは，自分の意見を以前ほどはっきりと述べなかったが，ひとつの肝心な点で，ケインズに対して不必要な譲歩をしてしまった．

　ケインズは，これまでの慣習的な線上で徹頭徹尾推論し，ドイツの貿易収支を賠償支払額に調整させる要因は，ドイツの輸入額に比べた輸出額の増加だけであり，それは海外の物価に比べたドイツ物価の下落の結果であるかのように論じた．彼は，自分の要点を強調するために，極端なケースすなわちドイツの生産物に対する外国の（単純な「マーシャリアン」の）需要弾力性が1より小さいと仮定し，またドイツの輸入額の減少の可能性を捨てるといった極端なケースを取り上げて，「この場合には，ドイツの輸出がふえればふえるほど，その総売上高は小さくなるであろう．トランスファー問題は，もう絶望的な取引になる」と結論した．つまりこのケースでの賠償金は，たとえ相対価格の変化が起こったところで，トランスファーされることはない．だからケインズは，2国の需要弾力性が，この種のトランスファーをまったく不可能にするものであるかもしれないこと，また，ともかくこのようなトランスファーだとすると，「ドイツ人民の支出は，彼らの稼得額から支払わねばならない賠償税の額だけ少なくなるばかりでなく，そうでなければ手にできた額より低い金換算の稼得額の減少分だけ少なくなるにちがいない」，つまり租税を別にしても，ドイツ人の貨幣賃金などは減るにちがいないと結論した(36)．これはオリーンが否定した．

　論争の後の段階になって，ケインズは，自分が需要状態の変化にほとんど

---

(35) *Economic journal*, XXXIX (1929): J. M. Keynes, "The German transfer problem," 1-7; B. Ohlin, "The reparation problem: a discussion," 172-78; Keynes, "The reparation problem, a rejoinder," 179-82; Ohlin, "Mr. Keynes' views on the transfer problem: II, a rejoinder," 400-04; Keynes, "Views on the transfer problem: III, a reply," 404-08.

(36) 同書, p. 4.

(まったく?)重要性をおかないのは,ドイツが巨額の金を輸出できる状況にないと思っていたからであり,また,仮にドイツが金を輸送したとしても,この結果としてドイツの外部で生じる需要増加の恩恵を,ドイツの生産物は,世界の他の国の生産物と分かちあわなければならず,そのためドイツの輸出貿易による利益がとるに足らないものであると考えていたからだと説明した[37]．この点については,金輸送額の総賠償支払額に対する比率が,全期間にわたって大である必要はないと答えることができよう．というのは,金の一定量のトランスファーは,その金が海外にとどまっている限り,単位期間当たり,その金の若干分(あるいはその数倍)まで,ドイツ商品に対する貨幣タームでの外国需要の水準を維持しつづけるからであり,また,それは,ドイツ商品に対する外国の需要を増大させるばかりでなく,外国に対するドイツ人の需要をも減少させることにもなるからであり,さらに第一,受取国の需要増加のすべてあるいはそのほとんどが第三国の生産物にふり向けられても,これら第三国は,ドイツの引き渡す金を手にして,ドイツ商品をも含む外国商品に対するこれらの国の需要が高まるからである．しかしケインズは,金あるいはその同等物の最初の移転の結果,弾力性のいかんを問わず,2国間の相互の生産物に対する貨幣価格で換算した需要が均衡化の方向に相対的に変動するというオリーンの議論を,どうも最後まで理解できなかったようである．依然としてケインズは,もしドイツ商品に対する世界需要の弾力性が1より小さいときは,「ドイツ人の生産した財は,いかに数量的には大きくとも,世界市場で十分な販売価値のつくことにはならないこと,したがって,ドイツに残されたただひとつの途は,自らの輸入を切り詰めることだけであろう」と論じた[38]．しかしドイツが正

---

(37) 同書, pp. 407 以下.
(38) 同書, p. 405. ピグーは同じ教義を説明している. "The effect of reparations on the ratio of international interchange," *Economic journal*, XLII (1932), 533 を参照せよ.
　「こうしてドイツは,通常では輸出品の多くを海外に送り,その輸出品で多くの輸入品を買い,この状態のときにイギリス商品で表示された額の賠償に直面するとしたまえ．もしこの賠償額が,われわれがドイツに送ったイギリスの以前の輸出額を超えており,したがってドイツが,これらイギリスの輸出品をなしで済ますことによって,賠償を支払えないとして,またもし増大したドイツ商品に対するイギリスの需要の弾力性が1より小さいとすると,ドイツは,どれほどイギリスに輸出をふやしたところで,その賠償金を支払う手段はない.」
　ピグーが,ここでの「需要」を,単なる貨幣的意味で用いようと相互需要の意味で用いようと,いずれにしても,これは必ずしも真実ではない．というのも,どちらの場合でも,賠償金の支払いをイギリスが受け取った結果として,イギリスのドイツ商品に対する需要はドイツに有利な方向に変化するであろうからである.

310 貨を海外に移動しても，ドイツ商品に対する貨幣で換算した外国需要が直接なにも増加しない場合に限って，ドイツの輸出品に対する需要の弾力性が1以下であることが，輸出額にそのような明確な限界を画することになるであろう(39)．

　二人の著述家がお互いにその主張を明快に説明できなかったこと，特にオリーンがケインズの考えを変えられなかった原因については，おそらく両者が「購買力」というあてにならない言葉を，あいまいなその他満足できないかたちで用いたことに半ば起因する．オリーンの議論というのは，相互の生産物に対する相対的な需要の変動が，次の教義にもとづいて起こるということであった．つまり，賠償支払いがドイツから受取国に「購買力」の移転をもたらし，その結果としてそれぞれの地域で生ずる相対的な「購買力」の変化が，商品に対する相対的な需要の変動をもたらすという教義である．ケインズは，これに答えてひとつの仮説的なケースを提示した．それは，ドイツが，いくつかの方法で2千5百万ポンド・スターリングの純輸出超過をつくるのに成功して，この輸出超過の受取額で，2千5百万ポンド・スターリングまでその賠償義務を支払うというケースである．ケインズは，「購買力（buying power）」というタームのあいまいさをとことん利用して，そこで次のように主張する．すなわち，「ドイツがなにかを支払ったという事実に起因して増えた「購買力」は，賠償支払いを可能にさせた販売，つまり輸出品の購買ですでに使い果たされてしまったであろう」が，「オリーン教授は，「増加した購買力」は2千5百万ポンド・スターリング以上であり，——もしオリーンのいう波及過程が重大だとすると，——おそらくそれ以上だといい張らなくてはならない．」(40)オリーン

(39)　オリーンは，のちにこの点を指摘している．(*Interregional and international trade*, 1933, p. 62.)

　　ケインズは，その後の著作，*Treatise on money* (1930, 1, 340-42)（小泉・長澤訳『貨幣論』I（ケインズ全集第5巻）1979年）において，手短かにこの問題に戻っているが，当初の議論に多くを加えていない．ケインズは，ここでドイツによる金の引渡しの困難なことを強調して，オリーンの議論が，おそらく正しく解釈していると思われるが，もし支払国と買取国に適切な信用政策が採用されると，賠償金のトランスファーには，相対価格の変化も金の移動もともに必要がないという仮定にたっていると受け取っているようである．また彼は，信用政策が変わらないときは，ドイツの金の喪失が，ドイツの貨幣賃金の引き下げを意味することを当然のこととみた．しかし理論的にみると，賠償金は，最初の正貨の移転という仲介と，それに伴う貨幣で換算した相対的な商品需要に及ぼす影響を通じて，相対価格の変化なしで，そして双方の国の通常の金準備率の変化なしで，そしてまた支払国の貨幣賃金の下落とかその受取国の上昇なしに，トランスファーされうるものである．本書後出，p. 333以下とp. 356以下を見よ．

は，賠償金の実物トランスファーをもたらすためにあてにできるフランスの「購買力」増加は，実物トランスファーの後ではなくむしろそれより前に起こること，またそれは，特定の年のフランスの輸入超過によって「使い果たされ」ることはあるまいということを指摘するべきであったが，ただ次のように答えたにとどまった．すなわち，「確かに増加した購買力を手にした人が，商品を購入後にこれまで以上の購買力をもたなかったとしても，彼にたくさんの商品を売ることは簡単だ！」[41]．これはあまりにケインズに譲歩しすぎており，ケインズの教義を論破するどころか，無傷の状態にした答えである．

　ケインズにとっては，賠償金の２千５百万ポンド・スターリングの実物トランスファーは，ドイツの偶然の輸出超過の所産に帰すべきであり，ドイツはその輸出超過の支払いを，賠償債務と引き換えに信用で受け取ってもよかった．しかし，ドイツの賠償義務支払いの第一歩が，フランスへの金で２千５百万ポンド・スターリングの支払いであり，フランスにおいてこの金の増加が支払手段の総量に正常な影響を及ぼしたと仮定しよう．またそれ以降は，それぞれの賠償支払日に，ドイツは，ドイツの銀行にあるドイツの資金の２千５百万ポンド・スターリングを新規にフランスに預金したと仮定しよう．フランス人はいまや，ドイツ商品を同一価格で進んで買おうとするであろうし，ドイツ商品に対するフランス通貨での支払力も増加しているであろうし，またそうなれば，ドイツに対してフランスの輸入超過が次々と繰り返されるようになるであろう．これら輸入超過は，賠償のためにドイツ政府がドイツの銀行において定期的に振り出し，フランスを受取人とする賠償信用と引き換えに手形によって国際的に現金化されるであろう．ドイツが，狭義の金融的意味でその賠償義務を支払いつづけていく限り，賠償前の状況と比較して，フランス人の購買意欲と支払能力の増加はけっして「使い果たされ」ることはないであろうし，むしろ永久に続くであろう．しかし，一方的支払いのトランスファー・メカニズムにおける外国商品に対する購買意欲と支払能力の位置付けの問題については，まずメカニズムにおける価格変化の役割について必要とされる枝葉の議論をした後で，もっと基本的なやり方で論ずることにしたい．

（40）　*Economic journal*, XXXIX, 181.（傍線は原文のまま．）
（41）　同書, p. 402.

第4節 メカニズムにおける価格:「価格水準」の概念

　国際貿易のメカニズムにおいて，特定国の価格変化の役割を十分に説明するには，当該国の物価と海外の物価の間に均衡下でどのような関係がなくてはならないかということと，均衡が攪乱されたときに，均衡の回復に物価の変動がどのように役立ち，どのように関係するかということの両方明らかにされなくてはならないであろう．このような問題についての教義の進展をたどるには，ここでもヒュームからはじめるのがよい．われわれの当面の目的のためには，支払差額がつり合っている状態，つまり国と国との間に地金や正貨が移動せずまたそのような傾向もない状態を，国際金属本位制の下で国際貿易の均衡した優れた基準とみなすのが都合がよい(42)．

　ヒュームは，イギリスの支払差額が外部の世界とつり合っている場合は，ほんの少しの修正はいるが，イギリスと隣国の「貨幣の水準 (level of money)」も等しいと主張した．ちょうど「すべての水は，連結されているときはいつも，つねに水平をたもつ」のと同じように，国際貿易のメカニズムは，すべての国の貨幣を共通の水準におくように働いた．ヒュームのいう「貨幣の水準」とは，貨幣と商品の比率を意味した．

> 銘記さるべきことは，この試論を通じわたくしが貨幣量の保有水準を云々する場合それはつねに，当の国家内に存在する財貨，労働，生産活動および技能と比例関係にある貨幣量の保有水準を意味する，ということです．そして，わたくしが主張するのは，それらの強みが近隣諸国のそれらに対し，2倍，3倍，4倍となるにつれ，貨幣の保有量も2倍，3倍，4倍となるであろう，ということです(43)．

　近代の慣習は，貨幣の水準は，その逆数としてのある統計的な平均物価を使って，商品一般に対する貨幣の平均価格あるいは購買力という言葉に解釈する

---

(42) もちろん，この定義があてはまるのは，世界の貨幣用の金ストックが，金鉱からの増加にも，摩滅損耗または産業用の利用による減少にもさらされることがないという静態的な世界とか，そうでなければ，産業利用のために必要とされる金とか，貨幣の摩滅損耗を補充するために必要とされる金を，それぞれの国が生産するような世界のどちらかであろう．

(43) *Essays*, 1875 ed., I, 335-36 の注．(小松茂夫訳『市民の国について』1982年，岩波文庫，下巻，p. 270.)

気持ちにさせる．しかしこうしたやり方は，ヒュームからみてもあるいは古典学派全体からみても，時代錯誤であろう．ヒュームは，イギリスでの最初の試みである1795年のエブリンの試み以前に，物価水準の変動を，統計的平均という手段で測定すると書いている⁽⁴⁴⁾．1798年以後でも，ジェボンズの年代にいたるまでの主な経済学者たちは，統計的平均値が物価水準もしくは物価水準の変化を表すという知識をまったく持っていなかったか，あるいは良かれ悪かれさまざまな理由で，その考えは認められないとみていたかのいずれかであった⁽⁴⁵⁾．いくつか大雑把な指数は19世紀の前半に作られたが，ウィートレーをただ一人の例外として，古典派経済学者の中にこの指数と何らかの関係をもったものはいなかった⁽⁴⁶⁾．

ヒュームが「水準」という用語を使ったことは，古典派経済学者の何人かを悩ませた．ウィートレーは，ヒュームが，貨幣はどこでも貨幣の水準を維持すると主張しながら，1国が他国と比べてより多い貨幣量をもつと論じるのは，「水準の性質と調和しない」矛盾を犯していると主張した⁽⁴⁷⁾．リカードウは，

---

(44) Sir George Shuckburgh Evelyn, "An account of some endeavours to ascertain a standard of weight and measure," *Philosophical transactions of the Royal Society of London*, 1798, part I, pp. 175-76.

(45) 例えば次を参照せよ．Ricardo, *Proposals for an economical and secure currency* [1816], *Works*. p. 400.（玉野井芳郎監訳『リカードウ全集』IV, p. 70.）
　「通貨の価値はひとつの商品との比較によってではなく，多数の商品との比較によって判断されうるものであるという主張がある．もし紙幣の発行者がこの種の基準によって彼らの通貨の額を調整しようと望んでいるということが容認されるとしても，もっともこれはとうてい容認されえないものであるが，彼らはそうするためのなんらの手段ももたないであろう．なぜならば，諸商品の価値はそれぞれの相互の間において絶えず変動しており，しかもこういう変動が起こったときに，どの商品の価値が上昇しどの商品の価値が低下したのかを確かめることが不可能であるということを考えてみると，この種の基準がまったく役に立たないことが承認されねばならないからである．」
　また次も参照せよ．Malthus, review of Tooke, *Quarterly review*, XXIX (1823, pp. 234-35：同, *Principles of political economy*, 1st ed., 1820, p. 126, William Jacob, *An historical inquiry into the production and consumption of the precious metals*, 1831, II, 375-76; Arthur Young, *An inquiry into the progressive value of money in England*, 1812, p. 134; Tooke, in *Report from Select Committee on banks of issue*, 1840, p. 337.

(46) ウィートレーは，エブリンの指数に頼ったために，フランシス・ホーナーに厳しく非難された．ホーナーは，指数の作成方法上のまぎれもない欠陥と，加重その他指数論理学に対する異論の両面を根拠にして，エヴリンの指数の誤りを見つけた．"Wheatley on currency and commerce," *Edinburgh review*, III, (1803), pp. 264以下．

(47) *Essay on the theory of money*, I (1807), 2-3. この矛盾は明白ではない．ヒュームが仮定した水準の同一性というのは，絶対的な貨幣数量の間ではなく，貨幣数量と商品数量の比率つ

私信では，水準という言葉を，物価の一般状態を表す意味で自由に使っていたが，出版した著作の中では，この状態を表すのに「水準」という用語を使うのを避けていたようである[48]．彼は，異なった国ぐにの貨幣とか地金の価値を比較するのに満足すべき方法があることを認めなかった．

314 　　われわれがさまざまな国の金銀もしくはその他なんらかの商品の価値の高低を論ずるとき，われわれは常に，それらを評価しているなんらかの媒介物をあげなければならない．そうでないと，この命題にどんな観念も与えることができない．例えば，金がスペインでよりもイギリスでいっそう高いといわれるとき，もしなんらの商品もあげられなければ，その主張はどんな観念を伝えるだろうか．もし穀物，オリーブ，油，ブドウ酒および羊毛がイギリスでよりもスペインでいっそう安価だとすれば，これらの商品で評価された金はスペインでいっそう高価である．さらにまた，もし金物類，砂糖および毛織物などがスペインでよりもイギリスでいっそう安価だとすれば，その場合には，これらの商品で評価された金はイギリスでいっそう高価であろう．かくして，金の価値を評価する媒介物を選ぶ場合の観察者の好みに応じて，金はスペインで，より高価であったり，より安価であったりするようにみえる[49]．

　マルサスは，もしも貨幣水準の均一性が，ある特定の商品価格とか「商品全体」の物価が必ず等しいことと受け取られるべきだとすると，貨幣が異なった国ぐにで必ず均一の水準を保つことはないとした[50]．

　そうだとすると，異なった国ぐににおける物価と金価値の関係についての古典派の著述家の見解とは何だったのであろうか．次の3点が，彼らの一般的な主張の正確な説明であるように思う．すなわち，(1) 彼らがはっきりした制限なしに貨幣価値とか物価水準について語るときは，彼らは，商品とサービスの双方について，すべての細目にわたる一群の物価を意味しており，どのような種類の統計的な平均といった意味もないこと，(2) 彼らが異なった国ぐににおける貨幣価値とか物価の均一性への傾向を仮定する場合は，彼らは，一時点で

まり物価間の同一性であって，だから彼は，貨幣が退蔵されている場合とか，あるいは金属貨幣については，もし紙幣も使われていた場合とか，比率の同一性が輸出入の輸送費の違いで妨げられるところでは，これらの比率が異なる可能性があると認めた．

(48) 例えば，*Letters to Malthus*, pp. 16, 34, 57, 196.
(49) *Principles, Works*, p. 228.（羽鳥・吉澤訳『経済学および課税の原理』下巻，p. 226.）
(50) *Inquiry into the nature and progress of rent*, 1815, p. 46, 注.

第4節 メカニズムにおける価格:「価格水準」の概念　311

ひとつととらえた特定の同一商品で,しかも輸送可能な商品にのみ眼をむけて,ただ商品と正貨双方の輸送費用を考慮しただけの均一性への傾向を主張していること,(3)貨幣単位が同じでないかあるいは異なった本位が用いられている場合は,彼らは,ただそのときの為替レートで共通の通貨単位に換算し直した後の同一商品の価格の均一性を仮定し,またそれぞれの国の通貨で表された輸送可能な異なった財貨の価格の比率は等しいものと仮定していることである(51).

これらの命題のほとんどは,ヒュームの次の引用文に暗示されている.

> これらの比例関係の正確さを妨害しうる唯一の事情は,財貨をある場所から他の場所へ輸送する際の輸送費です.輸送費はしばしば等しくありません.そして,この輸送費が因となり,[例えば]ロンドンの工業製品がダービーシャーの貨幣を吸い寄せるほどには,ダービーシャーの穀物,肉牛,チーズ,バターはロンドンの貨幣を吸い寄せることができません.しかし,上記の比例関係の正確さに対するこの妨害も見せかけだけのものにすぎません.というのは,財貨の輸送に費用がかかるのに比例して,それらの地域間の財貨の交換もそれだけ妨害されており,不完全であるからです(52).

ヒュームの説明はあいまいではあるが,リカードウがこれらの命題に同意したことは明白であり,また,リカードウの著作で折に触れてなされた論述がこれら命題と矛盾するようにみえる場合も,その不一致は見かけ上のものにすぎないことも明らかなように思う.したがってリカードウが,一ヵ所で,「貨幣の価値は,どの2国間でもけっして同じではない」「ほとんどの国ぐにに共通の商品の価格も,これまたかなりの開きがある」(53)といっても,その前後の文脈をみると,リカードウは,特定の商品に対する金の購買力は,金の輸送費とか奨励金や関税とか商品の輸送費,さらに輸送されない「国内財」――この財は,リカードウによると,輸出産業の労働生産性が比較的に高く,したがってまた労働賃金が比較的に高い国ではその価格が高い――の存在にもとづいて,国ぐにで相違することを心に留めていたことがわかるし,また彼は,労働――

---

(51) ここで仮定された均一性は,二つの地域における販売価格すなわち市場価格の間の均一性であって,費用価格の間の話でないことに注意されたい.
(52) Essays, 1875 ed., I, 336, 注.(小松訳『市民の国について』1982年,岩波文庫,下巻,pp. 270-71.)
(53) Principles, Works, p. 81.

彼は非輸送可能商品と仮定した——ではかった貨幣の購買力を，貨幣価値の一要素として含めていた(54)．マルサスへの書簡の中で，リカードウは，ブレイクの示唆した状態，つまり商品ではかった金の価値がフランスでは一定でイギリスで上昇していても，金がフランスからイギリスに移動するという状態が起こりそうもないが可能であることを認め，そのような金価値の乖離の傾向の可能性を，商品の輸送費と輸送できない商品の存在にふれることによって説明した(55)．

ウィートレーは，次のように主張した．すなわち，関税障壁がなければ，「国ぐにの間の輸送費を別とすると，穀物と製造品は，……すべての国ぐにで常に同じ比率と価格をもつか，あるいは絶えずそのようになる傾向がある．この輸送費の程度は，相違があるにちがいないが，もし貿易がおこなわれていれば，穀物と製造品の価格の相違は，どの2国においても，1国にもちこみ他国からもちだす費用を超えることはけっしてありえない」と(56)．

古典学派とその主な後継者たちはすべて，次の点については同じ見解をもっていた．すなわち，輸送費を別にすると，同一の輸送可能商品の市場価格は，共通通貨で表すか共通通貨で換算すると，どこでも等しいか等しくなる傾向がなければならないという点である(57)．だから古典派理論の批判者たちが，古

---

(54) 同書，pp. 81 以下を参照せよ．また，*High price of bullion*, 4版の付録，[1811], *Works*, p. 293 も参照せよ．

(55) *Letters of Ricardo to Malthus* [1823年5月3日], p. 151.

(56) *Essay on the theory of money*, II (1822), 103.

(57) トレンズ (*The budget*, 1844 ed., 序文, pp. 53 以下) は以下のことを明らかにしている．すなわち，キューバの事例にもとづいたトレンズの議論を，ローソン (Lawson) は論駁しようとしたが，ローソンのこの試みは，キューバとイギリスでは，同じ商品の価格に大きな開きがあるという「馬鹿げた仮定」にのっかっているのに反して，ローソンの結論は，「(話を簡単かつ簡潔にするために，運賃と商人利潤を計算から除外して) 衣服の価格がイギリスで1ベイル当たり20シリングに下落したときは，キューバの市場で1ベイル当たり20シリングで売られ，また砂糖の価格がキューバで cwt (112ポンド) 当たり40シリングに上がったときは，イギリス市場で40シリングで売られるという仮定から演繹されてきた．」

ヒューエル (Whewell) は，1856年に，国際貿易に関するJ. S. ミルの教義について総じて批判的でない数学的解釈として提示された論文の中で，彼のいう「国際物価の均一性の原理」を定式化した．その趣旨は，輸送費を除くと，「国際貿易が確立されたときは，輸出入されるすべての財貨の相対価格は2国間で等しくなる」というものである．"Mathematical exposition of some doctrines of political economy. Second memoir", *Transactions of the Cambridge Philosophical Society*, IX, part I (1856), 137-39.

なお，同じ推論としては，Longfield, *Three lectures on commerce*, 1835, p. 25; Cairnes, *Essays in political economy*, 1873, pp. 70 以下; 同, *Some leading principles*, 1874, p. 409; Marshall, *Money credit & commerce*, 1923, p. 228; Taussig "International freights and

典派理論は，国際バランスの調整を，異なる市場における同一の輸送可能商品の市場価格の乖離が貿易経路に及ぼす影響で説明したという理由で批判した場合や[58]，あるいは古典派理論の後継者たちが，自らこのような解釈をとりながら古典派理論の擁護を試みた場合には[59]，彼らは古典派の教義を誤解していたことになる．

関税を輸送費のようなものとして含めながら輸送費を考慮すれば，同一商品の二つの市場における価格は，両市場と第3市場の結びつきが限界幅をより狭くする場合を除くと，これらの市場間の両方向の輸送費の限界内でお互いに独立に変化することができる．いま二つの市場だけを仮定して，AからBへの輸送費を m，BからAのそれを n とし，AかBのどちらかでその商品の生産が技術的に可能だと仮定しよう．(1) Aにおける価格を Pa とすると，Bにおける価格は，$Pa+m$ と $Pa-n$ のどこかに決まり，(2) Bにおける価格を Pb とすると，Aにおける価格は，$Pb+n$ と $Pb-m$ のどこかに決まる．もしこの商品が一方の市場から他方の市場に常に移動しているとすると，買い手の市場での価格は，売り手の市場の価格よりも正確に輸送費だけ明らかに高くなければならないが，移動する方向が逆転する可能性とか，あるいは1国が輸入を国内生産に切り換えたり国内産業を輸入に切り換えたために，移動がやんだり始まったりする可能性は，潜在的に可能な価格の相対的変動域として，2倍の輸送費を実際上意味のあるものにする[60]．

---

prices," *Quarterly journal of economics*, XXXII (1918), 411-12 を見よ．

(58) 例えば，Laughlin, *Principles of money*, 1903, p. 379 には，「間違いなく古典派理論は，イギリスのすべての物価水準が，合衆国の一般の物価水準よりも一時的に高かったり低かったりして，こうして新しい輸出とか新しい輸入が起こるであろうといったふうに，イギリスのすべての物価の変化を考えていた」とある．また，Nicholson, *Principles of political economy*, II (1897), 288; Taussig, "International freights and prices," *Quarterly journal of economics*, XXXII (1918), 405 も参照せよ．

(59) A. C. Whitaker, "The Ricardian theory of gold movements", *Quarterly journal of economics*, XVIII (1904), p. 236 以下と *Canada's balance*, pp. 206 以下の私のコメントを参照せよ．

(60) どうも財貨の移動が逆転することは実際には考えられないと信じきっているようで，ある著述家は，私の *Canada's balance* におけるこの初歩的な命題の叙述に馬鹿馬鹿しいところがあるといった．L. B. Zapoleon, "International and domestic commodities and the theory of prices," *Quarterly journal of economics*, XLV (1931), 425 の注を参照せよ．しかし，このような事例は過去にもあったし，また，1913年以前のカナダにおけるバターがこのケースだった．ここでは，カナダのバターが輸出品から輸入品のグループに変わり，そうした可能性が私の注意をひいたのである．

318　もし一方の地域から他の地域に商品を移動させる誘因がある場合，たとえ輸送費がかからなくても，同一商品の異なった地域の市場価格の間に，たとえわずかでも若干の開きがなくてはならないという人がいるかもしれない．しかしこの異議は，国内貿易についても国際貿易についても正しくはない．売り手と買い手の間に仲介者がまったくいないときには，売価と買値――甲板渡し価格――は，買い手が国内にいようと外国にいようと同じ価格である．輸送費をゼロと仮定して，特定の商品をAからBに輸出させるのに必要な唯一の価格の開きは，Bがその商品の必要量をA以外のところから入手できる現実の供給価格あるいは潜在的に可能な供給価格が，それをAから入手できる価格を超過していることだけである．

　同一商品の異なった市場における相対的な販売価格の変動のうち，輸送費の範囲内で生じるかもしれないような変動や，特定商品の完全な移動の停止とか移動の開始あるいは方向転換をさせることになるかもしれないような変動は，国際貸付のような，適度に持続する攪乱に対して貿易進路の調整をもたらす要素としては，通常は小でありうるしまた小であるにすぎない．貿易の方向や大きさに及ぼす影響を通じて，国際バランスの調整メカニズムで重要な役割を果たすのは，同一商品のさまざまな潜在的供給源の間の供給価格の相対的変化で

　　　　私の議論は，もし財貨がかさ張っていたり，それに輸入関税が課せられたりすると，二つの異なった市場で，同じ財貨の相対価格の変動幅が大きくなりうるというのであったが，これに対して，ブレシャーニ-トゥローニ(Bresciani-Turroni)は，次のように答えた．すなわち，「しかし，経験の示すところでは，輸送費とか輸入関税がたいへん高い財貨ですら，多くの場合，異なった国の価格の間にひとつの均衡があり，またこの均衡が攪乱されるや否や，財貨が1国から他国に移動するものである．」(*Inductive verification of the theory of international payments*, 1932, p.97, 注．)彼の主張は，国際財については，輸送費と関税に対応して，二つの市場の物価に「正常な開き」があること，また物価の実際の幅が，この「正常な開き」と違っているときには，この攪乱された「平価」は，財貨の移動を通じてやがて回復されるであろう」(同書)ということである．彼のいうことは，国際貿易で絶えず移動し，しかも常に特定の一方方向にのみ移動する財貨に関する限り文句もないし，またこれまで論駁もされてこなかった．しかしそれは，あらゆる可能なすべての範囲を十分にカバーはしていないし，また，これまでA国からB国に移動している商品たとえば小麦に対して，特に二つの可能性をまったく考慮していない．第一に，B国の小麦価格が「平価」から離れると，小麦の移動を促進するより，むしろ止めるようになるかもしれない．つまり，B国での小麦の価格がその輸入平価以下に下落し，その結果として，輸入はおそらく永久に停止する．第二に，A国での小麦価格と比べたB国の小麦価格の下落が，A国についての輸入平価をA国についての輸出平価へ移動させるほど大きいかもしれない．つまり，小麦の移動する方向を逆転させるかもしれない．

あり，またとりわけ異なった商品の実際の販売価格の相対的変化である．

第5節　「交易条件」の概念

　古典派理論では，国際バランスの調整メカニズムにおける価格変動の役割の議論は，異なった市場における同じ財貨の相対的な価格変動に関連するのではなく，同じ市場における異なった財貨の相対価格の変動に関連しており，中でも主として輸出財貨と輸入財貨の間の相対的な価格変動に関連している．したがってこの議論は，それ自身今日「交易条件」と呼ぶものに対して攪乱が及ぼす影響に関係している．しかし交易条件の変化は，関連しているが本質的に異なる二つの問題について議論された．すなわち第一は，調整メカニズムにおける交易条件の役割であり，第二は，外国貿易からの利益と損失をはかる尺度としての交易条件の意味である．この章で取り上げるのは，これらの問題の前者にとどまる[61]．

　交易条件について最もよく知られている概念は，この条件を，輸出価格の輸入価格に対する比率ではかるもので，タウシッグは，これを「純交易条件」(net barter terms of trade) と呼んだが，私は，むしろ「商品交易条件」(commodity terms of trade) と呼びたい．しかし古典派経済学者は，正確な尺度として商品交易条件を暗黙のうちに認めながらも，交易条件についてもうひとつの概念をもっており，そのため彼らは，論理的には区別されるが，数量的には同じものとして二つの概念を用いた．私ならこの第二の概念を「二重生産要素交易条件」(double factoral terms of trade) と呼ぶであろうが，これは，外国貿易において同価値の生産物を生産するのに必要な，2国間の生産要素の量的比率である．

　ヒューム以来ずっと，国際バランスにおける攪乱のいくつかあるいはすべての形態が交易条件の変化を引き起こすことになることや，これら交易条件の変化が均衡回復を助けることについて，一般的な了解があった．ヒュームの主張では，1国の貨幣数量が他国に比べて変化すると，その国の生産物の価格が他国の生産物の価格に比べて上昇し，やがて，この相対的な価格変化が貿易の経路と正貨の流れに及ぼす影響の結果として，「貨幣の水準 (level of money)」

（61）　貿易からの利害得失の指標として，交易条件の詳しい議論は，本書後出，pp. 531 以下を見よ．

は，再び国際的に均等化されるとした．この考えは，次の世紀を通してほとんど万人に受け入れられた教義であった．ソーントンとマルサスは，ウィートレーとリカードウの反論に対して，凶作とか外国軍事援助金の送金によって国際収支が攪乱された場合，相対価格に同じ変化が起こり，それが国際収支の均衡を回復させるであろうと主張したが，これが，「リカードウの理論」と誤って呼ばれ，広く認められるようにもなった．しかしリカードウは，既存の国際均衡を攪乱するものとして，通貨に起因する攪乱以外に，交易条件に影響を及ぼす別の攪乱のタイプのあることを認め，そして相互の生産物に対する2国の相対的需要の本源的変化と関税変化を，この種の攪乱として明記した(62)．これに関連して攪乱のさまざまなタイプを区別する理由があり，リカードウの区別にも多少の妥当性がある．この問題のその後の取り扱いについては，歴史的に最も重要な論争だけに言及する．

アイルランドの不在地主制度．──アイルランドの不在地主制度がアイルランドにもたらした経済的な帰結は，18世紀と19世紀における激しい論争点であったし，幅広い議論を巻き起こした．不在地主制度に対するアイルランド人の不平不満は，地代の海外送金が，それに等しい正貨の損失をアイルランドにもたらすという趣旨の重商主義者の議論を根拠にすることが多かった．イギリスの古典派経済学者たち（とりわけマカロック）は，送金は結局正貨よりむしろ財貨のかたちでトランスファーされることが明らかにされた時，不在地主制度がアイルランドにとって経済的に有害でないことも証明できたとして満足しがちであった．最初の頃の議論は次のようである．

　　　もし万物の自然の成り行きにしたがい，正貨に対する規制のような措置によって妨げられないなら，不在地主への送金は，金銭的な通商のバランスをアイルランドに不利にすることによって，アイルランドに輸出を強いて，不利な支払水準を回復するであろうが，このことを考えると，次のように結論してもよさそうであ

（62）　上院におけるリカードウの証言を参照せよ．*Committee on resumption of cash payments*, 1819, p. 192：
　　「問：貴方は，外国需要の増加が必ずしも1国の生産と富を増加させる傾向をもつとは限らないと疑っているのですか．」
　　「答：われわれには，われわれ自身の財貨の一定量と交換に，というよりむしろわれわれの土地と労働の生産物の一定量と交換に，より多くのわれわれの欲する財貨を手に入れる以外に道はありません．」

第5節 「交易条件」の概念   317

る．すなわち不在地主は，彼らの貨幣をイギリスに引き渡すことによって，不在地主がアイルランドに戻ったとしたら必ずアイルランド国内で使用するはずの製造品とか生産物を，貨幣に追随させる．この場合の違いは，不在地主の所得によっておのずと促進される生産物とか製造品が，アイルランドで消費あるいは使用されないで，イギリス国内で消費あるいは使用されるようになることだけである．したがってアイルランドの生産的産業への刺激は，両方のケースで働くといえよう……(63)．

ロングフィールド(64)は，不在地主制度がアイルランドの交易条件に及ぼす影響の問題を論争の中にもちこんだが，印刷物としてはどうも最初のようである(65)．彼は，不在地主制度から生ずるアイルランドの輸出増加が，「［アイルランドの生産物に対する］需要が国内で減少した結果として起こったものか，それとも海外の需要が増加して起こったものか」調べてみることが大切であると強調し，アイルランドの財貨・サービスに対する海外に居住するアイルラン

---

(63) *Report from the Committee on the circulating paper of Ireland*, 1804, p. 20. また同じ趣旨で以下も参照せよ．King 卿, *Thoughts on the effects of the Bank restrictions*, 2d ed., 1804, pp. 85-86; J. R. McCulloch, "Essay showing the erroneousness of the prevailing opinions in regard to absenteeism," reprinted from *Edinburgh review*, November, 1825, in his *Treatises and essays*, 2d ed., 1859, pp. 223-49 (新しく書かれた序文で，マカロックは，この小論について次のように述べている．「これは，激しい悪口を食い止めるのに役立っており，これからも答えていかなくてはならない」と．p. 224.); N. W. Senior, *Political economy*, 4th ed., 1858, pp. 155 以下; J. Tozer, "On the effect of the non-residence of landlords, &c. on the wealth of a community", *Transactions of the Cambridge Philosophical Society*, VII (1842), 189-96 (これは重大な論点を巧みに避けた数学的な研究であり，次のように述べている．「地主が非居住者になると，その資本 C_2+C_2' は，使用を解かれることになろう．というのは，地主の不在によってその資本の需要がなくなるからである．しかし，この地主の不在は，有利に輸出できるような財貨に対して新しく需要をつくりだすであろう．というのも，地主の地代がいまや輸出されなくてはならないからである．」); J. L. Shadwell, *A system of political economy*, 1877, pp. 395-96.

(64) M. Longfield, *Three lectures on commerce and one on absenteeism*, 1835, pp. 82, 88 以下，107 以下．彼は，同じ線上で輸入関税が交易条件に及ぼす影響を論じている．同書，pp. 70, 105.

(65) この主張は，ロングフィールドに対するアイザック・バットの主張である．Isaac Butt, *Protection to home industry*, 1846, p. 93. しかし，J. S. Mill, *Some unsettled questions in political economy*, 1844 ［執筆は 1829-30］, p. 43 を参照せよ．「アイルランドは，不在地主をかかえているために，輸入品に沢山のお金を払う．この状況は，政治経済学者であろうとなかろうと，マカロック氏を不利にするとはこれまで彼の敵対者たちが考えなかった状況だとわれわれは思う．」

ド人地主の需要は，同じ地主がアイルランドで生活した場合の需要とは同じになるまいという理由から，前者が事実であると主張した．だから，もし貨幣でなく商品で地代を受け取らせるようにするには，アイルランドの借地人たちは，不在地主への債務弁済のために，もし地主たちがアイルランドに居住していたとしたら必要としたよりも多くの商品を差し出さなければならないであろう．つまりアイルランドの輸出財の価格は，輸入財の価格と比べて下落しなくてはならないであろう[66]．

関税変化．——関税が交易条件に及ぼす影響についてのトレンズの議論はすでにふれた[67]．トレンズは，砂糖と衣服の需要の弾力性を両国で1とし，砂糖はキューバだけで，衣服はイギリスだけで生産され，その生産は両国で費用一定という条件の下でおこなわれると仮定すると，商品の交易条件も生産要素の交易条件も，ともに関税賦課国であるキューバに有利に働くと結論した．彼の議論は，当時のほとんどの経済学者には自由貿易の議論を危うくすると受け取られ，全体として共感をもって迎えられなかった[68]．しかし彼らの批判は，いやしくも考慮に値するかぎり，ただそれらの仮定が現実の状態と合致しているかどうかという点に関係しているだけである．これらの批判のうち最も重要なのは，メリヴェイル (Merivale) の議論であり，それによると，もし砂糖が，キューバと同じようにイギリスでも生産されるとか，あるいは砂糖を生産する第三国を考慮すると，キューバの砂糖に対するイギリスの需要の弾力性は著しく増加し，そのために，キューバに有利な交易条件の変動は，結果的に大きく減らされると論じた[69]．トレンズの議論に好意的な論評は，おそらくロングフィールドかと思われるが，*Dublin University magazine*[70] の匿名の著者とJ. S. ミルによってなされただけであった．ミルは，トレンズの著書 *The*

---

(66) *Three lectures on commerce*, p. 82.
(67) *The budget*, 1841-1844 の随所に．本書前出，p. 295 を見よ．
(68) 1835年に，いくつかの問題——そのひとつがおそらくここで議論されている——を論ずるためにトレンズが出した要求は，マレットによると，次の理由でポリティカル・エコノミー・クラブで全会一致で拒否された．その理由とは，その要求が「ありえないケースに及んでおり，」「まったく仮説的な理由をもってきて，自由貿易の原理を構築するどころか妨害した」というのである．Political Economy Club, *Minutes of proceedings*, VI (1921), 270. また同書，pp. 54, 284 も参照せよ．
(69) Herman Merivale, *Lectures on colonization and colonies*, 1842, II, p. 308 以下．
(70) XXIV (1844), 721-24.

budget の出版の機会をとらえて，*Essays on some unsettled questions*（『若干の未解決の問題に関する試論集』）を出版したが，それはほぼ 15 年前に書かれており，最初のエッセイは，輸入関税が交易条件に及ぼす影響について同じ議論を提示した．

第 6 節　「国内」財の価格

「国内 (domestic)」財と国際貿易に参加する財の間の区別は，少なくともカードウからはじまり[71]，その後の人びとは，輸送費を加減した後の同一財貨の国際的な価格の均一性が，「国際」財に限った均衡下の必要条件であることを解明したが[72]，他方タウシッグは，国際財の価格と比べた国内財価格の水準変化の攪乱に対して，国際バランスが調整するメカニズムの重要性を真っ先に強調した．タウシッグは，1917 年に，国際貸付金のいくらかは，輸入財の購入ではなくて，まず最初に国内財に向けられるのが普通だと主張した．しかしこの貸付が，財のかたちですべてトランスファーされるには，借入額に等しいだけの輸入超過がなくてはならないが，もし借入金の一部が引き続き国内財の購入に向けられた場合は，こうはならない．ところが国内財の購入が増加すると，他の財貨に比べて国内財の価格が上昇するであろうし，国際財に比べて国内財の価格が上昇すると，輸入価格と比べた輸出価格の上昇と同じように，輸出の減少と輸入の増大をもたらして，財のかたちでの貸付のトランスファーを十分に果たすことになる[73]．

Canada's balance という書物で，私は，借入国で支払手段が増加すると，

---

(71)　本書前出，p. 311 を参照せよ．
(72)　R. H. Mills, *Principles of currency and banking*, 2d ed., 1857, p. 38 を参照せよ．「なお，すべての人の所得の中で，家賃とか多くの食事用の品物とか給仕サービスのような輸出できない物に支出される割合は大きい．なかでもこれらの価格は，国が違えばかなりまちまちであり，一般価格水準は，若干の国では他の国ぐによりもはるかに高い．」
　　　また J. E. Cairnes, *Leading principles*, 1874, p. 409 も参照せよ．
(73)　F. W. Taussig, "International trade under depreciated paper," *Quarterly journal of economics*, XXXI (1917); また，前掲書, "Germany's reparation payments", *American economic review,* 補足, X (1920), p. 39 も参照せよ．
　　　グラハムは，減価した紙券の下での調整メカニズムの分析の中で，財貨の同じような区分をおこなった．——"International trade under depreciated paper. The United States, 1862-1879," *Quarterly journal of economics*, XXXVI (1922), 220-73.

たとえ物価の変化が起こらなくても，輸出の減少も輸入の増加も結果として起こることを認めた．しかし私は，価格の変化や特別の事情がなければ，海外からの借入は，借入国において，借款に由来するものを含む総購買力が，内外の財貨の購入に向けられる割合を乱さないと予想されるはずであると主張し，さらにこの割合に変化がなければ，支払手段の移転の直接効果は，国際収支の調整にはまったく不十分であろうと主張した．だから私は，タウシッグの仮定した形態の相対価格変化，つまり借入国に，輸入価格と比べた輸出価格の上昇と，輸出入価格の両方と比べた国内財価格の上昇が起こるにちがいないと考えた(74)．

私の見解は，つまり価格が変化しない場合，借入国の支出のために使える金額が増加しても，これら支出がさまざまな種類の財貨に配分される割合は変化しないことが理論的に予想されるというものであったが，この私の見解には，「これを論駁するたくさんの根拠があり」(75)また「それどころか，海外からの借入がこの割合を乱すと信ずる十分な理由がある」(76)と反論されてきた．しかし私の見解は，増大した資金が三種類の財貨に分けられる割合が無数にあるという，明白な事実を否定する意図をもつものではなかったし，また価格が変化しない場合に，支出が三種類の財貨の間に分割される割合が乱されないという確率が，乱されるという確率よりも大きいという主張，つまりすべての他の確率を加えたよりも大きいと主張する意図でさえなかった．この割合が乱されるという確率は，そうでない確率より明らかにはるかに大きい．もしも冷静な射撃の名手が遠くの標的を狙った場合，経験からみて，彼が金的を射る確率は小さい．しかしそれでも，それは，彼が何か宇宙の一点を射る確率よりはるかに大きいし，また，もしどうしても予想しなくてはならないとすれば，彼の射撃術とか彼の射撃を左右する状況についてあらかじめ偏見をもたない限り，彼が金的を射るだろうと予想した方が，ありそうな誤りを最小限にとどめることが

---

(74) *Canada's balance*, pp. 205-06.
(75) Roland Wilson, *Capital imports and the terms of trade*, 1931, p. 80. ウィルソンは続けていう：「ヴァイナー教授自身は，それ以来この点を放棄し，借款から引き出された付加的な購買力の分配を，単なる無数の可能な分配のひとつとみる方を選んだ」と．（傍点（原文イタリック）はヴァイナー．）これは，現時点の私の立場，あるいは他のいずれの時点の私の立場も正確に伝えてはいない．
(76) Harry D. White, *The French international accounts, 1880-1913*, 1933, p. 20. また Carl Iversen, *International capital movements*, 1935, pp. 230 以下も参照せよ．

第6節 「国内」財の価格

できよう⁽⁷⁷⁾．物価に変化がなく，またその反対の証拠もわかっていないとすると，各国で支出のために利用できる金額は，たとえそれがふえた後でも減った後でも，以前と同じ割合で財貨のいろいろの種類の間に配分されるであろうという仮定は，どんな他の特別の仮定よりも依然として道理に適っているように私には思われる．この仮定は，エッジワースが，他の関連ではあるが，「どちらも有力であるとは判断できない二つの条件の間の中立的な条件」として記述したものを表している⁽⁷⁸⁾．しかしこの仮定は，私がそこから導き出したような一定の結論を証明するには十分ではなかったし，また私の批判者は，私がこの仮定の根拠とした部分的に誤った推論ではなく，仮定に囚われたために，批判の矢を間違った標的に向けてしまった．

国内財が存在すると，調整メカニズムに影響を及ぼすが，それは，ただ国内産生産物⁽⁷⁹⁾と外国産生産物の間の支出額の配分に影響するからである．国内財が存在するという仮定は，攪乱に対する国際バランスの一般的な調整メカニズムのどんな有効な理論にも不可欠のものではないし，また確かに，国際財と比較した国内財の重要性に関するどんな定量的な命題も，抽象的なメカニズムの説明に組み入れる必要はない．しかし，もし「国内」財が存在した場合には，ある重要な結果が起こり，分析の中でそれらを特別に考慮することが必要となる．ひとつの財貨が「国内」財であるためには，その価格が，外国の同じ商品の価格とか国内で競合的なあるいは補完的な国際財の価格と，まったく独立である必要はないことを書きとめておきたい．もし独立であったとすると，すべての価格が相互に関連する体系の部分である世界では，明らかに「国内」財は存在しないはずである．もしその財貨が通常国境を越えず，またその価格が，海外の同じ財貨の価格と，2市場間の輸送費に正確に近づけるようなかたちでいつも価格差が存在するように直接に結ばれていなければ，それを「国内」財とみることができる⁽⁸⁰⁾．

---

(77) 国際貿易の利益の配分について，J. S. ミルの扱い方を参照せよ．そこでは，先験的な蓋然性について同じ問題が提起されている：「この利益は，いずれの不平等比率と名付けられる比率よりも，おそらく平等に配分されるであろう；ただ全体としては，配分は，平等より不平等の場合がはるかに多く起こるであろうが．」(*On some unsettled questions*, 1844, p. 14.)

(78) Edgeworth, *Papers relating to political economy*, II, 363.

(79) 私は，「国内産 (native)」という言葉で，「国内 (domestic)」財も「輸出 (exportable)」財も含めている．

(80) 大国にとって，財貨は，国境の近くでは国際財であるかもしれないが，内陸部では国内財であり，財貨の中には実際上分類できないものもあるかもしれない．それでもこの区分は，理論的

例えば合衆国では，相当な幅で価格変動できる広範囲にわたる重要な購入可能な財貨（サービスを含む）があるが，他の国ぐにでは，その同じあるいは類似の財・サービスの価格が不変のままにとどまることは，もし論争を挑まれなければ，改めて述べる必要もないほど明白であるように思われる．しかしある著者は[81]，国内財が大規模に存在していることが，メカニズムの通常の理論にとって致命的な仮定であるばかりでなく，そのような仮定は事実に反していると主張した．しかし，彼が自分の議論の裏付けのために提出した証拠は，国際貿易で現実に一定の方向で動いている同一財貨の異なった市場の価格が，密接な関係で相互に結びつけられているという，妥当性を欠いたひとつの例証だけから成っている．

第7節　最近の文献における一方的支払いのトランスファー・メカニズム

国際的な一方的支払いが交易条件に及ぼす影響についての最近の議論は，（私自身を含めて）これまでの著述家たちがこの問題を十分に解明してこなかったことや，問題の複雑さをよく理解できなかったことを明らかにした．この問題のもっと確実な解決を目指した最近の試みをいくつか追ってみよう[82]．

ウィルソン．——彼は，独創的な形態の精密な数学的説明を援用して，継続的な資本の輸入の相対価格に及ぼす影響と，また特に商品交易条件に及ぼす影響を吟味している[83]．彼の結論によると，相対価格の変化は，均衡回復のた

にも実際的にも有効である．もし輸送可能な財の特定国内における価格が，原則として輸入点と輸出点以内におさまっているとすると，これらの財貨は，われわれの目的からすると，特定国の国内財と同一視することができる．テオドール・J．クレプスの洞察力ある議論を参照せよ．Theodore J. Kreps, "Export, import, and domestic prices in the United States, 1926-1930" *Quarterly journal of economics*, XLVI (1932), 195-207.

(81) L. B. Zapoleon, "International and domestic commodities and the theory of prices," *Quarterly journal of economics*, XLV (1931).

(82) 特に交易条件問題に力点をおいたごく最近の文献について，有益な説明は，カール・イヴェルセン（Carl Iversen）の *Aspects of the theory of international capital movements* (1935, pp. 243-99) が与えている．彼自身の立場は，その骨子においてはオリーンと同じであり，文献についての彼のサーベイは，間違った教義つまり「古典的」な教義と，正しい教義つまり「近代的」な教義というふうに，二つの鋭く対照的な教義体系に分けて提示されている．彼は，「古典的」な教義の中に国内財の価格が特別扱いで含められている点をとらえて，これを「古典的」な著述家たちの偶然にも正しい方向への奇妙な脱線と受け取っているようである．

(83) Roland Wilson, *Capital imports and the terms of trade*, 1931, chap. iv.

第7節　最近の文献における一方的支払いのトランスファー・メカニズム　　　323

めにはふつう必要であるが，価格変化のかたちはそれぞれのケースの特定の状況にかかっていて，支払国に不利になるかもしれないという．彼が論証できると信じていることは，輸出入価格の相́互́の変化は，貨幣でなく財貨のかたちで借款のトランスファーをもたらすには直接役立たないということであり，これらの価格変化は，輸出額とか輸入額の変化を通じて，トランスファーがどの程度まで起こるかを決定するだけで，2国に同一の決定をもたらす役割しかなく，また財貨のかたちで借款のトランスファーをもたらすのは，支払手段が貸付国から借入国に移ることによって生ずる需要の変動とともに，国内財と国際財との間の価格の相対的変化であるということである[84]．ウィルソンの説明は，これまでの試みを超えて明らかな進歩を示している．というのは，それは，多くの変数を同時的に考慮に入れて，以前に達成された分析よりもさらに正確な分析の方法で，変数のいくつかを取り扱っているからである．彼は解決に向けて問題を前進させたが，彼の分析方法には，彼の具体的な結論の意義を大きく損ねる欠陥がいくつかある．

　ウィルソンの分析方法と彼の到達した結論の性質については，ここの目的では，彼の二つの数字例Ｉと数字例Ⅳ[85]（ここでは説明を単純化するためにいくぶん修正して示した）を引用することで十分に明らかにすることができる．この二つの例題では，次のことが仮定されている．すなわち，生産が費用一定という条件の下にあること，価格変化がないときに，支払額の移転があっても，どちらの国も，それぞれの国で手に入れることができるさまざまな財貨の間にその支出を配分したいと考えている比率に変化はないこと，そして支払われる金額は，9貨幣ユニットであることである．ウィルソンの例Ｉでは，どちらの国にも国内財はないが，例Ⅳでは，どちらの国にも国内財がある．購入は，両国共通の貨幣ユニットではかられる．支払国の輸出財はＰ，国内財はＤｐで表され，受取国の輸出財はＲ，その国内財はＤｒで表される．

　仮にウィルソンの仮定を認めるとすると，彼の例Ｉは，支払いが交易条件の変化なしでトランスファーされる可能性について妥当な証明である．一定の条件の下では，受取国は，価格の変化なしで，支払国での購買力の減少額をちょうど相殺するのに見合うだけ，喜んで各々の財貨の購入をふやしていく．だか

（84）　同書，pp. 75-76. この命題が正しくないことは，国内財がまったくないときにこの命題が導かれる背理法によって十分に示すことができる．
（85）　同書，pp. 70, 72.

ウィルソンの例Ⅰ：価格変化は必要ない

商 品	支 払 国		受 取 国	
	支払い前の購入額	価格変化が起こらなかった場合の支払い後の購入額	支払い前の購入額	価格変化が起こらなかった場合の支払い後の購入額
P	60	54	30	36
Dp	…	…	…	…
Dr	…	…	…	…
R	30	27	15	18
総 額	90	81	45	54

ウィルソンの例Ⅳ：交易条件は受取国にいっそう不利に変化する

商 品	支 払 国		受 取 国	
	支払い前の購入額	価格変化が起こらなかった場合の支払い後の購入額	支払い前の購入額	価格変化が起こらなかった場合の支払い後の購入額
P	20	18	30	31
Dp	40	36	…	…
Dr	…	…	210	217
R	30	27	30	31
総 額	90	81	270	279

ら価格の変化は，均衡の回復に少しも必要ない．この例は，以前の人びとがこの関連の中ですでにとっくに定式化した「もし借り手が，貸し手がそれなしで済まそうとしたものを欲すると，価格の変化は少しも必要ない」という一般原理を示唆している[86]．しかし例Ⅰでは，2国のうち1国は，国内産財よりも外国財に実質的に大きな額を支出していることに注意されたい．実際に計算してみればわかることであるが，価格の変化がないときに，国際貸付けや貢納が，どちらの国にも，これまでその支払いを国内産財と輸入財とに分けてきた割合をかえる気持ちを抱かせないと仮定した場合，貸付けあるいは貢納のトランスファーは，つまるところ支払国に不利な交易条件の変動をきっともたらすであろう．ただそうなるのは，賠償前に，2国全体の国内産財への支出額の外国財への支出額に対する非加重の幾何平均率が，1かそれ以下（これは国内財が存在する場合にはありそうもない状況）ではない場合である．

---

(86) [H. K. Salvesen] "The theory of international trade in the U. S. A.," *Oxford magazine*, May 19, 1927, p. 498.

例Ⅰには，国内財がまったくないという仮定があった．ウィルソンが例Ⅳを提示した目的は，自分の結論——つまり，支払いのトランスファーは，交易条件が支払国に不利に変化するとは限らないで，むしろ交易条件が有利に変化することすらあるということ——が，国内財がまったくないという仮定によらないことを示すためである．ここでは，両国に国内財が導入され，それ以外は例Ⅰと同じ仮定がとられている．

　ウィルソンは，価格変化がない場合に，支払いがあった後に2国がともども進んで購入しようとする金額と，支払いの前に両国が購入した金額とをそれぞれの商品について別々に比較して，次のように結論している．すなわち，受取国の国内財の価格は上昇し，支払国の国内財の価格は下落するが，受取国の輸出財に対する総需要は，物価不変の下では，支払国の輸出財に対する総需要（50から49へ）に比べてもっと減少した（60から58へ）であろうし，したがって受取国の輸出財の価格は，均衡回復のためには，支払国の輸出財価格よりおそらく相対的に下落しなければならないと結論する．国際的に取引される商品の価格水準の関係について，彼は，次のような一般的な結論に達している．すなわち「総需要の当初の比率がどうあろうと，この種の財の価格はその他の財と比べて高い．というのは，その財に対しては，借入国は，貸付国と比べてより大きな需要をもつからである」と(87)．

　費用一定の条件の下で，ウィルソンが例Ⅳから導き出した結論には，なんらの意義も見いだすことはできない．というのはその結論は，同じ生産要素の使用を競うことに起因する各々の国における国内財価格と輸出財価格の間の必然的な関連を考慮していないからである．もしどちらかの国で輸出財にくらべて国内財の価格が上昇したり下落したりすると，二つの産業における生産要素の稼得力が等しくなるまで，生産要素は低価格の産業から高価格の産業へ移るであろうし，費用一定の下では，このことは，どちらの国においても，国内財の価格と輸出財の価格の間に相対的変化がないことを意味しよう．国際的支払いの結果としてそれぞれの国の生産物価格の相対的変化の方向がどうなるかについては，その支払いが，それぞれの国の全生産物，したがってまた生産要素に対する2国の相対的な総需要に，どのような影響を及ぼすかにかかっている．

　ウィルソンの例Ⅳでは，支払いは，価格に変化がないときは，受取国の生産

---

(87) 同書, pp. 73-74.（傍点は原文イタリック.）

物に対する総需要を増加させ(支払い前の270に比べて支払い後は275)、また支払国の生産物に対する総需要を減少させる(支払い前の90に比べて支払い後は85)ことになる。だから、生産要素価格とその結果としての商品交易条件は、もし均衡が回復されるはずだとすると、支払国に不利に変化するに違いない。

ウィルソンの分析に対しては、ある無名の人物から[88]次の趣旨の反論がなされた。すなわち貸付国から借入国への金の流れは、貨幣価格と貨幣所得を、一般に借入国でつり上げ貸付国で引き下げて、その結果国内財産業でも輸出産業でも均しく生産的サービスしたがって生産物価格を、借入国でつり上げ貸付国で引き下げるという。しかしこの反論に対して、ウィルソンは次のように答えている。すなわち「貨幣的な生産コストの変化だけでは、物価を変化させるに十分ではない。もし物価が生産コストの変化で影響を受けるとすると、それは、貨幣的な生産コストが影響を受ける商品の相対的な需要と供給の変化を通じてのみ可能である」こと、さらに、そのようなコストにおける変化がもたらす相対的な価格変化は、支出の動きが変わるとか、その影響を受けない他の種の商品に向けられることで食い止められる傾向があろうと答える[89]。彼のこの返答は、必要な相対価格変化の大きさに関係するだけであるが、ここでの問題は、どの価格変化が、またどの方向で必要とされるかということである。さらにこの返答は、ウィルソンの分析が受けざるをえない有力な反論の特性を見逃してしまっている。ウィルソンの分析というのは、2国において支出に向けられる金額の相対的な変化が、2国の生産的サービスの価格と、したがって貨幣的な生産コストを必ず同じ方向に変化させることになるにちがいないとしながらも[90]、それぞれの国の財貨に対する相対的な総需要の変化がそのような結果をもたらすという、一般的な議論どころかむしろ誤った議論なのである。可能性はあるとはいっても、後に示すように起こりそうもないが、もしA国からB国への資金のトランスファーが、結果としてA国の生産物に対する2国の総需要を増加させ、B国の生産物に対する2国の総需要を減少させる場合には、上昇するのはA国の生産要素の価格であって、B国のそれではないで

---

(88) 私がこの張本人であると思うが。
(89) 同書, pp. 76-77.
(90) もし私のハロッド解釈が正しいとすると、R. F. ハロッドは、ウィルソンの書物を書評した際に、まさにこうした議論によってウィルソンの例Ⅳに答えようとしている。*Economic journal*, XLII (1932), 428以下。

あろう.

インテマ. ——彼は，この問題に対して強力な数学的テクニックを応用し，広範囲の仮定を基礎にしてこれを分析している[91]. 彼は，以前の著述家たちが熟考したような事例，特に2国の国内財価格と2国の二重生産要素交易条件の相対的変動について，これらの著述家と実質的に一致した結論にたどりついている[92]. しかしインテマの分析は，一貫してある仮定に立っており，このことが，彼の結論の意義を大きく制限してしまっている. 彼は，次のように仮定する. すなわち，2国における貨幣量の相対的な変化が，貸付けとか貢納あるいはその他国際バランスの攪乱の結果として生じたとき，貨幣ストックの増加した国で，その国の需要表（単純なマーシャル的な意味で）がことごとく上昇するだけでなく，その国の生産要素価格と生産物の供給表にも上昇が起こること，また同様に，貨幣ストックが減少した国では，その国の需要表がことごとく下落するだけでなく，その国の生産要素価格と生産物の供給表にも下落が起こるというのである. もちろんこれら上下の変動が，それぞれの国で同じ程度起こる必要はないという. しかし1国のすべての需要表の上昇は，必ずしもその国の供給表とか生産要素価格の上昇をもたらしたりあるいはそれらの上昇を余儀なくさせるわけではない. 所得の国際的な移転が，2国における要素価格の相対的な変動の方向にどんな影響を及ぼすかということは，それ自体解決されるべき均衡化プロセスに関連した問題であるが，インテマの分析では，それは，残念ながら恣意的な仮定で決定されている. 費用一定の下では交易条件が受取国に有利に変化するにちがいないというインテマの結論は，要素価格と貨幣的な生産コストが受取国で必ず上昇するという仮定からもたらされている. これまでに論じてきたように，これは確実な仮定ではない.

オリーン. ——オリーンは，彼の主要な著書において[93]メカニズムの説明を入念に展開しているが，その最も重要な貢献は，支払手段のトランスファーにもとづく価格変化ばかりでなく，相対的な需要変動が国際収支の均衡の攪乱

---

(91) T. O. Yntema, *A mathematical reformulation of the general theory of international trade*, 1932. 特に第5章.
(92) インテマは，これを「資源交易条件（resources terms of trade）」と呼んでいる. 同書, pp. 19-21を見よ.
(93) Bertil Ohlin, *Interregional and international trade*, 1933. 特に pp. 417-33.

を回復させるという説得力のある論証にある．彼は，伝統的な仮定を変えない間は，伝統的な推論と結論にただ忠実にしたがうだけだが，当面の論点つまり部門別価格水準の相対的な変化が調整メカニズムで果たす特別な作用様式については，以前の著述家の処理に対して極端に批判的な調子になる．オリーンは，以前の著述家たちが，均衡化プロセスにおける相対価格の変化の重要さを大げさにいい立てたと主張し，その理由は，彼らが，支払手段の変動が購買額に直接及ぼす影響を見逃したことと，特定の国の輸出生産物に対する通常の高い外国需要の弾力性が，わずかな価格変化でも貿易量に大きな影響を与えていることの二つにあったという．理由の第一点を私は認めてもよいが，ただしそれが妥当であるという認識は，国際貿易理論の古典的説明者の間では，オリーンが当然のことと思うほどめずらしいことではなかったと私はすでに示したと信じているという，留保条件をつけたうえでの話である．しかし第二の点になると，以前の著述家の立場を，少なくとも部分的に弁護できる．二つの要因が複雑な経済プロセスの中でやむなくからみあっている場合には，たとえ欲しい数量データのすべてが手に入ったとしても，その相対的な重要性を測る満足な基準はめったにない．オリーンは，いろいろの種類の財の間の相対価格変化の程度を，均衡化プロセスにおけるこのような価格変化の重要性の測られる適切な手段と受け取っているように思う．もっと適切な基準は，応用できたらの話ではあるが，次の比率すなわち(1)均衡を回復するに必要な貿易バランスの全変化に対する(2)相対価格の変化に起因する貿易バランスの均衡化変化，の比率であろう．特定の国の生産物に対する外国需要は，ふつう弾力性が高いから，正しい方向のわずかな価格の変化でも大きな均衡化の影響力を発揮することができる．しかし，オリーンが変化の度合の問題を強調することは，メカニズムの議論に関する限り，私には奇妙に思えるし，また彼以前の旧い文献の中に，攪乱された均衡を回復するのに必要な価格変化の度合について，明確な立場がとられている例を，私はただのひとつでさえ思い浮かべることができない．

　オリーンは，国際貸付けのケースを取り上げて[94]，その第一次接近として，「およそ1国で生産される商品は，その製造のために，生産要素の一定の組合わせから成る'同一の生産力単位 (identical units of productive power)'を必要とする」と仮定する．貸付国のBは，借入国のAにまず送金をしなければ

---

(94) 同書, pp. 417-20．(第20章, 第5節．)

第7節 最近の文献における一方的支払いのトランスファー・メカニズム　　329

ならない.それが需要に及ぼす影響についての仮定ははっきり示されていないが,次のようである.すなわち (1) A国の輸出財に対する需要と (2) B国の輸出財に対する需要を合わせた総需要は,2国の貨幣価格で表したときにそれぞれが変わらないと仮定され(95),(3) A国の「国内」財に対するA国での需要は増大し,(4) B国の「国内」財に対するB国の需要は減少すると仮定している.このことは,B国の生産要素からA国の生産要素への需要変動を「意味している」が,それは「A国の生産力単位の [相対的] な希少性を高めるものであり,B国で生産されたすべての商品と比べて,以前よりA国で生産される商品がすべて高価になることを意味している.A国の輸出財とB国の輸出財との交換条件は,A国にとって有利となる.」(96) したがって,ここまでは,均衡回復に必要な価格変化の種類について古い教義に修正はない.しかしオリーンは,これらの結論を,すべての産業がまったく同じ「生産力単位」を用いるという仮定のせいにして,次のように述べている.すなわち,このような単位でコストを表したために,「バステーブル,ケインズ,ピグーまたタウッシグといった人たちが,第5節でみた予備的結論にとどまり,交易条件の変化を,少なくとも需要の方向が特殊な性質のものでない,あらゆるケースにおいて確実なものとみた(97).」

　しかしこれらの結論は,各国でまったく同じ「生産力単位」を用いるという仮定から生まれたのではなくて,資金のトランスファーが,それ自体ではそれぞれの国の輸出品に対する貨幣的総需要のどのような変化も導かないというオリーンの仮定からきている.たとえ両方の仮定をもってしても,もし価格の変化もなく,仮にA国での資金の増加がA国の「国内」財需要の減少をもたらすとか,B国における資金減少がB国の「国内」財需要の増加をもたらすとか,あるいはその両方をもたらすとすると,例えば,もしA国とB国の国内

（95）　同書, p. 418 を参照せよ:「これまで暗黙のうちにもうけられてきた仮定は, それぞれの国の輸出財に対するA国とB国の結合需要は,最初は借入によって変化しないということである.」
（96）　同書.
（97）　同書, p. 425, 注. Carl Iversen, *International capital movements*, 1935, p. 289 も参照せよ.
　　「コストを「生産力単位」とそれに類似の概念で表すと, われわれは, この単位すなわち生産要素全体が, 資本輸入国で希少性を高め資本輸出国で希少性を低めるといった論証を越えてもちろん分析を推し進めるわけにはいかない. そしてこの前提にたつと, 交易条件が資本輸出国に不利になるのは避けられない.」

財がともに，経済的な苦況のときにだけ甚だしく消費される類いのひどく低級な必需品であるとすると，これらの結論はけっして必然ではない(98)．しかしオリーンは，そのような需要の動きを，「きわめて特殊なたちのもの」でありしたがって考慮に値しないものとおそらくみなして，正当化しないわけでもない．

オリーンは，「生産力単位」が等しいという仮定を捨て，それに代わって異なった産業が異なった要素を用い，同じ要素を異なった比率で用いるという仮定に置き換えて，次の点を示している．すなわち，無競争の要素集団，遊休資源の存在，拡張産業における要素価格以上に急速な生産物価格の上昇傾向といった仮定を新たに導入することによって，商品交易条件が，借入国に有利になるどころかむしろ不利になる場合があるという点である(99)．

注意しなくてはならないのは，これらのうちいくつかの仮定が非均衡的な性格のもので，ただ一時的にのみ有効ということである．しかし，オリーンがこのような仮定をもうけて，交易条件が借入国に不利になるという可能性を示したとしても，それが起こる確率はどうであろうか．これら新たに加えられた要因はどれも，交易条件の動きを，借入国に不利にすると同じくらい，先験的には，よりいっそう有利にしそうである．他の可能性を十分に代表するただひとつの事例を取り上げてみよう．オリーンは次のように論じる．すなわち，成長産業で相対的多量に使用されている要素は，価格面では上昇しそうだが，衰退産業で相対的多量に使用されている要素は，下落しそうであること，また借入国では，その国の生産物に対する需要が増えて，国内財産業は拡大されるが，輸出財産業は，それに対する貸付国での需要の減少によっておそらく縮小するであろうということ，さらに，国内財産業で多量に使用されている生産要素の要素価格は上がるが，輸出財産業で多量に使用されている要素の価格は下がるであろうということである．貸付国では，その逆となるであろう．したがって借入国の輸出財の価格は，貸付国の輸出財の価格と比べて下落する，すなわち交易条件は，借入国に不利になるであろう．しかし借入国の輸出財産業は，先験的にみて，拡大よりも縮小しそうだとはいえまい．なるほど，借入国の輸出財に対する外国需要は下落するだろうが，オリーンは，ここで，この生産物への国内需要が上昇する傾きのあることや，この後者の傾向が，なぜ前者より著

（98） すなわち，各々の国において，もし「国内」財が輸出入財からみて「劣等財」であれば．
（99） 同書，p. 420 以下．

しくなく，前者を相殺するに足りないと予期しなければならないかについて，明白な理由のないことを看過している．

このように，国際借入の結果として起こりがちな価格変化の種類に関する「正統派」の結論は，オリーンのほとんど無傷の批判的な吟味から生まれてくる．オリーンが通例の仮定を守る限り，彼は同じ結論に到達する．彼がその仮定から離れるとき，彼は，いろいろの結論の可能性は示すことができても，いろいろの結論の蓋然性については示すことはできない．

ピグー．——最近の論文でピグーは，限界効用関数を用いてこの問題を取り上げ，費用一定の下では，賠償の結果として商品交易条件（彼はこれを「国際交換の実質比率 (real ratio of international interchange)」と呼ぶ）が支払国に不利になると推定する根拠は大いにあるが，必ずしもそうなるとは限らないという結論に到達した(100)．ピグーの結論は，後に示すが，もっと単純で効用分析に頼らないという長所をもった，もうひとつの分析手法によって少なくとも部分的に到達できる．しかしピグーの分析は，後に示すもうひとつの分析手法の効用面の含意をはっきり考えさせるという有益な機能を果たすようにも作られているから，詳細に検討し吟味する価値がある．

ピグーは，支払国としてのドイツとそれ以外の世界（これを「イギリス」としている）を想定しているが，賠償の支払いも受取りもない中立国が存在した場合は，この分析に不必要な複雑さをもたらすので，私は，とりあえず支払国ドイツと受取国イギリスの2国しかないとして分析を進めたい．ピグーは，さらに次の仮定をおいている．すなわち，各々の地域で1財貨しか生産されていないこと，「収穫一定」（つまり不変の技術的生産費）であること，どの財貨の効用もその財貨の数量のみに依存すること，そしてすべて効用関数は線型であるという仮定である．

ピグーは，賠償前の商品交易条件を $\frac{X}{Y}$ で，賠償後の交易条件を $\frac{X+P+R}{Y+Q}$ で表している．この場合，X, Y は，賠償前のイギリスの年間輸出入のそれぞれの物量を表し，$X+P$ ——P は負である——は，賠償支払い後のイギリスの年間輸出数量（あるいはドイツの年間輸入数量）を表し，R は，イギリス財貨の価

---

(100) "The effect of reparations on the ratio of international interchange," *Economic journal*, XLII (1932), 532-43.

値で測った年間賠償支払額を表し，$Y+Q$ は，賠償支払いがはじまった後のイギリスの年間の輸入量（あるいはドイツの年間輸出量）を表している．ピグーは，さらに「代表的な」イギリス人の賠償前の輸出額と輸入額をそれぞれ nX と nY，「代表的な」ドイツ人の賠償前の輸入額と輸出額をそれぞれ mX と mY としている．そこで彼は以下のように書く．

$\phi(nY)$ は，ドイツ財貨 (nY) が代表的なイギリス人に与える限界効用

$f(nX)$ は，イギリス財貨 (nX) が引き渡されることで，代表的なイギリス人が抱く限界不効用

$F(mX)$ は，イギリス財貨 (mX) が代表的なドイツ人に与える限界効用

$\phi(mY)$ は，ドイツ財貨 (mY) が引き渡されることで，代表的なドイツ人が抱く限界不効用

次に，ジェボンズの分析にしたがって，

$$\frac{\phi(nY)}{f(nX)}=\frac{X}{Y}=\frac{\phi(mY)}{F(mX)} \qquad (\text{i})$$

$$\frac{\phi\{n(Y+Q)\}}{f\{n(X+P)\}}=\frac{X+P+R}{Y+Q}=\frac{\phi\{m(Y+Q)\}}{F\{m(X+P)\}} \qquad (\text{ii})$$

だから，この新しい交易条件が前の交易条件と等しくなるためには，次のことが必要となる．

$$\frac{\phi(nY)}{f(nX)}=\frac{\phi(mY)}{F(mX)}=\frac{\phi\{n(Y+Q)\}}{f\{n(X+P)\}}=\frac{\phi\{m(Y+Q)\}}{F\{m(X+P)\}} \qquad (\text{iii})$$

これは，線形関数のために，

$$\frac{\phi'}{f'}=\frac{\phi'}{F'} \qquad (\text{iv})$$

であることを意味している[101]．

---

[101] ピグーは，式のこれらの含意が大変単純であって（同書，p.534），その証明に苦労はないとしている．若干の読者には，証明は蛇足かもしれない．

$$\frac{\phi'}{f'}=\frac{\dfrac{\phi(nY)-\phi\{n(Y+Q)\}}{nQ}}{\dfrac{f(nX)-f\{n(X+P)\}}{nP}} \qquad (\text{v})$$

$$\frac{\phi'}{F'}=\frac{\dfrac{\phi(mY)-\phi\{m(Y+Q)\}}{mQ}}{\dfrac{F(mX)-F\{m(X+P)\}}{mP}} \qquad (\text{vi})$$

もし $\dfrac{\phi'}{f'} > \dfrac{\phi'}{F'}$ であると，賠償が交易条件をドイツに有利にし，また，もし $\dfrac{\phi'}{f'} < \dfrac{\phi'}{F'}$ であると，ドイツに不利にすることが同じように示される．

第8節　ピグーの分析の図による検討[102]

代数を使ったピグーの分析の特にその経済的な含意についての検討は，図解によって容易になる．図IIIでは，左の図が代表的なイギリス人に関連し，右の図が代表的なドイツ人に関連している．それぞれの財貨は，各国別々に，賠償以前の価格が均等になるように単位が選ばれている．イギリスとドイツの「代表的」消費者が賠償前にそれぞれ購入する自国財の量は，df と d_1f_1 の軸上で oa と o_1a_1 軸の左側で測られ，賠償前に購入した輸入財の量は，同じ軸上で oa と o_1a_1 軸の右側で測られる．各国の代表的消費者にとっての異なる財の限界効用は，bc と b_1c_1 軸から垂直に測られる．したがって，代表的なイギリスの消費者の限界効用曲線は，国内産財については ab であり，輸入財については ac である．同じように，代表的なドイツ人のドイツ財貨とイギリス財貨の限界効用曲線は，それぞれ a_1b_1 と a_1c_1 である．効用関数が線型と仮定されているから，ab, ac, a_1b_1, a_1c_1 は，すべて直線で描かれる．

図IIIでは，ピグーが使っている二つの「引渡し［財貨］の限界非効用」関数（すなわち $f(nX)$ と $\phi(mY)$）の代わりに，それに当たる限界効用曲線

(iii)から

$$\dfrac{\phi(nY)-\phi\{n(Y+Q)\}}{f(nX)-f\{n(X+P)\}} = \dfrac{\phi(mY)-\phi\{m(Y+Q)\}}{F(mX)-F\{m(X+P)\}} \qquad \text{(vii)}$$

また

$$\dfrac{nQ}{nP} = \dfrac{mQ}{mP} \qquad \text{(viii)}$$

だから

$$\dfrac{\phi'}{f'} = \dfrac{\phi'}{F'}$$

(102) ここに示した図については，アルバータ大学 (University of Alberta) の G. A. エリオット教授の批判に負うている．特に図Vは，彼の批判の結果を受けたひとつの修正をおりこんでいる．彼は，その後ここで採用した類似の線に沿ってこの問題についての考え方を公表したが，残念ながらそれを手に入れるのがあまりに遅すぎたために，私の結論をチェックするために利用できなかった．G. A. Elliott, "Transfer of means-of-payment and the terms of international trade" *Canadian journal of economics and political science*, II (Nov. 1936), 481-92 を参照せよ．

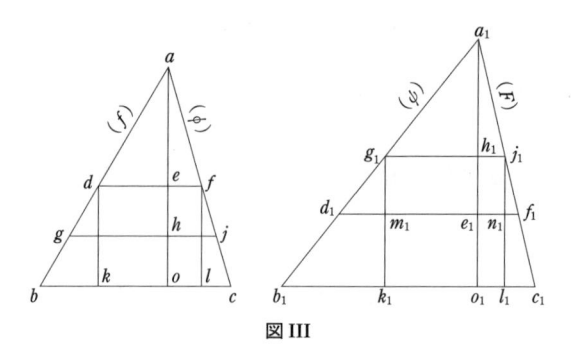

ab, a_1b_1 を用いている．この置き換えには勾配の数字の変化を必要とせず，また曲線 ab, a_1b_1 を軸 oa, o_1a_1 の左側にもってくることによって，すなわちそれら曲線の勾配を正値にとることによって，符号を変える必要もない．$\phi' = ac$ の勾配，$f' = ab$ の勾配，$\phi' = a_1b_1$ の勾配，$F' = a_1c_1$ の勾配であるから，

$$\frac{ac の勾配}{ab の勾配} =, <, あるいは >, \frac{a_1b_1 の勾配}{a_1c_1 の勾配}$$

にしたがって，ドイツの交易条件が変化しない場合，ドイツに不利化する場合，あるいはドイツに有利化する場合をピグーは証明した．

しかし，もしさまざまな効用曲線の相対的な勾配について仮定のいくつかを確定できなければ，賠償金の支払いが交易条件に及ぼす予想される影響を決定することに向けて少しも前進はなかった．このような仮定を確定するために，ピグーは新たに二組の仮定を用いている．第一は，賠償以前に，各々の国が輸入財より国内産財にもっと多く支出するという仮定，第二は，各々の国内で効用関数が「類似的」だという仮定である．

各々の国が，賠償以前に，外国の生産物よりも自国の生産物にもっと多く支出するという仮定は，図IIIでは $de > ef$ とし，$d_1e_1 > e_1f_1$ とすることに対応する．ピグーは，それがほとんど変わることのない現実の状況であるという理由で，おそらくこれを採用したのであろう．しかしながら，このような状態が一般に広く見受けられるのは，主として，外国貿易が制限されているときとか，生産者から消費者にわたるまでの輸送費が，国内より国際間で高い——このことはけっしてどの国でもそうだとはいえないが——ときとか，また特に，各国の国内産財の中に，「国内」財つまり嗜好の地域的な違いとか輸送不能のため

に生産国以外では売れない財が含まれているといった事実のあるときに限られている．しかしピグーは，どうも貿易制限や輸送費を忘れたらしく，「賠償支払国で作られるたった一種類の財と，世界の残りの国で作られるたった一種類の財しか存在しない」と仮定することによって，はっきりと「国内」財を排除している．これらの要因がない場合には，もし２地域の規模が産出高とか消費の賠償前の価値で測って等しいとすると，どちらの地域でも，国内産財と輸入財に対する支出量に相違があるといった先験的な仮定はまったくありえないであろう．もし２地域が規模の面で等しくないとすると，賠償以前の均衡の下では，財の価格は，各国をして小国の生産物よりも大国の生産物により多くを支出するようにしむけるといったことが，最も理に適った仮定であるように思う．各国が輸入生産物よりも自国の財により多くを支出するという一般的な仮定の承認を正当化するには，貿易制限や輸送費があることや，またとりわけ「国内」財の存在を認めることが必要である．さらに，次のことを証明できよう．すなわち一方では，賠償以前の各々の国で，国内産財の支出が輸入財支出を超過していることは，原因がどうあれ，それ自体 $\dfrac{\phi'}{f'} < \dfrac{\phi'}{F'}$ となる傾向，すなわち賠償が交易条件をその支払国に不利にするような状況をもたらす傾向があるが，そのような国内産財への支出超過の原因が国内輸送費よりも国際輸送費が高いとか収入的輸入関税にある範囲では，支払国に不利になるというこの傾向は大変強く，線型の効用関数を所与すると，支払国の交易条件を有利化する方に向かって各国内の効用関数の「類似性」を乖離させる原因となる輸送費と輸入関税の逆の傾向によっては相殺されないということである．

ピグーは，各国内の効用関数の「類似性」によって，数字的には $\phi' = E(f')$ と $F' = G(\phi')$ (但し E は，賠償以前における代表的イギリス人のドイツ財貨の支出に対するイギリス財貨の支出の比率であり，G は，賠償以前における代表的ドイツ人のイギリス財貨の支出に対するドイツ財貨の支出の比率である）を表しているにちがいない．各国内の財単位を賠償以前に価格が均等になるように選んだ場合には，このことは，各国内でそれぞれの財貨の最初の単位が等しい効用をもつという仮定，すなわち図IIIにおいては，ab, ac 線は，oa 軸上の共通点 a からはじまり，a_1b_1, a_1c_1 線は，o_1a_1 軸上の共通点 a_1 からはじまるということである．

２国ケースの場合，効用関数が線型でおのおのの国内で「類似性」をもつと

いう仮定は，当然の結果として，この問題の他の議論でみられる周知の仮定，すなわち相対価格に変化がないとして，賠償支払いの結果であるそれぞれの国の支出に利用できる額の変化が，どちらの国でも，国内産財と外国財の間に振りむけられる支出の配分比率に影響を及ぼさないという仮定を含むことがわかる．賠償以前では，代表的なイギリス人は，イギリス財貨を ed 単位だけ買い，ドイツ財貨を ef 単位買い入れた．図IIIでは，財単位が，2財の賠償前の価格が等しくなるように選ばれていたから，その限界効用は，2財を購入した代表的なイギリス人にとっては等しい，すなわち $kd=lf$ であったにちがいない．したがって，d, e, f は水平線上の点でなければならない．仮に相対価格変化がない場合に，代表的なイギリス人が，賠償後，イギリス財貨を hg 単位，ドイツ財貨を hj 単位購入するとしよう．もしそれらの相対価格がまったく変化しなかったとすると，彼にとっては，2財が等しい限界効用をなおもち続けているにちがいない．すなわち，g, h, j は水平線上になければならない．三角形の図形からわかることは，$\dfrac{ed}{ef}=\dfrac{hg}{hj}$，すなわち相対価格の変化がないとすると，総支出量が変化しても，代表的なイギリス人が支出をイギリス財貨とドイツの財貨とに配分する比率には影響を及ぼさないということである．同じようにして，$\dfrac{e_1 d_1}{e_1 f_1}=\dfrac{h_1 g_1}{h_1 j_1}$，すなわち相対価格の変化がないとすると，総支出量が変化しても，代表的なドイツ人がドイツ財貨とイギリス財貨に支出を配分する比率には影響を及ぼさないであろう．

2国ケースの場合，各々の国内で効用関数が線型で類似であるという仮定に，さらに賠償以前の各国の代表的な消費者は外国財貨以上に国内産財を購入するという仮定を加えると，ピグーの結論，すなわち賠償は交易条件を支払国に必ず不利にさせるという結論，つまり $\dfrac{\phi'}{f'}<\dfrac{\phi'}{F'}$ という結論を確立するに十分であるということも図IIIから容易に証明できる．図IIIにおいて，$ed>ef, e_1 d_1>e_1 f_1$ としよう．すると，数的には $\phi': f'=ed: ef, \phi': F'=e_1 f_1 : e_1 d_1$ であり，そして $\phi'<0, F'<0, f'>0, \phi'>0$ だから，結局 $\dfrac{\phi'}{f'}<\dfrac{\phi'}{F'}$ となる．

効用関数の「類似性」という仮定が理に適った仮定である理由は，「類似性」が実のところありそうだからではなくて，特別の情報がないときは，存在しそうな「不類似性」が，先験的には，どちらの方向にもみられそうだからである．賠償以前の各国の支出が国内産財と輸入財に配分される比率を所与すると，どちらかの国に存在するあるいは双方の国に存在する不類似性のために，国内産

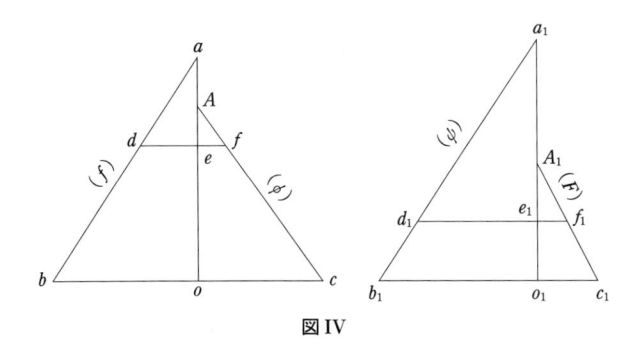

財の初期の単位の効用と輸入財の初期の単位の効用の比率が低いか高いかにしたがって，賠償が支払国の交易条件を不利にも有利にもする傾向があろう．というのは財の単位が，各国別々に，賠償前の価格が均等になるように選ばれているからである．

図IVは，この問題と効用関数の「類似性」の関係を図示している．各国の支出が賠償以前に国内産財と輸入財との間に配分される比率は，図IIIと同じである．つまり，$ed > ef$, $e_1 d_1 > e_1 f_1$ である．賠償支払いは，それにもかかわらず交易条件を不変のままにとどめるであろう．つまり，$\dfrac{\phi'}{f'} = \dfrac{\phi'}{F'}$ であろう．この結論は，この図の中でとられた仮定にもとづいている．その仮定とは，おのおのの国にとって賠償前の価格を等しくさせるように財単位が選ばれる場合，$\dfrac{\phi'}{f'} = \dfrac{\phi'}{F'}$ が成立するには，代表的なイギリス人にとっては，イギリス財貨の第1番目の単位の効用が，ドイツ財貨の第1番目の単位の効用より十分に大きく（すなわち $oa > oA$），また代表的なドイツ人にとっては，ドイツ財貨の第1番目の単位の効用が，イギリス財貨の第1番目の単位の効用よりも十分に大きく（すなわち $o_1 a_1 > o_1 A_1$）なるという仮定である．

図IVから，次のことを読み取ることもできる．すなわち，他の事情が変わらないとすると，賠償前に国内産財の消費が輸入財の消費を超過する2国間の平均的な比率が大きければ大きいほど，国内産財の初期の効用が輸入財の初期の効用を超過する2国の平均的な比率は，もし賠償支払いによって交易条件が支払国に不利にならないとすると，大きいにちがいないということである．賠償前の輸入財の消費に対する国内産財の消費の比率は，図IVの仮定では実際

に普通みられる値よりずっと低いが，もし賠償支払いが交易条件を支払国に不利にしないとすると，国内産財の初期の効用が輸入財の初期の効用を上回る比率は，各々の国にとって（あるいは2国合わせた平均値で）相当大きな値でなくてはならない．もし両国が同一の財単位を用い，2財の価格比率が両国で同じであったとする——これは，貿易障壁とか輸送費がないとき国際的に貿易される財についての法則である——と，効用関数のこのような「不類似性」が実際に広まっていそうだと主張するもっともらしい理由を，たとえ不可能でないとしても，見つけるのは難しいことであろう．

第9節　ピグーの分析の基礎についての若干の詳しい説明

　しかし輸入関税は，支払国によって賦課されようと受取国によって賦課されようと，また両方の国で賦課された場合はなおさらだが，それは，各々の国で輸入財よりも国内産財の初期の効用を高める傾向があり，また，たとえこの関税が，国内産財に対する支出を外国財への支出より大きくする傾向があるとはいいながら，これが賠償に働きかけて，交易条件を支払国に不利にする代わりに有利にする．輸入関税をどちらの国が賦課したかとは関係なく，この関税は，関税がない状態と比べると，各々の国で輸入財を国内産財に比べて高価にする．もし各々の国で，2財の単位が，関税賦課前に価格が均等になるように選ばれていると，そのときは，イギリスでイギリス財貨に用いられる単位とドイツでドイツ財貨に用いられる単位が変わらないとして，関税賦課後には，イギリスでドイツ財貨に用いられる単位の大きさとドイツでイギリス財に用いられる単位の大きさとは，もし各々の国内で2財貨が価格面で相互に等しく保たれているとすると，ともに減少するに相違ないであろう．ここで用いられている図解でいくと，国内産財の初期の効用を不変のままとして，輸入財の初期の効用は，各々の国で関税前よりも関税後に低くなることになろう．図IVで図解された状況に相応した各国内の効用関数の「不類似性」に関する状況が，結果としてもたらされる傾向がある．

　この根拠は，イギリスの輸入関税のケースとして図Vで図示されている．そこでは，次のように仮定されている．すなわち，はじめにイギリスでもドイツでも貿易の制限をおこなわないこと，「国内」財が存在しないこと，さらに各々の国で代表的な消費者が輸入財に国内産財と同量の支出をするということ

第9節 ピグーの分析の基礎についての若干の詳しい説明   339

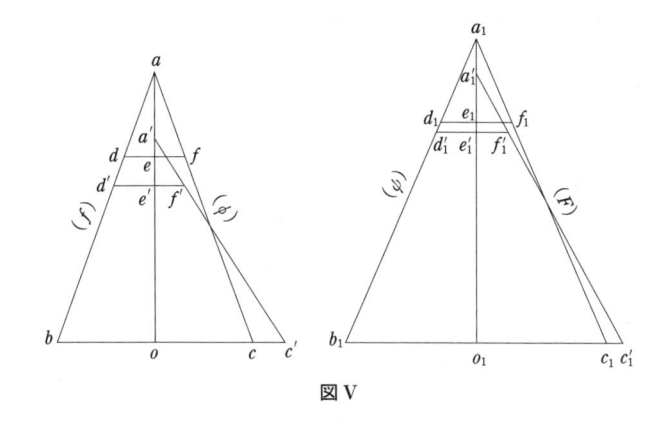

図 V

である．さらに，次のようにも想定されている．すなわち，各々の国で効用関数が線型であり，もともと「類似している」とされている．そのために，財の単位がもともとの価格で等しくなるように選ばれている場合には，初期の単位の効用もまた等しいことになる．そこで，$\dfrac{\phi'}{f'} = \dfrac{\phi'}{F'}$ だから，ドイツは，交易条件に影響を及ぼすことなく，イギリスに対して賠償を支払うことができるわけである．

　しかし賠償支払義務が実行に移される前に，イギリスがドイツ財貨に従価税50％という収入的輸入関税を課するとしたらどうか．その結果，イギリスの消費者にとってドイツ財貨の価格は，イギリス財貨と比べて三分の一だけ上昇すると仮定しよう．すなわち，いまやイギリス財貨の1単位は，関税支払い後のドイツ財貨1単位の四分の三と同じ価格をイギリスでもつことになる．もし，イギリスでイギリス財貨に対して用いられた単位が変わらないままで，もとの大きさの四分の三の新しい単位が，新しい相対価格の下で2財の単位を価格的に等しくするように輸入財のために用いられると，oa の75％である oa' と，oc より33$\tfrac{1}{3}$％ 大きい oc' で，輸入財の新しい効用関数 $a'c'$ を描くことができよう．

　もしドイツ財貨に対して50％の関税が課されることによって，関税支払い後のイギリスの価格を，イギリスにおけるイギリス財貨の価格と比べて三分の一だけ上昇させるとすると，そのときドイツでは，単位は変わらないとして，イギリス財貨の価格はドイツ財貨の価格と比べて八分の一だけ上昇するにちがいない．すなわちドイツ財貨の1単位は，いまやイギリス財貨1単位の九分の

347 八と同じ価格をドイツでももつことになる(103). もし, ドイツでドイツ財貨に用いられる単位が変わらないままで, しかし, もとの大きさの 8/9 の新しい単位が, 新しい相対価格の 2 財の単位を価値的に等しくするようにドイツでのイギリス財貨に用いられると, o_1a_1 の九分の八である o_1a_1' と, o_1c_1 の八分の九である o_1c_1' から, ドイツにおけるイギリス財貨に対する新しい効用関数は, $a_1'c_1'$ となる. ϕ' と F' は, いまや関税の賦課前にあったより数字的には小で, したがって代数的には大きく, 逆に f' と ϕ は不変だから, 新しい状況では $\dfrac{\phi'}{f'} > \dfrac{\phi'}{F'}$ となり, 図Ⅴで図示されたケース, すなわち関税賦課のために, 各々の国の代表的な消費者が輸入財より国内産財により多く支出することになるというケースにおいてさえ(104), 関税の徴収は, 賠償支払いが交易条件をドイツに有利にさせるという状況を作りだす.

同じように, 次のことも示すことができる. どちらか一方の国かまたは両方の国で徴収される輸出税と, どちらか一方の国かまたは両方の国の財の国際的な輸送費が国内的な輸送費を超える超過額は, たとえその結果として, 各々の国で国内産財を相対的に安価にし, こうして国内産財の初期の効用を同価格の輸入財の初期の効用より大きくする傾向によって, 国内産財への支出を外国財支出より大きくする場合ですら, 線型関数を所与とすると, 賠償支払いが, 交
348 易条件を支払国に有利にする状況をもたらす傾向があるということである. 他

(103) この図では, 道理に適った仮定, すなわち関税を徴収する国では, 関税賦課の結果, 輸入財の価格は, 国内産財の価格と比べて関税の額より少ない程度しか上昇しないという仮定が設けられていた. 関税の結果として, 交易条件が関税の徴収国に有利に働くという仮定は, 賠償支払いから予想される交易条件の変化の程度には影響するが, その方向には影響しない. もし関税が交易条件に変化をもたらさなかったとしたら, 関税の結果として, a_1c_1 には変化を生じないが, ac は, 図Ⅴで示したよりもさらに水平方向に動くであろう. すなわち, F' には変化はないが, ϕ' の数的減少は, 図Ⅴに示したよりは大となろう.

(104) 関税がこのような結果をもたらすのは, ac と $a'c'$, a_1c_1 と $a_1'c_1'$ のそれぞれの交点の上方に, $d'f'$, $d_1'f_1'$ があるときに限られる. イギリス商品の単位で測った, あるいはそれと同価値のドイツ商品の単位で測ったイギリス人の新しい所得を表す $d'f'$ が, $df + \frac{1}{3} e'f'$ に等しくなるように描かれなくてはならないことは説明の必要があろう. $d'f'$ のうち, $d'e'$ は, 代表的なイギリス人がその新しい所得で購入するイギリス商品の数量を表し, $e'f'$ は, それのドイツ商品の (新しい単位での) 数量を表している. イギリス商品の単位だけで測ると, 新しい所得は, もとと同じすなわち df と同じになるであろう. しかし, ドイツ商品のすべての購入には, 政府は, その関税支払い価格の三分の一 (=関税前の価格の半分) を徴収する——これは, 代表的なイギリス人にとっては, おそらく失われるものではなくて, 他のかたちでイギリス人に戻ってくる——から, $d'f'$ は, $df + \frac{1}{3} e'f'$ に等しくなければならない. 図のドイツのところでは, $d_1'f_1'$ は, d_1f_1 に等しくなるように描かれなければならない.

第9節 ピグーの分析の基礎についての若干の詳しい説明

方で，どちらか一方の国かまたは両方の国で与えられる輸出補助金あるいは輸入補助金と，どちらか一方の国かまたは両方の国の財に対する国内的な輸送費が国際的な輸送費を超える超過額は，各々の国において，国内産財を輸入財に比べて高価にすることによって，各々の国で外国財への支出が国内産財への支出を超過するにもかかわらず，賠償が，交易条件を受取国に有利にする状況を生み出す傾向がある．

「国内」財があるということも，賠償支払いが交易条件を支払国に不利にする理由を作りだすように働くが，この場合，それは，国内産財と輸入財の初期の相対的な効用には影響を及ぼすことなく，各々の国で国内産財への支出の割合を増加することを通じておこなわれる．ピグーの分析を国内財が存在する場合に応用するためには，自分自身の国の生産物に対する代表的な消費者の効用関数は，異なる国内産財のひとつあるいはそれ以上の単位からなる合成財の限界効用曲線を表していると解釈しなければならない．この場合の単位は，賠償以前の価格で等しくなるように選ばれ，かつ合成財に組み入れられるそれぞれの国内消費における重要さに比例するように決められなければならない．もし費用一定の仮定と「代表的」な消費者の効用関数の類似性と線形の仮定が守られ，しかも賠償支払いが「代表的」な消費者の同一性を変える可能性は無視すると，合成国内産財を編成するときの国内産財のウェイト付けは，まったく問題にならない．というのは，このような仮定の下では，合成国内産財の構成項目の価格とか消費量の相対的な変化は，代表的な消費者の総支出の変化だけでは起こらないからである．どちらかの国に国内財を入れることは，その国にとって，合成国産内財についての代表的な個人の限界効用の曲線の傾きをやわらげるように作用するであろう．つまり国内財の存在は，それに関連する f' と ϕ' または f' とか ϕ' を減ずるように作用するであろう．$\frac{\phi'}{f'}<0$ で，しかも $\frac{\phi'}{F'}<0$ だから，2国しかない場合は，どちらかの国で「国内」財が存在することが $\frac{\phi'}{f'}<\frac{\phi'}{F'}$ とする傾向があり，したがって賠償支払いが，交易条件を支払国に不利にする傾向があろう．

もしどちらかの国が完全に特化されていない，つまりその国が，ある財例えば衣料の消費の一部を輸入しながら国内でも生産しているとすると，特別なケースが起こる．すなわちそこでは，$\frac{\phi'}{F'}$ に対する $\frac{\phi'}{f'}$ の比率は，それぞれの国内でいろいろの効用関数が線型で「類似性」をもつと仮定しても，賠償が交易

条件に及ぼす影響を決定するに十分でないことになる．$\dfrac{\phi'}{F'}$ に対する $\dfrac{\phi'}{f'}$ の比率にかかわらず，完全に特化されていない国は，支払国であろうと受取国であろうと，その輸出を削減し，そこで浮いた生産資源を衣料生産にふりむけることによって，交易条件がその国に不利になる傾向を阻止できる．費用一定の下では，衣料が海外で引き続き生産されつづけている限り，その他の外国財の価格は衣料に比べて上昇しないし，またその他の国内産財の価格は，もっと多くの衣料が自国で生産されうる限り，衣料に比べて下落することもありえない．交易条件が，賠償以前に完全に特化されていなかった国に不利になるより前に，その国は（「国内」財と）衣料以外に何も生産しているはずはなく，他の国は，衣料生産を完全に放棄していなくてはならないであろう[105]．

もし効用関数の線型という仮定を捨てると，問題の解決が非常に難しくなる．しかし2国ケースの場合，効用関数が線型でないとすると，賠償支払いが交易条件を支払国に不利にする推定を，先験的には，方向として弱めもするが強めもする．そしてピグーは，もし $\dfrac{\phi'(nY)}{f'(nX)}$ が数字的に $\dfrac{\phi'(mY)}{F'(mX)}$ よりはるかに大きい場合，それは，支払国の交易条件に有利に働く方向へ効用関数を線型から大きく逸脱させて，賠償支払いが支払国の交易条件を不利にしないことを事実上示した[106]．

350　効用分析で「代表的 (representative)」ドイツ人とかイギリス人という概念を使うことは，よく知られた困難を招く．このような特定の問題にこの概念を使うことは，次のような困難を暗黙のうちに避けようとしている．その困難とは，賠償支払い前に「代表的」と無理なくみることのできた個人が，支払い後にはもはや「代表的」ではなくなるといった具合に，賠償支払いが，1国または双方の国内で，有効な支出力の再配分をもたらすときに起こる困難である．賠償支払いを実施したことに因るどのようなドイツの支出力の再分配であっても，支出力の削減が，$\dfrac{\phi'}{F'}$ という比率，すなわちイギリス財貨の効用曲線の傾きに対するドイツ財貨の効用曲線の傾きの比率の，他のドイツ人に比べて，代数的に大きい個人に大きいのか小さいのか，あるいは代数的に小さい個人に大きいのか小さいのかにしたがって，交易条件をドイツに不利にも有利にもするように働くであろう．同じように，賠償支払いの受取りに因るどのようなイ

---

[105] 本書後出，pp. 431 以下を参照せよ．
[106] Pigou, *Economic journal*, XLII (1932), 535.

第9節 ピグーの分析の基礎についての若干の詳しい説明   343

ギリスの支出力の再分配であっても，支出力の増加が，$\dfrac{\phi'}{f'}$ という比率，すなわちイギリス財貨の効用曲線の傾きに対するドイツ財貨の効用曲線の傾きの比率の，他のイギリス人と比べて代数的に小さい個人に大きいのか小さいのか，あるいは代数的に小さい個人に大きいのか小さいのかにしたがって，交易条件をドイツに有利にも不利にもするように働くであろう．特別の情報がない場合には，どちらかの国の支出力の再分配が，甲の方向より乙の方向になると推測する根拠を見つけだすのは難しい．

　私は，これまでのところ2国間を仮定してきた．もし，賠償支払いに直接に関係する国ぐにの他に，貿易関係を通じてそれらの国と関係する国ぐにがあるとすると，ピグーのふれることのできない厄介さが加わってくる．彼は，「イギリス」と「ドイツでない国」を区別しないで，ありとあらゆるドイツでない国の代表として，$\dfrac{\phi'}{f'}$ という重要な比率をもって，「代表的なイギリス人」としたのである．もし3国あるいはそれ以上の国ぐにがあるとすると，重要なただ一組の商品交易条件があるのではなく，少なくとも四組の別の交易条件，すなわち (1) ドイツと，イギリスを含むその他の世界との交易条件，(2) イギリスと，ドイツを含むその他の世界との交易条件，(3) ドイツとイギリスとの交易条件，(4) 中立地域とその他の世界との交易条件があることになる．

　賠償支払いは，イギリス人自身に対してのみなされるから，賠償の結果としてイギリス人とその他のドイツ人でない人の間の支出力の相対的な分配に起こる変化は，すべてのドイツ人以外の地域内の効用関数の線型と「類似性」を仮定しても，ピグーの $\dfrac{\phi'}{f'}$ 比率を，たとえそれが賠償前のすべてのドイツ以外の効用関数を十分に代表したとはいえ，賠償後の代表にはしないであろうし，また，もし賠償前にピグーの $\dfrac{\phi'}{f'}$ 比率にあたる比率が，代表的なイギリス人と代表的な中立地域の人の双方にとって同一でなければ，賠償支払いがドイツの交易条件に及ぼす影響に対するピグーの基準を，不十分なものにするであろう．もし，賠償前に，すべてのドイツ以外の人びとにとって，ピグーの $\dfrac{\phi'}{f'}$ にあたる代表的なイギリス人のための比率が，代表的な中立地域の人にとっての同じ比率より代数的に小であったとすると，その場合には，交易条件は，賠償前のピグーの条件 $\dfrac{\phi'}{f'} < \dfrac{\phi'}{F'}$ が満たされているときだけでなく，$\dfrac{\phi'}{f'} = \dfrac{\phi'}{F'}$ のときや，また適度に $\dfrac{\phi'}{f'} > \dfrac{\phi'}{F'}$ のときであっても，賠償の結果として，交易条件はドイツに不利になるであろう．他方もし，賠償前にピグーの $\dfrac{\phi'}{f'}$ にあたる代表的なイ

ギリス人の比率が，代表的な中立地域にとっての同じ比率より代数的に大であったとすると，交易条件は，賠償前に $\frac{\phi'}{f'} > \frac{\phi'}{F'}$ のときだけでなく，$\frac{\phi'}{f'} = \frac{\phi'}{F'}$ のときや，また適度に $\frac{\phi'}{f'} < \frac{\phi'}{F'}$ のときであっても，賠償の結果としてドイツに有利になるであろう．しかし，先験的にみて，ピグーの $\frac{\phi'}{f'}$ にあたる代表的なイギリス人の比率が，代表的な中立地域の人のそれより代数的に大であるという確率は，それが小とする確率より大きくはないし，また「国内」財の存在によって，ピグーの $\frac{\phi'}{f'}$ は，$\frac{\phi'}{F'}$ より代数的にはるかに小さいようであるから，交易条件が支払国に不利になるというこの推定は，第三の国を考慮に入れても依然として存在し続ける．もし，イギリスと第三の国が同じひとつの財貨（あるいは同じ複数の財貨）を生産するなら，この2国間の貿易がおこなわれる理由はなく，ドイツとその他の世界全体の間の交易条件は，ドイツとイギリスの交易条件とまったく同一になるにちがいない．したがって第三の国は，ドイツからの賠償金受取りの結果としてイギリスが経験する，ドイツとの交易条件の改善あるいは悪化を，イギリス人と分かち合うことになろう．

　もし，第三の国がドイツと同じひとつの財貨（あるいは同じ複数の財貨）を生産しているとすると，中立国が受取国に代わって支払国と運命をともにすることになるという点を除くと，前のケースと同じ結論が得られる．もしイギリスとドイツのどちらかが「国内」財も生産しているとすると，このことは，すでに説明した方法で，賠償支払いが交易条件をドイツに不利にする結果をもたらすように働くであろうが，中立国が「国内」財を生産するかしないかは，賠償の結果として，ドイツとドイツ外の世界との交易条件の変化の方向に影響を及ぼさないであろう．

　しかし，もし第三の国が，その国自身の独自の輸出財を生産しているとすると，接近方法をいくらか修正する必要がある．まず最初にドイツ外の世界とドイツとの交易条件を取り上げ，2国だけのときにイギリス人のデータが使われる場合でも，「ドイツ人以外」のデータを使うことにしよう．そうすると，この問題は，イギリスと中立国が同じ財を生産するケースにあたることになろう．ただし，ドイツ以外のすべての国を代表する賠償前の比率 $\frac{\phi'}{f'}$ を所与として，代表的なイギリス人の中立国の財貨に対する効用曲線の傾きが，ドイツ財貨に対する効用曲線の傾きと比べて，数字的に大となればなるほど，交易条件に関して，ドイツの状況はますます有利になることは除く．同じように，イギ

リスのその他の世界との交易条件のために，2国だけのときにドイツ人のデータが使われる場合でも，「イギリス人以外」のデータを使うことにしよう．すると，この問題は，ドイツと中立国が同じ財を生産するケースにあたることになろう．ただし，イギリス以外のすべての国を代表する賠償前の比率 $\frac{\phi'}{F'}$ を所与として，代表的なドイツ人の中立国の財貨に対する効用曲線の傾きが，イギリス財貨に対する効用曲線の傾きと比べて，数字的に大となればなるほど，交易条件に関して，イギリスの状況はますます有利でなくなることは除く．次に，イギリスのドイツとの交易条件を取り上げると，ピグーの仮定を所与として，その交易条件は， $\frac{\phi'}{f'}$ と $\frac{\phi'}{F'}$ が等しいか， $\frac{\phi'}{f'} < \frac{\phi'}{F'}$ か $\frac{\phi'}{f'} > \frac{\phi'}{F'}$ にしたがって，変化しないままか，イギリスに有利に働くか，ドイツに有利に働くかであろう．この場合， $\frac{\phi'}{f'}$ は，代表的なイギリス人のドイツ財貨とイギリス財貨それぞれに対する効用曲線の傾きに関連し， ϕ' と F' は，代表的なドイツ人のドイツ財貨とイギリス財貨それぞれに対する効用曲線の傾きに関連している．つまり，代表的なイギリス人とドイツ人の中立国の財貨に対する効用曲線の傾きとか，代表的な中立国の人のイギリス財貨とドイツ財貨に対する効用曲線の傾きとはかかわりがない．

最後に，中立国のその他の世界との交易条件を取り上げると，ドイツのイギリスへの賠償支払いは，他の事情が同じであるとすると，中立国の財貨に対する代表的なイギリス人の効用曲線の傾きが，代表的なドイツ人の効用曲線の傾きと比べて，同じか小さいかあるいは大きいかにしたがって，交易条件を不変のままにおくか中立国に有利にするかあるいは中立国に不利にするであろう．また，他の事情が同じであるとすると，賠償前に，総支出に比例して，イギリス全体としての中立国の財貨の輸入量が，ドイツ全体としてのそれに等しいか大きいかあるいは小さいかにしたがって，同じことがいえよう．

第10節 もうひとつの解法

効用分析によらなくてもこの問題に取り組めることは，次の仮定にもとづいた2国間ケースの図VIで論証できる．その仮定とは，各々の国では賠償前に，輸入財よりも国内産財により多くの支出をすること，また国内産財と輸入財の間の支出の配分比率は，相対価格に変化がない場合，支出額が変わっても両国

図VI

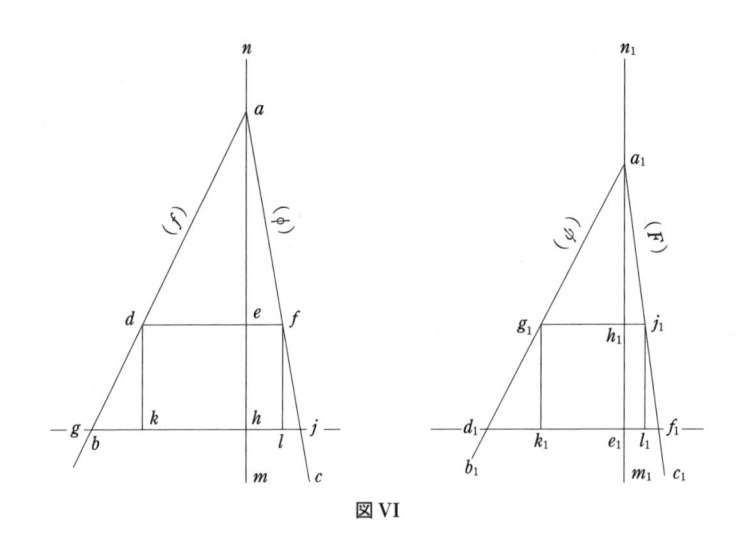

間で不変にとどまること，また生産は費用一定という条件の下でおこなわれること，さらに貿易障壁とか輸送費はないことなどである．この場合「支出額」は，貨幣で測られるのではなく，現行価格で入手可能な，貨幣で購入されうる国内産財の単位か，あるいはその等価物で測られることに注意すべきである．

　垂直線 mn 上のある点 e を横切る水平線 df が描かれるが，その df の長さは，イギリスとドイツの財貨の価格が等しいように財貨の物的単位を選んだときに，イギリスが，現行価格で賠償前の国民所得をもって購入できる財の総単位数を表すものであり，また，de と ef は，イギリス人が賠償前に現行価格で消費するイギリス財貨とドイツ財貨のそれぞれの量を表すものである．mn 上の点 e より下に，もうひとつの gj 線が描かれるが，これは，価格変化がない場合に，$gj-df$ は，イギリスの受け取った賠償額を表し，gh と hj は，イギリス人が賠償後に消費するイギリス財貨とドイツ財貨のそれぞれの量を表している．g と d，j と f を結ぶ線を描き，mn と交わるまで線を引き延ばす．価格変化がなく，また観察の範囲内で，もしイギリスが支出のために利用できる額の変化が，イギリス財貨とドイツ財貨にその支出を分ける比率を変えないとすると，つまり，もし $gh:hj=de:ef$ であるとすると，そのときには，gd と jf の延長線は，e より上のある共通点 a で mn と交わるであろう．

　もうひとつの垂直線 m_1n_1 上のある点 e_1 を横切る水平線 d_1f_1 が描かれるが，

その d_1f_1 の長さは,財貨の物的な単位が図の他の部分［左側］と同じであるときに,ドイツが,現行価格で賠償前に購入できる財貨の総単位数を表すものであり,また,d_1e_1 と e_1f_1 は,ドイツ人が賠償前に現行価格で購入するドイツ財貨とイギリス財貨のそれぞれの量を表すものである.m_1n_1 上の e_1 点より上に,もうひとつの g_1j_1 線が描かれるが,これは,価格変化がない場合に,d_1f_1-g_1j_1 は,ドイツの支払った賠償額を表し,また,g_1h_1 と h_1j_1 は,ドイツ人が賠償後に購入するドイツ財貨とイギリス財貨のそれぞれの量を表している.d_1 と g_1,f_1 と j_1 を結ぶ線を描き,m_1n_1 と交わるまで線を引き延ばす.価格の変化がない場合に,もしドイツが支出のために利用できる額の変化が,ドイツ財貨とイギリス財貨にその支出を分ける比率を変えないとすると,つまり,もし $g_1h_1:h_1j_1=d_1e_1:e_1f_1$ であると,そのときには,上方に延長した d_1g_1 と f_1j_1 は,h_1 より上のある共通点 a_1 で m_1n_1 と交わるであろう.

いま $de>ef$ であり,$d_1e_1>e_1f_1$ であるとしよう.つまり,賠償以前には,各々の国は,他国の財貨より自国の財貨により多くの貨幣を支出すると仮定しよう.この仮定に立って,賠償が交易条件をドイツに不利にすることを示すには,相対価格に変化がない場合に,賠償後,二つの国を合わせてみると,賠償前よりイギリス財貨を多く,ドイツ財貨を少なく購入することを望むことが示される必要がある.すなわち,相対価格の変化がない場合に,(1) イギリスが自国財貨の消費をふやそうと欲する量が,ドイツがイギリス財貨の消費を減らそうと欲するより大きいこと,つまり $gk>l_1f_1$ であること,(2) ドイツが自国財貨の消費を減らそうと欲する量が,イギリスがドイツ財貨の消費をふやそうと欲するより大きいこと,つまり $d_1k_1>lj$ であることを示す必要がある.

仮定によって,

$$gh:hj=de:ef \qquad (1)$$

$$de=kh,\ ef=hl, \qquad (2)$$

$$\therefore\ gk:lj=de:ef \qquad (3)$$

仮定によって,

$$de>ef, \qquad (4)$$

$$\therefore\ gk>lj,\ そして同様に d_1k_1>l_1j_1 \qquad (5)$$

賠償は,その結果として,ドイツの支出可能資金の減少に等しい額のイギリスの支出可能資金の増加をもたらすから,

$$gk+lj=d_1k_1+l_1f_1 \qquad (6)$$

$$\therefore \quad gk > l_1 j_1, \text{ そして } d_1 k_1 > lj \tag{7}$$

したがって賠償支払いは，相対価格が変化しない限り，この場合，需要と比べてイギリス財貨の不足とドイツ財貨の過剰をもたらし，だから賠償支払いに対して調整される新しい均衡の確立は，イギリス財貨の価格の相対的な上昇，すなわちドイツに不利な商品交易条件の動きをもたらすことになろう．

もし，どちらか一方の国かまたは双方の国で，国内産財と輸入財の間への支出の比率が，相対価格の変化がない場合に，支出可能資金の総量の変化につれて変わるとすると，このような変化は，ドイツのケースでは，支出可能資金量の減少につれて，ドイツ財貨への支出の比率が増加するか減少するかにしたがって，またイギリスのケースでは，支出可能資金量の増加につれて，ドイツ財貨への支出の比率が増加するか減少するかにしたがって，ドイツの交易条件にとって有利にも不利にも働くであろう．しかしながら，どちらか一方の国かまたは双方の国において，この支出の比率がドイツに有利な方向に乖離していくと，賠償以前において，各々の国（あるいは2国合わせて）の国内産財への支出が輸入財への支出を超過している限り，交易条件をドイツに有利にさせるのに十分ではないであろう．もちろんこれは，賠償支払いが，相対価格の変化がない場合に，両国全体として，イギリス財貨需要を超えるドイツ財貨需要の相対的な増加をもたらすほど，このような乖離が著しくない限りのことである[107]．

ひとつの具体的なケースを引合いに出して，交易条件が，賠償の結果として支払国に有利になる状況のタイプを説明してみる．第一に，支払国のドイツが2種類の財を生産する，すなわちひとつは「国内」財で主として必需品であり，他方は，輸出されるが国内ではあまり多く消費されない贅沢品であり，また本来的に贅沢品であるものはイギリスから輸入するとしよう．ドイツの支出可能資金は賠償支払いで削減されるから，相対価格の変化がない場合に，おそらくドイツでは，必需品の「国内」財以上に贅沢輸入品の購入が比例的に大きく減らされることになろう．ついで，イギリスでも2種類の財を生産する，すなわちひとつは「国内」財で主として必需品であり，もうひとつは，輸出されるが国内ではあまり多くは消費されない贅沢品であり，贅沢品はドイツから輸入するとしよう．イギリスの支出可能資金は賠償受取りで増大するから，おそらく

---

[107] すなわち図VIにおいて，2国がその支出をドイツ商品とイギリス商品との間に配分したもともとの比率からの乖離が，価格変化がないときに，$lj > d_1 k_1$ と $gk > l_1 f_1$ をもたらすために，十分ドイツに有利でないとすれば．

第10節　もうひとつの解法　　　349

イギリスでは，必需品の「国内」財以上に贅沢輸入品の購入が比例的に大きくふえることになろう．このような比例的な乖離は，ともにドイツに有利に働いて，たとえ賠償以前に各国が外国財より国内産財に多く支出していたとしても，賠償の結果として，交易条件をドイツに有利にさせる十分に著しい特徴をもつと想像できる．もしイギリス人の国内産財需要が，価格不変の下で，イギリス人の所得が増加したときに，イギリス人の国内産財の購入が絶対的に下落するようなかたちのものであったり，またドイツ人の国内産財需要が，同じく価格不変の下で，もし所得が減少したときに，ドイツ人の国内産財の購入が絶対的に上昇するかたちのものであったなら，これこそまさにここでいう状態であろう．こういった需要減少はまずありそうもないことであるが，しかし考えられないことでもない[108].

貨幣価格による通常のマーシャル流の需給曲線は，それらの曲線が，需要と供給と所得の間の相互関係を捨象しているから，賠償のトランスファー問題の解決のために正当に用いることはできない[109]．マーシャルの相互需要曲線を用いるとしても，それに情報を追加しないことには，なにひとつこの問題は解決しない．というのはこの問題は，賠償支払いの結果として，相互需要曲線の位置と形状に何が起こるかという問題によるし，またこれは両国の効用関数にかかっており，直接にしろ間接にしろ，これらの関数に無関係では決められないからである[110].

これまでのところ，すべての産業において，生産は費用一定の条件でおこなわれると仮定してきた．この仮定によって，費用にはっきりとふれることもなく，到達した結論の妥当性を損なわずに分析をすすめていくことができた．技

---

(108) このケースにおいては，図VIによって，それぞれの場合で賠償支払いの額だけ，$gj > df$ と $g_1j_1 < d_1f_1$ であるにもかかわらず，$gh < de$ と $g_1h_1 > d_1e_1$ である．

(109) 本書後出，pp. 555以下を参照せよ．

(110) D. H. Robertson, "The Transfer Problem" in Pigou and Robertson, *Economic essays and addresses*, 1931, p. 171を参照せよ：「彼ら［つまりケインズ，ピグー，タウシッグ］は，賠償支払いがマーシャル曲線［相互需要曲線］の形状と位置に及ぼす反作用を，私の知る限り，どこにもはっきりと説明してこなかった．」

とはいえマーシャルは，彼の相互需要曲線を使って，当面の目的からすれば賠償支払いの影響と同じ問題，すなわち利子支払いのトランスファーの影響の問題の解明を試みている．しかし彼の説明は，まったく恣意的として斥けなくてはならない．彼は，受取国の曲線を不変のままにしておき，支払国の曲線をすべての点で利子支払額だけ等しく右へシフトさせている．Marshall, *Money credit & commerce*, 1923, p. 349, 図19を参照せよ．

術費用を一定とすると，貨幣費用は，生産要素の価格が変化するときにだけ変化できるわけであり，また生産要素の供給に変化がないとすると，その価格は，その要素を用いる全産業の要素に対する総需要が変化するときにだけ変化できる．だから，2国による自国生産物と外国生産物の間の支出の配分だけを考慮すればよかったし，「国内」財と輸出財の間の支出の配分の仕方は，この問題とは一切関係がなかった．さらに費用が一定とすると，二重生産要素交易条件は，賠償支払いによって，その方向についてもその程度についても，商品交易条件とまったく同じように影響されるであろう．しかし，もしいくつかのあるいはすべての産業が，産出物の変化につれて費用を変化させる中で操業しているとすると，各々の国で，国内財価格と輸出財価格は，支出量の変化の結果として，それぞれ異なった程度にも，また異なった方向にさえ動くことがありうる．そのため，2国の「国内」財の価格の動きは，方向あるいは程度において，輸出財価格の動きとは違ってくるかもしれないし，また要素交易条件も，商品交易条件とは，その程度において別の動きをするかもしれないし，また商品交易条件が受取国に不利に動くときは，要素交易条件は，商品交易条件とはその方向においてさえ別の動きをするかもしれないのである．このことは，たとえ各々の国の中で生産要素が効果的に移動するとしても，すなわち，異なった産業が生産要素をいろいろの可変的な組合わせで用いるとして，たとえ限界価値生産性とそれぞれの生産要素の報酬率がそれを用いている全産業で等しいとしても妥当するであろう．しかし，もし利用できる要素の価格がなんらかの理由で全産業で一様でないとすると，あるいはある産業で特定化される生産要素があるとすると，そのときには，それぞれの国における「国内」財価格と輸出財価格の相対的な変動幅はさらに大きくなるであろう．

　産出高の変化につれて費用が変動する状態で生産がおこなわれているときに，国際的な支払いが交易条件に及ぼす影響を跡づける仕事は，うんざりするほど複雑な仕事のひとつのようにみえる．この問題が許す最大限の単純化を試みた後ですら，算術的な説明とか通常の図解方法で効果的に取り扱える以上の変数がなお残る．一般的な解法は代数を使えば得られるかもしれないが，それらが簡単に得られないことははっきりしているように思えるし，とにかく私の能力を超えている．しかし，交易条件に関する限り，このような追加的な要素のいずれも，受取国より支払国にいっそう有利に作用する固有の傾向をもっていると想定すべき正当な先験的理由は何もないようである．

そこで，私はあえて次のように予言する．つまり，産出高の増加につれて費用が変動するより複雑なケースについて問題を解く場合に，もっと単純なケースの分析から導き出された次の結論は，大きな修正を必要としないということである．すなわち (1) 支払手段の一方的な移動は，どちらかの方向に商品交易条件を変動させるであろうが，支払国に有利にするより不利に変動させる方がいっそうありそうであること，(2) 二重生産要素条件は，通常商品交易条件と同じ方向に変動するであろうが，すべての産業が費用逓増の下にあって，商品交易条件が支払国に有利に変動した場合は，二重生産要素交易条件は，それにもかかわらず受取国に有利に変動する，あるいは商品交易条件が支払国に有利に変動するよりも度合いが少ないであろうということ，(3) 交易条件が支払国に不利に変動するという傾向は，他の事情が同じであるとすると，それぞれの国で，トランスファー以前に，輸入生産物消費に対する国内産生産物消費の超価額が大きければ大きいほど，さらに顕著になるであろうということである．ただしこのような超過額が，貿易障害とか国内輸送費より高い国際輸送費とかに起因しない限りの話である．

第11節　国際均衡攪乱の類型

国際均衡の継続的攪乱が交易条件に及ぼす影響を吟味してみると，そこには，攪乱の類型化について特別に強調に値するひとつの根拠がある．攪乱の区別は，攪乱の発生が，ひとつは，国内産財に対する不変の購買力を単位として測られた，両地域における支出可能額の相対的な変化によるか，あるいは，嗜好とか生産条件，あるいは関税，国内税，輸送費の変化の結果起こる，それぞれの国の生産物で測られた2国の相互の生産物に対する相対的な需要の変化によるかによってなされるはずである[111]．賠償支払いが交易条件に及ぼす影響についてこれまで提示された分析は，最初の部類の継続的な攪乱に対しては，すべて重大な修正を加えずに適用できる．すなわちその変動が，貸付とか増与とか補助金のいずれにもとづくにしろ，支出可能額に初期の相対的な変動を伴う攪乱に対して適用できる．しかし，相互需要曲線による分析がほとんどの場合適切である第二の部類の攪乱には適用できない．

---

[111] T. O. Yntema, *A mathematical reformulation of the general theory of international trade*, 1932, 第5章，特に pp. 61-62, 71-72 を参照せよ．

攪乱の第一の部類においては，2国の支出可能額の相対的な変化が攪乱の原因であり，2国の相互の生産物に対する需要の相対的な変化が攪乱の結果であるが，攪乱の第二の部類においては，需要の相対的な変化が根本原因であり，支出可能額の相対的変化は，攪乱に対する調整過程の一部である．2国の一方によって課せられた新しい収入的輸入関税のケースは，攪乱の第二の部類の交易条件に及ぼす影響を十分に説明するものとして取り上げることができる．いま，2国だけで2財しかなく，関税も輸送費もなく，2国間の国際収支がつり合っているとしよう．一方の国イギリスが，ドイツ財貨の輸入に関税を賦課する．この関税を賦課する前は，二つの財貨は両国間で同じ比率で相互に交換されていた．関税を賦課した後は，イギリスの消費者にとって，ドイツ財貨の価格はイギリス財貨に比べて上昇するであろう．この相対的な価格上昇が，まず関税の大きさに等しいと仮定しよう．するとイギリス人は，ドイツ財貨を以前よりも物理的に少なく購入し，イギリス財貨を以前より多く購入するであろう．イギリスへの販売量の減少が，それと同じ量だけドイツ人の総支出を減少させる傾向をもち，またこの減少の一部が，ドイツ財貨にも適用されるとしてみよう．したがって，ドイツ財貨をその現行価格（イギリスではこれに関税がプラスされる）で進んで買おうとする気持ちは，両国で減少するであろうが，イギリス財貨を進んで買おうとする気持ちは，イギリスでは高まり，ドイツでは減少する．この結果として，（イギリスのドイツ財貨の購買額の総減少と，したがって仮定によって，ドイツ財貨とイギリス財貨とを合わせたドイツの購買額の総減少に相応して）ドイツにおける購入額の減少以上に，イギリスにおける購入額は増加する．

　二つの結論が導かれるであろう．すなわち (1) ドイツは，イギリスに対して国際収支が逆調になり，正貨がドイツからイギリスに移動するであろう，(2) ドイツ財貨の価格は，両国でイギリス財貨の価格と比べて下落し，そのためイギリスでは，関税がなければ関税賦課前よりも低くなり，また関税を加味した場合，関税額より少ない程度しか関税賦課前の価格を超過することはないであろう．いいかえると，商品交易条件はドイツに不利になり，このことが起こる過程の一面として，正貨の国際的なトランスファーを伴うであろう．関税が交易条件に及ぼす影響については，図 VII で図示されているが，これは，マーシャルの外国貿易曲線をほんの少し修正して[112]応用したものである．

　イギリス財貨の量は，ox 軸で測り，イギリス財貨1単位に対するドイツ財

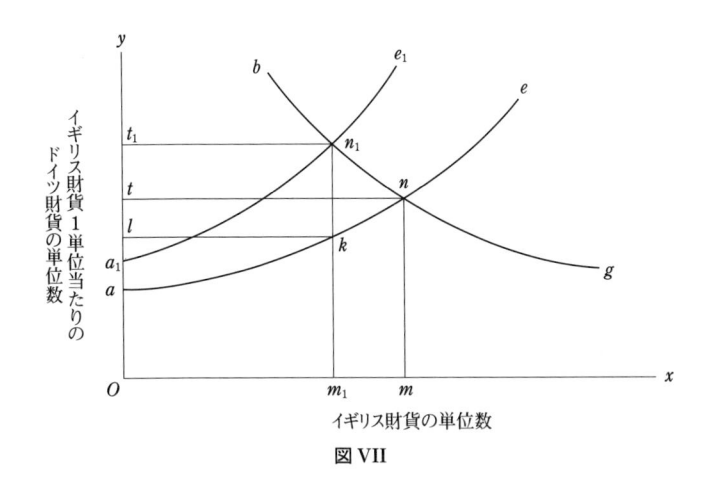

第 11 節　国際均衡攪乱の類型　　　　　　　　　　　353

貨の単位数でとらえたイギリス財貨の相対価格は，oy 軸で測る．曲線 ae はイギリス財貨の量を表すが，それは，関税以前に，イギリス財貨とドイツ財貨の示された交換比率でイギリスが進んで輸出しようとするイギリス財貨の量であり，曲線 bg は，イギリス財貨とドイツ財貨の示された交換比率でドイツが進んで輸入しようとするイギリス財貨の量を表している．均衡は，イギリス財貨1 単位に対してドイツ財貨 mn つまり ot 単位の交易条件の下で成立するであろう．

　いまもしイギリスが，ドイツ財貨の輸入に 40% の従価税を課し，これを輸入業者が支払い，政府が他の税金の軽減のためにこれを使うとすると，この関税に対して調整されたイギリスの輸出供給曲線は，a_1e_1 になり，これは，ox 軸からみると，ae より一律に 40% 高い．イギリス財貨とドイツ財貨の新しい均衡交換比率は，イギリス市場では（すなわち関税支払いの後では）イギリス財貨1 単位に対してドイツ財貨 mk つまり ol となろう．新しい交易条件，つまりドイツがイギリス財貨のために自国の財貨を交換できる比率は，イギリス財貨1 単位に対するドイツ財貨 m_1n_1 つまり ot_1 単位になるであろうし，この比率はまた，ドイツ国内での 2 財の相対価格にあたるであろう．こうして，交易条件は，イギリスの輸入関税によってドイツに不利になるであろう．

---

(112)　本書後出，pp. 518-519 を参照せよ．

同じ様に，次のことも証明することができる．すなわち，イギリスの保護関税，ドイツの輸出補助金，イギリス財貨よりもドイツ財貨の方により高く賦課されたドイツあるいはイギリスの国内税，どちらかの国におけるイギリス財貨に有利な嗜好の変動，あるいはドイツ財貨の生産コストの相対的な低下，これらは同じような仕方で交易条件をドイツに不利にするであろうが，それに反して，ドイツの収入的あるいは保護的関税，イギリスの輸出補助金，イギリス財貨よりドイツ財貨の方に低く賦課されるドイツあるいはイギリスの国内税，どちらかの国におけるドイツ財貨に有利な嗜好の変動，あるいはイギリス財貨の生産コストの相対的な低下，これらは交易条件をドイツに有利にするであろうということである．

　もちろん，攪乱の類型間の区別については，さらに果てしない多種多様のものを描くことができよう．例えば貢納と貸付は，前者が一般に不承不承のものであるのに対し，後者は自発的なものであるから，「支払国」における調整問題は，後者におけるよりも前者の方がもっと深刻でありがちであるという事実によって，互いに区別されるはずである．そのうえ，貸付はほとんど即座に利子支払いを要求するし，結局貸付とは逆の償還支払いを要求するものであるが，反対にこれは貢納にはあてはまらない．貸付は，それが所得からなされたものか資本からなされたものかによって区別されなくてはならないし，また借入国でその手取金が，即座の消費のために使われるか投資のために使われるかによっても区別されなくてはならない．というのは，原資の性格とか借入金の使い方の性格は，支出に利用できる資金量の変化に対する調整の仕方に影響するであろうし，また支出されるさまざまな種類の財の相対的な利用可能性にも影響するからである．実際の経験からいうと，初期の攪乱はさまざまな組合わせの中で起こるかもしれないし，それは自国で起こったり外国で起こったり，あるいは内外に同時であったりするかもしれないし，またこの最初の攪乱の性格とかおそらく他の状況によっては，現象の時間的経過の変化につれて，あるときは攪乱の原因として作用し調整の必要を生んだものが，他のときには均衡化要因になっているかもしれない．こうして，価格の変化，資本の移動，需要の変化は，あるときには攪乱要因であるかもしれないが，他のときには均衡化要因であるかもしれないのであって，だからひどい攪乱があっても，その原因が，国際貿易のメカニズム自体の外部の同時代の出来事とかなり明白に結びついている場合を除くと，均衡化要因を攪乱要因から区別しようとすることは，ふつ

う実りのあることではなかろう.しかし幾人かの著述家は,国際バランスにおける特殊な要因の「攪乱的」性格とか「均衡化的」性格について一般化を試みてきた.ケインズは,例えば,歴史的にみて,貿易バランスが資本移動に対して調整するというより,国際的な長期資本移動がみずからを貿易バランスに対して調整してきたと主張したが[113],タウシッグは[114],その反対の伝統的な見解を支持した.この依存関係が,なぜひとつの方向と同様に他方の方向にもあってはならないのか,またなぜ歴史的事実の問題が,たとえ包括的な歴史的調査で決定できるとしても,それだけで決めつけられるのかその先験的な理由は明らかでない.しかし,ある方向やもっとありそうな方向に向かせがちな状況の類型を理論的に解明して,そのような分析を支援する顕著な歴史的な事例を見つけることはできる.例えば,戦前のカナダのケースでは,貿易バランスの変動が,長期対外借入の原因というより,はるかにその結果であったことが私には明白のように思われる.他方,ニュージーランドのケースでは,その国の戦後の貸借バランスの変動が,この国の貿易バランスの変動の原因というより,むしろはっきりとその結果であるように思われる.ニュージーランドにおいては,国民所得が,二・三の輸出品の収穫状況と世界市場価格に著しく依存し,収穫と価格が年々激しい変動に見舞われているために,消費とか国内投資への高度に不安定な支出と,他方,この国の対外純負債の多大な変動の間で選択をせまられることになるが,この選択では,後者の途が幅をきかせているように思われる.しかし,すぐに手に入れることができるデータを吟味すると,「危険回避の」資本移動が重要でない場合には,短期資本移動が長期資本移動よりもはるかに「均衡的」のようであるということ,また主な長期資本移動が,タウシッグが主張するように,性格としては,「均衡的」というよりもむしろ主として「攪乱的」であるという正統派の教義を立証している.

繰り返して述べておかなくてはならないが,これまでの議論は,もともとの均衡内の要因の一つの継続的変化によって交易条件に及ぼされる,長期的な影響だけを取り扱ってきたにすぎない.さらにまた交易条件の変化も,純粋に客観的な現象として扱ってきており,交易条件の変化がもたらされる攪乱の類型につれて起こるかもしれない享楽的意味の変化にはふれていないことも注意さ

---

(113) "The German transfer problem," *Economic journal*, XXXIX (1929), 6.
(114) *International trade*, 1927, pp. 312-13 を参照せよ.また Carl Iversen, *Aspects of the theory of international capital movements*, 1935, pp. 181 以下も参照せよ.

れたい.

第12節　正貨移動と貨幣の流通速度

　古典派の経済学者たちは，(新しく採掘された地金の配分過程は問わないで) 均衡状態では正貨移動はありえず，正貨の移動は均衡を回復させるだけで，均衡を攪乱するものではないというという点で意見の一致をみていた．つまりリカードウが指摘したように，金は，「その水準を破壊するためにではなく，その水準を見出すために輸出される」とした[115]．しかし，正貨の移動で均衡を回復させるように国際収支の均衡を攪乱できる状況の範囲については，すでにみてきたように，彼らの間で意見の一致はみなかった．ウィートレーの主張は，その後のバステーブルやニコルソンと同じように，国際収支は，貨幣以外の要因に伴う攪乱に対しては，2地域の相互の財貨に対する即座かつおそらく正確に均衡化する相対的な需要の変動を通じて直ちに自らを調整し，正貨は移動しないと主張した．仮に2国間の相対的な需要の変動が，相対的な価格変化の助けなしで，例えば国際的な貢納といったものによって攪乱された均衡を回復させることがあるとしても，通貨が正貨に限られている仮定の下では，支払国から受取国へ事前のあるいはそれを援助する正貨の移転なしで，需要の変動がいつでも起こると考えるのは誤りである．新しい均衡が成立するには，単位時間に受取国で，貨幣額でみて購買がもっと多くおこなわれ，支払国で，もっと少なくおこなわれることが必要である．つまりすでに示したように，相対的な需要変動が均衡化の影響を及ぼすのは，2国の相対的な購買貨幣額の量に及ぼす影響によるのである．1国が他国にやむをえず支払いをすることになっても，流通速度が支払国で下落し受取国で上昇しない限り，このような必要とされる購買と需要の相対的変化は，2国間の正貨量が相対的に変化した後でなければ起こらないであろうし，またこの相対的な変化以外の理由では起こらないであろう．またそのような流通速度の変化は，少なくとも確実に起こるわけでもないし，また仮に起こっても正しい方向をとるとも限らない．需要曲線の相対的な変動が，相対的な価格変化なしで，攪乱された国際バランスの均衡を回復するのに十分であるとする理論を是認することは，ウィートレー，バステーブル，

---

[115] *High price of bullion*, appendix, *Works*, p. 293. (邦訳『リカードウ全集』III, p. 128, 1969年.)

ニコルソン等が想定していたと思われるような，正貨の移動は均衡の回復に必要ないとする考えから導きだされる結論とは関係がない．こうした誤謬は，物価水準と貨幣数量とは，貨幣方程式の他の条件にどんな変化が起ころうとも，ともに同じ方向に動かなくてはならないという貨幣数量説のあまりに単純な話を認めることから起きている．それを最も極端に適用して，この誤った教義が導いた結論というのが，すなわち，もし万一一方的な支払いが，たまたま支払国に有利な物価水準の相対的変動をもたらしたなら，正貨は受取国から支払国に移動するであろうという結論である！[116]

とはいえ，これまで一般に見落とされてきたことは，貨幣の流通速度つまり単位時間当たり購買量の貨幣量に対する割合が，攪乱された均衡を回復するのに必要な正貨移動の大きさに，重要な関連をもつということである．調整メカニズムにとって重要なのは，一般購買額でも一般取引額でもなく，ある一定の種類の購買額だけである．例えば，もし1軒のある特定の家屋の所有権がディーラー間の売買を通じて1年に3度変わり，翌年はまったく変わらなかった場合，その1年にあった取引もその翌年になかった取引も，国際メカニズムにはなんら直接的な意味はない．問題なのは，単位期間内に購買された財を市場から除去するように働きかける支出量だけである．そのような購買額をわれわれは最終購買額と呼び，それを，財貨とサービスの売買を構成しない取引と区別するのであって，いいかえると，そのような売買がおこなわれても，単位期間

---

[116] そのような教義は，ピグーやハーバラーや彼らの後継者たちによって，賠償トランスファー問題に現実に適用されてきた．ピグーの分析では，ドイツがイギリスに賠償支払いをした結果，たとえ物価がドイツで上昇しイギリスで下落しても，最終支出のために利用できる相対的な貨幣所得の量したがってまた貨幣の仕事量は，必ずドイツで減少しイギリスで増加することが気づかれていない．(Pigou, "The effect of reparations on the ratio of international exchange," *Economic journal*, XLII (1932), 542-43.) ハーバラーは，もし賠償が支払国の物価を相対的に上昇させることになると，物価水準と貨幣数量が他の状況とは無関係に必ず同じ方向に変化するという暗黙の仮定に立って，正貨は支払国からではなく，支払国へ移動するという結論に達しているようにみえる．賠償トランスファー問題の論述の中で，ハーバラーは次のように述べている．

「交易条件がドイツに有利に変化し，ドイツの輸出財の価格が騰貴し，輸入財の価格が下落して，──おそらくやや逆説的に聞こえようが──金がドイツに流入し，かくてトランスファー・メカニズムは支払国の負担を軽減する場合すら，理論的に考えられるということである．しかしきわめてありそうにもないかかる事例は，容易にわかるように，外国の追加的需要がドイツの輸出品に向かい，そしてドイツにおける需要減退が輸入財について起こる場合に出現するであろう．」(*Theory of international trade*, 1936, pp. 75-76.) (松井・岡倉訳『国際貿易論』上巻, pp. 144-145, 1937年．)

が過ぎる以前に，財貨とかサービスを，それが同じ形態であろうとなかろうと第三者に転売するかその用意のある人から人へ単なる所有権の移転になるにすぎないような取引と区別するのである．攪乱に対する国際バランスの調整メカニズムにおいて直接にしかも均衡化の役割を演ずるのは，このような意味での2国間の最終的な購買量の相対的変化である．

　金貨だけが流通するという仮定の下では，だから，国際貿易メカニズムの分析にとって重要な流通速度の概念は，その国における単位時間当たりの最終購買額の正貨量に対する割合，つまりわれわれが「貨幣の最終購買速度（final purchases velocity of money）」と呼ぶものである．この概念は，なじみの速度概念つまり「貨幣の取引速度（transactions velocity of money）」だけでなく，貨幣の「所得」あるいは「循環」速度概念とも区別されなくてはならない．後者の概念は，われわれの目的からみて，「取引速度」よりももっと役に立つ概念である．というのは，国際メカニズムにとって直接に意味のない数多くの取引を無視しているからである．そうはいうものの，それは，当面の目的にとって完全に満足できる概念ではない．限られた期間について，「所得」は，計測が困難であるばかりでなく，定義がほとんど不可能である．そのうえ，支出されるものが，今期の純所得によるか，可処分資本金によるか，国内外の借入金によるか，あるいは「負の所得」つまり結局は債権者が支払うことになる事業損失によるかどうかということは，国際調整メカニズムにとってはどうでもよいことである．またその支出の目的が，消費のためか，投資の維持あるいは拡大のためかどうかということも，これが間接的にその国の生産資源に影響するとかいろいろの財貨への支出割当に影響する場合を除いては，どうでもよいことである．当面の目的にとって大切なのは，主として，その支出のために単位時間内に購買者の支出意欲が同額減少することになる，単位時間当たり支出の貨幣量に対する比率である[117]．貨幣の最終購買速度は，もちろん取引速度よりはるかに小さいにちがいないであろう．それは，所得速度よりも小さいかもしれないし大きいかもしれない．所得速度が，国内で消費も投資もされずに保蔵されたり海外に貸し付けられる所得を含む限りは，それは所得速度より小さくなる傾向があろう．所得速度が，維持や置換のための支出や負の投資支出や内外の借入受取額からの支出を考慮できない限り，それは所得速度より大き

---

(117) 本質的にこれと類似の概念を，同じ目的でオリーンが使っている．(*Interregional and interregional trade*, 1933, pp. 378, 407, 注．)

第12節　正貨移動と貨幣の流通速度

くなる傾向があろう．

　二つの地域の最終購買量の相対的変化は，両地域の国際バランスの攪乱を調整する過程の重要な均衡化要因であるから，どちらの国も貨幣の最終購買速度にまったく変化がないとすると，他の事情にして変化がない限り，両国合わせた貨幣の最終購買速度の加重平均が大きければ大きいほど，攪乱された均衡を回復するために移転しなければならない貨幣量はますます小さくなる．仮に，一方の国から他国へ新規の定期的債務の最初の分割支払いのために正貨が移転された結果として，それぞれの国の貨幣量に突然の変化が起こり，しかし最終購買量がその貨幣量の変化に比例して直ちに反応しないとすると，受取国への貨幣の移転量は，しばらくの間は終局的に必要とする移転量より大きくなくてはならないであろうが，2国の流通速度がそれぞれの正常水準に回復した後は，定期的な支払いの完済される前に支払国へと貨幣の部分的な還流が起こるであろう．逆に，もし貨幣量の変化とともに貨幣速度がそれに応じて変化すると，当分の間は当初の貨幣移転は少なくても足りるが，その速度がそれぞれの正常な水準に戻るにつれて，より多くの貨幣が，相対的な最終購買量を新しい均衡水準に維持するために，支払国から受取国へ移転されなくてはならないであろう．すべての場合において，攪乱を調整するために必要とする正貨の移転量は，貨幣量の変化につれて，いろいろの財貨に対する需要の作用様式だけでなく，二つの地域の貨幣の流通速度にも依存するであろう．しかしきわめてまれな状況を除いて，新規で継続的な一方的送金に対する国際収支の調整には，支払国から受取国に若干の正貨がはじめに移転される必要があろう．

　2国における最終購買速度は，調整に必要な正貨の移転量を決定するのに役立つだけでなく，送金が2国全体の絶対的な物価水準にどのような影響を及ぼすかを決定するのにも役立つ．仮に，受取国において貨幣が支払国より高い流通速度をもっているとすると，支払手段の移転が2国全体でより高い物価水準をもたらすであろうし，またその逆は逆となろう．もちろん起こりそうにないことではあるが，賠償の支払いが両方の国で物価を高く（あるいは低く）することすら想像できる．2国の流通速度に違いのあることを考慮できなかったために，一部の著述家は，これを理論的な可能性としても否定することになった(118)．

---

(118)　リュエフの「購買力恒存の原理」(principle of the conservation of purchasing power) を参照せよ．これによると，2国間の一定量の「購買力」(すなわち正貨?) の移転は，貨幣で

371　攪乱を調整するメカニズムとして，正貨移動と貨幣の流通速度の役割を表Ⅴで説明した．そこでは，賠償のおこなわれる以前，2国を合算した外国財への支出に対する国内産財への支出の比率の非加重平均比率が1であって，しかも価格に変化がない場合，賠償の支払いで，どちらの国においても支出が国内産財と外国財とに配分される割合は乱されないと仮定している．これらの仮定の下では，賠償の支払いは，すでにみてきたように，交易条件を乱さないであろう．賠償前にみられた均衡は，他方の国が，一方の国に対して無期限に一ヵ月当たり600貨幣単位の割合で賠償を支払う義務を課されることによって攪乱される．

　ケースAでは，一ヵ月当たりの貨幣の最終購買速度は，賠償支払いのはじまる以前も以後も[119]，両国にとって1であり，移転の前では，一ヵ月当たり最終購買額は，受取国では3000，支払国では1500である．だから初期の均衡状況では，前者に3000単位の貨幣，後者に1500単位の貨幣があったにちがいない．支払国から受取国への600単位の貨幣移転は，支払いの開始とともに起こり，その結果としての需要変動が，価格の変化を強いることなく，2国の国際収支をこの貢納にに対して調整させることになる．ケースBでは，一ヵ月当たりの貨幣の流通速度は，貢納支払いのはじまる以前も以後も，受取国では2，支払国では1であり，移転の前にはそれぞれの国で1500単位の貨幣がある．均衡を回復するには，ただ450単位の貨幣の移転しか必要ない．しかしこの貨
372　幣は，流通速度の低い国から高い国へと移転するから，その結果，世界の物価と貨幣所得の水準の上昇が起こる．しかしケースAでは，交易条件になんの変化がなくても均衡が回復される．ケースCでは，貨幣の流通速度は受取国で1/2，支払国では1であり，移転の前には受取国で6000単位の貨幣，支払国で1500単位の貨幣がある．均衡を回復するには，720単位の貨幣の移転が必要である．しかし貨幣が，流通速度の高い国から低い国へと移転するから，

測った2国の総購買力を変化させないとしている．Jacques Rueff, "Mr. Keynes' views on the transfer problem," *Economic journal*, XXXIX (1929), 388-99.

(119)　理論的にいって，他の事情に変化がなく，特に貨幣の「取引速度」がそれぞれの国で不変であるとすると，貨幣の最終購買速度は，賠償の結果として，支払国でわずかに下落し，受取国でわずかに上昇することが期待されるはずである．そのわけは，支払国では，貨幣が使用されながら「最終購買」にはならない生産が存在するであろうし，また受取国では，直接にも間接にも国内生産を伴わない最終購買が存在して，したがって，支払手段の正常な量以下で仲介が足りるからである．

第12節　正貨移動と貨幣の流通速度

表V　価格変化のない場合の国際的な移転の効果：いろいろな流通速度のケース[a]

財	受取国		支払国	
	購買意欲の大きさ	輸出に利用できる大きさ	購買意欲の大きさ	輸出に利用できる大きさ
移転以前				
国内財と輸出財	2000	1000	500	1000
輸入財	1000		1000	
	3000	1000	1500	1000
移転以後：ケースA				
	移転以前と以後の流通速度＝1		移転以前と以後の流通速度＝1	
国内財と輸出財	2400	600	300	1200
輸入財	1200		600	
	3600	600	900	1200
移転以後：ケースB				
	移転以前と以後の流通速度＝2		移転以前と以後の流通速度＝1	
国内財と輸出財	2600	700	350	1300
輸入財	1300		700	
	3900	700	1050	1300
移転以後：ケースC				
	移転以前と以後の流通速度＝1/2		移転以前と以後の流通速度＝1	
国内財と輸出財	2240	520	260	1120
輸入財	1120		520	
	3360	520	780	1120

（a）　すべての数量は一ヵ月当たりの貨幣単位で測られていて，貸付けは一ヵ月当たり600単位の割合である．

その結果世界の物価と貨幣所得の水準は下落する．しかし前のケースと同じように，均衡は交易条件の変化がなくても回復される．他のどのようなケースを取り上げても，同じ結論が導かれるわけで，もし価格のそれに応じた変化で相殺されるような貨幣所得の変化が，いろいろの財に対する支出割合に影響しないとすると，支払いのための貨幣移転が相対価格に及ぼす影響は，流通速度とは独立している[120]．

(120)　これらのケースで提示された結論は，恣意的でもまた単なる可能性でもなく，その関連の中で明示的になされた仮定からおのずと出てくるものである．例えばケースCでは，調整が支払いに対してなされた後の支出割合と2国間の貨幣の配分についての結論は，次のようにして得

古い文献では,貨幣の流通速度が国際バランスの調整メカニズムにおいて果たす役割については,たとえこの種の分析があったとしても,それは言外ににおわす程度であった.ごく最近の文献でも,この局面のメカニズムの議論は乏しい.オリーンには,メカニズム全体の説明の中に必ず流通速度についての取り扱いがみられるが,同じ領域を扱う限りでは,われわれの説明と一致しているように思われる.D. H. ロバートソンも,短い論文の中で[121],ここで入念に展開してきたトランスファー・メカニズムについて,未熟ながら多くの点にふれているが,流通速度の分析の限りでは,ここで扱ったものと同じ方法で扱っている.しかし彼は,確率の範囲を調査することよりも,ある可能性を立証することに関心があったらしく,ほとんどありそうもない結論になるような極端な仮定にだけ自分の分析を適用している.ドイツのアメリカに対する賠償支払いが2国の正貨移動や交易条件や総所得に及ぼす影響の分析では,貨幣要因の年間流通速度を導入しているが,彼は,そこでは貨幣要因の年間流通速度をそれぞれの国で1で不変として,しかもそれが,貨幣量に対する年間所得とか年間支出の比率を表しているとして仮定している.彼は,算術例から,ドイツによる賠償支払いは,なんらの貨幣移転も交易条件の変更も起こらないし,しかもどちらの国においても,「総貨幣所得」の変化は起こらないと結論している.

i_r:移転の前に受取国で支出に利用できる大きさ($=3000$).
i_p:移転の前に支払国で支出に利用できる大きさ($=1500$).
I_r:移転の後に受取国で支出に利用できる大きさ.
I_p:移転の後に支払国で支出に利用できる大きさ.
x:2国を合計した,移転後の加重平均流通速度の移転前の加重平均流通速度に対する割合.

すると,この場合,

$$2I_r+I_p=2i_r+i_p=7500 \quad (1)$$
$$I_r=xi_r+600 \quad (2)$$
$$I_p=xi_p-600 \quad (3)$$

x, I_r, I_p を解くと

$$x=\frac{69}{75},\quad I_r=3360,\quad I_p=780 \quad (4)$$

となる.

I_r と I_p を,それぞれの国が相対価格変化のない場合にその支出を配分すると考えられる比率に応じていろいろの財にふりあてると,そこから,価格の相対変化が新しい均衡に必要であるかどうか,また必要であるのならどの方向の変化であるかを決定するために必要な残りのデータが得られる.

(121) "The transfer problem," in Pigou and Robertson, *Economic essays and addresses*, 1931, pp. 170-81.

る．いま「総貨幣所得」を「最終購買額」に置き換え，彼がアメリカに対して提示したデータだけを取り上げてみると，彼の説明は，次のようになる．

・ア・メ・リ・カ
　・賠・償・支・払・い・前
　　1600ポンドの最終購買額は，900ポンドのアメリカ財貨と100ポンドのドイツ財貨を購入して，600ポンドの税金を支払う．
　　金ストックは1600ポンド．$V=1$．
　　アメリカ財貨の価格＝1ポンド．

　・年・間・600・ポ・ン・ド・の・割・合・で・賠・償・支・払・い・が・行・わ・れ・て・い・る・間，
　　1600ポンドの最終購買額は，900ポンドのアメリカ財貨と700ポンドのドイツ財貨を購入する．
　　金ストックは1600ポンド．$V=1$．
　　アメリカ財貨の価格＝1ポンド．

　これらの結論のすべてがいかに極端な仮定のうえに立っているかについては，それらの仮定が，例証中にもそれに続く本文中にもはっきりと明示されていないために判然としない．この例証では，アメリカ政府は，賠償支払いの受取額を税の免除に使うと仮定しているが，しかし政府は，おそらく同額のサービスを社会に与えつづけるであろう．というのは，そうでなければ，600ポンドの支出力が宙に浮いてしまうからである．最終購買額あるいは「総貨幣所得」に関する限り，賠償金が受け取られたときにそれが増加しないようにみえる理由は，先に個人が税金として支払った600ポンドの政府サービスという形の実質所得が，いまでは政府の賠償所得と見合っていて，だから個人の・貨・幣所得勘定に表れてこないというだけである．貨幣ストックが受取国で増加しないことについては，この定期的な賠償支払いを受け取り，それを政府が職務遂行のために職員の雇用と物品の購入に使っても，この国の貨幣ストックをなんら使用する必要がない場合に限って説明できるが，それに反して，賠償金と同額の税金を徴収してそれを賠償金と同じ形で使用するためには，年間を通して600ポンドが使用されなくてはならないであろう．商品交易条件が変化しないことについては，以下の仮定で説明できるはずである．すなわち，たとえ受取国におい

て価格が変化せず支出力が 600 ポンド増加したとしても，国民の需要する自国の財貨または政府サービスの量がこの国では増加しないという仮定である．

第 13 節　財の流れと相対価格水準

グレーアム（Graham）とフェイス（Feis）によると，資本借入に対する国際バランスの調整メカニズムについての古典派経済学者とその近代の後継者たちの説明には，断定されている方向とは逆の方向に物価水準の相対的な変動をもたらすように働く要因についての言及が欠けているという．グレーアムが主張するには，貸付の効果は，貸付国から借入国への財の移転にあるから，金の量と比較した財の量は，借入国で増加して貸付国で減少し，だから物価は，借入国で下落して貸付国で上昇する傾向があるという．グレーアムは，メカニズムの第一局面を，財の移動を伴わない貸付国から借入国への金の移動であるとし，また財の移動はその後の局面と仮定したうえで，前者を資本移動の「短期」効果，後者を「長期」効果と呼び，「借入の短期効果と長期効果は反対の方向に起こるであろう」と結んでいる(122)．彼は，以前は，それぞれの国の貨幣数量が一定であると仮定して，不換紙幣下の資本輸入に対する国際バランスの調整問題に同じ推論を試みていた(123)．フェイスはグレーアムの主張に同意して，次のように述べている．

> 財の移動が物価水準に及ぼす効果は，だから，グレーアム教授が指摘したように，関係各国の購買力の量の変化によってもたらされた方向とは反対の方向になる傾向がある．一見したところ，二つの相反する傾向は調整の過程でそれぞれの国に現れる．これらの傾向は，力のうえでは同時で同じ強さであるかもしれないし，

---

(122) *American economic review*, XV (1925), 108 の拙著 *Canada's balance* の書評の中で．私は，借入が均一の割合で続くにつれて借入国における物価の相対的上昇がある程度縮小していくというカナダの経験で明白と思われる傾向の説明として，次のことを示唆した．すなわち，相対物価の変化と現実の貿易取引の間隔が長引けば長引くほど，そのような物価変化に対する反応はますます十分になるから，均一の割合で借り入れる借入期間の初年度において，貿易バランスの調整に必要な相対的な物価変化の大きさは，それ以降の年に必要なものより大きくなる傾向があろうと．グレーアムは，自分の説明の方が，物価の相対的な変化が縮小することをうまく説明するとして自説を展開した．

(123) "International trade under depreciated paper. The United States, 1862-79," *Quarterly journal of economics*, XXXVI (1922), 223.

そうでないかもしれない(124).

　この推論は誤っているように私には思われる．二人の著述家たちの結論は，物価水準は結果であって原因ではなく，M の変化と T の変化は，メカニズムでは無関係で独立した要因だという暗黙の仮定に立って，$\frac{M}{T}=P$ という物価決定の公式を，国際メカニズムに機械的に適用して導かれたものであり(125)，フェイスは，この同じ仮定をはっきりと古典学派のものとしている(126)．しかし古典派理論においては，先に説明したように，国際均衡の確立は，もともと物価の国際的な調整問題とみなされていて，正貨の流れの方向と大きさや，したがって2国における貨幣の相対的な量は，独立した要因として扱われるのではなく，両国の均衡物価水準とそして貨幣の仲介を必要とする両国の物的取引量を一定とすると，2国の貨幣に対する相対的な必要量によって決定されると主張されている．だから，財の流れがメカニズムの中でもつ意味は，その相対物価水準に及ぼす影響にあるのではなく，むしろ均衡に必要な物価関係を維持するのに必要な正貨の流量に及ぼすその影響にある．

　さて，次のことを仮定しよう．最初に貸付がはじまったときに，貸付国は，単位期間当たりの貸付量に等しい輸出超過をもたらすに十分な財を，委託販売で借入国に船積みするが，財の流入の結果として，借入国では，物価全体がその輸入超過を必要量にとどめる水準より低い水準に下がるとしよう．その結果，借入国の物価（と需要）を，引き続き借入額に等しい輸入超過を生むほど高い水準に引き上げるように，貸付国から借入国へ正貨の新たなあるいは烈しい流れが起こるにちがいない(127).

───────────────

(124) Feis, "The mechanism of adjustment of internaional trade balances," *American economic review*, XVI (1926), 602 以下. (p. 603).

(125) グレーアムの説明では，この点は，彼が正貨の流れの規模の決定因を議論できないことによっても示唆されているし，彼の減価した紙幣のケースの分析に言及していることによっても示唆されている．そこでは彼は，それぞれの国の貨幣数量は一定に保たれていると勝手に仮定したが，この仮定のために，減価した紙幣下のメカニズムからのどのような類推も，金本位下のメカニズムの関連では，間違った類推になっている．

(126) 同書, p. 605 を参照せよ：「調整過程についての古典的な説明は，その原典においても先のページで提示したところでも，所得と物価水準が他の勢力の受動的な結果であるという暗黙の仮定に立っている．所得と物価水準は，1国内の財（取引）の量と購買力の量（それとその流通速度）の関係で決定されると一般にいわれている…….」

(127) G. W. Norman, *Letter to Charles Wood, Esq., M. P. on money*, 1841, p. 20 を参照せよ：

377 　仮に資本移動が，もしそのような移動がなかったなら国内で投資されたと思われる資金からなっており，しかも借入国が，借入しなかった場合に比べて投資量を増加させることになるとすると，「資本」移動は，結局は貸付国と比べて，借入国の市場向け財貨の産出高の相対的な増加をもたらすことになり，だからその程度まで，借入国の物価水準の相対的な下落をもたらす傾向があることは間違いない．しかしグレーアムとフェイスの議論は，2国における財貨の産出高の相対的変化が相対的な物価水準に及ぼす効果よりも，むしろ現に移転された財貨が相対的な物価水準に及ぼす推定上の効果を基礎としている．

第14節　為替相場

　ヒュームは，なんらかの理由から，ある国の国際収支に不利な力が働く場合には，その国の通貨の交換価値の下落が，財の輸出に特別の刺激を与え財の輸入を食いとめて，均衡化への影響をもたらす傾向のあることを認めた．しかし彼は，これは調整過程でのささいな要因にすぎないと主張し，その理由を明らかにしなかったが，金属本位の下では，為替の最大の変動幅すなわち正貨輸出入点の幅は，為替の変動が貿易の成り行きに目にみえるほど直接の影響を及ぼしそうにもないよう，制限されているとみていたと想像される[128]．彼の時代以来ずっと，変動の最大幅は，正貨の輸送費用の低下のために，正常状態の下ではやはり狭くなってきているし，今日では，財貨貿易に対する直接の影響に関する限り，国際金属本位制の下では，為替変動はとるに足らぬ要因だということに誰も異議を唱えないであろう[129]．しかし，このように金現送点の幅を

> 「不利な為替の下で正貨の移送を増大させるというその傾向のために，注目に値するひとつの事情がある．金銀の代わりをする輸出品は，実際的にいえば数のうえではいつも少ないが，債権国によって受け取られたそのような財の数量が増加すると，債権国の物価を低下させ，それだけその国の通貨の増加によって作り出される効果を，少なくとも部分的に弱める．」
> 　もしノーマンが，この引用文によって，正貨の十分大量の流れが，さもなければ財の流れが物価に及ぼす不均衡化の影響を打ち消すにちがいないといわんとしているとしたら，そのときは，彼とここでとりあげた立論は一致する．

(128)　Hume, *Political discourses* (1752), in *Essays moral, political, and literary*, 1875 ed., I, 333, 注．次を参照せよ．W. Whewell, "Mathematical Exposition of certain doctrines of political economy. Third memoir," *Transactions of the Cambridge Philosophical Society*, IX, part II (1856), 7：「為替相場は，あの流れの力［すなわち金の移動］を測る道具とみてよいが，おそらく偶然で一時的な衝撃を調整して弱めることはあっても，それが貨幣の力に何かをつけ加えたり，それ自身で何かの効果を作り出すものではない．」

狭めることは，純粋の利益ではないことがこれまでしばしば示唆されてきた．というのも，正貨の船積みが容易になることによって，それが国ぐにの信用構造を不安定にさせてきたからである．1819年のトレンズ以来(130)，人為的に金現送点の幅を広げるいろいろの提案がなされてきた．例えば，貨幣鋳造料，金輸出に対するプレミアム，中央銀行による金の売買価格の差別化，国内の正貨流通における重量不足についての寛大な取り扱い，ほとんど海外で供給あるいは需要される特定の品位の金に対するさまざまな売買価格，さらに他の類似の工夫をあげることができるが，このような措置は，いろいろの理由から実行されてきた．これらが実行されている限り，金属本位制の下での為替の可能な変動幅や，したがって為替の変動が貿易の成り行きに及ぼす可能な影響は，いうまでもなくやや大きくなる．事実上これは，国際金属本位制の長所を維持しながら，国際金属本位制に付随する事柄を部分的に回避する，すなわち1国の貨幣量あるいは1国の貨幣量が基礎にする正貨準備量が外国為替の状況に直接依存することを回避する試みである．しかし，流通手段の量が為替の気紛れに左右されるのを部分的に避けるという利益は，金現送点の幅を人為的に広げるよりも，過剰の正貨準備を保有することによってもっと安全に手に入れられるであろうし，また殊に市場の有力さから，外国の短期資金を大いにひきつける能力をもつ主要な金融センターにとっては，もっと安価に実現されうる．そのうえ，そのような金輸出入点の拡大をもってしても，それがこれまでの慣行よりずっと長い期間にわたって実施されなければ，為替相場の変動が財の貿易の成り行きに及ぼす直接の影響は，依然として取るに足らないであろう．しかしわずかの為替変動であっても，短期の資本資金の移動に相当の影響を及ぼすことができるし，またそれを通じて調整メカニズムに影響を及ぼすことができる．こうしたメカニズムの局面は，メカニズムと銀行業務の関係の議論に関連して，次章で論ずる．

379

---

(129) 私は，かつて，J. H. ホランダーを指して，彼は，タウシッグと同じように，金現送点内の為替相場の変動を，正貨に代わって財の形態で国際借入の移転をもたらす際の効果的な要因と主張していると説明した．(Hollander, "International trade under depreciated paper," *Quarterly journal of economics*, XXXII [1918], 678 と私の *Canada's balance*, 1924, p. 150 を見よ．) しかし，再読後の現在の私の解釈では，彼は，国際収支の調整は，まったく偶然的でメカニズムになんの機能も果たさない為替相場の変動を伴いながら，リカードウの所見と同様，どんな変動要因もなく，あるいは変動要因とされる自動的でまさに十分な相対的需要変動を伴いながら，自動的に行われると主張していたとみたい．

(130) 本書前出，pp. 204-05 を見よ．

外国為替の議論では，国際貿易理論の著述家は，ほとんど異口同音に，実際上の重要性は小さいものの，説明とか思索で当然与えられてしかるべき正確さをはっきりと欠くといった特有の誤謬を犯している．彼らは，国際収支が釣り合っている場合には，為替は法定平価に落ち着くと主張している(131)．正しい記述では，国際収支が釣り合っている場合には，為替は金輸出点と輸入点の範囲内のどこかに落ち着く，ということになる．法定平価は，為替にとって，正貨の輸出点と輸入点を決める基準点として意味をもっているにすぎない．外国為替手形の需要と供給の均衡は，正貨現送点の範囲の中のどこかに落ち着く．国際金属本位制には為替の可能な変動幅におおよその固定された限界があるだけで，外国為替理論を，共通の金属本位制をもつ2国通貨の場合と，違った本位制の2通貨の場合とで区別する論拠はない．

第15節　購買力平価説の批判(132)

古典派の経済学者は，多分その優れた洞察力のためというより幸運のお陰で，物価の国際的関係の理論を平均物価水準間の単純な数量関係で定式化するといった致命的な誤りから，ほぼ完全に免れていた．ところが，1916年以来，グスタフ・カッセル教授が，国ぐにの統計的な物価水準の相互関係を表すと称する単純な方式を提言し，彼は幅広い支持を得ることになったが，これを，彼は購買力平価説 (the purchasing-power parity theory) と名づけた．著述家の中には，この方式をイギリスの古典派理論の再述以外のなにものでもないとした

---

(131) この誤謬をはっきり訂正した唯一の文献は，私が気づいたところでは，Harry D. White, *The French international accounts, 1880-1913,* 1933. 156, 注，である．ここでは，*Canada's balance* で私が犯した誤謬が正しく非難されている．しかし，私はお歴々の人たちと同じであった．リカードウ，J. S. ミル，バステーブル，マーシャル，タウシッグは全員，一度ならず同じ誤謬を犯した．

(132) ここで展開された批判は，数多くの資料の中でも次の資料で見つけられるものと多くの点で一致している：G. W. Terborgh, "The purchasing-power parity theory," *Journal of political economy,* XXXIV (1926), 197-208; T. O. Yntema, *A mathematical reformulation of the general theory of international trade,* 1932, pp. 18-19; C. Bresciani-Turroni, "The 'purchasing power parity' doctrine," *L'Égypte contemporaine,* XXV (1934), 433-64; Howard Ellis, *German monetary theory, 1905-1933,* 1934, part III. また Jacob Viner, "Die Theorie des auswärtigen Handels," in *Die Wirtschaftstheorie der Gegenwart* (Wieser Festschrift), IV (1928), 117-18 も参照せよ．

第15節 購買力平価説の批判

者もいたが,しかしそれは,私の知る古典派理論のどの話とも根本的に違っている.

次に引用するのは,カッセルによる理論の初期の定式化を具体的に示すもので,はじめて幅広い注目を集めたものである.

> AとBの2国間で正常な自由な貿易がおこなわれているとすると,為替相場は,2国間でおのずと成立し,両国通貨の購買力に変化が起こらずまた貿易に特別の障害のない限り,この相場は,わずかな変動を別にして不変のままにとどまるであろう.A国の貨幣にインフレーションが起こり,A国貨幣の購買力が低下するや否や,B国におけるA国貨幣の価値は必ず同じ割合で低下するにちがいない.……そこで,次のルールが成立する:2国の通貨が膨張した場合,新しい正常為替相場は,両国のインフレ率の商で旧相場を乗じたものに等しくなるであろう.もちろん,この新しい正常な相場が絶えず変動することはあろうし,過渡期においては,その変動はむしろ大きくなりがちである.しかし,こうした方法で算出された相場は,両国通貨の新しい平価とみなされるにちがいない.この平価は,両国通貨の購買力の商によって決定されるので,購買力平価と名づけることができる(133).

カッセルは,この理論を,はじめは紙券通貨に関して説明し,通貨インフレーションが為替相場に及ぼす影響に特別に関係させて説明した.しかし,もしそれが紙券通貨にとって正しいなら,それが金本位通貨に適用されてはならないという明白な理由はまったくない.国際金本位制の下では,為替の変動可能な幅は金現送点で狭く限られているから,そのような本位の下では,物価水準の動きが大きく乖離する可能性は,方向といい程度といい,それぞれの国でそれに応じて限定されているのが道理であろう.そのうえ,もし実際の2国通貨の購買力の相対的変化が,これら通貨の相互に変換される相場に,それに応じ

---

(133) Gustav Cassel, "Memorandum on the world's monetary problems," International Financial Conference, Brussels, 1920, *Documents of the Conference*, V, 44-45. (傍点は原文イタリック.)
 もしaとbが2国を表し,Eがaの貨幣の1単位と交換されるbの貨幣の単位数を表し,pが物価指数を表し,0と1がそれぞれ基準年と所定の年を表すとすると,カッセルにしたがって

$$\frac{E_1}{E_0} = \frac{\frac{{}^bP_1}{{}^bP_0}}{\frac{{}^aP_1}{{}^aP_0}}$$

た逆の変化を一般にもたらすにちがいないとすると，そのときは，均衡状態の下では，金属本位通貨は，同じ金含有量の単位で換算して等しい購買力をもつにちがいないと思われるであろう(134)．しかしそのためには，相対的な物価水準以外に為替に永続的な影響を及ぼしうるすべての要因が，任意に基準年として選ばれた年に存在していて，すでに為替相場にその可能な影響がすべて及ぼされ，これらの要因がけっして消えることも弱められることもないことを主張できる十分な理由がなくてはなるまい．しかし金本位制の下ですら，国内財やサービスの価格を含む各国の物価水準に永続的でかなりの相対的な変化をもたらすほどに，それぞれの国の生産物で換算して2国の相互の生産物の相対的な需要を変化させるような，どちらか一方の国のあるいは両方の国の費用条件の変化とか需要条件の変化あるいは両条件の変化を考えることは容易である．さらに一方の国には，他国には正確な見本のない輸送不可能な財・サービスが存在し，これらの存在が，どうして金本位制の下で物価水準が2国で同じになる必然性がありうるか理解するのを難しくするばかりでなく，どうして二つの物価水準が一体全体正確に近い状態で比較されうるのか理解することも難しくする．

それにもかかわらずカッセルは，彼の教義から付随的に出てくる結論をやすやすと認めている．

> 問題の2国が金本位を採用している場合ですら，両国間の為替相場は，それぞれの通貨の購買力に一致するはずである．それぞれの通貨の購買力は，金の購買力に対応するように調整されなくてはならない．つまりこの場合には，購買力平価は，2国の通貨の金平価の近傍にあろう．1国の通貨の購買力がこのように規制されている場合においてのみ，その国の通貨と為替は，他の通貨と平価を保つことができる．もしこの基礎的条件が満たされないとすると，どれほど金準備があっても，通貨の平価での交換は保証されないであろう．通貨状態が安定しており，しかも国際貿易の状態に急激な変化がみられない場合には，為替相場が購買力平価から大きく継続的に乖離するようなことはありえない(135)．

著述家の中には，購買力平価説は，もし一般物価水準にあてはめた場合に効

---

(134) すなわち，前出の注 (133) と同じ記号を使うと，次のようになる．
$$E_1 = \frac{{}^b P_1}{{}^a P_1}; \quad E_0 = \frac{{}^b P_0}{{}^a P_0}$$

(135) Cassel, *Post-war monetary stabilization*, 1928, pp. 31-32.

果がないとしても，国際貿易に直接参入する財の物価水準に限った場合や，カッセルのしたように，輸送費用とか関税率の相対的な変化を度外視した場合には認められるし，実際に自明の理となると考えるものもいた．次のヘクシャーからの引用は，こうした見解の見本である．

> 為替が相対物価水準を表すとか，あるいは同じことであるが，1国の貨幣単位が国の内外で同一の購買力をもつという着想は，商品とサービスのすべてが，費用なしに1国から他国に移転できるというありそうもない仮定に立ったときだけ正しい．この場合に，いろいろの国の物価にみられる一致は，貨幣単位の同一の購買力という考えで想定される一致より大きくさえある．というのも，平均物価水準のみならず一つひとつの特定財貨とサービスの価格は，もし為替を基礎として計算されると，そのときは両国で等しいからである(136)．

しかし，カッセルはこの見解を斥けて，この教義が，もし国際財だけに適用されるときは有効ではなかろうと主張し，その理由として，もしB国のすべての輸出財の価格が2倍になり，B国の他の価格とA国のすべての物価が不変だとすると，B国通貨の交換価値は，半分よりはるかに少なくしか下落しないからだという．為替が半分まで下落する以前に，これまで国内消費のためにだけ生産されてきた他の財が，B国から輸出されて儲けをあげることができるし，またA国の財の輸入額も減少し，こうして為替のいっそうの下落が阻止されるであろう(137)．

カッセルは，もし種類の変わりやすい国際財の物価水準にこの教義を適用する場合には，この教義が当てはまるとは限らないと主張していた点では正しい．

---

(136) E. F. Heckscher (and others), *Sweden, Norway, Denmark and Iceland in the world war*, 1930, p. 151.

(137) Cassel, *Theory of social economy*, 1932, pp. 662-64. カッセルは，次に，自分の理論を他の理論から区別する唯一の要素，すなわち通貨の長期の交換価値は単に2国の平均物価水準だけに依存するという彼の主張を放棄するように思われる譲歩にとりかかっている．彼がいうには，「しかしながら，B国通貨の一般的な国内の購買力は，もちろん下落し，その分だけ人はそれに見合った為替相場の下落を期待するにちがいない．それに加えて，B国通貨の対外価値に特に不利であるかもしれない一般的な物価上昇の浸透の結果として，おそらく為替相場にそれ以上の下落が起こるであろう．」（同書，p. 663. 傍点（原書イタリック）はカッセルの原典にはない．）カッセルが一時的影響だけを考えているのでないとすると，彼は，ここで為替は，一般的物価水準の相対的な変化と同じ方向にあるいは同じ大きさで動く必要はないことを認めているのである．

しかし，たとえ決まった国際財の組合わせに適用したとしても，当てはまるとは限らない．いま仮に，2国だけとし，国際貿易に参加する財はなく，すでに貿易されている財もその流れの方向を変えるとか貿易されなくなることはなく，関税とか輸送費はない場合を考えてみよう．当然，すべての国際財の価格は，通貨が単一で為替が平価であるときの標準通貨で表しても，あるいは必要に応じ現行為替相場で他の国の通貨に転換されたときのどちらかの国の通貨で表しても，すべての市場で同じ価格をもつことになろう．こうしたケースにおいても，為替相場が，2国の国際財の物価指数の相対的な変動と，寸分違わず反比例して変動するとみる教義は，自明の理でないどころか，仮に，もっと適切になるように加重指数を使い，その加重の基礎が，国際貿易における財の相対的な重要性（2国だけであれば，両国にとって同じ加重を意味するであろうが）ではなくて，それぞれの国の消費の相対的重要性とか内外の総貿易における相対的な重要性であったとしても，必ずしもあるいはいつも真実だとはいえまい．実際，もし2国の加重に変化があれば，たとえ価格には変化がなくとも，こうした条件の下にある為替相場は変化する可能性があるであろうし，あるいは価格の変化が両国で同じであると仮定される条件の下でそうなる必然性があるにしても，もし価格に変化があれば，加重に変化がなくても，こうした条件の下にある為替相場は変化する可能性があるであろう．

それぞれの国の物価の関係の中で，古典派理論が仮定しあるいは一般的な用語で定式化できる唯一の必然的な関係は，輸送費用と関税を差し引いた後，現行の為替相場で他国の通貨に変換した場合に，国際貿易で現に取引されている財貨の特定の物価が国際的に一致していることであって，それぞれの国において，国際均衡と国内均衡の維持に矛盾しないような一群の価格関係は必ず存在するのである．

物価水準と為替相場を正確に逆比例的に変化させる要望に答える唯一のケースは，通貨の再評価のような1国の貨幣的な変化であって，そのような変化は，両国の他のすべての要素はまったく不変にとどめながら，その国の物価と貨幣所得のすべてを等しく変化させるように働くケースである[138]．ところが，カッセルは，実際の歴史にあてはめたとき，自分の理論が少なくとも現実的な妥当性をもつ根拠は次にあるという．すなわち金本位制の下では，長期にわたっ

---

(138) T. O. Yntema, *A mathematical reformulation of the general theory of international trade*, 1932, pp. 18-19 を参照せよ．

て国ぐにの指数の趨勢にははなはだしい乖離もなく，また変動する紙券通貨の下では，指数の実勢と彼の公式にそって算定された購買力平価の間の乖離は大きくはなく，消滅する傾向にあるので，事実によって十分に確認されているというのである．彼の主張するには，購買力平価の実現を妨げる資本の流れとか関税の変化といった妨害物は，それぞれの通貨の比較購買力の影響と比べて，購買力平価から大きく乖離をさせることになるほどめったに強力でもなく，そのうえ性質上一時的のようだという．この理論に対する彼の弁護は，理論的というより，むしろ本質的に実証的である．

いうまでもないことであるが，それぞれの国で購買できるすべてのもので測った2国の紙券通貨の比較購買力は，2国の通貨間の為替相場を決定するうえで，少なくとも一般に最も重要な単独の要因であって，為替相場と購買力平価の乖離を，例えば，購買力平価説で求められた率のほんの50%か多くて200%程度にしかしないほど，通常強力であるにちがいない．また，ほぼ金の比較鋳造価格にあたる為替相場が，国際金本位制をとる国の物価水準を決定するうえで，一般に最も重要な単一の要因であることも確かである．しかし，実際の為替相場と購買力平価説による為替相場の乖離は，現実にしばしば大きく，またこの乖離を生んだ「妨害物」は，性質上どうみても一時的ではなく，したがって，より長期をとればその乖離は少なくなっても，実際には，時間の経過につれて性質上累進的となるかもしれない．これらの乖離が，利用できる指数の欠陥でうまく説明できるものでもない．反対に，一般に用いられる指数は非加重の卸売物価指数であり，この指数には，物価がそれぞれの国でほとんど等しくなる主要な国際貿易商品が，よく知られているようにひどく詰め込まれている．国内財とサービスを表示するために十分に広い基礎のうえに作成された二・三の指数を吟味してみると，予想通り，現実の為替相場は，指数を広範囲にとろうとすればするほど，購買力平価からの乖離が拡大する傾向にあることがわかる．また加重指数を用いると，一般に，指摘された購買力平価相場からの乖離は拡大することになる．

カッセルの理論は，為替相場によって決定される相対物価水準というよりむしろ，その反対に相対物価水準によって決定される為替相場を使って数量関係を記述するばかりか，因果関係をも明らかにしたとされる．長期にわたる国際金属本位制の下では，どの国でも，しかもそれが小国ならなおさら，1国の物価水準は，正貨の移動を通じてその国に外部的にのしかかってくる要因によっ

て大いに決められるであろう(139)．法的にしろ事実にしろ，実質的に金にくぎづけされていない紙幣本位制の下では，各国の貨幣数量の規制原理にふれることなく，この問題を明瞭に定式化することはできない．まためったにない例であるが，万一はっきりした管理原理もなく，国家予算の状態とか実業界からの圧力とかあるいは多少恣意的なあるいは伝統的な割引政策といった状況の働きが決定因となるような場合には，物価が為替相場に影響したり為替相場が物価に影響する相互の作用があるだろうし，それぞれの影響が実際の結果に及ぼす割合を決める満足な方法もない．

カッセルは，実際の為替相場と購買力平価相場の間に，長期においてさえ乖離を生むよう働くことのできる要因に注意を払うことができなかったが，彼はその失敗を弁護するのに，自分の理論が，戦中戦後の圧倒的に極端なインフレーションの期間中に為替相場を決定する上での最重要要素，すなわち通貨インフレーションを強調していることを根拠にした．このような状況の下では，経済学者の適切な手順は，どうやらささいな要因を忘れることのようである．

> 経済理論の技術は，ある動きの中で共同しているいろいろの要因のうち，どれが最も重要で本質的であるかを判断する能力に大いにかかっている．わかりきったことであるが，そのような場合，われわれは，恒久的な性格をもつひとつの要素，つまり常に作用するにちがいない要素を選ばなくてはならない．一時的な性格にとどまり消え去ると思われるとか，ともかく理論的に存在しないと仮定できる他の要因は，それだけの理由で副次的な位置においやらなくてはならない(140)．

---

(139) Robert Adamson, "Some considerations on the theory of money," *Transactions of the Manchester Statistical Society*, 1885, p. 58 を参照せよ．
　「……しかし，貨幣量や流通量などの変動に関連させて物価を説明する一般のやり方には，真実の理論の奇妙な転倒があるばかりか実際上の危険もありそうだと思わずには，私はこの問題の文献を読むことはできない．彼らは，二次的な要因に注意をむけて，それにすべての重要性を与え，またその救済は，貨幣制度のやや人為的な操作に求められるとする実践的教義を説く傾向がある．私は，1国の貨幣制度がその国の価格の成り行きに影響しないことや，二つの事実が，相互に影響せずに相互依存の中で共存できないことを少しも否定［原文のまま］しないが，その影響は，活動の中では2次的で，しかもあえて取るに足らないと私には思われる．その作用は，より根本的な原因を通して，すでに決められた物価の幅があればこそである．長期的にその国の物価の規模を決めるのは，一大交易社会の一員としての1国の比較効率であって，この1国の効率に影響を及ぼす条件の変化こそ，ひとつの独立的存在たる貨幣の変化として表面上見える変動の最終的解明のために，われわれが目をむけなくてはならないことである．」

(140) Cassel, *Post-war monetary stabilization*, 1928, p. 29. マハループは，最近，エリスの本

第15節 購買力平価説の批判

　もしこれが，些細な要因は些細な要因として処理されるべきであるという意味にすぎないと理解されるべきだというのなら，これに反対するすべはない．しかし，もしそれを認めると一人の主張の説得力が弱まるという理由から，些細な要因の叙述を省略しそれらの作用を特に否定するための正当化として提示されるのなら，そのときは結局，悪しき理論は良き宣伝をするというに等しく，その点で論争の種になる命題である(141).

　　を書評する中で，同じような意見を表明した：
　　　「もちろん，購買力平価説の論者は，彼らの一方的な因果関係（インフレーション―物価―為替相場）を誇張して述べた．しかし通貨当局が，輸入商品に対する猛烈な「需要」や，悪らつな投機業者の不正に責任があると主張することによって，通貨減価の責任を否定しようとしたような時代には，大げさにいうより仕方なかった．混乱した通貨のもとで，他国の商品に対する需要の相対的強度が若干変動することによって，外国為替相場に（わずかな）変化がもたらされるかもしれないといった譲歩は，外国為替がもとの水準の何倍といった調子に絶えず上昇している時期には，まったく場違いであった．」(*Journal of political economy*, XLIII [1935], 395. 強調はヴァイナー.)
(141) R. G. Hawtrey, *Currency and credit*, 3d ed., 1928, p. 442 を参照せよ：
　　　「しかし教義を推奨するのに，教義固有の妥当性ではなく，うまくいったときの実際の結果を理由にするのは危険である．人びとがその理論的な弱点を見つけたとき，彼らは，教義を拒否するばかりか，実際の結果まで無視しかねない．」

第Ⅶ章　現代の銀行業務の進展と関連した国際メカニズム

……多くの著述家たちは，理論の基礎を例外的な状況におくことによって，自分自身と読者を戸惑わせてきた．他の著述家たちは，近代的な調査に特徴的な形態の統計学に惑わされて，道を誤ってきた……．── G. Arbuthnot, "Sir Robert Peel's Act of 1844 …… vindicated," 1857, p. vii.

第1節　自動的な通貨と管理された通貨

　通貨が正貨しかないという前章の仮定は，もし「自動的」の意味が自由裁量的な調整とか管理がないということであるとすると，国際メカニズムを「自動的な」メカニズムとして扱うことを可能にした．しかし，もし通貨に正貨以外の要素があり，その正貨以外の要素が正貨に対して割合が変わりやすく，その割合が中央当局の自由裁量的な管理の下にあるとすると，そのメカニズムの短期的な作用様式には，通貨が正貨しかないときの作用様式とは異なったある重要な違いが出てくる．今日のたいていの著述家は，現代の金本位制の非自動的な性格は，第一次大戦後の発見であると信じるか，あるいは金本位制がその自動的な性格を失ったのは，第一次大戦後の時代にすぎなかったと信じるかのどちらかのように思われるが，19世紀全体を通じた通貨論争は，一般的な通貨体制の自由裁量的な要素とか管理の要素に起因する問題に大いに関係していた．19世紀はじめの地金論争は，国際メカニズムにおいて，一方の管理された紙幣本位通貨の作用様式と，他方の兌換紙幣の作用様式のそれぞれの違いが主な要点であったが，後者の兌換紙幣は，一般に，しかし誰でもというわけではなかったが，あたかも自動的であるかのように論じられた．後に，通貨学派と銀行学派の両学派の支持者たちは，自動的であると想定された「純粋金属」通貨（正貨の他に銀行預金を含めたが，銀行券は含めなかった）の作用方法と，現にイ

ングランド銀行が「混合」通貨(正貨と銀行預金の他に銀行券を含めた)を操作していた方法とを慎重に区別した.両学派とも,自由裁量的な管理には冷淡であった.通貨学派は,正貨の裏付けのない銀行券の発行を制限すれば,それだけで通貨は再びほぼ自動的になりうると考えた.銀行学派の主張は,預金量に対するイングランド銀行の自由裁量的な力からうまくのがれる方法はないというものである.とはいえ「銀行原理」では,支払手段の発行は,兌換の下では取引の必要を大きく超えることはできないという原理にしたがって,この自由裁量的な力を狭く制限している.後の議論は,イングランド銀行が,通貨を規制するために割引率とその他の管理手段を用いる際にしたがわなくてはならない規則に大部分集中した.

「自動的 (automatic)」,「自立的 (self-acting)」,「管理された (managed)」,「自由裁量的 (discretionary)」あるいはそれらと同意義の言葉でさえ,次の通貨学派対銀行学派の論争の文献の引用文が示すように,通貨制度に用いられたものとしては長い歴史がある.

> [兌換]紙幣の場合には,便利さと経済性を考えて,金属鋳貨を紙券に置き換える試みがなされる.この交換をするにあたって,われわれは,内在価値のまったくない流通手段を採用するが,その結果,金属流通の場合にあった,流通手段の量をしかるべく規制しその価値を維持する自律的な保証を失う.だからわれわれは,ある人為的な制度とか規則を用いることによって,金属通貨の場合にはその内在価値の結果として必然的に起こる通貨数量の調整を,紙幣について保証することが必要になる[1].

> ……われわれが,仮にも比喩的な言葉を用いて,金について,まるで水のように「流れている」とか「変動している」とかあるいは血液のように「循環している」と話すその瞬間から,貴金属という概念の性格に対して,「自動的」という表現ほど意味のあるあるいは適用するに適切な比喩はないように思われる.この言葉は,外部の意志のどのような特定の運動によっても決められない活動を表すが,この活動は,活動の器官とか実体がもつ機能的で内在的で統御できないエネルギーから起こり,またこれに属している.この場合の活動の実体とは,人間の心の普遍的な欲望であり,金に及ぼす影響は,この欲望によって活発にさせられ,この欲望に積極的にしたがうことによってその目的を手に入れさせるように思われ

---

[1] Overstone, *Further reflections on the state of the currency*, 1837, pp. 33-34.

る．……そこで，これまでのところ私は次のように結論する．すなわち，安全な紙幣という考えは，管理，指導，自由裁量，統御といった類いの考えとは両立し難いということであり，その発行と還流が純粋に自動的であるべきことが，安全な紙幣に必須の原則であるということである(2)．

そう呼ばれたとたん，すべての「通貨の規制」にそもそも片端から反対する人がいるが，そのような反対は間違いにもとづいている．通貨は，法定貨幣だから，法つまり「規制」の被造物である．だから，「規制」をまったく撤回することは，法定通貨をもつことをやめることであろうし，それはできない相談である……．
　しかし，規制には2種類すなわち自由裁量的な規制と自律的な規制とがある．こうして一方では，イングランド銀行は，割引率を変更することで，通貨を適宜規制する力をもつとともにその力を行使する．……他方では，自律的な規制は，過剰を除去するためにある時点で金を輸出し，不足を充足するために他の時点で金を輸入することによっておこなわれ，そのような操作は，通常の重商主義的な原理にのっとっておこなわれる．貿易業者は，単に自分自身の利益を追い求めるだけで，彼自身はどんな規制についてもまったく関心がない(3)．

　もし想像されうる通貨制度として，銀行組織全体としての正貨準備が，中央銀行の規制なしで，大衆に対する要求払債務に対していつも一定の割合で維持される制度があるとすると，国際メカニズムに関する限り，そのような通貨の場合と通貨が正貨だけの場合の重要な違いは，たったひとつにすぎないであろう．通貨が正貨だけの場合では，正貨数量の変動は，絶対的にも相対的にも支払手段の量に等しい変動をもたらすが，固定された部分的準備の通貨の場合では，正貨数量の変動は，割合は等しくても，絶対的に大きな変動を支払手段の量にもたらす．一定の貨幣規模の攪乱に対して，国際収支を調整するに必要な正貨移動の絶対量は，部分的準備の通貨の場合の方が，正貨だけの場合より少ないであろう．
　両方の通貨の形態とも，その国際メカニズムは「自動的」であろうが，それは，そのメカニズムの作用様式が，中央当局の自由裁量的な管理によって影響を受けないという意味ではなく，作用様式が，物価や金利や貨幣所得や貨幣費

---

(2)　John Welsford Cowell, *Letters…on the institution of a safe and profitable paper currency*, 1843, pp. 45-46.
(3)　Edwin Hill, *Principles of currency*, 1856, pp. 2-3.

用等々の変化に対する無数の個人の自発的な反応の結果であるという意味である．だから両方の通貨の形態とも，明述された状況下の合理的で個人主義的な行動の特性についての仮定にもとづくか，または合理的であろうとなかろうと，調査のうえで過去に優勢だったような行動様式の類型が将来も続くという仮定にもとづくなら，かなり正確な国際的な調整メカニズムを明確に描写できるであろう．

　しかし，通貨量の正貨量に対する割合が中央当局の自由裁量に支配されているところでは，国際メカニズムは，当局の決定とか行動の影響を受けることになり，こうして自動的な性格のいくつかを少なくとも失う．もし政府の管理機関が，はっきりと定式化された単純明解な行動の方針とか規則にもとづいて操作し，その方針とか規則が大衆に知らされているとすると，国際メカニズムを，そのような方針の下で働くものとして述べることができよう．しかし中央銀行は，ふつうその方針を大衆に明らかにしないし，またひとつの階層としての中央銀行家サイドには，経済学者その他がしきりに勧める単純な公式を銀行の指針として受け入れたり，あるいは自分自身の考案した単純な規則にしたがうことをいやがる気持ちがあることを強く指摘する証拠もあるように思われる．およそ中央銀行たるものは，両立しない目的や，長期対短期や，国内的な安定対為替安定や，市場によって指示された必要対中央銀行自身の財政あるいは準備状態等々といった間で，選択を要求されるように思われる状況に時々直面するが，一般的に，ある単純な公式の指示にしたがってというよりも，その場その場の状況に応ずる方を好むように思われる．このような姿勢の長所が何であろうとも，この結果，実際には，中央銀行による行動が，外部の者には十分に輪郭の明らかなどんな類型にも映らず，その類型は，中央銀行の将来行動を予想する基礎にできないことになる．だから，国際メカニズムが中央銀行の操作による影響を受ける限り，国際メカニズムの特質を理論化することが直言的かつ定言的であるはずはなく，これを理論するには，形態の異なった状況のメカニズムについて，その状況で利用できるいろいろの種類の行動——あるいは不行動——の中から，中央銀行が実行すると思われる特定の選択結果を分析することに頼らなくてはならない．しかし，中央銀行が何かをしようがしまいが，またどんな理由があろうがなかろうが，中央銀行の自由裁量的な行動があるというだけで，国際メカニズムのいくつかの局面，特に正貨移動の局面とメカニズムのその他の局面との間に，「管理され」そして変わりやすいまったく予想も

第1節　自動的な通貨と管理された通貨

できない関係が作られる十分な余地が生まれる．

　もし中央銀行とかそれにあたるものがなくても，真に独立した多くの銀行があって，それらが，要求払預金か一覧払約束手形のどちらかの形態で銀行貨幣の発行権限をもち，さらに法的調整から完全に自由かあるいは実質的に自由な正貨準備をもっているとすると，国際メカニズムの正貨移動の様相は，全体としての銀行組織の平均的な正貨準備が，どんなときでも多数の個人とか企業の自律的な決定の総合結果で決められる限り，依然として自動的であるとみなされうる．そのような状況の下の支払手段の総量の正貨量に対する割合は可変的なものであろうが，この可変性には，先験的な考えによらなくても歴史的に調べればわかる若干の調整要素が含まれるであろう．しかしこれは一般的な状況ではないように思われる．中央銀行がなかった場合には，合衆国における連邦準備制度の設立以前とかカナダにおける1935年以前のように，銀行業の大部分が少数の大銀行の手に握られて，必然的な結果として，その規模と少なさのために，準備率について実質的に統一的な方向がとられるか，または2・3の上位の大銀行が多数の小銀行の再割引機関として働いて，小銀行は，慣習的または法的な最低現金準備率をしっかりと守り，国の十分な正貨準備を維持することに対する主な責任は，2・3の大銀行に任せておくかのいずれかであった．国際メカニズムの観点からみると，そのような制度が，実際に正式の自由裁量的な中央統制の下で働く制度とかなり違っていたとか，あるいは，その差異が，一様に，過去におこなわれてきたような正式の中央統制の望ましさを指摘するようなものであったとは，けっして明白にいえない．いずれにしても，両制度の下で，通常，支払手段の量とそれの正貨量に対する割合について，多少は集権化され自由裁量的な統制手段があって，この統制の実施方法については，両制度の下で単純な類型にはしたがわないようである．

　国際金属本位制の下では，中央銀行にはいろいろな目的があると考えられる．(1) 銀行組織に固定された最低（そしてことによると最高でもある）正貨準備率を固守することを強要することは中央銀行の方針かもしれない．(2) あるいはその目的は，その要求払債務について常に疑われることのない兌換を維持しながら，所得を生まない銀行自身の正貨準備を最小にすることかもしれない．この目的には，正貨の出入りを制限するために，頻繁で素早い中央銀行の介入が要求され，そこでは，時機と方向において，1国の支払手段の量の変動と外国為替の変動とを無理やり密接に一致させる一般的な傾向がある．それは，19

世紀を通じてイングランド銀行の方針の中で優勢を占めた要素であったように思われる．(3) その他ありうる目的は，中央銀行の介入の回数を最小にして，価格その他の硬直性とか横行する不信のために，当該中央銀行にとって堪え難いくらいに，また外国の中央銀行の立場からすれば危険なくらいに，準備の危険な欠乏とか過剰な準備の蓄積がもたらされる場合に介入を限定することかもしれない．フランス銀行は，19世紀後半を通じて，実質的に忠実にこの目的にしたがったらしい．それは，中央銀行の存在意味を減らすように働く．この中央銀行の職権というのは，危険からわが身を守る場合に限ってこの自動的な過程を支持し，また自分の利潤を守りあるいは他の中央銀行を危険から守る場合に限って，この自動的な仮定を妨害するよう使われるだけである．(4) 最後にもうひとつありうる目的は，物価であれ，支払手段の量であれ，事業活動の物的な量であれ，それら国内的な安定のもろもろの可能性を，国際的な貨幣本位制を固守する範囲内で，支払手段の数量管理を通じて切り開くことである．そのような政策の下では，自動的なもろもろの力は，それらが安定化の方向で働いている場合にはそのまま残されるかあるいは補強されようが，不安定化の方向で動いている場合には，兌換を維持するという範囲内で妨害されるであろう．この目的を追求するには，中央銀行が進んで余分の正貨準備を蓄積するとか，あるいはかなりの準備の欠乏を干渉なしで許すことが必要になろう．この目的は，確かに時々中央銀行の操作を決める際の要因であったが，これまでのところ，イングランド銀行が「パーマー・ルール」を守った短期間の部分的な例外はあるが，少なくとも19世紀中は，これが正式に採用されて矛盾なく適用された中央銀行政策の目的だったようには思われない．

　一方の支払手段の量における第一変動，すなわち正貨の流れに直接もとづく支払手段の量の変動と，他方の支払手段の量における第二変動，すなわち銀行組織の貸付量と投資量の変動にもとづく支払手段の量の変動を区別する——後節で詳しく吟味される——点からいうと，金の流出はいつも第一縮小を伴う傾向があろうし，また金の流入は，第一拡大を伴う傾向があろうが，これらの第一変動が，第二変動を起こす傾向のある中央銀行の操作を伴うかどうか，そしてこれら第二変動が，第一変動を支持する方向にあるか相殺する方向にあるかについては，中央銀行がどのような目的を追求していたかにかかっていよう．上でなされた中央銀行政策のありうる目的の分類から考えると，中央銀行の適切な操作は384ページの表で示されたようになるであろう[4]．

第2節　支払手段の第一拡張と第二拡張

　正貨も正貨以外の要素も含んだ金属本位通貨制度の下では，1国における支払手段の総量の変化は，正貨量か正貨以外の通貨量のいずれかの変化か，あるいはその両方の変化の結果であろう．正貨の量は，海外からの正貨または地金の流入か，国内で生産された地金の鋳造か，あるいは産業用の地金の使用から貨幣用の地金の使用への転換の結果として増加できる．正貨以外の通貨（海外発行は一般に認められないとする）量を増加するには，政府が，経常支出の支払いとか負債償還のために紙幣の発行を増加することによるか，あるいは銀行組織全体が，貸付あるいは証券の購入とか，自身の操作上の損失あるいは蛸配当を「銀行貨幣」で支払うことによって，銀行券と外部の人びとへの預金債務を増加するか，あるいはそのどちらかを増加することによって可能である．支払手段の量の変化は，ここでは，正貨量の変化にもとづくか金の裏付けのない正貨以外の通貨量の変化にもとづくかによって「第一」と「第二」に区別されるが，この区別に助けられた国際メカニズムを検討することによって，以前の著述家の教義にあったいくつかの当時の誤解があばかれるとともに，現代の状況下におけるメカニズムの銀行業務の局面の性格がいっそう明確化されることに役立つことを証明してみよう．説明を簡単にするために，金本位制下の実際に一般的な状態から少しだけ数量的に離れることになるが，次の仮定をおこう．すなわち，(1) 正貨量の変化は，正貨か地金の国際的な移動の結果以外には起こらないこと，(2) 地金あるいは正貨は，銀行によって自己勘定でけっして国際的に貸借されないこと，(3) 銀行券も預金も含む正貨以外の通貨は，証券の購入とか通貨の両替によって，ただ銀行が貸付としてのみ発行するという仮定である．さらに説明を簡単にするために，現在のすべての正貨は銀行準備額の中にあり，金は貨幣以外には使われないと仮定しよう．

　これらの仮定が与えられると，支払手段の第一拡張とか収縮は，外部の世界からのあるいは外部の世界への正貨の流入あるいは流出の結果だけで起こるとすることができるとともに，その流出入に等しいにちがいない．さて，商品輸

---

(4) 相殺的な特性をもった第二操作の形態は，おそらくさらに細分化されて，第二変動を部分的に相殺するものと，完全に相殺するもの（「中立化」）と，相殺過剰なものに区別すべきであろう．

中央銀行の目的	中央銀行の操作	
	金流出（第一収縮）	金流入（第一拡張）
（1）固定準備比率	第二収縮	第二拡張
（2）最低準備金	過剰な準備金の継続する間は第二拡張；準備金が最低額を下回ったときは第二収縮	過剰な準備金の蓄積を防ぐための第二拡張
（3）最小限の介入	準備金が安全な最低額に近づいたときは第二収縮	外国の中央銀行を守らなくてはならないときは第二拡張
（4）安定化	もし望ましくないデフレが進行したり，「リフレ」が望まれた場合は第二拡張；もし望ましくないインフレが進行したり，デフレが望まれた場合は第二収縮	もし望ましくないインフレが進行したり，デフレが望まれた場合は第二収縮；もし望ましくないデフレが進行したり，「リフレ」が望まれた場合は第二拡張

出が増加した結果正貨の流入が起こり，そのような正貨の所有者が，それを銀行で銀行券か銀行預金に交換すると仮定してみよう．これは通貨の第一拡張となる．もし銀行が貸付と投資を増加させると，正貨準備の増加が取るに足らないためであろうがなかろうが，銀行貨幣のよりいっそうの増大が起こり，それが第二拡張を構成する．もし万一，なんらかの理由から，銀行がその正貨保有を増加させながら貸付と投資の量を削減したとすると，第一拡張は，同時に起こる第二収縮によって少なくとも部分的に相殺され，また相殺される以上になりうることも考えられ，そのために通貨の正味の拡張は，仮にあったとしても第一拡張以下になるであろう．

　通貨の第一および第二変動とここで呼んだものが国際メカニズムにおいて果たすそれぞれの役割に関連した教義の発展を跡づけるにあたっては，通貨制度に含まれる支払手段の種類の著述家の仮定に注意することが大切である．最も初期の国際メカニズムの説明では，ヒュームや彼の後継者たちの説明のように，その分析は，原則として通貨は正貨だけという条件でおこなわれ，そこでは第一拡張か収縮より他ありえないが，これらを条件とした分析は，分析の目的がメカニズムの銀行業務の局面以外を強調する単純で簡潔な定式化にある場合には，古典学派の時代から現在まで著述家の間で共通のものであった．だから，もっと時間を遡ると，ますます第一変動が強調されて，第二変動は完全に無視されたままであることも多かった．通貨の正貨要素の変動だけではなく，正貨以外の要素の変動の役割から考えられた国際メカニズムの体系的な分析は，リ

第2節 支払手段の第一拡張と第二拡張　　　　　　　　　385

カードウを含む地金主義者からようやくはじまった[5]. 地金主義者は, 一般に, しかし誰でもというのではないが, 1国の支払手段の量の一部分として預金に注意を払うことができなかったが, 彼らの金属本位制下のメカニズムの議論は, 一般に総流通高の一定割合で維持されると仮定された部分的正貨準備をもった圧倒的な紙幣流通によって説明された. だから地金主義者の主張では, 金属本位制の下では, 正貨の移動には (正貨と銀行券の) 絶対的により大きな総流通高の変動が伴うこと, つまりここで用いた言葉では, 通貨の第一変動も第二変動も, 同じ方向で, 国際メカニズムの一部であったということになった. 後に, 通貨学派は次のように主張した. すなわち, (1) 法的規制のない場合には, 正貨と銀行券の総流通高の短期の変動と正貨の変動の間の関係は, 方向についても大きさについても変わりやすい関係にあり, イングランド銀行の気紛れにしたがわなければならないこと, (2) あってしかるべき適切な関係とは, (正貨と銀行券の) 総流通高の変動が, 1国の正貨量の変動と同じ方向であり, 絶対的にも等しいという関係であり, つまり銀行券の発行という手段を通じた第二拡張や収縮は当然あってはならないこと, (3) もしイングランド銀行が, 部分的にしろ全体的にしろ, 金の対外流出が銀行券の流通量ではなく預金債務の量に影響するのを許す場合は, この規則は破られるであろうことである. こうして通貨学派は, 一方の銀行券の総流通高の変動と, 他方の正貨準備の変動の間に同じ関係を要求したが, パーマー・ルールは, 一方の銀行券と預金の総流通高の変動と, 他方の正貨準備の変動の間に同じ関係を要求した. ふつう, 正貨流出の場合には, もしイングランド銀行が受動的のままであったなら第一収縮が銀行券の流通高と預金の間に分割されるから, 通貨学派と1844年のイングランド銀行条例は, 事実上, イングランド銀行に対して, 追加的な第二収縮によって第一収縮を補助することを命ずる手続を要求したが, パーマー・ルールは第一収縮だけを要求した. 他方銀行学派は, イングランド銀行は, 通貨学派の原理すなわち1844年のイングランド銀行条例を破ることなく, 銀行券の発行を通じた第一収縮を, 預金を通じた第二拡張によって相殺することが可能であるとされ, そのために支払手段の総量は, 大きさとまた方向においてさえ, 依然として正貨総量とは別々に変動できるとされた. この立場は, 銀行学派の議論が次のことを仮定している場合, すなわち, もし銀行券による支払い

398

---

(5) けれども, アイザック・ジャーヴェイズの1720年の「信用」の論述を参照せよ. 本書前出, pp.83-4.

と小切手による支払いの割合が，銀行券の発行量に対する制限を無効にするため，銀行組織とか大衆によって自由に変更できるとされている場合は，理論的に有効である．

最近の著述家の中には，古典派の教義は，ここで第一変動と呼んだものをまるで看過して，第二変動しか国際メカニズムにおける直接の役割を割り当てなかったと解釈する者がいた．この解釈は，かつての著述家が，銀行の準備に出入りする正貨の流れは，銀行の準備状態に影響を及ぼすことによって，貸付を拡張するか収縮するように銀行を誘導するだけで，つまりいいかえると，第二拡張か収縮にとりかかるように銀行を誘導するだけで，正貨の流れは流通手段総量に影響しないとみなしたという見解を基礎にしているように思われる．しかし実際は，19世紀前半の著述家たちは，すでに論じてきたように，メカニズムにおける第一変動の役割を強調しすぎて，第二拡張とか収縮を支持する役割を無視するか最小に見積もる傾向があり，銀行学派の場合を除くと，これは，特に預金量の変動という形態をとる第二変動に対してはあたっていた．次の引用文が十分に証明しているように，この期間の著述家は次のことをはっきりと認めていた．すなわち銀行が，銀行券とか預金の譲渡を通じて正貨を得たとか，あるいは銀行券とか預金に対する小切手と交換に正貨を引き渡したとき，銀行に出入りする正貨の流れは，1国の支払手段の量に直接の変化を起こすことである．

> もし，不利な外国為替が支配的である間に，[ロンドンの銀行業者のイングランド銀行]残高が，イングランド銀行宛に振り出された小切手と輸出目的の最終的な金支払いによって減少されるとすると，そのときは，めったにあるいはけっして起こらない銀行家自身の自己勘定での金輸出を別として，いろいろな預金者の銀行残高とその結果としての首都における貨幣数量は，ちょうどイングランド銀行の未決済手形が所有証券の償還によって減少され，銀行業者のイングランド銀行預金は変わらぬままである場合と同じだけ，効果的に減少される．
>
> 他方，有利な外国為替が支配的であって，その結果海外から金の流入があり，輸入された金が銀行で保有されるかイングランド銀行に預けられている間は，首都における貨幣数量は，イングランド銀行がその金と交換に銀行券を与えた場合と同じだけ，効果的に増加される(6)．

---

(6) Tooke, History of prices, II (1838), 377-78 で公表されたジェームズ・ペニングトンの手紙．

第2節 支払手段の第一拡張と第二拡張

……銀行は，鋳貨で100万ポンドを保有しながら，200万ポンドの金額まで手形を割り引き，当座貸しをはじめる……と仮定しよう．さてこの場合には，この銀行に預託された100万ソブリンが二重の機能を果たすのは明白である．それらは，要求があり次第引き出す［つまり第一拡張］当初の預金者については，購買の即金力になるし，またそれらは，その保有によって，銀行が割引をしたり当座貸しをする［つまり第二拡張］顧客に対して拡張が許される購買するための信用力の基礎を作る[7]．

［凶作の場合には］食料の最初の輸入は，十中八九地金で支払われるであろう．私は一度に400万ポンド支払われると仮定しよう．この影響は，銀行券400万ポンドが削減されることであり，この国の貨幣が総計400万ポンド減少されることである[8]．

国際メカニズムについての初期の文献の中には，古典学派の教義を，正貨移動にもとづいた通貨変動の第一局面を無視しているものとみなすことに，これを正当とする外観を少し与えそうな教義の要素がある．すなわち，フラートン，トゥック，および条件付きでジョン・スチュアート・ミルを含む彼らの後継者たちの「退蔵 (hoards)」の教義である．これら著述家の主張によると，金の流出は，通常，現実の鋳貨とか紙幣流通からというよりは，むしろ主として銀行準備からなる退蔵から出るのであって，また正貨は，金兌換を求める銀行券の提示によって引き出されるよりも，預金に対する小切手を通じて引き出される方がはるかに大きいという．しかし，これらの著述家が，この退蔵教義によって，正貨移動が通常それに相当する銀行券と預金の合計の第一変動を伴うことを否定しようともくろんだとはけっしていえない．J. S. ミルは，ある箇所で，もしイングランド銀行が十分な正貨準備を保有しているとすると，一般的な金流出は，これらの準備で応ずることができて，「信用および紙幣流通のどちらの収縮」も伴わないと述べた[9]．しかし私のこの文脈の理解では，ミルが考えていたのは，もしイングランド銀行が十分な準備をもっていれば，イン・グ・ラ・ン・ド・銀行券の流通の縮小や「信用」の縮小すなわち貸付および投資量の縮

---

(7) Torrens, *Reply to the objections of the Westminster review*, 1844, p. 12.
(8) *The evidence, given by Lord Overstone, before the Select Committee…of 1857*, 1858, p. 181.
(9) *Principles*, Ashley ed., p. 670.

小のどちらもなく，預金を通じた金の流出を許す状態にあるということ，つまり，仮に金の流出がこのような状況の下で預金の第一収縮を伴っても，それが，銀行券とか預金の第二収縮までもたらす必要はないであろうということである．フラートンも，イングランド銀行の準備への金の流入が，それに見合う流通の第一拡張を引き起こすとか伴うことを否定するつもりだったとは思われない[10]．彼が主張したことは，この第一拡張が，すぐその後，反対の第二収縮によって相殺されるあるいは相殺されるかもしれないということであった[11]．

　第一変動局面を軽視する傾向にあったのは，初期のつまり古典的な著述家よりむしろその後の著述家であった．イギリス国内の預金銀行の成長の結果，銀行貨幣の正貨に対する割合は急速に増大し，19世紀後半には，正貨の総準備高は，いつも銀行券と大衆に対するイギリス銀行組織の預金債務との合計額の5％以下であったように思われる．このような状況の下では，正貨の移動が1国の支払手段の量に及ぼす初期の影響は，正貨移動が異常に大きくない限り，国際均衡を維持するに重要な要因ではありえず，第一変動を支持する支払手段の第二拡張とか収縮こそ，つり合いのとれた国際収支を維持または回復するために最も重要な責任をもつであろう．正貨移動が1国の支払手段の量に及ぼす初期の影響を気楽に見落としたりまったく無視さえする自然の傾向や，また銀行組織の正貨準備の状態の変化によって引き起こされる第二拡張とか収縮だけを強調したりあるいは主に強調する自然の傾向は，このような状況の結果であった．

　次のシジウィックからの一節は，正貨移動の第一の影響をすっかり省き，そのために少なくとも第一の影響の作用を暗に否定するはじめの頃の特別に明瞭な例を示している[12]．

（10）　*On the regulation of currencies*, 2d ed., 1845, p. 78（福田長三訳『通貨論』岩波文庫，1941年，p. 107）を参照せよ．「イングランド銀行の受け取った金にたいしては，1オンスごとにそれに相当する量の鋳貨かあるいはそれと等価の銀行券［あるいは預金？］が常に発行される．」

（11）　同書，p. 79（邦訳，pp. 107-8）を参照せよ．「その間，イングランド銀行は，従来より保有せる為替手形が次々と期日になるにつれて，その支払によって流通中の銀行券が迅速に同行に還流するのをみるに至るが，他方それら新規の割引の銀行券に振り向けようとしてもその捌口を見出しえない．かくして，かかるすべての結果として，恐らく一週間の後には，同行の金庫には100万ポンドの鋳貨が増加し，証券が100万ポンド減少することであろう．」（つまり100万ポンドの第一拡張があっても，一週間後には100万ポンドの第二収縮によって相殺されるであろう．）

（12）　Henry Sidgwick, *The principles of political economy*, 1st ed., 1883, p. 265. 同じ一節は，

金の供給増加は，最終的には貨幣の購買力を商品一般に対して相対的に低くする傾向があるが，しかしこの結果に至るまでの第一段階では，鋳貨——イギリスではイングランド銀行の発券部における新しい金を表す銀行券——の増加は，銀行家の手を通り(13)，その後，彼らが貸し出さなくてはならない交換手段の量を増加するにちがいない．これによって，貨幣の使用に対して支払われる価格は下落する傾向をもち，この下落が，借入の増加とその結果としての交換手段の使用の拡大をもたらす傾向をもつであろうし，またそれから，この結果としての一般的物価上昇を通じて，新しい鋳貨とか銀行券の大部分が徐々に通常の流通の中に入っていこう．こうして，金流入の結果としての貨幣の購買力の下落は，通常はそれに先立ちまたそれに関連した貨幣使用の価値における下落を通して起こるであろう．

最も現代的な国際メカニズムの説明では，イギリスでもアメリカでも，正貨移動の第一の影響は同じようにふれられぬままかあるいは暗に否定されている．しかし，あからさまな第一変動の役割の否定は，あからさまな承認と同じくらいほとんどまれだと思われる．ラフリン (Laughlin) は，はっきりと，銀行準備に流入する正貨は，それが銀行貸付を増加することにならない限り，物価を上げるように働かないとしたし(14)，ホイッテーカー (Whitaker) は，この点では彼に同意し，しかし正貨の流入があれば，銀行貸付を増加させる結果になるであろうと主張した(15)．他方マーシャルは，つい最近まで，現代の著述家の間で明らかに一人だけ，はっきりとこのメカニズムの第一変動と第二変動の両方にふれた．彼の指摘は，正貨の銀行券に対する割合が低いイギリスにとっ

その後の版でも変わらなかったように思われる．
(13) エンジェルはこの一節を次のように講評する．「なぜこれが必ずそうなるかを証明する特別の証拠は何も提示されていない．われわれが，今日，金流入の'直接的な'影響と呼ぶもの，すなわち銀行の仲介を通じたものでなくて，金の輸入業者自身による支出から起こる影響は，むしろ看過されている．」 (*Theory of international prices*, p. 118, 注．) これは，私がメカニズムの「第一拡張」局面と呼んだものをシジウィックが省いたという認識のように思われる．しかしエンジェルは，明らかにシジウィックがメカニズムにおける金利変動の役割を認識していたことにふれて，この一節全体を次のように論評する．「われわれが，イギリスの理論の中に何かまったく新しいものを得たのは一目瞭然である」 (同書，p. 118) と．しかし，これまで示してきたように，金利変動が果たした役割についての認識は，この世紀のはじめの通貨論争の間中，広く知れわたっていたことであった．
(14) J. L. Laughlin, *Principles of money*, 1903, p. 387.
(15) A. C. Whitaker, "The Ricardian theory of gold movements", *Quarterly journal of economics*, XVIII (1904), 241 以下．

ては，第一局面は重要ではないが，これは，現実の大部分の流通手段が依然として正貨という他の国ぐにいはあてはまらないであろうというものだった．

> イギリスは，私の考えでは，しかしまったく自信のない話であるが，通貨についてはインドが見習うには特別に悪い例である．というのは第一に，通貨は，イギリスにおいて用いられる支払手段のほんのわずかな部分でしかなく，すべての状況というわけではないが，ほとんどの状況の下では，銀行券が主な支払手段であって，またそれは弾力的である．第二に，通貨増大への緊急の要求はイギリスではめったになく，また仮にそれが起こる場合でも，イギリスの総取引と諸資源に比べるときわめて規模が小さい．1千万のソヴェリン金貨の輸入は，ロンバート街では法外な影響を引き起こすが，イギリスの総取引と比べると取るに足らない．それに反して，もしこの同じ問題が，主な支払いが通貨それ自体でなされなければならない国で起こると，あなたは，通貨を輸入するつまり通貨を増加しなくてはならないが，それは，その国の総取引といくぶん強い関係をもつ……(16).

ヘンリー・シーガー（Henry Seager）からの次の一節は，金流出入メカニズムの第一と第二の両方の局面の彼の認識を示していると思われる．

> 金の輸入国は，商品の販売価格が低いことによって金の輸入が引き起こされたと想定しよう．そのような輸入は，以前よりも交換手段として働く貨幣が多くなることから，ほどなくそれ自身の物価を上昇させるであろうが，それに反して，他の国ぐにからの金の引き上げは，早晩，それら他の国ぐにの物価を下落させることになるであろう．これらの結果は，次の理由のためにもっと素早く起こるであろう．というのも，通常新しい金は，銀行準備に入り込み，この国の本位貨幣の供給を増加するよりはるかに大きく支払手段としての信用の利用を増加するからである．同じように金の輸出は，通常銀行準備を減らして，信用の収縮をもたらすのに役立ち，失う金の量よりもはるかに大きく交換手段の供給を減らすであろう(17).

---

(16) Alfred Marshall, "Evidence before the Indian Currency Committee", [1899], *Official papers by Alfred Marshall*, 1926, p. 282 に再録．(「通貨」は，ここでは正貨と受け取られるべきである．) また同, *Money credit & commerce*, 1923, p. 229 も参照せよ．

(17) *Principles of economics*, 1913, p. 370.

第3節　国際メカニズムにおける短期貸付

　国際的な短期貸付には多くの形態がある．銀行間信用，預金の移転，外国為替手形の購入，外国財務省証券の購入，商業信用，海外での早期転売を見込んだ外国市場における長期証券の購入等々である．それがどのような形態をとろうとも，短期資金の国際的な移動が国際バランスの調整メカニズムにとって重要であるのは，これらの資金が非常に移動しやすく，また政治的な妨害がない場合には，特によく発達した貨幣市場の間で，適度な金利の相対的な変動があっただけでも素早く反応する事実からきている．金の流出は，ふつうなら金利の上昇を起こすか，あるいは少なくとも金利の上昇と金の流出が関連させられる状況の下で起こる傾向があり，また金の流入は，ふつうなら同じように金利の下落と関連するから，短期資金と正貨は反対の方向に動きそうである．そのように短期資金が正貨の実際の動き，つまり初期の動きとは反対方向に動くことは，二つの主要な仕方で調整の国際メカニズムに役に立つ．

　まずあまり重要でない形態の場合をみると，どの国の即時債務の残高も絶え間のない変動にあい，繰り返し借り方状態から貸し方状態に変わりそうである．このような即時債務の残高における変動の好例は，輸出入貿易が著しく多様な季節的類型をもつ国ぐにでみられる．もしそのような国が国際的な短期的信用操作に訴えなかったとすると，正貨は，ただすぐに戻って貸し方残高を拡張するだけのために，借り方残高を清算して繰り返し大量に輸出されなければならないであろう．もしそのような国が十分に発達した貨幣市場をもっているとすると，そのような信用操作は，個々の銀行とか貿易業者の進取の気性を通して，国内外の金利の季節的な相対的変動に応じて起こるであろう．そのうえ，これらの操作は，貿易残高の季節的な変動にもとづいた為替相場の季節的な変動によってさらに促進されよう．これは，往々説明される教義すなわち金輸送上の費用つまり鋳造平価からの為替の乖離は，金利のわずかな格差に反応する短期資金の移動の妨害物の役をするという教義に反する[18]．この教義は，短期資金と金の動きが，しばしばそしておそらく過半の場合，同じ方向よりむしろ反対の方向にあるという事実や，そのように反対の方向にある場合には，予想さ

---

(18)　例えば，G. J. Goschen, *The theory of the foreign exchanges*, 1861, pp. 129-30 と R. G. Hawtrey, *The art of central banking*, 1932, p. 142 を参照せよ．

れる為替の方向転換が，資金の短期的な動きに対する妨害物というよりむしろ刺激物であるという事実を看過している．通貨が為替市場で平価以上にある国の個人が，通貨が平価以下の国に対して外国の通貨で貸付をすると，彼は，金利格差だけでなく，資金の回収前に起こると期待され，彼が待つことのできる為替の方向転換による利益からも利益を得る状態にある[19]．短期資金の動きが，実際のつまり初期の金移動とは反対の方向にある場合には，短期資金の動きは，その分だけ金移動の量を減らすように働く．

第二に，国際均衡の完全な調整のために，いずれかの国で多かれ少なかれ持続的な支払手段の収縮と物価の下落を必要とする国際均衡の大きな攪乱は，あまりに突然起こるかあるいは当事国の金融当局にあまりに長期間看過されてきたかもしれないために，もし短期借入が海外でできない場合には，大恐慌に陥る危険を伴いながら，大量の金が一度に輸出されて，銀行信用が不意に収縮されなければならないであろう．海外で短期で借入できるとすると，必要な金の流出は長期にわたって分散できて，その総量を減らすこともできるし，また銀行信用は，もっと穏やかにまた徐々に収縮できるから，国内恐慌を回避するか緩和しよう．

この短期借入の緩衝効果は，特に長期資本の輸出国にとっては重要であり，そこでは，外債の発行が不規則におこなわれそうである．例えば，A国は，一連の超長期の第1回目の債券を，国際収支が前もってほぼ均衡しているB国で発行するとしよう．たとえ，その起債の後すぐに，B国からA国に十分な正貨の移転が続き，そしてA国における支払手段の第二拡張とB国における支払手段の第二収縮が続いたとしても，2国における財に対する需要と価格が貸付の残りを財の形態で移転するに十分なだけ変動するには，依然として通常やや時間がかかるであろう．その間に，借入国では，猛烈で不必要に大量の正貨移動や過度の信用拡張があり，また貸付国では，もっと攪乱的な信用収縮すらあるであろう．しかし，もし2国の短期貨幣市場が，金利の格差に弾力的で反応しやすいとすると，短期金利のB国での上昇とA国での下落があって，そのことがA国に，B国から長期で借り入れた資金のいくらかをB国に短期

---

(19) もし為替の変化から予想できる利益が，金利格差の損失を超過しているとすると，資金を金利の高い市場から低い市場に移転しても損にならない．短期資金を金移転と同じ方向で動かすのに必要な金利格差は，それらを金移動とは反対の方向に動かすのに必要な金利格差より大きいであろう．

で貸し付けさせるであろう．B国のA国に対する不利な即時債務残高はこうして減少し，B国からA国への地金の流れは減らされるであろうし，また長期貸付は，たとえより緩慢であるとしても，財の形態での移転を，より円滑にまた2国経済のより少ない攪乱で達成するであろう．

しかしながら，短期資本移動の均衡化要因としての役割は，そのような資金の不完全な国際的可動性によって制限されている．「危険回避の動き (fear movements)」がない場合，短期資金の国際的な移動は，いろいろな貨幣市場の短期金利を均等にする傾向はあるが，軽度の金利格差に応じて国境を越えて移動する短期資金の量は，数量的にみて，金利を実際に均等にしたりあるいは金の往来運動を最小にするには，多くの国境にとってはいつも不十分であるし，どの国境にとっても不十分であることが多い[20]．

中央銀行が，銀行信用の拡張を抑えるために割引率を引き上げるとか公開市場で売りオペを実施する場合，その結果生じる市場金利の上昇は，外国資金をひきつける傾向がある．このような状況の短期資金の流入は，支払手段の量を収縮しようという中央銀行の努力を相殺するか，あるいはそれ以上にすらなるかもしれないというのが慣例となったが[21]，しかしこれは，市場金利が以前より高くなっている場合にだけ外国資金は流入するという事実を看過している．このような状況の短期資金の流入は，会員銀行の準備資産をふやし，そのためそれらの中央銀行への依存度を減らし，市場金利の中央銀行金利に対する反応度合いを減らす働きをするであろう．しかし市場金利は，もし外国資金をひきつけるには幾分かは上昇しなくてはならないし，この高い金利では，借り手が借り入れてもよいとする総額はおそらく下がるであろうし，逆に，借り入れられた準備金のこれまでより高い費用は，銀行の貸付意欲を抑制するであろう．

なるほど，銀行組織の正貨準備状態の変化に応じた市場金利の変化は，その変化が自動的に起ころうと，中央銀行の割引率の操作の結果として起ころうと，

---

[20] アクセル・ニールセン (Axel Nielsen) は，短期資本の国際的可動性を大袈裟にいい立てることを戒めている．本当に「世界的」なのは，短期資本のほんの一部だけだという．—— Bankpolitik, II (1930), 279 以下．Carl Iversen, *Aspects of the theory of international capital movements*, 1935, p. 239 の引用と同様．

[21] 例えば，A. F. W. Plumptre, "Central banking machinery and monetary policy," *The Canadian economy and its problems*, 1934, p. 197; A. D. Gayer, *Monetary policy and economic stabilization*, 1935, pp. 10-11; W. Edwards Beach, *British international gold movements and banking policy, 1881-1913*, 1935, pp. 17-18 を参照せよ．

為替相場の変動を，貿易残高に対して直接的な均衡化の影響を及ぼすようなものから，直接的な不均衡化の影響を及ぼすようなものに転換する傾向がある．仮に，財に対する相対的な需要の変動が，イギリスの貿易収支の逆調と国際収支の逆調とをもたらすとしよう．はじめは，イギリスの市場金利にはなにも起こらないと仮定しよう．スターリングは外国為替市場で下落し，当然の結果としてイギリスの輸出に対する刺激と輸入に対する抑制が起こる．次に，正貨の対外流出がイギリス市場金利の相対的な上昇をもたらし，このことが短期資金をイギリスにひきつけ，そのために正貨の対外流出がとまり，スターリングを為替市場で，ことによると鋳造平価以上に上昇させることになると仮定しよう．為替相場の変動がイギリスの貿易収支に及ぼす直接的な均衡化の影響は失われて，直接的な不均衡化の影響に席を譲ることすらあるかもしれない．しかし国際金属本位制の下では，為替相場が変動できる領域はあまりに制限されているから，貿易収支に及ぼすその直接的な影響は無視できる大きさにちがいなく，したがって，そのことは，たとえ割引率の変化が直接的な均衡化の作用から為替相場の変動を妨げるとしても，国際バランスの均衡を維持あるいは回復するために，割引率の変化を用いることに対する重大な障害とはみなされるはずはない．

短期貸付は，国際メカニズムにおいて有益な役割を果たすが，それにもかかわらず，つむじ曲りに働くこともでき，それはメカニズムにおいて他のどの要素以上である．国際短期貸付は，依然歴史家の判断を待っているが，しかしこれまで，特に近年では，景気がきわめて緊迫している期間に，短期資金の突飛で予測できない動きが，まるでばら荷が嵐の船上で動くような仕方で，国際メカニズムに影響を及ぼしてきたという名うてのケースがあった．短期資金の高度の国際的可動性は，警戒感が広まっているときは資産ではなく債務になる．というのも，短期資金は，自国で警戒感がある場合には，安全を求めて素早く外国に逃げ去り，また海外で混乱の徴候がある場合には，より素早く自国に戻ってくることすらあるからである．

短期資金の過剰な可動性——あるいは小心さ——に起因する国際均衡の攪乱は，古くからの現象のように思われる．例えばナポレオン戦争当時，英国証券の外国保有にはかなりの変動があったが，その変動は，その当時，金利の相対的な変動にもとづくというよりも，主としてイギリスの軍隊の盛衰とか紙幣ポンドの前途に対する信頼の上がり下がりにもとづいていたと信じられたし[22]，またから，それは，不換の紙幣ポンドの金価値の変動を抑えるどころか，む

しろ拡大する働きをしたかもしれない(23).　この世紀の後半には，資金の国際移動の成長はかなりの注目を集めたが，大部分の観察者は，この発展を全面的に望ましいものと考えた(24).　若干の著述家は，大きな攪乱の場合を除くと，短期資金の国際的移動の発展によって，正貨の移動や物価水準の変化，さらに貿易残高の調整すらも不必要になったと主張した(25).　しかし，たまに警告調でものをいう者もいた．例えばミルナーは，この発展を全体としては望ましいものと考えたが，国際資本移動が，均衡化の要因の役目だけではなく攪乱の要

---

(22)　しかし，金属本位制の下で金利の法的な規則がないときに，もしイギリスの輸出が出港停止とか他の戦時的妨害によって削減された場合どうなるかについては，ヘンリー・ソーントンを参照せよ．
　　　「無論，多数の金貨がわれわれから取り去られ，おそらくその量は他の品物より多いであろう．しかし，その全部が取り去られはしないであろう．高金利が起こり，金の使用に関するこの余分の利益は，金の数量が減るにつれて増大するであろうし，おそらく外国人の中には，貴金属の形態を取る財産を移動させて，この高金利を理由にした金の使用をわれわれに引き続き許すことで，この地に金を引き留めるのに役立つであろう．(*Substance of two speeches ···on the bullion report*, 1811, p. 10.)

(23)　(Commons) *Report···on the expediency of the Bank resuming cash payments*, 1819, 付録 no. 43, p. 354; Sir John Sinclair, *The history of the public revenue of the British Empire*, 3d ed., III [1804], 付録 no. 5, pp. 160-63; John Hill, *An inquiry into the causes of the present high price of gold bullion in England*, 1810, p. 36; G. R. Porter, *The progress of the nation*, new ed., 1851, pp. 628-29 を参照せよ．

(24)　David Salomons, *A defence of the joint-stock banks*, 2d ed., 1837, p. 12 を参照せよ：
　　　「……私は断言するが，……それら[すなわち海外投資のための英国資金]の移転が，全体として通商にとって好都合で，それらが取引に有害な影響をもつどころか取引を調整する傾向にあり，また多くの最重要な支払いも，最も手軽な支払手段としての対外資本の輸出から得られる強力な援助がなければできなかったであろう．大陸でも，ロンドンと同じようにそのような種類の対外資金の手近な市場があるが，その資金が，一体全体どのように取引に有害な影響を及ぼしうるかを示すことは，もちろん難しいであろう．そのような資金は，実のところ世界通貨であり，国内外の支払いはそれらの移送によってなされるし，貿易収支は，以前の金属の輸出入によるのと同じように容易に調整されうる．」

(25)　Fullarton, *On the regulation of currencies*, 2d ed., 1845, p. 149 を参照せよ：
　　　「しかし，外国証券へ投資するという慣習が，イギリスに普及して以来，イギリスの為替機構のうえに新しい要素が加わってきた．すなわち，対外負債の償還に必要とされる資本は，金や商品の形態におけると同様に市場性のある証券の形態でも移送されうることとなった．そして，このような証券の価格は，市場金利の変動につれて騰落し，したがって証券自体は市場金利の高い場所から金利の変動は，為替の調節上やや重要な手段となり，しかもその作用の及ぶ範囲内では，対外支払いを容易にし，貴金属の分配の変動よりもはるかに御しやすくして安全な手段であるとみられている．」(福田長三訳『通貨論』岩波書店，1941年，p. 187.)
　　　また本書前出，pp. 275 以下も参照せよ．

因の役目もできるとみて，そこで，イギリス産業のために豊富な資本資源を維持するという目的と，イギリスの国際収支への不当な圧力に対して防衛するという目的の両方で，直接にか，あるいは現行の海外金利との関連でイギリスの割引率を調整することを通じるかのどちらかで，資本輸出の政府管理を勧告した(26)。また，もし金融状態に不信があると，資金は金利の高い貨幣市場から金利の低い貨幣市場へと流れるかもしれず，そのとき，高金利市場が割引率を引き上げて流出を抑えようとしても，いっそう不信を増大させて流出を強めるだけかもしれないとも指摘した(27)。しかし，19世紀を通してイギリスでは，金融当局に対して，外国人に対する短期の負債は，正貨準備への特別な請求権として扱われるべきであるとか，そのような請求権に応ずる手立てを準備するため特段の予防策がとられるべきであると警告する声が上がったことはほとんどなかった(28)。イギリスの戦前の銀行業務では，イングランド銀行も手形交換代理銀行も，自分たちの手形を海外の銀行に売却しなかったし，またイギリスのその他の世界に対する短期請求権の保有額は，平時においては，間違いなくそしておそらくいつでも外国のイギリスに対する短期請求権の保有額をかなり超過していたが，こうした事実は，少なくとも，この自己満足を部分的に正当化した。しかしそれにもかかわらず，海外ではいつもかなりのスターリング手形の保有額があり，対外資金のロンドン「外国」銀行への多大の預金があって，なんらかの理由で外国人が自分の資金を請求した場合には，手形交換代理銀行やイングランド銀行は，これらの請求に応ずるように間接的に催促された。戦後になって，中央銀行やその他の銀行が，準備の一部を，外国貨幣市場の預金とかその他投資されたもので慎重に保有するという業務上の発展があったが，これは危険を増した。第一に，それは，ほとんどこの目的のために使われる貨幣市場すなわちロンドンとニューヨークで，保有される対外短期資金の量を増加したからであり，第二に，銀行資金，および特に債券銀行によってその準備

(26) T. H. Milner, *Some remarks on the Bank of England*, 1849, pp. 17以下と42．彼は，「対外投資の調整は，……この国の貨幣事情を調整する有効な手段である」(同書，p. 18)と主張する．

(27) "History and exposition of the currency question" *Westminster and foreign quarterly review*, XLVIII (1848), 468, 注を参照せよ：「イギリスの安全保障の低下は，外国の資本家に，仮に有利な投資を求めて金をイギリスに送らせても，その安全性を警戒させて，しばしば金をイギリスから引き揚げさせるかもしれない．」

(28) 1857年のそのようなひとつの警告について，本書前出，p. 268を参照せよ．

第3節 国際メカニズムにおける短期貸付

を構成する部分とみなされた資金は，投資における安全の欠如とか国内で特別の金融資産の必要を妨げる若干の徴候が表れた場合には，個人投資家の資金以上に一斉にまた突然に引き上げられそうだったからである．格段に多額の対外短期債務をもった国の銀行当局が，そのような債務に特別の取り扱いが必要であると認めた様子は，外見上ほとんどなかった[29]．これらの国の銀行当局が，債務の量とその趨勢について通知しようと多くの努力を払った様子さえ見えなかったが，1929年にはじまった不況が継続してもっと深刻になるにつれて，途方もなく大きな短期資金の逃避が国から国へと起こると，中央銀行[30]も，少なくとも他の銀行や民間の個人と同じくらい活発に参加した[31]．

関係機関が私的な個人とか企業であるところでは，短期資金の過度の可動性の問題に簡単な解決策はない．というのは，そのような動きを直接調整するこ

---

(29) しかし，*Thirteenth annual report of the Federal Reserve Board*, 1927, p. 16 を参照せよ．
「ニューヨークのドル残高は，外国の企業法人と商業銀行だけではなく，ヨーロッパや南米の中央銀行によっても保有されてきたが，これら中央銀行は，多くの場合，法律によってその準備の一部を安定的な通貨をもった国の外国為替の形態で保持する権限を授与されている．外国中央銀行のこれらドル残高は，投資されたものであろうと預金であろうと流動的なものであり，いつでも即座の引き出しを受けやすい．もしそれらが全額金で引き出されるかあるいは一部分が金に対する請求権で引き出されると，そのことは，最初は加盟と非加盟双方の商業銀行によって気づかれても，すぐに大量の金の唯一の保有者としての連邦準備銀行の耳に入るであろう．だからこれらの残高は，合衆国の中央銀行準備金である連邦準備銀行の準備金に対する潜在的な要求の源泉であり，こうしてこの準備は，間接的に他国の銀行信用と通貨に対する準備の一部になった．アメリカにおけるこれら対外残高の存在は，その結果，この国の景気や信用状態を妨げることなく海外からの金の要求に応じる立場を維持することが期待されて，連邦準備制度の信用政策を決定する際に考慮されるべき銀行業務の状態の1条件を提示している．」
(30) 彼らの慌ただしい金為替本位制の廃止の中で，ヨーロッパの発券銀行は，フランス銀行の計算によると，対外短期資金の保有額を，1931年1月1日の484億6440万5000フラン・フランから1933年11月30日の39億2150万フランス・フランに，すなわち95%以上減らした．これら銀行におけるそのような資金の総準備に対する割合は，同じ期間内で35%から約2½%に下落した．(*Federal Reserve bulletin*, March, 1934, p. 164 を参照せよ．)
(31) 1931年3月31日から1931年7月半ばまでに，対外短期資金のドイツからの引き上げ額は，10億マルク以上，つまり初期におけるドイツの総短期対外負債の20%以上になった．――"The Wiggin report," Annex V, *Economist*, CXIII (Aug. 22, 1931), 補足, p. 6. 1931年6月30日から1931年11月30日までに，ヨーロッパ――ほとんどドイツ――におけるアメリカ・ドルの引受手形は，約5億ドルから約3億ドルに減少した (*New York Times*, Jan. 4, 1932, p. 32)．このような引き上げ額は，もちろん債務者が債権者の要求にすべて応じた場合にはもっと大量で急速でさえあったであろう．この間の貨幣金利は，債権国よりドイツでかなり高かった．つまり資金は，高金利の貨幣市場から低金利の貨幣市場に動いていた．

とは厄介で費用がかかり，また書類の検閲によって強化されない限り，その調整を簡単に免れるからである．しかし主な犯罪者は，いわゆる金為替本位制の下で投機する中央銀行を含む銀行であったから，ここでは，確実でかなり実行可能な救済策が示されるように思われる．唯一正当化できる金為替本位制の機能は，国際的な支払いを促進し，短期間に起こる交互の金移動の出費を削減することである．しかし，この金為替本位制に対してしばしば主張されることは，所得を生まない金準備をもつという負担を負わないで，貧しい国ぐにに金本位制を固守できるようにするということである．この主張は，金為替本位制の欠点を長所にする．そのような準備の保有にかかる出費は，その準備資金が投資された国に転嫁されるか，そうでなければ，投資されたその国が，保護的な手段をとらずに，その国自身の準備に対する危険な負債を引き受けるかのどちらかである．適切に運営された場合，金為替本位制というのは，その作用様式において，金の使途を相互的に指定することに近いであろう．中央銀行は，外国銀行に対する請求権の保有額を依然として自分の準備の一部として計算するであろう．しかし中央銀行は，自分自身の負債と外国銀行に対する加盟銀行の負債とを，自分自身の準備に対する要求払いの請求権として扱い，そのような負債に対しては，きわめて高い正貨準備率を強いるであろう．準備資産の利子を稼ぐためというより，他国の中央銀行の仲介の下で，その国の中央銀行の要請を受けて，危機にあるその国を助けるためということでなければ，利子をつけて資金を他国に投資する中央銀行はないであろう．そのような改革は，費用がかからないわけではないであろうし，また状況をすっかり救済することもないであろうが，国際金本位制が現代において起こしてきたような主要な欠点のひとつを，はるかに小さなものにしてしまうであろう．

　国際連盟の金委員会は，金為替本位制を用いることを，貧しい国ぐにの金準備の維持費を節約する手段として弁護し，また短期資金の過剰な可動性の問題の救済策として，「貸付国は，対外貸付が所得勘定の純黒字残高を超過しないことや不足しないことを保証する必要がある」と提案してきた[32]．文字通りにとると，この意味は，財・サービス勘定の即座の債権・債務残高の有利な国は，金の流入を防ぐために，十分に海外に貸し付ける義務を感じるべきであり，またおそらく，財・サービス勘定の残高の不利な国は，金の流出を防ぐために，

---

(32) League of Nations, *Report of the Gold Delegation of the Financial Committee*, 1932, p. 52.

十分に海外から借り入れても差支えないと感じるべきだということになろう．金の流れは，このような制度の下では，まったく起こらないかあるいはただ旧来の負債の弁済に関連する場合に限って起こるかのどちらかであろう．これは，国際金本位制の維持と回復を抗弁しようとした一公文書中にみられる驚くべき教義である．このような制度の下では，有利・不利を問わず，所得勘定の残高はけっして弁済されないであろう[33]．

第4節　カナダにおける1900-13年の第一拡張と第二拡張

「カナダの国際収支」．——大量の資本輸入があった戦前のカナダの経験は，銀行組織がその準備の一部を対外短期資金の形態で貯えておく金本位国の国際メカニズムにおいて，第一拡張と第二拡張の果たす役割を吟味するよい機会を与える．私の1900年から1913年までのカナダのメカニズムの研究では[34]，メカニズムの貨幣的局面について次の結論に達した．カナダの借入は，古典的な著述家が期待したような性格の相対的な価格変化（と需要変動）の結果として，円滑にそして著しい摩擦もなく，財・サービスの純輸入超過の形態の移転をカナダにもたらした．この価格と需要の変化は，カナダの銀行貨幣すなわち預金通貨と銀行券の量の相対的な増加の結果であったが，その増加は，主にカナダの借り手が海外で借り入れた外国資金を，カナダの銀行預金とか銀行券と交換した結果として起こった．カナダの銀行は，新規に獲得した外国資金のうち，カナダの正貨準備率を慣習的な水準に保つのに必要な部分だけを正貨の形態でカナダにもちこんだ．こうして，銀行が獲得した外国資金の残りのうち，増大

413

---

(33) この解釈の妥当性は，金委員会が次の状態をどのように扱うかにかかっている．すなわち，A国はB国に対して有利な貿易収支をもち，決められた規則にしたがってB国にこの残高に見合う資金を貸与するという状態の扱い方である．次の週，B国はこの負債を返済する．この支払いは，資本勘定のもので，だから金の船積を正当化すべきものなのか，それともこれは所得勘定のもので，だからA国によって，B国とか第3国への新規の貸付で対抗すべきものなのか．もし前者の答えが正しいとすると，そのときは，金委員会の提案は，所得勘定の支払残高が均一でない場合には，正貨移動はけっしてすぐには起こらず，資本の負債の弁済の形態をとるまで必ず引き延ばされるべきだという単なる勧告になる．もし後者の答えが正しいとすると，私にはこのケースのように思われるが，そのときは，以前からあった所得勘定の負債を弁済する目的で借り入れられたのではない借入額の償還に関連する外には，けっして金移動は起こらないであろうが，反対に借入は，このような弁済の目的以外にはなされえないであろう．

(34) *Canada's balance of international indebtedness 1900-1913*, 1924, 第8章.

するカナダの輸入超過の支払いに利用されなかった部分は，カナダの銀行によって海外に残されたが，大部分はコール・ローンの形態で，銀行の「国外」あるいは「第二の」準備の増加分としてニューヨークに残された．カナダで著しい信用拡張が起こったこの時期の末期を別とすると，カナダの銀行は，この国外準備の増加を，カナダにおける貸付の拡張の基礎には使わなかった．国外準備の変動が，カナダのメカニズムにおいて古典派の教義で正貨移動のせいにされるかたちで作用した例外を含めて，私は，カナダのメカニズムは，すべての重要な点で古典派の教義で定式化されたようなメカニズムに一致すると結論した．

　私の研究では，本書の前節で展開した「第一」,「第二」という用語は使わなかった．この用語をカナダのデータにあてはめる場合には，カナダの銀行が海外で借り入れた外国資金を正貨に換えてそれをカナダにもちこもうと，この外国資金を第二のつまり国外準備として保有しようと，これら二つの形態の準備の経済的な意味はドルとドルの交換ということで同じであるところから，第一拡張の意味を広げて，カナダの借り手が海外で借り入れた外国資金を，カナダの銀行貨幣に交換した結果であるカナダの銀行預金と銀行券の増加を含めるようにしなくてはならないであろう．だから，第一，第二という言葉で再述すると，私のカナダのメカニズムの貨幣的な局面は次のような説明になる．すなわちカナダ人による対外借入は，外国資金の受取額がただちに輸入超過の支払いで使い果たされない限りは，外国資金をカナダの銀行貨幣と交換することを通じてカナダの支払手段の第一拡張をもたらしたが，カナダの銀行は，これら外国資金のほんの一部分だけを正貨に兌換したにすぎない，と．カナダにおける銀行貸付の拡張の結果である第二拡張は，第一拡張をもっと強める支持要因として，この期間が終わる2・3年に限って重要であると私は考えた．

　「カナダの国際収支」の説明に対するエンジェルの批判．――エンジェル[35]と彼に追随する数人の著述家は，私のカナダのメカニズムの説明に対して重要な反論をした．私は，古典派の教義の中で金移動に割り当てられた役割は，カ

---

(35) J. W. Angell: review of *Canada's balance* in *Political science quarterly*, XL (1925), 320-22; "The effects of international payments in the past", National Industrial Conference Board, *The inter-ally debts and the United States*, 1925, pp. 140-53; *The theory of international prices*, 1926, pp. 170-74, 505-10.

ナダのメカニズムでは国外準備の変動が果たした役割と同じと結論したが，エンジェルはこれを非難する．エンジェルの失敗は，現実のカナダのメカニズムは古典派の教義で自明とみなされたものとは別物だと思うといったことだが，これがこの批判の扱いを難しいものにする．彼の解釈では，古典派の教義は，ただ第二変動の役割だけで，第一変動をまったく無視したものと理解されていると思う．私は，今では，カナダにおける事実でも古典派の教義でも，第一局面を強調しすぎたと確信しているが，とにかく彼は，カナダのメカニズムで働いたのは第二拡張であったという命題を私の考えだとみなした．

エンジェル自身のカナダのメカニズムの解釈では，カナダ預金の拡張はカナダの借入額に貿易収支を適応させるように働いたが，それは第一拡張であり，その拡張は，国外資金以外の何者でもないスターリング資金をカナダ預金に交換した結果である非常に特殊な第一拡張であった．私は，自分の研究の中で，国外準備は「ニューヨークとロンドンで借り入れられた資金からなっており，残高は，ニューヨークとロンドンの銀行に保有した」(36)と慎重に説明したが，彼は，いつも私の「国外準備」についての命題を，まるで私がニューヨーク資金だけにあてはめるつもりであるかのように受け取って，彼自身もこの言葉をそのように使う．だから，彼のカナダのメカニズムの説明と私に対する批判とを理解するには，エンジェルが，スターリングを「国外準備」から除いたこと，また私もその同じ除外をしたと間違って考えたこと，そして彼が，カナダ銀行のスターリング資金とニューヨーク資金の保有額の変動額を，それぞれまるでメカニズムにとって根本的に異なった意味をもったかのように論じていることを思い出す必要がある．

私のカナダのメカニズムの説明に対するエンジェルの反論は，大部分は次の一節で取り扱われている(37)．

　　……ヴァイナーの一般的な理論の説明は，この中間の金融メカニズムの問題については役に立たなくなると……私は思う．提出された統計データもそのデータにもとづいた理論も，国外準備からカナダ自身の国内信用・物価状態までのはっき

---

(36) *Canada's balance*, p. 177.（傍点は原著にはない．）また同書，p. 164, および私の「第二の準備」の構成項目について，「カナダ以外のところのコール・ローンとカナダ国外の銀行から支払われるべき純残高」として説明した第2章のpp. 166-67も参照せよ．

(37) *Theory of international prices*, pp. 172-73.（傍点は原著イタリック．）

りした因果連鎖を何も示していない．国外準備は，カナダ国内の銀行預金と密接に動き，物価と独立の関係ではまったくないことを示していた．むしろ，この因果連鎖は，ヴァイナー自身が，別の点でどちらかといえば躊躇して示唆するものであったにちがいない(38)．カナダの借り手は，自由にできるスターリング資金をもちながら，(借入金をイギリスで使ってしまう場合を別とすると)それらをカナダの銀行に預けた．それらの資金は，カナダの通貨と信用に変えられて，カナダで費消され，物価の上昇を引き起こしたが，この物価の上昇が，おおよそ財の貿易残高を新規の借入量に適応させた．カナダの銀行は，スターリング資金をニューヨークで売却してお金を取り返すが，その受取額は，そこに残されるか必要に応じてカナダに取り戻される．しかし，これらニューヨーク残高の変化が，カナダ国内の状態に直接かつ独立した影響を及ぼしたことは，データから明らかではない．潜在的な追加の金属準備を用意することによって，その増加がカナダの信用拡張を可能にしたが，それが拡張に対する初期の刺激となったことを示す有力な証拠は，帰納的にも演繹的にも存在しない(39)．この刺激は，むしろカナダ国内における銀行預金本来の増加からきた．

こうしてエンジェルは，カナダの預金の拡張を，カナダの預金とスターリング資金の交換（だけ？）(40)にもとづいた単なる第一拡張と受け取り，それに反

(38) 二つの話があったというエンジェルの印象は，彼が，スターリング資金の保有額の変動がメカニズムに対してもつ意味と，ニューヨーク資金の保有額の変動がメカニズムに対してもつ意味をそれぞれ区別することからきている．この区別を私はしなかった．

(39) おそらくエンジェルは，「信用拡張」によって，私がここで第二拡張と呼んだものを表し，またカナダの預金量への「直接の」影響は，私がここで第一拡張と呼んだものを表していると思われる．エンジェルは，私が「外国貸付預金」の変動に置いた意味と重要性に気づかなかったが，その失敗の責任は，第二拡張が重要な要因であるという教義が私にあるとしたエンジェル自身の思い違いだけでなく，私の立場に対するエンジェルの説明を正しいとはっきり認めた他の数人の著述家側の同じような誤りにもある．特にイベルセンを参照せよ．彼は，私が強調しようと全力を尽くし，今では実際強調しすぎたと思っていることを，私が看過していると非難する．「ヴァイナーは，対外貸付と購買力量の直接的関連性をはっきり示唆している彼自身の再述の含意を，ここで再び過少評価しているように思われる．」(*Aspects of theory of international capital movements*, 1935, p. 236. 傍点は原文イタリック．)

(40) 次の一節やその他同じような文章は，これが間違いなくエンジェルの立場の解釈であることを示している．「この説明の難所は，資本の輸入が，地方の為替市場で割引のために差し出される手形の供給を需要と比べて増加して，こうして，そのような手形の銀行の平均保有額をふやすという命題である．それに見合った銀行預金量の増加が起こり，もしその増加が大規模である場合には，物価と財の貿易収支に，指摘された結果を生む．」(*Theory of international prices*, p. 173, 注．傍点は原著にはない．)もし預金の変動が，外国「手形」の保有額の変動と「見合った」とすると，預金の変動は第一変動だけであろう．エンジェルは，あるときは手形が「割

して，カナダの預金の拡張は（もっぱら）第二拡張であったという教義を私の考えだとみなした．つまりカナダの預金の拡張は，カナダにおける銀行貸付の拡張にもとづくものであり，ニューヨーク資金という形態で銀行の国外準備の保有額が増加したことがそのカナダの銀行貸付の拡張につながったという教義を私のものとしたのである．エンジェルは，私が第二拡張に割り当てた役割について，自分の説明を擁護する証拠を何も提示しておらず，彼には，自分の仮定以外に何の根拠もないと私は確信している．その仮定というのは，私がカナダにおける国外準備の変動の役割と古典派のメカニズムにおける金移動の間に類似性をみたときに，私が借入を通じた預金拡張の基礎として金準備の使用を考えたにちがいないという仮定に他ならない．私が考えていたことは逆であって，私が今メカニズムにおける金移動の第一局面と呼ぶものであった．研究の対象期間の最後の2・3年を別とすると，私は，カナダのメカニズムにおける第二拡張を強調するどころか，それを無視した．また，第二変動が重要とみなされた場合に限って適切であったような，総預金の変動とか貸付の変動とかあるいは国外準備を控除した総預金の変動を，国外準備の変動と比較しないで，私は，カナダにおける銀行貸付総量の変動には一瞥もくれず，国外準備の変動を，「外国貸付預金」つまり貸付を控除した総預金つまりカナダの銀行貸付にもとづかない預金の変動と比較した(41)．

　エンジェルがカナダのメカニズムで引いたスターリング資金の役割とニューヨーク資金の役割の区分は，理論的にも統計的にも根拠がないと私には思われる．スターリング資金とニューヨーク資金は等しく「国外準備」であった．スターリング資金の純保有額の変動はこの期間を通じて少なかったが，それとい

　　り引かれる」といい，またあるときは手形が預金と「交換される」といい，これらを同じ現象として扱う．手形は，圧倒的に一覧払手形であって，カナダの銀行の対外機関宛に頻繁に振り出されたところから，後者が平常の行為であった．前者の行為では，手形が満期となって，その受取額が所有者によってカナダの銀行に対する負債の弁済に使われた場合には，当初の第二拡張は，2・3週間のうちに第一拡張に変形されるであろう．カナダの預金量には変化はないであろうが，差引勘定後の銀行資産は，貸付から外国資金の保有に変わっているであろう．
(41) 私が描くカナダの「国外準備」と「外国貸付預金」の間の関係は，オーストラリアとニュージーランドの銀行業の研究家たちによって最近強調された関係，すなわちロンドン資金の南太平洋諸島の銀行による保有額と，国内預金の国内前払いに対する超過額の変化の間の関係にほぼ一致している．例えば，A. H. Tocker, "The measurement of business conditions in New Zealand," *Economic record*, I (1925), 51 以下; K. S. Isles, "Australian monetary policy," 同. VII (1931), 1-17; Roland Wilson, "Australian monetary policy reviewed," 同, 195-215 を参照せよ．

418 うのも，もしスターリング資金が，送金目的の運転残高として必要な量を少しでも超過する場合には，カナダの銀行が，スターリング資金をニューヨーク資金とか正貨に直ちに転換したからである．さらに，本源的なカナダの預金量が依存しているのは，国外資金の維持であって，単なる獲得ではなかった．というのも，たとえ対外支払いの必要に応じるために国外準備が削減されたとしても，銀行にとっては，対外支払いがなされたカナダの顧客の預金に対して，同額借方に記入することによってつり合わせられるからである．さらに，国外資金が最初に得られた場合ですら，その国外資金のすべてがスターリング資金というわけではなかった．というのは，この期間を通じて，カナダの総借入額の30％を少し超える部分は，イギリス以外のところ（主として合衆国）で借り入れられたからである．スターリング資金のニューヨーク資金への転換は，カナダの銀行に便宜を与えたというだけで，それ以外の意味はなかった．国外資金は，もしニューヨークで保有されると，ロンドンより高い金利を稼ぐことができ，必要ならば，一晩のうちに最小の為替損失リスクで金に兌換され，カナダにもちこむことができるであろう(42)．

　さらにエンジェルは，私のことを，カナダの預金の拡張が（いつも？）時間的に国外準備の拡張より遅れるという意見の持ち主であるとみている．彼は，ここでもこの見方を裏付ける何らの証拠も示さないが，この見方は，カナダの預金の拡張が，カナダの銀行の第二の準備の状況が改善されることから起こる第二拡張だという命題を，誤って私のものとしたことのおそらく単なる論理的推論にすぎない．彼の主張は，これとは逆に，預金の拡張は国外準備の拡張に先行したというものである(43)．

　カナダの預金増加が実際に国外準備の増加に先行したというエンジェルの主張は，次の推論の連鎖の産物と思われる．すなわち，(1) カナダの借入は（もっぱら？）イギリスからであり，その結果スターリング資金を生んだ，(2) カ
419 ナダの借り手は，これらスターリング資金をカナダ預金と交換した，(3) その

---

(42) *Canada's balance*, p. 155 を参照せよ．
(43) 特に，*Theory of international prices*, p. 174 を参照せよ：
　　「ヴァイナー教授のデータは，彼の引き出した正反対の結論にもかかわらず，古典派の理論が，現代の状況の下では，金の流れの役割について間違っているという推論の正当な根拠となると思う．借入によってなされた貿易不均衡の是正は，金の流れとか国外銀行残高の変化の結果ではなかった．それは，カナダの銀行預金本来の（そして先行する）増加の結果であった．」

第4節　カナダにおける1900-13年の第一拡張と第二拡張　　　　405

ような交換が起こってしばらくして(44),カナダの銀行はスターリング資金をニューヨーク資金に転換した,(4)ニューヨーク資金は「国外準備」であったが,スターリング資金は,「国外準備」でも,また明らかに「国外銀行残高」でもなかった,(5)だからカナダ預金の(第一)増加は,「国外準備」の増加に先行した.しかしスターリング資金は,ドルとドルを換えるニューヨーク資金とちょうど同じだけ「国外準備」であったし,カナダの借入は,イギリスと同じように合衆国でも起こり,そのため若干の国外準備は,もともとアメリカ・ドルの形態で得られたし,またカナダの銀行は,新しく得たスターリング資金をしばらくしてからというよりほとんど即座にニューヨーク資金に転換したことから,この議論は崩壊する.カナダ預金の第一拡張は,エンジェルの主張のように国外準備の拡張に先行したのでも,またエンジェルが私のものとした意見のようにそれに遅れたのでもなく,私が主張したようにそれと同時であった.

フェイス(Feis)は,カナダの銀行預金の増加が,カナダの国際収支を矯正するように働く「本来的」で「先行的」な要因であるというエンジェルの結論を賛意をもって引用したのち,「本来的」で「先行的」という言葉によって理解されるべきものを,エンジェル以上に明解に説明しようと試みている(45).

　　私があえて解釈すると,エンジェル博士は,即座の信用拡張を,金準備を強化することにもとづくいずれの信用増大からも区別し,「先行的」という言葉で,そのようないずれの金準備の増加より時間的に先行するという意味でいった.

対外借入の受取額をカナダの預金と交換した結果であるカナダの銀行預金の第一拡張——カナダの信用拡張ではないことが重要な特徴であったから,「信用拡張」と呼ぶのは誤解をまねく——は,準備の改善した結果であるカナダの銀行預金の第二拡張より先行することは明白である.しかし,どうしてこの第一拡張が国外準備の増加にも先行することができるであろうか.フェイスのいうには,カナダの銀行預金の(第一)拡張と国外準備の増加は,「ともに同じ借

――――――――――――
(44) エンジェルは,カナダの銀行は,カナダの預金増加が物価上昇とカナダの輸入超過の増大をもたらした後,はじめてスターリング資金をニューヨーク資金に転換したと考えているように思われる.(本書前出, p. 402 と p. 404の注43のエンジェルの引用文を参照せよ.)
(45) Herbert Feis, "The mechanism of adjustment of internaional trade balances," American economic review, XVI (1926), 597. フェイスは,「金準備」という用語を,カナダが保有する正貨準備と「国外準備」の両方を含むものとして使っていると説明している.

入操作の結果である．不可欠であるという意味では，それらは相互に依存し合っているが，その他のところでは独立しているといってよい．だからそれらは，調整メカニズムでは別々の役割を果たすと受け取られなくてはならない．」[46] しかし，あまり助けにならないながらも，これは，先行していることよりむしろ同時であることを示唆している[47]．実際，万が一にも，銀行の業務の中で銀行員が規則的に顧客勘定の貸方に記入する前に銀行勘定の借方に記入するとかあるいはその反対のことをするのがわかったとしても，誰かがこの種の先行に意味をみつけて，その先行が月刊（あるいは年間！）銀行データの「遅れ」となって現れると思う人がでてこない限り，国外準備の増加と預金の増加とは同時に起こったにちがいない．

　カー（Carr）は，私の研究結果の要約として，次のことを提示する．

　　イギリスのカナダへの貸付によって作り出された，ロンドン宛為替手形の余剰は，けっしてスターリング相場を無理やりカナダの金輸入点にするほど，大きな割合にはならなかった．ロンドン手形がカナダ市場に蓄積されて為替相場の下落を許す代わりに，カナダの銀行はそれらをニューヨークに売却し，それによってニューヨーク残高つまり「国外準備」を積み上げた．しかし，これらの国外準備を基礎にして，カナダの銀行は国内で信用を拡張できた．物価インフレがまるで金が輸入されたかのように起こった．言葉を換えると，金流入の代替物は，カナダの場合では，増加した国外準備という形態で現れた．出来事の順序は，こうして，ヴァイナー教授によると，(1) 対外借入，(2) 国外準備の増加，(3) 国内での信用拡張，であった[48]．

　カナダの銀行がロンドン資金をニューヨーク資金と交換する動機が，カナダのスターリング為替市場（存在しない！）でのスターリング為替の下落の防止

（46） 同書, pp. 598-99.
（47） しかしフェイスは，エンジェルにならって，スターリング資金を「国外準備」から除き，またカナダの銀行によるスターリング資金の蓄積とそのニューヨーク資金への転換との間にかなりの遅れがあることを当然のことと考えたようにみえるから，エンジェルの議論をただ繰り返しているだけかもしれない．Feis, 前掲書, p. 598を参照せよ：「カナダの銀行は，ロンドン資金をニューヨークの銀行に売却し，それによって国外準備を蓄えている．」そのような売却では，国外準備の量は変わらずに，準備の形態が変わるだけであろう．
（48） Robert M. Carr, "The role of price in the international trade mechanism," *Quarterly journal of economics*, XLV (1931), 711.

であったという考えは，確かに私のものではない(49)．国外資金は，それがニューヨーク資金である場合に限って国外準備を構成したという考えがもしあったとすると，それはエンジェルの考えであって，私ではない．最後に，銀行準備の状態の改善による国内の銀行貸付の拡張を通じたカナダ預金の第二拡張は(50)，私の説明の中では，カナダの支払手段拡張の重要な要素ではなかった．だから，私の説明の中で唯一カーがここで正しく報告していることは，国外準備の増加が正貨流入の代わりとして働いたということだけである．

ホワイト (White) は，私の研究結果を，「信用拡張が，銀行準備の増加の後に起こるのではなく，それに先行したようにみえるから，正統的な説明とは違っている」と受け取っている．それにもかかわらず彼は，エンジェルとカーが「出来事の時間的連鎖について」私の説明に与えた反対論を重大視していない．重大視しない理由は，カナダの銀行は国外準備を正貨のごとく扱ったから，カナダのメカニズムが古典派の教義と違っていても，単に「現代の銀行業務から起こる変更」によるにすぎなかったからという(51)．もし，ホワイトの意図と思われる通りに，「信用拡張」が，第一，第二を問わず銀行貨幣の拡張を指すと理解され，また「銀行準備」がただカナダの正貨準備だけを指すと理解されるとすると，それはまさしく私の立場であった(52)．しかしそれは，エンジェルあるいはカーの「出来事の時間的連鎖について」の批判とは関係ない．それは，エンジェルとカーが問題にした正貨準備における変化と総預金における変化ではなく，正貨以外のあるいは「国外」準備における変化と第一預金における変化の時間的順序についての私の想定した説明に他ならなかった(53)．

エンジェルの統計的分析．——エンジェルは，カナダのメカニズムにおける出来事の連鎖に関する研究結果を，統計的なデータの分析によって立証する(54)．彼は，スターリング資金であろうとニューヨーク資金であろうと総保

---

(49) 本書前出，p. 404 を参照せよ．
(50) これは，私の仮定だが，カーが「国内の信用拡張」という言葉で表そうとしたものである．
(51) Harry D. White, *The French international accounts 1880-1913*, 1933, pp. 11-12.
(52) *Canada's balance*, pp. 164-77 を参照せよ．
(53) ホワイトは，自分も正しいと認めまた私のものだともした「正統派の教義」を，明らかにときどき，ただ支払手段の量の第二変動よりほかに関係しないものと解釈している．ホワイトの前掲書, pp. 7-8 を参照せよ：「金受取国の準備の増加が要求払債務の増加をもたらすには，1年あるいはそれ以上の年月さえかかるかもしれない．」

有額であろうと，いずれにしても国外準備についてまったくデータを提示していないから，この分析では，国外準備のメカニズムにおける役目について，彼の結論に至った方法はまったくわからない．彼は，統計的な分析を根拠にして，出来事の時間的連鎖について2組の（矛盾する）結論を提示する．第一に，純輸入超過は，「1年遅れ」(55)で，純借入の後に起こること，第二に，(a)「銀行預金の変化は，1年の遅れで，純資本輸入額［＝純借入額］の最終支払手段［＝輸入超過額］に対する超過額の変化の後に起こり，これに伴う変化の大きさは，遅れを考慮するとほぼ同じであった．……後者の変動は，前者の変動を明らかに凌駕し」，また(b)輸入超過額の増加は，再び「約1年の遅れ」で，銀行預金の増加の後に起こる(56)，つまり，借入の増加と輸入超過額の増加との間には，総計2年の遅れがあることである．エンジェルの主張は，預金の増加は，ニューヨーク資金の増加より前であったということだから，彼の説明にしたがうと，借入の変動とニューヨーク資金の変動との間には，1年から1年以上の遅れがあろう．

　エンジェルは，借入の増加と輸入超過額の増加の間にみつけた遅れを，私の研究の中で十分認められた二つの要因のせいにする．「第一に，それぞれの新規借款の発表（平素はカナダの貸方に記入された時）と実際の募集の間のへだたり，第二に，海外での資本の蓄積と，その結果として起こる商品差額の変化の発生の間のずれ」の二つである(57)．両方の要因とも有効である．しかし証券の募集では，借款の発表と応募者の最終支払いの間隔は，仮にあったとしてもめったに3ヵ月を超えなかったし，また，おそらくカナダの冬は困難な建築には向いていないことから，重要な募集はほとんど晩秋には起こらなかった．だからこの遅れは，暦年の統計数値にはほとんど表れないであろう．しかし，カナダ支店の機械設備等における直接投資は，計画の発表時までは，等しく注意を引いて決められるであろうが，それに反して，現実の計画の実施と必要な資金の移転には，1年ないしそれ以上長くかかっても無理はない．第二の要因は，ふつうならもっと重要であるはずであったろう．カナダの輸入超過は，カナダ

（54）　*Theory of international prices*, 付録B, pp. 505-10 と "The effects of international payments in the past," 上記引用文中, pp. 140-53.
（55）　*Theory of international prices*, p. 506.
（56）　同書, p. 508.（傍点は原文イタリック．）
（57）　同書, p. 506.

第4節　カナダにおける1900-13年の第一拡張と第二拡張

の借入の後遅れると思われてしかるべきであるが，というのも，対外借入の受取額が不利な貿易収支の支払いに完全に吸収されるまでには，ふつうやや時間がかかるからである．しかし，もしカナダのある年の海外での借入が海外での支出超過額以上であり，その支出されない借入額のどれも正貨の形態にされないとすると，支出されない借入額は，カナダの個人か銀行のどちらかによって，対外資金の保有額の増加というかたちで保有されるにちがいない．続いて，カナダの個人が無視できるほどの額の対外資金を比較的一定額だけ保有し，そのような資金を得るや否や，直ちにそれを，カナダの銀行で銀行預金の形態でカナダ資金と交換すると仮定すると，そのときは，カナダの海外での純借入の輸入超過に対するどの超過額も，結局，私のもともとの立場である，カナダの第一預金とカナダの銀行の国外準備における同時のかつそれに一致する増加になるにちがいない．すると，支出されない借入額が変化してから預金額が変化するまで1年の遅れがあるというエンジェルの統計結果とは何なのか．エンジェルは，預金を考慮していない場合には，借入とそれが最終的に支出される輸入超過の間にたった1年の遅れしか見いださないが，預金を論ずる場合には，借入と輸入超過の間に2年の遅れを見いだし，その遅れがいずれも彼の図の中に鮮明に表れていないという事実は，それ自体，支出されない借入額の当初の発生から預金までの1年間の間隔が作り話であるかもしれないことを暗示している．しかし，エンジェルの図が何を示すようにみえようと，その図の基礎になっている私の推定値における欠点もエンジェルのその図の利用方法における欠点も，その図とこれを使って答えようとする時間的連鎖の問題をほとんど関係ないようにするという欠点がある．

　エンジェルは，各々の年の支出されない借入額，あるいは彼が「純資本輸入額の最終支払手段に対する超過額」と呼ぶものを算出するために，各々の年のカナダの海外純借入額についての推定値から，それにあたる年次の私のカナダの財貨・サービスの輸入超過額についての推定値を差し引く[58]．これは，論理的に正しい手続きである．しかし，もし，(a) 純借入額と (b) 輸入超過額の推定値がまったく正確であったとすると，純借入額の輸入超過額に対する超

---

(58)「純資本輸入額」の連続値を得るために，エンジェルは，カナダの純利子支払額も借入額から差し引く．彼は，また純利子支払額も彼の「最終支払手段」の連続値から除外しているから，これらの操作は，お互いに相殺し合って，彼の「純資本輸入額の最終支払手段に対する超過額」の連続値に影響しない．

過額は，各々の年で，カナダの銀行（と私人）の国外資金の保有額の増加と同じになるはずであろう．けれども，推定値 (a) と (b) は，各々正味の連続値，あるいは他の連続値の組合わせの間の差額の連続値である．だから，連続値 (a) は，カナダの借入額の連続値 (a_1) とカナダの貸付額の連続値 (a_2) の間の差額の連続値であり，連続値 (b) は，カナダの輸入額の連続値 (b_1) とカナダの輸出額の連続値 (b_2) の間の差額の連続値である．さて，各々の連続値 a_1, a_2, b_1, b_2, には，不可避的に多少の確率誤差の余地があり，したがって連続値と (b) の間には，はるかに大きな確率誤差の余地がある．われわれが，連続値 (a) と (b) の間の差額からなる最終的な連続値に達する場合には，確立誤差の余地は非常に大きくなるとみなくてはならないから，それに頼って重大な結論を出すわけにはいかない．いやしくも国際収支の推定値が使われるのなら，その正確さにあまり几帳面すぎてはいけないが，私は，カナダの借入額についての私の直接の推定値を提示するにあたっては，特にここできわめて重要な，特定の年次へそれをあてることについて，最も重大な留保条件をつけずにはいられなかった．当初の研究では，私は，それらを，わざわざこのメカニズムの説明の基礎として少しも利用しなかった．

　しかしエンジェルが使った連続値に，不明の誤差とか脱漏がまったくないとしよう．エンジェルの「純資本輸入額」の連続値は，カナダの海外借入額についての私の直接の推定値から，カナダの海外での資本投資額の私の推定値を差し引いて作られる．しかし，彼の分析目的にとって運の悪いことに，後者の連続値は，カナダの海外投資額としてカナダ銀行の国外資金の保有額の純増加を含んでいた[59]．カナダの銀行の国外資金の保有額の増加は移転されない借入額の変化額になるから，エンジェルの引き続く操作は，一方の移転された借入額と移転されない借入額の総額の推定値を，もう一方の移転・未移転の借入総額の推定値から差し引き，その残高を移転されない借入額として扱ってしまう．もしすべての推定値が正確だったとすると，残高はまったくないであろう．エ

---

(59) Angell, *Theory of international prices*, p. 510, 表 1 の 2 列目を参照せよ．同, "The effects of international payments in the past," 上記引用文中, p. 141, 表 22, 13 列目（「純資本輸入額」）=4 列目（カナダの海外借入額についての私の推定値）+3 列目（カナダの受取利子）-8 列目（カナダの海外投資額についての私の推定値）-9 列目（カナダの支払利子）．カナダの海外投資額（エンジェルの表 22 の 8 列目）の私の推定値の中に，カナダの銀行の国外資金の保有額の純増加額が含まれることについては, *Canada's balance*, pp. 92-93, 表 24 と p. 94, 表 25 を見よ．

第4節　カナダにおける1900-13年の第一拡張と第二拡張　　　411

ンジェルの「総資本輸入額の最終支払手段に対する超過額」の連続値は，実際にはかなり大きな額の連続値である．しかし，個々のカナダ人による国外資金の保有額には重大な変動がなかったと仮定されるという限定や，エンジェルが，移民によってもちこまれる資本のような営利目的以外の項目を，「資本輸入」とか経済的トランスファーを要する資金として含めないといった限定をつけると，これら残高は，それを導出するいくつかの推定値の連続値における単なる純誤差・脱漏を表すだけであり，それ以外の意味はもたない．

　仮説的な例証を示すことによって，なぜエンジェルの「純資本輸入額の最終支払手段に対する超過額の連続値」が，上二つの限定をつけると私のいろいろの連続値の正味の誤差値しか表さないかを，おそらくもっと明瞭にするであろう．特定の年において，カナダの海外での総借入額が1億ドル，銀行以外のカナダ人による新規の海外投資額が1千万ドル，カナダの銀行による国外資金の保有額の純増が2千万ドル，カナダの財貨・サービスの輸入超過額が7千万ドルとしよう．すると，純借入額の輸入超過額に対する超過額つまり移転されない借入額は，この年に2千万ドルであろうし，必ずカナダ銀行による国外投資の保有額の増加額と同じになる．しかしエンジェルの手順，すなわち，(b) 純借入額からカナダの銀行による国外資金の保有額の増加を引いて，そこから(a) 輸入超過額を差し引くという手順によると，純借入額の輸入超過額に対する超過額つまり移転されない借入額はゼロになると思われる．けれども，実際の額は上と同じとしても，カナダの輸入超過額が本当の額7千万ドルではなく誤って6千万ドルと推定されるとして，エンジェルのやり方で計算すると，純借入額の輸入超過額に対する超過額つまり移転されない借入額は，1千万ドルすなわちカナダの輸入超過額を推定するうえでの誤差額になると思われる．

　エンジェルの計算を認めながら，カーは次のように論評する．

　　総額のわずか1.6％にすぎない純資本輸入額の［財貨・サービスの輸入超過額
　　に対する］超過額では，持続的な高物価水準の下で拡大しつつある国内取引を続
　　けるに必要な購買力の増加を全期間にわたって供給したというには，あまりに少
　　なすぎるように思われる．この事実は，古典派の分析にとっても厄介なことであ
　　る．というのも，純資本輸入額の超過によって，はじめてカナダの物価上昇が説
　　明できるからである[60]．

すでに指摘した理由から，借入額の輸入超過額に対する超過額は，エンジェルが計算すると，いろいろな推定値の正味の誤差の尺度以外には意味のないものとみなされるにちがいない．そのために，借入総額に占めるその割合が小さいことは，超過額に意味を見いだす人びと以外には厄介なことにならないはずである．個々の年をとると，それは，実際，その基礎になっている推定値に責任のある人間として，私には厄介な大きさである．もし「持続的な高物価水準の下で，拡大しつつある国内取引を続けるに必要な購買力の増加」のことを，カーが，貨幣的な準備における増加のつもりでいっているとすると，彼は，次の事実を看過している．すなわち Canada's balance の中で計算され彼によって利用された輸入超過額の中には，この期のはじめのわずか1900万ドルにすぎなかったカナダの金貨総量と比べて[61]，1億1300万ドルにのぼるこの期間の金貨の総純輸入が含まれていたという事実や，カナダの銀行の国外準備が，この期間中に3900万ドルから1億3000万ドルへ増加したこと，つまり9100万ドルの増加があったという事実である[62]．

カナダの経験の統計的な再吟味．――トランスファー・メカニズムの分析において，借入額の直接の推定値を利用するうえでの主な障害は，短期信用取引例えば株式取引所を通じた国際的な証券売買額や，銀行以外の短期貸付額や，またある暦年で起こりながら翌年まで精算されない取引負債額について，満足できる推定値の基礎となる十分な情報がたいてい欠けることである．起債額の報告数値において，古い貸付の償却のために使われる受取額の一部を十分に分離できないことは，もうひとつの起こりうる誤りの源泉となる．カナダの銀行の国外準備の変化は，カナダの借入額の経済的つまり実物的トランスファーに対する関係の正確な尺度とみなすことはできないが，私のカナダの研究で役立ったデータから得られる限りでは，それは，トランスファーされない借入変化額の信頼できる尺度である．表VIと表VIIでは，カナダの経験を再吟味した結果が若干提示されている．私の当初の研究で提示されたデータに加えて，こ

---

(60) "The role of price in the international trade mechanism," *Quarterly journal of economics*, XLV (1931), 718.
(61) *Canada's balance*, p. 30, 表IIの9列目マイナス8列目を参照せよ．ホワイトはこれをカーの議論に関連して指摘した．(*The French international accounts*, p. 15, 注1.)
(62) *Canada's balance*, p 187, 図III.

第4節 カナダにおける1900-13年の第一拡張と第二拡張　413

表VI　カナダにおける第一拡張と第二拡張および銀行準備額　1900-1913

(月次平均額, 単位百万ドル)[a]

年	1 カナダにおける預金と手形債務額[b] (増加額=第一拡張+第二拡張)	2 カナダにおける銀行貸付額[c] (増加額=第二拡張)	3 "外国貸付預金額" (増加額=第一拡張(1-2))	準備額		
				4 銀行保有の金および自治領手形額[d]	5 国外準備額[e]	6 総準備額(4+5)
1900[f]	344	310	34	30	39	69
1901	374	324	50	32	52	84
1902	411	354	57	35	60	95
1903	449	408	41	43	51	94
1904	496	449	46	50	58	108
1905	551	483	68	53	74	127
1906	631	561	69	61	76	137
1907	671	630	42	71	59	130
1908	664	584	80	78	94	172
1909	786	608	178	96	156	252
1910	914	717	196	105	152	257
1911	998	800	198	120	134	254
1912	1122	919	203	133	143	276
1913	1135	985	149	137	119	256

a. カナダの政府官報の銀行業務付録の月次データから算出.
b. 流通紙幣額, 自治領および植民地政府からの借入残高, カナダにおける要求払預金と定期預金 (銀行によって保有された他のカナダの銀行の紙幣は差し引かれるべきであるが, 報告書では区別されなかった.)
c. カナダにおけるコール・短期貸付金, カナダにおける経常貸付金, 自治領と植民地と地方政府への貸付金, 未払債務額.
d. カナダ国外で保有された金額を含む (1913年7月以前は未区分で報告された).
e. イギリスおよび外国にある銀行への貸し金+カナダ以外のコール・短期貸付金-イギリスおよび外国にある銀行からの借入金.
f. 直近6ヵ月に報告された平均額.

こでは, カナダの銀行貸付額が, カナダの支払手段の量の第二変動を代表するものとして入れられている. エンジェルの追求と同じ線上で, データの若干の再整理もしてある. 私がはるかに改善と信じているものは, ホワイトが金の純流出入額と総流出入額の間に引いた区別にもとづいている[63]. 当初の研究では, 銀行業務の連続値については, 各年の最終営業日について報告された預金や準備等の金額を使ったが, そのため, 連続する年々の数字の差違は, 毎年毎

---

(63) *The French international accounts*, pp. 30-31.

表VII　カナダによる国外資金の純取得と国外資金の処分　1901-1913

(単位百万ドル)

年	1 国外資金の純取得[a]	2 純経済的トランスファーの額[b]	3 カナダの銀行の国外資金保有額の増減[c]	4 説明可能な総額 (2+3)	5 説明不可能な額 (1-4)
1901	-4	-9	19	10	14
1902	14	2	1	3	-11
1903	38	43	-7	36	-2
1904	29	58	23	81	52
1905	65	49	3	52	-13
1906	70	73	-6	67	-3
1907	47	132	-22	110	63
1908	139	53	91	144	5
1909	166	84	23	107	-59
1910	216	168	-41	127	-89
1911	248	254	6	260	12
1912	183	303	-5	298	115
1913	367	251	7	258	-109
総額	1578	1461	92	1553	-25

a．カナダの海外借入額 (*Canada's balance*, p. 139, 表 XLIV の直接推定値) ーカナダの海外投資額 (カナダの銀行の国外準備の変化額を除く. 同書, p. 94, 表 XXV と表 II, P. 166-67) ＋信用残高ー非商業取引の借方残高 (同書, p. 61, 表 X) ーカナダの純利子支払額 (同書, p. 101, 表 XXVIII, 4 列と p. 94, 表 XXV, 最終列).

b．鋳貨と地金を含む商品輸入超過額 (*Canada's balance*, p. 33, 表 III) ＋利子支払額を含むサービスの借方残高 (同書, pp. 102-03, 表 XXIX.)

c．(*Canada's balance*, p. 187, 表 III, 3 列) イギリスおよび外国における銀行への貸し金の各年12月31日現在の年変化額＋カナダ以外におけるコール・短期貸付金ーイギリスおよび外国における銀行からの借入金.

年の純変化額を表した．ホワイトの主張するには，金の流出入の貿易収支に及ぼす影響を探るという目的があったとしても，例えば2月に流入して11月に流出した金の財貨需要に対する影響は，金の年間の純変化額のデータでは説明されないであろうという．彼は，統計的な単位期間内の一部しかとどまらなかった金流入の影響を説明するには，金の年間純変化額の代わりに，金の年間総流出入額が使われるべきであると結ぶ．しかし，金の純流出入額の代わりに総流出入額を用いることは，この国に一年間の一部しかとどまらなかった金に対して，正当な加重を与える適切な方法ではない．というのは，この方法では，出入が同じ暦年であるとして，この国に1日とどまった金に，360日とどまった金と等しい加重をするであろうし，またある年の前年に入ってきてその年に360日

第4節　カナダにおける1900-13年の第一拡張と第二拡張　　　　415

とどまった金には負の加重をし，その年の大晦日に入ってきた金には正の加重をするであろうからである．ある一定日現在の毎年毎年の純変化額を用いることに対するホワイトの反対に答えるために，必要とされる手順は，それに代えて，一年全体を通してその国の中にとどまる金の平均額の毎年毎年の変化額を用いることである．カナダについては，そのような平均額に妥当する概算値は，銀行が作成する月々の統計表の平均額を各年ごとに使うことで可能である．金の年末データを使うより，むしろそのような平均額を利用するというこの推論は，支払手段の量に関連するその他の銀行業務の連続値にも等しく適用される．

　同じ銀行資金操作の異なった側面として，カナダにおける銀行貨幣の第一変動（「外国貸付預金（foreign loan deposits）」の変動）と国外準備の変動との間の密接な関係は，表VIで明々白々にされる．ひとつだけはっきりした例外はあるが，変動は常に同じ方向であったし，変動の規模にもかなりの一致があった．二つの連続値にある差違は，主に次の三つによって説明される．すなわち，「現金」準備と国外準備の間の実質的な代理を表した，カナダの銀行の金と自治領手形の保有額における変動額と，公の統計表では分離されていないが，主にニューファンドランドや西印度諸島というカナダ以外のところでカナダの銀行がおこなう定期的な銀行資金操作による国外準備の出し入れ額，そしてカナダの銀行がカナダの内外でおこなう証券売買の（小さな）変動額である．

　表VIからわかることは，カナダにおける支払手段の第一および第二拡張が，ともに必要な輸入超過が拡大できる状態の発生に寄与したことである．ただし，たとえカナダにおける銀行貸付の永年にわたる増加が，この国の一般的な経済発展と世界的な物価上昇の一部としてのカナダの物価上昇に結びついて，借入に対する調整メカニズムの一要因として第二拡張の見かけ上の重要性を誇張するように働くとしてもである．表VIと表VIIから主張できることは，少なくとも時々は輸入超過がもともとの第二拡張の結果として起こったことであり，また借入の実施目的が，すでに起こった貿易収支の精算に必要な外国資金を得るためと，過去の借方の貿易収支の支払いで取り崩された準備を改善するためであったことである[64]．しかし，これは正統的な説明とまったく矛盾しない[65]．正統的な説明では，輸入超過は，海外での借入を見越してか，あるいは少なくとも後になってそれに支持される預金の国内的な（すなわち第二）拡

---

(64)　これがときどき発生したことは，月次データにもっとはっきり現れる．
(65)　特に，Taussig, *International trade*, 1927, pp. 207-08を参照せよ．

張の結果として起こり，海外での借入額は，すでに起こった借方の貿易差額を精算し，涸渇した準備を積み上げるために向けられるという可能性を認めている．またこれも忘れずに覚えておかれるべきことであるが，異なった種類の財貨間のカナダの需要の思いがけない変動とかカナダの輸出品に対する外国需要の変化は，カナダの支払手段の量が前もって変化しなくても，カナダの貿易収支にかなりの年々の変化を引き起こすかもしれないし，また支払手段の「最終購買速度」が万が一変化したときも，預金に変化がない場合とか借入があらかじめ変化しない場合でさえ，貿易収支に影響を及ぼすことである．一般的な趨勢に関する限り，カナダの経験が明らかにしていることは，輸入超過の増加に先立って，カナダにおける支払手段の量の増加があったこと[66]，この支払手段の増加は，第一と第二の両方であったこと，支払手段の量の第一変動は，相対的に第二変動より著しかったこと，海外での借入と経済的トランスファーとの間には変化しやすい時間的なずれがあって，記録にある長期の借入は，いつも，とはいっても必ずというわけではないが，経済的トランスファーより時間的に先立っていたことである．

　表 VII では，金利債務を差し引いた後の純借入額自体だけではなく，一方的な送金と移民によってもちこまれた貨幣資本をも含むトランスファーの必要資金量と，実際の純経済的トランスファーの量，つまり財貨と金利以外のサービスの輸入超過を含む輸入余剰額とが比較されている．もしこれらすべての項目が正確に推定され，個々のカナダ人が海外での残高をまったくもたなかったとすると，カナダへの経済的トランスファーを必要としている資金量の，純経済的トランスファーに対するどの年の超過あるいは不足も，規模と方向において一致する，カナダの銀行による国外資金の保有額の変化に反映されるであろう．5列目は，たとえこの期間全体としての不一致の総額 2500 万ドルが，この期間中にカナダへトランスファーの必要な国外資金の推定純獲得総額の 2% 以下であったとしても，個々の年の数字に関する限り，これら連続値の間の不一致がどんなに深刻なものかを明らかにしている．個々の年の不一致を説明するものは次の事柄にあると私は思う．すなわち，主に，長期の純借入額を特定の年に配分するうえで欠陥が存在することや，暦年で 2 年以上にまたがるいろいろな種類の短期金融取引を入手可能なデータから明らかにできないことや，新

---

[66] データはここには提示されていないが，これは，絶対的な増加であったばかりか，合衆国とイギリスにおける銀行預金の趨勢と比べても増加であった．

規起債の報告額から古い借入の償還に使われた部分を差し引くことに十分成功していないことや,そして国外準備の推定額において,カナダの銀行によっておこなわれるニューヨールでのコール・ローンのうち,ニューヨークに代理店をもたないでカナダの本店が直接,間接におこなうものを酌量できないことである.

第5節 国際メカニズムと景気循環

旧来の文献では,景気の循環的な変動が国際メカニズムに及ぼす影響については,ただ時々そして偶然にふれられるにすぎない.この2・3年,この問題はいっそう真剣に取り組まれてきたが,私の注意をひいた例では,その取り扱いは,――たとえ特殊でないとしても――ひとつの特定の景気循環理論を国際貿易メカニズムの皮相的な分析にやや機械的に適用することにもとづくことが多かった.目下の景気循環理論の混乱状態――私の考えでは非常に前途有望な状態――と,景気変動の国際的局面に不可欠の帰納的な基礎研究の欠如を前提にすると,われわれは,体系的に景気循環理論を国際貿易理論に組み入れるとか,またもっと重要な仕事であるが,国際貿易理論を景気循環理論に応用するといった試みから実り豊かな結果を期待する前に,両方向のいっそうの発展を待たなくてはならないと思われる.とはいえ,この問題に関係する最近の文献を一瞥すると,主として方法論的な手順の見方が若干うかがわれる.

循環的な変動と国際メカニズムの関係の演繹的な記述を定式化するについては,次の可能性のどれが事実であると仮定されているかはっきりさせる必要がある.すなわち,問題となっている国の循環的な変動は,(a)その国独自のものであって,外部の世界の状態は安定的と仮定されているか,あるいは(b)外部の世界の同じ方向の変動と同時か,(c)遅れるか,(d)先立つかという可能性である.これらの状態は,各々,先験的には,当然当該国の経済現象の国際局面の異なった循環的類型と組み合わさっていたと思われるであろう.どの特定の国でも,ある場合にはこれらの状況のどれかであっても別の場合にはまた別の状況にあるとか,また至極ありそうなことだが,一般に景気のある局面についてはこれらのどれかにあり,景気の他の局面については別の状況にあるかもしれないから,循環的な変動と国際メカニズムの特殊な要素の間にある関係を,ここで区別された状況の差別化をすることもなく,文献の中で不意に出

くわすような単一で精確な類型に定式化する試みは，この問題をあまりに単純にしすぎであるように私には思われる．

　景気の循環的変動と国際収支のいろいろな項目の動きが密接に関連しているという認識は，通貨学派対銀行学派の論争の間中ずっと共通のものであった．しかし概して，支払手段の量や物価等の循環的な変動は，イギリスに限られていたとされるか（私の上の仮定 [a] にあたる），あるいは循環は海外よりもイギリスでいち早く起こりより顕著であったとされるか（実質的に私の上の仮定 [d] にあたる）のどちらかが暗に仮定された．そのために，イギリスにおける支払手段の拡張の結果は，イギリスにおける物価の相対的な上昇や，輸出額の減少と輸入額の増大，イギリスにおける金利の相対的な上昇，そして国際収支の逆調を精算するための正貨輸出と海外からの短期借入に終わるものとして扱われた．仮定を与えられたものとすると，これは正しい分析であったが，しかしこのような展開の分析では，彼らの認識，すなわち時期や方向や程度について，イギリス国内の変動と外部の世界の変動の間に仮定した特定の形態の関係に，自分たちの結論が依存しているという認識が，確かに十分に明らかにされなかった．

　これを例示するには，これらの著述家がいつも仮定するような，景気循環が海外よりイギリスでいち早く起こりより顕著である場合に予想される国際現象の動きの類型と，景気循環がイギリスで遅れて起こり海外よりはっきりしない場合にその類型がどうなっているかを対比すればよい．はじめに拡張局面をとりあげると，両方の状況とも，イギリスにおける支払手段の量や，物価，金利，産出高，輸入額が上昇しているであろう．しかし輸入額は，輸出額と比べて最初のケースでは上昇するであろうが，2番目のケースでは下落するであろうし，貿易勘定の支払残高は，最初のケースではイギリスに逆調になるが，2番目のケースでは順調となり，二つのケースで正貨の動きは逆になるであろう．二つのケースの著しい差異は，収縮局面でもこれに対応して続く．

　同じ理由から，景気変動と国際的な資本移動との間に，一定の類型的な関係があると仮定するのも誤りであると思われる．特定の1国では，景気の拡大局面中は投資量は増大しよう．もしその国が，通常なら資本輸出国であり，外部の世界よりいち早くあるいはより顕著な景気の拡大をしているとすると，国内投資の資本輸出に対する割合は，当然上昇すると思ってよかろう．先験的な理由だけでみると，国内金利は海外の金利と比べて上昇しているであろうから，資本輸出量は，総投資に対して相対的にも絶対的にも下落すると認められるべ

き理由が少しはあるように思われる．資本の国際的な動きは，これらの事情の下でいつもの方向を逆転させ，資本は輸出されないで，海外から借り入れられるとか引き上げられるかもしれないことさえ想像できる(67)．

しかし，異なった類型を想像することも容易である．一見逆説的のようにみえるかもしれないが，資本の輸出増加が国内的な景気拡大の原因であり，実際に景気拡大の大部分を引き起こすかもしれない．そこでは資本輸出と資本財輸出とがあまりに密接に組み合わさっているために，資本の著しい拡大が，直接多大の資本財生産の増大を伴う．国際的な資本移動は，それが，直接にまた即座に資本財の移動を同じ方向でもたらす限り，資本輸出国では，デフレ要因というよりむしろインフレ要因として働き，またおそらくは，資本輸入国でも，インフレ要因の代わりにデフレ要因として働く傾向がある．資本輸出国でデフレ的な影響を及ぼし，資本輸入国でインフレ的な影響を及ぼす正貨移動の形態をとる資本移動は，資本移動のわずかな部分である．正貨による資本移動の局面は，輸出国にとっては，国内投資と少なくとも結びつかない国内貯蓄を意味し，輸入国にとっては，国内貯蓄を伴わない国内投資を意味する．他方，資本財による資本移動の局面は，輸出国にとって，その生産物が一部分だけ海外に移転される国内投資の増加を意味するかもしれず，そして輸入国にとっては，国内投資の減少をもたらすかもしれない(68)．

このような広範囲の可能性が与えられる場合，もし資本輸出国について，景気循環がいつも世界より先立っているとか遅れている典型的な国であると仮定したり，あるいは外国投資量の変動が景気の副産物というよりはむしろ国内的な景気水準の変動を起こす主因である国であると仮定する根拠がない場合には，特定の国ぐにによる資本輸出の変動とそれらの国の一般的な景気水準の変動の間に，正であろうと負であろうと，意味のある関連が見つけられる先験的な理由があるとは私にはまったく思えない(69)．

---

(67) しかし，Wesley Mitchell, *Business cycles*, 1927, p. 447 を参照せよ：
「……楽観的な気性と十分な利潤を伴った繁栄は，国内の投資と同じように海外の投資を助長し，他国への資本輸出は，それらの国の貿易を活発にする．」
(68) K. Wicksell, *Lectures on political economy*, 1935, II, 100-02; Marco Fanno, "Credit expansion, saving and gold export," *Economic journal*, XXXVIII (1928), 126-31; また金移動については，1786年の Saint-Peravy (本書前出, p. 186) を参照せよ．（「投資」は，ここでは生産的目的のための支出の意味で使われる．）
(69) 実質的に同じような結論については，J. W. Angell, *Theory of international prices*, 1926,

同じ推論から,自由貿易が一般的に安定化の影響を及ぼすという,今日論じられることの多い根拠の妥当性についても疑念が起こる.外国貿易は,国内的な拡大が貿易収支の逆調をもたらす傾向があることによるデフレ圧力と,それに反して,国内的な縮小が貿易収支の順調をもたらす傾向があることによるインフレ的な刺激から,景気循環の振幅を抑える力があると主張される[70].しかしこの抑制力は,景気循環の伝染のはじまる国とか伝染が最も急激にすすんでいる国に限って働く.その他の国にとって,貿易収支は,資本移動や同調的な物価の傾向や心理的な影響力ととも,この伝染を国際的に波及するための主要な伝達手段である.私は,高関税が,大きな好・不況の繰返しに対して重大な責任のあることは認めるが,しかしそれは別の理由による.硬直的な価格構造がなければ,大きな景気循環は考えられないが,高関税は,価格の硬直性を可能にするひとつの重要な要因なのである.

pp. 174, 注; 396-97; 527-28 と,「景気の循環的な動き」の項で,彼の索引の p. 561 に載せられた追加の参考文献を参照せよ.
(70) 例えば,Folke Hilgerdt, "Foreign trade and the short business cycle," in *Economic essays in honour of Gustav Cassel*, 1933, pp. 273-91 を参照せよ.

第Ⅷ章　貿易からの利益：比較生産費の教義

> 一般的にいって，ある命題の賛成論が失敗しても，それによってそれと正反対の関係にある命題に加えることは，たとえあったとしても，あまり多くないことをいつも記憶しておくべきである．—— Jevons, *Principles of Science*.

第1節　教義の性質と起源

　古典派の国際貿易理論は，主として国家政策の問題に指針を与える目的で系統立てて述べられており，たとえ経済過程についてのかなりの記述的分析を含んでいても，調べられるべき現象や吟味されるべき問題の選別は，ほとんどいつも当時の大衆の利害に関係のある問題に関連しておこなわれた．このことは，古典派の国際貿易メカニズムの議論についてさえいえることであったが，中でも問題が，イギリスにとっての「損得」の関係についてとかイギリスとその他の世界の間の利益分配の関係についてはっきり論じられたしばしば「国際価値論 (the theory of international value)」と呼ばれる領域ではそうであった．この「厚生分析 (welfare analysis)」志向の認識は，古典派の教義の理解と評価には欠かせないものである．古典派の経済学者は，次のそれぞれ別の方法をはっきり区別しなかったし，また自由に一方から他方へ移ったが，貿易からの「利益」の問題を論ずるのに三つのそれぞれ別個の方法にしたがった．すなわち(1) 比較生産費の教義（ここでは一定の所得を得る費用の節約が利益の基準であった），(2) 利益の基準としての所得の増加，(3) 利益の国際的な分配とその趨勢の指標としての交易条件の三つである．本章では，比較生産費の教義を論じる．
　比較生産費の教義は，重商主義政策に対する18世紀の批判の改善と発展としてはじまり，また主として，自由貿易論者の経済学者が保護関税を攻撃するときの基本的な「科学的」論証として使ったために，引き続き注目を集めてき

た．保護主義者にはこの教義を攻撃するはっきりした動機があるが，次の経済学者もこの教義を拒否してきた．すなわち，この教義がイギリス古典派の優れた成果のひとつであるという事実から彼らの敵意がでてくるように思われる経済学者や，この教義を純粋な価格理論の一練習問題と扱って，練習問題としては不十分であると思う経済学者や，商業政策の評価にはこの教義より優れた評価技術が手中にあると信じている経済学者である．大陸ではけっして幅広く受け入れられなかったために，この教義はいまや明らかにいたる所で守勢の立場にある．

　比較生産費の教義の主張は，もし貿易が自由になると，各々の国は，長期的にはその生産が実質生産費で比較優位にある財の生産に特化して，その財を輸出する傾向があるとともに，実質生産費で比較劣位でしか国内で生産できない財を，輸入によって獲得する傾向があること，また，そのような特化が，それに参加している国の相互の利益になるというものである．この教義の説明では，「実質 (real)」生産費は，原則として労働時間数で表されるが，古典派価値論が終始そうであるように，これらの労働時間数は，各々の国内の相対的な量において主要費用に一致するという含意がある．労働時間費用が実質生産費に比例するというこの仮定の正当性は，本章の後半で詳しく吟味されるが，いまは問わない．

　この教義のいわんとする生産費の比較の性質については，多少混乱があった．ケアンズ (Cairnes) によると，

　　……国際貿易は，財を生産する絶対的な生産費ではない比較的な生産費の差異に依存するというとき，気をつけなくてはならないのは，比較される生産費は，交換の対象である財の各々の国における生産費であって，交換している国における同じ財の異なった生産費ではないということである(1)．

　しかし，直接比較されるのは生産費それ自体ではなく，生産費の間の比率であって，比較される生産費の比率が，同じ国内で異なった財を生産する生産費の間の比率であろうと，異なった国で同じ財を生産する生産費の間の比率であろうと本質的なことではない．

---

(1)　J. E. Cairnes, *Some leading principles of political economy*, 1874, p. 312.

第1節　教義の性質と起源

財	単位当たりの実質生産費	
	A国	B国
A……	m	r
B……	n	s
C……	p	t

上の例では，比較される比率が $\dfrac{m}{n}:\dfrac{r}{s}, \dfrac{m}{p}:\dfrac{r}{t}, \dfrac{n}{p}:\dfrac{s}{t}, \dfrac{n}{m}:\dfrac{s}{r}, \dfrac{p}{m}:\dfrac{t}{r}, \dfrac{p}{n}:\dfrac{t}{s},$ であろうと，$m:r, n:s, p:t$ であろうとどうでもよい．最初の組合わせの比較では，A国は，A国での生産費がこれらの比率の最低のものの第1項の分子として表れる財の生産に最大の比較優位をもち，またA国での生産費がこれらの比率の最低のものの第1項の分母として表れる財の生産に最大の比較劣位をもつ．第2の組合わせの比較では，A国は，A国での生産費がこれらの比率の最小のものの第1項として表れる財の生産に最大の比較優位をもち，またA国での生産費がこれらの比率で最高のものの第1項として表れる財の生産に最大の比較劣位をもつ．単位実質生産費にどのような数値があてられても，これら比較の両方法とも必ず同じ結果をもたらすであろうが，通常，最初の方法を使うのがはるかに便利だとわかるであろう．もし最初の方法が使われるとすると，生産費を測る際に使われる単位は，2国において同じであるとかあるいは比較できるということさえ必要ない．だから，例えば，m が r より大きいとか小さいとか，n が s より大きいとか小さいとか知る必要はない．

18世紀における自由貿易教義の揺籃期では，自由貿易に対する通常の経済的な賛成論の基礎は，国内産の生産物と交換に，自国ではまったく生産できない財か，外国で生産する場合と比べて絶対的に高い生産費でしか自国で生産できない財のどちらかを輸入する国の利益にあった．自由貿易の下では，すべての生産物は，輸送費用を捨象すると，実質生産費の最も低い国で生産されると論じられるかあるいはそのような含意があった．アダム・スミスが提示したような自由貿易賛成論は，この点を超えて進展しなかった．

しかしながら，この世紀の初期に，アダム・スミス以前の幾人もの著述家，特に *Considerations on the East-India Trade*, 1701 の著者が，比較生産費の教義と同じ，有利な貿易の限界を定めた法則によって，すなわち輸入財が輸出財と引き換えに，自国で生産するより少ない実質生産費で手に入る場合はいつでも，海外から財を輸入しても損はないという法則によって，自由貿易の賛

成論を述べたことが明らかにされた．そのような貿易からの利益は，関係国間の生産費に比較的な差異がある場合はいつも可能であり，またこの場合に限られる．実際，比較生産費の教義は，この法則の含意をいくらか記述したにすぎず，政策の指針としてこの法則になにも付け加えていない(2)．

多くの古典派の経済学者は，比較生産費の教義が定式化される以前も以後も，貿易からの利益のあるなしのひとつの検査法として，この 18 世紀の法則に訴えた．リカードウは，それを彼の比較生産費の教義の定式化の中に取り入れた．

> ポルトガルは，手織物を 90 人の労働で製造しうるにもかかわらず，その製造に 100 人の労働を要する国からそれを輸入するであろう．なぜなら，ポルトガルにとっては，その資本の一部分をぶどう栽培から毛織物製造へと転換することによって生産しうるよりも，一層多くの毛織物をイギリスから交換入手するぶどう酒の生産に資本を投下する方が，むしろ有利だからである(3)．

マルサスは，合衆国の繁栄に寄与している一要素として，「多量の労働を必要とするヨーロッパの財と交換に，ほとんど労働の必要のない原料生産物」を販売する合衆国の販売能力を考えた(4)．これに対してリカードウは，次のように答えた．

> アメリカにとって，自国の財と交換に入手する財のために，ヨーロッパ人がたくさんの労働を費やそうが費やすまいがどうでもよいことだ．アメリカの関心は，それらの財を自国で製造するより購買することによって，アメリカがこれらの財

---

(2)　F. Y. Edgeworth, *Papers relating to political economy*, 1925, II, 6 を参照せよ：「外国貿易は，当事国の各々にとって，もし輸出品と交換に輸入品を獲得することが自国で生産するより費用がかからないと思われない場合には継続されないであろう．これは，少なくともその実際的な部分について，比較生産費の原理の一般化された記述である．」

(3)　*Principles of political economy*, in *Works*, pp. 76-76.（羽鳥・吉澤訳『原理』上巻，p. 192.）古典派の経済学者が，貿易からの利益の有無を立証する目的や，あるいは若干の場合には貿易からの利益の大きさを測る目的のために，この法則に訴える別の例については，次を見よ．R. Torrens, *The economists refuted* [1808], (彼の *The principles and practical operation of Sir Robert Peel's Act of 1844*, 3d ed., 1858, pp. 53-54 に再録); James Mill, *Commerce defended*, 1808, pp. 36-38; N. W. Senior, *Political economy* [1st ed., 1836], 4th ed., 1858, p. 76; J. R. McCulloch, *Principles of political economy*, 4th ed., 1849, p. 147; J, S. Mill, *Principles of political economy* [1848], Ashley ed., p. 585.

(4)　Malthus, *Principles of political economy*, 1st ed., 1820, p. 428.

のためにいっそう少ない労働を費やせば済むということだけである⁽⁵⁾.

輸入は,たとえその輸入される財が海外よりも少ない生産費で自国で生産できるとしても有利でありうるという,この明瞭な記述は,比較生産費の教義が18世紀の法則に唯一つけ加えた帰結であったと私には思われる.この記述の一番の貢献は,自由貿易の下では,すべての財は実質生産費の最も低いところで必ず生産される傾向があるというそれまでの一般的誤謬を,正すことであった.

1817年に初めて出版された『原理』において,リカードウは,比較生産費の教義を,後に有名となった例証,すなわちイギリスで生産すると120人の労働を要した数量のぶどう酒が,ポルトガルでは80人で生産でき,それに反して,イギリスで100人の労働を要した毛織物が,ポルトガルでは90人で生産できるという例証で展開した.するとポルトガルは,仮に輸入される毛織物がイギリスより少ない労働で生産できるとしても,毛織物をぶどう酒と交換にイギリスから輸入するであろう⁽⁶⁾.

比較生産費の原理を最初に公にした名誉は,一般にリカードウに与えられる.しかしレサー (Leser) は⁽⁷⁾,1881年に,トレンズの *Essay on the External Corn Trade*, 1815 の中の次の一節を根拠にして,この教義の発見の名誉をトレンズに与えた.

 もしイギリスが製造技術を修得し資本の一定部分を使って用意できるたくさんの毛織物に対して,同じ資本の一定部分を使って,自国の大地からイギリスが作りうる穀物よりもはるかに多量の穀物をポーランドの耕作者が差し出すなら,そのときには,イギリスの領土は,たとえそれがポーランドの土地と同等でも,否それより優っていても無視されて,イギリスの穀物供給の一部分はポーランドから輸入されるであろう.というのも,自国で耕作に使われる資本は,海外で耕作に使われる資本を超える利潤超過をもたらすかもしれないが,この想定の下では,

---

(5) Ricardo, *Notes on Malthus' "Principles of political economy"* [1820], Hollander and Gregory editors, 1928, p. 209.
(6) *Principles, Works*, pp. 76-77.(羽鳥・吉澤訳『原理』上巻, p. 192.)
(7) 「トレンズは,……別の素晴らしい発見をしたが,それは,彼の名前ではなく,しばしばリカードウの名前に結び付けられている.……われわれは,まさにここで,リカードウが提起した……大いに感嘆すべき議論に直面するのである…….」(E. Leser, *Untersuchungen zur Geschichte der Nationalökonomie*, I, 1881, pp. 82-83, 注.)

製造業に使われるはずの資本はさらに大きな利潤超過をもたらすであろうし，そしてこのいっそう大きな利潤超過がわが産業の方向を決定するであろう[8]．

レサーの論評は人の注目を引かなかったが，数年後に，比較生産費の教義の定式化の優先権の名誉はトレンズにありと，今度はセリグマン教授が再び要求した[9]．ホランダー教授は，リカードウの主張を弁護して，次のように返答した．すなわち，セリグマンによって提示されたトレンズ支持の多くの証拠は，適切でないかあるいは重要さが疑わしく，リカードウの『原理』が出た後でさえ，トレンズは，比較生産費の教義の完全な意味をけっしてはっきりと理解しなかったし，またその明瞭な利用もしなかった．またリカードウの優先権は，リカードウの『原理』の出版前に，トレンズが，ただの一節でこの教義を「概略において」正しく述べたという事実だけでは，くつがえすことはできないというものであった[10]．

トレンズは，この教義のかなり満足な定式化を公表したという点で，明らかにリカードウより先行した．しかしリカードウは，この教義をはじめて正当に強調し，それをはじめて適切な場所に位置付け，そして経済学者の一般的な承認を獲得した名誉を受ける資格のあることは疑いない．さらに，この教義がけっしてトレンズの見解の不可欠の部分ではなかったという，ホランダーの主張も是認されるように思われる．トレンズは，少なくとも彼の二つの出版物で，この教義を再述し，また大いに記述して[11]，たまたまはじめて「比較生産費」という言葉をこの教義との関連で使ったが[12]，これら後半の記述は，他の経

---

(8) Torrens, *An essay on the external corn trade*, 1815, pp. 264-65. p. 266 も参照せよ．
(9) E. R. A. Seligman, "On some neglected British economists," *Economic journal*, XIII (1903), 341-47. (Seligman, *Essays in economics*, 1925, pp. 70-77 に再録．)
(10) J. H. Hollander, *David Ricardo : a centenary estimate*, 1910, pp. 92-96. Seligman and Hollander, "Ricardo and Torrens," *Economic journal*, XXI (1911), 448 以下の議論も参照せよ．
(11) *Essay on the external corn trade*, 4th ed., 1827 の中の一節，"Effects of free trade on the value of money," pp. 394-428. これはこの 4 版ではじめて加えられた． *Colonization of South Australia*, 1835, pp. 148 以下．
(12) セリグマンのいうには，「トレンズもリカードウも『比較生産費』という言葉は使っていない．この言葉は，ミルによって 1844 年の『試論集』の中ではじめて使われた．」(*Economic journal*, XXI (1911), 448.) ホランダーの指摘では，トレンズが，彼の *Essay on the external corn trade*, 3d ed., 1826, p. 41 の中で「比較生産費」という言葉を使ったが，別の関連であったといい，そしてジェームズ・ミルが，国際貿易理論に関連してはじめて「比較的（comparative）」

済学者がこの問題を論じた結果として生じたトレンズの初期見解の改善だったと率直に紹介されている．さらにトレンズは，この教義の把握があまり強固でなかったために，その意味と含意についての混乱を時々示すことができなかった(13)．

　トレンズが比較生産費の教義の説明者であったことを証明するために，セリグマンがトレンズの著作から引用したほとんどの証拠は，ホランダーがいうように，ただトレンズが，国際分業は有益であるという議論を認めたとか，あるいは私が上で18世紀初頭にその起源をもつことを明らかにした原理，すなわちもし自国で生産するより低い費用で入手できるのなら，財を輸入して損はないという原理を認めたことを示しているだけである．

　比較生産費の教義について，トレンズがリカードウに優先しているという主張は(14)，すでに上で引用された1815年版の *Essay* の一節を根拠としたものにすぎない．ホランダーの推測では，この初期の一節それ自体でさえ，この問題のリカードウとの討議にもとづいているところがあるかもしれないという．しかしこの可能性は，トレンズとリカードウがすでに1815年に知己であったことが少なくともはっきりするまでは，あまり重要視すべきではない．他方，トレンズ自身が優先権を主張することは，彼が自分の主張においても知識においてもふらついていたことから，あまり大きく強調されるべきでなく，また彼自身にとって不利になることでもあった(15)．

　リカードウの例証は当然いくつか重要な仮定を含むが，彼は，いつもの習慣にしたがって，けっしてわざわざそれを述べない．彼の結論が批判された理由は，この結論が彼の仮定から理論上でてこないうえに，彼の結論の有効性に必

　　　という言葉を使ったと主張する．(*Economic journal*, XXI (1911), 461.) しかしトレンズは，彼の *Essay on the external corn trade* の第4版 (1827, p. 401) において「比較生産費」という言葉を正しく使い，またリカードウは，『原理』のすべての版で，「外国市場での競争を考えた限りでの比較劣位 (comparative disadvantage)」(*Works*, p. 101) そして「生産の……比較的便宜さ (comparative facility)」(同書，p. 226) という成句を使ってきた．古典派経済学者の学術用語の慣習は，口頭の議論に影響を受けたにちがいないから，印刷物における優先権の問題は，用語使用の優先権とほとんど関係がない．

（13）　本書後出，pp. 467-68 を参照せよ．
（14）　*Essay on the external corn trade*, 4th ed., 1827, p. vii.
（15）　例えば，Torrens, *Tracts on finance and trade*, no. 2 (1852), 17 を参照せよ．「外国貿易の章で，碩学の独創的な著述家［すなわちリカードウ］は，はじめて真の国際交換の理論を提示した．」なるほど，トレンズは，どうもここで比較生産費よりむしろ交易条件問題を口にしているようであるが，彼は，交易条件の教義についても優先権を主張していた．

要な仮定が現実的でなく，それらを放棄するとか訂正すると結論が維持できないということにあった．リカードウが次の仮定を分析の基礎にしたのは，多かれ少なかれ明白である．すなわち，長期の調整のために十分な時間があること，自由競争であること，2国と2財だけであること，産出物の変化につれて不変の労働生産費であること，そして各々の国内における総実質生産費も供給価格も当該国内における労働時間生産費と比例しているという仮定である．彼の仮定を拒絶しないこれらの批判とか訂正を，最初に吟味して，彼の仮定の有効性を問題にするもっと根本的な批判は，後で論じよう．

第2節　貿易利益の分配

リカードウの誤謬といわれているもの．──リカードウは，一方では，貿易利益のすべてが2国のうちの1国に向かうと主張したとして非難され[16]，他方では，貿易利益が2国に分配されることがわかるどころか，貿易利益のすべてはそれぞれの国に向かうと主張したとして非難されてきた[17]．

リカードウの算術例で与えられたデータは，次の通りである．

国	1単位を生産するのに必要な労働量	
	毛織物	ぶどう酒
ポルトガル	90	80
イギリス	100	120

貿易からの利益がすべてイギリスに向かうためには，イギリスの毛織物は，9/8単位のぶどう酒に対して1単位の毛織物の割合で，ポルトガルのぶどう酒と交換しなくてはならない．利益がすべてポルトガルに向かうためには，イギリスの毛織物は，5/6単位のぶどう酒に対して1単位の毛織物の割合で，ポル

---

(16)「この問題についてリカードウ氏が提示した見方では，外国貿易にもとづく利益は，これらの国のうち1国だけに限られていた．」(Torrens, *The principles and practical operation of Sir Robert Peel's Act*, 3d ed., 1858, 第2版の序文, pp. xiii-xiv.) これと同じ非難は，J. W. Angell, *The theory of international prices*, 1926, pp. 54, 注; 67 で繰り返されている．

(17)「リカードウ氏は，……不用意にも，交換をしている2国の各々が別々に1国および他国における二つの商品の比較的費用の間の差額の総額を得得するように述べた．」(J. S. Mill, *Essays on some unsettled questions of political economy*, 1844, pp. 5-6. 末永茂喜訳『経済学試論集』1936年，p. 13.)

トガルのぶどう酒と交換されなくてはならない．しかしリカードウの記述では，イギリスの毛織物は，1単位のぶどう酒に対して1単位の毛織物の割合でポルトガルのぶどう酒と交換され，「こうしてイギリスは，80人の労働の生産物［＝1単位のぶどう酒］に対して，100人の労働の生産物［＝1単位の毛織物］を与えるであろう」という(18)．この割合であると，利益は，2国間でほぼ均等に分配されるであろう．だからリカードウには，彼にあるとされたどちらの誤謬の罪もなかった．

ジェームズ・ミルは，彼の *Elements of political economy* の第1版で，利益のすべてがそれぞれの国にあるという誤謬を犯したが，1826年の第3版でそれを訂正した(19)．エイナウディ（Einaudi）は，かつてはジェームズ・ミルだけでなくリカードウにもこの誤謬があるといい，またトレンズの示唆を根拠にして，最初にこの誤謬に気づいて訂正したのはジェームズ・ペニングトンではなかったかという問題を提起した(20)．これに答えてスラッファ（Sraffa）は(21)，リカードウにはこの誤謬の罪はなく，またJ.S.ミルの『自伝』の中の記述に(22)，ミルの父は，1825年の父自身とジョージ・グラハム（George Graham）の批判の結果として，この誤りを1826年版の *Elements* で訂正したと指摘した．

J.S.ミル［ジェームズ・ミルの誤りか］のもう一人の協力者，ウィリアム・エリス（William Ellis）は(23)，同年つまり1825年のはじめ，ジェームズ・ミルが使ったものと類似の算術例を提示し，そこから，利益は2国間で等しく分配されると結論した．だからこの誤謬は，ジェームズ・ミルと交際のあった集団の幾人かの会員たちによって，ほぼ同じ時に看破されたと思われる．

比較生産費と交易条件の関係．――リカードウの例では，2財は，2国の比

---

(18) Ricardo, *Principles, Works*, pp. 76-77.（羽鳥・吉澤訳『原理』上巻，p. 192.）
(19) James Mill, *Elements of political economy*, 1st ed., 1821, pp. 86-87; 3d ed., 1826, p. 122.
(20) L. Einaudi "James Pennington or James Mill : an early correction of Ricardo," *Quarterly journal of economics*, XLIV（1929-30）, 164-71.
(21) P. Sraffa, "An alleged correction of Ricardo," 同書, 539-44 と，スラッファの説明に対するエイナウディの承認（同書, 544-55）を参照せよ．*Journal of political economy*, XXXIV（1926）, 609における私のエンジェルの著書 *Theory of international prices* の書評も参照せよ．そこで私は，リカードウにはこの誤謬の罪はないことをすでに示してきた．
(22) J.S. Mill, Autobiography, 1873, pp. 121-22.
(23) "Exportation of machinery," *Westminister review*, III（1825）, 388-89.

較生産費のほぼ半分の比率で相互に交換される(24)．リカードウがこの問題の条件を述べたときに，この正確な比率がこの条件として必要であるとみていたかどうか，あるいは実際の比率が現実にどのように決定されるかということを彼は述べていない．1825年のエリスや1826年のジェームズ・ミルも，貿易利益は2国間で均等に分配されると述べた．マカロック（McCulloch）は，利益の割合が両国で等しい算術例を使って，比較生産費の教義を展開した(25)．これらの著述家たちが，このような任意の交易条件に(26)何か特別の意味をもたせたかどうかは疑わしい．というのは，古典学派の初期の著作や特にロングフィールド（Longfield）やトレンズの著書には，均衡交易条件の位置は変わりやすく，また2国の相互の生産物に対する需要の相対的な強度しだいであるという事実の認識がみつけられるからである．しかしペニングトンは，比較生産費が交易条件の最高率と最低率を定め，この限度内で相互需要の働きが交易条件をいずれかの点に決定できることを印刷物で明白に指摘した，最初の人であったように思われる(27)．

　トレンズは，交易条件が相互需要によって決定されると早くから強く主張してきたが，1840年代(28)の関税論争に関連してこの説を強調したために，関税の一方的な削減に反対する議論としてこれをもち出したトレンズを気に入らないとみた経済学者の一部に，かなり大きな反対を引き起こした．トレンズの議論で引き起こされた関心に動かされて，J. S. ミルは，同じ問題を論じた1829年と1830年の若干の論文を，1844年に出版することになった．のちの経済学者がこの教義を引き継いだ原典は，『原理』(29)で再述・発展されたミルの『経

（24）　リカードウの記述では，毛織物とぶどう酒は，ぶどう酒1に対して毛織物1の割合で相互に交換される．2国における2財の比較生産費のちょうど半分の比率は，ぶどう酒47/48に対して毛織物1である．
（25）　*Principles of political economy*, 4th ed., 1849, p. 147.（これ以前の版でも同じ．）
（26）　しかし Angell, *Theory of international prices*, p. 305 を参照せよ：
　　　「彼［すなわちアシール・ロリア（Achille Loria）］は，国際価値は，2国の最大利益と最小利益の中間に決定されると主張しているように思われる．しかしこれは，おそらく比較生産費の原理からの当然の推論とみなすことができる．」
　　　J. S. ミルは，利益は，他のどのような特殊な割合より，均等に分配されることの方がもっと多いであろうと主張した．本書前出, p. 321, 注77を参照せよ．
（27）　James Pennington, *A letter...on the importation of foreign corn*, 1840, pp. 32-41. J. S. Mill, *Essays on some unsettled questions*（書かれたのは1829-30年), 1844, p. 12 も参照せよ．
（28）　特に *The budget*, 1841-44 の随所に．

済学試論集』[30]の中の説明であって,ロングフィールドやトレンズあるいはペニングトンではなかった.外国のA財1単位との交換において,A財1単位の生産にかかる自国の実質生産費を用いて自国で生産できるB財より,余計にB財を与える国はあるまい.だから比較生産費は,二つの財が相互に交換できる限度を定めるが,しかし実際の比率は,相互の生産物に対する2国の相互需要によって決められる.A財の生産に比較優位をもつ国において,A財ではかったB財の需要が大きければ大きいほど,他の事情にして等しいとすると,A財のB財に対する交換比率は,この国のA財とB財の相対的な生産費用にますます近づくであろう.B財の生産に比較優位をもつ国において,B財ではかったA財の需要が大きければ大きいほど,他の事情にして等しいとすると,A財のB財に対する交換比率は,この国のそれらの相対的な生産費用にますます近づくであろう.しかし均衡状態では,輸出額と輸入額は等しくなくてはならない.A財とB財の可能な交換比率のうち,この条件を満たすことのできる比率こそ,すなわち1国の提供するA財の数量がもう一方の国の受け取ってもよいとするA財の数量と等しくなる比率こそ,実際の比率であろう.

限界的な比率での貿易.——その後一連の算術例を援用して,ニコルソンが指摘したことは,もし2国と2財しかなく,2国の相対的な大きさが同じでないとすると,交易条件は,おそらく大国の比較生産費かあるいはその近くに決まる,すなわち小国が貿易利益のすべてあるいはほとんどを手に入れるということであった.彼は,2国の相対的な規模を考えに入れなかったことが,J.S. ミルの分析に多少の混乱をもたらしたことを示唆した[31].グレーアムは,ごく最近この議論を繰り返したが,ニコルソンにはふれなかった.グレーアムはさらに議論を深め,もし記述の条件の下で,各々の国が貿易利益を実質的に分け合うためには,国はもちろん財の重要さにおいてもほぼ正確に等しいことが必要であると明瞭に指摘した[32].グレーアムがこの議論を基礎にして主張す

---

(29) *Principles of political economy*, 1848, 第3巻, 18章. すべての版で繰り返された.
(30) *Essays on some unsettled questions*, 1844 の論文1. ミル自身は,相互需要の「独創性ではなく,ただ苦心の作」の役割だけを主張している.(同書,序文, p.v.) ミルは次のようにいう.すなわち,リカードウはこの問題を論じなかったが,「科学を創造しなくてはならなかった彼には,主要な原理以外のことに頭を使う時間とか余裕はなかった」と. (同書, p.5.)
(31) J.S. Nicholson, *Principles of political economy*, II (1897), 302.

るには，J. S. ミルにとっては「極端で辛うじて想像できる場合」でしかなかった状況，すなわち利益のすべてが一国にいってしまう状況は，費用が一定で2国と2財しかないという条件の下では，どちらかというと標準的なケースであったという．彼がJ. S. ミルに同意することは，利益が分割されることが標準的なケースだということである．貿易にはふつう2財以上が入るから，たとえひとつの財の過剰な輸出で交易条件が1国に不利に動いたとしても，比較優位の少ない別の財の輸出がはじまり，こうして交易条件の不利な動きが阻止されるというのである．しかし彼は，バステーブルが小国と大国間の貿易においてこのようなことが起こりそうなことを認識していたことは認めるが，この問題のバステーブルの扱い方については批判する[33]．

グレーアムの推論は正しい．しかし，彼のJ. S. ミル批判は部分的に正当化されるだけである．彼の攻撃するミルの『原理』の文章は，かなり前に書かれたミルの『経済学試論集』からの引用文である．これらの引用文が掲載された『原理』の同じ章の第3版（1852年）ではじめて加えられた節において，ミルは，はっきりと同じ問題を取り上げ，グレーアムと同じ答えを与えている．彼は，自分の提示する特定の例において，貿易が，利益のすべてを1国に向かわせることになる代わりに，分割される結果となるように仮定すべき理由を問うている．ミルの答えは，そのようなケースでは，貿易利益のすべてを手にする国は，自分自身の輸出財の追加量と交換に，他の国から，他の国の比較優位にある財を，たとえそれが他の国のもともとの輸出財より少ない比較優位しかない財であっても追加的に輸入することが有利であるとおそらく知るであろうし，ついに，他の国がもはや輸入財をなにも生産せず，交易条件が利益を2国間に分割するようになる状況に達するというものである．「想像しうる他のいかなる場合についても同様である．」[34]ペニングトンは，すでに1840年に，もっと多くの財と国が参入すれば，そのことによって，すべての利益が1国に向かう点に交易条件が定められるのを防ぐ傾向があろうと指摘していた[35]．

部分特化の可能性．——グレーアムは[36]，ミルの分析のもうひとつの誤謬

(32) F. D. Graham, "The Theory of international values re-examined," *Quarterly journal of economics*, XXXVIII (1923), 55-59, 79.
(33) 同書, pp. 63-65.
(34) *Principles*, Ashley ed., p. 601, 注．（末永訳『経済学原理』第3巻, p. 311.）
(35) *A letter...on the importation of foreign corn*, 1840, p. 41.

第2節 貿易利益の分配   433

として次の1節を引用する.

　　輸送費には,いま一つ,別の効果をもっている.輸送費がかからなかったならば,どの商品も（貿易が自由であると仮定する限り）規則的に輸入ないし輸出されるであろう.ある国が作る物は,皆自国用であると同時に,また他の国々用でもあるであろう(37).

　グレーアムが明らかにすることは,もし貿易が限界的な比率のひとつにあるとすると,これは費用一定の仮定の下でも誤りだということである.というのも,自分自身の相対的生産費用と一致する条件で貿易する国は,その国が輸入する財の消費のある部分は自分で生産しているかもしれないし,実際,生産していそうだからという.しかし,明らかであるように思われることは,最初ミルは,完全特化は輸送費のない自由貿易の結果必ず起こると主張しながら,後に,もしその命題が正しいとした場合,貿易が限界的な比率では起こらないと仮定した場合に限って,彼がその主張を変えなかったことである.『原理』の第3版で,彼の初期の教義,すなわち2財だけの貿易の場合,交易条件はふつう利益を2国間で分割するようになるであろうという教義を訂正する際に,ミルもこの誤謬を訂正した.限界的な比率での貿易を仮定するケースで,彼は,2国のうち1国にその国が輸出する財だけ部分的に特化させる.もしドイツがリンネルに比較優位をもちイギリスが毛織物に比較優位をもつとして,ドイツの相対的な生産費用に等しい交換比率でドイツがイギリスの供給能力以上の毛織物を受け入れたい気持ちがあるとすると,そのときもし第3の財が貿易に入らなければ,「イギリスは,ドイツに対しラシャを100万ヤールの範囲まで供給し」そして「ドイツは,残る20万ヤールを引き続き自国生産によって自給するであろう.」(38)ミル自身の引用例を基礎にしてフューエルが以前明らかにしたところでは,一定の費用と2財と2国しかないという仮定では,2国のうち1国は,自国が貿易からの利益をまったく得ない状況にあることを知りそうだし,そうすればそのような国は,比較優位をもつ財の生産に部分的にしか特化しないであろうという(39).

(36) Graham, "The theory of international values re-examined," 上記引用文中, pp. 67 以下.
(37) Mill, *Principles*, Ashley, ed., p. 589.（末永訳『経済学原理』第3巻, pp. 288-289.）
(38) Mill, *Principles*, Ashley ed., p. 601, 注.（末永訳『経済学原理』第3巻, p. 310.）

グレーアムの指摘によると，バステーブルも，一定の費用と2国の2財しかないという条件の下では，ただ部分特化だけが不可能だと主張したという(40)．しかし，ここでも彼は，バステーブルの著書をよく注意して読まなかった．バステーブルは，小国と大国の間の貿易という「特殊ケース」と彼が呼ぶものを論ずる際に，彼の全般的な否定とは辻褄が合わないが，大国が比較優位のある財の生産にただ部分的に特化するという可能性——文脈の示す限りでは，おそらく必然性でさえある——をはっきりと主張していた(41)．さらに1897年に，エッジワースは，バステーブルの立場を非難して，ずっと以前にマンゴルトが，2国のうちの1国による部分特化の可能性を論証していたことを明らかにしたが(42)，第3版で追加された付録で，バステーブルは自分の誤りを認めた(43)．

　リカードウは，次に示す2人の人間の取引から類推して，比較生産費にしたがった国際特化の利益の主張を裏付けた(44)．

　　かりに2人の人が共に靴と帽子を製造することができ，そして一方の人は両方の仕事において他方の人より優れているが，しかし帽子の製造においては，その競争者をしのぐことわずかに五分の一，つまり20％にすぎず，靴の製造においては彼に勝ること三分の一，つまり33％であるとしよう．優越者が専ら靴の製造に従事し，劣等者が帽子の製造に従事することは，両者の利益ではないだろうか．

　パレートは，この1節をリカードウから引用して，完全特化が，まったく特

(39) William Whewell, "Mathematical exposition of some doctrines of political economy. Second memoir," *Transactions of the Cambridge Philosophical Society*, IX, Part I (1856), 141. この論文は1850年に読まれたが，同じ年に私的配布のために印刷された．これは，主としてミル教義の批判であったから，ミルはこれを知っていたかもしれない．
(40) Graham, "The theory of international values re-examined," 上記引用文中 p. 60; Bastable, *The theory of international trade*, 4th ed., 1903, pp. 29, 35, 177, 178.
(41) Bastable, 同書, p. 43：「だから，x と y の両財の生産は B 国で続けられるが，逆に A 国は，すべての努力を y 財の生産に注ぎ，そのため貿易からのほとんどすべての利益を獲得するという結果になる．」(同じ文章は1897年の第2版，p. 43 に掲載される．) バステーブルは，すべての利益という代わりに，「ほとんどすべての利益」というが，というのも彼の仮定では，y 財は，B 国でさまざまな生産費用で生産されており，そのため，「y 財の最も費用のかかる部分の生産が B 国によって断念されることから，B 国が若干の利益を受けることがありそう」だからである．
(42) Edgeworth, review of 2d ed. of Bastable, *Economic journal*, VII (1897), 398-400. 同じ年にニコルソンも部分特化の可能性を指摘した．(*Principles*, II (1897), 302.)
(43) Bastable, *Theory of internaional trade*, 4th ed., 1903, p. 179, 注を参照せよ．
(44) *Principles, Works*, p. 77, 注．(羽鳥・吉澤訳『原理』上巻, p. 193.)

化していない場合と比べて必ず有利であるという口ぶりには誤りがあると主張した．彼が算術例を使って示したことは，完全特化は，いくらかの状況の下では，特化していない場合と比べて，一方の財を多くするが別の財を少なくすることになり，そして，これらの財への相対的な需要にかかっているが，この一方の財の増加は，価値において別の財の不足を相殺するに十分でないかもしれないということである[45]．これは，自由貿易賛成論としての比較生産費の原理の部分的否定としばしば解釈されてきた[46]．もしそれがそういう意図であったとすると，それを反駁するには，比較生産費にしたがった特化が自由貿易の下で遂行される傾向にある限り，そのような特化が既述の条件の下で損失にならないことを示せば，当然容易に反駁できる．しかし，パレートをこのように解釈することは，パレートに対する誤解のように思われる．彼の批判は，完全特化はまったく特化しない場合と比べて必ず利益があるという命題だけに直接向けられたように思われる．パレート自身，完全特化は，それが有利でないところでは，自由貿易の下でも起こらないであろうと説明している[47]．

　そのうえ，リカードウの，もし二人の個人の各々が2財のうちひとつの生産に比較優位がある場合，完全に特化することが二人の個人の利益であろうという記述は，もし二つの国の生産費用に比較的な差異がある場合，完全特化は，二つの国の各々にとって必ず有利であろうという信念を反証する根拠としては不十分のように思われる．リカードウがこの信念をもっていることを証明するためにパレートの引用した文章は，リカードウの本文では，偶然にも，2国のうちの1国による部分特化が可能な特定の条件のすぐ後にくる．

　　そうしてみると，次のことが明らかであろう，――機械と熟練について著しく優越し，したがって隣国よりはるかに少ない労働で諸商品を製造しうる国が，このような商品の見返りに，自国の消費に必要な穀物の一部を輸入することがある．たとえその国の土地が穀物輸入先の国よりも一層肥沃であり，その結果，穀物がより少ない労働で生産されうるとしても，なおそうなのだということ，これであ

---

(45) V. Pareto, *Manuel d'économie politique*, 2d ed., 1927, pp. 507-14.
(46) 例えば，Angell, *Theory of international prices*, p. 256 を参照せよ．エンジェルがいうには，パレートは，特化は，特化していない場合より金額でみて必ず大きい総産出物になることにはならないし，まただから，比較生産費の原理は，「普遍的に適用されないし，また不合理な推論を含んでいるかもしれない」と説明しているという．
(47) *Manuel*, p. 513.

る(48).

その後もう一人の著述家 A. F. バーンズ（Burns）は，完全特化は有利でないかもしれないというパレートの論証を繰り返した(49). しかしこの著述家は，パレートよりさらに進んだ．というのも彼は，まるで比較優位の線にそった特化は必ず完全特化を伴うかのように明記し，そして，そこでそのような特化がひとつの財を増加させ別の財を減少させる場合には，自由貿易が有利であったと証明することは不可能だと主張する．彼が見落としている事実は，特化は，もしそれが自発的である場合には，輸出される限界単位が，市場でそれと交換に得られるものより価値がなくなる点まで進められることはないであろうという事実であり，またから，既述の条件では2国のうち1国に貿易からの利益がないかもしれないとしても，少なくとも別の1国には利益があるにちがいないし，もしそれぞれの国でそれ自身の生産物の価格が実質生産費に比例しているとすると，どちらにも損失はありえないという事実である．

第3節　財の数が2財を超える場合の貿易

比較生産費の教義に関係する問題は，通常2財と2国しかないという単純化した仮定の下で吟味されてきたが，そこにあった信念は，もっと多くの財とか国をこの問題の中にもちこんでも分析を複雑にするだけで，単純な仮定にもとづいて国際特化の性質と有利性について達せられた結論には，重大な質的変化

---

(48) *Principles, Works,* p. 77, 注.（羽鳥・吉澤訳『原理』上巻, p. 193.）（傍点は原著にない.）リカードウが，穀物生産に部分特化する可能性にふれる際に，費用一定の仮定に執着していなかったことに異議が唱えられるのはもっともなことかもしれないが，しかしこの一節は，本文中で与えられた場所からみて，リカードウが，比較優位にしたがった特化の必然的な結果として，完全特化を少しも重視していなかったことを表すのに，少なくとも役立っている．

　ヴィクセルは，パレートの書評において，もし財の重要性が等しくなければ部分特化だけになるという点については同意したが，パレートのリカードウ批判を揚げ足取りであるとするとともに，リカードウは子供のお伽話を書いているのではないとも評論した. Knut Wicksell, "Vilfredo Paretos Manuel d'économie politique," *Zeitschrift für Volkswirtschaft,* XXII (1913), 148-49.（この件については G. J. スティグラーに負うている.）

(49) A. F. Burns, "A note on comparative costs," *Quarterly journal of economics,* XLII (1928), 495-500．彼の議論に対する G. ハーバラーの批判, "The theory of comparative cost once more," 同書, XLIII (1929), 380-81 とヴァイナーによる批判, "Comparative costs: a rejoinder," 同書, XLII (1928), 699 を参照せよ．

は必要ないというものであった(50). このような仮定にしたがうと，外国貿易に関連するある問題が看過されがちではあるが，この研究姿勢は，私には基本的に正しいように思われる．

しかしグレーアムは，2国と2財に限るという仮定に執着したために，「古典派の国際価値論は，その基礎が覆されることはないにしても，その結論にかなりの修正が必要とされる重大な異議の入る余地がある……ように思われる」と主張し(51)，またその後の論文において(52)，ますます強い言葉で批判を表明した．彼の批判の中には，うまく受け入れられてこの理論の古典的な説明の真の弱点をついているものもある．しかしグレーアムの説明するように，彼の異議は，主にJ. S. ミルとマーシャルの相互需要の理論化に向けられており，本章のもっぱらの関心事である比較生産費の教義には向けられていない．そのうえ古典派経済学者は，グレーアムが導いて人びとに思わせる以上に，2財に限るという厳しい仮定から離れることが多かった．2国以上の国による分析で，比較生産費と交易条件の関連に関係のあったいくつかの例を，これから吟味する．

ロングフィールドは，はっきり2財以上を扱うようにリカードゥ派の分析を拡張しようとした，最初の人であったように思われる．2財しかないところで比較生産費が与えられた場合，各々の国がそれぞれどちらの財を輸出し輸入するかについて問題はない．しかし，2財を超える財の存在するところでは，各々の国によってどの財が輸出されどの財が輸入されるかという問題は，それほど簡単に答えることができない．ロングフィールドの解決法は，まったく申し分ないというわけではなかったが，その後認められた解決法となったものにかなり近かった．彼は，輸送費と，そして労働生産費以外の実質生産費のすべての要素を拾象し，貿易の進行中は，すべての価格は2国で同じであると暗黙に仮定する．そこで，彼は，各々の国の賃金は，すべての職業で均一であると一時的に仮定する．彼は，いくつか異なった矛盾する結論を出すが，多分そのことをわかっていない．彼は，まず2国の賃金は2国における労働の平均生産性に

---

(50) J. S. Mill, *Principles*, Ashley ed., p. 588.（末永訳『経済学原理』第3巻, p. 287)を参照せよ．「貿易がいかに多数の国々の間で，しかもいかに多数の商品について行われようとも，それは，2国間における2商品の貿易と同じ本質的原理にもとづいて行われるはずである．」

(51) F. D. Graham, "The theory of international value re-examined," *Quarterly journal of economics*, XXXVIII (1923), 54-55.

(52) "The theory of international values," 同書, XLVI (1932), 581-616.

比例すると主張する．もしイギリス人の労働が，おそらく貿易前に，フランス人の労働の平均で3倍だけ生産的であり，またはだから，イギリス人の貨幣賃金がフランス人の賃金の3倍だけ高いとすると，イギリス人の労働が仮にフランス人の労働の4倍も生産的な産業のすべてで，貨幣生産費は比較的に低く，そこでこれらの財は輸出されるであろうが，それに反して，イギリス人の労働がフランス人の労働の2倍も生産的でない産業では，貨幣生産費は比較的に高く，そこでこれらの財は輸入されるであろう．「貿易は，特定の職業における［労働生産性の］比率が平均的な比率より低いとか高いとかに応じて生じるであろう．」(53)

　その後彼が主張するには，もしイギリスが，外国の労働より2倍も生産的な産業の生産物を輸出している間に，いくらかの別の新しい産業において3倍の優位を得たとすると，イギリスの新しい産業のより大きな優位性は，古い産業を利益のないものにするであろうという．古い産業の労働には新しい産業と同率のつまり海外で一般的な率の3倍が支払われなくてはならないであろうが，古い産業における生産性は外国の労働の2倍にすぎないから，外国人は，古い産業の生産物を，貨幣生産費で測ってより安く生産できることになるであろう(54)．

　さらにその後，彼は少し違った解決法を提供する．

　　……もしある国が至極一般的な需要をもった二つないし三つの品物の生産に圧倒的な優位を享受したとすると，その結果，その国の労働者の賃金はあまりに高くて，この国は，自由貿易体制の下では，他のいずれの製造業においても残余の世界と競争できないであろう．錫，キャラコ，石炭，刃物類，陶器の生産において，イギリス人の労働の生産性が他の国の10倍だけ大きいと想定しよう．その結果，イギリスの労働者の賃金は，他のいずれの国よりはるかに高いであろうが，それをいま8倍高いと想定して，その他の財の製造では，イギリス人の労働は外国の労働の2倍だけ生産的であるにすぎないとしよう．その結果，これら後者の財は，残余の世界において，イギリスで作る場合の四分の一の価格で製造されるであろう(55)．

　ロングフィールドは，ここで正しい解決法の重要な2要素を正確に提示した．

（53）　M. Longfield, *Three lectures on commerce*, 1835, pp. 50-56.
（54）　同書, pp. 63-64.

第3節 財の数が2財を超える場合の貿易　　　　　　　439

すなわち各々の国にとって，輸出される財は，実質生産費における比較優位について潜在的に可能的な生産物の上位の領域にあり，輸入される財は下位の領域にあるということ，また2国における比較貨幣賃金率は，輸出入財の正確な分割線を決めるということである．しかし彼の失敗は，2国の賃金比率を決定する方法について満足な説明を与えなかったことにあった．彼の最初の二つの解決法は，両方とも明らかに勝手な解釈であり正しくない．2国における賃金は，貿易前のすべての職業の平均生産性にも，また2国のうち1国の相対的に最も生産的な職業における2国の生産性にも比例しないであろう．彼は，最後の定式では，イギリスの貨幣賃金率を海外の賃金率より大きくさせたが，その割合は，イギリスが比較的に最も効率的である職業でイギリス人の労働が外国人より優っている割合よりいくぶん少なかった．彼の定式はその限りでは正しいが，この問題の明確な解決法のための十分な基礎にはならない．これは重要な前進であったが，ロングフィールドの貢献は不幸にも注意を引かず，他の主要な著述家たちは，何がいろいろな国の相対的な貨幣所得水準を決定するかという問題をまったく扱わないか，あるいはシーニアの提出した不満足な解決法を受け入れるかのいずれかであった．

　シーニアの主張では，どの国内でも，すべての企業の貨幣賃金水準は，異なった職業の魅力の違いをしかるべく加減すると，労働が輸出産業で稼ぎうる賃金で決められ，そして異なった国の輸出産業での比較的な賃金水準は，異なった国の輸出生産物が世界市場で支配的な比較的な物価で決められるとされた(56)．これは，未解決の問題を残したままとはいえ，財の数が2財を超える場合に，何が輸出産業になるかを決定する方法についての標準的な教義になった．一般的な賃金水準は，明らかに，どの産業が自分の生産物の輸出市場を見つけることができるかを決めるうえでの一要素であろう．しかし，どの産業が輸出産業であるべきかの決定を一般賃金水準に照らして説明することと，一般賃金水準を輸出産業で支配的な賃金水準に照らして説明することは，明らかに循環論法であろう．シーニアの主張は，均衡状態では，非輸出産業における賃金が輸出産業における賃金に等しくなるにちがいないことや，また，いろいろな国の賃金が，それぞれの国の輸出産業における労働の価値生産性に比例するにちがいないことを示すに十分であった．しかしシーニアが説明できなかった

（55）　同書，pp. 69-70.
（56）　N. W. Senior, *Three lectures on the cost of obtaining money*, 1830, pp. 11-30.

ことは，非輸出産業における賃金が，いくつかの要素の共通生産物である両産業の賃金の組合わせではなく，輸出産業の賃金で決められるということであった．

リカードウと二人のミルの著作には，この問題の解決法への接近はみあたらない．トレンズは，シーニアとロングフィールドに負うところがあることを示した綿密な議論の中で，いくらかの進歩をした．彼は，1国が比較優位の目盛りの上限かその近傍にある財にその国の輸出をとどめうる度合いは，これらの財に対する外国需要の大きさにかかっていると指摘した．1国がその国の労働を最も有利に雇用するために輸出しなくてはならない財の範囲が広ければ広いほど，他の事情にして等しいとすると，相対的な貨幣賃金水準は他国と比べて低いであろう[57]．ケアンズもこの問題に取りかかり，正しい結論に達した．すなわち，一般的な賃金水準と外国貿易は密接な関連にあるが，その関連は，一方向に働く単純な因果関係ではなく，全体としての「産業の生産性（productiveness of industry）」といろいろな財に対する需要との複合的な依存関係にあるとした[58]．しかし彼は，生産性と賃金水準と国際特化の間の相互関係の正確な性質については，あいまいにしたままであった．

一人のあまり知られていない著述家P. J. スターリング（Stirling）がこの問題を論じようとしたが[59]，ロングフィールドの水準までいかなかった．彼は，2国は，相互の「平価（par）」で交換する，つまり交換される財の生産費用に比例的な条件で交換することが利益であるとわかるだろうと主張した．「交換の条件は，すべての財の生産におけるのではなくて，2国の生産効率が最も近似する財の生産における2国の相対的な労働効率によって調整される．」こうして彼は，2国で生産費がまったく同一のいくらかの生産物が存在するところでは完璧に，そしてそのような生産物の存在しないところでは近似的に，国際価値論を国内価値論になぞらえた．彼は，次のケース（次ページ頭）を提示した．

錫と銀は，それぞれイギリスとメキシコに特有の財であり，また鉄は，両国

---

(57) R. Torrens, *Colonization of South Australia*, 1835, pp. 148-74, また特に pp. 169-74. ここで述べることは，トレンズ自身の言葉の緻密な言い換えというより，むしろ彼の議論の大意の一解釈とみなされるべきである．

(58) *Some leading principles of political economy*, 1874, pp. 334-41. オリーンもこの点を指摘している．(*Interregional and international trade*, 1933, p. 281.)

(59) P. J. Stirling, *The Australian and Californian gold discoveries*, 1853, pp. 211 以下．

第3節 財の数が2財を超える場合の貿易

	1000 日の労働の生産物		
イギリス		メキシコ	
鉄	50	鉄	50
錫	25	銀	400
小麦	50	小麦	100
毛織物	150	毛織物	75

で同じ生産費である．イギリスは毛織物を輸出し，小麦を輸入するであろうが，その交換比率は，小麦 100 単位に対して毛織物 150 単位，つまりそれぞれの財が比較優位に立って生産できる国における生産費用の比率の逆数である．彼ははっきりとそういわないが，銀と錫も，おそらく生産費用の比率の逆数つまり錫 25 単位に対して銀 400 単位の比率で交換されるであろうし，そして鉄は貿易されないであろう．彼のいうには，もしイギリスの鉄の産出物が 1000 日の労働につき 55 単位まで増加すると，その他のことが同じままだとすると，イギリスの毛織物がメキシコの小麦と交換される比率は，小麦 110 単位に対して 150 単位になるであろうし，そのことが，注意されたいが，これら2財の二重生産要素交易条件を，生産費の最も近似的な財である鉄の2国における生産費の比率の逆数に一致させるという．これは，もちろんまったくの自分勝手な解明である．しかしそれは，各々の国がそれぞれ輸出入する財が，比較優位による順位の上位と下位にあることを断定するという少なくともひとつの利点をもつ．

　満足な解明に向けての次に必要な一歩はマンゴルトがとった[60]．彼が明らかにするのは，生産費用が一定とみなされた場合，各々の国は，一群の財の生産に特化すること，これら各群内の財は，その実質生産費に比例して相互に交換されること，そして二つの異なった二つの群に属する財が相互に交換される条件は，それぞれの輸出財に対する2国の相互需要が，2国における生産要素の相対的な貨幣報酬率に及ぼす影響によって決められるということである．特定の財をどの国が輸出するかを決める基礎をみつけるために，マンゴルトは，ひとつの財の存在を仮定して，そのそれぞれの国の実質費用をそこでの一般的な報酬率で乗じると，その貨幣費用が両国で等しくなるとする．マンゴルトは厄介な算術例で議論を展開するが，それを説明するには，数ある利点の中でも，

---

(60) H. von Mangoldt, *Grundriss der Volkswirthschaftslehre*, 2d ed., 1871, pp. 209-30. 私は，ここで，エッジワースの特に優れた要約と注釈にしたがう．*Papers relating to political economy*, II, 52-58.

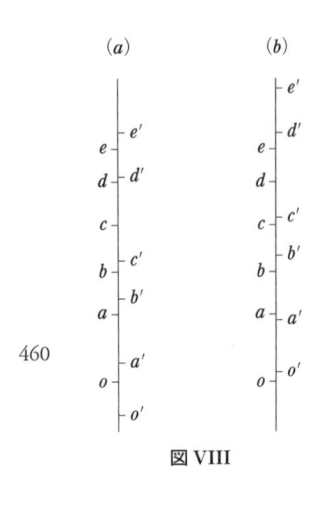

輸出入の限界にちょうど位置する財を仮定する必要性を省く利点をもった，エッジワースの巧妙な対数による図解の助けを借りた方がよいと思われる．

図 VIII (a) の垂直線の両側 2 列の文字が 2 国における財 a, b, c, d, e の実質生産費，左側が I 国の生産費を表し，右側が II 国の生産費としよう．I 国におけるそれぞれの財の実質生産費の対数値を固定された点 o からしるすことによって，a, b, c, d, e の諸点を位置付け，右側の列は上下に自由に移動するよう作られているが，左側の列は固定されたままであると仮定する．この移動する列の固定されたいずれかの点 o' から，I 国の場合と同じやり方同じ尺度で，II 国におけるそれぞれの財の実質生産費の対数値を表す a', b', c', d', e' の諸点をしるす．右側の列を上下に移動して，oo' を II 国における賃金 (w_i) の I 国における賃金 (w_{ii}) に対する割合の対数値に等しくするようにする．すると

$$oo' = \log \frac{w_{ii}}{w_i},$$

となり，II 国における賃金が I 国における賃金より低い場合には，図 VIII (a) のように，o' を o の下におき，II 国における賃金が I 国における賃金より高い場合には，図 VIII (b) のように，o' を o の上におく[61]．2 国における相対的な賃金率，ただから o と o' の距離は，相互の生産物に対する 2 国の相互需要によって決められ，相互需要は，順に部分的に比較生産費によって決められるであろう．2 国における実質生産費が同じままであるとすると，相互の生産物に対する 2 国の相互需要のいずれの変化も，2 国における相対賃金額を変化させることになるであろうし，ただから，図 VIII (a) の移動可能な右側の列に，それに相当する上方か下方の移動を引き起こすことになるであろう．もし II 国の生産物に対する I 国の需要が，I 国自身の生産物で測って増加する場合，他の事柄は同じままとすると，図 VIII (a) の右側の列は上方に移動する

---

(61) エッジワースは，上に描かれたような図 VIII (a) だけを提示している．もし賃金が両国で等しかったとすると，そのとき，$\log \frac{w_{ii}}{w_i}$ はゼロになるであろうし，また o と o' は互いに同じ水準になるであろう．

であろうし，そして逆の場合は逆であろう．すると，右側の列が正しく調整されるときは，o から a, a', b, b' 等々の点までの垂直距離は，共通の通貨単位ではかった2国におけるいろいろな財の貨幣生産費用の対数値を表すであろう．

相互需要はこの図に示されていないから，どのように比較賃金率が決められるかはこの図では示されていない．しかしこの図は，各々の国における実質生産費と，相互需要で決められるものとしての比較賃金額が与えられた場合，各々の国がそれぞれどのような財をどのような条件で輸出し輸入するかを明らかにする．もし賃金率が図 VIII (a) で指示されるような場合，貨幣生産費は，I国はII国より財 a, b, c で高く，財 d と e で低いであろう．だから I 国は，財 d と e を輸出して，財 a, b, c を輸入するであろう．輸出入財の各組の商品交易条件は，それらの比較物価によって表されるであろう．すなわち，I国が財 d の1単位と交換に入手した財 a の単位数は，$\dfrac{真数\ od}{真数\ oa'}$ であろうし，I国が財 e の1単位と交換に入手した財 b の単位数は，$\dfrac{真数\ oe}{真数\ ob'}$ であろう等々．もし両国において貨幣生産費の等しい財があったとすると，その財は，各ケースで記述された条件に見合って，両国で輸出あるいは輸入されるか，まったく外国貿易されないか，あるいは一方の国からいま一方の国へ輸出されながら，両方の国でも生産されるかもしれない．

I国がどんな財を輸出しどんな財を輸入しようとも，実質生産費の対数値の割合，まただから，I国の実質生産費のII国の実質生産費に対する割合は，I国の輸出する各財が，輸入するいずれの財より低いであろう．こうして，I国が財 d と e を輸出し，財 a, b, c を輸入する上図の (a) においては，$\dfrac{od}{o'd'}$ と $\dfrac{oe}{o'e'}$ は，両方とも $\dfrac{oa}{o'a'}$, $\dfrac{ob}{o'b'}$ あるいは，$\dfrac{oc}{o'c'}$ より小さい[62]．しかし，エッジワースが指摘するように[63]，

> この理論は，われわれが2財のケースにとどめる限りややもすると覆い隠されるひとつの出来事を視界にひき入れる……．すなわち，貿易開始以前のそれぞれの国における［実質］生産費の単なる観察から，どの財が輸入されて，どの財が国

---

(62) この問題を論じている別の方法や，ある点ではより一般的な方法については，Haberler, "The theory of comparative cost once more," *Quarterly journal of economics*, XLIII (1929), 378-80 と *The theory of international trade*, 1936, pp, 136-39, 150-52 を参照せよ．
(63) *Papers relating to political economy*, II, 55.

内で生産されるかを先見的に決めることは，一般に可能ではないということである．……こうして，もし図中の o' が少し押し上げられ，$o'a'$, $o'b'$ 等々の距離が一定に保たれると，財 c が輸入財ではなく，［第Ⅰ国からの］輸出財になるであろう．しかし，o' の位置は，各々の国の生産費用だけでなく，いろいろな財に対する各々の国の需要法則にもかかっている．

　これは，おそらく (a) と (b) を比べることによって，もっと明瞭に明らかにすることができる．比較生産費の目盛りは (a) と (b) とも同じだが，二つのケースで相互需要に差異があるため，Ⅰ国における賃金とⅡ国における賃金の比率は，(a) が (b) より高い．その結果，Ⅰ国は，(b) の場合に財 b, c, d, e を輸出するのと比べて，(a) の場合はただ財 d と e を輸出するにすぎない．

第4節　2国以上の国ぐにの間の貿易

　これまでの著述家は，2国だけが外国貿易に参加するという単純化された仮定をめったに変えることはなく，そのため，2国以上の国ぐにによる国際貿易の問題を論じたもので吟味されなくてはならない例はほんの少ししかない．
　ウィリアム・エリス（William Ellis）は，イギリスの主要輸出産業との競争が海外で万一高まった場合イギリスは被害を被るという，当時流布していた議論に答えようとする中で，リカードウとジェームズ・ミルが比較生産費の教義の説明で使ったタイプの算術例に，はじめて第3の国を導入した[64]．彼は，イギリスとフランスが貿易関係にあって，イギリスが綿にフランスが絹に比較優位をもつところからはじめた．そこで彼は，この貿易の中に，砂糖に比較優位のある第3の国ブラジルを登場させても，イギリスが損をすることにはならないということを明らかにした．もちろんこれは，この問題に答えておらず，彼の言い分を立証するには，仮にブラジルの比較優位がイギリスと同じ財の綿にあるとしても，イギリスは，ブラジルの貿易への参加によって，損害を蒙らないことを示さなくてはならなかったであろう[65]．

（64）　"Exportation of machinery" *Westminster review*, III (1825), 390.
（65）　N. W. Senior, *Three lectures on the cost of obtaining money*, 1830, pp. 25-26 を参照せよ．
　　　「経済学者の多くは，近隣諸国の改善によって被害を受ける国はないと主張してきた．彼らがいうには，もし大陸で現在のイギリスの半分の労働で綿を生産できるとすると，われわれ

J. S. ミルが，第3の国に一度だけふれた際に，第一に考察したことは，ドイツと同じ商品すなわちリンネルを輸出する第3国の貿易への参入による，イギリスとドイツの交易条件に対する影響であったが，彼の結論は，その結果イギリスは，イギリス衣料からみてリンネルをこれまで以上に安価に手に入れるということであった．次に彼は，第3国がリンネルだけでなくイギリスで需要されるその他いずれの財も生産せず，しかし，イギリス衣料に対して需要をもちながらドイツで需要のある財は生産すると仮定して，次のように結論した．すなわちこの場合でも，イギリスのドイツとの交易条件は，第3国の貿易への参入の結果として改善するであろうが，というのもドイツは，第3国から輸入する品物に対する支払手段を手に入れるために，イギリスにこれまで以上のドイツ・リンネルを引き受けさせなくてはならないからだという．これは，その限りでは正しい推論と思われる(66)．しかし，ミルはふれずにおいたが，イギリスに不利な別の可能性がある．例えば，仮にこの第3国にはイギリス衣料に対する需要はないが，第3国自身が衣料の潜在的な輸出国であると同時にドイツ・リンネルの潜在的な輸入国であった場合である．

トレンズは，*The Budget* の中で，もしキューバがイギリス衣料に関税を賦課したなら，2国の貿易バランスの均衡を回復するには，キューバ産の砂糖と比較して，イギリス衣料価格の相対的な下落が必要であると主張した．これに対してメリヴェイル (Merivale) は，次のように答えた．すなわち，もしイギリスが代わりの砂糖生産国を利用できる場合には，たとえその国の砂糖価格が，関税賦課前のキューバ産砂糖よりいくぶん高い価格であったとしても，キューバ産の砂糖価格の上昇とイギリス衣料価格の下落は，「キューバと同じ財を生産する次に安い国の競争をもたらすであろう」という．だからキューバの関税

は，自分で生産するより少ない出費で綿の供給品をドイツとかフランスから輸入できるはずであるし，現在綿の生産にあてられているわれわれの勤勉の一部を，別の財の供給物を余分に手に入れるために使うであろう……．しかし，イギリスと大陸は，世界の市場全般における競争者であることは忘れてはならない．そのような変更は，貴金属を獲得する費用を大陸で減らし，イギリスで増大させるであろう．大陸の労働の価値は上がるであろうし，イギリスの労働の価値は下がるであろう．大陸は，その生産に改善の起こらなかったすべての財に，これまで以上のお金を要求するであろうが，われわれには，それらの財との交換に，これまでより少ないお金しか差し出すことはできないであろう．われわれは，綿を手に入れるのはこれまでより容易なことを知るであろうが，それ以外のあらゆるものを輸入するのは，これまでより難しいことを知るべきである.」

(66) J. S. Mill, *Principles*, Ashley ed., pp. 591-92.

はイギリスの交易条件に不利な影響を及ぼすとはいいながら，イギリスにとっての損害は，砂糖生産国がキューバだけの場合よりはるかに少ないであろう[67]．トレンズは，これに答えてメリヴェイルの主張の細目のいくつかを批判したが，メリヴェイルの仮定，すなわち関税賦課前のキューバ産の砂糖よりあまり高くない価格で別の生産国から砂糖が手に入れられるという仮定の下では，交易条件は，深刻な状態までイギリスに不利に変動することはないことは認めた[68]．

ケアンズは，もし貿易の主要産品を生産する比較生産費に大きな差のある2国しか存在しない場合には，比較生産費の影響によって決められる交易条件の範囲はかなり大きなものになるであろうが，もし国がもっと多数あれば，これらの国のひとつあるいはそれ以上の国からの競争が，交易条件を限界的な比率には決まらないようにするであろうと主張した[69]．これはひとつの可能性としては妥当であるが，しかしケアンズは，厳密すぎる結論に進んだ．

> ……相互需要の影響を受ける国際価値の変動域を決めるのは，貿易をしている各々一対の国ぐにの比較生産費の差異でなく，相互に通商に接近できるすべての国の中で，比較生産費の差異が最小である特定の国ぐにの比較生産費の差異である．こうして変動の限界点は，さまざまに交換し競争している国ぐにの間の比較生産費の最小の差異によって決められるのであり，最大の差異によるのではない[70]．

そのような必然性はない．次の状況を仮定しよう．

財	生産物1単位当たりの実質生産費の単位数		
	I国	II国	III国
M………	1	2	3
N………	2	1	1

もし，M財の1に対してN財の3の割合で，三つの国すべてが必要とするすべての財NをIII国が供給してもよいとすると，この割合が，この2財の有

---

(67) Herman Merivale, *Lectures on colonization and colonies*, II (1842), 308-11.
(68) *The budget*, 1841-44, pp. 357-63.
(69) *Some principles of political economy newly expounded*, 1874, p. 352. この命題は，グレーアムの教義，すなわち数ヵ国が貿易に参加しているところでは，その交易条件は狭い限界点内で費用条件だけで決められるという教義に密接に関係する．本書後出．pp. 525-529を見よ．
(70) *Some leading principles*, p. 352.

効交換比率であろうし，I国とII国の間の貿易は，「さまざまに交換し競争している国々の中で最大の比較生産費差」に相応する条件でおこなわれよう．

三角（あるいは多角的）貿易は，グレーアム[71]，タウシッグ[72]，フォン・メーリング (von Mering)[73]，そして初期の著述家たち[74]によって，ひとつか二つの類型の算術例を使って吟味されてきた．しかし，2国以上に適用されるよう修正されたエッジワースの対数例は，この目的にとって，算術例よりむしろいっそう優れていると思われる．

図IXは，2ヵ国の代わりに4ヵ国を含むという点を除くと，図VIIIと同じ原則で描かれている．各国がどの財をどんな条件で輸出入するかは，比較賃金率と結びついた比較生産費によって決められ，また比較賃金率は，部分的に相互需要によって決められよう．図IX (a) については，次の状態が均衡状態の下でおこなわれているであろう．

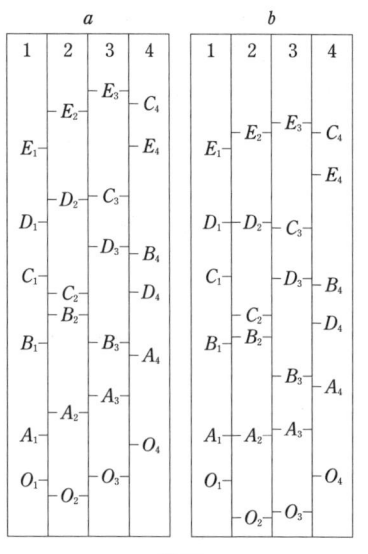

図IX

国	I	II	III	IV
輸出財 ……	A	C	B	D
輸入財 ……	C, D	A, B, D, E	A, C, D, E	A, B, C

加えて，I国では，B財とE財は，輸出するかもしれないし輸入するかもしれないし貿易しないかもしれないのいずれかであり，IV国では，E財がそう

---

(71) Graham, "Theory of international values re-examined," *Quarterly journal of economics*, XXXVIII (1923), 68-86.
(72) F. W. Taussing, *International trade*, 1927, pp. 97-107.
(73) O. F. von Mering, "1st die Theorie der internationalen Werte widerlegt?" *Archiv für Sozialwissenschaft*, LXV (1931), 257-65; 同, *Theorie des Aussenhandels*, 1933, pp. 35-37.
(74) A. E. Cherbuliez, *Précis de la science économique*, 1862, I, 382 以下; Bastable, "Economic notes," *Hermathena*, VII (1889), 120-21 および *Theory of international trade*, 4th ed., 1903, pp. 40-41 を参照せよ．

である．これらの財は，これらの国ぐにとって貿易の限界にある．財が相互に交換される割合は，もちろん，共通の通貨でみたそれぞれの価格比率の逆数であろう．それらの価格は，下に示したように，O_1 からの垂直距離で表される最も低い貨幣生産費の対数値の真数値であろう．

財	A	B	C	D	E
価格＝右の真数値………	O_1A_1	O_1B_3	O_1C_2	O_1D_4	O_1E_1

図 IX (b) では，実質生産費はすべて (a) と同じであるが，相互需要が (a) の場合とは異なっているため，(a) と比べて，貨幣生産費，価格，貿易状態とも違っている．均衡状態の下では，次の状態が (b) ではおこなわれているであろう．

国	I	II	III	IV
輸出財……	A	C	B	D, E
輸入財……	B, C, D, E	B, D, E	A, C, D, E	A, B, C

加えて，II 国では，A 財は，輸入するかもしれないし輸出するかもしれないし貿易しないかもしれないのいずれかであり，この財は，この国にとって貿易の限界にある．財の価格は次のようになり，前と同様，表示の垂直距離の真数値によって測られる．

財	A	B	C	D	E
価格＝右の真数値………	O_1A_1	O_1B_3	O_1C_2	O_1D_4	O_1E_4

I 国は，(a) から (b) への需要状況の変化によって，外部世界との交易条件を改善する．すなわち I 国は，需要状況の変化によって，A 財輸出の 1 単位当たりあるいは実質生産費の 1 単位当たり，以前より多い B, C, D, E 財を手に入れることができる．

第5節　輸送費用

国際貿易理論は，ふつう輸送費がないという仮定で説明されるが，これがしばしば批判の根拠になってきた．しかし，輸送費を捨象することは，単一市場つまり「閉鎖経済」の貿易理論の説明にも共通の特徴であり，そのような捨象

第 5 節　輸送費用　　　　　　　　　　　　　　　　449

が，論理的に一方で許されながら他方で許されないようには思われない．そのうえ，普通の仮定として，輸送費は，相対的に国内貿易より外国貿易においてはるかに重要であるとはいうものの，それが一般的状況であるとはけっして断言できない．合衆国関税委員会が作成したいろいろな国ぐにの生産費に関する報告書の輸送項目の研究からわかるように，生産者から消費者までの国内的な運送費は，生産者から消費者までの国際的な運送費より高い場合が普通である(75)．価格の地域的格差の一因として，生産物と生産要素双方の輸送費の果たす役割は，ひとつの重要な研究領域である．しかし，そのことは，歴史的に国際貿易理論だけの責任ではなかったし，また立地論の名称の下でこれまでこの領域でなされてきたことを考えると，立地論の説明者たちの主張にもかかわらず(76)，立地論が国際貿易理論に恩を受けているというよりむしろ国際貿易理論が立地論に恩を受けているとも，まだはっきりいえることではない．

　生産費用および交易条件に対する輸送費の関係は，外国貿易の諸問題を扱ったマーシャルの図解方法を少し修正した図 X で図示できる．A 国では，一定量の労働で銅 1 単位か小麦 1 単位かどちらでも生産できるが，B 国では，一定量の労働で $\frac{3}{2}$ 単位の銅か $\frac{1}{2}$ 単位の小麦かどちらでも生産できる．A 国は小麦を輸出し，B 国は銅を輸出するであろう．輸送費のない場合，小麦は，小麦 1 = 銅 1 （ = OA ）と小麦 1 = 銅 3 （ = OB = 3 × OA ）の範囲内の条件で銅と交換されるであろう．AA' は，A 国の銅を単位とした小麦の輸出供給曲線を表す．BB' は，

---

(75) C. F. Bickerdike, "International comparisons of labour conditions," *Transactions of the Manchester Statistical Society*, 1911-22, p. 77 も参照せよ：「もしわれわれが重要な鉱産物および農産物の大部分について幅広い事実を考えると，平均的重量の小麦，肉，石炭あるいは鉄鋼は，アメリカ合衆国の最終消費者に達する場合より，イギリスの最終消費者に達するまでに，ともかく余程大きな輸送経費がかからなくてはならないかどうかという問題がでてくると私は思う．」

(76) 例えば, Hermann Schumacher, "Location of industry," *Encyclopaedia of the social sciences*, IX (1933), 592 を参照せよ：「「立地論」は，分業の一般理論の完成に寄与しており，科学的な特性を国際分業の議論に与えるところから，世界経済理論の中核とまで呼ばれてきた．」Alfred Weber, "Die Standortslehre und die Handelspolitik," *Archiv für Sozialwissenschaft*, XXXII (1911), 667-88 も参照せよ．このウェーバーの論文で立地が国際貿易理論によって論じられるときは，国際貿易理論の最も初歩的な命題の変な誤解を明らかにする調子で議論がなされている．「国際貿易理論は国際立地論以外の何者でもない」 (*International and Interregional trade*, 1933, p. 589 (木村保重訳『貿易理論—域際および国際貿易—』1980 年, p. 138) というオリーンの金言については，彼の心にあったものは，同じラベルの既存の文献でみられるものとはほとんど類似していない立地論か国際貿易理論（あるいはその両方）であるにちがいない．

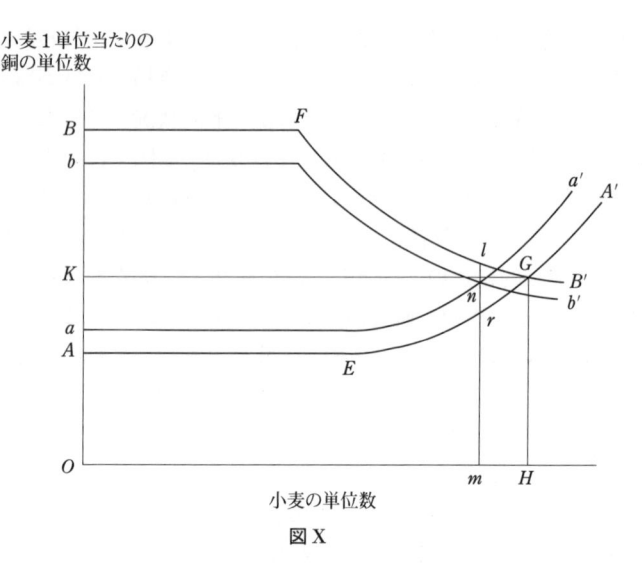

第VIII章 貿易からの利益：比較生産費の教義

図X

縦軸: 小麦1単位当たりの銅の単位数
横軸: 小麦の単位数

B国の銅を単位とした小麦の輸入需要曲線を表す．描かれた図の意味は，貿易のない場合（あるいは小麦1＝銅1の条件での貿易では），A国は（$OA \times AE$）単位の銅を消費し，そして貿易のない場合（あるいは小麦1＝銅3の条件での貿易では），B国は BF 単位の小麦を消費するということである．

現実の輸送は輸出業者によっておこなわれると仮定される．輸送の負担額は，輸送される小麦9単位ごとに輸出国支払いの小麦1単位とし，そして輸送される銅5単位ごとに輸出国支払いの銅1単位とする．明記された額の輸送費のために，交易条件の可能な範囲は，小麦1＝銅1.2つまり Oa と小麦1＝銅2.7 つまり Ob であろう．銅を単位としたA国の小麦の輸出供給曲線は aa'，銅を単位としたB国の小麦の輸入需要曲線は bb' であろう．均衡交易条件は，輸送費のない場合には小麦1＝銅 OK であったろうが，輸送費を支払った後の正味では，A国については小麦1＝銅 mr であろうし，B国については小麦1＝銅 ml であろう．注意して欲しいが，輸送費があると，輸送費支払い後の正味の交易条件は2国で異なり，この差異は，輸送費を支払うとなくなる．両国の1より大きい外国貿易曲線の弾力性を一定とすると，輸送費のない場合よりある場合に貿易量は小さく，純交易条件は両国にとって有利さが少なくなるであろう．目下の場合，輸送費の存在は，B国の輸入する小麦量を OH 単位から Om 単位に減らし，A国の輸入する銅の量を（$OH \times OK$）単位から（$Om \times mr$）

単位に減らすであろう(77). 輸送費の2国間での分担は，J. S. ミルの主張の通り，「国際需要の作用」によって決定されるであろう(78).

第6節　逓増生産費と逓減生産費

　リカードウの比較生産費の教義の記述では，生産費は産出物が変化しても不変と仮定されたが，この仮定は，明示的であれ暗黙的であれ，後の数多くの文献で踏襲され，本章でもこれまで踏襲されてきた．生産費が不変のところでは，平均生産費と限界生産費の間に問題は起こらない．というのも，それらは同じだからである．もし個々の生産者の生産費が産出物の増加につれて逓増する場合でも，比較生産費の教義は依然として有効であるが，比較限界生産費を使って記述されなくてはならない．

　もし大規模生産の外部経済とか外部不経済が，金銭的なものでも技術的なものでも存在しないとすると，すなわち，もし自分の生産物を一定に保つ生産者が，彼の産業全体としての産出物に変化があっても生産費の変化を経験しない

---

(77) ここで関係ある輸送費は，総輸送費ではなくて，各々の場合で生産地点から消費地点までの国際的な輸送費が国内的な輸送費を超えるその超過部分にすぎない．例えば Aa は，A国が外国産の銅1単位を輸送する費用のために支払わなくてはならない銅の総量のうち，国内生産の銅1単位の輸送費の支払いで失われる総量を超えるその超過分を表す．国内運送料が国際運送料より高いところでは，交易条件の範囲は，国の内外で運送料がない場合より広いであろうし，また貿易量は大きいであろう．実際，運送料の差異は，運送料がない場合にはまったくありもしない比較優位を作るかもしれない．もちろん，輸送費の交易条件に及ぼす影響をもっと十分に扱うためには，輸送費を，結合費用の条件の下で生産される二つあるいはそれ以上の追加財貨，すなわち国内に入ってくる運送料と国外へ出ていく運送料と財に比例した運送料を表すものとして扱う必要があろう．

(78) *Principles*, Ashley ed., p 589. （末吉訳『経済学原理』第3巻，p. 288.）

　シジウィックは，あいまいで明らかに混乱した議論の中で，財の輸送費の存在が，国内価値論とはまったく別物の国際価値論に唯一の根拠を与えることを示そうとした．(Henry Sidgwick, *The principles of political economy*, 1st ed., 1883, pp. 214-30. いくぶん違ったかたちにおいて 2d ed., 1887, pp. 202-16.) シジウィックは，貨幣生産費の背後に立ち入ろうとはせずに，彼の議論は，私が思うには，議論それ自体を次の命題にしてしまう．すなわち，どの2国 (あるいはそれ以上の国) の生産する生産物のいずれの国の価格も，輸送費を酌量した後は，もともとの国の貨幣生産費に比例するという命題である．この命題は，誰も否定しないであろうし，そしてシジウィックが考えたような古典派の比較生産費の教義の修正になるどころか，古典派のこの教義では，明示的に示されていないときは暗黙の命題である．より広範な論評については，本章の中の見解を見よ．"The doctrine of comparative costs," *Weltwirtschaftliches Archiv*, XXXVI (1932, II), 373-77.

とすると，労働は，孤立した国においても自由貿易の下でも，均衡では，労働1単位当たりのその産業全体にとっての限界価値収益がすべての産業で等しくなるまで，それぞれの産業間で配分される傾向があろう．ただ2財と2国，そしてただひとつの生産要素として労働を仮定し，いつものように輸送費を捨象して，貿易前にA国が限界生産費でM財の生産に比較優位をもっていると仮定すると，この国の労働を，その比較限界生産費の優位の止む点に達するまで，N財の生産からM財の生産へ移すことが貿易下のA国の利益になろう[79]．
不変生産費の下では，交易条件が問題の国の相対生産費に一致し，貿易のどの部分からもこの国の利益がないという場合でなければ，貿易の限界単位でさえ，輸入財の生産費の節約で測って，明らかな貿易からの利益がある[80]．しかし逓増生産費の下では，生産費の節約は，貿易の限界単位以内に限られる[81]．

不変生産費の下では，1国で生産される財と財の価格関係がその国のそれらの相対生産費と一致する場合を除くと，すなわちその国がいま問題になっている財の輸入から利益を引き出していない場合を除くと，1国は，どんな財でも輸入と国内生産を一緒にはやらないであろう．しかしこれは，逓増生産費の状態の下で生産されている財については当てはまらない．このとき，輸入と国内生産の同時なことは，（限界単位を除く）輸入財のすべてが，自国での生産より低い実質生産費で手に入れられることを表す．逓増生産費の下では，両方（すべて）の財は，均衡状態の下で両方（すべて）の国で同時に生産できると考えら

---

(79) その点に達する前に，A国が，すでにその国の労働者をすっかりM財の生産に移転してしまったとか，B国が，すでにその国の労働者をすっかりN財の生産に移転してしまい，そのためA国が受けとる用意のあるN財の単位すべてをA国に供給できない場合は除く．前者は，A国がB国よりはるかに小さい場合であろうし，後者は，A国がB国よりはるかに大きい場合であろう．このどちらの場合でもないものと仮定される．

(80) 不変生産費の下でも，貿易の限界単位からの利益はないであろう．というのは貿易は，利益の可能性が汲み尽される点まで進められるであろうからである．しかし，生産費だけで測れば依然として限界での利益はあるであろうが，輸出財の価値は輸入財の価値と比べて上昇したであろう．そのため，輸入によって，国内で生産する場合付加された外国財の単位がより少ない労働支出で獲得されうるとはいえ，付加された輸入財の市場価値は，その輸入財と交換に与えられなくてはならない輸出財の総価値より小さいであろう．限界単位に達する前であっても，国内生産のときと比較した生産費の節約が貿易利益の存在の根拠であろうが，生産費の節約の大きさと利益の大きさとの間に密接な関係はなく，また後者は前者よりけっして大きくはなく，ふつう前者より小さいであろう．

(81) この点について，Edgeworth, *Economic journal*, VII (1897), 402, 注2と，Bastable, *Theory of international trade*, 4th ed., 1903, pp. 196-97 の議論を参照せよ．本書後出, p. 524, 注35 も参照せよ．

れる．貿易が逓増生産費の下での均衡点まで押し進められると，すなわち各国が貿易からの可能な利益を十分に利用している点まで押し進められると，両方（すべて）の国の間の限界実質生産費の比率は，これら両方（すべて）の国で同時に生産されている財のすべてについて同じであろうし，また，もし既存の貿易が，量あるいは方向において変更されたとすると，それは，既存の貿易を説明する実際の限界生産費の一般的な差異の結果というより，むしろ限界生産費における比較的差異の結果であろう．

　上の図 VIII や図 IX のような不変生産費の仮定で組み立てられた図が，逓増生産費の作用する国際特化の問題を図示するために適用できないことは当然のことである．各産業や各国の限界生産費は，産出物につれて変わるから，各国のいろいろな財に単一で固定された生産費の目盛りは存在しないであろう．ありそうなことであるが，もし産出物の増加につれて，限界生産費の増加する比率が財によって異なり，また同じ財でも国によって異なったとすると，それぞれの財の産出物が大きく変化するにつれてその順番が変わる傾向がある．だからそれぞれの国にとっては，比較限界生産費による財の順位に固定的な順番はないであろう．すでに指摘したように，均衡状態では，特化は，限界生産費の相対的な目盛りがそれぞれの財を生産している国のすべてにとって一定となる段階まで進められよう．

　シュラー (Shüller) は自由貿易を詳細に批判したが，それは，本質的に短期の性格のものかあるいは自由競争に矛盾するもので，したがって目下の議論の範囲外のものとみなされなくてはならない考えに大部分もとづいている(82)．例えば，外国との競争によってもとの雇用から追われた生産要素は，通常大部分は他の雇用を見つけることができないというような議論である．彼はまた，通商政策は生産資源を海外からひきつけるか国外に転出させるかのどちらかであり，前者が望ましく後者が望ましくないとも論じるが，たとえそれが妥当性をもつにしても，これまた本問題の範囲外のものである．また彼の議論はあまりに一面的である．というのも，仮に一方の産業が自由貿易によってその生産物に損害を受け，それがその産業の生産要素を国外に追いたてる傾向があるとしても，別の産業や消費者に対する利益が，同じようにこの産業に従事しない生産要素の国内移住を誘い，海外移住を抑制する傾向が当然あるからである．

---

(82) R. Schüller, *Schutzzoll und Freihandel*, 1905. シュラーの分析に対する G. ハーバラーの批判を参照せよ．G. Haberler, *The theory of international trade*, 1936, pp. 253 以下．

しかし彼のケースは，その本質的な部分で，ひとつの産業内の異なった生産者が産出物を作る際に，その貨幣生産費に大きな幅があることを基礎とするように作られている．長期では，そしてまた自由競争下の短期でさえ，所与の産業の全生産者たちについて，限界貨幣生産費の均等の傾向が必ずあるにちがいなく，価値の調整因子は，これら限界生産費であって，シュラー一人が考える平均生産費ではないのである．長期の政策として自由貿易に好意的でない彼の推論が妥当性をもつためには，異なった生産者に異なった生産費が同時に存在する必要があり，したがって説得力はない(83)．

　もし1国が，産出物の増加につれて逓増する生産費に支配されているひとつあるいは複数の産業で生産費上の比較優位をもち，逓減する生産費に支配されているひとつあるいは複数の産業で比較劣位をもつ場合，比較生産費通りの特化はこの国のためにならないかもしれないことは，たびたび経済学者が主張してきたことである．この命題の論証のためになされてきた試みはすべて，同じ一般的方向の議論にしたがっている．長期の事柄だけが当面の問題に関係があると理解されているとすると，この命題にはほんのわずかだがいくらかの妥当性があることは前もって是認されるであろう．

　長期において，当該産業あるいは当該国の限界生産費にしたがう特化は，生産費を利益の基準にする限り，1国の利益であるにちがいない．もし1国が，逓増生産費に支配される産業において限界生産費の上で比較優位にある場合，生産要素の限界単位を逓減生産費産業から逓増生産費産業へ移転することによって，この国には，生産要素の限界単位を逓減生産費産業に残すより，得たいと思う財のどちらでも必ずより多くの増加がもたらされるにちがいない．逓増生産費産業に比較優位のある国をM，逓増生産費の生産物をa，そして逓減生産費の生産物をbとしよう．この国の特化の一定段階で，$\frac{1}{X_a}$を生産要素の単位数ではかったaの1単位当たりの限界生産費とし，$\frac{1}{X_b}$をbの限界生産費としよう．すると，X_a, X_bは，それぞれ，生産要素1単位によって限界的に生産されるaとbの単位数であろう．さらに，M国の特化の一定段階で，aの

---

(83) ケンパー・シンプソンの分析 (Kemper Simpson, "A re-examination of the doctrine of comparative costs," *Journal of political economy*, XXXV (1927), 465-79) には，この自由貿易に好意的なケースでは，特定費用曲線つまり「一括線 (bulkline)」としての費用曲線を使うことによって，まるでそれらの曲線が正統派の価格理論の費用・供給曲線と類似していたかのように，同種の欠点があるように思われる．

X_a 単位が，外国貿易でbの Y 単位と交換できるとしよう．仮定によって，M は，まだ a の生産に限界的な比較優位をもっているから，したがって $Y>X_b$ であり，そしてまた生産要素の限界単位を b よりむしろ a の生産に使うことによって，M は，欲しいものが b にあれば，$Y-X_b$ 単位の b か，あるいは欲しいものが a にあれば，$X_a - \frac{X_b}{Y}(X_a)$ 単位の a のどちらかを手に入れる．どちらの場合でも，M は，a の生産特化を進めることによって得をする．これらの限界生産費の条件の下で M にとって不利な特化があるとすると，特化と貿易が，産業の限界生産費によって運営されていない場合だけであろう．

　逓増生産費産業で比較生産費優位があって，逓減生産費産業で比較生産費劣位のある国が，比較生産費通りに特化することによって不利になるかもしれない可能性を論証する多くの試みはみな，たくさんの共通点をもっている．そのうち，より入念なものを三つだけここで吟味し，ひとつについては詳しく吟味することにしよう[84]．ニコルソン（Nicholson）は，そのような試みをしており[85]，別の批判の余地はあるにしても，彼の分析が完全には限界生産費概念と限界報酬概念によるものではないことを根拠に，その試みを整理することができる．彼は，逓増生産費の小麦生産に比較優位があって，逓減生産費の製造業に比較劣位のある国を仮定する．貿易開始の結果，製造業は不利になり，そして生産要素は小麦生産へ移転されて，製造品は小麦と交換に輸入される．ニコルソンは，自分の結論の基礎を小麦に関しては限界生産費分析におくが，製造業については平均生産費分析においている．もし彼が，限界生産費分析を両方に適用したなら，この種の結論を得られなかったであろう．

　フランシス・ウォーカー（Francis Walker）は，類似の結論を，貨幣所得による算術計算を使って，貿易前と後の貨幣的な需要曲線と平均生産費曲線を表す図から得た[86]．彼の手順は，ほとんど考えられうるすべての点で欠陥がある．彼は，いずれの点でも，長期均衡と一致する段階まで分析を進めていない．彼は，貿易前でも後でも，全要素の完全雇用への配慮ができない．彼は，分析

（84）　ここで吟味された三つに加えて，以下の論文をあげてもよい．Alfred Marshall, "Some aspects of competition" [1890], reprinted in *Memorials of Alfred Marshall*, A. C. Pigou ed., 1925, pp. 261-62; T. N. Carver, "Some theoretical possibilities of a protective tariff," *Publications of the American Economic Association*, 3d series, III, no. I (1902), 169-70.

（85）　J. S. Nicholson, *Principles of political economy*, II (1897), 307-09, 317-18.

（86）　F. Walker, "Increasing and diminishing costs in international trade," *Yale review*, XII (1903), 32-57.

をすべて，表面的な貨幣的な平面におき，またたとえ彼が自分の計算値の中に貨幣ではかった「消費者余剰」を含めても，貿易の結果として，貨幣単位の中身に起こる変化を考慮しようとしていない．彼の結論は全体的に意味がない．

グレーアム[87]も，類似の結論を，主要な点のどれをとってもニコルソンのものとは違わない分析方法によって手に入れるが，彼は，ニコルソンにまったく言及していない．しかしグレーアムは，あいまいでない言葉を使って，そして少なくとも彼の価値論の根拠に関する推論に対して起こるかもしれない反論は無視して，はるかに詳細に自分の議論について説明する．彼は，算術例を使って自説を裏付けるが，ここでは，原典を歪曲しないでその評価を助けるいくつかの修正をして，それを再述しよう．

ケースI. 初期の特化：[88]小麦 $4=$ 時計 $3\frac{1}{2}$

A国　　　　　　　　　B国

(200)　　　　　　　　(200)
1日の労働=小麦 4　　1日の労働=小麦 4

(200)　　　　　　　　(200)
1日の労働=時計 4　　1日の労働=時計 3

A国の比較優位は時計にあり，またB国の比較優位は小麦にあって，比較生産費に関する限りでは，貿易は，2国の間で，小麦 $4=$ 時計 3 と小麦 $4=$ 時計 4 の範囲内のいずれかの条件でおこなわれよう．実際の比率は，小麦 $4=$ 時計 $3\frac{1}{2}$ と仮定され，貿易が開始されると，少量の貿易がこの比率で起こり，A国は，時計を輸出し小麦を輸入する．両国は，この貿易から利益を得ると思われるが，というのも，A国は，自国では単に小麦 $3\frac{1}{2}$ を生産できるにすぎない労働費用で小麦 4 を手に入れ，B国は，自国では単に時計 3 を生産できるにすぎない労働費用で時計 $3\frac{1}{2}$ を手に入れるからである．

ケースII. 中間の特化：小麦 $4=$ 時計 $3\frac{1}{2}$

A国　　　　　　　　　　B国

(100)　　　　　　　　　(300)
1日の労働=小麦 4.5　　1日の労働=小麦 3.5

(300)　　　　　　　　　(100)
1日の労働=時計 4.5　　1日の労働=時計 2

---

(87) F. D. Graham, "Some aspects of protection further considered," *Quarterly journal of economics*, XXXVII (1923), 199-216.

(88) 上の括弧内の数字は，各産業で雇用される労働量を表す．それらの数字は，原典にないが，各段階で達せられる特化の程度をよりはっきりみせるために，著者［ヴァイナー］が加えた．

第6節 逓増生産費と逓減生産費

　貿易はさらに進められ，同じ小麦と時計の交換条件で，B国は，小麦生産における特化を増大し，A国は，時計生産における特化を増大する．しかし両国とも，小麦生産は逓増生産費の下にあり，時計生産は逓減生産費の下にある．貿易の各単位は，依然として参加国の両方に利益を生むと思われる．というのもA国は，自国では3½単位の小麦しか生産できない労働費用で，各々の4単位の小麦を手に入れ，B国は，自国では2²⁄₇単位の時計しか生産できない労働費用で，3½単位の時計を手に入れるからである．しかしB国は，現実にこの貿易で損害をこうむっている．というのもB国が，小麦の総産出量を増加して時計の総産出量を減少するにつれて，この国の労働生産性は両産業で低下するからである．もしケースⅠで，総貿易が3.5単位の時計と4単位の小麦を交換することから成り立ち，ケースⅡでは，総貿易が280単位の時計と320単位の小麦を交換することから成り立つとすると，ケースⅠにおいては，B国は，この国の総所得として小麦796単位＋時計603.5単位を所有するであろうが，ケースⅡでは，ただ小麦730単位＋時計480単位を所有するにすぎないであろう．

　これは，グレーアムが自分の例証にしたがう限りのことであるが，しかし，もしこの議論が正論であって，そして産出物の変化につれて，指摘された生産費の趨勢が作用しつづけると仮定すると――またきっとそうなる――，この趨勢は，ますますどちらかというと劇的で大胆な結論を生みうるし，また生むにちがいない．

　　　　　　　ケースⅢ．完全な特化：小麦4＝時計3.5
　　　　　　　　A国　　　　　　　B国
　　　　　（1）　　　　　　　　（399）
　　　　　1日の労働＝小麦5　　1日の労働＝小麦1/2
　　　　　（399）　　　　　　　（1）
　　　　　1日の労働＝時計5　　1日の労働＝時計1/4

　1単位の労働を除くと，各国は今や比較優位にある産業に完全に特化される．しかし，最大限可能な範囲まで特化を進めることは，貿易参加国の利益になる．というのは，もし依然B国で時計生産に従事する1日の労働が小麦の栽培に転換されるとすると，B国は，直接に生産できる¼単位にすぎない時計の代わりに，栽培の転換で得られる½単位の小麦と交換で，⁷⁄₁₆単位の時計を確保できるであろう．それにもかかわらず，B国は，比較優位通りの特化の結果と

して，ひどい損害をこうむってしまった．もしケースIIIで，B国が総計120単位の小麦を105単位の時計と交換すると，この国の所得は小麦79.5単位＋時計105¼単位からなるであろう．部分特化（ケースII）での小麦730単位＋時計480単位，初期の特化（ケースI）だけの小麦796単位＋時計603.5単位，そして貿易が皆無の場合の小麦800単位＋時計600単位と比べてみられよ！貿易は，経済学者たちは有益な活動とみてきたが，これらの状況の下では，2国の一方にとって，むしろ経済的自殺の形態であるように思われるし，そして保護主義者こそ賢明な恩人であるように思われる．

478　このような異常な結論は，グレーアムの議論の中に暗示または明示された明らかに誤りかきわめて限られた実際的意味しかない価値論の推論の結果以外の何者でもない．彼の議論は，これまで再述してきたことによると，逓増生産費および逓減生産費の両産業について，平均貨幣生産費による分析にもとづいている．グレーアムは，逓増生産費産業では，限界生産費が生産者を導くのであって平均生産費ではなく，また，もし彼が小麦について示した産出数値が限界的のものであるとすると，地主への地代の増加は，彼の分析では考慮されなかった相殺項目であって，彼の例証で示されるB国の損失を償って余りあるものかもしれないと認めている．しかし彼は，仮定された状態でB国が自由貿易によって損害をこうむるにちがいないという自分の結論は，もし彼の小麦生産費の数値が平均生産費の数値だと受け取られると，「不可避」であると主張する(89)．ただし限界生産費は，仮定された交易条件でこれに参加する個々人が貿易で損をしないようなものとされている．グレーアムは，ここで譲歩しすぎてもいるし主張しすぎてもいる．限界生産費を生産で最も高価な単位の生産費とする彼の解釈には欠陥があり，そして，小麦の限界生産費が平均生産費を超える超過分は，必ず彼の指摘よりはるかに大きいであろうし，またそれだから，B国の個々の貿易業者の利益になる貿易の範囲は，仮に彼の他の仮定を認める

---

(89)　もしそれらの数値がそのように受け取られなければ，例証がいくつかの点で均衡と辻褄の合わないことを容易に示すことができる．例えばグレーアムは，B国における小麦と時計の相対的な生産費を変化させながら，それらの相対価値は一定にしておく．彼の仮定するように，平均生産費が時計の価値決定において意味がありながら，小麦の価値においては限界生産費が意味があるとすると，この時計と小麦の相対価値が一定という仮定は，B国で，時計の平均生産費の小麦の限界生産費に対する比率が変化したのだから不可能であろう．しかし，彼の例証は，寛大に解釈すれば，A，B両国で，時計の平均生産費と小麦の限界生産費の間の比率が一定に保たれていることと矛盾しない．

第6節 逓増生産費と逓減生産費

としても，彼の指摘よりずっと少ないであろう．他方彼は，小麦の生産が増えたときの地主の地代の増加はひとつの相殺項目であって，彼の例証が示すB国の損失を償って余りあるかもしれないというとき，あまりに譲歩しすぎている．そこで示されたB国の損失は，小麦の生産費の増加分を上回り，これに時計の生産費の増加分を足したものを含んでいる．しかし，小麦による地代は，地代を除く平均生産費が上昇しないとすると，小麦生産の増加と一緒に増加できないし，まただから，地代を含む小麦の平均生産費の増加は，小麦1単位当たりの平均地代の増加より大きいにちがいない．

グレーアムの小麦栽培費用の扱いにどのような欠点があろうとも，彼の一般的な結論は，彼の時計製造費用の扱いが満足すべきものとして受け入れられる場合には，なお是認できるであろう．彼の議論の致命的な欠陥は，彼の逓減生産費の扱いの中にこそみつけられるべきである．生産の増加につれて起こる単位生産費の減少は，「内部」経済，すなわち個人の生産を拡大することによってその個人の生産者に起こる経済，あるいは「外部」経済，すなわち産業が全体としてその生産を拡大しつつあることによって，個人の生産者に起こる経済のどちらかにもとづくであろう．グレーアムがいうには，「教科書の推論では，逓減する単位生産費は時計生産の拡大によって得られると仮定されるだけで，その原因が外部経済であるか内部経済であるかは，この理論にとってどうでもよい．」[90] 目下の分析が大きく負っているグレーアムの議論に対してナイトの返答で示したように，逓減生産費の原因は，反対にこの理論にとってきわめて重要なことである[91]．

最初に，時計産業における経済が内部的であるとしよう．すると機械設備の規模が大きければ大きいほど単位生産費が小さいから，競争は長期均衡とは矛盾して，この産業の単一企業による独占化に向かう傾向があろう．当然，生産費と価格の関係を支配する原理は，独占の場合は競争的産業の場合とは違っているが，平均生産費よりむしろ限界生産費がまだ価格の決定因であって，時計製造から小麦栽培への資源の移転は，もしそこから生産物の価値の損失が起こる場合にはおこなわれないであろう．しかし，たとえ例外的にわれわれが長期の仮定から離れ，その状況を一般的とみながら競争が依然時計製造産業で効果

---

(90) 同書, p. 204 の注.
(91) F. H. Knight, "Some fallacies in the interpretation of social cost," *Quarterly journal of economics*, XXXVIII (1924), 592-604.

的に続けられていたとしても，もし資源の移転が生産物の価値の損失を伴う場合には，時計製造から小麦栽培に資源が移転されないことは依然正しい．小麦を代わりに生産するために時計の生産を減らす B 国の時計生産者は誰でも，そのために時計の限界生産物を失い，ただ限界的な小麦の増加分を得るにすぎない．もし，上のケース I と II で示したように，100 単位の労働が，B 国において時計の生産から小麦の生産へ転換されると，時計 400 が小麦 457 に値する場合，この労働の移転によって，小麦 250 を得るために時計 400 を失うことになるであろう．時計産業における内部経済を仮定すると，そのような労働の移転は絶対にないであろう．グレーアムがもし彼の問題を両産業とも限界生産費と限界収益で論じていたなら，自由貿易に不利な結論を得られなかったはずなのだが．

しかし，もしその経済が外部的であるとすると，個々の生産者は，時計産業全体の生産に対する自分の寄与を調整する際に，この外部経済を考慮に入れないであろう．万一彼がこの産業に参入することでその他の生産者の単位生産費が減少しても，また万一彼がこの産業から撤退することでその他の生産者の単位生産費が増加しても，彼の決定に影響しない．このような場合，外部経済の発生とか損失のために，産業の生産変化につれて起こるこの産業の限界生産費の変化は，この産業の生産調整にはなんの役割も果たさないであろうから，グレーアムの結論を立証するケースは考えられたとしても，その実際的な適用はきわめて限られている．

第一に，もし外部経済が世界的な産業規模の関数であって，よくあるような国家的なものでないとすると，外部経済は，もし縮小がそれに対応した外国産業の拡大で相殺される場合には，規模の縮小する国民的な産業でも依然として失われないであろう．仮に時計産業全体が拡大して時計製造機械類の購入をふやすにつれて，そのような機械類が結果的により低い単位価格で手に入るとしよう．もし機械類が自由に貿易されているとすると，この機械生産費における経済は，時計産業全体の規模に縮小がなければ，特定国の時計産業にとって，単にその国の時計産業の規模が縮小したという理由で失われることはないであろう．

第二に，もしこの産業の規模にもとづく外部経済が純粋に金銭的であり，そしてその外部経済が，国内の生産要素を雇うとか国産の材料を購入するうえでの単なるひとつの大きな産業にとっての交渉上の利益を反映するにすぎないも

第6節　逓増生産費と逓減生産費　　　461

のとすると，この外部経済は国の実質的な経済ではなく，したがってそれがなくなってもこの国が失うものはない．

　だから，個々の生産者の目からみて比較劣位にある産業に外部経済があることを根拠にして保護に賛成するケースを考えることができるとすると，そのような外部経済は，次の場合に限られる．すなわちこれら外部経済が，(a) 国内的な産業の規模によって決まるのであって世界的な産業の規模ではなく，(b) 金銭的というよりむしろ技術的であるか，あるいは仮に金銭的であっても，その産業に対するサービスとか材料の国内の売り手を犠牲にしていない場合である．この議論の適用範囲は極端に限られている．というのも，特に純粋に技術的な外部経済が存在するというもっともらしい仮説的ケースを示唆することさえ難しいと思われるからである．グレーアムの論文は，彼は期待したようだが，庶民の間の保護人気に強固な「科学的な」根拠を提供するどころか，理論的な珍奇の域をほとんど出ないものである．

　類似の理論的ケースは，技術的な外部不経済の影響を受ける産業の生産物に対する輸出税について考えることができる．輸出税の理由は，価格と貿易の方向を調整する個々の生産者の限界生産費が，当該産業全体の限界生産費や外部不経済の影響を受ける産業にとって当該国の限界生産費より低く，だからその操業規模が縮小されるべきだということにある．技術的な外部不経済の例で考えられる重要なものは，放牧産業，狩猟産業，水産業など，貴重な自然の機会を使うのに地代が課されず，そのため開発が行き過ぎて，結果として荒廃が伴われがちな産業や，石油の共通油層に対する採掘競争や，一般的に競争が生産費を低下させるどころか高める傾向がある場合にみることができる．しかし，外部経済についても外部不経済についても，競争に干渉するケースがあるとすれば，それは貿易全体に適用されるのであるが，輸出貿易についてはそのような貿易の一部として適用されるにすぎない．技術的な外部不経済は，実質生産費と比べて不釣合いに価格を低くする傾向があるから，国内貿易に介入しない場合には，国内消費者に対して不当に価格を低くするが，それに反して外国貿易に介入しない場合には，外国の消費者に対して不当に価格を低くする結果になる．これを唯一の理由にして，国内貿易と外国貿易とを差別する根拠があると論じることはできる．

　ナイトは，グレーアムの議論を否定しながらさらに先にいく．ナイトの主張によると，企業（「事業単位（business unit）」）Ａにとって，同じ産業内の別の

企業Bにとって内部経済でない外部経済はあるはずがなく，この状況の下では，その産業は独占になる傾向があろうし，その場合には，価値を調整する原理は，競争状態にとって適切な原理とは別物になるという[92]．同じ産業においてであろうと別の産業においてであろうと，私は，一企業にとっての外部経済が別の企業にとっての内部経済でなくてはならないという論理的な必然性を知らない．しかし，仮にC産業にとっての外部経済がD産業にとっての内部経済だと仮定し，さらにD産業が独占的管理下にあると仮定しよう．Dの生産物に対するCの需要が増加する場合，Dの生産が逓減生産費の下にあるとすると，Dの価格が下がることは依然として可能だろう．だから外部経済は，たとえCにとって外部的なこれらの経済が，別の独占化されたD産業にとって内部的だとしても，なおC産業に起こりうるのである．

さらにナイトが主張するには，たとえ逓減生産費が時計産業にあったとしても，小麦に特化しているB国は，時計をA国から輸入することによって，時計を自国で作ることによってこれらの経済から得る利益と同じ利益を手に入れるだろうという[93]．これは，B国が小麦への特化を進めたときに，時計と小麦の交換条件が時計に不利に動いて，B国の当該産業全体にとっての相対的限界生産費の逆の動きを十分相殺する場合に限って正しいであろう．さて，外部経済からの議論の要点は，外部経済があるところでは，相対価格は，個々の生産者の相対的な限界生産費にだけ一致すればよく，その産業全体にとっての相対的な限界生産費に一致する必要はないということにつきる．時計の価格は，もし時計製造が外部経済の影響を受けている場合には，その産業全体の限界的な貨幣生産費を上回るであろう．

ハーバラーは，グレーアムの議論を幼稚産業保護論の単なる変形とした[94]．しかしグレーアムの論文の妥当性は，いやしくも妥当性があるとすると，短期の事柄に左右されない．逓減する限界生産費は，必ずしもまた典型的にも短期の現象ではなく[95]，またグレーアムの主張は，もし産業が逓減産業費の下で操業している場合には，たとえその産業が生産費に永久的で動かし難い比較劣位が

---

(92) "Some fallacies in the interpretation of social cost," 上記引用文中，pp. 597-98.
(93) "On decreasing cost and comparative cost. A rejoinder," 同書，XXXIX (1925), 333.
(94) Haberler, "Die Theorie der komparativen Kosten," *Weltwirtschaftliches Archiv*, XXXII (1930, II), 356.
(95) とはいえ，いまの私なら，それが短期においてさえ起こりうる現象であることを認めるであろうし，この可能性が通常否定される議論に欠点のあることを認めるであろう．

あるとしても，この産業の保護は引き合うかもしれないというものである．

第7節　価格，貨幣生産費そして実質生産費

　比較生産費の教義は，リカードウと彼の追随者たちによって，貨幣生産費 (money costs) とは区別されるものとして「実質 (real)」生産費によって記述された．現代の著述家たちの中には，比較生産費の教義は，まるで価格とか貨幣生産費あるいは「生産失費 (expenses of production)」が貿易の方向となんらかの関係をもつことを否定したかのように受け取ったり，価格とか貨幣生産費による国際貿易理論の再定式化それ自体が，リカードウの修正を伴うとか，これまで古典派の説明には入っていなかった一要素を理論に導入するかのように受け取る者もいた．しかしこの見方には，古典派理論についての完全な誤解がある．

　古典派の著述家全員にとって，すでに論じてきたように[96]，自由貿易の下で輸送費がないとすると，同じ国際貿易財の価格が同じ通貨で表してすべての国で均一になることは共通の教義であった．また1国内で生産される財の価格がその貨幣生産費に比例するかまたは比例する傾向があるということや，供給価格の差異が貿易の方向の直接の決定因であるということや，まただから，貨幣生産費の差異が貿易の方向を決定するということも共通の教義であった．彼らは自分たちの分析を実質生産費にまで拡張したが，それは，貨幣生産費による分析を代替するものとしてではなく，その目的は，貿易が直接に価格と貨幣生産費の差異に支配されているとはいいながら，これらの価格や貨幣生産費の差異は実質生産費の差異を反映しており，したがって厚生評価にとって意味があることを示すためであった[97]．だから実質生産費分析は，金銭概念による分析に意味を与えるつもりであったのであり，それに取って代わるつもりはな

（96）　本書前出, pp. 310 以下を参照せよ．
（97）　特定の国にとって貿易が有利であるかどうか考える場合，注意しなくてはならないことだが，その国自身の貨幣生産費は，それがその国の実質生産費に比例している場合に限って重要なのであって，逆に対外世界の実質生産費は，それが外国の供給価格に反映されている場合に限って重要なのである．輸入国にとっては，輸入財がずっと安価のままであると信じられるのなら，どうしてそれが安価かということはどうでもよい．だから，貿易が特定の1国にとって有利であることを決める適切な基準は，その国自身の異なった財の相対的な実質生産費と，外国の同じ財の相対的な供給価格との比較である．

かった.

古典学派にとって，特定の財が海外から獲得されるか自国で獲得されるかそれとも輸出されるかの直接の決め手は，自国と外国の生産者がその財を供給してもよいとする価格の絶対的な差異である(98). 現実の市場価格は輸送費がないときどこでも等しいと仮定すると，自国の供給価格つまり価格生産費が同じ通貨で表して外国の供給価格つまり貨幣生産費より絶対的に低いか高いかに応じて，財は輸出されたり輸入されたりするであろう. しかし著述家の中には，リカードウの比較生産費の原理をあまりに性急に貨幣生産費や価格の領域に移し替えて，貿易は，貨幣生産費に絶対的な差異がない場合でさえ，貨幣生産費の比較的差異に左右されるとか左右されるべきであると主張する者もいた.

はなはだしい例は，1818年に発表された一冊の匿名の小冊子であるが，これはアーノルド・プラント（Arnold Plant）によって復刻され，現代の学者たちの好意的な注目を引くべきものとして推奨された(99). この小冊子の主な主張とは，もしA財の国内価格のB財の国内価格に対する比率が，A財の国外価格のB財の国外価格に対する比率より低いとき，海外より高い価格で販売されているA財を輸出してB財を輸入することは，商人にとって有利であるというものである.

ある商品が輸出され，別の輸入される商品と直接か間接かで交換されるときの貿易の利益は，一方の市場で同一価格で購入できる2商品の数量間の比率にかかっているが，その比率は，他方の市場におけるその比率とは違っている. ある商品の一定数量の国内価格が別の国内商品を購入したときに，同じ商品の同じ数量の外国価格が別の当該商品を購入するより少なかった場合，その商品が輸出商品で

(98) Ricardo, *Principles, Works*, p. 100（羽鳥・吉澤訳『原理』上巻, pp. 235-236）を参照せよ.「われわれに1商品の輸入を決意させる動機は，海外におけるその相対的安価の発見である. その海外における自然価格と国内における自然価格との比較である.」同書, p. 78（羽鳥・吉澤訳『原理』上巻, pp. 195-96）「貿易上の取引はすべて独立の取引である. 商人が毛織物をイギリスで45ポンド買い，そしてポルトガルで通常利潤を伴って売ることができる限り，彼はそれをイギリスから輸出し続けるであろう.」

(99) *A letter on the true principles of advantageous exportation* [1818]. *Economica*, XIII (1933), 40-50に再録. 序文でプラントがこれについていうには,「これが，正確な理論的説明に明らかに精通した人による,［比較生産費の］主要原理についての一般化された正式の記述であり,」また「この小冊子の匿名の著者は, 19世紀の国際貿易理論の傑出した説明者の一人として，リカードウ, J. S. ミル, ロングフィールド, マンゴルト, エッジワースと同じ位置をしめるべきである」という.

第7節 価格，貨幣生産費そして実質生産費　　　　　　　　　　　465

あり，別の商品が輸入商品である．言い換えると，相対的にみて，海外と比べて自国で安価な商品が輸出商品であり，残りが輸入商品である．
　注意せよ．こうして比較的に安価な商品が，もう一方の市場より実際に安価か高価かということは問題ではなく，もう一方の商品で支払った場合に，その商品が比較的に安価であることだけが問題なのである．例えば，イギリスではブランデーでもって購入される絹のストッキングは，フランスの場合より安価かもしれない．1ガロンのブランデーは，フランスの場合よりたくさんのストッキングを購入できるかもしれない．たとえフランスの絹のストッキングが，おそらく絶対的にイギリスと同じかあるいはそれ以上に安価であるかもしれないとしても(100)．

　しかし，もしイギリスにおける絹のストッキングの供給価格がフランスより高いとすると，分別ある商人なら，貨幣を送る代わりに，進んでブランデーと交換にストッキングをフランスへ輸出する者はいない(101)．プラントの指摘のように，その多くが代数的なこの著者の説明は特別に優れている．しかし不幸にも，その代数は，誤った説明のために無駄に使われている．この例や他の類似の例は(102)，考慮中の事柄が価格や貨幣生産費であって実質生産費でないときに，問題なのは絶対的な差異であって単なる比較差ではないことが理解できない例である．それらは，1国の物価水準があまりに高いために保護がなけれ

(100)　同書，p.45．（傍点は原文イタリック．）
(101)　この著者は，この反論に対して，もしストッキングの代わりに貨幣を輸出したときに利潤が比較的に大きいとしても，依然としてブランデーと交換にストッキングを輸出することでいくらかの利潤があるであろうと認めることによって答えた．（同書，p.48.）しかし，利益がもっと大きいばかりか面倒でもないと思われる貨幣の輸出をどうしてやらないのか．この点についてのさらに優れた教ановは，同時期の一著述家によって次の引用文で説明された．
　「一つの品物を輸出する者は誰でも，それをできるだけ高い価格で販売する．しかし彼は，持ち帰った財が，彼自身の経費を払った後，彼の輸出したものと少なくとも等しい価値があることを発見するにちがいない．もしそうでなかったら，彼は，この貿易によって損をするから貿易を止めるであろう．もし貨幣がその持ち帰った品物だとすると，この貨幣は，輸出された財を少なくとも等しい量だけ購入できなくてはならない．さもなければ，この貿易は断念されるであろう．」(Thomas Hopkins, *Economical enquiries relative to the laws which regulate rent, profit, wages, and the value of money*, 1822, p.84.)
(102)　例えば，W. Cockburn, *Commercial œconomy: or the evils of a metallic currency*, 2d ed., 1819, p.5を参照せよ．
　「もし商人が，多少の綿商品を100ポンドで買い，それらをピーターズバーグへ送り，50ポンドで売ったとすると，彼がまずい通商経験をしたことは，一見してほとんど疑いないようにみえるであろう．しかし，事実はそうではないかもしれない．もし彼がこの50ポンドで麻を買うことにして，この麻がロンドンに着いたとき200ポンドで売れたとすると，この思惑買い全体は，結局のところ利益になるであろう．」

ば国の内外の市場で外国の競争に耐えられないという議論に対して，輸出は一般物価水準にかかわりなく有利に進めうることを論証することによって答えたいという賞賛すべき願望の結果のこともあった．もちろん古典派の経済学者であれば，別のやり方でこの主張に答えたであろう．すなわちイギリスは，すべての輸出を止めるほど高い物価水準を永く続けることはできず，金移動を通じて諸力が自動的に働き，イギリスと外部世界の物価水準の関係を，個々の輸出業者に利潤のある正常な輸出量が維持される関係に修復するであろうと主張することによってである．

ワルラスは，彼の唯一の国際貿易理論の論述で，ほぼこれと正反対の誤謬を犯し，要素数量による生産費に対して，貨幣概念の生産費でしか有効でない推論をあてた．

> 要するにわが国は，ラシャを作ることによって小麦を生産することに成功するであろう．このようにわが国は，外国がラシャに対して反対のことをするのと同じに，外国の生産係数をわが国自身の生産係数の代わりに使うであろう．これが自由な交換の本質であり，二つの置き換えは相互に関係している(103)．

ワルラスの命題は，結局貿易の下では，2国の生産物の価格はその実質生産費に比例するにちがいないということになる．この命題は，普遍的に有効どころか，労働をただひとつの生産費と仮定して，賃金率が両国で貿易の下で均一という特別の場合にだけ有効であるにすぎないであろう．輸入品を獲得するのに必要な実質生産費に関して一般的に有効な唯一の命題は，その実質生産費が自国で生産した場合の実質生産費より低い，あるいは限界的な場合でそれに等しいということである．もし各々の国がその輸出財の生産に絶対的な優位をもっていて，そして，もし賃金率が両国で均一でない場合には，これらの国の一方が，その国のもともとの実質生産費より低い生産費でその輸入財を手に入れるのに対して，残りの国は，もともとの実質生産費より高い実質生産費でその輸入財を手に入れるであろう．もしこれらの国の一方が，両財の生産において絶対的な劣位にある場合には，その国は，ことによるとその国のもともとの実質生産費でもその輸入財を手にすることはできない．

リカードウは，国内では生産要素の完全な職業的移動性を仮定し，国際的に

---

(103) Léon Walras, *Études d'économie politique appliquée*, 1898, p. 296.

第7節 価格,貨幣生産費そして実質生産費　　　　　　　　　467

は生産要素の不完全な移動性を仮定しながら,次のように主張する.すなわち,国内で生産される財の相対的価値は,その国の相対的な実質生産費がこれを決めるが,この法則は,異なった国ぐにで生産された財にはあてはまらないと.

　1国内の諸商品の相対価値を規定する同じ法則は,2国間またはそれ以上の国ぐにの間で交換される諸商品の相対価値を規定しないのである.……同じ1国内では,利潤は,概して,つねに同一水準にあるか,あるいはわずかに資本投下の安全度および快適度の多少に応じて異なるにすぎない.だが,異なる国ぐにの間ではそうはいかない(104).

　その他の古典派の経済学者たちは,原則としてこの命題をリカードウからなんの疑いもなく引き継いだ(105).しかし,トレンズは悩んでいたように思われる.彼は時々自分自身でこの教義を記述しながら,かつてリカードウとは食い違うと思ったフシがある(106).それは,ひょっとしたらその教義をマカロックが間違って説明したのを聞いたからかもしれないが(107),ずっと後になって,

---

(104) *Principles, Works*, pp. 75-76.（羽鳥・吉澤訳『原理』上巻, p. 190）彼がおそらくここで仮定するように,労働の資本に対する割合が1国内で全産業で均一であり,そしてまた,賃金が全職業で均一であると仮定すると,すべての職業で利子率が均一であることによって,国内的に生産される財の価格は,労働時間つまり「実質」生産費に必ず比例することになる.
(105) 後にエッジワースは,それを比較生産費の原理の「消極的条項 (negative clause)」と呼び,余計なものであると主張した.「国際市場における品物の価値が,それぞれの生産者にかかる生産費つまり「努力と犠牲」に比例しないということは,ここで提案された定義を採用する場合,余計なことである.一致の決め手である国内貿易に固有の条件が欠如しているときに,どうして生産費と価値の間に一致があろうか.」*Papers relating to political economy*, 1925, II, 6.
(106) 彼の1832年7月3日の下院における演説記録を参照せよ.(Hansard, *Parliamentary debates*, 3d series, XIV, 19)：
　「さて,この場合［外国がその国自身の商品と交換に,商品を受け取ろうが貨幣を受け取ろうが,イギリスにとってはどうでもよかったという議論を指している］における誤謬は,はるかに一般的な別の承認から起こった.すなわち国内市場における財の価値が生産の費用つまり労働によって決まったように,外国市場においてもそうにちがいないというリカードウ学派の経済学者たちの偉大な金言の承認から起こった.リカードウであれば,この原理は,国内政策については正しかったが,外国市場での交換価値を決めたのはこれではなかったと主張するであろう.われわれが商品と引き換えに外国市場で受け取ったものは,これら外国の品物を生産する費用によって決まったのではなく,外国市場に存在するわれわれの財に対する需要にかかっていた.」
(107) マレット (Mallet) の1832年4年5日の『政治経済クラブ』におけるこの件についての説明を参照せよ. (Political Economy club, *Minutes of proceedings*, VI (1921), 234.)：
　「この議論は,ついに,何が交換価値を構成するかという価値問題にぶつかり,この暗礁で

彼は，この教義が一体全体有効かどうかについて質問を出した(108).

記憶されているだろうが(109)，シジウィックは，異なった国の生産物の相対価値はその相対生産費に比例しないという教義に異議を唱えたが，しかし，リカードウの教義の「生産費」が実質生産費を意味したのに対して，彼の議論では，実質生産費よりむしろ貨幣生産費の意味で「生産費」がいわれているように思われた．しかしある箇所では，シジウィックは，もし生産費を実質生産費のつもりで使ったとすると正しい結論だが，貨幣生産費のつもりで使ったとすると正しくない結論をいくつか提示する(110)．彼は，イギリスがスペインのぶどう酒と交換に毛織物を輸出するというJ. S. ミルの例を繰り返し，そして両国で生産される第三の財である穀物も加える．彼の主張するには，毛織物も穀物も生産されるイギリスでは，それらの価値は，相対的な生産費によって決められるにちがいないし，そして同じようにスペインでは，穀物とぶどう酒の価値もそれらの相対的な生産費によって決められるにちがいないから，もし輸送費がないとすると，毛織物とぶどう酒の相対価値もそれらの相対的な生産費によって決められるにちがいないという．もしこの価値が価格を意味し，「生産費」が「貨幣生産費」を意味する場合には，これは正しいし，ミルも同意したであろう．穀物価格は両国で同じであるにちがいなく，そしてまた，イギリスでは，毛織物価格：穀物価格＝毛織物の貨幣生産費：穀物の貨幣生産費であり，スペインでは，ぶどう酒価格：穀物価格＝ぶどう酒の貨幣生産費：穀物の貨幣生産費であるから，毛織物価格：ぶどう酒価格＝毛織物の貨幣生産費：ぶどう

この議論は砕け散り，われわれは途方にくれた．マカロックは，大胆にも，等しい労働量は全世界で価値が等しいというリカードウの教義を主張するが，トレンズとマルサスは，それを馬鹿らしい考えとみなしている.」

(108) 1844年には，トレンズが出した質問が『政治経済クラブ』で論じられた．すなわち「リカードウは，「この国において財の相対価値を決める同じ法則は，2国間とかそれ以上の国ぐにの間で交換される財の相対価値を決めない」と明言したが，彼は正しかったのか」という質問である．トレンズは出席していなかったが，マカロックが，リカードウの外国貿易の章には欠点があったことや，また貨幣生産費によるのか実質生産費によるのかわからないが，実際には，外国の国ぐにがより安価に作る財だけが輸入されることを主張したと報告されている．(Political Economy Club, *Minutes of proceedings*, VI (1921), 291.) マカロックは，リカードウの教義，すなわち実質生産費における比較劣位は，たとえ実質生産費で絶対優位にあったとしても輸入を有利にしうるという教義をけっして是認しなかったように思われるし，また彼のこの教義についての説明は，いつも比較優位ばかりか絶対優位によってもなされてきたようにみえる．(McCulloch, *Principles of political economy*, 4th ed., 1849, chap. V を参照せよ.)

(109) 本書前出，p. 451, 注78．
(110) Sidgwick, *Principles*, 2d ed., 1887, pp. 205-07.

酒の貨幣生産費である．ここまでは，なぜシジウィックがミルと意見が合わないと思ったかという点を別とすると，わかりにくいことはない．しかし，ここでシジウィックは以下の注をつけるが，この注は，もし彼が生産費を実質生産費のつもりで使っていないとすると理解できないし，またもし彼がそのように使っているとすると，ミルに反対する彼のすべてのケースについての完全な譲歩である．その注とは，「もちろん，ぶどう酒と毛織物が，それぞれの生産費に比例して相互に交換されることにはならない．というのは，もし（ミルが仮定するように）労働と資本の可動性が不完全だとすると，穀物の生産費用は2国で違ってくるかもしれないからである」というものである(111)．もしシジウィックが，ぶどう酒と穀物の価格がそれらの実質生産費と比例しないことを認めているとすると，彼はミルのすべてを受け入れている．もし彼が，ぶどう酒と毛織物の価格がそれらの貨幣生産費に比例することを否定しているとすると，彼は，自分自身の価格論を否定しているし，そして明らかに続く本文と矛盾している(112)．

第8節　比較生産費の教義の実質生産費説に対する依存関係

リカードウ派の比較生産費の教義の説明では，労働時間単位によって生産費が記述され，1国内で生産された財の価値は，それらの労働時間生産費に比例すると仮定された．同じ手続きは，比較生産費の教義の多くの主要な説明者たちによってとられ，本章でもこれまでその有効性を疑わなかった．しかし，労働価値説を本気で擁護する者は，たといるにしても今日ではほとんどみつけられないであろうし，著述家の多くは，労働価値説に依存していることを理由に，比較生産費の教義は拒絶されなくてはならないと主張するか，そうでなければ，労働生産費にふれないで「近代的な」価値説によって再述されなくてはならないと主張した．本章の残りの部分は，この問題についてのいろいろの局

---

(111) 同，*Principles,* 2d ed., p. 207. 注．
(112) この議論の段階で，もしシジウィックが，無意識のうちに，「生産費」という用語をミルの意味の実質生産費として使うことになったと仮定すると，エッジワースの示唆（*Papers,* II, p. 30）は，シジウィックの本文とこの注とを調和させるひとつの手立てを提供する．もし「生産費によって決められる」ということが，単に「生産費の影響を受ける」だけということをいっているのだと読まれるとすると，当然異なった国の生産物の相対価値は，それらの実質生産費に比例することなしに，実質生産費によって「決められる」ことが可能である．このことは，この注と本文とを一致させるであろうが，しかし，シジウィックが，自分の使う用語に同じ意味を与えていた場合には，このことによって彼は全面的にミルに同意することになるであろう．

面を扱う．

　ここには，比較生産費の教義にとって重大な困難がいくつかあるが，しかしそれらの困難は，この教義の標準的な様相が必ず何らの形態の価値の「実質生産費」説に依存することから起こるのであって，簡単に切り離すことのできる「労働」価値説との関係から起こるのではない．比較生産費の教義が労働価値論と結びついたのは，リカードウが，この教義の先駆的な説明の中で，実質生産費を労働人数でいい表したという事実の単なる結果，つまり歴史的な偶然にすぎない．リカードウを別にすると，古典派の比較生産費の教義の説明者には，ジェームズ・ミルという比較的重要でない部分的な例外はあるとはいえ，労働価値説の代弁者はいなかった．リカードウ自身は，資本費用の相対価値への影響についてははじめから重大な留保条件をいくつか置いたが，時間の経過につれてこの留保条件をますます重要視した．マルサスとトレンズは，はっきりこの労働価値説を否認した．シーニアとケアンズは，「労働と節欲 (labor and abstinence)」(113)とか「労働と資本」の点から実質生産費を扱った．J.S.ミルは，初期の著作において厳密な労働価値説と縁を切り，『原理』においては，たとえ比較生産費の教義をケアンズと同様に原則として労働価値説の用語で説明しても，一般価値論の議論においてこれをはっきり否認した．後の著述家たちは，バステーブルやエッジワースのように，この教義を説明するうえで「生産力単位 (units of productive power)」とか類似の表現で労働人数を代用させるとか(114)，さもなければ，マーシャルのように(115)「労働人数 (quantities of labor)」をもって生産要素の結合物を代表するものとした．タウシッグは，現代の著述家たちの間ではほとんどただ一人，これまでの反対論を十分認識したうえで，条件付きで労働価値説を守ってきたが，これらの反対論が論理的に有効でないからというのではなく，反対論の実際的な重要性が疑わしいという理由からであった．価格が必ず労働生産費に比例するということを一般に否定す

---

(113) Senior, *Three lectures on the cost of obtaining money*, 1830, p. 4 を参照せよ：「……つり合いの取れた賃金と利潤の支払，あるいは私の用語法では，……つり合いの取れた労働と節欲の合計……．」

(114) Edgeworth, review of Bastable's *Theory of international trade* in *Economic journal*, VII (1897), 399, 注を参照せよ．

(115) Marshall, *Money credit & commerce*, 1923, p. 323 (長澤越郎訳『貨幣信用貿易』2, 1988年, p. 121) を参照せよ：「異なる職業に必要な熟練と，各人の労働が助力を求める資本量における差異を無視する（あるいは，それぞれの種類の労働と資本量の量は，標準的な能率をもつ労働の価値を尺度として表現される）．」

る経済学者でも，国際貿易理論を説明する場合には，労働生産費方式に頼ったであろう．というのも，この方式は，福祉の観点から貿易の帰結を評価する際に起こる重大な論理的困難を防いだりあるいは避けたりするうえでの一助となるからである．だから，「歴史的に比較生産費の全教義は労働価値説の支柱であった」というナイトの明言を支持する証拠が皆無と思われる一方で(116)，歴史的に労働価値説は，それを信じない著述家たちによってさえ比較生産費の教義の支柱として使われてきたという逆の命題も主張できるのである．しかし，労働価値説にはほとんど普遍的で強力な否認が存在するから，比較生産費の教義が歴史的にこの説と結びついていることは，教義にとっては，一般的承認への一助というよりむしろ障害になっている．だから，批判者の中にはほとんど違いはないとする者もいるが，大部分の解説者が，比較生産費の教義の妥当性を，たとえこの教義が労働価値説の用語で論じられる場合でも，単なる労働価値説とは違う実質生産費説を受け入れることから引き出してきたことを強調することが重要である．

　実質生産費による理論化を基礎にして比較生産費の教義の有効性を擁護する可能性を吟味する前に，私が「実質生産費説（real-cost theory of value）」という語句をどんな意味で使っているかはっきりさせるべきであろう．私が「実質生産費説」によって理解している理論とは，市場価格と実質生産費の間のおおまかな比例性を少なくとも強く仮定する理論であり，まただから，その有効性がそのようなおおまかな比例性の存在にかかっている命題は，吟味中の特定の状況で，もし価格と実質生産費の間の比例性がまるでないことを示す傾向の証拠が提出されなければそして提出されるまでは，この仮定を理由に有効でないとされるべきではないとする理論である．したがって，実質生産費による理論化のもたらすものは，たとえそれが有効だとしても，確実なものとは区別された推定以外の何者でもない．しかし，この領域で経済理論がもたらすと期待されるものは，いずれもみな推定である．しかし，たとえ価格と「実質生産費」の比例性についての推定が立証できないとしても，一般的な価値論は，もちろん「実質生産費」が存在しそれが何らかのかたちで相対価格に影響する限り，実質生産費を考慮しなくてはならない．だから「実質生産費説」が粉砕されたとしても，その妥当とされる帰結が「実質生産費」分析の放棄にはならない．

---

(116)　"Some fallacies in the interpretation of social cost," *Quarterly journal of economics*, XXXVIII (1924), 599, 注.

次に起こる問題は,「実質生産費」をどう理解するべきかということである．リカードウの労働生産費説にあてはめたように, 実質生産費は, 1 日労働で換算した生産費あるいは生産の労働技術係数で換算した生産費を意味するように思われるであろうが, そこでの「実質」は, 所得に適用して貨幣所得が購買できる財を, 貨幣所得自体から区別するのと同じやり方で, 生産に必要な生産要素のサービス量を, 生産の貨幣支出から区別することに役立つだけであろう．しかし明らかなことは, 古典派の著述家たちは, 公共政策の問題を論じる場合には, 主要費用とか「不効用」に関心があったことであり, また彼らは, 一般に不効用は生産要素のサービス量に比例すると仮定したが, 実質生産費は, 生産に直接結び付くすべての主要費用の意味でいったということである．余暇と比べようと何か別の種類の労働と比べようと, この労働の煩わしさや, 消費の自発的な延期と結び付く「節欲」は, 彼らにとって重要な実質生産費であった. もちろん彼らは, 経済過程が経済活動の選択と同様に生産物間の選択も含むことを認めたが, しかし彼らは, 生産物間の選択は所得現象として扱い, 生産費現象として扱わなかった．生産費を論じる場合, 彼らは, 所得が一定に保たれていると仮定して, 最低の生産費でその所得を入手できる手段を検討した. 所得を論じる場合には, 彼らは, 生産費が一定に保たれていると仮定して, 所得を最大化できる手段を検討した．用語に関してであれ分析方法に関してであれ, これが唯一可能なあるいは最善の手順ですらあるといい張ってもなんにもならない．というのは, 常に用語の選択や分析方法の選択があり, どれが選ばれるかは, 多くの場合, 主にその時々の何らかの知的な流行によって決められるからである. 彼らの教義には不完全なところがいくつかあるが, 私のみるところ, 彼らの分析技術に原因があると考えられるものは, バローネとパレートが指摘したもの(117), すなわち土地サービス (あるいは一般的に実質生産費を伴わないと仮定されるサービス) を生産の 1 要素として取り扱うという不満足な方法だけであった(118).

国際貿易の方向は価格によって直接支配されている．もし 1 国内の財価格が

---

(117) 本書後出, p. 488 を見よ.
(118) 土地を多く使い労働をほとんど使わない産業に輸出奨励金が与えられた結果, 同じ輸入財が, これまでの輸出財より少ない労働サービスとより多い土地サービスを含む財と交換に獲得されると仮定しなさい. 私の推測では, リカードウならこの場合, この国は輸出奨励金のために少ない実質生産費で輸入財を手に入れることになるから, 輸出奨励金は有益であるといい, また国内消費のための生産から輸出のための生産へ土地を移転させた結果生じる国内所得の減少を

その実質生産費におおまかでも比例していないとすると，比較生産費の教義は，自由貿易を支持する過程を立証するに不十分であるとともに，実際には，貿易を比較実質生産費と一致させるために，貿易への介入を支持する理由を提供するかもしれない(119)．続く節では，貨幣生産費と実質生産費の間の重要な一致に不利に作用すると一般的に考えられている諸要因，すなわち異なった職業における賃金率の差異や，異なった産業におけるさまざまな比率による生産要素の使用といった要因と比較生産費の教義の関係を吟味する．

第9節　異なった職業における賃金率の相違

　もし違った賃金がいろいろの種類の労働に支払われ，これらいろいろの種類の労働が違った割合で種々の産業に用いられるとか，あるいは同じ種類の労働が種々の産業でそれぞれ違った賃金を支払われるとすると，その場合には，労働を唯一の生産要素と仮定したとき，1国内で生産される財の価格は，賃金費用に比例しても，労働時間費用には比例しないであろう．自由貿易下の貿易の方向は，賃金費用（すなわち労働数量生産費×賃金率）に支配されて，リカードウが仮定したような，比較労働量生産費に支配されないことになろう．これは，ロングフィールドが認めており，はっきり記述していた．

　貿易の流れに方向を与えるその次の状況は，ある国の労働の相対賃金が，異なる法則のために，別の国でみられるものとは違っているかもしれないということで

　　　大目にみるであろう．しかしリカードウは，もしこの点を指摘されたら，彼の所得分析に必要
　　　な修正をしたであろうと想像できる．
(119)　リカードウは，特に課税との関連で，実質生産費を意味しない要因によって相対価格が影響
　　　される限りは，自由貿易論はもはや成り立たないとはっきりと認めた．*On protection to
　　　agriculture* [1822]，*Works*, p. 463（邦訳『リカードウ全集』IV, 1970 年，pp. 258-9）を参照
　　　せよ．
　　　　「外国の商品の輸入を阻止するための保護として作用するなんらかの課税が正当視されうる
　　　のは，政府の干渉によって諸商品の相対価値が変動させられている場合だけである．……次
　　　のことはひとつの原理として決定されてよかろう．すなわち，1国においてあらゆる商品に
　　　等しく影響するように作用するいかなる原因も，それらの相対価値を変動させはしないし，
　　　また外国の競争者たちになんらの利益を与えうるものではないが，しかし，ひとつの商品に
　　　部分的に作用する原因は，もしそれが適当な関税によって相殺されない限り，他の商品にた
　　　いするその商品の価値を変動させるものであり，それはまた外国の競争者たちに利益を与え，
　　　われわれから有利な産業部門を奪いとる傾向をもつであろう，ということである．」

ある．ある国では，誠実さと技量はまれで高価な特性かもしれないし，またその特性をもっていることを要求される労働者の相対賃金を大いに高めるかもしれない．別の国では，総じて人びとが快適な状態にいるために，その国の労働者が骨の折れる過酷な仕事に従事することを最もいやがることになるかもしれないし，また好みに合わない職業とか不健康な職業に彼を従事させるためには，価格の著しい上昇が必要かもしれない．後の国では，誠実さと素早く技量を生み出す注意深い気質は，人びととの一般的な資質かもしれない．この想定では，もし攪乱原因がないとすると，誠実さと技量とを必要とする製造業は後の国に存在するであろう．というのは，これらの特性をもつ労働者たちは，彼らの労働をその生産性に比例してより安価に売るであろうからである．これら二つの状況，すなわちいろいろの種類の労働の生産力が異なった国でそれぞれ違った割合にあること，そして労働の相対賃金を変化させる基準が異なった国ぐにでそれぞれ違っているという，これら二つの状況の中で，およそ貿易というものははじまるといってよい(120)．

しかし続けて，自由貿易から獲得される利益を論じたとき，ロングフィールドは，暗黙のうちに，特定の財の生産に貨幣生産費で絶対優位にある国は，その財の実質生産費でも比較優位にあると仮定して，前に紹介した複雑な問題にはそれ以上ふれなかった(121)．

ケアンズは，国際貿易は，比較実質生産費によってでなく価格によってほぼ調整されて，国の内部でそれぞれ違った無競争集団によって生産される財の価格は，そこで費やされる労働量とか「労働犠牲」で測った実質生産費に比例しないと指摘した(122)．しかしケアンズは，この指摘が貿易の教義に対して引き起こす問題を明らかに理解しなかったか，さもなければそれからわざと注意を

---

(120) *Three lectures on commerce*, 1835, pp. 56-57. オリーン (*Interregional and international trade*, 1933, p. 32. 木村保重訳『貿易理論―域際および国際貿易』p. 32)は，類似の一節を，ロングフィールドの初期の著書 *Lectures on political economy*, 1834, pp. 240-41 から引用して，読者に「ロングフィールドは，古典派の経済学者たちが行ったような，効率からみた安価さを考えたのではなかった」点に注意を求める．私が引用したこの一節は，ロングフィールドが，能率からみた安価さ（「その生産性に比例してより安価に」）を彼自身が立派に考えていたことを示している．

(121) *Three lectures on commerce*, pp. 60 以下．類似の手順については，J. S. アイスデル (Eisdell) (*Treatise on the industry of nations*, 1839, I, 343) を参照せよ．彼は，ロングフィールドに負うところがあると認めている．

(122) *Some leading principles of political economy*, 1874, pp. 322-24.

第9節　異なった職業における賃金率の相違　　　　　　　　475

そらした．というのも後に，彼は，「国ぐにがお互いに貿易するのは，そうすることによって，自分たちの欲望を，財の直接生産より少ない犠牲あるいは費用で満足させうる場合に限られる」と記述するが(123)，彼が示したことは，国ぐにがお互いに貿易するのは，それによって貨幣生産費が節約され輸入財が入手できるということだけであったからである．関税問題の議論で，彼は，暗黙のうちに次の仮定をするが，これは，一般価値論や国際貿易理論を扱うときは正しい推論の原理に合わないとして彼が反対した仮定である．すなわち，1国の産業の全領域における賃金費用は，相対的な実質生産費の十分に正確な尺度であるという仮定である(124)．このように，さまざまな職業における賃金の違いのもつ意味に直接注意を向けることに最も責任のある経済学者でさえ，関税問題を扱う場合にはこれらの違いを無視した．

　この問題は，タウシッグ教授が論ずるまでこれ以上注意を引いたようには思われない．タウシッグは，算術例を使って，異なった職業における賃金の違いが，どうして相対価値を相対労働量生産費から乖離させ，その結果，自由貿易下の国際特化が，労働時間生産費による比較優位と一致しないかもしれないかを示す明快で確かな例証を提示する(125)．

　しかしタウシッグは，先進諸国では職業の階層に少なくともおおまかな一致があり(126)，その例外は，重要ではあるが性格上本質的に一時的だと主張する．　496
彼は，職業の階層における各国間の違いが，貿易の方向を，価格が労働時間生産費で左右されている場合から乖離させる働きのあることを認めて，そのような乖離の具体例をいくつか提出する．しかし彼は，もしこの階層がそれぞれ違った国ぐにでまったく同じ場合には，「貿易は，各国内での価格が労働生産費

---

(123)　同書，p. 375.
(124)　同書，pp. 375-406 .
(125)　*International trade*, 1927, pp. 43-60. 類似の論述については，十分ではないが，タウシッグの初期の論文 "Wages and prices in relation to international trade," *Quarterly journal of economics*, XX (1906), 497以下 (*Free trade, the tariff and reciprocity*, 1920, pp. 89-94 に再録) と，*Principles of economics*, 1911, I, 485-86; II, 154-57 を参照せよ．
(126)　もしこの賃金階層が，(アダム・スミスとリカードウのいずれも信じたように) 各国において時間を通じて比較的に安定的でなかったり，世界大の諸力に反応する場合以外大きく変化しなかったなら，これは正しくないであろう．それが現実に十分に正しいというのが，C. F. ビッカーダイク (Bickerdike) の数ヵ国の賃金統計の詳細な研究からの結論であったように思われる．("International comparisons of labor conditions," *Transactions of the Manchester Statistical Society*, 1911-12, pp. 62-63.)

だけで決められたときと同じように発展するであろう」と断言する．私は，タウシッグは，もし各国内での賃金が同じだとすると，賃金階層がそれぞれ違った国で類似すればするほど，貿易の方向での乖離が小さくなるのが道理だということを明らかにしたとは思うが，しかし彼は，賃金階層が完全に類似している場合には，各国内での賃金があらゆる職業で同じときの貿易の方向から乖離しないことは明らかにできなかったと思う．

タウシッグは，彼の推論を，無競争集団の性質について二つのいくぶん違った類型の仮定にもとづいた一連の算術例を使って提示する．彼は，第一の類型を次の例で説明する(127)．

国	労働時間生産費 （日数）	1日当たりの賃金 （$）	総賃金額 （$）	生　　産		国内供給価格 （$）
合衆国	10	1.00	10.00	小麦	20	0.50
	10	1.50	15.00	リネン	20	0.75
ドイツ	10	0.66⅔	6.66	小麦	10	0.66⅔
	10	1.00	10.00	リネン	15	0.66⅔

この例では，それぞれ違った産業間で賃金に違いがあるが，違いの順序と割合の大きさは2国で同じである．タウシッグは，貿易の方向は，ちょうど各国内での供給価格が労働時間生産費で決められた場合とぴったり同じであろうと結論する．しかしオリーンは，各国で輸出入する財は同じままだが，交易条件は二つのケースで違っているかもしれないと指摘した．労働時間生産費が規制されていると，すなわち両職業で同じ賃金であると，貿易は，リネン1に対して小麦1と，リネン1.5に対して小麦1の範囲内のどこかで起こりうる．二つの産業で賃金に違いがあると，貿易は，リネン⅔に対して小麦1と，リネン1に対して小麦1の範囲内でなくては起こりえないし，低賃金産業の生産物に比較優位のある国にとって不利な変化である(128)．しかしタウシッグは，比較労働時間生産費にしたがった貿易からの乖離は，2産業における賃金の違いの方向と大きさが2国間で同じ場合には，そうでない場合より小さい傾向があ

---

(127) *International trade*, 1927, p. 47.
(128) B. Ohlin, "Protection and non-competing groups," *Weltwirtschaftliches Archiv*, XXXIII (1931, I), 42-43.
　　もし潜在的に可能な貿易品として2財以上の財があったとすると，各国で輸出入されていた財でさえ，二つのケースで必ずしもまったく同じではないであろう．

ることを明らかにした.

　第二の類型の例の中で,タウシッグは,異なった部門の労働者賃金の違いを扱うが,それぞれの労働者は産業の全領域で雇用を見いだすものとする.彼がそこで明らかにするには,私の理解の限りでは,もしその賃金階層が,異なった国において,階層についても割合についても同じ賃金の違いであるとして,また,もし両国の全産業が,それぞれ違った社会的な労働部門から同じ割合でやってくる労働者を用いるとすると,貿易の方向は,その場合にはいつものように価格と貨幣生産費で直接決められるとはいいながら,ちょうど労働量生産費で決定される場合とぴったり同じであろうという(129).しかしこの結論を支える仮定は,特にどのひとつの仮定でもこれを緩めると結論を修正しなくてはならないところから,結論のもつ意味を厳しく制限するように私には思われる.しかしタウシッグの分析は,労働の職業的な移動性の問題というより,むしろ相対賃金の固定された尺度の存在にかかっており(130),またタウシッグの一般的な分析方法は,賃金の違いの起源や意味の問題に適用することによって,もっと実りの多い結果を手にすることができるように私には思われる(131).

　まず最初に,異なった職業における賃金の違いは,タウシッグが「均等化(equalizing)」差異と呼んだものかもしれない.すなわちこの差異は,全面的に職業の魅力とか煩わしさとかの違いに起因して,その違いに比例しているかもしれないもので,職業間の十分な移動性の欠如に起因しているものではないかもしれない.そのときは,貨幣生産費にそった特化も,たとえそれが比較労働時間生産費にそっていなくても,職業のあるいはそのような職業に伴う生活条件の「不効用」とか煩わしさによって測られた比較実質生産費にそっているであろう.そのような場合には,比較実質生産費の教義は,異なった職業で賃

---

(129) 特に, Taussig, *International trade*, p. 51 の算術例を見よ.

(130) もし労働の非移動性が彼の例の中で暗黙のうちに仮定されたとすると,その場合には,そこで仮定された特化は不可能であろう.

(131) Taussig, *Principles of economics*, 1911, II, chap. 47 を参照せよ.次に続く分析は,結論に多少の違いはあるが,いまここで利用したオリーンの論文に負うところがある.その分析は,部分的に, *Journal of political economy*, XL (1932), 121-25 の私の Manoïlesco, *The theory of protection and international trade*, 1931 の書評での議論の再述である.マノイレスコは,もし自由貿易の下で労働者の貨幣所得が農業より製造業で高く,またもし製造生産物が輸入され農業生産物が輸出されたとすると,製造品を保護することによって,この国は,国内生産によって,輸入の場合より低い労働時間生産費で製造生産物を獲得することができることを明らかにした.

金率に違いがあっても明らかに有効である(132)．

次に，賃金の違いが，高賃金集団の絶対的な労働独占に起因しており，労働の階層性が，産業一般に横断的というよりむしろあるいはそれ以上に産業別あるいは生産別であると想定しよう(133)．低賃金産業から高賃金産業へ労働移動の可能性がないとすると，高賃金集団の一員による転職が獲得賃金次第である結果として，高賃金産業で利用できる労働量は限られた大きさでしか変化できない．この集団にとって内部的で別の集団からの労働の移動に因らないような労働量の変化を捨象すると，もし高賃金産業が実質生産費による比較優位にありながら，この産業に就職できる労働者数が限られているために競合する生産物が引き続き輸入されている場合には，この生産物に関税を賦課しても，その国内生産量に目にみえる影響は及ぼさないであろうし，変化するのは，外国貿易量や，財の相対価格や，種々の産業で支払われる相対賃金だけであろう．賃金の不平等はさらに加速され，独占的な労働集団が社会の残りの人びとを搾取する力は増加されるであろうが，異なった職業間の労働の配分には改善はないであろう．

最後に，職業間に十分な移動性はあるが，法律とか習慣とか労働組合の規則によって，実質生産費で比較優位にある産業のうちいくつかの産業の賃金が非常に高い水準に維持されて，その生産物に対する国内市場が，競合する生産物

---

(132) マノイレスコは，彼の著作の中で，農業より高い製造業の労働の貨幣収入が，自由貿易なら生き残ることのできない製造産業への保護を正当化すると論じたが，私がこの本の書評で上と同じ線上で主張したことは，製造生産物を，国内で製造しないで，農業生産物の輸出と交換に輸入によって獲得した場合の労働時間生産費が，もし農業より大きい製造業の労働の不効用によって相殺されない場合には，製造生産物に輸入関税をかける理由はないであろうということであった．この異論に答えて，マノイレスコは，保護は労働時間生産費の節約になるかもしれないという論証を繰り返すだけで，実質生産費をみつけるために，パレートが「福利係数」と呼んだものによって労働時間生産費を加重する必要性を看過するか，多分否定している．(Mihail Manoïlesco, "Arbeitsproduktivität und Aussenhandel," *Weltwirtschaftliches Archiv*, XLII (1935, I), 41-43.)

(133) ハーバラーは，「さまざまな集団によって供給された労働の質の差異」という重要なケースに私がふれていない点に注目すべきだと論評した．彼は，「この事例は，ヴァイナーが信念上の理由で固守しているように思われる実質生産費理論の範囲の外に出てしまうものか，あるいはまったく特定の前提の下でしかそれと調和できないものである」と論評した(*Theory of international trade*, 1936, p. 196, 注2)が，そのような手ぬかりはない．というのも，「労働独占」は，企てられた労働独占も，必要な特性をもった人びとの欠乏による労働独占も含んでいるであろうし，また考慮中の目的にとって，独占の存在は，その原因がなんであれ，すべてのことに関連しているからである．

の輸入品と共有されていると仮定しよう．この条件では，高賃金生産業が生産する財の輸入品に対する保護関税は，これら産業の雇用量を増大させるであろうし，低生産性の職業から高生産性の職業に労働を移動させることになるであろう．この仮説の条件は長期の仮定と両立しないであろうが，最近の経験で明らかにされたことは，たとえそこでの雇用が確保されなければ失業するかあるいは他の職業におけるはるかに低い賃金を受け入れるかのどちらかしかない場合でさえ，職業によっては，雇用量を制限するほどの容易ならざる高さで，長期間にわたってその賃金水準を存続できるところもあるということである．

これらの例は，可能性のすべてを余すところなく論じていないが，しかし異なった職業のそれぞれ違った賃金率の存在が，輸入関税を有利なものにする可能性の範囲を十分に明らかにする．この分析結果は，次のいくつかの命題で要約できよう．

(1) 賃金の違いを均等化することは，貿易を，たとえ労働時間生産費による比較生産費の線上から逸脱させるとしても，実質生産費あるいは主要生産費による比較生産費の線上から逸脱させない．

(2) 賃金の違いが高賃金職業における労働独占に起因するところでは，高賃金産業の生産物への輸入関税は，低賃金産業から高賃金産業へ労働を移転させることにならないであろうし，したがって生産の観点からみて状況を改善しないし，もし不平等が悪とみなされているとすると，分配の観点からみて状況を悪化させるであろう．

(3) 職業的な移動性はあっても，賃金が，規制とか習慣のために，実質生産費で比較優位にある何かしらの産業で非常に高い水準で固定されているところでは，その産業は，生産物への輸入関税によって，もっと多くの労働を雇用できるであろう．しかし，自由貿易に加えて賃金が弾力的であれば，異なった職業間の推定上の最適な労働分配にいっそう近づくことにすらなるであろう．

したがって比較生産費の教義は，最も熱心な教義の支持者の何人かが疑念をもった結論を吟味することによっても，ほとんど無傷のまま生きつづける．いくぶん違ったやり方であったが，前述の結果は，賃金の違いの存在は比較生産費の教義をひっくり返すのに十分ではないというタウシッグ教授の結論の正当性を十分に立証している[134]．

第10節　可変的な生産要素比率と国際特化

　比較生産費の教義の批判家として最も有名で精力的な人であるオリーンは，彼の批判の根拠を次のような比較生産費の教義の解釈においている．すなわちこの教義は，貿易の方向と国際特化の特殊な性質を決める諸力を説明しようという古典学派の試みを表しているという解釈である．ある一節を除くと，彼には，これがこの教義の唯一の目的でも，ましてや主要な目的でさえないことを認識した様子がなく，またこの一節も，この教義が終始誤りを含んだ見当違いのものとして論じられた590ページの書物の最終段落として現れているところから，明らかにどたん場の後知恵である[135]．国際特化の性質を決める諸力について彼自身の説明は，一般的な方向においては見事であり，またこの問題の今後の議論の類型を示すのに役立つと私は確信している．オリーンの説明はかなり詳細に渉っているが，彼の一般的な論理的枠組みはいくつかの文章で要約できる．1国は，他の国より低い貨幣生産費で生産できる財を輸出し，ほかの国の方が低い貨幣生産費で生産できる財を輸入する．それぞれ違った財の相対的な貨幣生産費がどの国でどうなるかは，異なった生産要素の相対価格やこの要素の生産関数，そしてそれぞれの産業で進められる生産の大きさにかかっているが，これらの中には，順にいろいろな財に対する国の内外の需要にかかっているものもある．しかし経験的には，国際特化の性質を説明している最も重要な単一の要因は，異なった国ぐにの間のいろいろな生産要素の相対的な豊富さの差異，まただから，いろいろな生産要素の相対価格における差異という結論に達するかもしれない．これらいろいろな生産要素の相対価格の国際的な差異は，特定の財の生産に多量に入りこむ要素が比較的に豊富で，その結果その要素価格の低い国においてこれらの財の貨幣生産費を低くする傾向がある[136]．

---

(134)　*International trade*, p. 61.
(135)　*Interregional and international trade*, 1933, p. 590.
(136)　オリーンは，さまざまな産業の報酬率の違いも，1国の特化の性質を決めるうえでの要因の一つであろうと認めている．彼も一応認容すると思われることは，各国間の要素価格と要素効率の相対的な差異が，生産される財の違いばかりか，同じ財の生産方法に違いをもたらすことになるということ，また「自由財（free goods）」の豊富さと品質は，「希少な」生産要素の生産性を決めるうえで重要な一要素であるということである．

第10節　可変的な生産要素比率と国際特化

　オリーンは，この分析を，議論の的になるようにまた古典学派の誤謬の根本的な修正として提示するが，このような彼自身の立場と古典派の著述家およびその追随者の立場の間の論争の出現は，大部分オリーンが，労働生産費による比較生産費の教義を，ただ国際特化の性質を決定する要因を説明しようという古典派の試みとして扱うばかりであったことや，この教義の目的が，もともと外国貿易からの得失の問題というまったく別の問題に答えることにあったという事実を彼が考慮しなかった結果である．オリーンの主張で正しいのは，単一の生産要素とか固定的で一定の生産要素の組合わせによって説明されたときの比較生産費の教義は，いろいろの生産要素が異なる商品の生産に入りこむときの比率が違ったり，いろいろの生産要素の相対的な豊富さがそれぞれの国の間で違ったときの，国際貿易の方向に与える影響を説明するのにうまく役立たないという主張である．しかし彼はさらに進んで，古典学派は，比較生産費の教義に固守したために，このような事情を扱うことさえできなかったと主張する．

　　生産要素のさまざまな違いが，貿易を引き起こすところの［貨幣］生産費と商品価格の（他地域との）差異の主因であることに疑いの余地はない．……生産諸要素は，種々の財貨の生産にそれぞれ非常に異なった割合で投入され，またそれゆえ（諸要素の相対価格は各国で異なっているので），国際的生産特化が有利であるという事実は，見ごそうにも見すごすことができないほどハッキリしている．にもかかわらず，この事実は，長い間，国際貿易理論において見すごされてきた．そこでは，リカードウの労働価値説——比較生産費学説という形式をとった——の権威以外に，ほとんどいかなる他の解説もありえない．そしてこの労働価値説

　　国際均衡の一般的な数学的説明の中で，オリーンは，「二つの地域で同質の要素だけ」（同書，p. 560，注）を二つの地域の同一要素として扱い，こうして，さまざまな違った産業や地域間の要素「効率」の比較的差異の国際貿易における役割を明示的に扱う必要性を捨象する．（国際貿易理論のためには，生産要素の「効率」は，その生産要素量と，その要素と生産で結びつく他の生産要素量双方の変化に関する限界的な物的生産性関数を意味すると理解されるべきである．）オリーンがタウシッグの分析を批判する中で，一時忘れているように思われることは，タウシッグがこれと同じ捨象をせずに，むしろその反対に，「効率」の比較的な差異の重要性をいつもきわだって強調してきたことである．もし各々の要素が，各産業で二つの地域において同じ「質」あるいは効率をもっていると仮定されなければ，オリーンの次の主張は両方とも正しくない．すなわち，もし二つの地域の賃金と利子が同じ相対的な等級というタウシッグの仮定がすべての要素に適用できるとするとか，あるいは，もしすべての産業において労働と資本の比率が同じというタウシッグの仮定がすべての要素と両方の地域に適用できるとすると，国際貿易は不可能であるというオリーンの主張（同書，pp. 561-62）である．各々の場合に，比較的効率格差が存在すれば，貿易に根拠を与えるに十分であろう．

は，全産業を通じて，土地以外のすべての要素の諸量が（一定の）比率をもつという明示的な仮定のうえに組み立てられている．この仮説は，要素比率の相違を研究するのを妨げる(137)．

そのためオリーンは，いろいろな要素の相対的な豊富さの各国間の差異が貿易の方向に及ぼす影響が，「イギリス古典学派によってではなく，フランスの著述の中ではじめてふれられた」ことを意外ではないとみる(138)．しかし，彼の主張にとって具合いの悪いことに，彼が引用したフランスの著述は，1803年出版のシスモンディ（Sismondi）の *De la richesse commerciale* だけであったが，『国富論』を例外として，古典学派の国際貿易の分野の最も初期の著述は，1803年より後に出た．そのうえシスモンディは，この時はまだどちらかといえば独創性を欠いたアダム・スミスの弟子であったし，この問題についてのひらめきも，『国富論』の中で見いだしたのかもしれない(139)．英語圏の初期の著述家たちの中では，オリーンは，ロングフィールド(140)だけを引用して，彼が，いろいろな要素の相対的な豊富さの各国間の差異が重要であるとみなす国際特化の説明をしたとしたが，どうやらオリーンは，ロングフィールドを「古典派の」経済学者とみていないようである．

古典派経済学者は，なるほど，その当時に存在した国際特化の性質を決定す

---

(137) *Interregional and international trade*, pp. 30-31.（木村保重訳『貿易理論―域際貿易および国際貿易』1980年，pp. 29-30.）明らかにそれは，変化する労働と土地の比率の研究を締め出していない．オリーンは，疑いもなく，リカードウ派の時々の固定的な労働と資本の比率という仮定に対する反発として，労働と資本の変化する比率を特に強調する．しかしリカードウ派の分析は，生産費の一要素としての資本の扱いより土地の扱いに弱みがある．さらにあえて推測すると，他の一括されたすべての要素と比較した自然資源の相対的な豊富さは，過去から今日に至るまで，国際特化の性質を決めるうえで，労働と比べた資本の相対的な豊富さよりははるかに重要な要素であった．同じ趣旨で，N. G. Pierson, *Principles of economics*（ドイツ語からの翻訳），II (1912), 195 を参照せよ．

(138) 同書, pp. 30-31.（木村保重訳『貿易理論』1980年, p. 30.）

(139) *Wealth of nations*, Cannan ed., II, 100（大内兵衛・松川七郎訳『諸国民の富』1969年, II, p. 890）を参照せよ．
「わが国の商人は，ブリテンの労働の高賃金だから自分たちの製造品は外国市場で売りたたかれるのだ，と不平をこぼすことがしばしばあるが，かれらは資財の高利潤については沈黙をまもる．かれらは，他の人びとの法外な利潤については不平をこぼすが，自分たちのそれについては一言もいわない．とはいえ，ブリテンの資財の高利潤がブリテンの製造品の価格を引き上げるのに寄与する度合いは，多くの場合，ブリテンの労働の高賃金と同じくらいであり，場合によってはそれ以上のものになるであろう．」

(140) 本書前出, p. 473-74 を見よ．

る諸力の詳しい説明に大きな関心をみせなかった．しかし彼らは，この問題をまったく看過したわけではなく，また彼らがこの問題について簡単にふれたとき，比較生産費の教義への支持が，この問題を本質的にオリーンと同じ線上で扱うことを邪魔したわけではなかった．

リカードウは，農業で用いられる資本が他の産業で用いられる資本より労働にいっそう多くの雇用を与えたというアダム・スミスの教義を批判的に論評する中で，次のように国際特化の性質を決定する諸力を説明した．

> すべての国ぐにの間の事業部門の配分においては，比較的貧しい国民の資本は，おのずから，多量の労働を国内で扶養する事業に投下されるだろう．なぜなら，こういう国ぐにでは，増加しつつある人口のための食物および必需品がきわめて容易に獲得できるからである．これに反して，食糧が高価な富国においては，貿易が自由な場合には，資本はおのずから，国内で維持することが求められる労働が最少である事業に，例えば，仲継貿易，遠隔地外国貿易に流入するだろう．つまり，利潤が，使用される労働量に比例しないで，資本に比例するような事業に資本は流入するだろう(141)．

生産に参加する他の要素に比べて農業原材料の価格を引き上げた，農業原材料に対する租税の影響を扱ったとき，リカードウは，次のように述べる．

> ……諸商品の価値は原料と労働との多種多様な組み合わせからなり立っていて，幾つかの商品，例えばすべての金属製品は，地表から得られる原生産物の騰貴によっては影響されないだろうから，原生産物に対する租税によって諸商品の価値にもたらされる影響がきわめて多様であろう，ということは明らかである．この影響がもたらされる限りでは，それは特定商品の輸出を刺激するか阻止するであろうし，……それは各商品の価値の自然的関係を破壊するであろう．…したがって，外国貿易には多少異なった方向が与えられるかもしれない(142)．

---

(141) *Principles, Works*, p. 211.（羽鳥・吉澤訳『原理』下巻 pp. 188-189.）脚注でリカードウは付言する：「もし，資本［量］は制限されているが，肥沃地の豊富にある国ぐにが，早くから外国貿易［すなわち仲継および中継貿易］に従事することがないとすれば，その理由は，外国貿易が個々人にとって比較的有利ではなく，それゆえ国家にとってもまた，比較的有利ではない，ということである．」オランダのように資本が豊富で自然資源の乏しい国だけが中継貿易に特化できることは，18世紀ではよく知られた教義であった．

(142) *Principles, Works*, pp. 100-01.（羽鳥・吉澤訳『原理』上巻, p. 237.）

マルサスは，どうしてイギリスでは大陸と比べて賃金が相対的に高いか，つまり彼のいい方ですると，貨幣価値が相対的に低いかという問題を扱いながら，次の答えを出した．

　　イギリスの貨幣価値がほとんどのヨーロッパ諸国の貨幣価値と比べて低いのは，優れた機械，熟練，資本にもとづいたわが国の輸出製造品の安価さに主によるものと思われた．いっそう低い合衆国の貨幣価値は，土壌，気候，位置の諸利点にもとづいた合衆国の未加工品が安価で豊富であることから生じ，……利潤の違いや労働価格の違いも，この生産の利便を埋め合わせるものではなく，輸出額の豊富さを妨げるものでもない(143)．

マカロックは，賃金率の変化が外国貿易に及ぼす効果を図示するために，すべての領域の財についてフランスとイギリスで賃金と生産設備が等しく，そのため，これらの財を合衆国に輸出する貿易条件が両国で等しいという仮説的なケースを提示する．彼はまた，耐久的な機械類というかたちの資本が，これらの財の生産費用の中に，それぞれの財ごとにそれぞれ違った割合で入るとも仮定する．次に彼は，賃金は，イギリスでは上昇するがフランスでは変動がないと仮定して，次のように結論する．すなわち「今後イギリスは，主として機械で生産される財の生産と販売で，フランスに対して確固たる優位をもつであろうが，逆にフランスは，イギリスに代わって，主として直接手で生産する財の生産と販売で，イギリスに対して確固たる優位をもつであろう」という．さらに彼は，この仮説的なケースが現実に適うことを知る．

わが国の輸出の大部分は，綿商品と他の機械生産物からなっているが，フランスの輸出の大部分は，土壌からの生産物と宝石や小間物といった主として手仕事による製造品からなっている．だから賃金の上昇は，利潤を減らして海外で資本を用いる誘惑を作り出すだけであって，1国の外国貿易にとって致命的であるはず

---

(143) *Principles of political economy*, 2d ed., 1836, pp. 106-07. 上の引用文は，当面の問題に関係のある部分だけを転載している．『原理』の第1版 (1820, pp. 104-5) も見よ．Malthus, *The measure of value*, 1823, p. 47 も参照せよ：「だから，どの財が輸出されどの財が輸入されるかを決めるその価値額は，……一部分，その生産で用いられる労働量にかかっており，一部分，各国の通常利潤率にかかっており，そして一部分，貨幣価値にかかっていることは明らかだ．」マルサスは，「貨幣価値」を「労働の貨幣価格」の意味でいっていると説明している．(同書, p. 46.)

第10節 可変的な生産要素比率と国際特化

だと仮定することは難しい．しかしそれは，外国貿易を，少なくともある程度まで新しい経路に方向転換することはできる．というのも，もし一方で，賃金上昇がある種の財の価値を引き上げてその輸出を阻害すると，他方で，それは比例的に別の種類の財の価値を引き下げて，それらを外国市場にもっと適合したものにするからである[144]．

ケアンズは，新しい国が特化しがちな類型を議論する中で，資本と自然資源の相対的な豊富さについて考えた．

> 新しい社会が古い社会と比べてもっている生産上の便宜が最大限発揮される財の部門は，木材と食肉をその形態とする部門であり，羊毛，鳥獣の肉，毛皮，獣皮，角，瀝青，樹脂等々のような品物からなる．およそそのような生産物の特徴は，その栽培や飼育のために前もって支出する必要がほとんどなく，まただから比較的わずかな資本で作られ，一般にその生産のために大量の土地を必要とするということにある．さて資本は，新しい国が最も自由にできない産業要素であるが，反対に新しい国は際限なく豊富な土地を共通してもっている．だから上述の財部門の生産に新定住社会が特別に順応し，その結果，すべてのそのような財の価値がその地で格別に低いであろうということを理解するのは難しくないはずである[145]．

生産要素の相対的豊富さの影響の認識に対するこのような言及は，一般に古典学派に属していると認められる著述家たちに限られているが，多かれ少なかれ古典学派の影響を受けたアメリカや大陸の最近の著述家たちからの引用文だけでなく[146]，古典学派の期間のあまり重要でない著述家たちからの引用文に

---

[144] J. R. McCulloch, *Principles of political economy*, 2d ed., 1830. pp. 355-6.（以後の版でも同じ．）マカロックは，リカードウ派の線にそって，貨幣数量はずっと一定のままであって，貨幣賃金の上昇は結果として利子率の下落を当然伴うにちがいないと思っている．

[145] *Some leading principles of political economy*, 1874, pp. 119-20.
賃金水準と外国貿易の方向の関係の議論に関連して，ケアンズ（同書，p. 327，注）は，次のように指摘した．すなわち，1国における賃金率の一般的な変化は，固定資本の重要な産業と賃金支出の重要な産業の間で貨幣生産費に相対的な変化をもたらす結果，貿易の方向に影響を及ぼすと，「これらは，賃金が外国貿易に及ぼす効果の一般的な問題を論ずるうえでは，ほとんど考慮の必要のない細事である」として，彼は，生じると思われる変化の性質を詳しく説明しようとしなかった．しかし彼は，賃金の下落は，「もしそれが，固定資本が多く用いられる生産で起こった場合には，その輸出を促進するどころか阻害する効果をおそらく容易にもつであろう」と主張した．

よっても拡張できる(147)．そのような認識は，たとえ初期の論述では資本の相対的な豊富さにふれていないように見えるとはいえ，タウシッグの分析の特に顕著な特徴であった(148)．しかし，タウシッグが詳しく扱った類似の問題(149)，すなわち，いろいろな要素の相対的な供給の違いがさまざまな国の同じ財の生産技術にどのような影響を及ぼすかという問題は，初期の古典派経済学者たちはほとんど完全に放置してきたように思われる．それにもかかわらず，この問題は，19世紀の初頭，特にイギリスで広くおこなわれた「集約」農業と合衆国の粗放耕作の間の著しい差異に関連して，幅広い関心を呼んだ問題であった．たいていの旅行者が，このような技術上の差異を，それぞれの要素の相対的な豊富さで説明しようとしただけではなく，この問題についての鋭い議論は，ベンジャミン・フランクリン（Benjamin Franklin）やジョージ・ワシントン（George Washington）やトーマス・ジェファーソン（Thomas Jefferson）といった初期のアメリカの政治家たちの書簡とかその他の著述の中にも見つけられるはずである．

第11節　可変的な生産要素比率と比較実質生産費

実質生産費と貨幣生産費の比例性は，比較生産費の教義の不可欠の前提であ

---

(146)　例えば，Thomas Hopkins, *Economical enquiries*, 1822, pp. 84-86; Lord Stourton, *Three letters…on the distresses of agriculture*, new ed., 1822, pp. 62-64; John Rooke, *Free trade in corn*, 2d ed., 1835, pp. 22-23; J. S. Eisdell, *Treatise on the industry of nations*, 1839, I, 343.
　　E. G. ウェイクフィールド（Wakefield）は，1833年に，次のロンドン・タイムズの記事を，一般のイギリス人の見解を代表するものとして引用した（*England and America*, 1833, II, 47-48）：
　　　「この国の政治評論家たちは一人残らず，高い保護関税によって合衆国の製造業を強制的に確立させるとかその伸長を助長しようとするアメリカの一般政府の現行の政策を，激しく非難してきた．合衆国に存在する労働者に対する高価格，乏しい貨幣資本の供給，無限の未墾地あるいは半改良地の場合，人間の勤勉を田畑や森林から溶鉱炉や綿工場に転じることは，ほとんど社会に対する犯罪であった．」
(147)　例えば，Francis Bowen, *American political economy*, 1870, p. 484; N. G. Pierson, *Principles of economics*, II (1912), 192-95; Angel, *Theory of international prices*, 1926, p. 472. オリーン（前掲書，p. 33）は，1919年の（スウェーデン語で書かれた）ヘクシャーの重要な貢献を認めている．
(148)　*Protection to young industries*, 2d ed., 1884, pp. 7-12; *Some aspects of the tariff question*, 1915, 第3章および随所；*International trade*, 1927, 第7章．
(149)　特に彼の *Some aspects of the tariff question*, 1915 において．

るが，生産要素がひとつ以上存在していることや，いろいろの産業が，あるいは違った環境にある同じ産業が，諸々の要素をさまざまな比率で用いていることや，異なった生産要素単位を用いる際に「実質」あるいは主観費用を均等化する何か客観的で一般的に認められた方法がないことは，実質生産費と貨幣生産費の間に何か単純なかたちの関係があることを論証するのに大きな障害のあることを示している．果たして比較生産費の教義は，現代の何人かの著述家たちのいうように放棄されなくてはならないであろうか．

注目すべきことは，比較生産費の教義の初期の説明者たちが，この教義の支持の下に展開された自由貿易原理の反対者から敵意ある論評に出合うことなく，いかに完璧にこの根本問題の議論を回避しえたかということである．この教義が労働時間費用によって定式化されたとき，この教義には，価格は主観的労働費用と比例しているということや，その他の実質生産費は生産過程でまったく必要とされないといった，明らかにけっして現実に一致していると広く受け入れられない暗黙の仮定が含まれていた．シーニアやケアンズのように，価格と「労働と節欲 (labor and abstinence)」費用の比例性を使って書いた著述家たちとか，あるいはバステーブルやエッジワースやマーシャルのように，貨幣生産費を，それぞれの財の生産で使われる「生産力単位 (units of productive power)」の数量に比例するものとみなして，そのような生産力単位の数量を，生産に伴う「実質」生産費の尺度として理解した著述家たちは，さまざまな生産要素を用いることと関連した主観費用が，どのようにお互いに均等化されうるのかを少しも説明しなかった[150]．私が発見できたこれらの線上にある比較生産費の教義の最も初期の批判は，これが実際に最初とは信じ難いが，1891年のレキシス (Lexis) の批判であった[151]．レキシスは，リカードウの説明したこの教義が労働価値説の仮定にもとづいていることや，これらの仮定が，労働と資本は各国ですべての財の生産の中に均一の割合で入っているはずだというありそうもない状況を，その有効性のために必要としていることを指摘した．

---

(150) もしエッジワースの「適当な指数」に対するあいまいな言及を，ひとつの説明とはみなさないとするとである：「この [「生産力単位の」] 概念は，標準貨幣1単位を入手するのにかかる努力と犠牲が一定であるように，適当な指数で修正された貨幣本位を用いる各国を想像することで理解が促進されるであろう．」Review of Bastable, *Theory of international trade, Economic journal*, VII (1897), 399, 注.

(151) Schönberg, *Handbuch der Politischen Oekonomie*, 3d ed., II (1891), 902 における W. Lexis の "Handel" の項目.

数年後パレート（Pareto）は，ケアンズのこの教義の説明にふれ，彼が費用の重要な側面を「犠牲（sacrifice）」として扱ったあいまいさや，「労働」と「節欲」を合計することのできる同質の数量であったかのようにひとまとめにしたことに異議を唱えた．彼は，価格といろいろな職業への資源配分を決定する重要な費用要因は，直接にも間接にも個人の「限界費用」であると主張したが，この「直接（direct）」費用は古典学派の「実質」生産費であり，「間接（indirect）」費用は，生産物 A が代わりに生産されるときにあきらめられなくてはならない（最善の）代替生産物 B の消費からくる効用であるという(152)．だからパレートの「間接」費用は，最近の新オーストリア理論の代替生産物費用の主観的同等物である．しかしパレートは，経済行動を左右するうえで間接費用が直接費用よりはるかに重要だと考えたとはいいながら，新オーストリア派とは異なり，「間接」費用を，「実質」あるいは「直接」費用に代わるものとしてでなく，補足するものとして分析の中に導入した．またその後，実質生産費を使った比較生産費説の修正として代替的生産物費用説（alternative product-cost theory）を国際貿易理論に導入した著述家とも異なり，パレートは，「直接」費用だけで説明されたときの比較生産費の教義の真の誤謬，すなわち輸出品が，さもなければ国内消費向けの別の（あるいは同じ）財の生産のために使用できたと思われる「直接」費用とは関連のない，土地とかその他の要素によってつくられるときの輸出品の間接費用を考慮してないという誤謬をうまくあばいた(153)．比較生産費の教義がこの批判に応えるためには，「実質」生産費に加えて，これまで実質生産費の説明では扱われなかったこうした間接費用を使って再述されなくてはならないであろう．

　ここ二・三年，比較生産費の教義の価値論的前提は広範囲の批判を受けてきたが，最も注目すべき批判は，オリーン(154)，ハーバラー(155)，メーソン（Mason）(156)によるものであった．他方，タウシッグは，この教義の価値前提

---

(152)　V. Pareto, *Cours d'économie politique*, II (1897), 210 以下．パレートは，バローネが「間接的な限界費用」を含むように費用分析を拡張したことに対して感謝を表している．

(153)　Pareto, 同書, p. 211. この誤謬は，古典学派の外国貿易の分析の中に所得側面からもちこまれなかったと私は思うが，この問題のはっきりした認識はパレート以前にはなかった．

(154)　Ohlin, "1st eine Modernisierung der Aussenhandelstheorie erforderlich?", *Weltwirtschaftliches Archiv*, XXVI, (1927, II), 97-115; 同, *Interregional and international trade*, 1933, 付録 iii, pp. 571-90 および他随所．

(155)　Haberler, "Die Theorie der komparativen Kosten," *Weltwirtscfhaftliches Archiv*, XXXII (1930, II), 356-60; 同, *The theory of international trade*, 1936, 特に pp. 175-98.

を，これにもとづいた結論をしっかり基礎づける諸事実に十分合致しているとして擁護した[157].

タウシッグは，労働と資本が結合した実質生産費あるいは「犠牲」は，労働がタイプの違いでまったく比較できないか同じ程度で比較できないのと同じように，「その性質上同じ標準で計れない」と認める[158]．彼は，それらを同じ標準で計ることができるものにしてしまうとか，労働と資本を合わせた実質生産費によって比較生産費の教義を再述する根拠を見つけだそうとはしないが，労働と資本の双方が生産に入り込む広汎な場合について，資本費用があってもなくても，比較貨幣生産費比率に違いが出ないことを示そうとする[159]．このケースでは，貿易の方向，すなわち各国が輸出入する財や財が相互に交換できる限界比率は，資本費用がなかった場合と同じであろう．

タウシッグは，資本費用を導入して，たとえそれによって1国内の絶対的な貨幣生産費が変えられるとか相対的な貨幣生産費さえ変えられることになったとしても，比較貨幣生産費が資本費用のない場合と同じままというケースがたくさんあることをうまく示している．しかし，このようなケースはすべて，次の一般的な範疇に入る．すなわち，賃金と利子より他は限界での出費がないと仮定すると，2財についての総限界出費に対する賃金（あるいは利子）の出費の割合の比率は，両国で同じという一般的な範疇である．

2財をそれぞれ a と b，2国をそれぞれ1と2とし，限界的な賃金費用を W，限界的な資本資用を C，単位当たり総限界費用を t で表すとしよう．とすると，

$$w_{a,1}+c_{a,1}=t_{a,1} \qquad w_{a,2}+c_{a,2}=t_{a,2}$$
$$w_{b,1}+c_{b,1}=t_{b,1} \qquad w_{b,2}+c_{b,2}=t_{b,2} \tag{1}$$

資本費用を導入しても，貿易の方向が，賃金費用しかない場合と比べて変わらないためには，次の等式が有効でなくてはならない．

$$\frac{\dfrac{w_{a,1}}{w_{a,2}}}{\dfrac{w_{b,1}}{w_{b,2}}}=\frac{\dfrac{t_{a,1}}{t_{a,2}}}{\dfrac{t_{b,1}}{t_{b,2}}} \tag{2}$$

---

(156) E. S. Mason, "The doctrine of comparative cost", *Quarterly journal of economics*, XLI (1926).
(157) Taussig, *International trade*, 1927, 7章.
(158) 同書, p. 67.
(159) 同書, pp. 61-66.

しかし等式 (2) は，等式 (2) から導出できる次の等式が有効である場合に限って有効であろう．

$$\frac{\frac{w_{a,1}}{t_{a,1}}}{\frac{w_{b,1}}{t_{b,1}}} = \frac{\frac{w_{a,2}}{t_{a,2}}}{\frac{w_{b,2}}{t_{b,2}}} \tag{3}$$

すなわち等式 (2) は，I国における 2 財の生産の賃金出費の総出費に対する割合の比率が，それに相当するII国における比率に等しい場合に限って有効だということである．たとえ金利が 2 国で同じとしても，等式 (3) が有効でない場合がいくつもあることは明白である．

国ぐにの間には明らかに金利にかなりの差異があるし，またたとえ金利が国際的に均一だったとしても，比較総貨幣生産費と比較賃金（および実質労働）費用との間には依然として乖離の可能性があるだろうから，労働費用による比較生産費の教義は，資本が生産過程に入っていることを考慮すると，重大な修正をこうむるように思われるであろう．タウシッグは，労働費用による比較生産費の教義にこのような理論的な困難のあることを否定しないが，実証的にみてその意味は限られていると主張する(160)．

> 国際貿易において，資本費用の要因のもつ量的重要性はおそらく大きくない．先の説明の全体の趣旨が示しているように，その影響の範囲は特別な状況に限定される．その範囲にあっても，資本の報酬率に大きな差異のないことによって，その影響はさらに制限される．金利は，国と国とでいくぶん異なるとはいえ，主要な西洋文明諸国の間では大きく違わないし，また金利要因が一番独立的で特別の影響をもってきそうなのは，これらの国ぐにの間の貿易であり，他の国ぐにとの貿易を求めてこれらの国ぐにの間で行われる競争であるから，……われわれは次のように結論して差し支えない．すなわち，経済情勢におけるこの要素は，さまざまな労働者の永続的な賃金差異と同じように，われわれの最初の結論を根本的に修正することにはならない，と．

労働費用による比較生産費の教義が，厳密で普遍的に適用できる政策基準を定め，そこから少しでも外れると必ず国家損失を伴うという主張を，そもそも

---

(160) 同書, pp. 67-68.

第 11 節　可変的な生産要素比率と比較実質生産費　　　　　　　　　　491

今日だれが真面目にするであろうか．それにもかかわらず，この教義は，外国貿易に参入するほとんどの生産物について，もし賃金費用があまりに総費用の圧倒的な部分をしめたため，各生産物間で賃金費用の総費用にしめる割合の相違が狭い範囲に限られた場合は，比較生産費の教義は，一般的に正当な政策基準を提供すると主張できる．ただし基準が適用できない特別な状況の存在することを，特定の場合ではっきりと証明したものだけは別である．オリーンは，合衆国の製造産業内の労働者一人当たりの資本が，1万ドルの化学産業から1700 ドルのタバコ産業までの幅広い範囲にあることを引用することによって，このようにタウシッグの立場を擁護するやり方に反対する[161]．しかしこれは，見た目ほど決定的な反論ではない．労働生産費による比較生産費の教義の説明にとって意味のある比率は，賃金費用の総費用に対する割合の間の比率であって，労働者一人当たりの使用資本量の間の比率ではない．特定の産業の帳簿上にそれとして示されている金利と賃金だけを生産費と仮定し，さらに金利は年当たり 5%，労働者一人当たりの平均的な年間賃金は 1200 ドルと仮定すると，オリーンの引用するデータは，賃金費用の総費用に対するパーセンテージが，70% から 90% の範囲であることを示している．もし賃金費用がけっして総費用の 70% 以下に下がらなかったとすると，労働費用を唯一の実質生産費とみなし，貨幣生産費を比較賃金費用のおおよそのしかし通常十分な指数とみなし，賃金費用を比較実質生産費のおおよそのしかし通常十分な指数とみなした貿易政策は，あまり間違ったところにはいかないであろう．

　オリーンは，548 ドルの繊維産業から 10870 ドルの金属型抜き産業に及ぶアメリカ産業における労働 1000 時間当たりの産出物の価値の概算値も引用して，この概算値の隔たりの原因が，いくつかの産業の資本の役割が他の産業よりはるかに大きいことにあることをほのめかしている[162]．そのような概算値は，当然のことと考えられるかもしれないが，列挙された財の最終生産段階を担う企業の計算値にもとづいており，そのため，財の労働費用の中には，これら企業の原料，設備，輸送，建物の賃貸，資本設備，それに税金や保険，また「金利」として請求される銀行業務サービスに対する支出の労働要素が含まれていない．自動車の総費用に対する賃金費用のみかけ上の比率は，原料段階から完

---

(161) *Interregional and international trade*, p. 572.
(162) 同書．

成車段階までの自動車の一貫生産企業の計算値から計算されれば，組み立て工場の場合よりはるかに高いであろう．同じように，利子費用は，原料等の費用の中に隠れる．もし賃金費用の総費用に対する比率の計算値が，労働費用による比較生産費の教義の現実妥当性を検査するのに使われる場合には，原料その他の支出に含まれる過去の労働に対する賃金要素を含めるか，あるいはもっと実際的で適切な手順として，いろいろな財の生産工程の特定の段階あるいは部分についてのみ計算して，その計算値の基礎を，生産物の総価値よりむしろ「製造によって付加された価値」と賃金費用の比較に置くかのどちらでなくてはならない．オリーンは，「正統派」理論は現時点の労働だけを考慮して，過去の労働は考慮しないと主張する(163)．もしこれが事実とすると，それは，明らかな誤謬であって，私の分析とは縁もゆかりもない．しかし，われわれが「正統派」理論の権威ある代表者としてリカードウ(164)をとろうとタウシッグ(165)をとろうと，過去の労働費用は，正統派理論の労働費用の中に含められている．どんな正確な計算データが示されようとも，オリーンが提示するデータは，労働費用による比較生産費の教義に重大な損害を与えない．

そのうえ，もし仮に，私がそうしなくてはならないと信じるように，実質生産費価値説が労働費用ばかりか実質資本費用をも配慮すべきだとすると，比較生産費の教義の苦境は，ますます重大ではないように思われる．もし利子費用が総支出に占める割合がいろいろな産業で異なっているときに，貨幣生産費が実質生産費に比例していたとすると，貨幣生産費が比例するのが労働費用だけであるはずはなかろう．貨幣生産費通りの特化は，実質生産費が労働費用と資本費用のいずれも含む場合には，労働費用だけの場合と明らかに一致しないときでも，依然として実質生産費とは一致しているかもしれない．利子費用によ

---

(163) 同書，p. 582，注．
(164) Ricardo, *Notes on Malthus* [1820], p. 37 を参照せよ：
「彼［すなわちマルサス］は，私がふれたばかりの問題［すなわち労働集約度］を看過したうえに，蒸気機関のような機械や石炭等々に費やされた労働を確かに計算していない．これに使われた労働は，綿モスリンに費やされた労働の一部分ではないのか．」
(165) Taussig, *International trade*, 1927, pp. 68-69 を参照せよ．同，*Some aspects of the tariff question*, 1915, p. 38 も参照せよ（傍点は原書イタリック）：
「労働の実数をいうとき，それは，ひとつの品物を市場までもってくるのに必要なあらゆる労働の実数のことである．直接にまた明らかに使用された（農民の労働のような）労働の実数だけでなく，脱穀機や連動鋤の発明家と製作者の実数や，鉄道や般舶で働く管理者と労働者の実数も入る．」

第11節 可変的な生産要素比率と比較実質生産費

って引き起こされた比較生産費の教義の論理的な困難は，利子費用のために貨幣生産費が実質生産費から乖離することになったことを示すことができることにあるのではなく，むしろ賃金費用と利子費用のいずれも含む貨幣生産費が，実質生産費と一致するのか一致しないのかを示す満足すべき方法がないことにある．

だから，次のことは是認されるにちがいない．すなわち労働費用と資本費用の割合が可変的な場合が存在し，実質労働費用と資本もしくは「待忍」と結びついた主観費用の間を架橋する方法が欠如している場合は，価格と実質生産費の密接な関係を自明のものとして仮定できなくなり(166)，費用分析にもとづいた貿易賛成論は，次の命題に限られるということである．すなわち，そのような価格と実質生産費の密接な関係が跡づけられる場合に限って，一般的基準としての費用分析は最終的に貿易の有利性を確定するという命題である．疑わしさは，次の費用分析によってもっと小さくできる．すなわち，特定の財の国内生産の技術係数が，自由貿易の下でこの財を交換によって獲得すると思われる輸出財の技術係数よりことごとく高いことを示しうる国の費用分析とか，あるいは国内生産の技術係数が，すべてではないが大部分高く，低い技術係数はあまり重要でないとみなすことができ，それが高ければ高いほど重要性が高く，低ければ低いほど重要性がなくなる国の費用分析である．自由貿易賛成論は，本章の次節と次章で明らかにされるように，費用の側面の代わりに所得側面の分析を用いることでますます強化されうる．しかし，議論の所得側面に進む前に，いろいろな生産要素を可変的な割合で用いた結果，実質生産費価値説の複雑さを表面上取り除くようにみえるもうひとつの費用分析の方法を，吟味するのが都合がよいであろう．

生産要素の有効な職業的移動性と職業に対する魅力を一定とすると，それぞれの生産要素は，いろいろな仕事の間に，その限界価値生産性がそれぞれ等しくなるまで，つまり異なった財の価格がいずれか単一の要素による限界実質生産費——これは単一要素の限界的な技術係数に一致する——に比例するまで配分される傾向があろう．x_1, x_2 を財 1 と財 2 の産出物，y_1, y_2，を x_1 と x_2 のそれぞれの生産で用いられる労働時間の総量，z_1, z_2 を x_1 と x_2 のそれぞれの生

---

(166) 土地費用は，ここで使われているような「実質」生産費ではない．だからこれらは，所得分析によって扱うか，あるいはこれらを実質生産費に加算することによって扱わなくてはならない．本書前出，p. 472，注 118; p. 488 を見よ．

産で用いられる「資本－待忍」の総量，そして p_1, p_2 を財 1, 2 それぞれの価格と仮定しよう．すると $\dfrac{\delta y_1}{\delta x_1}, \dfrac{\delta y_2}{\delta x_2}$ は，実質労働費用による財 1, 2 それぞれの限界生産費，そして $\dfrac{\delta z_1}{\delta x_1}, \dfrac{\delta z_2}{\delta x_2}$ は，実質資本費用による財 1 と財 2 それぞれの限界生産費であろうし，そして均衡では，等しい価格の財単位は，等しい限界実質労働費用と等しい実質資本費用をもつであろう．つまり

$$\frac{P_1}{P_2} = \frac{\dfrac{\delta y_1}{\delta x_1}}{\dfrac{\delta y_2}{\delta x_2}} = \frac{\dfrac{\delta z_1}{\delta x_1}}{\dfrac{\delta z_2}{\delta x_2}}$$

である．

しかし，単一の要素によるこれらの限界費用は，産出物の微細な変化について意味をもつにすぎないから，それらは，いくつかの要素のうち単一要素の使用量の変化によってもたらされると仮定しても構わない．産出物の大きな変化は，通常，すべての要素か大多数の要素の使用量が大きく変化することによってもたらされるであろうが，その時の重要な限界費用は，ただひとつの要素とだけ関連した費用ではなく，多数のいろいろな要素費用の総計であろう．だからこの接近方法は，いろいろな産業の間で資源配分が大きく変化する場合には適用できないが，反対に比較生産費の教義は，そのような配分が大きく変化する場合に適用できるからこそ，またもしそのような場合に適用できるのなら，意味があるといえる．

第 12 節　実質生産費分析に代わるものとしての「機会費用」分析

　オーストリア学派の提示した価値論には，イギリス古典派経済学者たちが理解したような「実質生産費」は入る余地がなく，生産技術係数を別とすると，費用分析は含まれなかった．もともとのオーストリア学派の価値論は，「実質生産費」の存在や，イギリス古典学派が相対価格に与える重要な影響を実質生産費にみることになった事情を，論議するというより無視した[167]．論争的な議論の圧力に負けて，オーストリア学派の人びとは，結局そのような影響に対

---

[167] ベーム・バヴェルクがこの点を認めたことについては，彼の "One word more on the ultimate standard of value", *Economic journal*, IV (1894), 720-21 を見よ．

第12節　実質生産費分析に代わるものとしての「機会費用」分析　　　495

して若干の小さな譲歩をしたが，彼らは，これらの譲歩を十分に自分たちの一般理論の中に取り入れることができず(168)，一連の特殊な仮定にもとづいて，彼らの理論を引き続き提示しつづけた．オーストリア学派の人びとは，これらの仮定が自分たちの理論の大部分の特徴に対してもつ責任を，けっしてはっきりさせなかったし，またけっして認めなかったと私は思う(169)．

　オーストリア学派の価値論は，最近「機会費用 (opportunity cost)」価値論とか「代替 [生産物] 費用 (alternative [product] cost)」価値論とか「置換 [生産物] 代替 (displaced [product] alternative)」価値論とかの名称の下で，ひときわ目立つ熱狂的後援を得て寿命を延ばしてきている．これは，もともと，レッテル以外はオーストリア学派の価値論の焼き直しであった．批判に応えて，今やこの価値論は，もとのオーストリア学派以上に実質生産費の考えを分析の中に取り入れているが，この説の説明者たちは，もとの「オーストリア学派」以上に無遠慮に実質生産費の考えの正当さを否定してきた．この機会費用説は，最近，実質生産費による比較生産費の教義を代替するものとして国際貿易理論に適用されているとともに，およそ実質生産費を使った比較生産費の教義がおこなうと明言したことを，あらゆる困難を回避しながら完成するものとして，折にふれ提示されてきた．私は最初に，実質生産費分析の正当性と適切性に対する機会費用論者たちの批判を吟味して，次に彼らがそれに代えて提示する積極的な代替物を考えてみよう．

　機会費用論者たちは，「実質生産費」とか「不効用」を，「苦痛費用 (pain cost)」を意味すると (しばしば労働苦痛費用だけを意味すると) 受け取って，苦痛費用が価格と何か関係をもったり，あるいはことによると苦痛費用が存在す

---

(168)　ベーム・バヴェルクは，私の知る限り，生産における貨幣費用は，（技術費用と）生産要素に対する需要額だけで決まるという，彼のはじめの立場を一度も捨てなかった．しかし，もし非効用が価値額を左右できるとすると，彼が認めたように，非効用は，ただ貨幣費用への影響を通じてのみ価値額を左右できる．ヴィーザーは，価値の決定要因として労働の煩わしさを認め，「同じ効用でも辛苦の程度の違うサービスは，煩わしければ煩わしいほど労働が高く評価されるよう価値が調整される」(*Natural value*, 1893, p. 198) と結論したが，彼は，どのようにこの突飛な結果がでてきたか説明できなかった．

(169)　彼らは，例えば各種の生産的なサービスに対して全職業で均一の報酬率を仮定し，またそのサービスの報酬率に関係なく，一定量の労働を仮定した．延期された消費量という意味での資本量，あるいは他の生産要素量を一定にして，「生産期間の平均的な長さ」という意味での資本量を，彼らは金利の関数ととらえたが，しかし，生産期間の長期化の結果生じる生産物の増加を強調するにとどめることで，彼らは，即座消費の延期あるいは節欲を，たとえそれが煩わしいことであったとしても，費用として扱う必要のないものにした．

ること自体を否定するようである．「苦痛 (pain)」のようなものがあるかどうかということや，また仮にあるにしても，限界あるいは初期における苦痛の存在が，これからおこなわれる仕事量とか倹約量を決定する要因であるかどうかということは，肯定的であれ否定的であれ，それ自体経済学者が答える範囲を超えた問題である．しかし幸いなことに，いつも幅広く受容されてきた正貨の価値論では，これらの問題に対する解答を必要としない．「実質生産費」とか「不効用」は，私の知る限り，何かしら厳密に心理学的な意味の「苦痛」と同意語としてはこれまで使われてこなかったし，また実質生産費分析においては，断念された快楽と持続された労苦は等しく実質生産費として扱われ，それらを区別しようとすることや，そのような区別が役に立つような目的もない．私には，リカードウとか J. S. ミルとかケアンズとかタウシッグが，そもそも彼らの分析の中で「苦痛」という言葉を使ったという確信さえない．快楽・苦痛という用語が使われたにしても，たいていの古典派経済学者が使う場合，私の知る限り少しも厳格に定義されなかったが，本質的にはずっと以前のバークレイ主教 (Bishop Berkeley) の使い方であったように思われる．

　　肉欲的な快楽は，快楽として，賢者については善であり望ましい．しかし，もし
　　それが卑しむべきであるとすると，それは，快楽としてではなく苦痛としてか，
　　あるいは苦痛の原因としてか，あるいは（同じことだが）より大きな快楽を失う
　　原因としてである(170)．

　経済福祉の問題はどれも，ある意味で福祉にとって意味のある所得が，同じくある意味で福祉にとって意味のある出費を超過する余剰の最大化問題である．古典学派は，比較生産費の教義の中で，一定単位の所得を手に入れるに必要な出費をいかに最小にできるかという見地から福祉問題にとりかかったが，出費つまり実質生産費として，彼らは，代わりの生産物から引き出すことのできる快楽を除いた，ある種の放棄された快楽を含めた．また彼らは，次章でみるように，貿易政策の問題を含む福祉問題も，実質生産費でみた一定の出費で総所得を最大化する見地から考えて，所得の角度から扱ったが，ここでは，代わりの生産物から引き出すことのできる放棄された快楽は代替的な所得として扱わ

---

(170) "Commonplace book", Berkeley, *Works*, Fraser ed., 1871, IV, 457.

第12節 実質生産費分析に代わるものとしての「機会費用」分析

れて,費用とはみられなかった.この二つの接近は,矛盾というより補足的である.もし相対価格に影響する要素がすべて適切に考慮されるとすると,純粋に用語上の問題を別にすれば,それらが費用と扱われるか失われた所得と扱われるかはどうでもよいことである.しかし機会費用理論は,最初に説明されたときには,価格に影響に及ぼす重要な要因をいくつか考慮の外においたばかりでなく,それらの要因が考慮に値することを少なくとも言外に否定した.

第二に,機会費用論者たちは,価格は個々人の代替物間の選択の結果であるという事実を強調するが,そこには,自分たちの機会費用理論を実質生産費理論から区別するのはこれだという含みがある.昔であれ今であれ,個人主義的な交換価値説の中で,個人のおこなう代替物間の選択の結果ではない相対価格の理論を知らないし,またいろいろな理論の差異は,本質的に,機会費用論者たちが価格形成にとって意味があるとする,代替的な選択の範囲の違いにある.ときどき出合う考えとして,古典派経済学者たちは,何らかの方法で,実質生産費が,市場における個人の代替物間の選択という介在なしで,価格を実質生産費に一致するように作り上げると信じているというものがあるが,これは,私には,言葉の出所やその他どのような種類の証拠によっても立証できない作り話のように思われる.

機会費用の教義は,もともとの形態においても,実質生産費価値説からの革命的離反と自認する論拠の唯一の形態においても,代替的な生産物間の選択(あるいは代替的な生産物の消費から引き出しうる効用間の選択)以外に価格決定に意味のある選択はないとした.この理論では,真の費用は放棄された生産物だけであり,相対価格は,生産物間の選好と生産技術係数だけで決まると主張される.実質生産費価値説では,生産物間の選好は価値を決定するうえでひとつの役割を演ずるが,同じことは,楽しいにつけ苦しいにつけ経済活動として自分自身のためになされる職業間の選好でも,またその経済活動に必ずかかわってくる生活の仕方や立地のためになされる職業間の選好でもいえるし,また生産要素の雇用と(任意の)非雇用間の選好でも,生産要素の存在と非存在の間の選好でさえいえる.比較生産費の教義では,貿易政策の問題は,どのような外国貿易政策なら所与の財一単位が最小の実質生産費で手に入れられるであろうかという観点から扱われ,そこでは,代替的な生産物間の選択問題は捨象されるが,選択を必要とするその他関連あるありとあらゆる代替物を自由に考慮できる.しかし,何らかの理由で,職業間の選択とか雇用と非雇用の間の選

択が，関係する個々人にとってどうでもよい状況においては，ただ生産物と生産的サービスの代替的配分の比較だけが，相対価格の決定の説明にも，福祉の観点からみた代替的配分の相対的な望ましさの評価にも関係があろう．そのような状況では，所得側面の分析だけが必要であり，実質生産費分析は関係ない．古典学派は，次章で示すように所得側面の分析を用いたが，彼らが主に強調したのは生産費であったために，土地利用の場合のように，実質生産費が存在しなかったり重要でないところでは，彼らの分析には欠陥があった．しかし，そうした状況においてさえ，機会費用の形式による所得接近は，純然たる所得接近と比べて明白な利点をもっておらず，無理やり2財に限定したり物的な数量を強調することによって，いろいろな種類の代替的な生産物からくる複雑さや，効用とか福祉局面からみた実質所得の内容と分配の変化から注意をそらすという不利な点をもっている．

　機会費用説は，比較実質生産費の教義に代わるものとして，最初ハーバラーによって外国貿易の損益問題に適用されたが[171]，ハーバラーは，この理論が目的にとって十分であるうえに，要素を可変的な比率で使っても問題がない点で，比較生産費の教義より有利であると主張した．ハーバラーの説明では生産無差別曲線が使われたが，その無差別曲線による接近法は，同じやり方でラーナー（Lerner）[172]とレオンティエフ（Leontief）[173]がさらに入念に仕上げていった．私は，無差別曲線による接近法を吟味することによって，次のことを明らかにしようと努めよう．すなわち機会費用分析が，実質生産費分析の場合と類似の「実質所得」側面の困難に直面するということ，また機会費用分析が，実質生産費分析の考慮した重要な事柄の存在をいくつか無視しなければ，実質生産費分析に伴う困難の大部分を回避できないということである．

　この機械費用説は，いわゆる無差別曲線による図 XI[174]で展開される．曲

---

(171) "Die Theorie der komparativen Kosten", 上記引用文中, p. 357 以下; *Der internationale Handel*, 1933, pp. 132 以下; 英語版, *The theory of international trade*, 1936, pp. 175 以下. この理論は，バローネの示唆に答えて，比較実質生産費の教義を補足するものとしてパレートが使用してきた．本書前出, p. 488 を見よ.

(172) A. Lerner, "The diagrammatical representation of cost conditions in international trade," *Economica*, XII (1932), 346-56.

(173) W. W. Leontief, "The use of indifference curves in the analysis of foreign trade," *Quarterly journal of economics*, XLVII (1933), 493-503.

(174) 図 XI は，もともと 1931 年 1 月のロンドン・スクール・オブ・エコノミックスでの講義用に私が準備して提示したものである．この図は，主要な点では，その後のより綿密なラーナーと

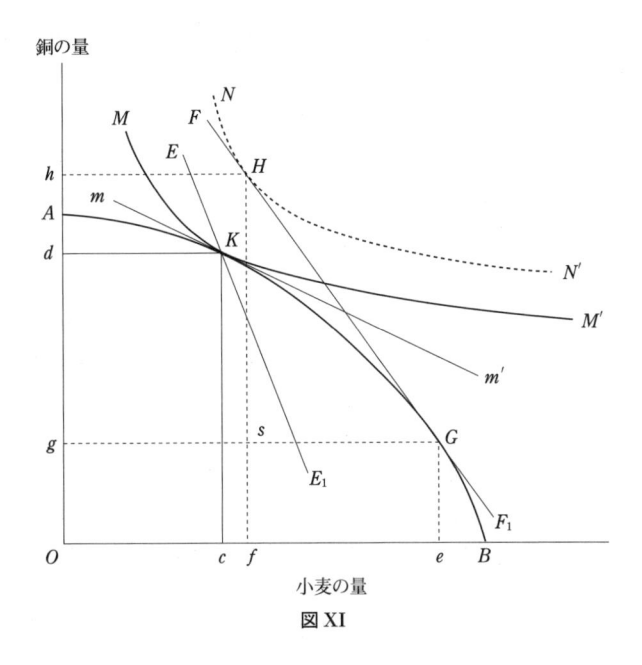

第12節 実質生産費分析に代わるものとしての「機会費用」分析   499

図 XI

線 AB 上のどの点も，横軸からの距離と縦軸からの距離によって，存在する量の生産要素を用いて当該国が同時に生産できる銅と小麦の最大量とを表す．曲線 AB のいずれの点の接線の勾配も，小麦による銅の代替生産物費用，つまり追加的な小麦 1 単位を手に入れるために犠牲にされなくてはならない銅の単位数を表す．外国貿易のない場合には，2 財の相対交換価値は，それらの代替生産物費用に一致するはずであり，そのため，例えば，もし限界において銅 2 単位が小麦の追加的 1 単位を獲得するために犠牲にされなくてはならないとすると，均衡では，銅 2 単位は小麦 1 単位と交換されるにちがいない．曲線 MM' は，この国の「消費無差別曲線」と仮定され，ある点 K で生産曲線 AB に接するが，この曲線 MM' 上の点は，この社会で等しく「評価される」銅と小麦の組合わせを表す．二つの曲線が共通の接線 mm' をもつ点 K で，2 財の代替費用と相対価値は一致するであろう．だから点 K は，外国貿易のない場

レオンティエフの図に類似している．私の現在の目的は，この接近方法の可能性よりむしろその限界を強調することにあり，それには私の単純な図で十分であるが，幾何学的な工夫としては彼らの作図の方がはるかに優っている．図 XI の EE_1 線はここでは利用していない．

合の均衡点であり，od 単位の銅と oc 単位の小麦が生産され消費されるであろう．

　貿易が外部世界と開始されるとき，銅は海外から FF' 線の勾配で示される条件で小麦と交換に輸入されるとしよう．FF' 線は，G で生産曲線 AB に接し，H でわが国の別の消費無差別曲線 NN' に接するが，これは MM' より高いから，MM' より大きい総効用を表すと考えられる．もし FF' の勾配が，銅と小麦の外国貿易下の均衡交換条件を表すものと考えると，わが国は，均衡の下で，og の銅と oe の小麦を生産し，oh の銅と of の小麦を消費し，gh の銅を輸入し，fe の小麦を輸出するであろう．だから，消費のためにわが国が利用できる銅と小麦の量は，外国貿易の下で，そのような貿易のない場合と比べて，両方ともより大きいだろう．FF' 線の生産曲線 AB と接する勾配とか接点がどうであろうと，もしそれが mm' 線と同じでないなら，外国貿易の下で財の一つの消費が貿易のない場合より少ないことがあるとしても，外国貿易は，わが国に MM' より高い消費無差別曲線上にある銅と小麦の組合わせ，まただから MM' より大きい総効用を示す銅と小麦の組合わせを消費できるようにするであろう．外国貿易は，だから必ず利益をもたらす．貿易利益の問題に適用された機会費用説とはこのようなものである．

523　最初に注意すべきことは，真の「消費無差別曲線」は，評価するたった一人の個人に関係するにちがいないこと，そして1国全体を表すものとされる MM' 曲線が意味をもちうるのは，所得分配が od の銅と oc の小麦の生産と矛盾のないようであったときに，この曲線が，等しい市場価値をもつと思われるいろいろな銅と小麦の組合わせを表していると理解される場合に限られるということである．その他のどの生産物の組合わせについても，等価値の組合わせを表す別の違った曲線群があるであろうし，その中には MM' 曲線と交叉するものもあるであろうが，もし実際の生産配分とは独立した真の消費無差別曲線であったなら，交叉は不可能であろう．NN' 曲線についても，類似の制限をしなくてはならない．NN' 曲線は，だから，MM' より必ず高い総効用すなわち高い「実質所得」を表すとはみなすことはできない．

　だから機会費用による接近法は，実質生産費による接近法が費用側面で適切な加重値を知らぬまま加重するという困難にぶつかったのと同じかたちの困難に，所得側面でぶつかる．機会費用による接近法が，ただ困難の起こる事情を認めないことによってのみ費用側面上の困難を回避できることはまだ論証され

ていない．生産曲線つまり AB 曲線に戻ってその含意を吟味しよう．真の生産無差別曲線上であるなら，どんな2点でも，生産結果以外に生産活動に関連するすべてのことを十分考慮した後に，選択者に同じ魅力を感じさせる生産活動の配分の結果である生産物の組合わせを表すであろう．すでに説明した通り，AB 曲線は，一定量の生産要素を，おそらくその物理的限界まで用いた場合の生産物の最大可能な一連の組合わせにすぎない．実際の状況を考えると，もし生産要素量が，あるいは生産要素が仕事より余暇を好む度合いが報酬率に依存しており，その均衡報酬率が，それぞれの生産要素を誘導して物理的に可能な最大限の生産的サービスをさせる報酬率より低かった（あるいは高かった）場合には，現実の生産物の組合わせは，この曲線上ではなくこの曲線より下のどこかになるであろう．たとえ生産要素の雇用量が不変であったとしても，生産要素の銅と小麦の間の配分は，図と機会費用説で仮定されているような銅と小麦に対する相対的な需要や銅と小麦についての生産要素の生産性関数だけでなく，銅を生産する仕事や小麦を生産する仕事に対する生産要素の相対的な好みにもかかっているであろう．もしそのような好みの存在があるとすると，一人の個人についてさえ，真の生産無差別曲線は AB ではなく，AB より少なくとも低い点はあっても高い点のない何か別の曲線であろう．こうして機会費用説は，仕事と比較した余暇に対する好みや，職業間の好み，あるいは要素供給量の変動性に結びついた困難を，ただその困難を無視することによって回避するばかりである．

　ハーバラーは後に，比較実質生産費の教義に代わるものとしての機会費用理論をより修正して説明する中で，賃金格差を均等化するケースを取り上げるが，私は，このケースは，機会費用説の困難を示すもので，比較生産費の教義の困難を示すものではないと断言する．しかし彼は，「明らかに正しい手順」は，「貨幣賃金以外のいろいろな職業の有利・不利を考慮に入れること」であるというにとどめる[175]．私には，これは，代わるべき生産物費用の教義としての機会費用の教義の放棄のように思える．しかし彼は，ライオネル・ロビンズの論文にふれ，「ここでは，このケースやこれに類似の諸ケースが，機会費用の教義によってどのように論じられうるかが示されている」という．この論文の中で，私が見つけることのできた関連部分は，次の一節だけである[176]．

---

(175) *Theory of international trade*, p. 197.
(176) Lionel Robbins, "Remarks upon certain aspects of the theory of costs," *Economic jour-*

経済的な変化は，すべて交換の形態として表すことができる．またどから，ウィックスティードが明らかにしたように，それらは，さらに一定の技術的状況の中で作用する需要の結果として表すことができる．このことは，いろいろな職業のいわゆるその他の有利・不利を考慮に入れる場合には不可能になるといわれてきた．ヴァイナー教授は，……この難点を特に力説してきた．しかし，この困難は簡単に解決できると思われる．もしその他の有利・不利を結合生産物として扱えば，ウィックスティードの構築物は依然維持できる．

　この一節や同じ論文の他の部分のロビンズは，実際には，「代替生産物の価値」は公式上の「代替生産物」に代用されるという彼の示唆を別にすると，言葉のうえでは，もともとの機会費用の教義，すなわち生産物Aの生産費はAが生産された場合に生産がとりやめられた代替生産物Bであるという教義に執着している．しかし彼がここで説明する教義は，用語の選択やこの教義がほのめかす次の示唆を別にすると，実質生産費による分析と食い違う点はない．すなわち，代替物間の選択を強調することは目新しいという示唆，またこの浮世でも，人間はただ魅力的な代替物間の選択のためでしか必要とされないという示唆である．職業Aの快楽が職業Bを超える快楽の超過分をAの「結合生産物」と呼ぶことによって，そしておそらく，職業Cの煩わしさが職業Dを超える煩わしさの超過分を生産物Cからの控除分と呼ぶか，あるいはひょっとしたら職業の煩わしさの可能性を否定するかによって，「生産物」という用語は，価格にとって意味のあるのは生産物より代替物間での選択であると思われながら使用しつづけられる．同じ用語上の手順によって，私の想像では，もしEを生産することの代替物がFの生産プラス余暇の増加であったとすると，増加した余暇もまた，私の思う「働かない」というひとつの生産物と呼ばれるであろう．もし現在の小さな生産物が万一将来の同じ種類の大きな生産物より選好されたなら，たとえこの選好を小さな生産物より大きな「生産物」への選好とするなんらかの表現方法を見つけるよう求められても，このような言葉の技巧は無理強いされることはないであろう．しかし，もし機会費用論者たちが

nal, XLIV (1934), 2, 注5．もし「交換の形態」が「あらゆる種類の代替物間の選択の結果」を意味し，そしてもし「需要」を，経済理論で通常考えられているものでなく，「あらゆる種類の代替物間の選好」を意味すると読めば，ウィックスティードのどう考えてみても間違っているか役に立たぬかのどちらかである構築物にふれることさえなければ，ここで主張されたことに私は反対しようとは思わなかったであろう．

第12節 実質生産費分析に代わるものとしての「機会費用」分析

いま，実質生産費論者たちが価格の決定に影響を及ぼすとみなした要因のすべてを，価格決定の説明とその意味の評価の際に考慮に入れるべきことを認める用意があるのなら，彼らがこれら要因のすべてを「生産物」と呼ぼうと，これら要因のいくつかには「実質生産費」という言葉の方がよいと主張するわれわれに重大な誤謬の罪を負わせようと，実質生産費による分析に対する遅れてきた改心者として，彼らを歓迎する私の情熱に水をささないであろう．しかし，土地の使用費用の扱いを可能にするという機会費用の技法の正真正銘の貢献の助けによっても，比較生産費の教義は，上で吟味された明らかに重要な仮定と制限を受けるだけで，貿易の有利性を立派に証明できる．次章で私が明らかにしようとすることは，外国貿易の厳密に所得面の分析は，自由貿易賛成論をある点では強化するが，別の点では新たな弱点を露呈させるから，その分析の説得力は，人間福祉に伴う問題と関連した経済理論の諸命題の一般的特徴のように見える不完全な証明を，連想させる状態にあるということである．

第IX章 貿易からの利益：実質所得の最大化

> 事柄の本性が許す範囲において，それぞれの類に応じた精確さを追求することが教養をそなえたひとに相応しいことだからである．というのは，数学者が［弁論家のように］もっともらしく論ずるのを受け容れたり，弁論家に［数学者のような］論証を要求するのは，似たりよったりのことと思われるからである．── Aristotle, *Ethica Nichomachea*, 1094 b, as cited by T. V. Smith, *International Journal of Ethics*, XLVI (1936), 385.（加藤信朗訳『ニコマス倫理学』（アリストテレス全集 13）1973 年，p. 6）

第1節 「多数の財」と「享楽額の総計」：リカードウとマルサス

外国貿易からの利益の問題に比較生産費の方法で接近する場合，力点は次の可能性に置かれる．すなわち，もし国内で高い比較生産費でしか生産できない財を，国内で生産する代わりに，輸出品と交換に輸入を通じて入手すれば，一定量の実質所得を獲得するための総実質生産費が最小化できるという可能性である．最近の国際貿易理論の発展では，外国貿易の所得局面を扱う方法がいくつか導入され，マーシャルとエッジワースの説明では，比較生産費は依然その状況の一要因であるとはいうものの[1]，厚生関数である限りにおいて「純」所得数量を表すつまり費用を控除した所得数量を表す相互需要関数への影響を

（1） 費用分析を背後に押しやり，貿易からの損益問題を主に所得分析で扱うマーシャルとエッジワースの示した傾向は，この問題を費用だけで扱うべきだとするアリン・ヤングの主張とは鋭い対照をなす：「ここで再び費用の研究は，純利益とか損失についての結論への唯一の実行可能な道である．利益は節約からくる．国際貿易の節約は，けっして国際貿易の純利益の正確な尺度ではない．しかし，手にした節約が多いか少ないかに応じて純利益が多いとか少ないというのは，正当な仮定である．」 "Marshall on consumer's surplus in international trade," *Quarterly journal of economics*, XXXIX (1924), 150.（傍点は原文イタリック．）

通じて，それとなく分析の中に現れるにすぎない．

　リカードウとマルサスは，貿易政策の具体的な問題を議論する中で，彼らの利益分析の「厚生」上の仮定の性質を若干指摘した．ミル，マーシャル，エッジワースにおいては，これらの仮定は，国際貿易の分析に関する限り明言されていないから，彼らの別の著作から推論されなくてはならない．多分明らかにされるであろうが，マーシャルとエッジワースは，彼らの精巧な分析技術にもかかわらず，外国貿易からの損益の基準について，リカードウとマルサスのたとえわずかでとはいえ述べたことを実質的に改善したかどうかは疑わしい．

　正しいか間違っているか議論の余地はあるが，マルサスがリカードウに起源があるとした立場は，国内生産しないで輸出品と交換に輸入品を入手し，その結果生じた自由貿易下の生産費の節約が，貿易利益の存在を立証するばかりか，利益の大きさの尺度にもなるということであった．この命題に対するマルサスの反論は，輸入品の国内生産の費用が，輸出品と交換にそれらを獲得する費用を超える超過額は，輸入品が自国でまったく生産できないとか極端に高い費用でしか生産できないところでは，貿易利益の尺度としてはなはだしく誇張されたものになるということであった(2)．

　　リカアドウ氏はいつも，外国貿易を，より低廉な貨物を獲得する手段の観点からみている．しかしこれはその利点の一半を眺めているにすぎないし，しかもそれはより大きな一半ではないと大いに私は考えざるをえないのである．少なくともわが国自身の通商においては，取引のこうした役割は比較的重要ではない．わが国の輸入品の大部分は，外国で生産されても国内で生産されても，その比較的低廉なことについてはなんらの問題もありえないような物品からなっている．もしわれわれが外国から，われわれの絹や綿花や藍を，われわれのコーヒーやタバコを，われわれのポート酒やシェリイ酒や赤ブドウ酒やシャンペン酒を，われわれの扁桃や乾ブドウやオレンジやレモンを，われわれのいろいろな種類の香料やわれわれのさまざまな種類の薬品を，ならびに外国の気候に特有なその他多くの物品を，輸入することができないならば，われわれがそれらのものを入手できないことはまったく確かなことである．われわれがそれを国内で生産しようと企てた場合にそれがついやすべき労働および資本の分量と比較してそれが低廉であるということで，その輸入から得られる利点を測定することは，まったく前後転倒し

---

(2)　Malthus, *Principles of political economy*, 1st ed., 1820, pp. 461-62.（傍点は原文イタリック．）（小林時三郎訳『経済学原理』1968年，岩波文庫，下巻 pp. 323-24.）

たことであろう．事実は，それを国内で生産しようという企ては少しも考えられたことはないであろう．もしわれわれが万が一にも立派なブドウ酒を1びん10ポンドで作りえたとしても，それを飲む人はほとんどまたはまったくなかったであろう．そしてこれらの外国貨物の獲得に用いられる労働およびその他前払いの現実の分量は，われわれがそれらを輸入しなかった場合よりも，現在比較にならぬほど大きい．

　マルサスの主張によると，貿易からの利益は，「欲求の少ないものを欲求の多いものと交換することによって生み出される価値の増加」でなりたち，外国貿易は，「輸出された貨物よりもわれわれの欲求と嗜好とにはるかによく適した貨物をわれわれに与えることによって，われわれの所有物や享楽手段やわれわれの富の交換価値を決定的に増大した」という[3]．マルサスはここで，ほかの場合と同様，「価値」あるいは「交換価値」を，貨幣による価値ではなく労働に対する購買力つまり「労働支配力（labor command）」のつもりでいった．彼の到達した結論によると，外国貿易は，次に示すように，「労働支配力」の総計を増加する．すなわち，外国貿易は，貿易前のものより社会の欲求に合致する新種の財をもたらす結果，他の形態の所得を比例的に減らすことなく利潤の形態で所得をふやし，まただから，賃金としての支払いに利用できる貨幣量をふやすか労働需要をふやすが，賃金の上昇は総貨幣所得の上昇に比例しないから，新しい所得は，これまでより大きな「労働支配力」の総計になるという[4]．マルサスは，だから，もし貨幣賃金率の上昇が相対的に総貨幣所得と同じであり，その結果「労働支配力」の増加がない場合には，おそらく外国貿易からの利益の存在を否定するであろう．労働を支配できる条件とは無関係に，「労働支配力」の増加で利益を測ることは，もし労働者が人口を構成する一部とみなされている場合には，奇想天外なやり方である．

　もしマルサスが，外国貿易からの利益を構成するものとして「欲求の少ないものと多いもの」との交換でとどまっていたら，彼はもっとよい仕事をしたであろう．彼は，「外国貿易の拡張は，直接的には1国の価値額を増大させないだろう」という，リカードウの有名な外国貿易についての章の書出しの命題を論駁しようとして，この泥沼に入り込んだ[5]．マルサスはこれを馬鹿馬鹿し

(3) 同書，p. 462.（邦訳，下巻 p. 324.）
(4) 同書，p. 460 を参照せよ．

530 い命題とみなしたが，もし彼が，リカードウの一種独特の言葉の使い方に精通していたとしたら，それが内容のない自明の理であることがわかったであろう．リカードウの命題は，彼が労働量生産費を価値尺度として用いたことに支えられており，また外国貿易は，労働者が何を生産するかということには影響を及ぼしても，生産に携わる労働量には即座に影響を及ぼさないという暗黙の仮定に支えられている．

　しかしリカードウは，彼の定義したような「価値」の変化額で利益を測らなかったし，またから，外国貿易が利益をもたらすことを否定しなかった．リカードウは，外国貿易は1国の価値量を即座に増加させないであろうという命題を立てた後，続いて「それは，多数の財したがって享楽額の総計を増加させる非常に強力な一助となろう」といった[6]．リカードウが主要な命題として表そうとしていたことは，少なくともわれわれの現在の目的にとっては重要ではなかった．他方，それに付随する論評は大いに重要であった．それは，貿易からの利益の存在を試す二つの所得検査法と，そしておそらく貿易からの利益の大きさを測る二つの所得測定法，すなわち「多数の財」の増加と「享楽額の総計」の増加とを提案する．リカードウは，これらの提案を発展させなかったが，*Note on Malthus*（『マルサス評注』）の中でこれらの提案を繰り返した．すなわち，もし2地域が相互に貿易に携わる場合，「両地域にとっての……利益は，何らかの価値の増加があることではなく，同じ価値量でもって，両地域とも，増加した数量の財を消費し楽しめることである」としながら，加えて，「両地域が万一追加の数量を購入したいと思わない場合は，両地域は支出から貯蓄を作る手段をひとつふやすであろう」という[7]．

　二つの検査法は，いうまでもなく，適用するときに重大な論理的なあるいは実際的な困難を伴う．「多数の財」は，それが「享楽額の総計」の尺度とか指標として受け入れられる場合だけ意味があり，また「享楽額の総計」は，それ自体は直接に測定できない．「多数の財」を貿易からの利益の尺度として使う場合，あるいはそれを変化の方向の指標として使う場合でさえ，実際問題として，国民実質所得の指数を使わざるをえないであろう．実質生産費を測る場合

---

(5)　Ricardo, *Principles of political economy*, 1st ed., 1817, p. 107. （羽鳥・吉澤訳『経済学および課税の原理』上巻 p. 183.）

(6)　同書．

(7)　*Notes on Malthus* [1820], p. 215. リカードウは，おそらく，増加した所得はすぐに消費されるのでなく，貯蓄されそして投資されると思っている．

と同様に，異なった財の数量について適切な加重を決めることは，深刻な，そしてまた厳密な理論では解決できない問題を提示する．リカードウがこれらの問題に何らかの考えを示した証拠はない．しかしマルサスは，彼自身の「労働支配力」の検査法を弁護する際に，「多数の財」の最大の弱点をうまく探りあてた．輸入される財が，外国貿易のない場合に自国では生産できなかったとか，禁止同然の高い生産費でしか生産できなかったようなところでは，「われわれはわれわれの貨物の分量を増大したのかそれとも減少したのかをいうにはきわめて当惑するであろう」とマルサスは反論したが[8]，おそらくその理由は，貿易後その国は，貿易前より輸入財を多く，国産財を少なくもつことになるであろうが，一方の増加量と他方の減少量を正確に比較できる手立てがないと思われるからである．

マルサスはさらに論を進めることができたと思われる．すなわち，たとえ貿易後，貿易前と比べてすべての財が多くなり，関税を除去した結果，確かにどんな物理的な意味においても財の数量が増加することになっても，必ずしも実質所得とか「享楽額の総計」に増加があったのではなかろう．この議論は，ほとんど推敲を必要としない．関税の除去は，輸出財の生産に比べてこれまで保護された財の生産に比較的に多く入っていたサービスの所有者の国民貨幣所得の分配を不利に変える傾向がある．関税の除去は，国内の消費者にとって，これまで保護された財の価格と比べて輸出財の価格を上げる傾向もある．労働者は，輸出財生産よりも保護された財の生産の中に比較的に多く入ること，そして労働者は，輸出財の大量消費者であって，保護された財の少量消費者であることを仮定しよう．その結果，関税の除去は，二つの方向で労働者に害になるように働く．すなわちそれは，労働者の国民貨幣所得の相対的な割合を低下させ，また他の財と比べて，労働者がその賃金を費やす品物の物価を高くする．それでも，この関税除去から労働者が利益を得ることがあるかもしれない．というのは，与えられた条件の下で，労働者たちが購入する品物に対する貨幣賃金の購買力が，関税を除去した後に，それ以前より大きいこともありうるからである．たとえ労働者が損をしても，もし物的な所得を測る際に，特定の財の

（8） *Principles*, 1st ed., p. 462.（邦訳，下巻 p. 324.）リカードウはこれに反対しなかったであろう．*Principles, Works*, 260 を参照せよ：「一組の必需品と便利品とは，別の一組との比較を許さない．使用価値は，既知のどの標準によっても測られないし，人それぞれによっていろいろに評価される．」

数量が，合計のために自由貿易下の価格とか保護下の価格とかあるいは何か価格の中間的尺度によって加重され，また，もし輸入関税が，関税のかかる財の輸入にとって単に名目上だけでなく現実的にも制限的だった場合には，他の階層の人びとは，物的所得において，労働者が損をする以上に必ず得をするであろう[9]．しかし，もし労働者が比較的に低所得の階層だとすると，輸入関税の除去は，労働者にとって物的所得の損失をもたらすであろうし，それは，効用係数で加重されると，同じように効用係数で加重された別の階層の物的所得の利益より大きいと考えられるかもしれない．だから，いつものように短期の非移動性や硬直性，独占状態，生産面での総実質生産費の変化を捨象したとしても，自由貿易が物的所得を損なうことがあるかもしれない．しかし，この結果を生むのに必要な不運な事情の組合わせは，非常にまれなものだから，いつもの長期的な仮定を与えられたものとすると，自由貿易は国民実質所得を増加するという，強い推定が通常存在するという結論を正当化する．経済分析は，ここではせいぜい強い推定しかもたらすことができないが，この経済分析能力の限界は福祉分析の全分野に及ぶ．

　ハーバラーは，演繹的な考究と実証的な考究とを結合したものを基礎にして，長期では，実質所得の機能的分配は，保護下より自由貿易下で大きく相違するようなことはありそうもなく，また，それが自由貿易の採用につれて変わるとしても，その分配の変化は，労働者にとって不利というより有利であることの方がありそうだと主張する．彼がいうには，自由貿易は，輸出産業にとって「特殊な (specific)」要素の実質価格の上昇をもたらすであろうし，割合としては小さいが，非特殊要素の実質価格の上昇ももたらすであろうし，そして，自由貿易の下で操業を縮小するか消滅するにちがいない保護産業に特殊な要素の実質価格の下落をもたらすであろう．また労働は，長期においてあらゆる要素の中で最も特殊ではない要素である．だから労働は，中間的な立場にあろうし，生産性の一般的な増大から利益を得るであろう[10]．

　ハーバラーの結論は正しいかもしれないが，この推論は結論を正当化するには不十分だと思われる．ハーバラーは，「特殊」を，技術的な原因によるにし

---

(9) 費用一定の条件の下で，すべての種々雑多な財の相対価格が，自由貿易下の国内生産の相対生産費と同じという限られた場合においては，輸入関税は，国民実質所得の量とか国民貨幣所得の分配とかあるいはいろいろな財の相対価格に影響を及ぼすことなく，依然として輸入制限的でありえよう．

(10) The theory of international trade, 1936, pp. 193-95.

第1節 「多数の財」と「享楽額の総計」：リカードウとマルサス　　　　511

ろ別の原因によるにしろ，職業的な非移動性のつもりで使っていると思われる．彼は，ただ労働の移動性と「物的な生産手段」の移動性だけを比較するが，後者は明らかに基本的な生産要素ではない．農業とか鉱業タイプの自然資源は，疑いもなく要素の中で最も特殊なものであるが，長期において最も特殊でないのは，どうも自由な資本であって労働ではないように思われる．とにかくそれは，一般的な職業的な移動性ではなくて，この問題にとって最も重要な関税で保護された産業と保護されていない産業の間の職業的な移動性のようである．もし労働が，保護された産業で比較的に多く使われ，保護されていない産業で比較的に少なかった場合，また，もし他の要素を一定にしたままで，より多くの労働を雇うにつれて，限界生産性の低下が，前者で緩やかで後者で急な場合，関税保護の除去は，国民貨幣所得における労働の相対的な持ち分を少なくするであろう．私は，これが起こりそうもない場合だと主張する論拠を，演繹的あるいは実証的に知らない．しかし，仮に平均的な労働者が低い職業的な移動性をもち，保護産業で比較的に多く雇用されていたとしても，もし労働者が，保護されていた財の重要な消費者であり，これらの財の価格が自由貿易の結果十分下落して，新しい状況での貨幣賃金の減少を相殺するなら，たとえ労働者の貨幣所得や国民貨幣所得や国民実質所得の相対的な持ち分がすべて下落しても，関税保護の除去に伴って，労働者の実質所得はなお上昇するかもしれない．

　保護主義者のケースに対して上述の譲歩をしても，自由貿易が，いつもの仮定が与えられれば，すべての財をより多くという形で，より大きな物的な実質所得を社会全体に必ず利用できるようにするということや，またその状態は，もし欲すれば，適切な補助的な法律によって，関税の除去が社会のいずれの階層に対してもいずれの財もより多くもたらすことを確実にしうるという結論を制限するものではない．コブデン条約（the Cobden Treaty）が取り決められたとき，それは，確かにフランスで綿を安価にして豊富にしたが，ぶどう酒を高価にしていっそう払底させたこと，またフランス民衆は，条約の前者の結果から利益を得た以上に後者の結果から大きな損失をこうむったとプルードン（Proudhon）はこぼした．私は，演繹的な理由だけで，プルードンが間違っていたと確信をもっていうことはできない．しかしフランス政府は，綿商品を比較的に最も多く消費した階層に特別な所得税を課して，その税収を，ぶどう酒を比較的に多く消費した階層への補助金として使うことによるとか，あるいは綿に（除去された輸入関税の有効率より低率で）国内消費税を課して，その税収

を，国内のぶどう酒消費に対する補助金として使うことによるとか，あるいは関税の引き下げが国民所得の分配に及ぼす望ましくない影響を相殺することを狙ったこうした一般的性格の別の計略によって，コブデン条約が，フランスあるいはフランスの人口のいずれかの層で，ぶどう酒消費に減少をきたさないようにすることはできたはずである．

　だから自由貿易は，必ずより多くの財を利用できるようにするし，また，もしそれが，利用できる商品の増加を相殺してしまうほど実質所得の分配を大きく損なうことにならないとすると，自由貿易は，必ず国民実質所得を増加するように働く．入手できる利益が通常十分にあることを信じる理由はたくさんあるが，その利益の大きさを，実際に何か具体的な方法で測ることはできない．これらの結論は，ケアンズのいくつかの言葉の言い換えをほとんど出ていないが(11)，私の考えでは，議論を有利に展開するにはほぼ十分である．本章の残りは，J. S. ミル，マーシャル，エッジワースその他が，貿易からの所得利益について少なくとも外見上はより正確で確かな結論を得た苦心の分析方法を，できるだけ同感をもって吟味することにあてられる．

第2節　相互需要と交易条件

　リカードウの時代から，商品交易条件は，貿易からの利益の趨勢の指標として幅広く受け入れられてきた．著述家の中には，2地域の比較生産費の関係で考えられる商品交易条件から，二つの貿易地域で分割される貿易利益の割合の尺度も引き出そうとした者もあった．これまでの章では，交易条件は，貿易利益の意味に関係なく，ただある客観的な価格関係を明示するものとして扱われてきたにすぎない．交易条件を利益の指標として用いる妥当性を吟味する前に，交易条件と他の国際貿易現象との客観的な関係，特に「相互需要」と商品交易条件の関連をさらに深く考える必要がある．この関連の分析は，トレンズとジョン・スチュアート・ミルからはじまる．後にマーシャルとエッジワースは，

---

(11)「われわれは［貿易］からの利益の性質を知っている．すなわちそれは，われわれの満足の範囲を拡大し，貿易のない場合でもわれわれの手の届く範囲にある財の獲得費用を安価にすることからなっており，われわれは，それがもたらすこのような範疇の利益が非常に大きくなくてはならないことを知っているが，この不明瞭で漠然とした結果以上に，データがわれわれに教えるものはない．」(*Some leading principles of political economy*, 1874, p. 421.)

第2節　相互需要と交易条件

幾何学的な技術を練習するための領域を作ったが，明らかに J. S. ミルの接近方法や結論から実質的にはずれてはいない．数人の著述家は，自分たちの分析をこれに同意した形で複製したが，グレーアムだけはこれに実に厳しい批判を加えた．だからこの節では，適宜グレーアムの批判にふれながら，ミルやマーシャルやエッジワースの貢献を吟味することにとどめよう．原著はすべて容易に利用できるから，ここで提示される要約は，彼らの分析技術や最も一般的な結論を評価するための十分な基礎を与えるに必要な最小限度に限られる．

ジョン・スチュアート・ミル. ── ミルの相互需要と商品交易条件の関連についての議論は，大部分先駆的な業績であり，おそらく経済学の分野での独創性を彼が主に要求する部分である[12]．ミルが答えを見いだそうとした問題は，商品交易条件の決定方式である．彼は，最初に2国と2財をただ仮定することによってこの問題を簡単化する[13]．ミルが主張するには，均衡交易条件は，2財が生産されるそれぞれの国の生産費比率によって定められる上限と下限の範囲内にあるにちがいないが，交易条件の正確な位置は，その国自身の生産物で測った相互の生産物に対する2国の需要，つまり「相互需要 (reciprocal demands)」によって決定されるだろうという[14]．均衡は，各々の国の他方の国から輸入する財の需要量が，お互いの支払いに正確に十分であるはずの2財の交換比率で確立されるであろうが，ミルは，この法則を「国際需要の均等 (equation of international demand)」あるいは「国際価値の法則 (law of international values)」と名づける[15]．

---

(12)　最初ミルは，この分析を1829-30年つまり彼が23才のときに書いた *Essays on some unsettled questions of political economy* の第1論文の中で提示したが，この著書は，1844年まで出版されなかった．拡充と重要な省略もして彼が再びこの分析を転載したのは，『経済学原理』の第1版 (1848) の第3巻，18章「国際価値について」の中であった．エッジワースにとっては，この章をいくら高く評価しても高すぎるということはなかったであろう．すなわち，それは「偉大な章 (great chapter)」(*Papers relating to political economy*, 1925, II, 7) であり，「仰天するような章 (stupendous chapter)」(同書, II, 10, 20) であり，「これから先なおこれを上回るもののない」(同書, II, 20) 一般理論の説明であった．他方，グレーアムは，それは「本質的に虚偽的であり，棄却されるべき教義を提示している」と明言する．"The theory of international values," *Quarterly journal of economics*, XLVI (1932), 581.

(13)　グレーアムの最も厳しい批判は，ミルが犯したとされる誤謬，すなわちこの簡単化されたケースから引き出された結論が一般的な妥当性をもつと誤って仮定したとされる誤謬に向けられる．

(14)　トレンズが最初に使ったと一般にみられているこの言葉を，ミルが使ったようには思われない．

(15)　*Mill, Principles*, Ashley ed., p. 592（末永訳『経済学原理』3, pp. 294-5）参照．

後にシャドウェル（Shadwell）は異議を申し立てて，ミルは，「均等」とか「法則」によって問題を本当に解決しないで，「交換比率は，輸出が輸入の支払いであるようなもの」という自明の理を記述したにすぎないといったが(16)，グレーアムも，実質的に同じ批判をしている(17)．しかし，純粋の物々交換を別にすると，輸入額と輸出額の均等について「自明の理」というものはなく，事実，現在の目的に妥当なように，もし貨幣と貨幣用金属が，輸出額あるいは輸入額として数えられなかった場合には，それらは，「見えない」項目を考慮した後でさえ通常均等ではないであろう．しかし，もしミルが，均衡における輸入額と輸出額の均等の必要を立証しただけであるとすると，なるほど彼はあまり大したことをしていなかったように思われる．しかし，バステーブルがシャドウェルに答えて指摘したように，「ミルの理論は，単に相互需要の均等の記述だけでなく，その均等を作り出すために作用する力の指摘でもある．」(18) 交易条件は，ミルによると，輸入は価値において輸出に等しいという条件にしたがって，曲線とか関数の意味で考えられた相互需要によって決定される．ミルの章を公平に読めば，その他の解釈はまったく許さない．さらに，この解釈を支持する証拠がある．ミルは，すでにみてきたように，「この国際価値の法則は，われわれが需要と供給の均等と呼ぶ，より一般的な価値の法則を敷衍したものにすぎない」と述べた．一般価値論における「需給の均等」の類似物というミルの使い方に対してケアンズがおこなったシャドウェルと似た批判らしきものに対して，ミルは次のように応答した(19)．

　　　「この法則は……『国際的需要の方程式』と呼ぶのが適切であろう．それを簡単に述べると，次の通りである．ある国の生産物は，その国の輸出の総額がその国の輸入の総額に対し過不足なく支払いをなすのに必要とされるような価値をもって，他の国ぐにの生産物と交換される．このような『国際的価値』の法則は，私たちが『需要供給の方程式』と呼んだ，あの『価値』に関するより一般的な法則の拡張にすぎない．」

(16) J. L. Shadwell, *A system of political economy*, 1877, p. 406.
(17) "Theory of international values," *Quarterly journal of economics*, XLVI (1932), 606.
(18) Bastable, *Theory of international trade*, 4th ed., 1903, p. 180.
(19) J. S. Mill to Cairnes, June 23, 1869, *The letters of John Stuart Mill*, H. S. R. Elliot ed., 1910, II, 207. (傍点は原文イタリック．) ミルのここでの推論は，以下のこと，すなわち，すべての初期イギリス経済学者のように，ミルは，たとえ用語においてではなくても，彼の思考において，特定の価格で実際に出てくる数量としての「需要」と，いろいろな価格で出てくると想定される数量表としての「需要」とを区別したことを考えると，十分に明確であるし，また十分に正しい．

立てられたような命題［すなわち「需給の均等」］は，同じ命題以上の何かであると思う．それは，価値の変化する原因を明らかにしないし，私が述べたように，明らかにするふりもしなかった．しかしその命題は，そのような変化すべての有り様とそれらの原因の必然的な作用方式を明言する．つまりそれらの原因が供給を動かして需要に等しくするか，あるいは需要を動かして供給に等しくするように作用すると明言する．

　ミルは，相互需要と「国際需要の均等」による交易条件の決定を説明するために，算術例を使った．だから彼の結果が，彼が認識していたと思われる以上に，妥当する範囲がしばしば限られていたことは驚くにあたらない．しかし，それにもかかわらず，次の彼の仮説的事例のひとつにおける結果の概要と図解は[20]，彼の分析の先駆的な性質を明かすのに役立つかもしれない．

　ドイツとイギリスの2国と，衣料とリネンの2財があり，生産は実質生産費一定の条件の下にあると暗に仮定されている．イギリスでは，10ヤードの衣料の費用は15ヤードのリネンを生産するのと同じだけかかり，それに反してドイツでは，10ヤードの衣料の費用は20ヤードのリネンを生産するのと同じだけかかる．だからイギリスは，リネンの輸入国，衣料の輸出国であろうし，そして衣料がリネンと交換される条件の可能な範囲は，リネン15に対して衣料10とリネン20に対して衣料10の間である．ミルは，相互需要は，均衡がリネン17に対して衣料10のところで確立されるようなものと仮定する．

　いまミルは，ドイツでリネンの生産方法に改良があり，その生産には，いまや単位当たり以前の $2/3$ しかかからないと仮定する．このため，リネンで測った衣料に対するドイツ人の需要が増加し，衣料10ヤードはリネン17以上と交換されよう．ミルのここでの暗黙の仮定は，ドイツの生産努力の単位で測ったドイツ人の衣料に対する需要には変わりがなく，そのため，リネンで測ったドイツ人の衣料に対する需要は，すべての点で前より50％高いというものである．彼は，衣料10と交換されるリネンの量が17より増大する程度は，衣料で測ったイギリス人のリネンに対する需要にかかっていると結論する．ドイツ人が申し出るリネンの衣料で測った価格が低い場合，(a)もしイギリスが受け取るリネンの数量が，リネンの「安価さと同じ割合で」増加すると，すなわち，もしイギリス人のリネンに対する衣料価格で測った需要が1の弾力性をもつと，

---

(20) *Principles*, Asyley ed., pp. 585-88, 594-95.

新しい均衡交易条件は，衣料10に対してリネン25½であろうし，(b) もしイギリスが受け取るリネンの数量が，リネンの「安価さより大きい割合で」増加すると，すなわち，もしイギリス人のリネンに対する衣料価格で測った需要が1より大きい弾力性をもつと，新しい均衡交易条件は，衣料10に対してリネンは25½より小さいであろうし，(c) 最後に，もしイギリスが受け取るリネンの数量が，リネンの「安価さより小さい割合で」増加すると，すなわち，もしイギリス人のリネンに対する衣料価格で測った需要が1より小さい弾力性をもつと，新しい均衡交易条件は，衣料10に対してリネンは25½より大きいであろう．

539　図XIIは，縦軸でリネンの総数量ではなくリネンと衣料の交易条件を表すことにしたために，マーシャルの外国貿易図を修正したものであるが，この図は，ミルの結論が，彼の仮定を一定とすると正しいことを示す[21]．ドイツでリネンを生産する費用が減少した結果，交易条件はリネンに不利に動くことに

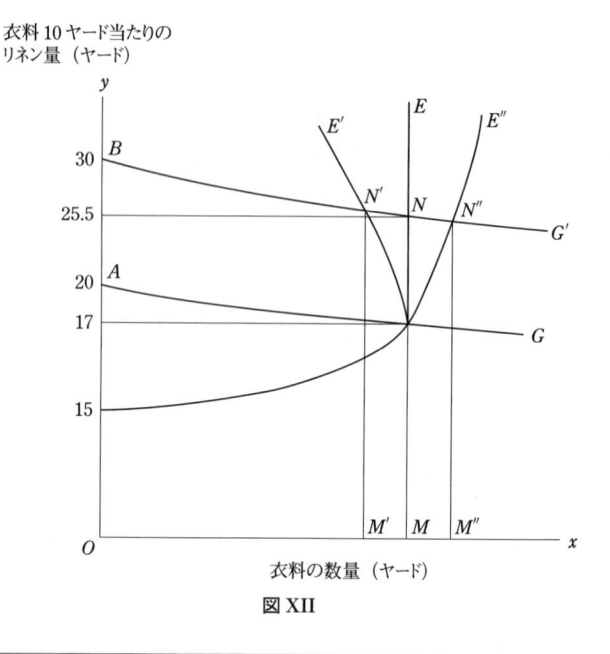

図XII

---

[21] マーシャルの図を使った類似の論証については，Edgeworth, "On the application of mathematics to political economy", *Journal of the Royal Statistical Society*, LII (1889), 557, 図3を参照せよ．

なる．ドイツのリネン生産費用の減少がリネンで測ったドイツ人の衣料に対する需要に及ぼす影響を一定とすると，このリネンに不利な交易条件の動きの大きさが小さければ小さいほど，衣料で測ったイギリス人のリネンに対する需要の弾力性は大きい[22]．衣料で測ったイギリス人のリネンに対する需要（E曲線）

---

[22] マーシャルの曲線の作り方と私の曲線の作り方が違っていても，二つの図で同じ記号が同じ変数を表すために使われる場合は，弾力性の公式に違いはない．両図では，各々の曲線は，各々まったく別の弾力性係数をもった需要曲線か供給曲線とみなすことができる．こうして合計4つの弾力性があることになろう．E財の総量をX，G財の総量をY，イギリスとドイツのそれぞれの国を下付き文字EとG，G財で表したE財の価格を$y=\frac{Y}{X}$，E財で表したG財の価格を$\frac{1}{y}=\frac{X}{Y}$と書く．そこで，もしe_E^Dが，イギリスの「需要」の弾力性あるいはイギリスのドイツ財購入意欲の弾力性であり，e_E^Sが，イギリスのイギリス財販売意欲の弾力性であり，e_G^Dが，ドイツのイギリス財購入意欲の弾力性であり，e_G^Sが，ドイツのドイツ財販売意欲の弾力性であるとすると，

$$e_E^D = \frac{dY_E}{d\left(\frac{1}{y_E}\right)} \cdot \frac{\frac{1}{y_E}}{Y_E}$$

$$e_E^S = \frac{dX_E}{dy_E} \cdot \frac{y_E}{X_E}$$

$$e_G^D = \frac{dX_G}{dy_G} \cdot \frac{y_G}{X_G}$$

$$e_G^S = \frac{dY_G}{d\left(\frac{1}{y_G}\right)} \cdot \frac{\frac{1}{y_G}}{Y_G}$$

もちろん，各々の国の需要の弾力性と供給の弾力性は，同じ現象の別の側面に他ならないから，相互に密接に関係している．イギリスにとって二つの弾力性の関係は，容易に表すことができる．

$$e_E^D = \frac{dY_E}{d\left(\frac{1}{y_E}\right)} \cdot \frac{\frac{1}{y_E}}{Y_E}$$

$$= \frac{d(X_E y_E)}{-\left(\frac{dy_E}{y_E^2}\right)} \cdot \frac{\frac{1}{y_E}}{X_E y_E}$$

$$= -\left(\frac{X_E dy_E + y_E dX_E}{X dy_E}\right)$$

$$= -\left(\frac{dX_E}{dy_E} \cdot \frac{y_E}{X_E} + 1\right)$$

$$= -(e_E^S + 1)$$

同じように

$$e_G^D = -(e_G^S + 1)$$

の弾力性が1の場合，新しい交易条件は，衣料10に対してリネンは25½である．衣料で測ったイギリス人のリネンに対する需要（E''曲線）の弾力性が1より大きい場合，新しい交易条件は，衣料10に対してリネンは25½より少ない．衣料で測ったイギリス人のリネンに対する需要（E'曲線）が1より小さい場合，新しい交易条件は，衣料10に対してリネンは25½より大きい．これらの結果はすべてミルの研究結果と一致する．

W. T. ソーントン（Thornton）その他からの批判の結果として，ミルは，『原理』の第3版（1852）において新しい資料を取り入れたが，その意図は，彼が，相互需要を一定として，衣料とリネンの間に，輸入額が輸出額に等しくなるという均衡条件を満たすただひとつの交換比率のあることを証明できなかったという異議に答えることにあった[23]．この追加された資料は，不満足であり不必要であったという一般的意見の一致があった．少なくとも相互需要のひとつが弾力的でないところでは，均衡交易条件は1組以上あるかもしれないし，そのときこの問題は不確定である[24]．相互需要が両方とも弾力的なところでは，ミルのもともとの手順で十分に決定されるただ1組の均衡交易条件があるにちがいない．

マーシャル．――相互需要と交易条件の関係について，マーシャルは，主としてミルの分析を幾何学的な形式で説明し入念に仕上げている[25]．マーシャルは，この目的のために，新しい形態の需要―供給図を考案した．そこでは，縦軸と横軸はそれぞれ2財の一方の総量を表し，こうして，彼の国内取引図，すなわちひとつの財と貨幣価格しか含まず縦軸が単位当たりの価格を表す図と

だから，1国の需要の弾力性の係数が1の場合，その国の供給の弾力性の係数はゼロである．教科書では，相互需要曲線は，もしそれらの需要弾力性の係数が数字的に1より大きく，供給弾力性の係数が代数的にゼロより大きい場合，「弾力的」と呼ばれ，もしそれらの需要弾力性の係数が数字的に1より小さく，供給弾力性の係数が代数的にゼロより小さい場合，「弾力的でない」と呼ばれる．

別の言葉で表わされているとはいえ，この使用法は，相互需要曲線についてのマーシャルの「弾力的」や「非弾力的」という言葉の使い方と一致している．（Marshall, *Money credit & commerce*, pp. 337-38, 注を参照せよ．）

(23) Mill, *Principles*, Ashley ed., pp. 596-604.
(24) Marshall, *Money credit & commerce*, p. 354, 注3を参照せよ．
(25) マーシャルからカニンガムへの手紙，6月28日，1904年を参照せよ．「国際貿易曲線について，私の曲線は，ミルが決めた一定の方針に合わせた．」（*Memorials of Alfred Marshall*, A. C. Pigou ed., 1925, p. 451.）

第2節 相互需要と交易条件

は違ってくる(26). 国際貿易図の縦軸を価格にあたる交易条件を表すようにした図VII, X, XII でしたがった手順と比べて，マーシャルは，彼自身の手順について次のように主張する．すなわち，第一に，それは2国の曲線を「対称的」にすること，第二に，別の手順はいくらかの（はっきりしない）利点をもつこともあるであろうが，「この対称性の欠如は，図による方法を，実行不可能にはしないにしろより初歩的な理論部分に適用することを損ない，その他の部分では複雑にして手に負えなくしてしまうであろう」という(27).

　この問題は，単に比較的な便利さの問題にすぎず，他に意味はない．私は，マーシャルがはねつけた手順にしたがうことが，すなわち縦軸に財のひとつの総量よりむしろ交易条件をとることが，概してはるかに便利であることがわかった．このもうひとつの手順をとったときに断念される「対称性」にどのような審美的価値がつくかどうかは別として，マーシャルの図の代わりに「交易条件図」を使ううえでの不利は，マーシャルの図では，両方の曲線について，需要の弾力性が1より大きいか小さいかあるいは等しいかということや，両方の財について，均衡の下で交換される総量がどうなるかということは，入念に調べれば簡単に決めることができるのに対して，私の以後「交易条件図」と呼ぶ図では，この知識は，ひとつの曲線とひとつの財についてしか直接に手に入らないということだけである．しかし私の図の利点は，この図では，商品交易条件が縦軸から直接読みとることができるのに対して，マーシャルの図では，O点から均衡点へのベクトルの勾配率を決めることによってしかわからないことである．

　相互需要と交易条件の関係についてのマーシャルの分析の一般的性質は，グレーアムの批判したマーシャルの命題のひとつを使ってうまく図解できる．交易条件図を使う方がマーシャルの手順よりいくぶん実用上有利だということは，ここで示した図の単純さと，同じ関連でマーシャルが使った図の複雑さを比べてみるとはっきりしよう．マーシャルは，もしイギリス人のドイツ財に対する需要が一定割合で増加すると，次の規則が適用されると主張する．

---

(26) マーシャルの分析は，彼の『外国貿易の純粋理論』（私的に配布するために1879年に印刷されたが，1930年に復刊された）と，彼の『貨幣信用及び貨幣』（1923年に出版されたが，大部分はずっと以前に書かれた）の第3巻と付録HとJで利用できる．

(27) *The Pure theory of foreign trade*, p. 2.

いずれかの国の需要が弾力的であるほど、いま一方の国の需要の弾力性は一定であるとして、その国の輸出と輸入の双方の量は大となるであろう。しかし、同国の輸出は同国の輸入に比べてより増加するであろう。換言すれば交易条件は同国にとってより不利になるであろう[28]。

グレーアムは、この規則はドイツには適用されても、イギリスには適用されないと反対するが、そこでは、「E国の需要が弾力的であればあるほど、G国の需要を一定とすると、E国の輸出入量は小さくなろうし、その輸出の方が輸入と比べて増加は小さいであろう」という[29]。マーシャルは、自分の結論を「正常な」形態の曲線、すなわち私の用語上の「需要弾力性」が1より大きい曲線だけに適用するが[30]、それに反してグレーアムは、曲線の性質についてなんらの条件もつけない。この結論は、ある点で弾力性が1より大きいか小さいかによって方向が違ってくるから、当然グレーアムも、彼の結論を弾力性が1より大きい場合に限定するつもりであったと考えられよう。需要の「増加」にはいろいろな意味を与えることができるし、得られた結論はどういう意味が選ばれるかにかかっているから、私は、マーシャルと同じように、相互需要が「増加する」場合、相互需要は、もとの曲線のすべての点で均一の割合だけ右に変化すると仮定しよう。

マーシャルの命題は、図XIIIにおいてドイツの曲線の弾力性の影響について吟味されるが、この図では、EEは、もともとのイギリスの供給曲線（マーシャルのもともとの曲線にあたる）であり、$E'E'$は、増大したイギリスの供給曲線であり、GGは、弾力性の程度が小さいドイツの需要曲線であり、$G'G'$は、弾力性の程度が大きいドイツの需要曲線である。ドイツの需要曲線が弾力的であればあるほど、(1)ドイツの輸出増加は大きい（すなわち長方形 $a'om't' > aomt$）、(2)ドイツの輸入増加は大きい（すなわち $om' > om$）、(3)交易条件がドイツに有利化する大きさは小さい（すなわち $Aa' < Aa$）。これらの結果は、すべてマーシャル——とグレーアム——の研究結果と一致する。

イギリスの曲線の弾力性の影響についてマーシャルとグレーアムの相違する

---

(28) Marshall, *Money credit & commerce*, p. 178.（永澤訳『貨幣信用貿易』1988年、岩波ブックサービスセンター、I, p. 241.）

(29) Graham, "The theory of international values" *Quarterly journal of economics*, XLVI (1932), 601.

(30) 本書前出, p. 517, 注22, およびマーシャル、上記引用文中, p. 342を参照せよ。

第 2 節　相互需要と交易条件

y軸: E国の1ベイル当たりのG国のベイル数
x軸: E国のベイル数

図 XIII

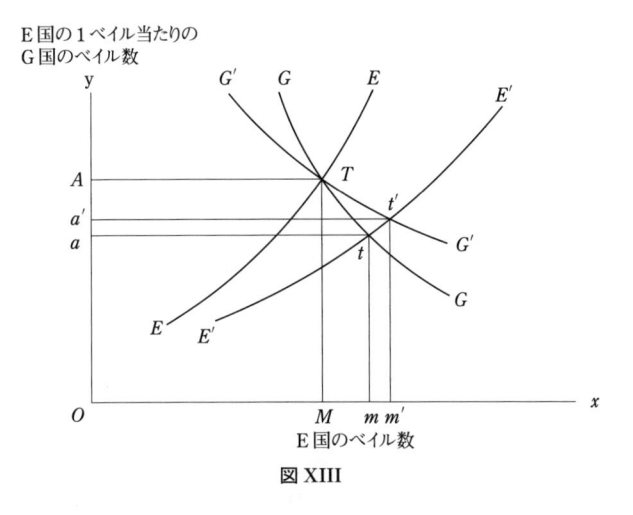

命題は，図 XIV で吟味されるが，この図では，GG は，ドイツの相互需要曲線であり，EE と $E'E'$ は，イギリスの相互需要の増加する前と後で，弾力性の程度が小さいイギリスの相互需要曲線を表し，ee と $e'e'$ は，イギリスの相互需要の増加する前と後で，弾力性の程度が大きいイギリスの相互需要曲線を表す．イギリスの相互需要が弾力的であればあるほど，(1) イギリスの輸出増加は小さい（すなわち $om < om'$）し，(2) イギリスにとって交易条件の不利な変化は小さい（すなわち $Aa < Aa'$）．これらの結果は，ともにマーシャルよりむしろグレーアムの研究結果の正しさを立証する．

考察されなくてならないものとして残されたものは，イギリスの相互需要が増加するとき，イギリスの曲線の弾力性が大きければ大きいほど，イギリスの輸入増加が大きいというマーシャルの研究結果と，それとは逆のグレーアムの研究結果，すなわちイギリスの輸入量の増加は，イギリスの曲線の弾力性と負の相関になるという研究結果がある．マーシャルは，実際，図 XIV において $aomt > a'om't'$ をいうが，それに反して，グレーアムは，$aomt < a'om't'$ を主張する．彼らの結論は，思い出されるべきであるが，ここでは，ただ曲線すべてが 1 より大きい需要弾力性をもっている場合についてしか点検されていない．もともとのイギリスの供給曲線の弾力性が小さいから，T から GG 曲線にそってさらに右方で，増加したイギリスの供給曲線はドイツの曲線と交叉する（すなわち t' は t の右方である）し，また GG が 1 より大きい需要の弾力性をもった

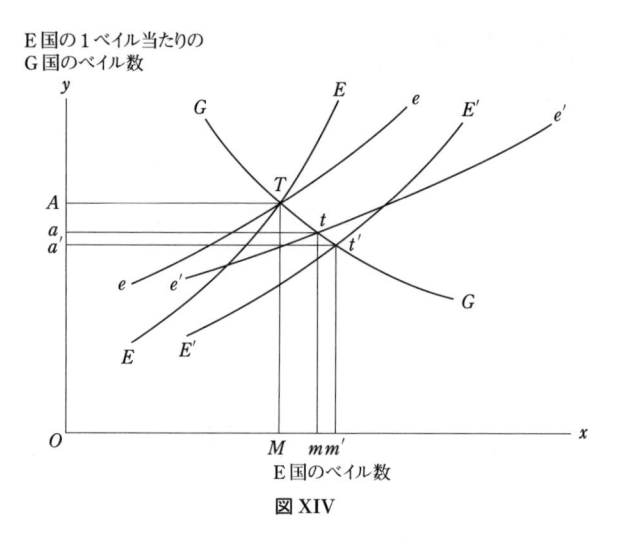

め，増加したイギリスの曲線とドイツの曲線との交点が縦軸のゼロから離れれば離れるほど，その交点から原点の縦軸と横軸におろした垂線で囲まれた長方形の大きさは大きいにちがいなく，だから $a'om't' > aomt$ である．だから，グレーアムは，再びここでも正しいし，マーシャルは間違っている．マーシャルの図が不必要に複雑だったために，その図が提出した問題に答えを与えないという事実を彼から隠してしまったと思われる．というのは，イギリスの相互需要の増加の結果が相互需要曲線の弾力性のいかんにかかっている様子をマーシャルが論証しようとした図は，弾力性も位置も違う3本のイギリスのもともとの曲線を示していて，その図では，イギリスのもともとの曲線が増加した結果を，その曲線の弾力性が高いか低いかにしたがって比較することができないからである[31]．

エッジワース．――エッジワースが相互需要と交易条件の関係を論じる中で，マーシャル的な図解技術はさらに念入りに仕上げられ，趣旨においては類似の結論をもっていたが，いろいろな可能な事例の形態についてはより細かな違いがあった[32]．特に興味のあるのは，ここに転載した比較生産費と相互需要と

---

(31) *Money credit & commerce*, p. 343, 図12を参照せよ．

第2節　相互需要と交易条件

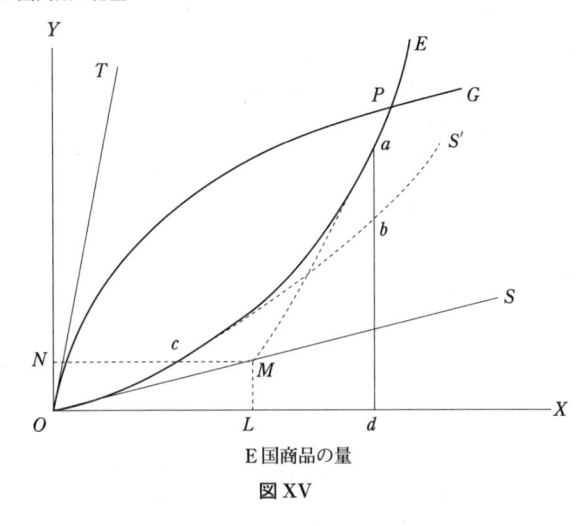

G国商品の総量

E国商品の量

図XV

の関係の性質を示そうとしたエッジワースの図(33)（図XV）である．

図XVは，マーシャル的なモデルのうえに組み立てられていて，そこではドイツのリネンの総量はY軸上で測られ，イギリスの衣料の総量はX軸上で測られる．OS線とOT線が加えられているが，その勾配は，生産費用一定の仮定の下で，イギリスとドイツそれぞれについて，リネン1単位の生産費用の衣料1単位の生産費用に対する（一定の）比率を表している．だからこれらの線は，それぞれ，外国貿易がない場合に，イギリスがリネンを，ドイツが衣料を獲得できる条件を表しており，均衡交易条件は，これら二つの線の間に落ち着くにちがいない．しかし，エッジワースがその図を描くとき，その図にはひとつの批判を受けるべき余地がある．それは，マーシャル的な図が通常描かれた場合に，もしそれらの図が，自国で一定費用（あるいは一定の相対費用）で生産可能な2財あるいは2部門の財を表すと仮定される場合に受けるべき批判と同じものである．エッジワースの図では，OE曲線は，直接原点Oからはじま

---

(32) F. Y. Edgeworth, "The pure theory of international trade," in *Papers relating to political economy*, 1925, II, 31-40. (最初に発表されたのは*Economic journal*であったが，実質的に同じ表現形態であった．)

(33) *Papers*, II, 32.

って OS 線の上方をあがり，そして OG 曲線は，同じく OT 線の下方をさがる[34]．しかし OE 曲線は，OS 上の点が，X 軸からの垂直距離で，イギリスが外国貿易のないときに消費し生産するリネンの量と一致する点に達するまでは OS 線から分かれないであろう．外国貿易がないときに，イギリスで生産され消費されるリネンの量が ON に等しいと仮定しよう．だからイギリスは，自国の費用で定められたリネンの衣料に対する制限比率で，衣料を NM つまり OL を超えない数量なら喜んで輸出するであろう．リネンで測ったイギリスの衣料の輸出供給曲線は，だから，OE である代わりに，M 点までは OS と同じで，M 点を超えてはじめて OX 軸から遠くに OS から分けられ，全体の曲線は，いくぶん OME のかたちをとる．同じ推論は，OG 曲線の OT 線に対する関係にもあてはまる[35]．

（34） 彼の図はあまりに小さく描かれているので，これを確かめることはできないが，彼の原文にこれに相反するなんの記述のないことや，彼の他の図では相互需要が原点から曲線で描かれている事実から，こう理解して差し支えない．

（35） これらの件について描かれた交易条件図については，本書前出の図X, p. 450を参照せよ．エッジワースの述べるには，もし生産が費用一定の条件下にない場合，「直線 OS の代わりに（そして必要な変更を加えて OT の代わりに），利益一定の曲線，すなわちイギリスの利益が貿易のなかったときより大きくない状態を表す（図の中には示されていない）無差別曲線にするべきであろう」(*Papers*, II, 33) という．もしこの曲線が可変費用のときの彼の OS 線の類似物であるとすると，彼は，この曲線で，E国が追加的な G 国商品1単位を輸入しても，自国生産以上の有利さはない状態を表すつもりにちがいない．図XVでは，OS は，「貿易利益のない」曲線ではなくて，「G 国商品の国内生産と比べて輸入利益のない」曲線である．もしE国が，OL 単位以上のE国商品を $\frac{ML}{OL}$ という条件で——あるいはこの国自身にとってもっと有利な条件で——輸出したとすると，この国には，前章で論じた種類の行き過ぎた特化から損失を招いているかもしれない．(本書前出, p. 434を見よ．)この図の中に「貿易利益のない」曲線を位置付けるには，費用条件の知識も効用関数の知識もいる．それは，けっして OS 線（あるいは可変費用の場合では OS' 曲線）以下に下がらないであろうし，また，けっして OE 曲線と同じ高さに上がらないであろう．(本書後出, p. 546を見よ．) 私は，図XVの中に，費用逓増の条件に応用できる「G 国商品の国内生産と比べて輸入利益のない」曲線 OS' を書き入れた．OS' 上のいずれかの点bで，その点での OS' の接線の OX についての勾配は，E国が od のE国商品を db の G 国商品と交換に輸出した場合に，追加的なE国商品1単位を生産する費用に等しい費用で，E国が自国で生産できる G 国商品の単位数を表す．(ベクトル Oa の OX についての勾配は，E国が od 単位のE国商品を喜んで輸出すると思われるE国商品1単位当たりの G 国商品の単位数を表す．) 生産は費用逓増の条件のもとにあるから，E国が追加的なE国商品1単位と同じ費用で生産できる G 国商品の単位数は，そのE国商品の産出物が大きければ大きいほど，大きいであろう．OS' は，図XVでは上に凹に描かれているから，E国商品の輸出増加は，E国商品の産出増加を伴う．すなわち，より多くのE国商品が輸出されるにつれて，E国商品の国内消費が仮に減少するとしても，輸出における増加より少ない量しか減少しないと暗黙に仮定されている．OS' 曲線は，すべての点で OE 曲線より下に描かれなくてはならないから，図XV

グレーアム.——グレーアムは，J. S. ミルやマーシャルが提示したような相互需要による国際価値論の解釈を，その本質において論理的に間違っていると批判した(36). 彼の批判の中にはすでに吟味したものもある(37). しかし，もし有効であるのなら，重要なその他の批判をさらにここで取り上げて精細に吟味しよう.

グレーアムが主張するには，2財以上の財と2国以上の国（それらの国は財のすべてかそのほとんどを生産できる）があるところでは，いろいろな財の交換比率の変動は，かなり狭い範囲内に限定されるにちがいないという.

これは，以下の事実からくる．すなわち，いずれの交換比率の変化も，関係する財を生産する国の比較優位の余地に影響を及ぼし，交換条件がどちらにふれるかによって，輸入国であった国を輸出国にしたり，あるいは輸出国であった国を輸入国にしたりするであろうが，こうして国の供給・需要側面に付加的に影響を及ぼすことによって，交換比率を当初の状態から大きく動かさないようにするであろう(38).

グレーアムは，ミルやマーシャルや彼らの学派が，交易条件を決定する際の相互需要の重要性を針小棒大にいいたて，それに相応して，交易条件の決定における比較生産費条件の重要性を最少に見積もったと主張し，この誤謬の原因が，主に2国と2財しかないという仮定か，あるいは各々の国の輸出入の物理的な構成内容が固定されているという仮定にあるとする．彼は，「外国生産物に対する国の相互需要表の特徴（緊急性・弾力性など）は，……生産物の長期の交換比率を決定するうえでほとんど重要ではない……」ことを論証すると主張する(39).

の中で O から C まで二つの曲線が同一のままであるのは誤りである．E国において，一定のE国商品輸出に相当するE国商品の各産出物について，E国商品とG国商品の生産の相対的な限界費用は，G国商品によるE国商品の供給価格に相当するにちがいないから，OS' 曲線に対するいずれの点の接線も，OE 曲線上の垂線に対応する点に向かって O から描かれたベクトルと平行であるにちがいない．このことは，曲線経路のいずれの部分についても，二つの曲線が同一であることを不可能にする．

(36) "The theory of international values re-examined," *Quarterly journal of economics*, XXXVIII (1923) と "The theory of international values," 同書, XLVI (1932).
(37) 本書前出, pp. 437 以下と pp. 514 以下.
(38) "Theory of international values re-examined," 上記引用文, p. 86.
(39) "Theory of international values," 上記引用文中, pp. 583-84.

グレーアムは，ここでミルや彼の追随者たちの説明の欠点をつくが，彼はその説明の流行を誇張し，その欠点の正確な性質を誤解して，逆に彼自身が誤りを犯す．ミルや彼の追随者たちの説明の欠点は何か．それは，交易条件の決定において，彼らが相互需要の重要性を誇張したという論理的に不可能なことにあるのではなく，彼らがどれほど知っていたとしても，相互需要に及ぼす生産費条件の影響を十分に強調しなかったことにある．交易条件は，相互需要によって直接的な影響を受け，それ以外の何者にも直接の影響は受けることができない．しかし，相互需要は，基礎的な効用関数に加えて生産費条件によって究極的には決定される[(40)]．

　ミルや彼の追随者たちが強調しすぎたことは，交易条件を決定するときの基礎的な効用関数の重要性であった．このミルや彼の追随者たちの説明の欠点は，分析を2国と2財に限定するとか，財の範囲について構成内容の固定された輸出入に限定するとか，費用一定の仮定に限定することによって疑いもなく助長された．というのも，これらの条件の下では，生産費条件の影響力は，交易条件の変動域を固定された最大と最小の限界値に定めることだけで使い果たされてしまうからである．

　しかし，ミルについてはその通りであったかもしれないが，マーシャルやエッジワースやその他ミルの追随者たちは，国の数が多くなり財の数が多くなればなるほど，費用条件が相互需要と，したがって交易条件に及ぼす影響は大きく，まただから，もし費用条件を一定とすると，基礎的な効用条件の一定の変化の結果としての交易条件の可能な変動領域は小さいという事実に気づいていた．次の最初の引用文は，財と国の多数であることが相互需要を弾力的にして，まただから，交易条件の変動域を制限するうえで重要であることをマーシャルがわかっていたことを示しているし，その次のエッジワースからの引用文は，バステーブルとエッジワースの両者が，国が多数であることからくる類似の効果を認めたことを示している．

　　リカードウの2国のうち，おのおのの国の他の国の財一般に対する需要は，現代

---

(40) この命題に最も近い接近法は，私が文献中で見つけたところでは，次のハーバラーの接近法である：「マーシャルはいわゆる相互需要供給曲線を用いている．この理論は，比較生産費理論の必然的な補充をなすものであり，比較生産費説を徹底的に考え抜けばマーシャルの理論へ導く．」(*The theory of international, trade*, 1936, p. 123. 松井・岡倉訳『国際貿易論』上巻, p. 211.)

の産業の状態のもとでは，かなり弾力性をもつことはほとんど確実である．E国とG国が，相互の間の貿易が唯一であるような国であるとしてもそうである．またもしE国が豊かな大商業国であって，同時にG国はすべての外国の国ぐにを表すとすれば，確実さは絶対なものとなる．なぜならE国が，他の国ぐにの中の少なくとも若干の国が多くの不便なしに断念でき，したがってE国が購買者にとってかなり不利な条件を提供するならば，速やかに拒絶される，きわめて多数の財を輸出することはまったく確実である．また他方において，E国が，より有利な条件で購買者に提供できるならば，少なくとも若干の国ぐににおいては，増大した販売を見出すことができる輸出品をもつことも，まったく確実である．それゆえに，E国の財に対する，現代の通商と現代の貨幣市場によって統一された世界の需要は，E国がその財を一般に買い手により有利な条件で提供するならば大幅に増大し，E国が自国により有利な条件を固守するならば，大幅に縮小することは確実である．また他方でE国は，一面においては，同国に販売される条件が同国にとって不利に高められるならば，容易に断念できる多くの財を世界のさまざまな部分から輸入しており，また他面において，世界のさまざまな部分から同国に提供される財で，同国にとって現在よりも有利な条件で提供されるものがあれば，それらのかなりの量を利用できることも確実である(41)．

比較生産費の理論は，数学的な見地からみてあまり傑出したものではない．……均衡［交易条件］点がそれぞれの［貿易］無差別曲線の間に落ち着くというのは，比較生産費の幾何学的な表現である．最高の著述家の中には，国際価値は比較生産費に「依存する」と表現する者もあるが，これは，この見方からは大変不正確な表現とみられる．（疑いもなく，バステーブル教授が指摘したように，多数の競争国がある場合には，比較生産費の原理によって定められた限界は大いに狭められ，したがって，比較生産費の原理を国際価値を決定するに十分なものとみなすことは間違ってはいない．）(42)

グレーアム自身の誤謬は，彼が，相互需要と基本的な国内効用関数を区別できなかったことや，費用条件が，相互需要への影響を通じて，ただ媒介的に交易条件に作用できるにすぎないことを理解できなかったことにある．グレーアムがどうも理解できなかったように思われることは，彼が提示した入念な算術例，これは交易条件が相互需要の状態と関係なく費用条件によって狭い限界内

(41) Marshall, *Money credit & commerce*, p. 171.（永澤越郎訳『貨幣信用貿易』I, pp. 233-34.）
(42) Edgeworth, *Papers*, II, 33. 括弧に入れた文章は，原文では脚注にある．

に定められることの論証として提示されたものであるが，この算術例においては，明示的にか暗黙的にか，当の効用と需要について厳しい仮定があったことであり，またその結果，彼の算術例が実際に示していることが，費用条件と効用条件が一緒になって相互需要を決めることであり，また費用条件は，相互需要への影響を通じてただ間接的に，何らかの影響をとにかく交易条件に及ぼすにすぎないということである(43)．

そのうえ，たとえ相互需要がきわめて弾力的であって，それによって商品交易条件の大きな変動がありそうでなくなったとしても，そのような大きな変動は，グレーアムの主張するようには不可能にならない(44)．もともとの相互需要表が，無限の弾力性まではいかなくても好きなだけ弾力的だとして，もしそれらが反対方向への明らかな位置の変動を経験する場合には，結果的に，マーシャルの図を使った実験が容易に確定するように，商品交易条件に大きな変化があろう．

グレーアムが指摘するには，交易条件が相互需要によって決定されると説明されるとき，J. S. ミルからエッジワースにいたる新古典派の著述家たちは，財の目録に関する限り，おのおのの国の輸出入品の構成内容が固定されていると仮定している．けれどもグレーアムは，財は，輸出の状態から輸入の状態に

---

(43) 例えば，グレーアムの例証 ("Theory of international values re-examined," 上記引用文中，p. 76) と，それに伴う本文を参照せよ．そこで仮定されていることは，「国際貿易が開かれる前には，各々の国は，三つの生産物の各々に資源を $\frac{1}{3}$ ずつ用いており，外国貿易から利益を得る場合は，三つの生産物の消費を比例して増加する」(p. 70) ことである．これは，たとえ相対価格に大事な変化が起こったと仮定してもの話である．国の経済的な規模，費用条件，各国の貿易前の価格について追加的な知識があれば，外国貿易が開かれたとき，与えられた事実によって，狭い限界内で均衡条件は十分に決定されるとグレーアムが主張しても差し支えない．しかし彼は，交易条件を決定するのは費用条件のみであるという自分の主張を立証していない．たとえ費用条件が変わらなくても，彼の効用についての仮定が変化した場合には，均衡交易条件は，幅広い限界内でどの大きさでもどの方向でも望み通り変化できる．
　同じ批判は，類似の仮定の算術例からグレーアムが得た結果と類似の結果について，ホイットセイ (C. F. Whittlesey) が与えた解釈にあてはまる．(C. F. Whittlesey, "Foreign investment and the terms of trade," *Quarterly journal of economics*, XLVI (1932), 449, 459.)
　グレーアムは，古典的伝統にある著述家たちを，交易条件に及ぼす比較生産費の影響を最小に見積もったとして批判するが，エンジェルは，古典的伝統の著述家たちを，比較生産費が「それだけで」貿易の方向と条件を十分に先験的に説明すると信じているようだとして批判する．(Angell, *Theory of international prices*, 1926, pp. 371-73.)

(44) "Theory of international values," 上記引用文中，p. 604 を参照せよ：「もし両方の需要表が弾力的なら，交易条件の変動は当然小さいにちがいない．」

変化するかもしれないし，輸出されたり輸入されたりすることを止めるかもしれないし，また交易条件が比較優位の境界線を決めて（あるいは境界線を決める一因となって），その結果国の輸出入品の構成内容が決められると主張する．

> したがって，相互に関係する国ぐにの輸出入表の内容が固定されているという前提のうえに国際価値を決めることは不可能である．この前提をとる際，新古典派の著述家たちは，実際彼らが見つけ出そうとしているまさにその財の交換比率を暗黙のうちに仮定している．というのもその前提は，何かしら確定した交換比率を仮定した場合でのみ有効でありうるからである．この論理上の欠陥は，彼らがうち建てた国際価値の一般理論を完全に台無しにするだけでなく，マーシャルの仕事の中でおそらく最高点に届いたこの理論のすべての幾何学的および代数学的な補足を，まさにこの目的のためには使い物にならないものにする(45)．

グレーアムは，この問題の解決策としてのマーシャルの「代表的なベイル（representative bale）」という提案と，エッジワースの「典型的な（ideal）」輸出入財という提案を斥ける．

> 明白にちがいないことは，相互需要は，個々の財についてのものであって，関係している統合された財が結合するような何か労働と資本の統一体についてのものではないということであり，また需要表にそって動くにつれて必ずその物的な構成が変わり，一方の需要表からその相手国の需要表に移転さえする財をもちながらも，代表的なベイルのための需要表を作ることは，実在することのない煉瓦を実在することのない粘土で作るだけではなく，当の需要表をつくるのに理論的に必要とはいえ，同時に論理的に不可能な煉瓦の同質性を仮定するというもっと悪い誤ちを犯すことでもあるということである(46)．

私は，グレーアムの議論を次のように受け取っている．すなわち，例えばマーシャルが提示したような国際価値論は，その論理的な有効性のために，各々の地域の輸出入品についてありもしない固定された物的な構成を必要とする相互需要と交易条件の概念を使うことによって完全に台無しにされるが，それを

（45） Graham, "Theory of international values," 上記引用文中，p. 582-83.（傍点は原文イタリック．）
（46） 同書，p. 583.

救うには，個々の財についての相互需要と，個々の財の間の交換比率によって分析をすすめていくことであると．

　物的な構成内容の変わる輸出入財グループの相対価格変化を平均値で表そうとすると，われわれは，解決し難い経済的な指数問題に出くわす(47)．マーシャルとエッジワースは，彼らがそのことに気づかなかったとは想像できないが，たぶんこの問題に十分な注意を払わなかった．費用一定が仮定されているところでは，輸出財を相対価格で加重することによって，生産物が同じ価値をもつ生産的サービスの数量間比率として明確で正確な交易条件指数が得られるとはいいながら，彼らの「代表的なベイル」という概念は，明らかに，しかし遠回しな言い方の「平均値」の概念である(48)．しかし，総交易条件の変化の正確であいまいさのない測定が，いつもそうであるように，輸出入品の物的な構成内容が相対的変化を受けているところでは不可能であると認めることと，そのために通常のあるいは「標準の」方法で計算された平均値にもとづく分析が価値のないものになると認めることは，非常に違っている．もしこのことが正しかったとすると，経済学は実に目もあてられぬ有り様であろう．グレーアムの異議は，その場合には，彼自身の単一の「複数財」の概念を含めて，総計とか平均値を伴うたいていの経済概念を非難するのに役立つと思われる．彼自身の単一の複数財の概念が含められる理由は，彼が「財」を仮に小麦としてこれを定義しようとすればすぐにわかるように，小麦は，量や質や価格の相対的な変化を絶えず受けているいろいろな物の混成物とは関係がないのである．たとえ公然とその不完全さが認められているとはいえ，そのような概念の使用が弁護できるのは，次の二つの場合に限られる．すなわち他に代わる優れたものが利用できない場合と，その不完全さが，それらを使って得られた結論から当面の目的にとっての意味を奪うほど，大きなあるいは確実な誤謬を伴うことがないと信じられるとか期待される場合である．

　不完全な「平均」概念を使う代わりとして，グレーアムが提案するいわゆる単一の複数財の組合わせによる分析は満足できるものではない．ひと組の単一

---

(47)　A. C. Pigou, *Essays in applied economics*, 1930, p. 150 を参照せよ．
　　「一般輸出財で測った一般輸入財の価値は，貨幣で測った一般財貨の価値とまったく同じ種類の概念である．この概念に精確な意味を与えることはできないし，その変化を測るために隅から隅まで満足のいく尺度を工夫することもできない．」

(48)　つまり，私が「二重生産要素交易条件 (double factoral terms of trade)」と呼ぶものである．本書後出, p. 536 を見よ．

の複数財によって表されたときに得られた結論の意味は，選び出された複数財が幅広い部門の財の「代表」かそうでないかにかかっているが，「代表者であること」の適切な基準をみつける問題は，実質上「平均化」問題の別の表現に他ならない．交易条件の決定の分析を単一の複数財の組合わせによってすすめることは，これらの財が，貿易に入ってくる唯一の財であるとか，貿易全体の「代表」であるという仮定にもとづかない限り，それ自体すすめることはできない．「相互需要」は，総計概念であるだけでなくて，個々別々の実体として働くひとつの経済的な力も示す．「国際貿易における各々の取引は，個々の取引である」が，それがおこなわれる条件は，市場複合体全体によって定められる．いずれの特定の輸出財や輸入財の価格も，機能上相互に関連をもち相互に作用し合うが，それは，(意味のない程度を別として)直接的にでなく，全体としてみた通商世界の価格・効用・費用システムの構成要素を通じて関連し作用し合うのである．外国貿易の場合では，特定の財に対する欲望とか生産費の変化は，貨幣の流れや貨幣で測った財の総需要額と総供給額への影響を通じて，ただ間接的にこれらの財と他の財の交換比率を変化させるように働くだけである．相互需要分析は，欲望とか生産費の変化が幅広い財にかなりの影響を及ぼす場合には，そのような変化の総計とか平均の結果を記述するために，不完全であっても他の分析よりは優れたひとつの試みである．

第3節　交易条件と貿易利益の計算

貿易利益の指標としての交易条件．——商品交易条件の趨勢は，その初期を除くと，古典期のはじめから，貿易利益の量の変化の方向を示す指標としてずっと受け入れられてきており，だから輸入価格と比較した輸出価格の上昇が交易条件の「有利な」動きを表すということは古い教義なのである．この命題が重要な留保条件の下でのみ有効だということはときどきは理解されていたが，必要な留保条件の体系的な議論とか，商品交易条件と貿易利益の量の関連性についての体系的な議論は，全体として文献にほとんどないと思われる．

　リカードウは，交易条件を，貿易からの利益に関係するように述べたことはほとんどなかったが，おそらくその理由は，貨幣的な拡張とか保護関税によって1国の商品交易条件をより有利にすることができるという歓迎されない議論に関係するときにだけ，この問題がもちあがったからである．リカードウは，

1単位の国産品によって獲得された外国品の量の増大が，それ自体で有利な発展であることを否定しなかったが，同時に，それがその国の立場の本当の改善を表わすかどうかは，それがどのように起こりどのようにもたらされるかにかかっていると必ず指摘した．一般に彼は，それが政府の活動を通じて故意にもたらされる可能性については懐疑的であったが[49]，輸入関税の賦課がそのような結果をもたらすかもしれないことを，不利益の相殺を伴っての話だが，渋々認めた．

> われわれは，われわれの商品を高い貨幣価格で売り，外国の商品を低い貨幣価格で買うであろうが，この利益を手に入れるために，その数倍の価値を払っているのではないか疑うことができる．というのも，その利益のために，われわれは，縮小された自国財生産と高い労働価格そして低い利潤率に満足しなくてはならないからである[50]．

J. S. ミルは，交易条件と貿易利益の量の関係について，リカードウよりはるかに強調したが，彼もまた，商品交易条件の有利な動きを，貿易利益の量の有利な動きを必ず指すものとしては受け入れなかった．だから彼は，保護的な輸入関税の賦課が，残りの輸入品を手に入れる条件を有利な方向に変えるように働くことを認めながらも，この利益が，関税保護の下でいまや自国で生産される財の保護以前の貿易利益を失うことによって，相殺されて余りあると主張した[51]．同じように，ドイツの輸出生産物の生産の実質生産費の削減が，交易条件をドイツに不利になるように働くことを彼が示したとき，そこから彼は，ドイツにとって一番有利でない場合すなわち生産費の削減された財がドイツ国内でまったく消費されない場合でも，生産費の削減がドイツに有害であるという結論を引き出すことは差控えた[52]．

後にみるように，マーシャルとエッジワースの二人は，貿易利益の量の変化のもっと良い指標として，商品交易条件の動きよりも「消費者余剰」あるいはその想像される相当物の変化額を採用した．タウシッグは，商品交易条件が誤解を招きかねない貿易利益の指標になる特別の場合を指摘した[53]．だから，

---

(49) Ricardo, *Notes on Malthus*, p. 70 以下を参照せよ．
(50) 同書, p. 76.
(51) *Essays on some unsettled questions*, 1844, p. 27.
(52) 本書前出, pp. 514 以下を見よ．

この分野における主要な著述家たちの一般的な立場は，輸出品１単位で獲得できる輸入品の量の増加は，貿易利益の量の増加の推定証拠であるが，その推定の有効性は，相殺要因がないことを条件とするというものであったように思われる．そのような相殺要因の例として，マーシャルは，輸出財の生産費の増加を考慮したし，タウシッグは輸入財に対する欲望の減少にふれた．しかし，商品交易条件と貿易利益の量の関係についての体系的な研究は，文献中には見つけられないと私は思う．

ジェヴォンズは，商品交易条件を貿易利益の尺度として使うミルを批判したが，その根拠は，貿易利益の総量が総効用にかかっているのに反して，商品交易条件は「最終効用」に関係しており，したがって「消費者が財貨から引き出す利益を判断するうえで，その尺度としてとられなくてはならないのは総効用であり，交換条件がよって立つ最終効用ではない」ということにあった[54]．効用概念では，貿易利益の総量は，輸入品から生ずる総効用が輸出品の引渡しに伴う総犠牲を超える超過分と定義できる．もし効用理論を一群の人びとや「国」に適用する困難を無視することが許されるとすると，商品交易条件は，いつでも常に，引き渡された輸出品の限界不効用の輸入品の限界効用に対する比率に等しいであろう．貿易の妨害は，この比率の条件を変えるであろうが，比率自体を変えはしないであろう．だから貿易の限界単位は，均衡状態の下ではけっして何の利益も生まないであろうし，「有利な」商品交易条件の動きが純総効用[55]の増加を表すかどうかは，(1) 輸入品に対する効用関数，(2) 輸出に対する不効用関数，(3) 貿易量の三つにもし変化があった場合に，どんな変化があったかにかかっていよう．このような推論が，おそらくジェヴォンズの論評の根拠であったであろう．しかし，後の分析から明らかになるように，ジェヴォンズは，この推論が正当化するところを超えてさらに先に行った．す

---

(53) Taussig, *International trade*, 1927, pp. 117-18 を参照せよ．
(54) W. S. Jevons, *The theory of political economy*, 1871, p. 136. Edgeworth, *Papers*, II, 22 を参照せよ：「１国が貿易からひき出す利益の尺度として，ミルが輸入品に対する輸出品の交換比率の増加をとることはもっと不満である．こうして彼は，「最終」効用を「総」効用と混同しており，「消費者地代」の原理を無視している．」また同じく Edgeworth, "On the application of mathematics to political economy," *Journal of the Royal Statistical Society*. LII (1889), 558 を参照せよ：「貿易から生じる利益の変化を，価格の変化あるいはより一般的に交換比率で測ることは，数理経済学者であればほとんど起こりえなかったと思われる混乱である．」
(55) すなわち，輸入品から生じる総効用が，輸出品の引渡しで被らざるをえない効用の総犠牲を超える超過分．

なわち，彼は，輸出品と比べて輸入品が相対的に安価になるにつれて貿易利益が増大するというミルの議論は，その反対の議論よりも本当らしくないといったのである．ジェヴォンズの論拠は，「高い価格を支払う人は，自分が買い入れるものに絶大な必要を感じているか，あるいは支払いのためのお金にほとんど必要を感じていないかのどちらかにちがいない」ということにあったが[56]，この一見もっともらしい命題は，彼が告発したまさにミルの分析の欠陥，すなわち総効用局面を無視したことから引き出される．

続いてわれわれは，交易条件の概念を修正することによって，交易条件が最終効用と総効用の混同にもとづいているというジェヴォンズの批判の余地を少なくできるかどうか吟味するが，この吟味は，大部分ただ効用分析を使って暗黙のうちになされるにすぎない．

いろいろな交易条件の概念．——われわれは，輸出財を e，輸入財を i，価格指数を p，基準年を o，所定の年を 1 と書こう．すると商品交易条件指数は，記号では

$$T_c = \frac{\dfrac{{}^e P_1}{{}^e P_o}}{\dfrac{{}^i P_1}{{}^i P_o}}$$

と表すことができるが，そこでは，この指数は，「物的な」輸出財1単位と交換に受けとられる「物的な」外国商品の量の趨勢を測定し，この指数が上昇すると有利な趨勢を示し，その逆は逆である[57]．

J. S. ミルが引いた例は，輸出財生産におけるドイツの実質生産費の削減は，ドイツに商品交易条件の不利な動きをもたらすとはいうものの，ドイツが外国貿易から獲得する利益の量を減じることにはならないかもしれないというものであるが，この例は，商品交易条件が変化している場合，もし同じ方向の変化が輸出財の生産費用に起こっているとすると，商品交易条件は，貿易からの利

---

(56) Jevons, 前掲書, p. 138.
(57) これは，指数の上昇が交易条件の不利な動きを表すタウシッグの手順を逆にしている．原則上の問題はないが，私には，上昇する指数で有利な指数の動きを表す方が便利のように思われる．これから続く算式は，算式内の当該国に有利ないずれの要因の動きもその指数を上昇させ，その逆は逆の結果となるよう作られている．

第3節　交易条件と貿易利益の計算

益の趨勢の方向についてさえ，十分な指標を提供できないかもしれないことを論証するに十分である．もし輸出財の平均生産技術係数を使って生産費用指数を組み立てることができたとして，商品交易条件をその輸出財技術係数の逆数で乗じたとすると，その結果でてくる指数は，商品交易条件単独よりも貿易利益の趨勢のずっとよい指標になろう．この修正された交易条件指数は，もっとよい名称がないことから私は単純要素交易条件指数（single factoral terms of trade index）と呼ぶが，記号では，

$$T_{c,f} = \frac{\frac{{}^eP_1}{{}^eP_o}}{\frac{{}^iP_1}{{}^iP_o}} \cdot \frac{{}^eF_o}{{}^eF_1} = T_c \cdot \frac{{}^eF_o}{{}^eF_1}$$

と表すことができる．$\frac{{}^eF_o}{{}^eF_1}$ は，輸出1単位当たりに使用された生産要素量で表した生産費指数の逆数を表し，そして $T_{c,f}$ は，生産要素量で表した生産費1単位当たり獲得される外国品の物的な量の指数を表す[58]．

　貿易からの実質利益指数にさらに近づいたものは，単純生産要素交易条件を，輸出財の技術係数の「不効用係数」指数の逆数で乗じることによって手に入る．その結果の指数は，実質費用交易条件指数（real cost terms of trade index）であり，記号では

$$T_{c,f,r} = \frac{\frac{{}^eP_1}{{}^eP_o}}{\frac{{}^iP_1}{{}^iP_o}} \cdot \frac{{}^eF_o}{{}^eF_1} \cdot \frac{{}^eR_o}{{}^eR_1} = T_{c,f} \cdot \frac{{}^eR_o}{{}^eR_1}$$

と表すことができるが，$\frac{{}^eR_o}{{}^eR_1}$ は，技術係数1単位当たりの不効用量（仕事の面倒くささの量）の指数を表わし，$T_{c,f,r}$ は，実質費用1単位当たり獲得される外国品の物的な量の指数を表す．

　しかし貿易からの利益の大きさは，輸出財生産に伴う実質費用単位当たりで獲得される外国品の量だけではなく，いまや輸出向け生産にもっぱら用いられる生産資源を使って自国消費用に生産できたと思われる財と比較した輸入財の

（58）　輸出品の生産技術係数が下落しているときに，もし輸入財の自国生産の実際のあるいは潜在的な技術係数にも下落が起こっていた場合には，単純生産要素交易条件は，外国貿易とは独立に実現された生産性改善からの利益を貿易からの利益とみなすことによって，貿易からの利益の趨勢を誇張する傾向があると思われる．

相対的な欲求にもかかっている．嗜好が変化したために生産資源が輸出向け生産に配分されて国内消費が排除された国産財と輸入財との相対的な欲求の変化を考慮するために，資源が輸出向け生産へ配分されたことによって国内消費が排除された国産財単位当たりの効用と輸入財単位当たりの効用との相対的な平均効用指数[59]を，「貿易の実質費用指数（real cost of trade index）」と結びつける必要があろう．もし平均的欲求つまり平均的「効用」を U と書き，輸出向け生産に用いられた結果として国内消費向け生産がとりやめられた財を a と書くと，$\dfrac{\dfrac{^iU_1}{^aU_1}}{\dfrac{^iU_0}{^aU_0}}$ は，輸入財ととりやめられた財の相対的な欲求指数を表し，そして新しい交易条件は，相対的な欲求指数と組み合わされて，効用交易条件指数（utility terms of trade index）と呼ばれ，記号では，

$$T_{c,f,r,u} = \dfrac{\dfrac{^eP_1}{^eP_0}}{\dfrac{^iP_1}{^iP_0}} \cdot \dfrac{^eF_0}{^eF_1} \cdot \dfrac{^eR_0}{^eR_1} \cdot \dfrac{\dfrac{^iU_1}{^aU_1}}{\dfrac{^iU_0}{^aU_0}} \quad (60)$$

と表すことができる．

さらに，別の交易条件概念が以前の著述家たちによって使われた．すなわち，自国の生産サービス1単位の生産物と交換される生産物の外国の生産サービスの単位数である．この概念は，二重生産要素交易条件（double factoral terms of trade）と呼ばれ，その指数は，記号では，

$$T_{c,ff} = \dfrac{\dfrac{^eP_1}{^eP_0}}{\dfrac{^iP_1}{^iP_0}} \cdot \dfrac{\dfrac{^iF_1}{^iF_0}}{\dfrac{^eF_1}{^eF_0}}$$

---

[59] 「平均」であって「限界」でない理由は，どのような変化が起ころうとも，各々の均衡状態では，輸出を通じて引き渡される物の限界単位の効用は，いつもの「代表的な個人」の仮定の上では，その限界単位と交換に手に入れられた物の効用に等しい傾向にあるからである．本当に重要なのは，外国貿易の総効用に及ぼす影響であって，交易条件指数は，もしその指数に平均的な相対的な欲求の変化への備えがあれば，総効用指数にもっと近くなる．

[60] 生産資源を輸出向けの生産に配分した結果，その国内生産がとりやめられる財は，(1) 輸出される財と同じ種類の財か，(2) 輸入される財と同じ財か，(3) その両財とも違う財であろう．第二の場合，輸入財と「とりやめられる」財の相対的な欲求の比率は，もちろんいつも1であろうから，相対的な欲求指数を交易条件指数に結びつけても，交易条件指数に影響しないであろう．

第3節　交易条件と貿易利益の計算　　　　　　　　　537

と表される．

　以前の著述家たちはいつも，二重生産要素交易条件を趨勢として商品交易条件と同一とみたが，これは，費用が一定でそれが歴史的に安定しているという条件の下で生産するという彼らの仮定では正しいと思われる(61)．しかし，産出量についてであれ時間についてであれ，費用が変動すると，二つの指数の趨勢は大きく乖離しうる．二重生産要素交易条件は，どちらか一方の国の利益の絶対量の指数というより，国際的な利益分配の指数にいっそう近いであろう．仮に所与の国 A の商品交易条件と輸出費用指数が同じままで，そのためその単純生産要素交易条件指数が同じであったとしても，その二重生産要素交易条件は，もう一方の国 B の輸出品を生産する費用が増加したり減少したりするにつれて，上がったり下がったりするであろう．しかし，そのような二重生産要素交易条件の単純生産要素交易条件からの乖離は，A 国の福祉にとって意味はなく，記述の条件のものでは，単に B 国における生産性の悪化あるいは改善を示すにすぎないであろう．

　タウシッグは，さらに別の交易条件の概念，総交易条件 (gross barter terms of trade) つまり輸入品の物的数量の輸出品の物的数量に対する比率という概念をもちだしたが，この比率が大きければ大きいほど総交易条件はより有利になる(62)．彼がこの概念をもちだす理由は，一方的な取引つまり貢物や移民者の送金のように，対価なしで引き渡されたり支払いなしで受けとられる輸出入品のために，商品交易条件つまり「純 (net barter)」交易条件を修正するためにある．彼が示すひとつの例は，合衆国からドイツへ輸出される小麦の価格が1 ブッシェル当たり 80 セントであり，ドイツから合衆国に輸入されるリンネルの価格が 1 ヤード当たり 76⅔ セントであって，商品交易条件は，リンネル 10.4 に対して小麦 10 というものである．しかし，合衆国によって輸出される小麦 10,250,000 ブッシェルのうち 9,000,000 ブッシェルだけがドイツのリン

---

(61) N. W. Senior, *Three lectures on the value of money*, 1840, p. 66 を参照せよ：「メキシコ人労働者の生産物に対して，ヨーロッパやアジアの需要が増大すると，メキシコ人労働者の一定数の成果物は，交換において，ヨーロッパ労働者とアジア労働者の以前より多数の成果物を要求するであろう．」R. Torrens, *The budget*, 1841-44, p. 28 も参照せよ：「いずれかの特定国が他の国ぐにの生産物に輸入関税をかけ，逆に他の国ぐにには引き続きその特定国の生産物を関税なしで受け取るところでは，その特定国は，より大きな割合の貴金属を自国に引き寄せ，隣国より高い一般物価を水準に保ち，この国の一定数の労働者の生産物と交換に，外国のより多数の労働者の生産物を手に入れる．」

(62) F. W. Taussig, *International trade*, pp. 113-14 を参照せよ．

ネルと交換されるにすぎず，残りの 1,250,000 ブッシェルは，百万ドルの強制的な貢物に相当する財としてドイツに送られる．こうして合衆国は，10,250,000 ブッシェルの小麦を引き渡し，9,400,000 ヤードのリンネルを受け取り，だから比率は，ほぼ 9.2 ヤードのリンネルに対して 10 ブッシェルの小麦となる．この最後の比率がタウシッグの総交易条件である．

　一方的な取引とか相手側からの対価のない取引を貿易利益のひとつの指数として考えることは，もしそのような利益とか損失が，その原因あるいは誘因として，本当に外国貿易のせいにできる——たいていの一方的な取引の場合，疑わしいと思われるが——のであれば，おそらく適切である(63)．しかし，財の輸出入統計を総交易条件を計算する基礎として使うことは，実際上，重要な誤解を生む結論に導きやすいと思われる．そのような手順は，その現金収入が以前の負債の弁済に使われる輸出の場合のように，過去に起こった補正的な財の輸出入とか，借入資本の輸入を構成する輸入超過額の場合のように，将来起こるであろう補正的な財の輸出入とか，財の貿易統計に記録されない「見えざる」サービスの輸出入の形態をとった補正的な財の輸出入を，一方的な財の輸出入取引として扱うことになろう(64)．だから，ハーバラーが示唆するように，一方的な取引は，交易条件指数の中に組み入れるのではなく，分けて考えるべきであるように思われる．

　貿易利益の量の指数として交易条件のさらに別の限界は，上で区別された交易条件の概念のすべてが受けなくてはならない限界ではあるが，交易条件指数が貿易の 1 単位に関係しているために，総貿易利益と総貿易量の間のどのような関係も表すことができないことにある．しかし，もし交易条件のいずれかの概念が，貿易単位当たりの貿易利益の趨勢の十分な指数として受け入れられるとすると，その交易条件指数を物的な貿易量指数で乗じれば，総貿易利益量指数が与えられよう．例えば，もしわれわれが，商品交易条件を貿易単位当たりの利益量指数と認めて，貿易量を Q と書くと，われわれの総貿易利益指数は

---

(63)　まったく問題のないケースは，貿易債務の不履行による損害額か，船の難破による損害額か，戦争中の交戦国による商品の略奪による損害額だけであろう．

(64)　タウシッグは，財貨貿易だけの統計から計算したときに，総交易条件指数にあるこのような限界をいくつか指摘した．同書，pp. 119, 254 を参照せよ．また Viner, "Die Theorie des auswärtigen Handel" in *Die Wirtschaftstheorie der Gegenwart*, II (1928), 121 以下; White, *The French international accounts*, 1933, pp. 238-41; Haberler, *Theory of international trade*, 1936, pp. 161 以下も参照せよ．

第3節　交易条件と貿易利益の計算

$$T_{c,q} = \frac{\frac{^eP_1}{^eP_o}}{\frac{^iP_1}{^iP_o}} \cdot \frac{Q_1}{Q_o}$$

であろう.

総利益指数が単位利益指数より優れている点は，もし単位貿易利益指数の不利な変化が貿易量の増加と結びついたとしても，総貿易利益量の増加が，単位貿易利益指数の不利な動きと矛盾しないことをはっきり示すということであろう(65).

交易条件と貿易利益の国際的分配.——J. S. ミルは，商品交易条件が，比較生産費と協力して，外部世界との間でおこなわれる貿易からの総利益が特定国と残りの世界の間で分配される割合の基準を提供すると信じていたように思われる．彼は，実際の交易条件と二組の限定された費用比率を所与とした特定のケースで，どのようにこの割合が決定されるかはっきりと記述しなかったが，ひとつの例証において，すなわち衣料とリンネルを生産する費用が，イギリスでは 15 : 10 の比率，そしてドイツでは 20 : 10 の比率であって，実際の交易条件がドイツのリンネル 18 に対してイギリスの衣料 10 という例において，「イギリスは，15 ヤードごとに 3 ヤードの利益を得て，ドイツは，20 ヤードごとに 2 ヤード節約するであろう」という(66)．クールノーは，この一節を解釈して，ミルの原文では百分比は明らかではないが，イギリスは 20％ の利益を得て，ドイツは 10％ の利益（あるいは節約）を得ることが自明のことと仮定されているとした．彼が，2 国のこの比較的な貿易利益を計算する方法を拒否する論拠として最初に指摘したことは，もし財のひとつがどんな生産費でもイギリスで生産できないとすると，イギリスの貿易利益の割合は無限であろうということである．続いて彼は，数学的な根拠をさらに批判するが，私には，その批判は，ミルが例証の中で，イギリスとドイツは貿易利益を 20％ と 10％ の割合で分けると考えたことが示されない限り，それ自体重要でもないし，ミルの立場とも関係ないように思われる．クールノーのいうには，イギリスは，貿易の

---

(65) R. F. Harrod, *International economics*, 1933, pp. 32 以下を参照せよ．そこではこの点が強調される．
(66) *Principles*, Ashley ed., p. 585.

結果として，10ヤードの衣料でなく，$8\frac{1}{3}$ヤードの衣料によって15ヤードのリンネルを得て，$16\frac{2}{3}$%を節約し，それに反して，ドイツは，20ヤードのリンネルによって，10ヤードの衣料でなく$11\frac{1}{9}$ヤードの衣料を手に入れ，$11\frac{1}{9}$%の利益を得ると主張しても，同じように正当であるという．このように計算すると，イギリスのドイツの利益に対する割合は，20：10ではなくて，$16\frac{2}{3}$：$11\frac{1}{3}$である．「さて，この計算問題はそのようなあいまいさを許さない．実のところ，どちらの計算の仕方もまったくもって恣意的である．」[67]

しかし本当の困難は，商品交易条件が，貿易利益の大きさとか分配の基準として不十分なことにある．利益量が一定でも，どの財がその基礎として使われるかにしたがっていろいろな百分比で商品交易条件が表されるという事実は，ひとつの問題を提起しているように私には思われるが，それは解明できない問題ではあるが，まったくとるに足らない問題でもある[68]．総貿易利益が2地域間で分割される割合が，どちらの国にとってもたいへん重要だとみなされるべきかどうかということも疑ってみることができる．特に，もし自国の総利益の割合を上昇させる唯一の方法が，貿易から引き出す利益の絶対量を減らす結果となるという，考えられなくもない場合にはそうである．そのうえ，もし生産が可変費用の条件の下にあるとか2財以上が関係する場合には，貿易利益の分配を計算するための比較生産費比率は，ただの一組ではなくなろう．逓増費用の条件の下の生産の場合では，それぞれの国が輸入する財のすべてが自国でも生産され，だから均衡では限界生産費に比較的な差異はないが，それにもかかわらず，そこでは実質的な貿易利益が貿易の限界内のすべての単位からもたらされる状況が十分想像できる[69]．そのような場合には，商品交易条件を比較限界生産費比率と比較することによって貿易利益の分配を計算する方法は，明らかにおかしなことであろう．

交易条件の趨勢の統計的測定. ——実際の国ぐにや期間の交易条件の趨勢を統計的に測定する試みは，商品交易条件とか総交易条件の測定に限定されてき

---

(67) Cournot, *Revue sommaire des doctrines économiques*, 1877, pp. 210 以下．
(68) しかし，クールノーのミル批判については，エッジワース (*Papers relating to political economy*, 1925, II, 22) とバステーブル (*Theory of international trade*, 4th ed., 1903, p. 44, 注) の論評を参照せよ．
(69) 本書前出, pp. 452-53 を参照せよ．

たが，多くは前者の測定に限定されてきた．統計的な測定の問題としては，この二つの交易条件の概念は，これまで吟味したもっと複雑で客観的でない概念よりも明らかに難しいものではないが，たとえこの二つの単純な概念が使われたとしても，交易条件指数を計算するときに使われる指数算式を選択しなくてはならないことは，多少困難なある意味で解決できない問題を提示している．

　特定の国ぐにや特定の期間の統計的な商品交易条件指数を作ってきた著述家たちは，実にさまざまな指数算式を利用してきたが，彼らの特定の算式の選択については，概してまったく説明を与えないか，あるいはデータの単純性とか「可逆性」とか利便性といった，純然たる統計的理由から擁護するかのどちらかであった[70]．ここでは，他のところと同じように，算式の選択は，純然たる統計的な配慮だけでなく，経済的な配慮によってもなされなくてはならないように思われる．

　特定の国の当初の静態的な均衡が資本借入金によって攪乱され，この借入金にもとづく変化以外に変化は起こらず，尋ねられた問いが，この借入金が借入国の輸出入財の相対価格に及ぼす影響は何かということであったとしよう．また，交易条件指数を作るうえで使われるべき輸出入物価指数の形態は，総加重指数としよう．借入前年の交易条件を借入時の交易条件と比較する際に使われる数量加重は，基準時つまり借入前年のものにすべきものなのか，それとも比較時つまり借り入れた年のものにすべきものなのか[71]．

　適切な解答は，この質問が，国際貿易メカニズムの理論における問題として出されているか，「国際価値論」あるいは外国貿易からの利益（と損失）の理論における問題として出されているかどうかにかかっている．もし国際貿易のメカニズムの理論のよく知られた命題，すなわち資本借入は輸出価格を輸入価格と比べて上昇させる傾向があるという命題が，加重指数によって統計的に吟味されるべきだとすると，使われる加重は，借入以前の輸出入数量でなくてはならない．というのは，この命題が関係しているのは，借入金が借入前の輸出入

---

(70) しかし，この問題の議論については，Roland Wilson, *Capital imports and the terms of trade*, 1931, 第5章を見よ．

(71) つまり，借入国の商品交易条件指数を組み立てるときに使われる算式は，

$$\frac{\frac{\Sigma^e p_1{}^e q_0}{\Sigma^e p_0{}^e q_0}}{\frac{\Sigma^i p_1{}^i q_0}{\Sigma^i p_0{}^i q_0}}$$ にすべきか，それとも $$\frac{\frac{\Sigma^e p_1{}^e q_1}{\Sigma^e p_0{}^e q_1}}{\frac{\Sigma^i p_1{}^i q_1}{\Sigma^i p_0{}^i q_1}}$$ にすべきか．

財の相対価格に及ぼす影響であるからである．

しかし，もし吟味されるべき命題が，資本借入は借入国の輸出品と輸入品の交換条件を改善する傾向にあるという命題の場合には，どんな形態の加重が使われるかという問題はそう簡単に答えることはできない．借入国にとって，その国の輸出品を有利な条件で輸入品と交換することから得られる利益は，そのような交換が実際におこなわれる範囲でしか生じえない[72]．輸出入価格指数をこの目的のために計算する場合，その価格は，だから，借入前の数量よりむしろ借入がおこなわれているときの輸出数量とか輸入数量で加重されるべきものであろうか．

閉鎖経済においては，標本を取り出す際の誤謬を捨象すると，(通常のマーシャルの) 需要の弾力性の作用は，もし特定の財の相対価格の変化が相対的な生産費用の変化による場合には，p の相対変化と q の相対変化の間に負の相関関係を引き起こす傾向があろうし，またもし相対価格の変化が特定の財に対する相対的な需要変化による場合には，正の相関関係を引き起こす傾向があろう．同じように，外国貿易においては，もしわれわれの国の輸出価格の変化が，われわれの国の輸出財に対する相対的な世界需要の変化の結果であるとすると，輸出価格 p の相対変化と輸出数量 q の相対変化は正の相関関係となる傾向があろうし，それに反して，もし輸出価格の変化が，国内的な費用条件の変化による場合には，p と q の相対変化は負の相関関係となる傾向があろう．同じように，輸入価格 p と輸入数量 q の相対変化は，もしそれらが，いろいろな輸入財に対する輸入需要の変化にもとづく場合には，正の相関関係となる傾向があろうし，またもしそれらが，これらの財の外国の生産費用の変化にもとづく場合には，負の相関関係になる傾向があろう．

しかし，比較年時加重にもとづく価格指数は，もし p の変化と q の変化とが正の相関関係にある場合には，基準年次加重にもとづく価格指数と比べて，上方のバイアスをもつ傾向があり，p の変化と q の変化が負の相関関係にある場合は，下方のバイアスをもつ傾向がある．利益指数としての交易条件指数が基礎にすべき価格指数を組み立てる際に使われるべき算式の選択にあたっては，基準年時加重と比較年時加重の間の選択でしたがうべきはっきりした原則はない．というのは，どちらの方法も，実際の2年間の輸出入品の交換条件を十分

---

[72] Roland Wilson, 前掲書, p.53, 注を参照せよ．

満足に比較できないからである．もし p の変化と q の変化の相関関係が輸出入品双方について同じ符号であり，そして同じ形態の加重が両方の価格指数について使われる場合には，交易条件指数は，加重方法の間でなされる選択によって影響を受けない傾向があろう．しかし，もし p の変化と q の変化の相関関係の符号が輸出入品の双方について同じではなく，そして異なった加重方法が二つの価格指数のために使われる場合には，比較年時で得られた交易条件指数は，加重方法の選択の違いで大きく相違するかもしれない．

　特定の攪乱が「利益」の意味で交易条件に及ぼす影響を決めることが課題であるところでは，交易条件指数を組み立てる際に，基準年時加重と比較年時加重の間の選択に合理的な基礎はないかもしれない．しかし，特定のケースで二つの加重方法によって得られた結果を比較することは，攪乱の性質について別のやり方で達せられた結論のひとつの検査として使えるかもしれない．輸入品と輸出品のそれぞれの p の変化と q の変化の相関関係のかたちや，したがってまた，基準年時加重を基礎としたときの価格指数と比較年時加重を基礎としたときの価格指数のバイアスの方向は，当然攪乱の性質にかかっているはずのものである．

　この推論は，資本借入が借入国の交易条件に及ぼす影響の問題にあたってみることによって例証できる．上で論じられてきたが，資本借入は，借入国の輸出価格の上昇をもたらし，輸入価格の下落をもたらす傾向があるが，それは，借入国の輸出財に対する世界全体あるいは借入国内のいずれにおいても，相対的な嗜好の移動のせいではなくて，借入国の輸入する財と比べて借入国生産物の貨幣的な生産費用の相対的な上昇のためである．もしこの推論が正しいとすると，われわれは，借入国の輸出価格 p と輸出数量 q の変化に負の相関関係を当然みるはずであるし，まただから，その国の比較年時の輸出価格指数は，もし基準年時加重を使った場合には，比較年時加重を使った場合より高いはずである．もし輸出価格が，主として輸出財に対する世界需要の高まりのために上昇していたのなら，逆の結果が予期されるはずである．同じように輸入財の場合では，われわれは，資本借入が p の変化と q の変化の間に負の相関関係をもたらし，まただから，基準年時加重を使った場合の比較年時の輸入物価指数は，比較年時加重を使った場合より高いと予期するべきであろう．それに反して，もし輸入価格の変化が，主として資本借入国の人びとの嗜好の変化の結果であったとすると，逆の結果が予期されるはずである．

1900年から1931年に大量の資本借入を経験したカナダの研究で，私が発見したことは，開始年時加重にもとづく輸出価格指数が，終了年時加重にもとづく輸出価格指数の120.2と比べて，終了年で135.6まで上昇したこと，そしてほとんど例外なく，この期間のはじめと比べてこの期間の終わりにカナダの総輸出貿易の構成割合を増加させた輸出財が，輸出価格全体の平均の上昇より少ない価格上昇しかない財であったことである．これらの結論は，最も価格の上昇した財の輸出を最も勢いよく推進する自然の傾向があると思われる小国については，次の理論以外には説明が難しい．すなわち，世界価格水準と比べたカナダの輸出価格の上昇は，主としてカナダの生産費用の上昇の結果であったという理論である．私がこの理論を確信したのは，カナダの一般的な貨幣生産費の上昇傾向が，カナダの輸出に対して制限的な影響をはっきりと表さなかった財があり，その財の生産費が，新しく発見されたとか新しく開発された自然資源で作られた生産物のように，財そのものの特殊な条件のために少なくとも部分的に一般的な上昇傾向を免れたという事実の中にあった．必要な情報が不足していたために，カナダの輸入価格の趨勢について類似の分析はできなかった．他の著述家たちによる資本借入とか別の攪乱の相対価格に及ぼす影響についての研究では，これらの問題は論じられてこなかったし[73]，また概してその事例が，攪乱が小さすぎて，価格の趨勢に対してはっきり追跡できる影響をもつことが期待できない場合が扱われてきた．この問題は，特に指数の技法の専門家たちによってもっと研究されるべきである．

第4節　国際貿易の「純利益」：マーシャル

総効用分析に対する客観的な対応物を見つける実質的試みとして，マーシャ

---

[73] ローランド・ウィルソン（*Capital imports and the terms of trade*, 1931, pp. 98-100）は，使用されるべき指数の形態を論じているが，資本借入が，使用される加重方法にしたがって物価指数の中に表れるはずのバイアスの性質に及ぼす影響にはふれていない．彼は，オーストラリアの輸入品の世界価格が上昇している場合には，オーストラリア人は，価格のもっともわずかしか上昇しない財の輸入を比較的に最大程度ふやす傾向があると主張する．（同書．）この仮定は，もし相対価格のこの変化が，主として資本移動が海外の貨幣費用に及ぼす間接的な影響による場合とか，あるいはオーストラリアがその変化に関与しないいろいろな財に対する世界需要の相対的な変化による場合には有効な仮定であろうが，もし輸入価格の相対的な変化が，主としてオーストラリアが関与する世界需要の相対的な変化による場合には，有効な仮定ではないであろう．

第4節　国際貿易の「純利益」：マーシャル　　545

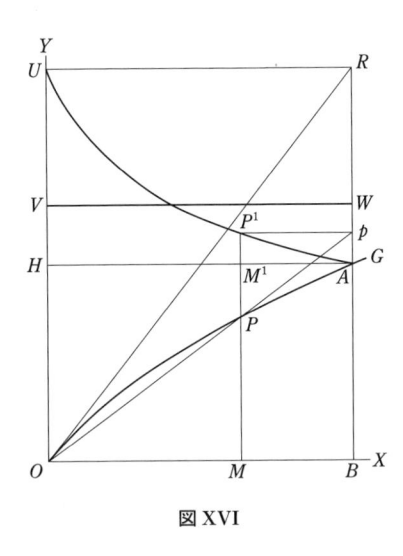

図XVI

ルは，彼の消費者余剰の概念と類似の概念を貿易利益の問題に適用した[74]．
ここで，マーシャルは，「消費者余剰 (consumer's surplus)」の代わりに「余剰 (surplus)」とか「純利益 (net benefit)」という言葉を使うが，おそらくそれは，彼の国際貿易の分析方法が，「消費者余剰」はもちろん「生産者余剰」までも明らかにすると仮定されているためである．図XVIでは[75]，OG は，G国の相互需要曲線であり，均衡では，G国財の OH 単位は，いまひとつの国，E国の財の OB 単位と交換される．OR は，O における OG の接線であり，R で BA と交叉する．OG 上のいずれかの点 P を通って，BR を p で切る OPp を引き，そして MP を P^1 まで延ばすと，M^1 はそれが HA を切る点だから，M^1P^1 は Ap に等しい．するとG国は，OM のE国ベイルに対して PM のG国ベイルの比率，すなわち OB のE国ベイルに対して pB のG国ベイルの比率で，OM 番目のE国ベイルを喜んで買うであろう．だからG国は，もしそれを OB ベイルにあてはめた場合には，Ap のG国ベイルつまり M^1P^1 のB国ベイルの総余剰を生む比率で，第 OM 番目のベイルについて余剰を手に入れ

(74) Marshall, *Money credit & commerce*, 1923, pp. 162-63, 338-40.
(75) 図XVIは，マーシャルの同書，p.339の第9図を少し単純化して転載したものである．

571　る．こうして OM 番目のＥ国ベイルについて，Ｇ国の余剰は $\frac{M^1P^1}{OB}$ に等しい．もし P を O から出発させて，OG にそって移動させると，P^1 は，R から OY に引かれた垂線の末端である U を起点として，A で終わる曲線 UP^1A をたどるであろう．すると，Ｇ国が貿易から引き出す総余剰あるいは総純利益は，P^1 が U から A に移っていくときの M^1P^1 線の総体の第 OB 番目のベイルの部分で表されたもの，すなわちそれは，面積 UHA の OB 番目のベイル部分で表されたものであろう．長方形 $VHAW$ が面積 UHA に等しいように，OX に平行に VW を引く．すると $\frac{VHAW}{OB}=VH$ は，Ｇ国ベイルで測ったＧ国の純貿易利益であろう(76)．

572　　マーシャルがこれらの結論に達したのは，相互需要曲線の解釈によるが，この解釈は私には有効でないように思われる．彼は次のように仮定する．すなわち，Ｇ国は，OB のＥ国ベイルに対する Bp のＧ国ベイルの比率で，OM 番目のＥ国ベイルを喜んで受け取るであろうが，実際には，Ｇ国は，OB のＥ国ベイルに対する AB のＧ国ベイルの比率で，他のすべてのベイルと同じように OM 番目のベイルを手に入れるから，$\frac{Bp}{OB}$ のＧ国ベイルは，OM 番目のＥ国ベイルについての余剰を表すと．しかしこれは，Ｇ国は，たとえすでに $(OM\text{-}1)$ のＥ国ベイルを $\frac{Bp}{OB}$ より不利な条件で購入していたとしても，OM 番目のＥ国ベイルを $\frac{Bp}{OB}$ の条件で喜んで受け取ったと仮定しているし，そして同じように，Ｇ国は，仮にすでに $(OB\text{-}1)$ のＥ国ベイルを $\frac{AB}{OB}$ より不利な条件で購入していたとしても，OB 番目のベイルを $\frac{AB}{OB}$ の条件で喜んで受け取ったと仮定している．すなわち，Ｅ国ベイルが実際に前もって手に入れられた比率が，Ｇ国が追加的にＥ国ベイルを購入してもよいとする比率に影響を及ぼさないと仮定している．けれども，Ｇ国が依然保持するＧ国ベイルのＧ国にとっての限界効用が大きければ大きいほど，Ｇ国がすでに引き渡したＧ国ベイルの数は大きく，まただから，OB ベイルのすべてが，Ｇ国ベイルで測って $\frac{AB}{OB}$ と同じ価格で供給される場合に，Ｇ国が OB 番目のＥ国ベイルを買ってもよいとする量は，$(OB\text{-}1)$ に先立つＥ国ベイルのすべてが，Ｇ国ベイルで測って $\frac{AB}{OB}$ より高い価格で購入されなくてはならなかった場合には，Ｇ国

---

(76) 上の説明は，私がマーシャルの図を修正したために必要になった修正と，明瞭を期するためのほんのわずかの語句の変更を別にすると，マーシャルの説明（同書，p. 339）をそのまま転載したものである．

第4節 国際貿易の「純利益」：マーシャル

図 XVII

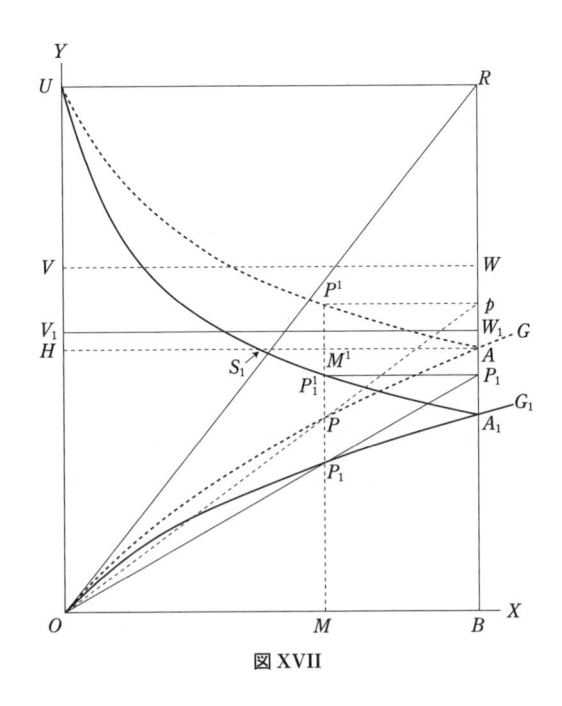

が OB 番目の E 国ベイルを購入してもよいとする価格より高いにちがいない．だから，マーシャルの M^1P^1 はすべて，最初のひとつ UH したがってまた G 国の総余剰を別とすると，正しく計算されたものよりも大きくみえるようにマーシャルに描かれている．この余剰量の誇張は，マーシャルの計算方法に固有のものであるが，それは，実際に輸出される G 国ベイルの総量よりも G 国ベイルで測って何倍も大きい余剰のような，ありそうもない結果をつくりだすことができるし，そしてもし OG 曲線が非弾力的の場合は，G 国が生産できる G 国ベイルの総量よりも G 国ベイルで測って大きい余剰のような，意味のない結果を作りだすかもしれない．

　G 国ベイルで測った消費者余剰を正確に決定するには，G 国の相互需要曲線の背後に回って，G 国商品と E 国商品について G 国の効用関数を調べる必要がある．この知識が手に入ると仮定すると，われわれは，図 XVII におけるように前進できる．この点で描いた直線や曲線は，図 XVI を再現したもので

あり，比較のために入れたにすぎない．マーシャルと類似の手順によって，われわれは曲線 OG_1 を描くことができるが，その曲線上のいずれの点でも，$P_1, \frac{P_1M}{OM}$ あるいは $\frac{p_1B}{OB}$ は，G国が OM 番目のE国ベイルに対して喜んで与えるG国ベイルの数を表す．そのとき，G国は，すでに $(OM-1)$ のE国ベイルを，各々連続するE国ベイルに対して，B国ベイルで測って最高価格で購入しており，その価格は，必要ならこれに先立つ購入価格を一定にして，G国が進んで支払ったと思われるものである．共通の起点 O を別とすると，OG_1 曲線は，OX 軸の対応するすべての点で，相互需要曲線 OG より低いであろう．MP^1 上を M^1 から $M^1P_1{}^1 = Ap_1$ を区切ると，$\frac{Ap_1}{OB}$ は，もしこれに先立つE国ベイルのすべてが，すでにG国が喜んで支払った最高価格で購入されたとした場合に，G国が OM 番目のE国ベイルを喜んで購入する価格と実際に支払われた価格つまり $\frac{AB}{OB}$ の，G国ベイルで測った余分か不足に等しい．もし P_1 が，M から出発して OG_1 にそって移動させられると，$P_1{}^1$ は，U から出発して OG_1 曲線が BR を切る点 A_1 で終わるひとつの曲線を描く．すると，総余剰は $\frac{UHS - SAA_1}{OB}$ であろう．$\frac{SAA_1}{OB}$ は，以下を仮定した場合に，S_1 を越える購入についての不足額の合計を表している．その仮定とは，もし各々のE国ベイルの単位が，それに先立つ各々のE国ベイルの支払いが，必要ならこれに先立つ購入価格を一定として，G国が進んで支払ったG国ベイルの最高価格でおこなわれた後に，順時 $\frac{AB}{OB}$ の条件で支払われたと仮定された場合である．もし V_1W_1 が，長方形 $V_1HAW_1 = $領域 $(UHS - SAA_1)$ となるよう引かれるとすると，G国の総余剰は，G国ベイルで測って V_1H であろうし，これは必ず VH より小さい．

　だから，G国にとっての余剰量は，必ず図XVIの VH より小さいが，もしE国ベイルのG国ベイルによる価格の下落が，G国のG国商品とかE国商品に対する効用曲線の変化の結果でなく，つまり OG 曲線の変化の結果でないとすると，この下落とともに増大するであろうし，また，もし OG_1 曲線がわかると，余剰の変化量を決定することができよう．VH の変化は，商品交易条件の変化が OG の変化の結果でない場合，同じ程度ではないが，ふつう V_1H の変化と同じ方向であろう．だから，そのような変化についてG国ベイルで測ったG国の余剰に対する影響は，方向は同じでも，その程度は，ここで提示

第4節　国際貿易の「純利益」：マーシャル

された方法で決定される場合の方がマーシャルの方法で決定される場合より小さいであろう．もしマーシャルの「余剰」が利益の尺度として受け入れられるとすると，マーシャルの方法は，そのような変化について，量的には間違っていても質的には正しい結論を生むであろう．

しかし，アリン・ヤング（Allyn Young）の主張するには[77]，マーシャルの消費者余剰は，国際貿易理論ではまったく使用に不向きな概念であり，「消費者余剰は，マーシャルが計算したようには累積的ではない．その合計は，いずれの消費者についてもちょうどゼロになる」[78]とし，この概念を使うことに対する異議は，国内貿易理論の分野よりも国際貿易理論の分野において強くさえあるとした[79]．

それが「累積的」でないということ，すなわちマーシャルが個々の財について計算したような余剰が同時に存在できないということは，マーシャルが国内貿易理論で使ったような消費者余剰の概念に対するよく知られた異議であり，マーシャルもその妥当性を認めた異議である．しかし国際貿易理論では，マーシャルは，外国貿易全体と関連したただひとつの余剰しか仮定しない[80]．さらにこの余剰は，国際貿易理論においては，それ自体直接の効用をもつ財あるいは本源的な非効用を表す財で測られるから，それらの効用が，それらと交換に手に入れることのできたものの効用の単なる反映にすぎないということや，またから二つの効用は等しいにちがいないということは，貨幣でいえたようにはG国ベイルについてはいえないのである[81]．

---

(77)　Allyn Young, "Marshall on consumer's surplus in international trade," *Quarterly journal of economics*, XXXIX (1924), 144-50. しかしこの論文の主題は，消費者余剰の概念の有効性ではなく，マーシャルの算術例中の若干の明らかな計算間違いにあった．概念の有効性はたまたま論じたにすぎない．
(78)　同書，p. 149.
(79)　同書，p. 150.
(80)　また同時に「生産者地代」を考慮しているが，これは，国内貿易理論の概念では考慮されていないことに注意すべきである．
(81)　しかし，ここで修正されたような消費者余剰の概念においては，なるほど，われわれが O から OG 曲線にそって移動するにつれて，G国ベイルで測った余剰量が逐一変化し，もしその間にG国の効用関数に変化が起こらなかったとすると，G国ベイルの平均効用の意味にひとつの変化が起こる．この変化の方向がどうなるかは，OG 曲線の弾力性，つまり O から OG 曲線にそった移動（と，したがって余剰の増加）が，輸出されるG国ベイルの量の増加に関連するか，減少に関連するかにかかっているであろう．

第5節　国際貿易から得られる総純効用：エッジワース

576　エッジワースの貿易利益の問題についての分析は[82]，文献の中でも最も念入りに仕上げられたおそらく少しも問題のない分析であるが，方法と結論の双方において，いくつかの重要な点でマーシャルの分析に類似しており，その他の点では異なっている．エッジワースの説明は，省略が多く謎めいていて，私には完全にはついていけないいくぶん数学的な言葉で表されている．だから，私が彼の分析に次の解釈と批判を提示するのは，かなりびくびくものである．

　エッジワースは，マーシャル型の相互需要曲線を使って，いろいろな種類の攪乱が外国貿易からの利益の量に及ぼす影響の方向を吟味している．彼が暗黙のうちに仮定するのは，彼の図中の曲線が2地域の典型的な個人の状況を表すこと，そして貿易からの利益の量の変化の方向について，彼の結論が次の命題にもとづいていること，すなわち一定の相互需要曲線の起点から曲線にそった移動が必ずより大きな総純効用（＝消費者余剰）の位置に向かっての移動であり，まただから，より大きな利益の位置に向かっての移動であるという命題にもとづいているということである．この命題は，彼が以前に一定の仮定で貨幣による国内貿易需要曲線について論証したものであり[83]，深い議論もしないでここで相互需要曲線に移し変えているものである．エッジワースは，ここでは特定の攪乱にもとづく貿易からの利益の変化の量を図解しようとするのではなく，ただ利益の変化する方向だけを図解しようとする[84]．

577　原点からマーシャルの相互需要曲線にそった移動が，普通の無理のない仮定

---

(82) "The pure theory of international values", in *Papers relating to political economy*, 1925, II, 31-47. (最初の発表は *Economic journal*, 1894.)

(83) Edgeworth, *Mathematical psychics*, 1881, pp. 115-16.

(84) 初期の論文では，エッジワースは，ひとつの攪乱（この場合では，利益が測定される国ドイツによって課された輸入税，おそらく収入税）の前後の貿易から生じる利益あるいは消費者余剰の量の決定を図を使って論じた．彼は，ドイツについて，相互需要曲線だけでなく，彼が「集合的効用曲線（collective utility curve）」と呼ぶ「貿易無利益（no-gain from trade）」曲線も使い，このドイツの「貿易無利益」曲線とドイツの相互需要曲線の間の均衡点の距離によってドイツの貿易利益を測る．だから，彼の作図には，相互需要曲線を総効用曲線と同一に扱うマーシャルの手順に対してなされた上の異議はない．私は，エッジワースのここでの手順と本書前出，p. 547の私の図XVIIでの手順は同じものになると思う．Edgeworth, "On the application of mathematics to political economy," *Journal of the Royal Statistical Society*, LII (1889), 555-60.

第5節 国際貿易から得られる総純効用：エッジワース

G国商品の総量

図 XVIII

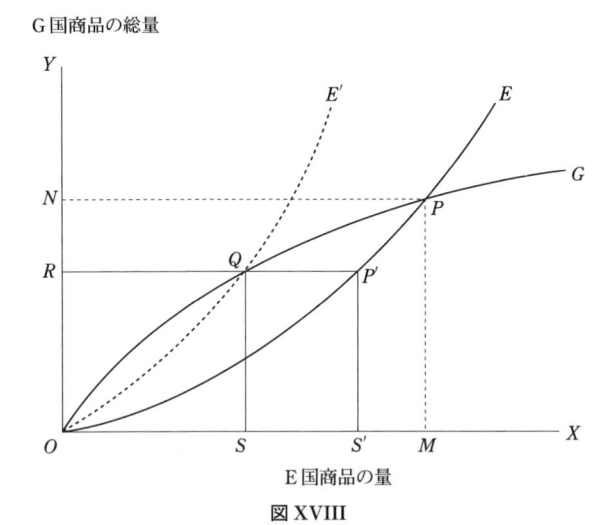

のうえで，より大きな利益の位置に向かう移動になるという命題は受け入れることができる．しかしエッジワースは，そこから前の二つの節で到達した結論と根本的に違う結論を引き出す．これらの結論の差異は，次の命題で要約できる．すなわちこの命題は，（後に吟味される特殊な場合を除いて）エッジワースの結論では，貿易からの利益の量の方向と商品交易条件の変化の方向はいつも一致するという命題であるが[85]，これはこれまで，多くの状況では，商品交易条件と貿易からの利益の量は反対方向に動くかもしれないと論じられてきた命題なのである．エッジワースが，（後に吟味される特殊な場合を別として），貿易からの利益と商品交易条件が反対方向に動く何らかの事例を見つけることができなかったのは，図の説明の中で，所与の相互需要曲線上の移動を伴う攪乱と，新しい相互需要曲線への移動を伴う攪乱を区別できないためであった．エッジワースの図のうち，図XVIIIとしてここで転載されているものは[86]，次のすべてのケースを網羅すると仮定されている．すなわち，(1) E国の利益結果だけが考えられていて，(2) 攪乱はE国で起こり，(3) 攪乱の特殊な性質は，

（85） エッジワース自身は，自分の結論のこの側面に直接注意を払っていない．しかし，本書後出，pp. 553-54 を参照せよ．
（86） これは，Edgeworth, *Papers*, II, 37 の第4図の1図である．

「変化が，国産財を生産するとか輸出する能力の増加といった供給側で起こるところでは H，[あるいは] 外国財への欲求の増加とか外国財の入りやすさといった需要側で起こるところでは h」として記述できるケースである[87]．OE は E 国の相互需要曲線，OG は G 国の相互需要曲線であり，当初の均衡状態の下では，OM の E 国商品は，E 国によって ON の G 国商品と交換に与えられる．ひとつの攪乱が続いて起こるが，それは，貿易を助長するものというよりもむしろ障害になるものと仮定され，OE 曲線が OE' に「変形される (transformed)」（この言葉はエッジワース）ことになると仮定される．エッジワースは，この攪乱の影響の跡を次のようにたどる．

> Q 点で示される新しい均衡では，RQ の X は，QS の Y と交換に与えられる．しかし Q は，Q を通る水平線がもとの曲線を切る P' よりも有利な位置ではありえない．というのは，障害が輸出だけに影響して，国内消費用の生産には影響しないという最も有利な仮定のうえでは（例えば第三国で課された通行税），イギリスが OR と交換に差し出すものは，この障害によって OS' から OS に減少するから，Q は，P' とちょうど同じ利益の位置であろう．しかし P' は，もとの曲線にそって動くと原点により近いから，P より利益の少ない位置である．こうして本国は，この変化によって損害をこうむる[88]．

この分析の誤謬は，利益の意味という観点からみて，OE 曲線と OE' 曲線の間に直接の効用関係のないケースを含むすべてのケースについて，P' 点と Q 点を同一視することである．第三国によって E 国の輸出品に対して通行税が賦課され，OE' 曲線と OE 曲線間の水平距離が総関税額を表す場合，OE は，依然として E 国の住民たちからみた E 国の実質的な相互需要曲線であるが，それに反して，OE' は，E 国ベイルで税が引き去られた後の同じ曲線，つまり G 国の輸入者たちからみた E 国の曲線である．だから新しい均衡では，E 国は，OR 単位の G 国商品と交換に OS' 単位の E 国商品を引き渡し，それに反して G 国は，OR 単位の G 国商品と交換に OS 単位の E 国商品を受け取るに

---

(87) 同書，p. 34．エッジワースが指摘するには，彼によって H と名づけられた形式の攪乱と形式 h の攪乱は，OE，つまり E 国の相互需要曲線が非弾力的な場合では，別の図による手順を必要とするが，OE が弾力的な場合にはそうではないという．図 XVIII では，OE は弾力的だから，この図は，エッジワースによると，両方の形式の攪乱に適用できる．（同書，p. 38.）

(88) 同書，p. 36.

すぎない．だから P' 点は，E 国の変わりない相互需要曲線上の新しい均衡点を表し，そして P' は，OE 曲線にそって移動すると，O に対して P より近いから，この新しい状況は，E 国にとって以前より有利ではない．E 国の貿易利益の変化は，方向として E 国の商品交易条件の変化に相応する．というのは，P' は，OE 曲線にそって O に対して P より近く，そして OE 曲線は横軸 OX について上方に凹だから，OX について OP' ベクトルの勾配，すなわち E 国商品の交換によって E 国が G 国商品を獲得する新しい比率に等しい勾配は，E 国商品の交換によって E 国が G 国商品を獲得したこれまでの比率と等しい OP ベクトルの勾配より小さいことになる．

　しかし，OE 曲線が OE' 曲線に変形されることになる攪乱は，(1) E 国の G 国商品への欲求の減少とか，(2) E 国商品を生産する実質生産費の増加とか，(3) E 国自身の E 国商品への欲求の増加とか，どの形態も，エッジワースが図 XVIII としてここで転載した図で網羅されると考える攪乱からなると仮定しよう．OE 曲線は，このような形態の攪乱のいずれかひとつの結果として，いまや歴史的な意味しかもたないかつて存在した相互需要曲線であって，OE' が E 国の実質的な相互需要曲線になる．2 点の効用上の重要性は，もし両方の点が，効用関数と非効用関数の同じ組合わせに関係していなければ比較できないが，上にあげた三つの仮定の下では，いずれの場合も，OE から OE' への相互需要曲線の変化はこれら基本的な効用関数の変化と結びつく．だから，新しい均衡状況が E 国にとって攪乱前の均衡状況より有利であるかどうかは，もはや P との関係で Q の位置から決定することはできない．というのは，これらの点は，相互の効用関係がこの図の与える以上の情報がなければ知ることのできない別個の相互需要曲線上の点だからである．

　しかし，E 国の実質的な相互需要曲線の変化を免れない E 国貿易に対する障害と比べて，そのような変化を伴わない E 国貿易に対する障害が商品交易条件に及ぼす別の影響に注意せよ．E 国のもともとの商品交易条件は，$\dfrac{ON}{OM}$ であったが，通行税の場合に，$\dfrac{OR}{OS'}$ になり，E 国の相互需要曲線に実質的な変化を伴う攪乱の場合に，$\dfrac{OR}{OS}$ になる．しかし，$\dfrac{OR}{OS'} < \dfrac{ON}{OM}$ であるが，$\dfrac{OR}{OS} > \dfrac{ON}{OM}$ であって，つまり商品交易条件は，二つの場合で異なった方向に変化する．通行税の場合，商品交易条件の変化と貿易利益量の変化は必ず同じ方向にあるが，別の形式の場合では，この図は，貿易からの利益量の変化の方

　　　　　　　　　　G国商品の総量

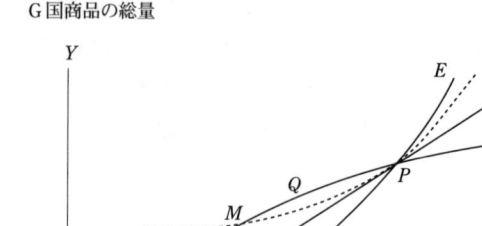

図中: Y軸上方に "G国商品の総量"、曲線上に点 M, Q, P、E, G のラベル、X軸に "E国商品の量"、原点 O。

図 XIX

向がどちらかを決める十分な知識を与えない．

　ここで依然として論じられるべきひとつの特別なケースを別として，エッジワースが，自分の図の説明の中で，考慮中の国の所与の相互需要曲線にそった均衡点の移動を引き起こす攪乱と，その国が新しい相互需要曲線を得ることになる攪乱とを区別できなかったことは，彼の分析全体に染み渡り，商品交易条件の変化と貿易からの利益量の変化の関係について彼が到達した結論と，上で提示した結論の間の差異を明らかにするには十分である．エッジワースが，彼の貿易利益量の変化の方向についての結論と交易条件の変化の方向についての結論の一致に気づいていたことは，商品交易条件の趨勢を貿易利益の趨勢の基準とみなしたミルの手順を批判したとき，エッジワースが次のことを加えた事実でわかる．すなわち

　　しかし，彼の定義がその使用目的に対して十分であることは認められるかもしれない．利益が全部あるいは少しもあるいは多少なりともある国にもたらされると彼がいうところでは，それは，彼の意味においてだけでなく，より正しい意味においても一般に正しいと私は思う[89]．

　上でふれた特別なケースでは，エッジワースは，E国の相互需要曲線から均

---

[89] Edgeworth, *Papers*, II, 2.

衡点の転置が引き起こされる攪乱を論じている．しかしこのケースでは，特別な理由で，もとの相互需要曲線は効用上の意味を何も失わず，エッジワースは，新しい均衡点ともとの均衡点の効用を比較するのに必要な追加の知識を提示する．エッジワースがこのケースを提示するために使う図は，ここで図 XIX として転載されている[90]．E 国は，E 国の輸出品に物納による税を課し，その税収は，特例によって，さもなければその税が E 国住民の輸出入商品の相対的な欲求に及ぼすと思われるいずれの影響も相殺するように分配される[91]．OE と OG は，それぞれ E 国と G 国の相互需要曲線であり，点で書いた曲線は，E 国にとって P の位置と等しく有利な貿易状況の無差別な曲線あるいは軌跡である．われわれは，この点線の曲線を貿易無差別曲線と呼ぼう．エッジワースがいうように，この貿易無差別曲線は，P で OP ベクトルに接しなくてはならない．もし，仮定によって OG 曲線上の新均衡点である Q が，M より上で，貿易無差別曲線の内側にある場合には，E 国の住民は，税によって得をするし，もし Q が M より下にある場合には，税によって損をする．

エッジワースは，ここで，貿易無差別曲線についての新しい均衡点の状態を，新しい貿易状態が E 国にとってこれまでより優っているか劣っているかの検査として使うことができる．というのも OE は，たとえ G 国の住民からみたのではないとはいえ，E 国の住民からみた E 国の相互需要曲線でありつづけるし，だから，P の存在する貿易無差別曲線は，課税の後も，課税前と同じように E 国の住民にとって意味をもちつづけるからである．だから，この特別なケースでも，攪乱が E 国の基本的な効用関数を変化させる状況は論じることはできないが，しかし，商品交易条件が必ず E 国に有利に動きながら，それにもかかわらず新しい貿易状態が E 国にとってこれまでより有利でないことは起こりうる．

第 6 節　貨幣で測った貿易利益

マーシャルの曲線と貨幣的な曲線．——ミルや彼の支持者たちによって説明されたような国際価値論では，分析は，全部で 2 地域に存在しているすべての

（90）同書，p.39，図 6 を参照せよ．
（91）同書，pp.38, 71-72 を参照せよ．エッジワースは，「この特例が何か実際上の重要性があるといっているわけではない」という．(同書，p.72.)

財を含む広範なグループ間の財あるいは部門間の財の交換比率によっておこなわれるか，あるいはもしこの分析が二，三の特定の財の交換比率によって提示される場合には，これらの財は，それらの価格の相互関係がこの理論の特別な関心事である広範なグループの財の代表であると仮定される．他方，彼らの一般価値論では，同じ著述家たちが単一の財の貨幣価格を主として論じた．その財とは，一度にひとつ取り上げられた財であり，無限に多数の種類の財があると仮定された世界から吟味のために選ばれた単一の財である．だから，国際価値論を論ずるにあたって，イギリスの学派は，一般価値論の分野における手順から二つの重要な変更をした．すなわち (1) 貨幣価格で論じる代わりに，彼らは，貨幣を捨象して財の交換比率を論じた，(2) 価値体系の残りは不変のままという仮定で一度にひとつ取り上げられる特定の財の価値変化を論じる代わりに，彼らは，価値体系全体の中で起こる内部変化を論じた．だから，国際価値の理論化にあたっては，イギリスの学派は，ミルの時代以降一般均衡の方法にかなり近づいたが，一般価値論の分野では，重要な例外なく厳密な部分均衡の接近方法を変えなかった．

　この分析方法の違いは，歴史の偶然ではなくて，二つの分野で最も緊急な吟味を要する問題として提示された問題の性質の違いに対する自然の反応であった．しかし当初の著述家たちは，この方法の違いをほとんど考えなかったにちがいない．二つの分野の分析技術の変化に注意を払ったほとんどただ一人のマーシャルの場合でさえ，その変化の性質とそれを望ましいものにする事情の説明は，十分とみなすことはできない．マーシャルがいうには，彼の一般価値論の貨幣的接近とは区別して，国際価値の問題を非貨幣的な言葉で論ずる理由は，国際均衡のどのような攪乱も2地域の貨幣価値つまり「価格の基準」を変化させることになり，もし分析が貨幣的な概念でおこなわれれば，この価値の変化を考えなくてはならないが，しかし，これを考えに入れようとすると，外国貿易の純粋理論の中に深く進んだときに，まったく手に負えない複雑さをもたらすことになるからだという[92]．

---

(92)　Alfred Marshall, *The pure theory of foreign trade* [1879], reprint 1930, p. 1; 同, *Money credit & commerce*, p. 157 も参照せよ：
　　「それゆえに貨幣は，金に確実な基礎をもっている場合でさえ，国際価値の良好な尺度を与えるものではない．そして，国際需要における大幅な変化によって引き起こされた，国際価値の変化を説明することを助けるものではない．逆にそれを偽装し，隠す役割を果たす．なぜなら，それは価値における変化を測るのに，その結果が測られるはずの国際需要の変化そ

しかし，本質的に同じ異議は，国内貿易理論の価値の尺度として貨幣価格を使うことに対しても唱えられうるが，二つの理論で吟味される問題の性質には違いがあり，貨幣価値の変化を捨象した結果として生じる誤謬が相違せざるをえず，そのため，簡単化のために生じたこの国内価値論の誤謬を黙認するには何らかの基礎が与えられるのに反して，国際価値の分野ではそれが許されないのである．国内貿易理論で使われる単一の財のための価格と数量の需要供給関数を相互需要のような概念に置き換えることは，研究対象が，貨幣とおそらくあまり重要でないと思われる単一の財の相対的な価値変化ではなく，広範な部門に分類された経済の全構成要素間の価値関係である場合には，ほとんど必然になる(93)．

しかし，国際価値論が絶対的な貨幣価格を捨象していることを理由にして，国際価値論を，外国貿易に適用された物々交換理論とみなすことは誤謬である．物々交換理論は，厳密にいえば，貨幣が交換手段の役割と相対価値の共通尺度の役割を果たす経済には適用できない．国際価値論は，貨幣が存在することや貨幣のそれぞれの機能が実行されることを当然のことと思っているが，その分析は均衡過程の非貨幣的な表示に限っている．

マーシャルの執筆期間は，価値論の全分野にわたって部分的均衡分析を一般均衡分析に置き換えることを唱道していた人たちが，自分たちの主義主張を盛んに宣伝していた時代であったが，われわれは，マーシャルが，国際価値論の分野で，さもなければ一様にしたがった部分均衡の方法から，みずからが決別した十分な意味について気づいていなかったと想定することはできない．だから彼が，二つの分野の分析方法の違いを強調できなかったばかりか，この二つの形態の理論を何人かの学者に説明する際に，分析の属性を正しく考えさせる

のものによって自動的に修正される基準によって，測ろうとするからである．」（傍点は原文イタリック．）（永澤越郎訳『貨幣信用貿易』1，岩波ブックサービスセンター，1988年，p. 215.）

(93) ハーバラーのすぐれた記述を参照せよ．Haberler, *Theory of international trade*, 1936, p. 154（松井清・岡倉伯士訳『国際貿易論』1937年，上巻，p. 258）：

「両極の型の実質的差異は次の点にある．マーシャルの［外国貿易の］曲線は，外国貿易の全貌を与え，ないしは貨幣機構を含めての全機構の究極的な結果を導き，代表的ベイルに関係している．これに反し，普通の［国内貿易の］曲線は個々の商品の貨幣価格を取り扱う．貨幣曲線は他の条件にして同一ならばという条件に立脚し，すべての他の価格が不変であることを前提する．一言にしていえばこの曲線は常に部分形相を示すにすぎない．」（傍点は原文イタリック．）

というより，二つの分析がきわめて似ていると思わせるような非常に類似した用語でおこなったことは残念である．だから有能な著述家が，マーシャルの相互需要曲線つまり外国貿易曲線と貨幣による国内需要供給曲線は，あまりに密接に関係しているから，前者は後者の単純な派生物だと仮定した事実に対しては，マーシャルに大いに責任があるとみなされなくてはならない[94]．この二つの形態の曲線は，根本的に異なった矛盾した組合わせの仮定を基礎としているから，一方の組合わせを他方の組合わせから引き出すとか，それらの間に確定した関係を見つけることは不可能である[95]．

だから国際価値論において，貨幣価格に関して特定の財の需給による分析を相互需要による分析に置き換えたことは，分析方法の明らかな改善を表す．この改善をもたらした名誉は主としてジョン・スチュアート・ミルにあるが，後

---

(94) H. Cunynghame, *A geometrical political economy*, 1904, p. 97 を見よ．（しかし，同書, pp. 114 以下を参照せよ．）

また T. O. Yntema, *A mathematical reformulation of the general theory of international trade*, 1932, pp. 47-50 も見よ．脚注（同書, p. 48）で，インテマは，彼が貨幣による国内需要供給曲線から導出した外国貿易曲線が，マーシャルの相互需要曲線に相当しないかもしれないと認める：

「この導出されたものがもとづく仮定は，高さの固定された表の輸入需要価格が輸入数量だけの関数であり，また高さの固定された表の輸出供給価格が輸出数量だけの関数であることである．マーシャルの輸入需要と輸出供給の相互依存関係についての論評は，高さの固定された表の関数的な相互関係に関するものではなく，国際的な債権債務を均衡させる必要性から起こる相互依存関係に関するもののように思われる．高さの固定された表の間に関数関係が存在するところでは，マーシャルの曲線は依然として適用できるが，それらは二次元の図表による構成要素から導出できない．」

ここでふれられた「高さの固定された表」とは，調整された貨幣価格による2財の需要供給表である．マーシャルは，相互需要曲線を，それぞれの経済内部で働く複雑な要因から導出したとはどこにも説明してない．エッジワースが論評するように，「国際貿易の需要供給曲線にそった移動は，時計の針の移動が多数の目にみえない機械の動きに符合するように，国内貿易の再配置を伴うものとして考えられるべきである」(*Papers*, II, 32)．マーシャルは，国内の機械の動きをみえないままにしていたが，しかし彼の相互需要曲線は，全範囲の財を構成しているとされる2「財 (commodities)」に関係があるから，それぞれの国の内部のこれらのそれぞれの財の需要関数と供給関数を，マーシャルが独立した関数とみなしていなかったと仮定する必要があるように思われる．

(95) しかし，J. W. Angell, *The theory of international prices*, 1926, p. 454 を参照せよ：「第一に，この［マーシャル派の外国貿易］曲線が基礎とする仮定とこの曲線が受けなくてはならない限界は，もっとよく知られた需給曲線［つまり通常の国内貿易理論の曲線？］についての限界と正確に同じものである．これらの曲線を選んだ理由は，ある目的にとって，それらが図示の道具としてより便利だというだけである．」また同書, pp. 456-57 も参照せよ：「この曲線も，貿易からの直接的な利益の簡単な測定を許す……．」

にマーシャルとエッジワースがそれを念入りに仕上げて洗練し，その利用のために図を使った技術を工夫したとき，彼らは率直にミルのお陰であると認めている．

しかし，主として大陸に起源のある依然としてふえつづけている多量の文献があり，そこでは，国際価値の問題は，絶対的な貨幣価格によって分析されており，それは貨幣価格による特定の需要あるいは供給曲線とは互いに独立している．国際価値の問題に対する貨幣的な接近の多くの変種の中から，後の著述家たちに最も大きな影響を及ぼしたと思われる三つの形態の変種をここでの論評のために選ぼう．

クールノーの理論．——クールノー（Cournot）は，輸入関税が有益であることを支持する議論を提示するが，その記述はあまりにあいまいでとても結論を立証するどころではないので，議論それ自体はほとんど注目に値しない．しかし，彼の経済学者としての一般的な権威はあまりに高く，また見事に比較生産費の教義をくつがえしたとして保護主義者たちからあまりに引合いに出されるので，彼の議論をまったく無視はできない．彼は，この主張をすべての自分の経済的著作の中である程度記述した事実があったにもかかわらず[96]，彼がちょうど立証しようとしていたことを確認することはけっして容易ではなく，ほとんどの論評者も，彼の議論をさまざまに解釈してきた．私は，彼の議論を，基本的に彼が最初にそれを記述したかたちで再現してみよう[97]．

B国は，M財の輸入に対する制限を解除する．p_bとD_bは，それぞれ制限解除前のB国におけるM財の価格と消費とし，p_b'とD_b'とEは，それぞれ制限解除後のB国におけるM財の（より低い）価格と（より小さい）国内生産と輸入数量としよう．すると，B国のM財の生産者は，

$$p_b D_b - p_b' D_b' \qquad (1)$$

を失うであろう．しかし，制限解除前のM財の消費者にとっては，M財以外の財の購入に利用できる

---

(96) A. Cournot, *Recherches sur les principes mathématiques de la théorie des richesses*, 1838, pp. 173-81; *Principes de la théorie des richesses*, 1863, pp. 316-24; *Revue sommaire des doctrines économiques*, 1877, pp. 196-213.

(97) Cournot, *Recherches*, 1838. 私のこの後の論及は，次のN. T. ベーコンの翻訳本を参照している：*Researches into the mathematical principles of the theory of wealth*, 1927, pp. 150-57.

$$(p_b-p_b')D_b \qquad (2)$$

の貨幣の節約があろう．輸入 E は，他の財で支払われなくてはならないから，M 財以外の財の購入に利用できる以前の資金に，

$$p_b'E \qquad (3)$$

に等しい外国資金が加えられる．他方，M 財価格の減少にもとづく M 財の購入増加は，さもなければ M 財以外の購入に利用できる金額を

$$p_b'(D_b'+E-D_b) \qquad (4)$$

だけ減らすであろう．しかし (2)+(3)-(4)，つまり M 財以外の財の購入に利用できる追加資金は，(1) つまり $p_bD_b-p_b'D_b'$，すなわち B 国の M 財生産者の損失に等しい．これまでのところでは，国民貨幣所得に正味の変化はないようにみえよう．というのも，M 財の生産者の損失は，それに相当する社会の残りの人びとの利益によって相殺されるからである．しかしクールノーは，これまで誰も十分に説明してこなかった推論過程によって，この合計額 $p_bD_b-p_b'D_b'$ をこの国民所得の「名目的な減少 (nominal reduction)」と呼んだ[98]．

クールノーは，——もしこれが受け入れられる計算方法であったとすると——M 財のもともとの消費者が，M 財の価格下落の結果として，まるで所得が

$$(p_b-p_b')D_b \qquad (2)=(5)$$

---

(98) これを説明しようとして，クールノーが，他の財の生産に増加が起こらないと仮定しているという議論がなされてきた．つまり上の (2) と (4) の金額は削除されて，利益 (3) は，それに相当する M 財以外の財の国内消費の減少によって相殺されるとクールノーが仮定しているという議論である．このヘーゲンその他による解釈は，M 財の生産から解雇された生産資源は別の仕事を見つけないという不都合な仮定をしているという理由で，クールノーの議論を拒否する根拠を作った．エンジェル (*Theory of international prices*, p. 245) は，ただ一人，クールノーの主張の中に分別と重大性を見いだした著述家であり，彼が，クールノーの仮定の範囲内でクルーノーの議論の有効性を弁護する根拠をつくった．しかしクールノーは，ヘーゲンに答えてはっきりこの解釈を拒否して，自分の計算方法が，M 財の生産から解雇された資源が別の職業へ移動することで生じる所得を十分に考慮していると主張する．(Cournot, *Principes*, 1863, pp. 329-30; *Revue sommaire*, 1877, pp. 193-95, 205.) 私の提供できる説明は，次のクールノーの主張だけだが，いくらかクールノーの説明の正当な理由になるように思われる．すなわち，M 財の価格変化と M 財生産者の貨幣所得の変化は，別の財の価格や別の財の生産者の所得にごくわずかしか影響を及ぼさないから，B 国の M 財以外の財の生産者の価格と所得は変わらないと仮定できる，つまり上の (3) と (4) を無視してよいという彼の主張である．(Cournot, *Researches*, pp. 130-32 を見よ．) しかしこれは，もし大きな水槽の水をきわめて広い地域に薄く散布することが許されたとすると，どの地点でも水量はごくわずかだから，全地域の水量は，もともとの水槽内の水量と比べて当然無視できるとみなしうるというのに等しいであろう．

という消費者余剰と呼ばれる額だけ増加した場合と同じ立場にあると認める．M財の消費者には追加利益の可能性もある．というのは，引き下げられた価格で追加的に購入されたM財は，取り換えた財より大きな満足をもたらすかもしれないからである．しかしクールノーは，この利益を計算できないとみるので，彼の計算からそれを除外する．彼は，B国の国民所得に，利益（5）を超える「名目的な減少」（1）の超過額，つまり

$$(p_b D_b - p_b' D_b') - (p_b - p_b')D_b = p_b'(D_b - D_b') \qquad (6)$$

に等しい「実質的な減少（real reduction）」があると結論する．

　クールノーの輸入制限の解除による利益額と損失額についての計算方法と，彼の「名目的」あるいは「実質的」な計算結果のどちらにも，何の意味も見つけることはできない．彼がこの点で使った技術は目的に対して不十分であり彼の結論に価値はないという一般的な判断は正しく，それは議論の余地がないように思われる[99]．

　主張の最後で，クールノーは，もし輸入制限の解除の結果，貨幣が流出し財価格の一般的な下落が続く場合には，問題の性格は一変して，彼の結論はあてはまらないと認める．これは重要な譲歩である．というのは，古典派の経済学者であれば，関税の一方的な削減はちょうどこれらの効果をもつと論じたであろうし，これらの効果を考慮しなかった関税削減効果の分析は意味のないものとみなしたであろうからである．クールノーも，彼の貨幣額による分析方法を擁護するのに，ミルの教義，すなわち貨幣を導入しても，物々交換の場合と比べて貿易の結果を変えないであろうという教義に訴えた．もしこれが正しいとすると，完全に金銭的な概念で国際貿易理論を提示することに反対できないであろうとクールノーは主張する[100]．もちろん，これは甚だしく誤った結論である．一方の実質生産費による分析と，他方の実質生産費と貨幣額による分析が同じ結論になるからといって，同じ結論が貨幣額だけによる分析によっても生じることにはならない．とにかく，クールノーの分析は，問題の金銭的局面でさえ理解できるように論じていない．

（99） Edgeworth, *Papers relating to political economy*, 1925, II, 47-51; Bastable, *Theory of international trade*, 4th ed., 1903, pp. 173-75; A. Landry, *Manuel d'éconimique*, 1908, pp. 838-39; Irving Fisher, "Cournot and mathematical economics," *Quarterly journal of economics*, XII (1898), 130-32 を参照せよ．

（100） *Revue sommaire*, 1877, p. 209.

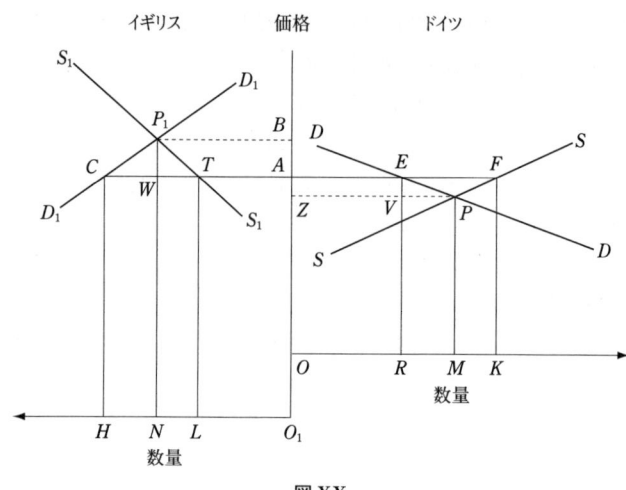

562　第IX章　貿易からの利益：実質所得の最大化

図XX

バローネの図示方法．——カニンガム（Cunynghame）は，1904年に，国際価値論を，貨幣価格による通常のマーシャル派の国内貿易の需給図に関係させながら，そこから導出できる図示的な説明の助けを借りて説明した[101]．カニンガムの図では，マーシャルの国内貿易図と同じように，一度にひとつの財だけが考察され，2地域に関連する図は，比較と分析のために背中合わせにされる．カニンガムは，その図から貿易利益についてなんの結論も引き出さなかったが，1908年にバローネは，その結論を得るために，カニンガムの背中合わせの図を使った[102]．

図XXは，バローネの基本図を転載したものである[103]．考察中の特定の財の需給曲線は，両国共通の貨幣で貨幣によって表されるが，背中合わせの二つの図で各々の国について別々に与えられる．この財が国際貿易されないとき，その財価格は，イギリスで P_1N，ドイツで PM であろう．だから，もし貿易がはじめられると，イギリスはこの財の輸入国であろうし，ドイツは輸出国で

---

(101) H. Cunynghame, *A geometrical political economy*, 1904, pp. 48 以下．特に同書, p. 98 の図51を見て，後に本書でふれるバローネの図と比べてみよ．

(102) Enrico Barone, *Grundzüge der theoretischen Nationalökonomie*（ハンス・スタール (Hans Staehle) によるイタリア語の1908年版原著のドイツ語訳）, 1927, pp. 101 以下．バローネはカニンガムに言及していない．

(103) Barone, *Grundzüge*, 図30, p. 102 と図32, p. 105 を参照せよ．

第6節　貨幣で測った貿易利益

あろう．単位当たりの輸送費は，OO_1 と仮定され，だから貿易後は，イギリスにおける価格は，ドイツの価格に OO_1 を加えたものになるにちがいない．均衡は，イギリスの輸入数量 $CT^{(104)}$ がドイツの輸出数量 EF に等しくなるドイツの f.o.b. 価格で定められよう[105]．だからこの価格は，ドイツでは RE，イギリスでは HC（$=RE+OO_1$）であろう．各々の国は，貿易の結果利益を得るであろうとバローネはいう．イギリスでは，消費者の利益は P_1CAB 貨幣単位であろうし，これは，生産者の損失 P_1TAB より大きい．ドイツでは，生産者の利益は $AZPF$ であろうし，これは，消費者の損失 $AZPE$ より大きい．

　この推論が不十分であるとみなされなくてはならない根拠は，多くまた強力である．第一に，この推論は，貿易障壁の除去が金移動に及ぼす影響を無視し，またから，2国における需要供給表と物価に及ぼす影響を無視している．第二に，バローネがイギリスの消費者の利益に含めた領域 CP_1W は，領域 BP_1WA と同質ではなく，後者は，（さしあたり第一の異議を考えないで）実際の貨幣の節約であるが，前者は，領域 BP_1WA と比べて漠然とした意味の「消費者余剰」である．類似の異議は，ドイツの消費者に起こる損失の中に領域 EVP が含められることに対してあてはまる．これらの領域は，マーシャルの国内貿易理論における消費者余剰の部分に類似しており，同じ批判にさらされている．第三に，価格と産出物の変化にもとづく生産者利益とか損失の計算では，「生産者地代」領域は，社会の誰か他の人になにも実質費用を伴うことなく生産者の純実質所得を表すと仮定しているが，この仮定は，一方か他方あるいは部分的にその両方の点で，通常の現実世界と矛盾する．第四に，貨幣による各々の国の需給曲線は，相互に独立し，また国民実質所得額とも独立していると仮定されているが，この仮定は，いつも論理的に無効であって，もし考察中の財が，国内価値論のときとは違ういつもの国際価値論固有の事例のように，総国民生産物とか消費の代表財か大きな部分を表すとみなされる場合には，現実世界と深刻な対立をする．だからバローネの分析方法は，たとえ問題になっていることが，単一のあまり重要でない輸入関税の除去にもとづく利益とか損失であり，得た結論が，より満足な方法によって手に入れられる結論とほとんどの状況でおそらく同じ方向であったとしても無効である．しかしバローネは，

---

(104)　イギリスは，この価格で CA を消費するが，TA は，イギリス自身の生産から供給するであろう．
(105)　ドイツは，この価格で AF を生産するが，AE はドイツ自身で消費するであろう．

自分の結論は，純然たる関税の除去の場合には，追加の条件を必要とすることなく「明らかに」適用できると主張した(106)．

592　**アウスピッツとリーベン．**――アウスピッツとリーベン（Auspitz and Lieben）は，貿易の損益効果や，単一税の賦課あるいは除去による損益効果を，ある点でマーシャル派の国内貿易図とマーシャル―エッジワースの外国貿易図の中間のそれぞれ独自に工夫した図によって追跡しようとする(107)．彼らの図では，マーシャル派の国内貿易図と同様に単一の財と貨幣だけが表されるが，縦軸は，単位当たりの価格ではなく貨幣総額を表し，また各々の国にとっての需給状況は，二つの曲線によって表される．輸出国の場合，これらの曲線のひとつは，この国がその輸出品を横軸で示される量まで運ぶことによってもたらされた貨幣総額を表すが，もうひとつの曲線は，示された輸出量に対して，貿易全体から損失を受けることなく受領できる貨幣総額を表す．だからこの最後の曲線は，エッジワースの「貿易利益のない」曲線のひとつに相当する一種の無差別曲線である．終始仮定されているのは，貨幣は均一の限界効用をもつこ

---

(106) 同書，p. 105．しかし，バローネの当初の記述では，彼の図のこの問題の扱いは，「究極の正しいやり方ではない」（同書，p. 102）としたが，その欠点の性質は指摘していない．

A. C. ピグーが1904年に導入した代数による公式は，1928年にヘンリー・シュルツ（Henry Schultz）によって統計的に適用されて，関税の価格と国内産出物に及ぼす影響を決定する「正しい方法」として今日権威ある承認を受けているが，この公式は，本質的にカニンガム―バローネの図式の分析を代数学的に適用したものである．もしこの方法が，特定の1財に対する関税の変化がその財価格に及ぼす影響を追うためだけに使われ，それに関係する他のすべての状況がしばらく実質的に変わらぬままであるなら，それはおそらくかなり信頼のできる結論を生み，普通使われる別の方法より優れているように私には思われる．しかし，もしこの方法が，主要な1財あるいは財のグループに対する多大な関税の変化が価格に及ぼす影響を追うために適用される場合には，これは，きわめて疑わしい方法になるであろう．というのは，他の事情が同じとした1ポンドにおいて変わりないと仮定された要因の中には，実際にかなりの変化をこうむっているものもあるであろうし，これらの変化が，問題の財の価格に反作用するであろうからである．もしこの方法が，変化の大いはどうであれ，関税変化の結果として生じる1国の損益額の測定手段として役立つと主張された場合には，もっと疑わしくさえあろう．この公式の性質とそれに関係する文献の説明については，Henry Schultz, "Correct and incorrect methods of determining the effectiveness of the tariff," *Journal of farm economics*, XVII (1935), 625-41 を見よ．シュルツは，もし「関税が他の財価格や国際収支に及ぼす影響が看過できないほど大きい」（同書，p. 641）場合，この公式を使った結論が怪しくなることを明らかにするが，これは，関税変化が大きい場合は避けられない．

(107) R. Auspitz and R. Leiben, *Untersuchungen über die Theorie des Preises*, 1889, pp. 408-29. エッジワースの *Papers relating to political economy*, II, 58-60 の論評を参照せよ．

とと，貿易あるいは関税が貿易利益に及ぼす影響は，二つの曲線間の垂直距離で測られることである．単一の財に制限したことで，アウスピッツとリーベンの図は，貿易と関税の物的な影響に関する限り，バローネと類似することになり，したがって同じ反論に出合うが，彼らの利益の測定法は，貿易の構成物のひとつについて均一な限界効用を仮定するために，満足なものではないが，測定のひとつの要素として無差別曲線を使うために，マーシャルの測定法より優れている．

　本書は，これまで繰り返し述べてきた調子で安んじて終わることができよう．国際貿易理論は，外国貿易における特定の攪乱から予想される利益とか損害について，せいぜい推定を与えることができるだけで，証明を与えることはできない．というのも国際貿易理論は，政策を評価する際にふつう考慮できる事柄のいくつかをわざと捨象しているからであり，また意味があると認められこの理論の範囲内にあると認められる変数のすべてを，手が届かないとか，あるいはそれらすべてを考慮することが簡潔な結論にとってあまりに問題を複雑にするとかの理由で，けっして考慮に入れないからである．しかし，国際貿易理論の提供する推定は，次の二つの理由で重要である．すなわち，政策立案の情報としてこれらの推定を無視すると，多くの場合，おそらくほとんどの場合誤った決定に導くと思われるからであり，またこれらの推定は，多かれ少なかれ伝統的なかたちの国際貿易理論のある程度骨の折れる手順によるのでなければ，うまく見つけられないように思われるからである．通商政策の領域の理論の有用性に対しては，もっと強い要求がなされてきたが，そのような要求を弁護するには，残念ながら，いまだ光のみえない経済分析能力の進歩に待たなくてはならない．

付録：国際貿易の理論の範囲と方法についてのノート

　国際貿易の理論の文献における方法論的な論考は，比較的に欠如しているが，私の考えでは，この状態が続いても嘆くに及ばないから，方法論についてのこのノートは，講義の無益さについてのヘンリー・シジウィックの有名な講義の精神で提示される．国際貿易の理論に対して，折にふれなされてきた方法論的な批判のひとつは，説明者が，国際貿易の理論の範囲や対象の十分な定義を明確な形で表してこなかったことから，国際貿易の理論が，問題を理論の範囲内で適切に論じることができないうえに，ひょっとしたら本来の境界以外の問題にも手を出しているかもしれないことである．学問の範囲を正式に定義することがどんな有益な目的に役立つか想像することは，重複を避けることや完全な担保を取ることや司法的な論争を仲裁することに責任のある百科事典の編集者や教育機関の管理者を除けば，難しいことだと思う．もし職業的に責任をとらざるをえない人しかこのような司法的な問題を真剣に考えなくてよいのであれば，経済学は損害を与えそうにない．

　確かに，学問の固有の領域を明らかにしようとしてエネルギーを使うことは，しばしばエネルギーの浪費より悪いといえる．というのも，定義に夢中になることは，自分自身の仮定や概念の私的な組合わせに分析を限定したいという，不適切に隠された欲望から生じていることが多いからである．なるほど，学問の分野の範囲が正確に限定されていない場合，境界が大きく重複したり不完全であったりしがちである．しかし重複は，大冊の百科事典や予算の厳しい大学の履修課程を除くと，重要性の小さい秩序悪である．それに起因するかもしれない努力の浪費は，それがもたらしがちな重複する学問の相互の刺激によって十分に埋め合わせられるし，個々の学問が，形式的で活気のない学問体系——現実生活の問題や他の分野における思想の発展と接触する，本来の器官が，多かれ少なかれ，故意に使用しないことを通じて衰退するようになってしまった体系——に退化しないように，重複が造り上げる予防によって十分に埋め合わ

せられる．範囲を制限しすぎて，結果として前途洋々の研究領域を無視することになるという逆の悪は，もっと悪質な真性の悪である．定義は，その存在を顕在化して，その特殊な性格を示すのに役立つかもしれないが，しかし学問の範囲を拡張することによってどれほどその学問が改善されるかを例示できれば，それは，そのような拡張を保証する最も効果的な手段になるように思われる．斬新な研究プログラムを熱心に仲間に説く経済学者が，その可能性に対する自分自身の信念を明らかにして，少なくとも彼のプログラムのある部分を実行する時に，この信念を彼自身が取り間違えないというある確かな証拠を与えるだろうと思うことは，確かに道理に適っていることである．

　しかしこの議論は，国際貿易の理論の既存の限界が適当かどうかということではなく，教義の名称がその内容に相応しいかどうかということに向けられることが多い．名称の中の「国際貿易（international trade）」とか「外国貿易（foreign trade）」という言葉は誤解を招くという理由で，繰り返し反対されてきた．というのも理論は，地域が「国家（nations）」とか「国（countries）」であるかないかということとは関係なく，地域の貿易を論じるからである．エッジワースは次のようにいった．「国際貿易は，わかりやすい英語では，国家間の貿易を意味するとしても，その言葉が，政治経済における何か別の意味を持ってもおかしくはない．」(1)理論が関係したり適用できる貿易が，独立した国家間の貿易だけではないことは最初から認められていた．ヒューム以降の著述家は，彼らがこの分野の教義を国家間の貿易の観点から説明したとき，それが1国内の地域とか地方の間の貿易にも適用できるということは躊躇したであろう．リカードウは，自国産商品の相対価値を規制する同じ法則は，違った国ぐにの生産物の価値を規制しないと述べ，ジョン・スチュアート・ミルは，リカードウは正しかったか否か問われたとき正しいと答えたが，定理では，「国（countries）」を「場所（places）」に置き換えるといった(2)．バステーブルは，「国際」を「域際（interregional）」に置き換えるというアイデアをもてあそんだが，しかし次のように結論した．すなわち「（域際）は厄介な言葉であることがわかるであろう．だから，旧来の言葉を守る方がよい．」(3)オリーンは，この「厄介な言葉（troublesome word）」を採用したが，彼は，自分の重要な書物に

---

(1)　*Papers relating to political economy*, II, 5.
(2)　Political Economy Club, *Minutes of proceedings*, VI (1921), 291.
(3)　*Theory of international trade*, 4th ed., 1903, p. 12, 注.

「域際および国際貿易」の書名をつけているので，オリーンにとってさえ，域際という言葉は国際という言葉を完全に包含しないと暗に示しているような気がする．

　名称の欠陥を見つけることは，明らかに代わりの優れたものを見つけることよりはるかに容易である．もし国際貿易の理論の名の下で進められた研究が，単なる貿易の空間的な局面の研究にすぎなかった場合，「域際貿易」はきわめて適切な名称である．それは次のようなメリットをもつと思われる．すなわち，通常述べられるような国内（あるいは「閉鎖経済」）貿易理論と「国際貿易理論」の間の主要な方法論的な相違を強調したというメリット，言い換えると，前者の空間的な違いのない単一市場の仮定と，後者の，それぞれは国内的に空間的な違いはないが，境界を越える生産要素の移動やあるケースでは財貨の移動に大きな障害のある，少なくとも二つの空間的に区別された市場の仮定の間にある主要な方法論的な相違を強調したというメリットである．しかし，もし国際貿易理論と国内貿易理論の区別が，ある抽象的な意味で，前者が空間の存在を認識し，後者がそれを排除するだけで可能であったとしたら，次の証明がつい最近誰かによって与えられたばかりだということに驚かないわけにはいかない．すなわち，一時的な現象の変遷によって起こる複雑な経済問題が，一般均衡理論の方程式の中に，不思議な（「時間」を表す）t という用語を入れることによって最近解決されてきたように，一般貿易理論の方程式の中に，（「空間」を表す）s という用語を付け加えることによって一般貿易理論の中に国際貿易理論が吸収されて，それによって一般貿易理論が利益を受け，国際貿易理論を放棄しても一般貿易理論に損失がないということである．しかし，国際貿易理論の実際の明示的な仮定や暗黙の仮定を吟味すれば，国際貿易理論における「空間」の役割があまりに多様で伸縮自在であるために，そのような単純な策略では十分に処理できないことが明らかになる．

　国際貿易理論を国内貿易理論から区別するものは，前者には，財貨とか生産要素に対して輸送費用があるが，後者には輸送費用が除かれるという仮定だけだといわれてきた．そこで，二つの理論のこの区別に対して，次の理由で反論がなされる．すなわち，現実にそのような違いはないこと，たとえ違いが実際に国内的な輸送費用と国際的な輸送費用にあったとしても，二つの違いは，絶対的というよりむしろ相対的であること，またこれは決定的だが，輸送費用は，しばしば国家間より1国内の地域間で実際に大きいことである．たとえこのよ

うな意見に根拠があり適切であったとしても，一方が輸送費用を取り除き，他方がそれに特別の関心を払う二つの理論を受け入れる余地はあると思われる．しかし，後者の理論を「国際」貿易の理論と名付けても無駄であるし，「域際」貿易の理論の方がはるかに適切な代替物であるようにみえよう．しかし輸送費用は，一般に両方の理論で取り除かれているし，また空間的な移動の障害は国際貿易理論の特別な関心事ではあるが，このような空間的な障害が，輸送費用であることもないし，輸送費用である必要もないのである．

　古典派の国際貿易理論の主唱者は，彼らの滅多にない方法論的言明の中で，自分たちが生産要素の国際的な非移動性と国内的な完全移動性を仮定していると説明した．移動性の仮定は一部の理論家にとって重要であったが，彼らが国際的に存在しないと仮定した移動性は，彼らが国内的に存在すると仮定した移動性とは種類が違っていた．彼らの分析の下にあったものは，職業とは無関係な，場所における生産要素の国際的な非移動性の仮定と，立地とは関係のない職業における生産要素の国内的な移動性の仮定であって，大部分の古典派の分析にとっては，後者の仮定だけが重要であった．古典派の国際貿易理論の移動性の仮定を非現実的であると批判したものは，この移動性のタイプの違いに気づくことができなかったため，大半は見当違いであった．

　国際的な非移動性と国内的な移動性の対比は，仮にそれが妥当であっても，相対的な対比としてであって，絶対的な対比として妥当しないことはすぐ是認されるであろう．しかし移動性の相対的な違いは，もしその違いがはなはだしいものであれば，国際貿易の独自の理論の基礎として十分である．さらに生産要素の移動性の違いは，もし比較されている移動性が，一方で場所における地域間の移動性と，他方で職業における地域内の移動性であるとすると，諸々の国を考えた場合には明らかに大きいような気がするし，1国内の隣接地域を考えた場合には明らかに小さいか，存在しないか，あるいは逆の方向にあるような気がする．

　企業家の観点からすると，1国内の職業的な生産要素の移動性は，どのような産業でも，欲しい量のサービスが他の産業と同じ条件で雇えるとか購入できる場合は，その移動性は完全である．長期においては，「可処分資本（disposable capital）」と自然資源の職業的移動性は，限りなく完全に近づいているにちがいない．しかし，労働者の側に職業的な好みがあったり，無競争な職業的労働団体があるために，企業家の観点からみても，労働者の観点からみても[4]，

たとえ長期においても，労働者の職業的移動性は，完全な移動性からかなり離れることがあるように思われる．

生産要素に完全な長期における国際的移動性が存在するかどうか判断する適正な基準は，同じ職業での貨幣報酬率が国際的に永続的に相違するのを防ぐ，場所における十分な移動性が存在することである．この意味において，明らかに生産要素の移動性がゼロであることがある．すなわち，現存する移民規制は，少なくとも今日，労働の国際的な移動性がほとんどゼロであることを保証するのに十分である．しかし正常な時代では，少なくとも資本と経営技術の移動性は高い．移動性の仮定の多様性は，当然のこととして分析の一部や理論の結論を必ず多様にするが，国際貿易の独自の理論の基礎として必要とされるのは，このような労働と自然資源の国際的な非移動性だけである．それは，たとえ資本の完全な国際的非移動性と，職業におけるあらゆる生産要素の不完全な国内的な移動性があったとしてもである．

伝統的な関心の範囲が変わらないとすると，国際貿易理論にとって，「国際」という言葉が「域際」という言葉より適切である理由は他にもある．国際貿易メカニズムの理論の貨幣的局面の発展においては，古典派経済学者は，一般に特定の地域つまりイギリスを考えていた．それは，一部には，イギリスが単一の貨幣・信用制度をもっていたからであり，また一部には，イギリスが古典派経済学者にとって特別に関心のある地域であったからである．「諸国」というのは，1国内の地域より，この二つの考慮すべき事柄にずっと適している．貿易からの利益の分析では，関心のある社会の，地域を含む特定の境界に明らかに注意が集中したし，そのような地域が，一般に国とか国家でもあった．シジウィックが言ったように，「有利な交換の条件の研究が実利的な関心を引き起こさせるのは，外国貿易の場合だけである．というのも，交換をもっと有利にする目的で政府の介入が終始重大な問題であったのは，この場合に限られるからである．」[5] 国際貿易理論の分野の帰納的な研究では，研究の単位はほとんど決まって「国」であった．それは，一部には，研究者にとって国が特別に関心のある地域であったからであり，一部には，公共の関心が国家単位に集中し

（4） もちろん，労働者が自分の職業を自由に選ぶ能力と，企業家が，職業はどうあれ，労働者を均一の割合で雇う能力は，関係しているが違った概念である．二つの概念とも比較実質生産費の教義にとって重要であるが，メカニズムに関係のあるのは後者だけである．

（5） *The principles of political economy*, 2d ed., 1887, p. 216.

たために,「地域」というより国家単位の統計情報が相対的に多くなったからである. 国際経済政策という第二の研究領域が注目したものは, 国境を接する経済取引にとっての自然的, 制度的, 法令的, 行政的な障害に限られる. すなわち輸入関税, 移民規制, 商法および商習慣の違い, 言語や趣味や習慣の違い等々である. だから国際貿易理論は, 大部分は正真正銘の国家間の貿易理論である. 故意でもあるし偶然の副産物としてでもあるが, それはまた, 大いに地域主義の経済理論でもある. 国際貿易理論は, これら二つの間の何かであることが多い. 定義に熱狂する者を除くと, この領域の融通性は, 困難とか混乱の原因になってこなかった.

けれどもウィリアムズは, 国際貿易理論で生産要素の国際的な非移動性が仮定されたことによって, 過去を通じて実際に起こっていたかなりの生産要素の国際的移民の重要な経済的帰結が考慮されなかったとこぼした[6]. 認められなくてはならないことは, 厳密に静態的な仮定にもとづく貿易一般の理論が, 景気変動の分析の道具として明らかに不適切であることと同じくらい, 生産要素の完全な国際的非移動性をいつも仮定する理論は, このような生産要素の移民の影響の経済分析にとってそれ自体不適切であるということである. しかし, これが国際貿易理論の正当な批判となるのは, 貿易一般の理論が, 生産要素の国際的な移民の影響に関係する問題に答えると公言した場合に限られるであろう. 国際貿易理論は, 資本の移転メカニズムに関係する主張を分析する唯一の道具を提供するため, 生産要素の国際的非移動性の仮定にいつまでも執着しなかった. しかし, 資本とか労働の国際移動の無数の長期的な経済的影響については, 国際貿易理論は扱ってこなかったし, 扱うと装ったこともなかった. 国際貿易理論は, この関連において, 間違いなく価値ある貢献をしているが, われわれがこの分野における重要な結果を主に探さなくてはならないのは, 経済理論家や経済史家やその他専門家に対する結果であるように私には思われる. 特に労働移民の分野において, この分野の広範な特殊化された文献に対して, 私の知る限り, オリーンを除くと, 国際貿易の理論家は誰も重大な貢献をしてこなかったが, 労働移民の分野の専門家が, 国際貿易理論の正当な領域を絶え

---

(6) J. H. Williams, "The theory of international trade reconsidered," *Economic journal*, XXXIX (1929), 特に pp. 205-09. そのことは, はっきりと彼自身の事例では考慮できなかった. ウィリアムズの *Argentine international trade under inconvertible paper money 1880-1900*, 1920 を参照せよ.

ず実際に浸食してきたことは，未知の教義をこの分野の専門家に流布するのに似て，たぶん健全だと思われる．しかし，産業史とか移民の専門家は，自分たちの問題の分析と解決に対して，国際貿易理論のどのような専門家でも，自分の能力の範囲内で本当の貢献をするのであれば，どれも心から歓迎するのは当然のことと思うかもしれない．

　ウィリアムズは，国際貿易理論に対して，私にとってはまったく斬新な別の批判をする．その根拠は，地域的な分業からの利益の理論として，国際貿易理論の結論が，生産要素の国内的移動性の仮定と矛盾することにあった．貿易というのは，国が世界市場に向けて特化することを意味する．「だから特化は，国際貿易に独特の特徴であり，国際貿易の根源をなす思想である．しかし特化は，移動性のアンチ・テーゼ，この場合では，生産要素の国内的移動のアンチ・テーゼである．」[7]彼のいっていることを私が理解すると，こうなる．すなわち国の特化は，外国貿易に接近できない場合より，国の内部により多くの人口や資本の蓄積を生むことによって，(イギリスが例として使われているから，たぶん，移民と国内成長によって) 生産要素の量を大きく増加させることになるから，大部分の生産要素は，輸出向けの生産より他に満足な生産活動はもたずに，もし外国貿易が停止された場合は，餓死か移民のどちらかを強いられるであろうし，したがって職業における国内的な移動性はない．ウィリアムズが仮定した生産要素量と報酬に及ぼす外国貿易の影響は，古典派の著述家たちの期待したものと性質においてまったく一致するが，私には，古典派の側にそんなに楽観的な予想の例があったことはまったく思い出せない．注意深い研究はないが，外国貿易に依存する資本と人口の大きな雇用の拡大が平均的な職業の移動性に及ぼす不利な影響を，ウィリアムズが引用するジョン・スチュアート・ミルだけでなく，古典派の経済学者一般が看過したことは間違いない．それにもかかわらず，彼のいう国際貿易理論の移動性の仮定と結論の間の矛盾は，にせ物のように私には思われる．この理論に関係のある移動性の仮定とは，職業における移動性が国の特化した結果であるのではなく，国が特化する前提条件であるということであって，この前提条件は，疑わしい命題どころか自明の理に限りなく近い．ウィリアムズがミルから引用した文章は，外国貿易をしたために職業における生産要素の平均的な移動性が失われることになる可能性を否定する

---

(7)　"The theory of international trade reconsidered," 上記引用文中, p. 203.

ように思われるが，この引用文にもかかわらず，私が確信していることは，ミル——あるいはリカードウ，ケアンズ，マーシャルあるいはタウシッグ——が，次の命題に喜んで同意するであろうということである．すなわち，1国は，貿易をすることによって，外国貿易を遮断された時よりもっと多くの資本を有利に雇用できるし，一定の生活水準でもっと多くの人口を養うことができるということである．これこそが，ウィリアムズの主張の主旨であるように思われる．

参考文献[1]

I. 第I章, 第II章で引用した文献

(a) 原典文献（著者名あり）

[Armstrong, Clement], Three memoranda, [ms. ca. 1530], first printed in Reinhold Pauli, Drei volkswirthschaftliche Denkschriften aus der Zeit Heinrichs VIII von England, Gottingen, 1878.

Asgill, John, Several assertions proved, in order to create another species of money than gold and silver, [1696], J. H Hollander ed., Baltimore, 1906.

—— [——], A brief answer to a brief state of the question between the printed and painted callicoes, and the woollen and silk manufactures, 1719.

Bacon, Sir Francis, "Advice to Sir George Villiers," [ms. 1616], in Works of Francis Bacon, Basil Montagu ed., Philadèlphia. 1852, II, 375-88.

B [arbon]. N [icholas], A discourse of trade, [1690], J. H Hollander ed., Baltimore, 1905.（久保芳和訳『交易論』（初期イギリス経済学古典選集 2）東京大学出版会，1966年）

——, A discourse concerning coining the new money lighter, 1696.

Bellers, John, An essay for imploying the poor to profit, 1723.

Berkeley, George, The querist, [1735], in The works of George Berkeley, A. C. Fraser ed., Oxford, 1871, III, 351-405.（川村大膳・肥前栄一訳『問いただす人』（初期イギリス経済学古典選集 6）東京大学出版会，1971年）

Bieston, Roger, The bayte and snare of fortune, [ca. 1550], Glasgow, 1894.

[Bindon, David], A letter from a merchant who has left off trade, 1738.

[Blewitt, George], An inquiry whether a general practice of virtue tends to the wealth or poverty, benefit or disadvantage of a people? 1725.

Brewster, Francis, New essays on trade, 1702.

[Briscoe, John], A discourse of money, 1696.

[Browne, John], An essay on trade in general; and, that of Ireland in particular,

---

（1） これは，（脚本を含む）本文で引用された書名のリストである．紙面を節約するため，重要性の少ない書名はここでは割愛されており，また一人の著者の著作集の中で別の書名が使われてきたところでは，著作集の書名はここでは掲載していない．年数は，[ ] で囲まれているところでは，他に記述がなければ最初の出版年を表している．出版場所は，定期刊行物には書かれていないが，著書についてはロンドン以外のものに限り書かれている．一覧表 I と II はほとんど重複しているところがないので，本書の最初の2章で引用された書名と残りの章で引用された書名は，I と II に分けて一覧にした．

Dublin, 1728.

Cantillon, Richard, Essai sur la nature du commerce en général, [written *ca*. 1730, 1st ed., 1755], Henry Higgs ed., 1931. (津田内匠訳『商業試論』名古屋大学出版会, 1992年)

Cary, John, An essay on the state of England in relation to its trade, its poor, and its taxes, Bristol, 1695.

――, An essay on the coyn and credit of England : as they stand with respect to its trade, Bristol, 1696.

Chamberlain, Dr. Hugh, A collection of some papers writ upon several occasions, 1696.

[Child, Sir Josiah], A treatise wherein is demonstrated, that the East-India trade is the most national of all foreign trades, 1681.

[――], A discourse about trade, 1690.

[――], The humble answer of the governor ... of the East-India Company, [1692], in Somers' tracts, 2d ed., X (1813), 620-26.

Cholmeley, William, The request and suite of a true-hearted Englishman, [ms. 1553], in The Camden Society, The Camden miscellany, II, 1853.

[Clement, Simon], A discourse of the general notions of money, trade, & exchanges, 1695.

[――], The interest of England, as it stands with relation to the trade of Ireland, considered. 1698.

Coke, Roger, A discourse of trade, 1670.

――, A treatise wherein is demonstrated, that the church and state of England, are in equal danger with the trade of it, 1671.

――, Reflections upon the East-Indy and Royal African companies, 1695.

C [――], R [――], A treatise concerning the regulation of the coyn of England, 1696.

Collins, John, A plea for the bringing in of Irish cattel, and keeping out of fish caught by foreigners, 1680.

Cotton, Sir Robert, *Cottoni posthuma*, James Howell ed., 1672.

Davanzati, Bernardo, A discourse upon coins, [original Italian edition, 1588], 1696.

Davenant, Charles, The political and commercial works, Charles Whitworth ed., 1771.

[Decker, Mathew], Serious considerations on the several high duties, [1743], 3d ed., 1744.

[Decker, Mathew], An essay on the causes of the decline of the foreign trade, [1744], Edinburgh, 1756.

[Defoe, Daniel], An essay upon loans, 1710.

――, An humble proposal to the people of England for the increase of their trade, [1729], in The novels and miscellaneous works of Daniel Defoe, 1841, XVIII (separate pagination).

Dobbs, Arthur, An essay on the trade and improvement of Ireland, Dublin, 1729.
[Elibank, Patrick Murray, Lord], Essays, I on the public debt. II on paper-money, banking, &c. III on frugality, 1755.
Forde, Sir Edward, Experimented proposals, [1666], in The Harleian miscellany, VII (1810), 341-43.
[Forster, Nathaniel], An enquiry into the causes of the present high price of provisions, 1767.
Fortrey, Samuel, England's interest and improvement, [1663], J. H. Hollander ed., Baltimore, 1907.
Fuller, Thomas, The holy state, and the profane state, [1642], James Nichols ed., 1841.
[Gardner], Some reflections on a pamphlet, intituled, England and East India inconsistent in their manufactures, 1696.
Gee, Joshua, The trade and navigation of Great-Britain considered, [1729], 1767.
Gervaise, Isaac, The system or theory of the trade of the world, 1720.
Haines, Richard, The prevention of poverty, 1674.
———, England's weal and prosperity proposed : or, reasons for erecting publick workhouses in every county, 1681.
[Hales, John], A discourse of the common weal of this realm of England, [ms. 1550, 1st ed., 1581]. Elizabeth Lamond ed., Cambridge, Eng., 1893.
[Harris, Joseph], An essay upon money and coins, 1757-58. (小林昇訳『貨幣・鋳貨論』(初期イギリス経済学古典選集 13) 東京大学出版会, 1975 年)
[Hay, William], Remarks on the laws relating to the poor, [1735], 1751.
Hobbes, Thomas, Leviathan, [1651], Everyman's library ed., 1928. (水田洋訳『リヴァイアサン』全 4 冊, 岩波文庫, 1982-1992 年)
Hodges, James, The present state of England as to coin and publick charges, 1697.
Home, Henry, Sketches of the history of man, Edinburgh, 1774.
Horsley, William, A treatise on maritime affairs, 1744.
[Houghton, John], England's great happiness, [1677], in J, R. McCulloch ed., A select collection of early English tracts on commerce, 1856, pp. 251-74.
———, A collection of letters for the improvement of husbandry & trade, 1681-83.
Houghton, Thomas, The alteration of the coyn, 1695.
Hume, David, Political discourses, [1752], in Essays moral, political and literary, T. H. Green and T. H. Grose ed., 1875. (小松茂夫訳『市民の国について』上下巻, 岩波文庫, 1982 年)
———, The letters of David Hume, J. Y. T. Greig ed., Oxford, 1932.
James I, *Basilikon doron*, in The workes of the most high and mightie Prince, James, 1616, pp. 148-89.
[Jocelyn], An essay on money & bullion, 1718.
J[ustice], A[lexander], A general treatise of monies and exchanges, 1707.

[Keale, Robert], The trade's increase, [1615], in The Harleian miscellany, III (1809), 289-315.
Lamb, Samuel, Seasonal observations, [1659], in Somers' tracts, 2d ed., VI (1811), 446-65.
Law, John, Money and trade considered, [1705], Glasgow, 1750.
Lawrence, Richard, The interest of Ireland in its trade and wealth stated, Dublin, 1682.
Lewis, M [ark], Proposals to the King and Parliament, or a large model of a bank, 1678.
[Lindsay, Patrick], The interest of Scotland considered, Edinburgh, 1733.
[Lloyd, Henry], An essay on the theory of money, 1771.
Locke, John, Two treatises of civil government, [1690], in The works of John Locke, 1823, V, 287-485.
——, Some considerations on the lowering of interest, [1691], in The works of John Locke, 1823, V, 1-116. (田中正司・竹本洋訳『利子・貨幣論』（初期イギリス経済学古典選集 4）東京大学出版会，1978 年）
London, John, Some considerations on the importance of the woollen manufactures, 1740.
Mackworth, Sir Humphrey, A proposal for payment of the publick debts, 2d ed., n. d. (ca. 1720).
Maddison, Ralph, Great Britains remembrancer, looking in and out, [1640], 1655.
M [agens], N [icholas], Farther explanations of some particular subjects .... contained in the universal merchant, 1756.
Malynes, Gerard, A treatise of the canker of England's common wealth, [1601], in Tawney and Power, Tudor economic documents, 1924, III, 386-404.
——, The center of the circle of commerce, 1623.
Mandeville, Bernard, The fable of the bees : or, private vices, public benefits, [1st ed., 1714], reprint of 6th ed. [1732], F. B. Kaye ed., Oxford, 1924. (泉谷治訳『蜂の寓話』法政大学出版会，1985 年）
Manley, Thomas, Usury at six per cent. examined, 1669.
Massie, Joseph, An essay on the governing causes of the natural rate of interest, [1750], J. H. Hollander ed., Baltimore, 1912.
——, The proposal, commonly called Sir Mathew Decker's scheme, for one general tax upon houses, laid open, 1757.
[Mildmay, Sir William], The laws and policy of England, relating to trade, 1765.
Milles, Thomas, The customers replie, or second apologie, 1604.
Misselden, Edward, Free trade or, the meanes to make trade florish, 2d ed., 1622.
M [——], E [——], The circle of commerce, or the ballance of trade, 1623.
Molloy, Charles, *De jure maritimo et navali* : or a treatise of affairs maritime, and of commerce, [1st ed., 1676], 9th ed., 1769.

More, Sir Thomas, Utopia, [1516], reprint of 1556 ed., A. W. Reed ed., Waltham St. Lawrence, 1929. (平井正穂訳『ユートピア』岩波文庫, 1957 年)

M[un], T[homas], A discourse of trade, from England unto the East-Indies, [1621], Facsimile Text Society reprint, New York, 1930. (渡辺源次郎訳『イングランドの東インドとの貿易に関する一論』(初期イギリス経済学古典選集 1) 東京大学出版会, 1965 年)

——, England's treasure by forraign trade, [written ca. 1630, 1st ed., 1664], W. J. Ashley ed., New York, 1895. (渡辺源次郎訳『外国貿易によるイングランドの財宝』(初期イギリス経済学古典選集 1) 東京大学出版会, 1965 年)

[North, Sir Dudley], Discourses upon trade, [1691], J. H. Hollander ed., Baltimore, 1907. (久保芳和訳『交易論』(初期イギリス経済学古典選集 2) 1966 年)

Papillon, Thomas, A treatise concerning the East India trade, [1st ed., 1677], reprint of 1680 ed., 1696.

Paterson, William, The writings of ——, 2d ed., Saxe Bannister ed., 1859.

Petty, Sir William, The economic writings of ——, C. H. Hull ed., Cambridge, Eng., 1899.

[Petyt, William?], *Britannia languens*, or a discourse of trade, [1680], in J. R. McCulloch ed., A select collection of early English tracts on commerce, 1856, pp. 275-504.

Philips, Erasmus, An appeal to common sense: or, some considerations offer'd to restore publick credit, 1720.

[——], the state of the nation, in respect to her commerce, debts, and money, 1725.

[Pollexfen, John], A discourse of trade, coyn, and paper credit, 1697.

[——], England and East-India inconsistent in their manufactures, 1697.

[——], A vindication of some assertions relating to coin and trade, 1699.

Postlethwayt, Malachy, Great-Britain's true system, 1757.

——, The universal diotionary of trade and commerce, 4th ed., 1774.

Potter, William, The key of wealth, 1650.

[Pratt, Samuel], The regulating silver coin, made practicable and easie, 1696.

[Prior, Thomas], Observations on coin in general, [Dublin, 1730?], London reprint, 1730.

Reynel, Carew, The True English interests, 1679.

Roberts, Lewes, The treasure of traffike or a discourse of forraigne trade, [1641], in J. R. McCulloch ed., A select collection of early English tracts on commerce, 1856, pp.49-113.

Robinson, Henry, Englands safety; in trades encrease, 1641.

——, Certain proposalls in order to the peoples freedome, 1652.

[Sheridan, Thomas], A discourse on the rise and power of parliaments, [1677], reprinted in Saxe Bannister, Some revelations in Irish history, 1870.

Smith, Adam, Lectures on justice, police, revenue and arms, [ms. 1763], Edwin

Cannan ed., Oxford, 1896.
――, An inquiry into the nature and causes of the wealth of nations, [1776], Edwin Cannan ed., 1904.（大内兵衛・松川七郎『諸国民の富』全 2 冊，岩波書店，1969 年）
[Smith, Charles], Three tracts on the corn-trade and corn-laws, 2d ed., 1766.
Smith, John, *Chronicon rusticum-commerciale*; or, memoirs of wool, 1747.
Starkey, Thomas, England in the reign of King Henry the Eighth, [ms. *ante* 1538], Early English Text Society, 1871-78.
Steuart, Sir James, An inquiry into the principles of political œconomy, 1767.（小林昇監訳・竹本洋他訳『経済の原理』全 2 冊，名古屋大学出版会，1998 年）
Stow, John, "An apologie of the cittie of London," [1598], in A survey of London, reprint of 1603 ed., C. L. Kingsford ed., Oxford, 1908, II, 195-217.
Temple, Sir William, Observations on the United Provinces, [1668], in The works of Sir William Temple, Edinburgh, 1754, I, 1-157.
[Temple, William, of Trowbridge], A vindication of commerce and the arts, [1758], in J. R. McCulloch ed., A select collection of scarce and valuable tracts on commerce, 1859, pp. 481-561.
Tucker, Josiah, Reflections on the expediency of a law for the naturalization of foreign protestants, 1751-52.
――, A brief essay on the advantages and disadvantages which respectively attend France and Great Britain, with regard to trade, 3d ed. [1753], in J. R. McCulloch ed., A select collection of scarce and valuable tracts on commerce, 1859, pp. 309-425.
――, The elements of commerce, and theory of taxes (privately printed, no title page), [Bristol, 1755].
――, Instructions for travellers, 1757.
[Tucker, Josiah], The causes of the dearness of provisions assigned, Gloucester, 1766.
[――], Considerations on the policy, commerce and circumstance of the kingdom, 1771.
――, Four tracts on political and commercial subjects, 2d ed., Gloucester, 1774.（大河内暁男訳『政治経済問題四論』（初期イギリス経済学古典選集 12）東京大学出版会，1970 年）
Vanderlint, Jacob, Money answers all things, [1734], J. H. Hollander ed., Baltimore, 1914.（浜林正夫・四元忠博訳『貨幣万能』（初期イギリス経済学古典選集 7）東京大学出版会，1977 年）
Vaughan, Rice, A discourse of coin and coinage, 1675.
V[ickaris], A., An essay for regulating of the coyn, 1696.
Violet, Thomas, An humble declaration ... touching the transportation of gold and silver, 1643.
――, A true discoverie to the commons of England, [1651], 1653.
――, Mysteries and secrets of trade and mint-affairs, 1653.

[Wallace, Robert], A view of the internal policy of Great Britain, 1764.
[――], Characteristics of the present political state of Great Britain, 1758.
[Walpole, Robert], A letter from a member of parliament to his friends in the country, concerning the duties on wine and tobacco, 1733.
[Whatley, George], Principles of trade, 2d ed., 1774.
Whiston, James, A discourse of the decay of trade, 1693.
Wood, William, A letter to a member of parliament: shewing the justice of a more equal and impartial assessment on land, 1717.
――, A survey of trade, 1718.
[Young, Arthur], Political essays concerning the present state of the British Empire, 1772.
――, Political arithmetic, containing observations on the present state of Great Britain, 1774.
[――], The farmer's letters to the people of England, 2d ed., 1768.

(b) 原典文献（著者名なし）

The libelle of Englyshe polycye, [ms. 1436], Sir George Warner ed., Oxford, 1926.
"Considerations for the restraynte of transportinge gould out of the realme," [ms. reign of Elizabeth], in Georg Schanz, Englische Handelspolitik gegen Ende des Mittelalters, Leipzig, 1881, II, 648-49.
"Polices to reduce this realme of Englande unto a prosperus wealthe and estate," [ms. 1549], in R. H. Tawney and Eileen Power, Tudor economic documents, 1924, III, 311-45.
"Memorandum prepared for the royal commission on the exchanges," [ms. 1564], in R. H. Tawney and Eileen Power, Tudor economic documents, 1924, III, 346-59.
"A discourse of corporations," [ms. *ca.* 1587], in R. H. Tawney and Eileen Power, Tudor economic documents, 1924. III, 265-76.
Decay of trade. A treatise against the abating of interest, 1641.
A discourse consisting of motives for the enlargement and freedome of trade, 1645.
Omnia comesta a bello. Or, an answer out of the west to a question out of the north, n. p., 1667.
Et à dracone: or, some reflections upon a discourse called *Omnia à belo comesta*, 1668.
Interest of money mistaken, 1668.
A treatise of wool and cattel, 1677.
Reasons for a limited exportation of wooll, n. p., 1677.
The ancient trades decayed, repaired again, 1678.
Englands interest or the great benefit to trade by banks or offices of credit, 1682.
Several objections sometimes made against the office of credit, fully answered, n. p., n. d., (*ca.* 1682).

Taxes no charge : in a letter from a gentleman, to a person of quality, 1690.
The linen and woollen manufactory discoursed, [1691], in John Smith, *Chronicon rusticum-commerciale*, 1747, I, 383-88.
A discourse concerning the East-India trade, [ca. 1692], in Somers' tracts, 2d ed., X (1813), 634-47.
A discourse of the nature, use and advantages of trade. 1693.
The interest of England considered : in an essay upon wooll, 1694.
An essay towards carrying on the present war against France, [ca. 1697], in The Harleian miscellany, X (1810), 371-89.
N., A., England's advocate, Europe's monitor, 1699.
Considerations on the East-India trade, [1701], in J. R. McCulloch ed., A select collection of early English tracts on commerce, 1856, pp. 541-629.
The circumstances of Scotland consider'd, with respect to the present scarcity of money, Edinburgh, 1705.
Remarks upon the Bank of England, with regard more especially to our trade and government, 1705.
Reasons offer'd against the continuance of the Bank, 1707.
Some queries, humbly offer'd to the consideration of both houses of parliament relating to the Bank of England, 1707.
A short view of the apparent dangers and mischiefs from the Bank of England, 1707.
The vindication and advancement of our national constitution and credit, 1710.
A vindication of the faults on both sides, [1710], in Somers' tracts, 2d ed., XIII (1815), 3-24.
The taxes not grievous, and therefore not a reason for an unsafe peace, 1712.
Torism and trade can never agree, n. d. (ca. 1713).
The British merchant, [1713], 3d ed., 1748.
A brief state of the question between the printed and painted callicoes, and the woollen and silk manufacture, 2d ed, 1719.
Considerations occasioned by the bill for enabling the South Sea Company to increase their capital stock, 1720.
Some thoughts on the interest of money in general, and particularly in the publick funds, n. d. (ca. 1720).
Proposals for restoring credit ; for making the Bank of England more useful and profitable, 1721.
Some considerations on the nature and importance of the East-India trade, 1728.
An enquiry into the melancholy circumstances of Great Britain, n. d. (ca. 1730).
The present state of Ireland consider'd, London reprint, 1730.
Reflections and considerations occasioned by the petition ... for taking off the drawback on foreign linens, &c., 1738.
"On the neglect of trade and manufactures," Scots magazine, II (1740), 475-77.

A letter to the ... Lords Commissioners of trade and plantations, wherein the grand concern of trade is asserted, 1747.

The manufacturer's plea for the bounty on corn at exportation, 1754.

An inquiry concerning the trade, commerce, and policy of Jamaica, relative to the scarcity of money, Jamaica, 1759.

"Impartial essay concerning the nature and use of specie and papercredit in any country," Scots magazine, XXIV (1762), 133-35.

"Considerations relating to the late order of the two banks," Scots magazine, XXIV (1762), 39-41, 89-94.

(c) 研究文献

Angell. J. W., The theory of international prices—history, criticism and restatement, Cambridge, Mass., 1926.

Barnes, D. G., A history of the English corn laws from 1660-1846, New York, 1930.

Brentano, Lujo, Hours and wages in relation to production (transl. from the original German ed.), 1894.

Cunningham, William, "Adam Smith und die Mercantilisten," Zeitschrift für die gesammte Staatswissenschaft, XL (1884), 41-64.

Dietzel, Heinrich, Weltwirtschaft und Volkswirtschaft, Dresden, 1900.

Dove, Patrick E., "An account of Andrew Yarranton," in The elements of political science, Edinburgh, 1844, 402-70.

Dubois, A., Précis de l'histoire des doctrines économiques, Paris, 1903.

Fetter, F. W., "The term 'favorable balance of trade,'" Quarterly journal of economics, XLIX (1935), 621-45.

Friis, Astrid, Alderman Cockayne's project and the cloth trade, 1927.

Furniss, E. S., The position of the laborer in a system of nationalism, Boston, 1920.

Gregory, T. E., "The economics of employment in England, 1660-1713," Economica, I (1921), 37-51.

Heckscher, E. F., Mercantilism (transl. from the original Swedish edition of 1931), 1935.

Helander, Sven, "Sir Josiah Child," Weltwirtschaftliches Archiv, XIX (1923), 233-49.

Johnson, E. A. J., "The mercantilist concept of 'art' and 'ingenious labour,'" Economic history, II (1931), 234-53.

——, "Unemployment and consumption: the mercantilist view," Quarterly journal of economics, XLVI (1932), 698-719.

Jones, Richard, "Primitive political economy of England," [1847], in Literary remains, consisting of lectures and tracts on political economy, Wm. Whewell ed., 1859, pp. 291-335.

Lipson, Ephraim, The economic history of England, 1929-31.

Maintrieu, Jehan, Le traité d'Utrecht et les polémiques du commerce anglais, Paris,

1909.

Monroe, A. E., Monetary theory before Adam Smith, Cambridge, Mass., 1923.

Price, W. H., "The origin of the phrase 'balance of trade,'" Quarterly journal of economics, XX (1905), 157-67.

Seligman, E. R. A., "Bullionists," Encyclopaedia of the social sciences, III (1930), 60-64.

Stephen, Sir Leslie, History of English thought in the eighteenth century, 3d ed., 1902.

Suviranta, Br., The theory of the balance of trade in England, Helsingfors, 1923.

Tawney, R. H., "Religious thought on social and economic questions in the sixteenth and seventeenth centuries," Journal of political economy, XXXI (1923), 461-93, 637-74, 804-25.

――, Introduction to Thomas Wilson. A discourse upon usury, [1572], New York, n.d., (ca. 1924).

Viner. Jacob, "English theories of foreign trade before Adam Smith," Journal of political economy, XXXVIII (1930), 249-301, 404-57.

――, "Balance of trade," Encyclopaedia of the social sciences, II (1930), 399-406.

II. その他の章で引用した文献

(a) 引用文献（著者名あり）

Acworth, A. W., Financial reconstruction in England 1815-1822, 1925.

Adamson, Robert, "Some considerations on the theory of money," Transactions of the Manchester Statistical Society, 1884-85, 31-58.

Addington, Baron, see J. G. Hubbard.

Angell, J. W., review of Jacob Viner, Canada's balance of international indebtedness, Political science quarterly, XL (1925), 320-22.

――, "The effects of international payments in the past," in National Industrial Conference Board, The inter-ally debts and the United States, New York, 1925, 138-89.

――, The theory of international prices – history, criticism and restatement, Cambridge, Mass., 1926.

Arbuthnot, G., Sir Robert Peel's Act of 1844, regulating the issue of bank notes, vindicated, 1857.

Ashburton, Lord, The financial and commercial crisis considered, 4th ed., 1847.

[Attwood, Mathias], A letter to Lord Archibald Hamilton, on alterations in the value of money, 1823.

Attwood, Thomas, A letter to ... Nicholas Vansittart, on the creation of money, and on its action upon national prosperity, Birmingham, 1817.

[――], Prosperity restored; or, reflections on the cause of the public distresses, and on the only means of relieving them, 1817.

——, Observations on currency, population, and pauperism, in two letters to Arthur Young, Esq., Birmingham, 1818.

——, A letter to the Earl of Liverpool, on the reports of the committees of the two Houses of Parliament, on the question of the Bank restriction act, Birmingham, 1819.

——, A second letter to the Earl of Liverpool, on the Bank reports, as occasioning the national dangers and distresses, Birmingham, 1819.

—— (and Sir John Sinclair), The late prosperity, and the present adversity of the country, explained;... in a correspondence between Sir John Sinclair and Mr. Thomas Attwood, 1826.

——, The Scotch banker, 1st ed., 1828; 2d ed., 1832.

Auspitz, Rudolf, and Lieben, Richard, Untersuchungen über die Theorie des Preises, Leipzig, 1889.

Bacalan, Isaac de, see Sauvaire-Jourdan.

[Bailey, Samuel], Money and its vicissitudes in value, 1837.

Baring, Alexander, see Ashburton, Lord.

Barone, Enrico, Grundzüge der theoretischen Nationalökonomie (transl. from original Italian ed. of 1908), Bonn, 1927. (北野熊喜男訳『計画経済の均衡理論』増進堂, 1944年)

Bastable, C. F., "Economic notes," Hermathena, VII (1889), 109-25.

——, "On some applications of the theory of international trade," Quarterly journal of economics, IV (1889), 1-17.

——, The theory of international trade, 2d ed., 1897; 4th ed, 1903.

Beach, W. E., British international gold movements and banking policy, 1881-1913, Cambridge, Mass., 1935.

Bentham, Jeremy, A manual of political economy, [ms. 1797-1803], in The works of Jeremy Bentham, John Bowring ed., Edinburgh, III (1843), 33-84.

——, The rationale of reward, 1825.

Bickerdike, C. F., "International comparisons of labour conditions," Transactions of the Manchester Statistical Society, 1911-12, 61-83.

Blacker, William, The evils inseparable from a mixed currency, and the advantages to be secured by introducing an inconvertible national paper currency, 3d ed., 1847.

Blake, William, Observations on the effects produced by the expenditure of government during the restriction of cash payments, 1823.

Boase, Henry, A letter to... Lord King, in defence of the conduct of the directors of the Banks of England and Ireland, 1804.

Bollman, Erick, A letter to Thomas Brand... on the practicability and propriety of a resumption of specie payments, 1819.

——, A second letter... on the practicability of the new system of bullion-payments,

1819.

Bonar, James, "Ricardo's ingot plan," Economic journal, XXXIII (1923), 281-304.

Booth, George, Observations on paper currency, the Bank of England notes, and on the principles of coinage, and a metallic circulating medium, Liverpool, 1815.

Bosanquet, Charles, Practical observations on the report of the bullion-committee, 2d ed., 1810.

Bosanquet, J. W., Metallic, paper, and credit currency, and the means of regulating their quantity and value, 1842.

Bowen, Francis, American political economy, New York, 1861.

Boyd, Walter, A letter to... William Pitt, on the influence of the stoppage of issues in specie at the Bank of England, on the prices of provisions, and other commodities, 1st ed., 1801 ; 2d ed., 1801.

Bresciani-Turroni, C., Inductive verification of the theory of international payments, Cairo, n. d. (1932 ?).

——, "The 'purchasing power parity' doctrine," L'Égypte contemporaine, XXV (1934), 433-64.

Buchanan, David, Observations on the subjects treated of in Dr. Smith's... Wealth of nations, Edinburgh, 1814.

——, Inquiry into the taxation and commercial policy of Great Britain, Edinburgh, 1844.

Burgess, Henry, A letter to the Right Hon. George Canning, 1826.

Burns, A. F., "A note on comparative costs," Quarterly journal of economics, XLII (1928), 495-500.

Butt, Isaac, Protection to home industry, Dublin, 1846.

Cairnes, J. E., An examination into the principles of currency involved in the Bank charter act of 1844, 1854.

——, Essays in political economy, 1873.

——, Some leading principles of political economy newly expounded, New York, 1874.

Cannan, Edwin, The paper pound of 1797-1821, 1919.

Carr, Robert M., "The rôle of price in the international trade mechanism," Quarterly journal of economics, XLV (1931), 710-19.

Carver, T. N., "Some theoretical possibilities of a protective tariff," Publications of the American Economic Association, 3d series, III (1902), 167-82.

Cassel, Gustav, "Memorandum on the world's monetary problems," International Financial Conference, Brussels, 1920, Documents of the conference, V, 29-77.

——, Post-war monetary stabilization, New York, 1928.

——, The theory of social economy, new ed., (transl. from 5th German ed.), New York, 1932. (大野信三訳『社会経済学原論』岩波書店, 1926年. ただし原著1923年版の翻訳)

Castlereagh, Lord Viscount, The substance of a speech delivered... in the House of

Commons, July 15, 1811, 1811.
Cayley, A. S., Agricultural distress-silver standard, 1835.
Cherbuliez, A. E,, Précis de la science économique et de ses principales applications, Paris, 1862.
Clay, Sir William, Remarks on the expediency of restricting the issue of promissory notes to a single issuing body, 1844.
[Cockburn, R.], Remarks on prevailing errors respecting currency and banking, 1842.
Cockburn, W., Commercial œconomy; or the evils of a metallic currency, 2d ed., 1819.
Comber, W. T., A view of the nature and operation of bank currency; as connected with the distresses of the country, 1817.
Cournot, A., Researches into the mathematical principles of the theory of wealth (transl. from the original French [1838] by N. T. Bacon), New York, 1927. (中山伊知郎『富の理論の数学的原理に関する研究』(近代経済学古典選集 2) 日本経済評論社, 1982年)
——, Principes de la théorie des richesses, Paris, 1863.
——, Revue sommaire des doctrines économiques, Paris, 1877.
Cowell, J. W., Letters... on the institution of a safe and profitable paper currency, 1843.
Craig, John, Remarks on some fundamental doctrines in political economy, Edinburgh, 1821.
Cross, William, A standard pound versus the pound sterling, Edinburgh, 1856.
Cunynghame, H., A geometrical political economy, Oxford, 1904.
[Dickson, Adam], An essay on the causes of the present high price of provisions, 1773.
Doubleday, Thomas, Remarks on some points of the currency question, 1826.
Douglas, R. K., Brief considerations on the income tax and tariff reform, in connection with the present state of the currency, Birmingham, 1842.
Drummond, Henry, Elementary propositions on the currency, 4th ed., 1826.
Duncan, Jonathan, The national anti-gold law league. The principles of the league explained, 1847.
——, The mystery of money explained, 2d ed., 1863.
Dunlop, Anthony, "Sketches on political economy," Pamphleteer, XI, (1818), 403-41.
Edgeworth, F. Y., "On the application of mathematics to political economy," Journal of the Royal Statistical Society, LII (1889), 538-76.
——, Review of Bastable, The theory of international trade, 2d ed., Economic journal, VII (1897), 397-403.
——, Papers relating to political economy, 1925.
Einaudi, Luigi, "James Pennington or James Mill: an early correction of Ricardo," Quarterly journal of economics, XLIV (1929), 164-71, 544-45.
Eisdell, J. S., A treatise on the industry of nations, 1839.

Elliott, G. A., "Transfer of means-of-payment and the terms of international trade," Canadian journal of economics and political science, II (1936), 481-92.

Ellis, Howard S., German monetary theory 1905-1933, Cambridge, Mass., 1934.

[Ellis, William], "Exportation of machinery," Westminster review, III (1825). 386-94.

[——], "Effect of employment of machinery," Westminster review, V (1826), 101-36.

Evelyn, Sir George Shuckburgh, "An account of some endeavors to ascertain a standard of weight and measure," Philosophical transactions of the Royal Society of London, 1798, part I, 133-82.

Fanno, Marco, "Credit expansion, savings and gold export," Economic journal, XXXVIII (1928), 126-31.

Feavearyear, A. E., The pound sterling a history of English money, Oxford, 1931.

Feis, Herbert, "The mechanism of adjustment of international trade balances," American economic review, XVI (1926), 593-609.

Fisher, Irving, "Cournot and mathematical economics," Quarterly journal of economics, XII (1898), 119-38.

Foster, John Leslie, An essay on the principle of commercial exchanges, 1804.

Fowler, William, The crisis of 1866 : a financial essay, 1867.

Foxwell, H. S., Preface to A. Andréadès, History of the Bank of England, 2d ed., 1924.

Francis, Sir Philip, Reflections on the abundance of paper in circulation, and the scarcity of specie, 2d ed., 1810.

Fullarton, John, On the regulation of currencies, 2d ed., 1845. (福田長三訳『通貨論』岩波文庫, 1941年)

Gibson, A. H., Bank rate ; the banker's *vade mecum*, 1910.

G [ilbart], J. W, "The currency : banking," Westminster review, XXXV (1841), 89-131.

——, A practical treatise on banking, 1st American, from 5th London ed., New York, 1851.

[Goschen, G. J.], The theory of the foreign exchanges, 1861. (町田義一郎訳『外国為替の理論』日本評論社, 1968年)

Graham, F. D., "International trade under depreciated paper. The United States, 1862-79," Quarterly journal of economics, XXXVI (1922), 220-73.

——, "Some aspects of protection further considered," Quarterly journal of economics, XXXVII (1923), 199-227.

——, "The theory of international values re-examined," Quarterly journal of economics, XXXVIII (1923), 54-86.

——, review of Viner, Canada's balance of international indebtedness, American economic review, XV (1925), 106-109.

——, "The theory of international values," Quarterly journal of economics, XLVI (1932), 581-616.

Graham, Sir James, Corn and currency; in an address to the land owners, 4th ed., 1827.

Gray, John, An efficient remedy for the distress of nations, Edinburgh, 1842.

Great Britain, Parliament, House of Commons, Report from the Committee on the circulating paper, the specie, and the current coin of Ireland, [1804], 1826 reprint.

——, Report, together with minutes of evidence, and accounts, from the Select Committee on the high price of gold bullion, [1810], octavo reprint, 1810.

——, Report from the Select Committee on the usury laws, 1818.

——, Reports from the Secret Committee on the expediency of the Bank resuming cash payments, 1819.

——, Report from the Committee on Secrecy on the Bank of England charter; with the minutes of evidence, 1832.

——, Report from Select Committee on banks of issue; with the minutes of evidence, 1840.

——, First report from the Secret Committee on commercial distress; with the minutes of evidence, 1848.

——, Report from the Select Committee on bank acts; together with the proceedings of the Committee, Parts I and II, 1857.

Great Britain, Parliament, House of Lords, Report of the Committee of Secrecy, 1797.

——, Reports by the...Secret Committee to enquire into the state of the Bank of England; with reference to the expediency of the resumption of cash payments, 1819.

——, Report from the Secret Committee...appointed to enquire into the causes of the distress...among the commercial classes, 1848.

Gregory, T. E., An introduction to Tooke and Newmarch's, A history of prices, 1928.

——, Select statutes, documents and reports relating to British banking, 1832-1928, 1929.

Haberler, Gottfried, "The theory of comparative cost once more," Quarterly journal of economics, XLIII (1929), 376-81.

——, "Die Theorie der komparativen Kosten und ihre Auswertung für die Begründung des Freihandels," Weltwirtschaftliches Archiv, XXXII (1930, II), 349-70.

——, Der internationale Handel, Berlin, 1933.

——, The theory of international trade, (transl. from the original German ed.), 1936. (松井清・岡倉伯士訳『国際貿易論』上下巻, 有斐閣, 1937 年)

[Hall, John], A letter to...Thomas Spring Rice, containing a new principle of currency, 1837.

Hall, Walter, A view of our late and of our future currency, 1819.

Hankey, Thomson, The principles of banking, 1867.

"Hardcastle, Daniel," pseud., *see* Richard Page.

Harrod, R. F., Review of Roland Wilson, Capital imports and the terms of trade, 1931, Economic journal, XLII (1932), 427-31.

―, International economics, 1933. (藤井茂訳『国際経済学』実業之日本社, 1976 年)

Haslam, John, The paper currency of England, 1856.

Hawtrey, R. G., Trade and credit, 1928. (経済同攻会訳『景気と信用』同文館, 1931 年)

―, Currency and credit, 3d ed., 1928.

―, The art of central banking, 1932.

Hayek, F. A. von, Prices and production, 1931. (谷口洋志訳『価格と生産』(ハイエク全集 1) 春秋社, 1988 年)

―, "A note on the development of the doctrine of 'forced saving,'" Quarterly journal of economics, XLVII (1932), 123-33.

Heckscher, E. F. (and others), Sweden, Norway, Denmark and Iceland in the world war, New Haven, 1930.

[Herries, J. C.], A review of the controversy respecting the high price of bullion, and the state of our currency, 1811.

Hilgerdt, Folke, "Foreign trade and the short business cycle," Economic essays in honour of Gustav Cassel, 1933, 273-91.

Hill, Edwin, Principles of currency, 1856.

Hill, John, An inquiry into the causes of the present high price of gold bullion in England, 1810.

Hodgson, Adam, Letter... to Peel on the currency, 1848.

Hollander, Jacob H., David Ricardo a centenary estimate, Baltimore, 1910.

―, "The development of the theory of money from Adam Smith to David Ricardo," Quarterly journal of economics, XXV (1911), 429-70.

―, "International trade under depreciated paper; a criticism," Quarterly journal of economics, XXXII (1918), 674-90.

―, "Ricardo and Torrens," Economic journal, XXI (1911), 455-68.

Hooley, William, "On the bullion reserve of the Bank of England," Transactions of the Manchester Statistical Society, 1859-60, 82-96.

Hopkins, Thomas, Economical enquiries relative to the laws which regulate rent, profit, wages, and the value of money, 1822.

[Horner, Francis], Review of Thornton, Paper credit of Great Britain, Edinburgh review, I (1802), 172-201.

[―], Review of Lord King, On the effects of the Bank restrictions, Edinburgh review, II (1803), 402-21.

[―], Review of John Wheatley, Remarks on currency and commerce, Edinburgh review, III (1803), 231-52.

Hubbard, J. G., The currency and the country, 1843.

Hume, David, Political discourses, [1752], in Essays moral, political, and literary, T.

H. Green and T. H. Grose ed., 1875. (小松茂夫訳『市民の国について』上下巻, 岩波文庫, 1982年)
Huskisson, W., The question concerning the depreciation of our currency stated and examined, 1810.
Isles, K. S., "Australian monetary policy," Economic record, VII (1931), 1-17.
Iversen, Carl, Aspects of the theory of international capital movements, Copenhagen, 1935.
Jackson, Randle, The speech of Randle Jackson, Esq., ... respecting the report of the Bullion Committee, n. d. (1810?).
Jacob, William, An historical inquiry into the production and consumption of the precious metals, 1831.
James Henry, Considerations on the policy or impolicy of the further continuance of the Bank restriction act, 1818.
——, Essays on money, exchanges, and political economy, 1820.
——, State of the nation, 1835.
Joplin, Thomas, Outlines of a system of political economy, 1823.
——, An illustration of Mr. Joplin's views on currency, and plan for its improvement, 1825.
——, Views on the subject of corn and currency, 1826.
——, Views on the currency, 1828.
——, An analysis and history of the currency question, 1832.
——, Currency reform : improvement not depreciation, 1844.
Keynes, J. M., "The German transfer problem," Economic journal, XXXIX (1929), 1-7, 179-82, 404-408.
——, A treatise on money, 1930. (小泉明・長沢惟恭訳『貨幣論 I・II』(ケインズ全集 5, 6) 東洋経済新報社, 1979-80年)
——, "The commemoration of Thomas Robert Malthus," Economic journal, XLV (1935), 230-34.
King, Lord, Thoughts on the effects of the Bank restrictions, 2d ed., 1804.
Knight, F. H., "Some fallacies in the interpretation of social cost," Quarterly journal of economics, XXXVIII (1924), 582-606.
——, "On decreasing cost and comparative cost. A rejoinder," Quarterly journal of economics, XXXIX (1925), 331-33.
Kreps, Theodore J., "Export, import, and domestic prices in the United States, 1926-1930," Quarterly journal of economics, XLVI (1932), 195-207.
Landry, A., Manuel d'économique, Paris, 1908.
Lauderdale, Lord, A letter on the present measures of finance, 1798.
——, Thoughts on the alarming state of the circulation, Edinburgh, 1805.
——, The depreciation of the paper currency of Great Britain proved, 1812.
——, Further considerations on the state of the currency, Edinburgh, 1813.

―, Sketch of a petition to the Commons House of Parliament, Edinburgh, 1822.
Laughlin, J. Laurence, The principles of money, New York, 1903.
League of Nations, Report of the Gold Delegation of the Financial Committee, Geneva, 1932.
Leontief, W. W., "The use of indifference curves in the analysis of foreign trade," Quarterly journal of economics, XLVII (1933), 493-503.
Lerner, A., "The diagrammatical representation of cost conditions in international trade," Economica, XII (1932), 346-56.
Leser, Emanuel, Untersuchungen zur Geschichte der Nationalökonomie, I, 1881.
Lexis, W., "Handel," Handbuch der politischen Oekonomie, Gustav Schönberg ed., 3d ed., 1891, II, 811-938.
Liverpool, First Earl of, A treatise on the coins of the realm, [1805], 1880.
[Lloyd, Henry], An essay on the theory of money, 1771.
Longfield, Mountifort, Lectures on political economy, Dublin, 1834.
―, Three lectures on commerce and one on absenteeism, Dublin, 1835.
[―], "Banking and currency," Dublin University magazine, XV (1840), 3-15, 218-33; XVI (1840), 371-89, 611-20.
Lowe, Joseph, The present state of England in regard to agriculture, trade, and finance, 2d ed., 1823.
[Lubbock, J. W.], On currency, 1840.
Luzzati, Luigi, "Une conférence internationale pour la paix monétaire," Séances et travaux de l'académie des sciences morales et politiques, news series, LXIX (1908), 358-68.
[McCulloch, J. R.], Review of David Ricardo, Proposals for an economical and secure currency, Edinburgh review, XXXI (1818), 53-80.
[―], "Mr. Owen's plans for relieving the national distress," Edinburgh review, XXXII (1819), 453-77.
―, "An essay showing the erroneousness of the prevailing opinions in regard to absenteeism," [1825], reprinted in Treatises and essays on money, exchange, interest, 2d ed., Edinburgh, 1859.
―, "Fluctuations in the supply and value of money," Edinburgh review, XLIII (1826), 263-98.
―, The principles of political economy, 2d ed., Edinburgh, 1830; 4th ed., Edinburgh, 1849.
[―], Historical sketch of the Bank of England, 1831.
Maclaren, James, The effect of a small fall in the value of gold upon money, 1853.
[Malthus, T. R.], "Depreciation of paper currency," Edinburgh review, XVII (1811), 339-72.
[―], "Review of the controversy respecting the high price of bullion," Edinburgh review, XVIII (1811), 448-70.

――, An inquiry into the nature and progress of rent, 1815. (楠井隆三・東嘉生訳『穀物條例論』岩波文庫, 1940 年)
[――], "Tooke-On high and low prices," Quarterly review, XXIX (1823), 214-39.
――, Principles of political economy, 1st ed., 1820; 2d ed., 1836. (小林時三郎訳『経済学原理』上下巻, 岩波文庫, 1968 年)
――, The measure of value stated and illustrated, 1823. (玉野井芳郎訳『価値尺度論』岩波文庫, 1949 年)
Mangoldt, H. von, Grundriss der Volkswirthschaftslehre, 2d ed., Stuttgart, 1871.
Manoïlesco, Mihaïl, The theory of protection and international trade, 1931.
――, "Arbeitsproduktivität und Aussenhandel," Weltwirtschaftliches Archiv, XLII (1935, I), 13-43.
Marshall, Alfred, The pure theory of foreign trade, [1879], London School reprint, 1930. (杉本栄一訳「外国貿易の純粋理論」『経済学選集』日本評論社, 1940 年)
――, Money Credit & Commerce, 1923. (永澤越郎訳『貨幣信用貿易』全 2 冊, 岩波ブックサービスセンター, 1988 年)
――, Memorials of Alfred Marshall, A. C. Pigou ed., 1925.
――, Official papers by Alfred Marshall, 1926.
Mason, Edward S., "The doctrine of comparative cost," Quarterly journal of economics, XLI (1926), 63-93.
Mering, O. F. von, "Ist die Theorie der internationalen Werte widerlegt?" Archiv für Sozialwissenschaft und Sozialpolitik, LXV (1931), 251-68.
――, Theorie des Aussenhandels, Jena, 1933.
Merivale, Herman, Lectures on colonization and colonies, 1841-42.
Mill, James, Commerce defended, 1808.
[――], Review of Smith, Essay on the theory of money and exchange, Edinburgh review, XIII (1808), 35-68.
――, Elements of political economy, 1st ed., 1821; 3d ed., 1826. (渡辺輝雄訳『経済学綱要』春秋社, 1948 年)
[Mill, J. S.], "Review of Blake's Observations," Westminster review, II (1824), 27-48.
――, Essays on some unsettled questions of political economy, 1844. (末永茂喜訳『経済学試論集』岩波文庫, 1936 年)
[――], "The currency question," Westminster review, XLI (1844), 579-98.
――, Principles of political economy, 1st ed., 1848; reprint of 7 th ed., [1871], Sir W. J. Ashley ed., 1909. (末永茂喜訳『経済学原理』全 5 冊, 岩波文庫, 1963 年)
――, Testimony, in Ministère des finances, Enquête sur les principes et les faits généraux qui régissent la circulation monétaire et fiduciaire, Paris, 1867, V, 589-96.
――, Autobiography, 1873. (朱牟田夏雄訳『ミル自伝』岩波文庫, 1960 年)
Miller, William, A plan for a national currency, Glasgow, 1866.
Mills, R. H., The principles of currency and banking, [1st ed., 1853], 2d ed., 1857.

Milner, T. H., On the regulation of floating capital, and freedom of currency, 1848.
——, Some remarks on the Bank of England, 1849.
Mushet, Robert, An inquiry into the effects produced on the national currency and rates of exchange, by the Bank restriction bill, 3d ed., 1811.
Newmarch, William, "An attempt to ascertain the magnitude and fluctuations of the amount of bills of exchange," Journal of the Royal Statistical Society, XIV (1851), 143-83.
Nicholson, J. S., Principles of political economy, 1893-97.
Norman, G. W., Remarks upon some prevalent errors, with respect to currency and banking, 1838.
——, Letter ... on money, and the means of economizing the use of it, 1841.
——, Papers on various subjects, 1869.
Norton, Edward, The Bank charter act of 1844 and how to remedy its evils, 3d ed., 1857.
——, National finance and currency, 3d ed., 1873.
Ohlin, Bertil, "Ist eine Modernisierung der Aussenhandelstheorie erforderlich?" Weltwirtschaftliches Archiv, XXVI (1927, II), 97-115.
——, "The reparations problem," Index, no. 28 (1928), 2-33.
——, "The reparation problem: a discussion," Economic journal, XXXIX (1929), 172-78, 400-404.
——, "Protection and non-competing groups," Weltwirtschaftliches Archiv, XXIII (1931, I), 30-45.
——, Interregional and international trade, Cambridge, Mass., 1933.（木村保重訳『貿易理論―域際および国際貿易』晃洋書房，1980年）
Opie, Redvers, "A neglected English economist: George Poulett Scrope," Quarterly journal of economics, XLIV (1929), 101-37.
Overstone, Lord (Samuel Jones Loyd), Further reflections on the state of the currency and the action of the Bank of England, 1837.
——, Tracts and other publications on metallic and paper currency, J. R. McCulloch ed., 1857.
[——], Letters of Mercator on the Bank charter act of 1844, and the state of the currency, n. p., n. d. (ca. 1857).
——, The evidence, given by Lord Overstone, before the select committee of the House of Commons of 1857, on Bank acts, with additions, 1858.
——, Correspondence between ... Lord Overstone, and Henry Brookes, 1862.
[Page, Richard], Banks and bankers, 1842 (by "Daniel Hardcastle," pseud.).
Paget, Thomas, A letter ... on the true principle of estimating the extent of the late depreciation in the currency, 1822.
Palmer, J. Horsley, The causes and consequences of the pressure upon the money-market, 1837.

―――, Reply to the reflections ... of Mr. Samuel Jones Loyd, on the pamphlet entitled "Causes and consequences of the pressure upon the money market," 1837.

Pareto, Vilfredo, Cours d'économie politique, Lausanne, 1896-97.

―――, Manuel d'économie politique (transl. from the original Italian), 2d ed., Paris, 1927.

Parnell, Sir Henry, Observations upon the state of currency in Ireland, Dublin, 1804.

―――, Observations on paper money, banking, and overtrading, 2d ed., 1829.

―――, A plain statement of the power of the Bank of England and of the use it has made of it, 2d ed., 1833.

Patterson, R. H., "On the rate of interest—and the effects of a high bank-rate during commercial and monetary crises," Journal of the Statistical Society of London, XXXIV (1871), 334-56.

Payne, Daniel Beaumont, "An address to the proprietors of bank stock," Pamphleteer, VII (1816), 375-406.

Pell, George H., Outline of a plan of a national currency, not liable to fluctuations in value, 1841.

[Pennington, James], Memorandum (not published), 1827.

―――, "Paper communicated by Mr. Pennington," in Thomas Tooke, A letter to Lord Grenville, on the effects ascribed to the resumption of cash payments on the value of the currency, 1829, Appendix I, pp. 117-27.

―――, "Paper communicated by Mr. Pennington," in Robert Torrens, A letter to ... Melbourne on the causes of the recent derangement in the money market, 2d ed., 1837, pp.76-80.

―――, "Letter addressed to the author by James Pennington, Esq.," in Thomas Tooke, A history of prices, II (1838), 369-78.

―――, A letter to Kirkman Finlay, Esq., on the importation of foreign coin, and the value of the precious metals in different countries, 1840.

―――, "Letter from Mr. Pennington on the London banking system," in John Cazenove, Supplement to thoughts on a few subjects of political economy, 1861, pp. 48-54.

Phillips, C. A., Bank credit, New York, 1920.

Pierson, N. G., Principles of economics (transl. from the Dutch), 1902-12.

Pigou, A. C., "The effect of reparations on the ratio of international interchange," Economic journal, XLII (1932), 532-43.

Plant, Arnold, "Introductory note" to reprint of A letter on the true principles of advantageous exportation, [1818], Economica, XIII (1933), 40-41.

Porter, G. R., The progress of the nation, new ed., 1851.

Prentice, David, Thoughts on the repeal of the Bank restriction law, 1811.

Raithby, John, The law and principle of money considered, 1811.

Ravenstone, Piercy, A few doubts as to the correctness of some opinions generally

entertained on the subjects of population and political economy, 1821.
Read, Samuel, An inquiry concerning the nature and use of money, Edinburgh, 1816.
Ricardo, David, Three letters on the price of gold, [1809], J. H. Hollander ed., Baltimore, 1903.
——, Notes on Malthus' "Principles of political economy," [ms. 1820], Jacob H. Hollander and T. E. Gregory ed., Baltimore, 1928. (鈴木鴻一郎訳『マルサス経済学原理評注』(リカードウ全集 II) 雄松堂, 1971 年)
——, The works of David Ricardo, J. R. McCulloch ed., 1852.
——, Minor papers on the currency question 1809-1823, Jacob H. Hollander ed., Baltimore, 1932.
——, Letters of David Ricardo to Thomas Robert Malthus, James Bonar ed., Oxford, 1887. (中野正訳『リカアドオのマルサスへの手紙』岩波文庫, 1943 年)
——, Letters of David Ricardo to Hutches Trower and others, James Bonar and Jacob H. Hollander ed., Oxford, 1899. (中野正訳『リカアドオのトラワへの手紙』岩波文庫, 1955 年)
Ricardo, Samson, Observations on the recent pamphlet of J. Horsley Palmer, 1837.
Robbins, Lionel, "Remarks upon certain aspects of the theory of costs," Economic journal, XLIV (1934), 1-18.
Robertson D. H., "The transfer problem," in A. C. Pigou and D. H. Robertson, Economic essays and addresses, 1931, 170-81.
Rooke, John, Remarks on the nature and operation of money, 1819.
——, A supplement to the remarks on the nature and operation of money, 1819.
——, An inquiry into the principles of national wealth, Edinburgh, 1824.
——, Free trade in corn the real interest of the landlord, and the true policy of the state, 2d ed., 1835.
Rose, George, Substance of the speech delivered in the House of Commons... on the report of the Bullion Committee, 1811.
Rosse, Earl of, Observations on the present state of the currency of England. 1811.
Rueff, Jacques, "Mr. Keynes' views on the transfer problem," Economic journal, XXXIX (1929), 388-99.
[Saint Peravy, Guérineau de], Principes du commerce opposé au trafic, Paris, 1786-87.
Salomons, David, A defence of the joint-stock banks, 2d ed., 1837.
[Salvesen, H. K.], "The theory of international trade in the U. S. A.," Oxford magazine, May 19, 1927, 497-98.
Sauvaire-Jourdan, F., Isaac de Bacalan et les idées libre-échangistes en France, Paris, 1903.
Say, Horace, "La crise financière et la Banque de France," Journal des économistes, XVI (1847), 193-207.
Schüller, Richard, Schutzzoll und Freihandel, Vienna, 1905. (油本豊吉訳『保護関税と

自由貿易』実業之日本社, 1946 年)
Schultz, Henry, "Correct and incorrect methods of determining the effectiveness of the tariff," Journal of farm economics, XVII (1935), 625-41.
Schumacher, Hermann, "Location of industry," Encyclopaedia of the social sciences, IX (1933), 585-93.
Schuster, Sir Felix, The Bank of England and the state, a lecture delivered November 14, 1905, Manchester, 1923.
Scrope, G. Poulett, On credit-currency, and its superiority to coin, 1830.
――, The currency question freed from mystery, 1830.
――, A plain statement of the causes of, and remedies for, the prevailing distress, 1832.
――, An examination of the Bank charter question, 1833.
――, Principles of political economy, 1833.
Seager, H. R., Principles of economics, New York, 1913.
Seligman, E. R. A., "On some neglected British economists," part I, Economic journal, XIII (1903), 335-63.
――, "Ricardo and Torrens," Economic journal, XXI (1911), 448-55.
Senior, N. W., Three lectures on the transmission of the precious metals from country to country, 2d ed., 1830.
――, Three lectures on the cost of obtaining money, 1830.
――, Political economy, [1st ed., 1836], 4th ed., 1858.
Shadwell, J. L., A system of political economy, 1877.
Sidgwick, Henry, The principles of political economy, 1st ed., 1883 ; 2d ed., 1887.
Silberling, N. J., "British prices and business cycles, 1779-1850," Review of economic statistics, prel. vol. V, suppl. 2 (1923), 219-62.
――, "Financial and monetary policy of Great Britain during the Napoleonic wars," Quarterly journal of economics, XXXVIII (1924), 214-33, 397-439.
Simpson, Kemper, "A re-examination of the doctrine of comparative costs," Journal of political economy, XXXV (1927), 465-79.
Sinclair, Sir John, Remarks on a pamphlet entitled, "The question concerning the depreciation of the currency stated & examined" by William Huskisson, 2d ed., 1810.
――, Observations on the report of the Bullion Committee, 3d ed., 1810.
Smith, Adam, An inquiry into the nature and causes of the wealth of nations, [1st ed., 1776], Edwin Cannan ed., 1904. (大内兵衛・松川七郎訳『諸国民の富』全 2 冊, 岩波書店, 1969 年)
Smith, Thomas, An essay on the theory of money and exchange, 2d ed., 1811.
Somers, Robert, The errors of the banking acts of 1844-5, as exhibited in the late monetary crisis, Glasgow, 1857.
――, The Scotch banks and system of issue, Edinburgh, 1873.

Sraffa, Piero, "An alleged correction of Ricardo," Quarterly journal of economics, XLIV (1930), 539-44.

Stansfeld, Hamer, The currency act of 1844, 1854.

——, A plan for a national bank of issue, 1860.

Stewart, Dugald, "Notes on the bullion report. (Sent by Mr. Stewart to Lord Lauderdale, in ... 1811)," in The collected works of Dugald Stewart, Sir William Hamilton ed., VIII (1855), 431-52.

Stirling, P. J., The Australian and Californian gold discoveries, Edinburgh, 1853.

Stourton, Lord, Three letters ... on the distresses of agriculture in the United Kingdom, new ed., 1822.

Taussig, F. W., Protection to young industries as applied in the United States, 2d ed., New York, 1884.

——, "Wages and prices in relation to international trade," Quarterly journal of economics, XX (1906), 497-522.

——, Principles of economics, New York, 1911.（長谷部文雄訳『経済学原理』弘文堂書房, 1924 年）

——, Some aspects of the tariff question, Cambridge, Mass., 1915.

——, "International trade under depreciated paper," Quarterly journal of economics, XXXI (1917), 380-403.

——, "International freights and prices," Quarterly journal of economics, XXXII (1918), 410-14.

——, Free trade, the tariff, and reciprocity, New York, 1920.

——, "Germany's reparation payments," American economic review, X (1920), supplement, 33-49.

——, International trade, New York, 1927.

Taylor, John, Currency fallacies refuted, and paper money vindicated, 1833.

Terborgh, G. W., "The purchasing-power parity theory," Journal of political economy, XXXIV (1926), 197-208.

[Thompson, T. P.], "On the instrument of exchange," Westminster review, I (1824), 171-205.

[Thomson, W. T.], The Bank of England, the Bank acts and the currency, by Cosmopolite, Edinburgh, 1866.

Thornton, Henry, An enquiry into the nature and effects of the paper credit of Great Britain, 1802.（渡辺佐平・杉本俊明訳『紙券信用論』実業之日本社, 1948 年）

——, Substance of two speeches ... on the report of the Bullion Committee, 1811.

Tocker, A. H., "The measurement of business conditions in New Zealand," Economic record, I (1925), 47-62.

Tooke, Thomas, Considerations on the state of the currency, 2d ed., 1826.

——, A letter to Lord Grenville, on the effects ascribed to the resumption of cash payments on the value of the currency, 1829.

―, A history of prices and the state of the circulation, II, 1838 ; IV, 1848. (藤塚和義訳『物価史』全6巻, 東洋経済新報社, 1978-1992年)
―, An inquiry into the currency principle, 2d ed., 1844. (渡辺善彦訳『通貨主義の研究』勁草出版サービスセンター, 1978年)
Torrens, Robert, The economists refuted, [1808], reprint appended to Torrens, The principles and practical operation of Sir Robert Peel's Act, 3d ed., 1858.
―, An essay on money and paper currency, 1812.
―, An essay on the external coin trade, 1st ed., 1815, 4th ed., 1827.
―, A comparative estimate of the effects which a continuance and a removal of the restriction upon cash payments are respectively calculated to produce, 1819.
―, An essay on the production of wealth, 1821.
―, Colonization of South Australia, 1835.
―, A letter to...Melbourne, on the causes of the recent derangement in the money market, 2d ed., 1837.
―, Supplement to a letter addressed to...Melbourne, on the derangement in the money market, 1837.
―, A letter to Thomas Tooke, Esq., in reply to his objections against the separation of the business of the Bank into a department of issue, and a department of deposit and discount, 1840.
[―], The budget. A series of letters on financial, commercial, and colonial policy, 1841-1844.
―, Reply to the objections of the Westminster review to the government plan for the regulation of the currency, 1844.
―, The principles and practical operation of Sir Robert Peel's Act of 1844, explained and defended, 1st ed., 1848 ; 3d ed., 1858.
―, Tracts on finance and trade, 1852.
Tozer, J., "On the effect of the non-residence of landlords, &c., on the wealth of a community," Transactions of the Cambridge Philosophical Society, VII (1842), 189-96.
Trotter, Coutts, The principles of currency and exchanges, 2d ed., 1810.
Turner, Samuel, A letter...with reference to the expediency of the resumption of cash payments, 2d ed., 1819.
―, Considerations upon the agriculture, commerce and manufactures of the British Empire, 1822.
Twells, John, Evidence...given before the select committee of the House of Commons on the Bank charter act, 1857.
Vansittart, N., Substance of two speeches, made...in the...House of Commons, to which the report of the Bullion Committee was referred, 1811.
Viner, Jacob, Canada's balance of international indebtedness 1900-1913, Cambridge, Mass., 1924.

―, "Angell's theory of international prices," Journal of political economy, XXXIV (1926), 597-623.

―, "Comparative costs: a rejoinder," Quarterly journal of economics, XLII (1928), 697-701.

―, "Die Theorie des auswärtigen Handels," in Die Wirtschaftstheorie der Gegenwart (Wieser Festschrift), IV (1928), 106-25.

―, "The doctrine of comparative costs," Weltwirtschaftliches Archiv, XXXVI (1932, II), 356-414.

―, Review of Mihaïl Manoïlesco, The theory of protection and international trade, Journal of political economy, XL (1932), 121-25.

Wakefield, Daniel, An investigation of Mr. Morgan's comparative view of the public finances, 1801.

[Wakefield, E. G.], England and America, 1833.

Walker, Francis, "Increasing and diminishing costs in international trade," Yale review, XII (1903), 32-57.

Walras, Léon, Études d'économie politique appliquée, Lausanne, 1898.

Walsh, C. M., The fundamental problem in monetary science, New York, 1903.

Walsh, R. H., "Observations on the gold crisis," Journal of the Dublin Statistical Society, I (1856), 175-93.

Ward, James, The Bank of England justified in their present course, 1847.

―, The true action of a purely metallic currency... examined and developed, 1848.

Ward, William, On monetary derangements, in a letter addressed to the proprietors of Bank stock, 1840.

Weber, Alfred, "Die Standortslehre und die Handelspolitik," Archiv für Sozialwissenschaft und Sozialpolitik, XXXII (1911), 667-88.

Webster, Richard, Principles of monetary legislation, 1874.

Western, C. C., "A letter... on the cause of our present embarrassment (!) and distress, and the remedy," Pamphleteer, XXVII (1826), 217-38.

Wheatley, John, Remarks on currency and commerce, 1803.

―, An essay on the theory of money and principles of commerce, I, 1807; II, 1822.

―, A letter to Lord Grenville, on the distress of the country, 1816.

―, A report on the reports of the bank committees, Shrewsbury, 1819.

Whewell, W., "Mathematical exposition of some of the leading doctrines in Mr. Ricardo's 'Principles of political economy and taxation,'" Transactions of the Cambridge Philosophical Society, IV (1833), 155-98.

―, "Mathematical exposition of some doctrines of political economy. Second memoir," Transactions of the Cambridge Philosophical Society, IX, part I (1856), 128-49.

―, "Mathematical exposition of certain doctrines of political economy. Third memoir," Transactions of the Cambridge Philosophical Society, IX, part II (1856),

[1]-[7].

Whitaker, A. C., "The Ricardian theory of gold movements," Quarterly journal of economics, XVIII (1904), 220-54.

White, H. D., The French international accounts 1880-1913, Cambridge, Mass, 1933.

Whittlesey, C. F., "Foreign investment and the terms of trade," Quarterly journal of economics, XLVI (1932), 444-64.

Wicksell, Knut, "International freights and prices," Quarterly journal of economics, XXXII (1918), 404-10.

———, Lectures on political economy (transl. from the Swedish), New York, 1934-35. (橋本比登志訳『経済学講義 I』日本経済評論社, 1984 年)

Williams, J. H., Argentine international trade under inconvertible paper money 1880-1900, Cambridge, Mass., 1920.

———, "The theory of international trade reconsidered," Economic journal, XXXIX (1929), 195-209.

Williams, T. H., "Observations on money, credit, and panics," Transactions of the Manchester Statistical Society, 1857-58, 49-66.

Wilson, Glocester, A defense of abstract currencies, 1811.

———, A further defence of abstract currencies, 1812.

Wilson, James, Capital, currency, and banking, 1847.

Wilson, Roland, Capital imports and the terms of trade, Melbourne, 1931.

———, "Australian monetary policy reviewed," Economic record, VII (1931), 195-215.

Woods, George, Observations on the present price of bullion, and rates of exchange, 1811.

Wright, I. C., Thoughts on the currency, 1841.

Yates, John Ashton, Essays on currency and circulation, Liverpool, 1827.

Yntema, T. O., A mathematical reformulation of the general theory of international trade, 1932.

Young, Allyn A., "Marshall on consumer's surplus in international trade," Quarterly journal of economics, XXXIX (1924), 144-50.

Young, Arthur, An enquiry into the progressive value of money in England, 1812.

Zapoleon, L. B., "International and domestic commodities and the theory of prices," Quarterly journal of economics, XLV (1931), 409-59.

(b) 引用文献（著者名なし）

A discourse concerning banks, 1697.

The iniquity of banking, 1797.

Of the utility of country banks, 1802.

Serious reflections on paper money in general, 1802.

The theory of money ; or, a practical, inquiry into the present state of the circulating medium, 1811.

"A letter on the true principles of advantageous exportation," [2d ed., 1818], reprinted in Economica, XIII (1933), 40-50.

Observations on the reports of the committees of both Houses of Parliament, on the expediency of resuming cash-payments at the Bank of England, 1819.

Reply to the author of a letter... on the pernicious effects of a variable standard of value, 1819.

"Two tables, (with explanations,) illustrative of the speeches of... the Earl of Liverpool...," Pamphleteer, XV (1819), 281-86.

Observations on the crisis, 1836-37, with suggestions for a remedy against commercial pressures (by "a merchant"), 1837.

"The Bank of England and the country banks," Edinburgh review, LXV (1837), 61-87.

"Professor Lawson's Lectures on political economy," Dublin University magazine, XXIV (1844), 721-24.

Suggestions for the regulation of discount by the Bank of England, 1847.

The incubus on commerce (by "Tristram Trye"), 1847.

"The Bank Charter Act—currency principles," Westminster review, XLVII (1847), 412-66.

The currency question, 2d ed., n.d. (1847?).

"History and exposition of the currency question," Westminster and foreign quarterly review, XLVIII (1848), 448-82.

The money bag, 1858.

"The recent financial panic," by N. W., reprint from British quarterly review, July, 1866.

The bullion business of the Bank of England, 1869. ("Printed at the Bank of England for private circulation only.")

訳者あとがき

　ジェイコブ・ヴァイナー（1892-1970）は，国際経済学の権威者として，戦前，戦後にかけて世界的にその活躍が知られた学者である。本書 Studies in the Theory of International Trade, 1937（以下 Studies）は，彼の数ある著書の中の代表作である。

　この Studies の発表された 1930 年代は，国際経済学の分野において特筆すべき時代であり，包括的な近代的国際経済学の名著が次々と世に問われた。すなわち，

　　G. Haberler, *The Theory of International Trade*, 1936. (German ed., 1933)
　　　　　　　　　（松井清・岡倉伯士訳『国際貿易論』1937 年）
　　B. Ohlin, *Interregional and International Trade*, 1933.
　　　　　　　　　（木村保重訳『貿易理論―域際および国際貿易』1970 年）
　　R. F. Harrod, *International Economics*, 1933.
　　　　　　　　　（藤井茂訳『国際経済学』1952 年）

　ヴァイナーの Studies を含めてこれらの著書は，そのどれもその後の近代的国際経済学の形成・発展にとって著しい貢献をしたことはよく知られているところである。そのため，ハーバラー，オリーン，ハロッドについては，すでに早くから邦訳がなされ，これまで日本の国際経済学研究者をはじめ多くの経済学者たちが利用の便宜を得てきたが，ヴァイナーの Studies については，600 ページに及ぶその大冊のゆえか，これまでずっと日本語の翻訳はなされてこなかった。

　ヴァイナーの研究書としての評価については，経済学全般の学説史を分析ツールの進歩として論じたあまりに有名な J. A. シュンペーター（Joseph A. Schumpeter）の *History of Economic Analysis*, 1954（東畑精一・福岡正夫訳『経済分析の歴史』2006 年）にふれるだけで十分だと思われる。シュンペーターは本書 Studies の 9 章すべてに言及している。すなわち，重商主義の文献の解釈については，1・2 章を「傑出した作品」と讃辞を示し，1790-1870 年の国際貿易理論については，8・9 章を優れた研究として「確実に推薦する」とし，

同時代のイギリスの貨幣政策，銀行政策の議論については，3・4・5章を十分なるただ一冊の参考書として推薦する価値ある「堂々たる研究書」と称賛した。国際収支調整メカニズムに関する論争については，6・7章がシュンペーターの議論を補完するものととらえられており，それを前提に安んじてシュンペーターみずから議論に集中できることが指摘されている。これらは，国際経済学の研究書として *Studies* の重要性を示す証左といえよう。

　現実からの批判を受けて経済学の現状が混迷を深めているときに，過去の学説を振り返ってみることの意義は間違いなく高い。その意味からも，ヴァイナーの本書の邦訳も十分意義があろう。

　本書の翻訳に取りかかったのは20年以上も前になる。最初は恩師天利長三先生のご指導の下で，日大商学部の伊藤孝司教授と私とで前半部と後半部を分担して始められたが，いろいろな事情があって，私一人で翻訳することになった。しかし，翻訳作業は研究の一時的な中断を意味しており，当時大冊の翻訳を単独でやり通すことは困難をきわめ，中途半端な状態が続くことになったが，恩師他界の悲報に目が覚まされて翻訳の完成のために全力を投入する決意が固まり，2001年の暮れ頃より本格的に取り組むことになった。初期の段階で恩師から翻訳の手解きを受け，翻訳の基本的なやり方と姿勢が学べたことは，思えばつくづく幸運であった。このときの指導がなければ，翻訳の完成は確実になかったであろう。天利長三先生には，拙著出版の折も筆舌に尽くしがたいご恩を受けており，どれほど感謝申し上げても足りぬ思いである。

　本書の完成には多数の方々の協力が欠かせなかった。ドイツ語については，同僚である青山学院大学経済学部の故田野慶子教授の助力をいただいた。フランス語については，私のゼミの卒業生の杉山明美さん（卒業後方向を変えて再入学を果たしフランス文学修士号取得）のお世話になった。同じくゼミの卒業生の泉　里佳さんには，引用箇所に該当する翻訳書部分を見つけ出す厄介な作業を引き受けていただいた。これらの方々に心より感謝申し上げたい。私の拙い初期の訳文のすべてに目を通し，貴重な助言をたえず与え続けてくれた長年の研究仲間の平　保氏にもお礼をいわなくてはならない。いつ終わるとも知れない訳業に時折くじけそうな気持ちを支えてくれたのが平氏であった。最後に今回の出版を快諾していただいた勁草書房のご厚情に感謝するとともに，同社の宮本詳三氏の配慮と初校の段階で丁寧な下読みと語句の統一・訂正をしていただいた同社の関戸詳子氏にも厚くお礼申し上げたい。

翻訳書は学会への恩返しの意味があるとかつて聞いたことがある。ヴァイナーのこの翻訳書が，これまでお世話になった日本国際経済学会と日本金融学会に少しでも貢献できたとしたら望外の喜びである。

2010年1月

中澤　進一

人名索引

A

Acworth 153, 173, 177
Adamson 374
Andréadès 270
Angell
 初期文献：
  初期文献と貨幣数量説 42, 43
  初期文献と自己調整メカニズム 76, 78, 79, 80
  初期文献と正貨輸送点のメカニズム 80
 地金主義者の論争 122, 124
  地金主義者の論争と"質的"減価 133-34, 136
  地金主義者の論争と為替相場に与える送金の影響 142-43
  地金主義者の論争と不換通貨の下での正貨移動 147
  地金主義者の論争と通貨減価に対するイングランド銀行の責任 156-69
  地金主義者の論争とリカードウが主張したとされる通貨減価に対する立場の変化 203-204
 国際メカニズムの銀行業務の諸局面：
  第一拡張と第二拡張の役割 389, 400-404
  カナダの国際収支の説明に対する批判 400-404
  カナダの経験の統計的分析 407-412, 412-13
 景気循環と国際メカニズム 419-20
 比較生産費の教義：
  リカードウの誤謬と言われているもの 427-29
  比較生産費の教義と均等な貿易利益 430
  完全特化を含むものとして論じられた比較生産費の教義 434-35
  比較生産費と交易条件の関係 528
  マーシャル派の相互需要曲線 558
  クールノーの関税除去の効果についての分析 560
Arbuthnot 248
Armstrong 8, 25, 36, 53, 63, 95, 103
Asgill 33, 45, 69, 76
Ashburton 260, 263, 269
Attwood, M. 153, 175, 181, 182, 198, 201, 278-79.
Attwood, T. 173, 185-86, 194, 197-98, 210-11, 278-79, 285
Auspitz 564-65
Aylesbury 8, 14, 63

B

Bacalan 291
Bacon 10, 48
Bailey 232, 280
Barbon
 貿易差額の測定とその意味 14
 個人の財務からの重商主義者の類推に対する批判 34-35
 "労働差額" 54
 禁止対関税 65-66
 貯蓄過程の性質 91
 贅沢擁護 92-93
 輸入税が輸出数量に与える影響 106-107
 東インド会社のスポークスマン 119
Baring→Ashburtonを見よ.
Barnes 72
Barone 472, 488, 498, 562-64.
Bastable
 重商主義者の教義における見えざる項目 14

国際メカニズムにおける需要変動 299-300, 356-57
均衡下の為替相場 368
比較生産費：
    比較生産費と部分特化の可能性 434
    比較生産費と多角的貿易 447
    比較生産費と逓増生産費下での限界的な費用の節約 452
    比較生産費と貿易利益の分配 540
    "国際需要の均等" 514
    クールノーの分析 561
    "国際貿易"という言葉の使用 568
Beach 393
Bellers 23
Bentham 187, 190, 191, 194
Berkeley 23, 39, 496
Bickerdike 449, 475
Bieston 21
Bindon 66, 75, 95, 111
Binns 138
Blacker 272, 284
Blake 192, 193, 194, 201
Blewitt 64
Boase 123, 138, 139
Böhm-Bawerk 494-95
Bollman 180, 212-13
Bonar 177
Booth 205-206
Bosanquet, Chas. 123, 146, 148, 156
Bosanquet, J.W. 284
Bowen 486
Boyd 122, 127, 134, 154, 242-43
Brentano 58
Bresciani-Turroni 297, 313-14, 368
Brewster 68, 73
Brinklow 36
Briscoe 26, 33, 43, 50
Broglie, de 194.
Browne 37
Buchanan 136, 270
Burgess 156, 188, 238, 240, 244, 262

Burns 436
Butt 317

C
Cairnes
    イングランド銀行の不十分な準備額 264
    通貨改革者 279
    国際メカニズム：
        国際メカニズムと需要変動 298-99, 300
        国際メカニズムと国際財価格の国際的均一性 312
        国際メカニズムと"国内"財 319
    比較生産費：
        重要な比率 422
        賃金水準と国際均衡 440
        多角的貿易 446
        "実質生産費" 470, 487, 488, 496
        無競争集団 474-75
        相対的な要素希少性と国際特化 485
        貿易利益の性質 512
        "供給と需要の均等" 514
Cannan 122
Cantillon 77
Carr 406-407, 411-12
Carver 455
Cary 11, 23, 58
Cassel 127-28, 368-375
Castlereagh 128
Cayley 257
Cecil 9, 32, 69
Chamberlain 15, 30, 48, 81
Cherbuliez 447
Child
    東インド会社のスポークスマン 13, 116, 117, 119
    国際差額における見えざる項目 15
    銀行業が貨幣の流通に与える影響 49
    貨幣不足とされたもの 91
    贅沢擁護論 93
    政府による貿易規制 98, 101
    国力と繁栄の関係 114

人名索引

Cholmeley 9, 103-104
Clapham 270
Clay 231, 240, 248
Clement 34, 66, 80
Cobden 218
Cockburn, R. 258, 262
Cockburn, W. 465
Coke 19, 58, 109
Collins 71
Comber 151
Cotton 10, 43
Cournot 539-40, 558-561
Cowell 378-79
Craig 193
Cranfield 9
Cranten 8
Cross 281
Cunningham 16
Cunynghame 557, 562, 563

D
Davanzati 39
Davenant
　東インド会社のスポークスマン 13, 119
　貿易差額の重要性を測定する難しさ 13, 19
　富の概念 22
　利益のない国内取引 28
　個人の財務からの重商主義者の類推の使用 34
　労働に対する思いやりのある態度 58
　羊毛輸出の規制に対する反対者 67
　再輸出貿易促進の擁護者 71
　貯蓄過程の性質 92
　贅沢擁護論 93
　自由放任主義の傾向 97, 99, 101, 105
　労働者の職業的移動性 106-107
Decker 20, 73, 109
Defoe 58, 69, 95, 99, 119
Dickson 237
Dietzel 103

Digges 116
Dobbs 65, 71, 73, 74
Dorrien 151
Doubleday 238
Douglas 275
Drummond 222
Dubois 4, 44
Dumont 194
Duncan 253, 278
Dunlop 205

E
Edgeworth, F. Y.
　"中立的条件" 321
　比較生産費：
　　教義の性質 424, 467
　　部分特化の可能性 434
　　国際特化との関係 441-44
　　対数による図解 441-44, 447-48
　　交易条件との関係 441-44, 522-24
　　逓増生産費下での比較生産費 452, 523-24
　　シジウィックの取扱い 469
　　多角的な貿易の下での比較生産費 526-27
　　相互需要との関係 505
　貿易利益：
　　"厚生"上の仮定 506
　　貿易利益と消費者余剰 512-13, 533, 549-55
　　貿易利益と交易条件 533, 549-55
　　クールノーの分析 561
　　アウスピッツとリーベンの分析 564
　　利益の分配 540
　相互需要と交易条件：
　　J. S. ミルの分析 512-13, 516
　　図による分析 512-13, 522-24, 550-55, 558
　"国際貿易"という言葉の使用 568
Einaudi 429
Eisdell 474, 486

Elibank　41, 87
Elliott　333
Ellis, H.　368
Ellis, Wm.　193, 430, 444
Evelyn　309

F

Fanno　419
Feavearyear　173, 175
Feis　364-65, 405-406
Fetter　7, 12
Fisher　150, 206, 247, 561
Fleming　95
Forde　41
Forster　100
Fortrey　19, 37, 65
Foster　123, 149
Fowler　260
Foxwell　122
Francis　126
Franklin　88, 102, 486.
Friis　10
Fullarton　219, 221, 232, 235-36, 244, 256, 260, 387-88, 395.
Fuller　93
Furniss　57-58

G

Gardner　19, 107
Gayer　393
Gee　20, 70, 72, 111
Gervaise　82-85, 94, 107-108, 385
Gibson　257-58
Gilbart　219, 233, 247, 268, 278
Gilbert　32
Gold Delegation　398
Goschen　391
Graham, F. D.
　"国内財"　319
　国際メカニズムにおける財の流れ　364-66
　比較生産費：
　　比較生産費と交易条件　431-34, 520-22, 525-31
　　比較生産費と貿易利益の分配　431-32
　　比較生産費と部分特化の可能性　433-34
　　比較生産費と多角的貿易　437, 446, 447, 514, 525-26
　　逓減生産費下での比較生産費　456-62
　相互需要：
　　相互需要と交易条件　446, 513, 514, 520-22, 525-31
　　相互需要と国際需要の均等　514
Graham, Geo.　429
Graham, Sir Jas.　175
Gray　280-81
Gregory　57-58, 218, 265
Gresham　80

H

Haberler
　需要の変動と正貨移動の方向　357
　比較生産費：
　　比較生産費と部分特化の可能性　436
　　比較生産費と多数財貿易　443
　　比較生産費とシュラーの保護論　453
　　比較生産費と逓減生産費　462
　　比較生産費と無競争集団　478
　　比較生産費と"実質"生産費　488, 498
　　比較生産費と機会費用　498, 501
　輸入関税と分配　510-11
　総交易条件　538
　相互需要曲線の関係：
　　比較生産費と相互需要曲線の関係　526
　　国内貿易曲線と相互需要曲線の関係　557
Hagen　560
Haines　39, 111
Hales　9, 25, 34, 53, 63, 66, 95
Hall, Jno.　266
Hall, W.　132, 204, 213
Hankey　253
"Hardcastle, Daniel" →Richard Page を見よ.

人名索引　611

Harris　15, 30, 51, 55, 87, 88, 91, 93, 105
Harrod　326, 539
Haslam　278
Hawtrey　122, 125, 142, 198, 258, 375, 391
Hay　31
Hayek　187, 188, 189, 190-91,
Heckscher　4, 38, 81, 371, 486
Helander　117
Herries　123, 146, 208
Hertz　115
Heygate　175
Hilgerdt　420
Hill, Edwin　245, 246, 379
Hill, Jno.　146, 148, 395
Hobbes　38
Hodges　33, 45-46, 48, 64
Hodgson　264
Hollander　122, 124, 127, 367, 426-27
Home　26, 52, 68, 73, 105
Hooley　261, 276
Hopkins　465, 486
Horner　122-23, 128, 136, 155, 200, 254, 309
Horsley　20
Houghton, Jno.　25-26, 51, 72, 78, 93, 106, 109, 117
Houghton, Thos.　29, 37
Hubbard　260
Hume
　個人的な財務からの重商主義者の類推について　35
　紙幣　41, 86
　国家の退蔵　52
　高賃金　58
　自己調整メカニズム　76-77, 84, 85, 86-87, 88, 89, 289-91, 308, 309, 311, 315, 384
　域際貿易　86, 154, 289, 568
　雇用に及ぼす貨幣増大の影響　86-87, 187
　国際メカニズムにおける為替相場　86, 289, 366
　貯蓄過程の性質　91
　利子論　91, 150

自由放任　101, 111-12
Huskisson　176, 182, 202, 223

I
Isles　403
Iversen　320, 322, 329, 355

J
Jackson　138
Jacob　309
James I　96
James, Hy.　207
Jefferson　486
Jevons　332, 533-34
Jocelyn　17, 22, 93, 94
Johnson　57, 92
Jones, Chas.　280
Jones, Rich.　12
Joplin
　銀行券の過剰発行の可能性　158, 236, 238
　少額紙幣の抑制　182
　強制貯蓄　188, 189-90
　収穫不足の期間中の金の支払停止　207
　通貨原理の初期の記述　222
　国際メカニズムにおける需要変化　296, 300
Justice　15

K
Kames, Ld. →Home を見よ
Keale　95, 116
Keynes　197, 251, 255, 303-307, 355
King　122, 129, 135, 149, 155, 160, 237, 317
Knight　459, 461-62, 471
Kreps　322

L
Lamb　34, 37, 38-39, 41
Landry　561
Lauderdale　123, 149, 188, 191
Laughlin　313, 389

Law 39, 40, 44, 45, 46, 47, 149, 187
Lawrence 28, 41
Lawson 312
Leicester 7
Leontief 498, 499
Lerner 498, 499
Leser 425-26
Levasseur 119
Lewis 41
Lexis 487
Lieben 564
Lillo 109
Lincoln 14
Lindsay 93, 100, 108
Lipson 4
Liverpool 195
Lloyd 86-87, 247
Locke 33, 34, 48, 78-80, 92
London 23
Longfield
　パーマー・ルールについて 226
　銀行券の過剰発行の可能性について 241
　支払手段としての預金 247
　国際メカニズムにおける需要変動 294-95, 300
　物価の国際的均一性 312
　交易条件：
　　交易条件と不在地主制度 317-18
　　交易条件と関税 317-18
　　交易条件と相互需要 317-18, 430
　　交易条件と賃金 437-39, 440, 473-74
　国際特化：
　　国際特化と賃金の職業格差 473-74
　　国際特化と労働の能率 474
　　国際特化と生産要素の相対的希少性 482
Lowe 279
Loyd, S. J. →Overstoneを見よ
Lubbock 247
Luzzati 272

M

Machlup 375
Mackworth 11, 45, 47
Maclaren 152
Maddison 43, 63, 70
Magens 108-109
Maintrieu 117
Malthus
　地金論争：
　　論争の参加者 123
　　送金が為替に及ぼす影響 141-43
　　地方銀行券の過剰発行の可能性 155
　　物価下落に対する兌換再開の責任 184
　　貨幣数量の変化が雇用に及ぼす影響 186, 188, 196-97
　　強制貯蓄 188
　　貯蓄が雇用に及ぼす影響 193
　　金本位 200-201, 212
　国際メカニズムにおける相対的価格変化 292, 316
　物価水準の変化を測定できる可能性 309
　物価水準の国際的均一性 310
　国際特化：
　　国際特化と生産費 424, 467-68
　　国際特化と生産要素の相対的希少性 484
　貿易利益の性質 506-509
Malynes 7, 10, 18, 37, 42, 53, 56, 63, 78, 115-16
Mangoldt 434, 441
Manley 23, 38, 48
Manoïlesco 477
Marshall
　貨幣の価値論への現金残高アプローチ 247
　国際財価格の国際的均一性 312
　相互需要曲線 349, 353, 449, 516, 518-22, 549-50, 555-58, 564
　均衡為替相場 368
　国際メカニズムにおける第一拡張 389-90
　比較生産費：

比較生産費と労働費用　470, 487
　　比較生産費と貿易利益　505
　　比較生産費と多角的貿易　526-27
　貿易利益：
　　"厚生"上の仮定　506
　　貿易利益と"余剰"　512, 532, 544-49
　　貿易利益と交易条件　532-33
　　交易条件と相互需要の弾力性　518-22
Mason, E. S.　488
Mason, Jno.　98-99
Massie　67, 91, 109
McCulloch
　金利が銀行信用の大きさに及ぼす影響　149
　平価切下げ　175
　正貨支払再開が金の世界価値に及ぼす影響　183
　退蔵のまれなこと　193
　銀行券の過剰発行の可能性　238, 239
　過激な通貨改革者　279
　アイルランドの不在地主制度　316-17
　比較生産費の教義　424, 467-68
　国際特化と生産要素の相対的希少性　485
Mering　447
Merivale　318, 445-46
Merle　138
Mildmay　37, 66, 71, 73
Mill, Jas.　131, 196-97, 243, 424, 429, 440, 470
Mill, J. S
　貯蓄が雇用に及ぼす影響　192-94
　正貨支払い再開　201
　1844年の銀行条例　233, 250, 260-61
　"購買力"としての"信用"　244-45, 250
　適正な準備の必要性　264
　"混合通貨"対"単一の正貨"　278
　過激な通貨改革論者　279
　国際メカニズム：
　　国際メカニズムといろいろなタイプの金流出　259-61
　　国際メカニズムと適正な準備の必要性　264
　　国際メカニズムと金利　275
　　国際メカニズムと相対価格の変化　290
　　国際メカニズムと需要変化　296-98, 300
　　国際メカニズムと"退蔵"の教義　387-88
　　国際メカニズムと第一変動　387-88
　交易条件：
　　交易条件と不在地主制度　317
　　交易条件と関税変化　319
　　交易条件と相互需要　430-33, 468-69, 513-18, 525-26, 558
　　交易条件と貿易利益　532, 533-34, 539-40, 553-54
　比較生産費の教義：
　　リカードウの誤謬といわれているもの　428-29
　　労働生産費　470
　　実質生産費　496
　　貨幣生産費　561
　　相互需要と交易条件　430-33, 468-69
　　多数財貿易　437, 445
　　部分特化の可能性　433
　　輸送費用の分担　450-51
　貿易利益：
　　"厚生"上の仮定　506
　　交易条件　532, 533-34, 539-40, 553-54
　国際貿易：
　　国際貿易と"国際需要の均等"　513-14
　　国際貿易と域際貿易　568
　　国際貿易と職業の移動性　573
Miller　275
Milles　7, 36, 63, 116
Mills　319
Milner　264, 274, 275, 396
Misselden
　反地金主義者　6-7
　貿易差額：
　　言葉の使用　10
　　計算　11
　　見えざる項目（貿易外収支）の認識　14-

　　　　15
　　雇用に及ぼす影響　53
　　富の概念　19
　　個人の財務からの重商主義者の類推　34
　　高物価は貨幣不足より悪くない　37-38
　　金属食器のための貴金属の使用　50
　　財政目的の関税の誤用　71
　　自己調整メカニズムの認識に対する間違った
　　　栄誉　78
　　利害の自然調和　100-101
　　神に祝福された外国貿易　104
　　貿易商組合のスポークスマン　116
Mitchell　419
Molloy　105
Monroe　42
Montesquieu　87, 115
More　21, 24, 39, 78, 90
Morris　258
Mun
　　反地金主義者　7
　　東インド会社のスポークスマン　13, 116
　　貿易残高：
　　　貿易残高と東インド貿易　13
　　　貿易残高と見えざる項目（貿易外収支）
　　　　15
　　　貿易残高と国富　19
　　　貿易残高と雇用　53
　　富の概念　19, 21
　　国家の財宝　25
　　個人の財務からの重商主義者の類推　34
　　貨幣数量説　42
　　金属食器のための貴金属の使用　50
　　雇用条例　64
　　再輸出貿易　70
　　貨幣不足とされたもの　90-91
Murray　→Elibank を見よ
Mushet　123, 130, 160

N

Namier　118
Newmarch　248, 274

Nicholson
　　国際メカニズム：
　　　国際メカニズムと需要変動　299-300,
　　　　302, 356, 357
　　　国際メカニズムと物価の国際的均一性
　　　　313
　　比較生産費：
　　　比較生産費と利益の分配　431
　　　比較生産費と部分特化の可能性　434
　　　保護と逓減費用　455
Nielsen　393
Norman
　　通貨学派のメンバー　219
　　パーマー・ルール　224
　　地方銀行券の過剰発行の可能性　227-33
　　支払手段としての預金　249
　　イングランド銀行の政策への影響　253
　　高利禁止法　254, 257
　　管理手段としての割引率　254-55, 274-75
　　公開市場操作　257
　　適正な金準備の必要性　265
　　第二の準備としての外国証券　267
　　国際メカニズムにおける財の流れ　365-66
North
　　自己調整メカニズム　80-81
　　貨幣不足とされたもの　91
　　贅沢擁護論　93
　　自由貿易論者　94, 96, 101
　　誤って "Considerations on the East-India
　　　trade" の著者とされたこと　107
　　地主階級のスポークスマン　114, 120
Norton　282

O

Ohlin
　　国際メカニズム：
　　　国際メカニズムと需要表の変動　290,
　　　　300, 303-307, 327-331
　　　国際メカニズムと貨幣の速度　358, 362
　　国際貿易：
　　　国際貿易と立地論　449

国際貿易と域際貿易　568-69
国際貿易と生産要素の移民　572
賃金水準と国際貿易　440
交易条件と無競争集団　476, 477
国際特化：
　国際特化と労働の"効率"　474, 480-81
　国際特化と生産要素の相対的希少性
　　480-83, 485-86
　国際特化と可変的な生産要素比率　480-83
　拒否された比較生産費の教義　481-82, 488, 491-93
Oncken　5, 16
Opie　284
Oswald　87
Overstone
　通貨学派のメンバー　219
　"通貨原理"という言葉の初期の使用　219
　パーマー・ルール　226
　1844年の銀行条例　228-31
　銀行券の過剰発行の可能性　234, 239, 241
　支払手段としての預金　248, 249
　公開市場操作　257
　正貨流出のいろいろな型　260
　金利と事業活動　274, 275
　"混合"通貨の規制の必要性　378
　国際メカニズムにおける第一拡張　387

P

Page　247, 257, 262-63, 282
Paget　184
Palmer
　パーマー・ルール　222-27, 265
　1844年の銀行条例　227
　イングランド銀行の政策への影響　253
　高利禁止法　254, 256-57
　公開市場操作　256-57
　正貨流出のいろいろな型　259
　適正な準備の必要性　265
　第二の準備としての外国証券　267
Papillon　13, 21, 34, 116

Pareto　434-36, 472, 488, 498
Parnell　123, 136, 198, 239, 244, 257
Paterson　33, 41, 43, 94, 97
Patterson　272, 276
Payne　159
Peel　172, 229, 265
Pell　282
Pennington
　地方銀行預金　126
　パーマー・ルール　222-25
　通貨原理　224-25
　公開市場操作　225
　支払手段としての預金　242
　国際メカニズムにおける第一拡張　386-87
　比較生産費：
　　リカードウの誤謬と言われたもの　429
　　比較生産費と交易条件と相互需要　431
　　比較生産費と多国間貿易　432
Petty
　富の概念　22
　貴金属：
　　貴金属と貯蓄　28, 29-30
　　金属食器への利用　48, 51
　雇用創造論　53-54
　禁止令反対関税　65
　羊毛の輸出規制策　67-68
　自由港　70
　正貨現送点メカニズム　80
　自由放任　100
　現金残高分析　247
Petyt　13, 22, 27, 37, 64, 70
Philips, Erasmus　23
Phillips, C. A.　237
Pierson　482, 486
Pigou　331-45, 357, 530, 563
Plant　464
Plumptre　393
Pollexfen　11, 13, 15, 19, 31, 34, 64, 97
Porter　176, 395
Postlethwayt　49, 52, 73, 247
Potter　39, 40, 43, 44, 46, 93, 187

Pratt　81
Prentice　152, 183
Price　9
Prior　85
Proudhon　511

Q
Quesnay　115-16

R
Raithby　208
Raleigh　27
Ravenstone　244
Read　212
Reynel　19, 71
Ricardo, D
　地金主義者の著作　123-24
　減価：
　　地金プレミアムによって立証された減価　126-28
　　地金プレミアムによって測られた減価　126-31, 182-84
　　物価の相対的上昇によって測られた減価　130
　　"質的減価"対量的減価　134, 136
　　減価と銀行券の数量　137-38
　　減価と不利な支払差額　139-46
　長期の強調　140-41
　物価水準の変化を測定できる可能性　128-29, 309-310
　金利と貨幣数量の関係　150-51, 181
　地方銀行券の過剰発行の可能性　155-56
　地金本位通貨案　172, 179
　物価下落に対する正貨支払い再開の責任　173-77
　公開市場操作　181, 255-56
　強制貯蓄　188, 195-96
　退蔵　193
　物価水準の変化の影響　194-96, 212
　金属本位：
　　利点　198-200, 212
　　平価切下げの反対者　202-203
　　管理の必要性　203-204, 221
　　変動する金価格案　205-206
　国際メカニズム：
　　国際メカニズムと相対価格変化　292, 300, 367
　　国際メカニズムと国際財価格の国際的均一性　311-12
　　国際メカニズムと不換通貨下の正貨移動　147
　　国際メカニズムと金属本位制下の正貨移動　292, 300, 356
　"国内財"　311, 319
　交易条件：
　　交易条件と関税変化　316
　　交易条件と貿易利益　512, 531-32
　比較生産費：
　　教義の定式化　424-41
　　優先権の主張　425-27
　　"比較"という言葉の使用　426-27
　　利益の分配　428-29
　　部分特化の可能性　434-36
　　国際的な価格の相違　464
　　国際価値を支配する原理　467, 568
　　労働価値説　470, 472, 481-82, 492, 496
　　労働以外の生産費　472-73, 482, 483
　　労働者の階層　475
　　国際特化と生産要素の相対的希少性　483
　貿易利益：
　　比較生産費の教義　424
　　"多数の財"と"享楽額の総計"　505-509
　　交易条件　512
Ricardo, S.　226
Rist　28
Robbins　501-502
Roberts　23, 98
Robertson　349, 362
Robinson　15, 37, 43, 64, 66, 71
Rooke　188, 192, 196, 204, 206-207, 486
Rose　123
Rosse　208

Rowe 64
Rueff 359-60

S
Saint Peravy 186, 419
Salomons 258, 395
Salvesen 324
Say, H. 271
Say, J.B. 196
Schüller 453-54
Schultz 564
Schumacher 449
Schuster 270
Scrope 186, 188, 240, 272, 279-80, 282-84
Seager 390
Sedgwick 163
Seligman 6, 426
Senior 424, 439, 440, 444-45, 470, 487, 537
Shadwell 317, 514
Sheridan 28, 53-54, 65, 67, 70
Sidgwick 388-89, 451, 468-69, 567, 571
Silberling
 地金論争に関する著作 122, 124
 質的減価 133, 136
 支払差額論争 142, 143, 144, 146-47
 不換貨下の正貨移動 147
 制限条例中の金利 152
 過剰発行に責任のないイングランド銀行 156-69
 イングランド銀行と地方銀行券発行の関係 156-64
 平価切下げに対するリカードウの態度の変化といわれていること 202-203
Simpson 454
Sinclair 208, 395
Sismondi 482
Smith, Adam
 "重商主義的体系" 5
 重商主義の解釈 16, 20, 92, 111-12
 幼稚産業保護 75
 ヒュームの批判 86

 説明されなかった自己調整メカニズム 89
 自由放任 94, 100, 104
 保護 104, 106, 111-12
 適正貨幣量 127
 銀行券の過剰発行の可能性 148-49
 貨幣量と利子率の関係 150
 現金残高分析 247
 労働者の階層 475
 生産要素の相対的希少性と国際特化 482
Smith, Chas. 72, 117
Smith, (Capt.) John 110
Smith, John 39, 67
Smith, Thos. 208
Somers 268, 272, 275, 276, 277
Sraffa 429
Stanhope 208-209, 243
Stansfeld 264, 275, 278
Starkey 32, 53, 90, 93
Stephen 13-14
Steuart
 有利な貿易差額：
  言葉の使用 11
  有利な貿易差額と外国投資 17
  "支払差額"という言葉の使用 15-16
 個人の財務からの重商主義者の類推の使用 34
 望ましくない高物価 36
 労働差額の教義 58
 労働者に対する態度 58
 地金主義者の提案 64
 禁止令対輸入関税 65
 幼稚産業保護 75
 貨幣数量説の拒否 88
 自己調整メカニズム 88-89
 贅沢擁護 92-93
Stewart 149, 188
Stirling 440
Stourton 486
Stow 9, 10-11
Stuckey 126
Suviranta 4

T

Taussig
  保護主義者の誤謬について　111
  国際メカニズム：
    物価の相対的変化　290, 300-301, 315, 319
    正貨の移動　300-302
    需要の変動　301-302
    国際財価格の国際的均一性　312-13
    "国内"財　319
    攪乱要因対均衡化要因　355
    為替相場の変動　367
    預金拡張と輸入超過額の関係　415-16
  交易条件：
    "純"交易条件　315
    "総"交易条件　537-38
    交易条件と貿易利益　532-33
  為替相場と国際均衡　368
  比較生産費：
    比較生産費と多国間貿易　447
    比較生産費と労働価値説　470, 496
    比較生産費と異なる職業における賃金格差　475-78, 479-80
  国際特化：
    国際特化と生産要素の"効率"　481, 492
    国際特化と生産要素の相対的希少性　486
    国際特化と資本費用　489-93
Tawney　6, 103
Taylor　280
Temple, Sir Wm.　27, 34, 93
Temple, Wm., of Trowbridge　45, 93
Terborgh　368
Thompson　188, 212, 236
Thomson　282
Thornton, H
  土地と地金論争　122
  "質的減価"　134-35
  紙幣発行量に及ぼす金利の影響　149-50, 152, 153, 254
  地方銀行券の過剰発行の可能性　154-55,
157
  強制貯蓄　187, 190
  金属本位制　201
  支払手段としての預金と為替手形　242-43, 244
  高利禁止法　254
  国際メカニズム：
    国際メカニズムと攪乱に対する差額の調整　292, 316
    国際メカニズムと短期資金の移動　395
Thornton, S.　255
Thornton, W. T.　518
Tocker　403
Tooke
  制限条例中の金利　151-52
  地方銀行券の流通量の概算値について　164
  金の世界価値に及ぼすイングランド銀行の地金購入の影響　181, 183
  強制貯蓄　188
  銀行学派：
    銀行学派のメンバー　219
    銀行信用の規制に反対した銀行学派　232
    "還流の原理"　235
    "退蔵"の教義　260, 386-87
  適正な準備の必要性　262
  割引率の自動的な変更を通じた準備額規制案　265
  短期資金の移動に及ぼす金利変更の影響　275-76
  物価指数　309
Torrens
  反地金主義者　148
  強制貯蓄　188
  1819年論文の原著者　193
  正貨現送点の範囲を拡大することを提案する　205
  地金本位制に反対する　205
  反デフレの手段として関税の増大を提案する　205

人名索引　619

通貨学派：
　通貨学派のメンバー　219
　パーマー・ルール　226-27
　1844年の銀行条例　230
　預金量は銀行券の数量に依存する　230, 248
　地方銀行券の過剰発行の可能性　148, 234-35
　"還流の原理"について　235
　支払手段としての預金　242, 243, 248
　過激な通貨改革論者に対する態度　279
国際メカニズム：
　国際メカニズムと需要変動　295
　国際メカニズムと関税変化　295, 318, 430, 445-46
　国際メカニズムと第一拡張　387
物価の国際的均一性　312
比較生産費：
　比較生産費と生産費の絶対的相違　424
　教義の最初の記述者の権利を主張する　425-27
　言葉の最も早い使用　426-27
　比較生産費と相互需要　430-31, 445-46
　比較生産費と賃金水準　440
"相互需要"という言葉の最も早い使用　513
　国際価値を支配する原理　467-68
交易条件：
　交易条件と関税変化　295, 318, 430, 445-46
　二重生産要素交易条件　537
Tozer　317
Trotter　123, 148, 156
Tucker　54, 67, 73, 75, 89, 100, 101-102
Turner　126, 180-81, 243, 247
Twells　152

V
Vanderlint　36, 41, 43, 51, 85-86, 88, 93, 100, 108
Vansittart　123, 138, 156, 165

Vaughan　36, 47
Verri　44
Vickaris　36
Violet　27, 64, 70, 71, 110, 116

W
Wakefield, Dan'l　213
Wakefield, E. G.　486
Walker, F.　455
Walker, F. A.　245
Wallace　22, 37, 41, 59, 88
Walpole　71-72
Walras　466
Walsh, C. M.　279
Walsh, R. H.　245
Ward, Jas.　256, 258, 259-60, 268
Ward, Wm.　175, 179, 219, 252-53
Washington　486
Weber　449
Webster　263, 276
Weguelin　232, 255, 259
Western　186, 194
Whatley　87-88, 94, 97, 102
Wheatley
　地金論争：
　　地金主義者　122
　　減価の検査としての物価の相対的上昇　128
　　金の世界価値の及ぼす減価の影響　131
　　"質的減価"　136
　　為替相場に及ぼす送金の影響　139, 143, 145
　　過剰発行に対する地方銀行の責任　154
　物価指数　128, 309
　変動する物価水準の影響　186, 188
　通貨改革案　209-10
　計表本位の任意の利用を擁護する　209, 279
　国際メカニズム：
　　国際メカニズムと相対価格変化　292-94, 300, 316

国際メカニズムと正貨移動　292-94, 300, 356, 357
物価の国際的均一性　309-10, 312
Whewell　312, 366, 433-34
Whiston　27, 114
Whitaker　313, 389
White　320, 368, 407, 413-15, 538
Whittlesey　528
Wicksell　189, 300-302, 419, 435-36
Wicksteed　502
Wieser　495
Williams, J. H.　148, 572-74
Williams, T. H.　253, 273
Wilson, Glocester　208
Wilson, Jas.　191, 219, 232
Wilson, Roland　320, 322-27, 403, 541, 542, 544

Wilson, Thos.　36
Wolstenholme　9
Wood, Sir Chas.　220, 248
Wood, Wm.　33, 74, 81-82, 110
Woods　135-36, 157, 183, 212
Wright　260, 282

Y

Yarranton　74
Yates　156-57, 194
Yntema　327, 351, 368, 372, 557-58
Young, Allyn A.　505, 549
Young, Arthur　16, 37, 55, 69-70, 73, 93, 117, 309

Z

Zapoleon　313, 322

事項索引

[あ～お]

アイルランド銀行　123
アイルランド
　通貨の減価　123
　不在地主制度　316-18
"域際貿易"　86, 154-57, 289, 568-72
一括線としての供給曲線　454
イングランド銀行
　イングランド銀行による正貨支払い制限　124-25
　イングランド銀行の割引率と通貨量　148-53
　制限条例中の過剰発行の責任　153-69
　正貨支払い再開の管理　172, 173-81
　イングランド銀行とピール条例：
　　紙券の発行制限　218-19
　　条例下の管理運営　227-33, 252-77, 381-82
　　条例下の紙券の兌換性　228-30
　　銀行部　229-61, 263-64, 269
　　発券部　229, 261, 263, 269
　イングランド銀行と高利禁止法　218
　外国援助に頼るイングランド銀行　270-71
インフレ主義者　35-38, 208, 278-79, 285
オーストラリア銀行と国外準備　403
オーストリア学派の価値論　494-95
オランダ人の倹約　27, 93
大蔵省証券
　危機の救済策としての大蔵省証券　171
　公開市場操作の基礎としての大蔵省証券　257, 258

[か～こ]

外部不経済　451, 461
外部経済　451, 459-62
外国貸付預金　402, 403, 415

カナダ
　資本輸入と国際メカニズム　355, 399-417, 543-44
"攪乱"要因対"均衡化"要因　354-55
"隔離された"通貨　40-41, 208, 212-15
株式銀行　218, 262, 273
貨幣
　重商主義者の教義における貨幣：
　　富と同一視された貨幣　16-24
　　投資された資本と同一視された貨幣　32-33
　　貨幣の流通　38-41
　　紙幣　41, 43-47
　　貨幣数量説　41-47, 50
　　貨幣の不足　89-92
　貨幣数量説　41-47, 50, 86-87, 94, 247, 364-65, 373-74
　貨幣費用と実質費用　463-69, 492-93
　貨幣で測った貿易利益　555-65
　→次も見よ．銀行預金，銀行学派，為替手形，19世紀の地金主義者，通貨改革案，通貨学派，減価した通貨，金，退蔵，不換紙幣，"隔離された"通貨，管理通貨，"混合通貨"，"潜在的貨幣"，"純粋金属貨幣"，銀，単一の正貨，貨幣の流通速度
"貨幣の不足"
　重商主義者の教義における貨幣の不足　90-92
貨幣数量説→貨幣を見よ
貨幣の流通速度
　貨幣の流通速度と通貨の減価　131-36
　貨幣の流通速度と通貨学派－銀行学派論争　246-51
　貨幣の流通速度と割引率　274
　貨幣の流通速度と正貨移動　356-64
　取引速度　198, 358-59

所得速度　198, 358-59
"最終購買速度"　358-59
為替手形　243-45
為替相場
　重金主義者の教義　6-7, 63-64
　為替相場と正貨輸送点　80, 204-205, 367-68
　国際メカニズムにおける役割　84, 86, 289, 294, 366-68
　減価の検査手段として　127-34, 137
　支払残高との関係　139-48
　変動の不利益　212-15
　為替相場と短期資金の移動　391-92
関税
　初期イギリスの関税　4-5, 62-63
　関税の変化：
　　為替を規制するものとしての関税の変化　205
　　関税の変化と交易条件　295, 316, 318-19, 352-54
　　関税の変化と貿易利益　532, 558-61
　　関税の変化と賠償支払いが交易条件に与える影響　338-40
　→次も見よ．幼稚産業論，保護
"間接費用"　→機会費用を見よ
管理された通貨　221-22, 267, 377-83
　→次も見よ．中央銀行，通貨改革案，通貨学派，割引率，公開市場操作，パーマー・ルール，ピール条例，割引額の割当て，準備額
"還流の法則"　235-36
機会費用　488, 494-503
貴金属→金，貨幣，銀を見よ
"危険回避"の資本移動　355, 393, 394-399
凶作と国際メカニズム　292, 294, 299, 316
強制貯蓄　186-96
"享楽額の総計"　505-11
金
　金の輸出制限　6, 63-64, 130, 138, 148
　重商主義者の教義における金：
　　富と同一視された金　16-24

　　国家の財宝としての使用　24-26
　　"軍資金"としての金　26
　　富の貯蔵としての金　27-32
　　金と貯蓄　32-33
　イギリス貨幣制度における金　125, 129, 172-73, 179-80, 181
　減価の検査手段としての金プレミアム：
　　金のもつ紙幣に対するプレミアム　127-31, 175, 182
　　金のもつ鋳貨に対するプレミアム　130, 138, 148
　国際メカニズムにおける金移動：
　　金移動と価格水準の変化　76-89, 289, 292-94
　　金移動と一方的送金　139-45, 391-99
　　直接的な均衡化効果　136-37
　　不換紙幣下の金移動　147-48
　　国外流出と国内流出　259-61
　　金移動とイングランド銀行の操作　273-77
　　金移動と需要の変動　298-302, 356
　　金移動と貨幣の流通速度　356-64
　　金移動と財の流れ　364-65
　　金移動と資本移動　391-99
　　金移動と第一拡張　383-84, 400-401, 402-403
　　純流出入額と総流出入額　413-14
　価値基準としての金　198-200, 203-207
　変動する金の貨幣価値の提案　205-207, 281-82
　金地金本位　172, 179, 205
　金為替本位　267-68, 396-99
　金約款　199
　使途指定　267-68
　金輸送点→為替相場を見よ
　金準備額→準備額を見よ
　→次も見よ．貨幣，金属食器
銀
　イギリス通貨制度における銀　125, 129, 172
　紙幣プレミアム　129, 144

準備金属としての銀　269-70
→次も見よ．金，貨幣
銀行
　正貨の退蔵者としての銀行　49-50
　銀行と国際メカニズム　377-90
　カナダのトランスファー・メカニズムにおける役割　399-407, 412-17
　→次も見よ．銀行預金，イングランド銀行，中央銀行，貨幣，国外準備，準備額
銀行学派
　"銀行原理"　219, 221, 377-78
　反ピール条例　228-29, 231-33
　還流の法則　234-37
　銀行学派と過剰発行の可能性　231-33, 235-37
　法令による規制に対する反対　221, 232-33, 250
　預金について　221, 242, 250, 277
　金流出について　259
　"退蔵金"について　260-61, 277, 287
　通貨管理について　377-78
　銀行学派と第一拡張と第二拡張　385-86, 387-88
銀行預金
　イギリス通貨制度における銀行預金　125-26, 131, 242-52, 388
　支払手段としての銀行預金　224, 231, 242-52, 385-86
　カナダのトランスファー・メカニズムにおける銀行預金　399-407, 412-17
金利
　重商主義者の教義における金利　47-50
　金利と短期資本移動　274-77
　→割引率も見よ
金属食器
　金・銀食器　46, 47-52
禁止令　6, 62-68, 76
苦痛費用　496
貢物→資本移動を見よ
"軍資金"　26
援助金

国際的な援助金　290-94, 299, 316, 351-52
国内的な援助金（本文の国際的と字句上の区別ではない）　351-52
景気変動
　変化する物価水準と景気変動　184-198
　通貨制度と景気変動　217, 239, 267, 272-73
　金利と景気変動　275
　国際メカニズムと景気変動　417-420
"経済人"　95, 93
計表本位　209, 279-80
減価した通貨
　地金論争における減価した通貨：
　　減価の定義　126
　　減価した通貨と金がもつ紙幣に対するプレミアム　126-37, 175-76, 182
　　減価した通貨と"質的減価"　133-36
　　減価した通貨と銀行券の発行量　137-38
　　減価した通貨と鋳貨がもつ紙幣に対するプレミアム　138
　不換通貨対減価した通貨　147-48
　戦時下における減価した通貨の必要性　169
　減価した通貨と平価切下げ　201-203
　減価した通貨と変動する為替　212-15
　減価した通貨と購買力平価説　368-75
現金残高　247
倹約
　重商主義者の見方　27-32, 92-93
"厚生"
　厚生と貿易利益　421, 471, 496-97, 505-506
購買力平価説　128, 368-75
高利禁止法（利息制限法）
　高利禁止法と割引率　149, 218, 254, 257
交易条件
　重商主義者の教義における交易条件　37
　攪乱の調整メカニズムの要素としての交易条件の変化　76-78, 289-307, 314, 315-16
　交易条件に与える影響：
　　貨幣数量の相対的変化が交易条件に与える影響　76-78, 315-16
　　国際的な軍事援助が交易条件に与える影響

290-94, 299, 316, 351
  凶作が交易条件に与える影響　292, 294-95, 299, 316
  関税変化が交易条件に与える影響　295, 316, 318-19, 352-54, 531-32, 558-61
  資本輸入が交易条件に与える影響　300-303, 322-331, 543-44
  アイルランドの不在地主制度が交易条件に与える影響　316-19
  相互需要の変化が交易条件に与える影響　316, 351-52, 354, 520-24
  賠償金支払いが交易条件に与える影響　331-51
交易条件と異なった攪乱のタイプ　351-56
交易条件の概念：
  純交易条件　315
  商品交易条件　315, 534
  二重生産要素交易条件　315, 351, 536-37
  単純生産要素交易条件　535
  実質費用交易条件　535
  効用交易条件　536
  総交易条件　537
商品交易条件：
  商品交易条件と輸送費用　340, 448-51
  貿易利益の指数としての商品交易条件　421, 531-40
  商品交易条件と比較生産費　430, 512-18, 525-28
  商品交易条件と相互需要　430-31, 512-31
  商品交易条件と貿易利益の分配　539-40
"交易条件図"　353, 516-18, 519-22
交易条件の統計的測定　540-44
公開市場操作　204, 210, 255-59, 274
効用分析
  効用分析と相互需要　527-28
  効用分析と交易条件　531, 534, 536
  効用分析と貿易利益　532-34, 544-49
  →次も見よ．消費者余剰，不効用，貿易利益，図による分析方法，所得，"享楽額の総計"，"厚生"

"国際"財　311, 314
  →"国内"財も見よ
"国際需要の均等化"　513-14, 518
国際貸借　16
国際分業　106-108, 427
"国際貿易"　568-72
国際貿易のメカニズム
  初期の教義　76-89
  単一の正貨の場合の国際貿易のメカニズム→第VI章目次を見よ
  銀行業務との関係→第VII章目次を見よ
  →次も見よ．自動的な通貨，銀行預金，銀行学派，資本移動，財の流れ，凶作，通貨学派，需要，減価した通貨，割引率，"攪乱"要因対"均衡化"要因，"国内"財，為替相場，金，貨幣，物価，第一拡張，第二拡張，自己調整メカニズム，交易条件，流通速度
国際メカニズムにおける財の流れ　293, 364-66
"国内"財　311, 319-22, 324-26, 329-31, 335, 341, 344, 348-49
穀物
  穀物の輸出補助金　72-73, 117
国力
  重商主義者の教義における国力　113-15
国外準備額
  カナダのメカニズムにおける国外準備額
    代表的な移転されない借入額　400, 409-12
    カナダのメカニズムにおける国外準備額と古典派の理論における金移動　400, 403
    カナダのメカニズムにおける国外準備額と第一拡張　400, 405-406, 415
    スターリング資金とニューヨーク資金　401-407
    カナダのメカニズムにおける国外準備額と外国貸付預金　403-406, 415
    カナダのメカニズムにおける国外準備額とカナダの正貨準備　407, 412
  南太平洋諸島の銀行の国外準備額　403

国家の財宝　24-26, 52, 91
雇用条例　6, 63
"混合通貨"
　定義　220-21
　通貨学派の教義における混合通貨　220, 277-78, 378
　銀行学派の教義における混合通貨　220-21, 277-78, 378

[さ〜そ]

最恵国条項　66
再輸出貿易
　重商主義者の教義における再輸出貿易　70-73
"最終購買速度"　358-64
財宝→次を見よ．金，重商主義，貨幣，国家の財宝，富
地金→次を見よ．金，退蔵，貨幣，銀
地金委員会　123, 171
地金主義者
　重金主義者　4-7, 7-8, 62-64
　19世紀→III, IV 章の目次を見よ
　地金主義者と地金学派―銀行学派論争　221-22, 233
　地金主義者と預金の役割　243
　地金主義者と第一拡張　385
自己調整メカニズム　76-89
　→次も見よ．自動的な通貨，国際貿易のメカニズム
指数
　物価指数：
　　エヴリンの物価指数　128
　　懐疑論　128, 309
　　価値の計表本位　209, 279-80
　　物価指数と購買力平価説　372-73
　実質所得の指数　508-11
　交易条件の指数　530, 534-44
　総貿易利益指数　538-39
実質生産費
　実質生産費と貨幣費用　463-69
　実質生産費と比較生産費の教義　469-73

実質生産費と労働価値説　469-71
実質生産費と異なる職業における賃金の差異　477-79
実質生産費と可変的な生産要素比率　486-94
実質生産費と機会費用　494-503
実質生産費と交易条件　535
"質的減価"　133-36
自動的通貨　377-83
　→次も見よ．国際貿易メカニズム，自己調整メカニズム
地主階級
　地主階級と重商主義者の教義　27, 36, 97, 117-120
支払差額（国際収支）
　語句　15, 287
　支払差額と為替　139-48
　→貿易収支も見よ
紙幣→貨幣を見よ
資本
　重商主義者の資本概念　32-33
資本移動
　資本移動と国際メカニズム　299-300, 300-303, 319-26, 328-31, 351-52, 392-93, 543-44
　短期資金の動き　275-76, 391-99
　"危険回避"の資本移動　355, 393, 394-99
　資本移動と景気変動　418-19
　資本移動と国際貿易理論　572-74
使途指定　267-68, 398
商人
　商人と重商主義者の政策　62
　重商主義者の教義における商人　94-98, 109-110, 118-120
消費
　重商主義者の教義における消費　27-32, 56, 92-93
消費者余剰　532-34, 544-49, 549-555, 563
　→効用分析も見よ
消費税
　重商主義の教義における消費税　71-73

消費税と交易条件　351, 354
商品交易条件→交易条件を見よ
重商主義→第Ⅰ・Ⅱ章目次を見よ
重商主義者の労働についての教義　53-59
重商主義についての歴史家　3, 112-13
重農主義者　5, 112
需要
　"有効需要 (effectual demand)" と景気変動
　　191, 193, 196-98
　国際メカニズムにおける需要変動
　　均衡化の要因としての需要変動　290-307,
　　　322-31, 351-52
　　攪乱要因としての需要変動　316, 351-52,
　　　354, 520-24
　→次も見よ. 図による分析方法, 相互需要
需要の弾力性　295, 318, 326, 328, 515-22,
　528
"純効用"→消費者余剰を見よ
"純粋金属通貨"
　定義　220
　通貨学派の教義における純粋金属通貨
　　220, 277, 377-78
　銀行学派の教義における純粋金属通貨
　　220-21, 277, 377-78
準備額
　銀行制限条例中の地方銀行の準備額　154-
　　56, 157-59
　イングランド銀行の準備額:
　　銀行制限条例中の準備額　177-79
　　準備額の適正さ　261-67
　　第二の準備としての外国証券　267-69
　　準備金属としての銀　269-70
　　第二の準備としての流通金　180
　準備額と通貨管理　379-83
　部分的な準備額　379-81
　準備額と第一拡張　387-91
　準備額と金為替本位制　398-99
　→次も見よ. 管理通貨, 国外準備額
"純利益"→消費者余剰を見よ
所得
　所得の相対的変化と国際メカニズム→需要変動を見よ
　貿易利益の判定基準としての所得　421, 493,
　　496-97, 498, 500-501, 503 と第Ⅸ章目次.
自由貿易
　自由貿易の初期擁護論　94-110
　安定化の影響を及ぼすものとしての自由貿易
　　420
　自由貿易と比較生産費の教義　421-22
　自由貿易と生産費の節約　423-25
　短期の理由にもとづく自由貿易反対論　453
　自由貿易と実質所得　505-511
　→次も見よ. 貿易からの利益, 保護, 関税
自由放任
　初期の教義　94-105
　初期のイギリスでの使用　102
　自由放任と銀行業の規制　221, 232, 250
信用
　ジャーヴェイズの信用論　83-84
　ミルの信用論　244-45
　銀行信用→銀行預金を見よ
　カナダのトランスファー・メカニズムにおける "信用拡張"　402-407
図による分析方法
　貨幣価格による需給曲線　327, 349, 555-58,
　　561-63, 564-65
　ピグーの分析:
　　ピグーの分析と限界効用曲線　333-45
　　客観的な概念によるもう一つの分析
　　　345-49
　相互需要曲線　349, 522-24, 544-49, 549-
　　555, 555-58
　交易条件図　352-54, 516-18, 519-22
　対数による図　442-44, 447-48
　一括としての供給曲線　454
　特定費用曲線　454
　無差別曲線:
　　機会費用　498-502
　　"貿易利益のない" 曲線　522-24, 550,
　　　564-65
　　"国内生産と比べて貿易利益のない" 曲線
　　　524

事項索引

"貿易利益一定"の曲線 554-555
"背中合わせ"(Cunynghame-Barone)の図 561-63, 564
アウスピッツとリーベンの図 564-65
スコットランドの銀行 237-40
正貨の移動→金を見よ
正貨移動点→為替相場を見よ
正貨支払いの再開→第IV章の目次を見よ
政府支出と雇用 191-94
"潜在的貨幣" 246
全国反金貨法同盟 278
戦争
　重商主義者の教義における戦争 115
　→"軍資金"も見よ
1844年の銀行条例→ピール条例を見よ
送金→資本移動を見よ
相互需要
　相互需要と国際メカニズム 349, 352-53
　相互需要と交易条件 430-31
　J. S. ミルの分析 512-18
　マーシャルの分析 518-22
　エッジワースの分析 522-24
　比較生産費との関係 525-31
　相互需要と貿易利益 544-55
　相互需要と貨幣による需要 555-58
　→次も見よ. 需要, 図による分析方法

[た～と]
第一拡張
　第一拡張と国際メカニズム 383-90
　カナダのトランスファーメカニズムにおける第一拡張 399-417
第二拡張
　国際メカニズムにおける第二拡張 383-90
　カナダのトランスファー・メカニズムにおける第二拡張 399-417
退蔵
　重商主義者の教義における退蔵 47-52
　退蔵と投資 193-96
　銀行学派の教義における退蔵 221, 260-61, 277, 387

"多数の財" 311-12, 505-510
多数国間貿易
　多数国貿易と国際メカニズム 343-45
　多数国貿易と比較生産費 444-48
　多数国貿易と交易条件 525-27
多数財貿易
　多数財貿易と比較生産費 436-444
　多数財貿易と交易条件 525-27
短期資金→資本移動を見よ
中央銀行
　中央銀行としてのイングランド銀行 158-68, 261-63
　中央銀行間の協力 270-73, 276
　中央銀行の目的 380-83
地方銀行
　地方銀行と銀行券 125-26, 173, 180-81, 218-19, 226-27
　地方銀行と預金 126
　銀行制限条例下の銀行券過剰発行の責任 153-69
　兌換下の銀行券過剰発行の責任 233-41
"抽象的通貨" 208
貯蓄
　重商主義者の見解 27-32, 91
　貯蓄と投資 186-96, 419
賃金
　外国貿易と賃金水準 437-444, 484-85
　外国貿易と職業間の賃金格差 473-79, 497-98, 501
　→次も見よ. 重商主義者の労働に関する教義, 生産要素の移動性
通貨改革案 201-15, 277-85
通貨学派
　通貨原理 148, 190-91, 219-222, 224, 226-27, 277, 377-78
　通貨学派とピール条例 227-31
　過剰発行の可能性についての通貨学派 233-35
　支払手段としての預金についての通貨学派 246-52
　通貨管理についての通貨学派 377-78, 385-

86
　通貨学派と第一拡張　385-86
通貨が単一の正貨
　通貨が単一の正貨の場合の国際メカニズム→
　　第VI章目次，377, 379を見よ
通貨切下げ　201-203
通貨の価値低下→質的な減価を見よ
"通貨の過剰"　129-30
通貨"不信"→"質的な減価"を見よ
逓減生産費　454-62
逓増生産費
　逓増生産費と国際メカニズム　349-51
　逓増生産費と保護　451-62
　逓増生産費と貿易利益　524-25
投機
　投機と通貨価値の下落　132-36, 183
トーリー党
　トーリー党と重商主義　117-120
特産物　5, 6, 63
特定費用曲線　452
富
　重商主義者の富の概念　16-24
　→次も見よ．金，貨幣
富の貯蔵
　貴金属の機能としての富の貯蔵　27-32
トランスファー・メカニズム→国際貿易のメカ
　ニズムを見よ
取引差額　12

[な〜の]
内部経済　459-60
ニュージーランド
　ニュージーランドの国外準備　403

[は〜ほ]
賠償支払い→資本移動を見よ
バーミンガム学派　278
パーマー・ルール　222-27, 253, 256, 265,
　382, 385
ピューリタン
　倹約について　27

ピール条例（1844）
　ピール条例の諸規定　218, 226-27, 232-33,
　　263, 268-69
　通貨学派の支持　227, 228-31
　ピール条例の停止　228
　銀行学派の批判　232, 259, 259-60
　ピール条例と金流出　259-61
　ピール条例と十分な準備の必要性　264-67
　ピール条例と準備金属としての銀　269-70
　ピール条例と第一拡張と第二拡張　385-86
　→イングランド銀行も見よ
比較生産費
　→第VII章目次を見よ
　比較生産費と所得アプローチ　505
　比較生産費と相互需要　505, 512-13, 525-
　　27
　18世紀の著書における部分的先鞭　106-
　　108
東インド会社　13, 116-17, 118-19
不換紙幣
　減価した通貨とは区別された不換紙幣
　　147
　不換紙幣の擁護論　148, 168-69, 173, 207-
　　15, 277-85
　不換紙幣の反対論　198-201, 212-15
　不換紙幣と可変レートでの兌換　205-207,
　　280-84
　→次も見よ．通貨改革案，減価した通貨，イ
　　ンフレ主義者，"隔離された"通貨，貨幣，
　　購買力平価説
不効用　477, 496, 533
不在地主
　不在地主と交易条件　316-18
物々交易条件→交易条件を見よ
物々交換理論　514, 557
ブリティッシュ・マーチャント　119
分配
　国際貿易に影響されるものとしての分配
　　509-511
物価
　高物価についての重商主義者　35-38

物価と重商主義者の教義における"貨幣の不足" 90-92
国際メカニズムにおける物価 76-89, 275, 289-307, 308-315, 364-66, 463
減価の検査法としての相対価格 128
正貨支払い再開の影響 173-84
変動する物価水準の経済的影響 184-201
通貨目標としての物価の安定化 206-207, 209-211, 279-83
物価水準の概念 308-312
物価の国際的均一性 310-13
物価と比較生産費の教義 463-69, 473
→次も見よ．"国内"財，指数，インフレ主義者，"国際"財，貨幣，購買力平価説，交易条件

福利係数 478

ホィッグ党
　ホィッグ党と重商主義 117-120

貿易
　外国貿易：
　　重商主義者の教義における外国貿易 5, 17-18, 109
　　神に支持された外国貿易 102-105
　国内貿易：
　　重商主義者の教義における国内貿易 38-39, 110
　→次も見よ．貿易収支（貿易差額），自由貿易，"国際貿易"，商人，再輸出貿易

貿易からの利益→第 VIII, IX 章の目次を見よ

貿易差額（貿易収支）
　概念 6-9
　総貿易差額と部分的貿易差額 12-14
　有利な貿易差額 12
　取引差額 12
　貿易差額の構成項目 14-16
　有利な貿易差額を欲する理由 16-41
　貿易差額と貨幣数量説 46-47
　貿易差額と金属食器 51-52
　貿易差額と雇用 53-59
　貿易差額と地金主義者の提案 62
　貿易差額と輸出補助金 72

　貿易差額と国際メカニズム 82-84, 85, 146-47, 289, 290
　貿易差額と減価した通貨 139-48
　貿易差額と需要変動 416
　貿易差額と景気変動 418-19

貿易商組合 104, 116

貿易利益の分配 428-29, 431-32, 452-53, 539-40

保護
　言葉の初期の使用 75-76
　保護と重商主義 76
　保護と比較生産費の教義 421-22, 480-81
　短期的議論 453
　保護と逓減生産費 454-62
　保護と異なる職業における賃金の差異 477-79
　クールノーの理論 558-61
　→次も見よ．幼稚産業論，関税

補助金
　輸出補助金 72-73
　国内補助金 73-75
　→奨励金も見よ

"補償ドル" 206, 281-82

[ま〜も]

マーケイター（Mercator）誌 119
ミダス王の物語 16-17
"見えざる手" 102-105
"見えざる項目"（貿易外収支）
　支払差額における見えざる項目 14-16
無競争集団
　無競争集団と国際メカニズム 330-31
　無競争集団と比較生産費 427-28, 455-67, 474-79
無差別曲線→図による分析方法を見よ

[や〜よ]

ユトレヒト条約 117-120
輸出補助金
　重商主義の教義における輸出補助金 72-73

索　引

輸出補助金と交易条件　354
輸出関税　63, 67
輸出禁止　67-68, 104, 116
輸送費
　輸送費と交易条件　340-41, 448-51
　輸送費と国際貿易理論　451, 569-70
要素移動性
　職業的要素移動性　106, 330, 428, 453-54, 466-67, 477-79, 493-94, 510-11, 560, 570-74
　国際的要素移動性　466-67, 570-74
　→次も見よ．無競争集団，賃金
要素交易条件→交易条件を見よ
要素の"効率"　474, 481
要素の相対的希少性
　要素の相対的希少性と国際メカニズム　329-31
　要素の相対的希少性と国際特化　480-86
　要素の相対的希少性と国際的な技術上の差異　486
　要素の相対的希少性と比較生産費　486-94
要素比率→要素の相対的不足を見よ
幼稚産業論　73-75, 462
羊毛の輸出制限　67-68, 104, 116
預金→銀行預金を見よ
"余剰"→消費者余剰を見よ

[ら～ろ]
利己心

重商主義者の教義における利己心　94-102
　国際メカニズムにおける利己心　289
立地論　449
流通
　重商主義者の教義における流通:
　　貨幣の機能　38-47
　　重商主義者の教義における流通と退蔵物と金属食器　47-52
　　重商主義者の教義における流通と自己調整メカニズム　88
　第二の金準備としての流通上の金　180
　→流通速度も見よ
ロンドン取引所　6, 63
ロンドンの私営銀行業者　158-59
労働差額　53-57
労働の移民　572
労働生産費　422, 469-73, 475-79, 486-94
　→実質生産費も見よ

[わ]
割引額の割当て　254-55, 256
割引率
　割引率と通貨量　148-53, 181, 189-90, 208-209, 210-11, 235-36, 254, 257
　不換紙幣の価値の調整要因としての割引率　208-209, 210-11, 280-82
　割引率と正貨移動　274-77
　割引率と短期資金の移動　275-77, 391-96

訳者略歴
1947年生まれ（静岡県静岡市）
1971年　青山学院大学大学経済学部卒業
1978年　一橋大学大学院経済学研究科博士課程単位取得後退学
現在　　青山学院大学経済学部教授

国際貿易の理論
2010年5月25日　第1版第1刷発行

著　者　ジェイコブ・ヴァイナー
訳　者　中　澤　進　一
発行者　井　村　寿　人
発行所　株式会社　勁　草　書　房
112-0005 東京都文京区水道 2-1-1　振替 00150-2-175253
（編集）電話 03-3815-5277／FAX 03-3814-6968
（営業）電話 03-3814-6861／FAX 03-3814-6854
三秀舎・牧製本

Ⓒ NAKAZAWA Shinichi　2010

ISBN978-4-326-50329-2　　Printed in Japan

JCOPY ＜(社)出版者著作権管理機構 委託出版物＞
本書の無断複写は著作権法上での例外を除き禁じられています。
複写される場合は、そのつど事前に、(社)出版者著作権管理機構
（電話 03-3513-6969、FAX 03-3513-6979、e-mail: info@jcopy.or.jp）
の許諾を得てください。

＊落丁本・乱丁本はお取替いたします。
http://www.keisoshobo.co.jp

黒崎 卓
貧困と脆弱性の経済分析
A5判 3,570円
54601-5

戸堂康之
技術伝播と経済成長
グローバル化時代の途上国経済分析
A5判 3,465円
54600-8

浅沼信爾・小浜裕久
近代経済成長を求めて
開発経済学への招待
A5判 2,940円
50296-7

大坪 滋 編
グローバリゼーションと開発
A5判 3,885円
50318-6

高橋基樹・福井清一 編
経済開発論
研究と実践のフロンティア
A5判 2,940円
50307-0

新しい日本型経済パラダイム―グローバル化と人口減少下の持続可能経済―
三谷直紀 編
第1巻 人口減少と持続可能な経済成長
A5判 3,150円
50293-6

小塩隆士 編
第2巻 公平性と政策対応
A5判 3,150円
50294-3

西島章次 編
第3巻 グローバリゼーションの国際経済学
A5判 3,255円
50295-0

―――勁草書房

＊表示価格は2010年5月現在，消費税は含まれております．
＊ISBNコードは13桁表示です．